JN440881

포스트모던 시대의 특징은 거대 서사, 즉 메타내러티브를 상실한 것이다. 재독 철학자 한병철 교수도 오늘날은 서사가 사라진 시대며, SNS 정도의 이야기로만 구성된 사회이기에 역사성이 사라진, 분절되고 단절된 암울한 시대를 살고 있다고 분석했다. 서사가 사라질 때 인간은 자기 앞에 펼쳐진 사건을 해석할 힘을 잃어버린다.

이런 위기의 시대에 그레엄 골즈워디는 『하나님의 계시 드라마』를 통해 성경의 역사성을 오늘날과 이어 주며, '하나님 나라'라는 메타내러티브를 장엄하게 소개한다. 엠마오 마을로 가던 제자들은 그리스도의 죽음으로 우울과 슬픔의 시간을 보내다가, 예수님이 풀어 주시는 말씀을 듣고 마음이 뜨거워져 다시 예루살렘으로 돌아갔다. 예수님은 그리스도의 고난과 영광이 구약에 예언되었음을 말씀하시면서 "모세와 모든 선지자의 글로 시작하여 모든 성경에 쓴 바 자기에 관한 것을 자세히"(눅 24:27) 설명하셨다. 오늘 우리에게 필요한 것도 단순히 역사적으로 성경을 읽는 것이 아니라, 성경 전체가 단절되지 않고 성령께서 기록하신 하나님의 거대한 서사임을 깨닫는 것이다.

『하나님의 계시 드라마』라는 제목처럼, 이 책은 성경신학적 관점으로 '그리스도 중심성'이 어떻게 성경 전체를 관통하는지 보여 준다. 또한 조직신학적 접근으로 삼위일체와 율법 등의 다양한 관점을 조망한다. 이 책은 단순히 성경을 소개하는 것이 아니라, 성경의 서사를 정리하여 오늘을 사는 그리스도인이 어느 위치에 있는지 어디로 가는지에 관한 인생 지도를 제시한다. 창세기에서 시작된 원시 복음은 예수님이 다시 오실 때 완성될 것이다. 우리는 이미 시작되었으나 아직 극치에 도달하지 않은 하나님 나라를 살아간다. 성경으로부터 시작된 하나님 나라가 오늘 내 삶을 관통해 여전히 소망 가운데 진행되고 있다.

이렇게 이 책은 성경과 삶이 분리되지 않으며 오늘날 내 삶이 성경의 역사 속에 있다는 벅찬 감격을 선물해 준다. 서사를 잃어버린 이 시대에, 거대하고 생생한 서사를 통해 내 삶을 조명한다. 이 책을 읽는다면, 성경의 세계가 먼 옛날의 역사가 아니라 오늘까지 이어지는 살아 있는 역사임을 생생하게 깨달을 것이다. 놀라운 책이다. "톨레레게", 어서 집어 들고 읽어 보라!

고상섭, 그사랑교회 담임목사

이 책을 읽으며 성경 전체를 "계시의 역사"로 조망한 이전 세기의 저명한 성경신학자 게할더스 보스의 『성경신학: 구약과 신약』이 떠올랐다. 그는 자신의 저서 제목을 '성경신학'으로 부르기보다 '특별 계시의 역사'라고 하는 편이 더 적절하다고 생각했다. 그레엄 골즈워디 역시 성경을 『하나님의 계시 드라마』, 곧 계시의 역사로 읽어야 한다고 제안한다.

물론 성경을 한 권의 "계시의 역사"로 읽는 일은 절대 쉽지 않다. 수많은 인물과 사건, 다양한 장르와 시대가 얽혀 있기 때문이다. 그러나 그 모든 것을 한 편의 역동적 드라마처럼 꿰어 주는 중심 주제가 있다. 바로 삼위일체 하나님이 세상 속에서 자신을 드러내시는 '계시'의 이야기다. 『하나님의 계시 드라마』는 성경 전체를 '창조에서 새 창조까지' 이끄시는 하나님의 자기 계시 여정으로 보여 준다. 골즈워디는 하나님의 구속 드라마의 중심에 언제나 예수 그리스도, 곧 하나님의 말씀으로 오신 분이 서 계심을 밝힌다.

골즈워디는 성경의 흩어진 조각들을 하나의 맥락 속에 엮어, 창세기의 서두에서부터 요한계시록의 새 하늘과 새 땅까지 이어지는 하나님의 자기 계시의 흐름을 우리 앞에 펼쳐 보인다. 그는 독자로 하여금 성경을 하나님의 영원한 계획이 점진적으로 드러나는 이야기로 읽게 한다. 이 과정에서 우리는 '부분'을 넘어 '전체'의 시야를 얻는다. 부분은 전체의 빛 안에서 제자리를 찾고, 본문은 구속사의 리듬 속에서 살아 움직인다. 그리고 마침내 모든 이야기가 그리스도 안에서 완성되는 장엄한 '계시의 드라마'임을 깨닫게 된다. 오늘날처럼 성경을 파편적으로 읽기 쉬운 시대, 성경의 '큰 그림'을 잃어버린 시대에 이 책은 성경 전체의 통전적 시야와 신학적 질서를 회복하게 하는 귀중한 길잡이가 된다.
성경을 '하나님의 이야기'로 읽고자 하는 모든 이에게 이 책을 기꺼이 권한다. 이 책은 목회자에게는 설교의 뼈대를, 신학생에게는 신학의 토대를, 평신도에게는 믿음의 큰 그림을 제공할 것이다. 천천히 곱씹으며 읽는다면 그 유익은 더욱 클 것이다.

류호준, 전 백석대학교 구약학 교수, "다니엘의샘" 원장

성경과 신학을 바르게 읽기 위해서는 '숲'과 '나무'를 동시에 살피는 포괄적 관점이 필요하다. 숲 전체의 풍경에 집중하여 보면 각 나무의 세세한 아름다움을 놓치고, 나무 한 그루 한 그루에 초점을 맞추면 전체 숲의 포괄적인 아름다움을 놓치기 때문이다. 탁월한 성경신학자인 그레엄 골즈워디의 역작 『하나님의 계시 드라마』는 성경의 숲과 나무를 동시에 보게 만드는 놀라운 책이다. 플롯마다 역동적인 서스펜스가 가득한 드라마처럼, 골즈워디는 성경 66권의 각 내용을 '삼위일체 하나님의 역동적인 계시 드라마'로 흥미진진하게 풀어낸다. 『하나님의 계시 드라마』를 잔잔히 읽어 내려가다 보면, 성경의 큰 그림이 아름답게 그려질 것이며 그 큰 그림 안에서 신학적 희로애락을 한껏 느끼며 울고 웃고 기뻐하게 될 것이다.

박재은, 총신대학교 조직신학 교수

이 거대한 작품(magnum opus)은 참으로 경이로운 결과물이다. 골즈워디는 성경 계시의 점진성을 드러냄으로써 성경의 전체 이야기가 오늘 우리에게 어떤 의미를 지니는지 말해 주는데, 이는 늘 성경의 '부분'을 읽을 수밖에 없는 우리가 '이 모든 날 마지막으로' 계시된 전체를 생각하며 결론을 내리도록 한다. 골즈워디는 성경신학자뿐 아니라 조직신학자의 면모를 보이기도 하고, 변

증의 자리를 찾기도 하며, 실천적 함의도 끊임없이 끌어낸다. 특히 18장에서 말하는 결론은 실천적으로 엄청난 감동을 준다(성경의 거대 서사가 어떻게 지역 교회에서 구현되는지 말해 준다!). 한두 번 읽고 덮을 책이 아니라, 계속 섭취해서 뼈와 살이 되도록 만들 책이다!

이정규, 시광교회 담임목사

이 책은 그레엄 골즈워디의 대표작으로 남을 것이다. 교회를 위한 정말 멋진 선물이자 분주한 목회자와 갈급한 평신도 모두의 성경적 사고와 이해를 돕는 보고다.

테리 알렌, 샌디비치 침례교회 목사

나는 25년이 넘도록 그레엄 골즈워디의 책을 읽어 왔다. 내가 처음으로 유니언 대학교에서 맡은 강의 중 하나가 성경신학이었는데, 그때 발견한 골즈워디의 『복음과 하나님의 계획』, 『복음과 하나님 나라』를 지금껏 사용하고 있다. 이제 세월이 흘러 독자들은 『하나님의 계시 드라마』를 접하게 되었다. 이 훌륭한 책은 전형적으로 골즈워디다운, 성경에 깊이 뿌리내리고 신중하며 그리스도 중심적인 작품이다. 다양한 도표와 표는 내용의 전달과 이해에 안성맞춤이다. 학자와 평신도 모두 이 책에서 유익을 얻을 것이다. 오랜 시간의 저술과 교수 활동에도 하나님의 말씀을 명확히 전달하려는 식지 않은 열정과 능력을 겸비한 골즈워디는 보기 드문 성경신학자다. 나는 연구실에 앉아 그의 최신작을 읽으며 계속 생각했다. '실로 탁월한 전달력이다. 참으로 유익하다. 이 문제는 다시 숙고해 봐야겠다.' 이 걸작 또한 두고두고 읽을 것이다.

브래드 그린, 유니언 대학교 신학부 교수

이 책은 오랜 세월 성경을 전문적으로 면밀히 연구해 탄생한 놀라운 열매다. 골즈워디는 이전 저술들처럼 성경의 풍성함과 신중한 탐구의 가치를 상기시켜 준다. 특히 하나님 말씀의 통일성과 내러티브의 힘을 드러내는 데 탁월하다. 그가 '구속사라는 기차는 언약이라는 선로를 따라 달린다'는 점을 상기시키며 언약을 강해할 때는 은혜와 도전을 함께 받았다. 하나님께서 말씀을 통해 스스로를 계시하시는 방식을 깊이 이해하기 원하는 모든 이에게 진심으로 추천한다.

피터 젠센, 전 무어 칼리지 학장, 시드니 대주교

1965년부터 2000년까지 성서 선교학을 연구하고 가르치면서, 하나님의 구원 목적과 그리스도 안에서의 구속 행위로 펼쳐지는 하나님의 역사를 토대로 성경에 접근하는 방법을 마음 깊이 새기게 되었다. 그러는 동안 골즈워디의 책들은 내 관점을 확고히 하고 확장시키며 다듬어 주었다. 신학적으로 훈련된 신자든 초신자든, 학구적인 독자라면 이 방대한 책에서 동일한 영향을 받을 것이다. 성경에서 쉽게 관찰할 수 있는 문제부터 탐지하고 추출하기 까다로운 문제까지 아우르는 풍성함을 담고 있다. 또한 교사와 학생 모두에게 이상적인 책이다. 그레엄은 항상 명료하고 담백한 언어로 글을 쓰며 독자가 제기할 수 있는 질문들을 염두에 둔다. 기독교 교리와 조직신학을, 그리고 이것들과 성경의 연관성을 잘 이해하기 때문이다. 또한 그의 접근법에는 삼위일체 하나님의 세 위격이 성경의 가르침과 연결되는 방식이 녹아 있으며, 올바른 변증학적 접근법과 해석 원칙도 알려 줄 것이다. 이 책은 성경을 사랑하는 독자 모두가 소장하고 계속 찾아보게 될 안내서다. 내가 다시 교리나 성경을 가르친다면 이 책을 필독서와 참고서로 지정할 것이다.

존 매킨토시, 전 리폼드 신학교 선교학 교수

하나님의 계시
드라마

Text by Graeme Goldsworthy.
Original edition published in English
under the title ***In These Last Days*** by Inter-Varsity Press,
A wholly owned subsidiary of The Society for Promoting Christian Knowledge,
London, England, UK.

하나님의 계시
드라마

차례

일러스트 목록

도표

표

추천서문

성경은 수많은 이야기가 담긴 방대한 책으로, 수 세기에 걸친 다양한 종류의 문학 작품을 망라하고 있다. 이런 특징을 가진 여러 저자의 글과 다채로운 주제를 다루는 성경이지만 그 안에는 하나의 통일된 메타내러티브가 포착된다. 이 메타내러티브의 핵심 메시지는 삼위일체 하나님이 자기 백성을 구속하시고, 죄를 심판하시며, 우리 주 예수 그리스도 안에서 만물을 새롭게 하심으로써 자신을 영화롭게 하고자 영원 속에서 계획하시고 시간 속에서 실행하신 일에 관한 것이다(롬 11:33-6; 엡 1:9-10; 골 1:15-20). 창세기 첫 구절에서 요한계시록의 마지막 환상에 이르기까지, 성경의 주된 메시지는 우리에 관한 것에 앞서 삼위일체 하나님에 관한 것이며, 다음으로는 그분이 은혜로 자신을 우리와 나누기로 하신 일에 관한 것이다. 이로써 그분의 영광스러운 이름, 주권적 은혜, 영원한 선을 찬양하게 된다(엡 2:1-10).

하지만 성경의 핵심 메시지를 파악하고 이해하기 위해, 마치 한 본문을 다른 본문과 분리해서 읽을 수 있는 것처럼, 성경을 조각조각 분해하는 방식으로 대해서는 안 된다. 대신 성경이 무엇인지에 따라 접근하고 해석해야 하며, 나아가 그 자체의 조건에 따라 읽어야 한다. 이를 위해 성경에 관한 적어도 세 가지 진리를 인정해야 한다.

첫째, 성경은 인간 저자들을 통해 기록된 하나님의 말씀으로, 하나님의 영원하고 포괄적인 계획을 보여 준다(딤후 3:15-17; 벧후 1:20-21). 이 진리를 고려하면 성경에 제아무리 다양한 내용이 담겼다 할지라도 그것이 하나님의 말씀이라는 점에서는 전체적인 통일성과 일관성을 지닌다. 또한 성경이 인간 저자들을 통한 하나님의 말씀이라는 점을 고려한다면, 그들의 글과 의도를 떠나서는 하나님이 우리에게 말씀하시는 바를 알 수 없다. 성경이 말하는 바가 곧 하나님이 말씀하시는 것이다. 게다가 하나님이 시간의 흐름에 따라 여러 저자를 통해 말씀하셨다는 사실을 고려한다면, 하나님의 온전한 계시를 이해하기 위해서는 세심한 간본문적(intertextual), 정경적(canonical) 독해가 필요하다. 점진적 계시로서 성경은 우리에게 한꺼번에 주어지지 않았다. 대신 하나님의 계획, 특히 그분의 구속 계획이 드러남에 따라 더 많은 계시가 주어지며, 이어지는 계시는 앞선 계시를 기반으로 발전한다. 따라서 후대 저자들의 관점을 통해 더욱 명확성과 이해를 얻게 된다. 계시가 많이 주어질수록 하나님이 펼치시는 '신비'가 드러나고 개별적인 부분이 전체와 어떻게 연결되는지 알게 된다. 무엇보다 중요한 사실은, 그 계획의 중심에 있는 분이 바로 우리 주 예수 그리스도라는 것과 우리가 어떻게 그분의 백성으로 그 계획에 포함되는지를 알게 된다는 것이다.

둘째, 성경은 시간의 흐름에 따라 기록된 하나님의 말씀이기에 점진적(progressive) 계시라는 개념이 나타난다. 이는 구속사를 통해 하나님의 계획이 펼쳐진다는 의미다. 계시는 구속과 함께 점진적으로 나타나며, 이는 창조, 타락, 구속, 그리스도 안에서 새 창조의 시작이라는 큰 범주에 내포된 성경의 언약을 통해 구분된다. 따라서 "하나님의 뜻을 다"(행 20:27) 이해하기 위해서는 시간의 흐름에 따라, 특히 언약을 통해 하나님이 펼쳐 가시는 계획을 세심히 추적해야 한다. 이 때문에 성경의 특정 본문이나 책 전체에 대한 주해는 '성경신학'으로 귀결되어야 한다. 이는 성경을 읽는 것에 관한 그리고 구속사의 전개라는 관점에서 정경 전체를 '조합하는' 것에 관한 신학이다. 성경은 다양한 문학 형태로 구성되어 있기에 신중한 해석이 필요하지만, 각 책을 하나로 묶는 것은 하나님이 펼치시는 계획이다. 바로 창세기의 창조에서 시작해 타락을 설명하고, 언약을 통해 하나님의 구속 약속을 풀어내며, 그리스도의 오심과 새 언약의 확립을 통한 새 창조의 시작으로 막을 내리는 계획이다.

셋째, 성경은 그리스도 예수가 중심인 하나님의 말씀이다. 누군가는 이 진술에 논란의 여지가 있다고 생각하겠지만, 이는 성경이 가르치는 바에 충실한 사실이다. 신약성경이 시작되면서 예수는 구약성경에 나타난 하나님의 구원 약속의 성취로 소개된다(마 1:1-17; 눅 1-3장). 그리스도 이전의 모든 것은 약속, 모형(type), 언약의 전개를 통해 그분의 오심을 예견했다. 실제로 우리 주님도 이 진리를 분명하게 가르치신다. 예수가 자신을 율법과 예언자들의 성취라고 선언하시는 위대한 진술은, 구약 전체가 그분을 가리킬 뿐 아니라 지속적이고 변함없는 구약의 권위가 그분의 인격과 사역에 비추어 이해되어야 한다는 뜻이다(마 5:17-20). 이 선언에 따르면 예수는 자신을 구약의 종말론적 목표로 여기셨다. 즉 구약성경이 예고하고 가리킨 바로 그분이며, 하나님의 모든 계획과 약속이 그 안에서 실현된 분이라는 것이다.

마태복음 5장에 기록된 예수의 말씀은 단 한 번의 진술이 아니다. 마태복음 11장에서 구약의 마지막 예언자 세례 요한과의 관계를 알려 주실 때 예수는 자신을 역사의 초점이자 중심으로, 즉 하나님의 모든 계획과 목적이 자기 안에서 성취되는 존재로 여기셨다. 누가복음 24장에서도 같은 진리를 가르치셨다. 예수는 낙심한 두 제자에게 나타나 위로하시며 구약성경으로 돌아가 율법, 예언서, 시편이 어떻게 자신에 대해 말하고 있으며 자신의 삶과 죽음과 부활을 예고했는지 재차 알려 주셨다(눅 24:13-35, 44). 십자가에 못 박힌 메시아는 어떤 이상한 개념이 아니라 구약이 가르치고 예고한 바로 그 내용이라는 사실을 말이다. 예수는 성경을 풀어 가시며 올바르게 해석된 구약이 어떻게 자신에 관한 것인지를, 그리고 그 다양성에도 불구하고 성경 전체가 그리스도를 중심으로 하고 있다는 사실을 강력히 설명하셨다.

이와 똑같은 점을 히브리서 저자는 첫 문장에서부터 가르치는데, 이는 히브리서 전체를 관통하는 논제다. 저자는 이렇게 상기시킨다. "옛적에 선지자들을 통하여 여러 부분과 여러 모양으로 우리 조상들에게 말씀하신 하나님이"(1:1). 하나님의 말씀은 시간의 흐름에 따라 점진적으로 주어졌고, 이는 더 위대한 계시가 올 것을 예고했다. "여러 부분과 여러 모양으로"라는 표현은 바로 이 점을 강조한다. 구약의 계시는 하나님이 주신 것이고 완전한 진리며 권위를 갖고 있지만, 의도적으로 불완전하게 주어져 그 자체를 넘어 그리스도의 오심을 가리킨다. 그러나 예언자들이 바라보았던 것, 즉 "마지막 날"과 메시아 예수의 오심이 이제 "아들" 안에 있다(2절). 다시 말해, 그리스도의 오심과 사역을 통해 하나님의 이전 계시와 구속 목적이 완성에 이르렀다. 이 모든 사실은 구약의 권위를 감소시키지 않고, 오히려 하나님이 구약을 넘어 자신을 온전히 드러내실 우리 주 그리스도 예수를 가리키도록 의도하셨다는 것을 상기시킨다.

이는 성경이 명확히 가르칠 뿐 아니라 성경을 바르게 읽고 적용하기 위해 반드시 기억해야 할 진리들이지만, 안타깝게도 오늘날 복음주의 교회는 이런 진리를 이해하는 데 진통을 겪고 있다. 특히 구약성경이 우리 삶에 어떻게 적용되어야 하는지, 그것이 어떻게 그리스도에 관한 것인지 혼란스러워 한다. 우리 시대의 많은 교회에서 구약은 낯선 책이 되었으며, 너무도 자주 당혹스러움과 경멸의 대상이 된다. 하지만 이런 태도는 성경이 가르치는 바를 부정하는 것이다. 예를 들어, 디모데후서 3:15-17에서 바울이 가르치는 바를 부정하는 것이다. 성경의 본질에 관한 이 중요한 본문에서 우리는 종종 바울이 구약을 하나님의 감동된 말씀으로 언급하고 있다는 사실, 따라서 그리스도인에게 온전한 권위를 가진다는 사실을 간과한다. 바울은 교회의 교리와 삶이 구약성경에 근거하고 있음을 전제한다. 당시에 신약성경은 아직 완성되지 않았기 때문이다. 따라서 구약을 무시하는 것은 잘못일 뿐만 아니라 매우 위험하다. 신약과 더불어 구약은 우리가 하나님을 바르게 이해하고 그리스도 안에서 구속된 백성으로 하나님 앞에서 어떻게 살아가야 하는지를 알려 주는 근거가 되기 때문이다. 물론 그리스도인으로서 우리는 이제 그리스도의 오심으로 인해 '언약으로서 율법 아래' 있지 않으며, 그리스도의 새 언약 사역의 관점에서 구약을 신중하게 적용해야 한다. 그렇다고 구약 전체가 더 이상 성경의 역할을 하지 않는다는 뜻은 아니며 여전히 연구와 순종을 요구한다.

더욱이 구약을 무시하는 태도는 신약에 대한 성경적이고 신학적인 기초를 약화시켜 예수가 누구신지와 복음의 메시지를 오해할 위험을 상당히 증가시킨다. 우리 주 예수는 신약성경에서 새롭게 나타나신 분이 아니다. 오히려 예수가 누구시며, 구속 사역에서 그분이 우리를 위해 어떤 일을 하셨는지는 전적으로 구약의 성경적-신학적 틀, 내용, 구조에 의존한다. 우리가 복음을 구약에 기초해 받아들이지 않는다면 기독교 신학의 핵심 진리를 잃어버리게 될 것이다. 따라서 (신약은 말할 것도 없고) 구약에 대한 무지는 사소한 문제가 아니다. 실로 삶과 죽음의 문제다. 그러므로 온전한 정경으로서 성경에 대한 우리의 무지를 생각해 보면, 오늘날 복음주의 교회의 신학적 삶과 건강이 위태로운 것은 당연하다.

이런 현실을 직시하면서, 나는 그레엄 골즈워디의 『하나님의 계시 드라마』를 강력히 추천한다. 복음주의권의 대표적인 성경신학자가 오랜 시간 성경을 연구하고 가르치며 집필해 온 활동의 결실인 이 책은, 성경을 그 본래의 조건에 따라 읽고 우리 삶에 적용하는 방법을 가르쳐 준다. 하나님의 말씀을 알고 사랑함으로써 하나님을 올바르게 알고 사랑하는 것보다 긴급한 필요는 없다는 점에서, 이 책은 성경을 진지하게 받아들이고 "모든 생각을 사로잡아 그리스도에게 복종하기"(고후 10:5) 원하는 이들의 필독서다.

골즈워디는 이 책이 전문적인 성경신학 도서가 아니라는 점을 상기시키지만, 이 책은 성경이 무엇인지에 대한 '큰 그림'과 함께 오늘날 교회를 위해 성경을 바르게 읽고 적용하는 방법을 제시한다. 책 전반에 걸쳐 골즈워디는 신적 계시의 역사적 본성의 중요성을 강조하면서, 역사 속에서 하나님의 구속 사역과 강력한 행하심을 드러내는 계시가 정적이지 않다는 사실을 올바르게 상기시킨다. 그렇기에 성경의 모든 부분이 정확히 같은 방식으로 다른 부분과 연결되지 않는다. 따라서 성경을 신중히 읽고 우리 삶에 적용해야 한다. 저자가 설득력 있게 보여 주듯이, 우리가 성경을 하나님의 점진적인 계시 속에서 그 위치를 고려하지 않고 읽는다면 필연적으로 본문을 오해하고 잘못 적용하게 된다. 본문은 성경이 보여 주는 창조, 타락, 구속, 새 창조라는 구조에 따라 구속사 안에서 그 위치를 고려해 읽혀야 한다. 그리고 각 본문이 그리스도 안에서 어떻게 성취되었는지 이해해야 한다. 그런 식으로 성경을 읽고 적용하지 않으면 우리는 하나님의 의도에 충실하지 못하여 결국에 성경을 단편적으로 읽는 잘못을 범하게 된다.

골즈워디는 성경의 '큰 그림'을 네 부분으로 나누어 보여 준다.

첫째, 그는 성경의 본질을 탐구하는데, 이는 성경을 올바르게 읽는 기초가 된다. 책 전반에 걸쳐 그는 성경신학과 조직신학이 상호 의존적 관계임을, 즉 어느 하나만으로는 온전할 수 없다는 사실을 강조한다. 하지만 그는 성경 자체의 가르침에 충실하며 성경이 하나님의 권위 있는 말씀이라는 점을 진지하게 받아들인다. 따라서 우리는 성경을 하나님의 말씀으로 받아들이고 그렇게 읽어야 한다.

둘째, 골즈워디는 성경의 하나님, 정경 전체를 통해 우리에게 계시된 삼위일체 창조주, 언약의 주님을 다룬다. 그럼으로써 신론(doctrine of God)에 기반을 두고 성경의 주된 메시지가 먼저는 하나님에 관한 것이며 다음으로 우리에 관한 것임을 입증한다.

셋째, 그는 성경을 올바르게 읽고 적용하는 데 필수적인 핵심 주제들을 정경 전반에 걸쳐 발전시키면서 하나님의 행하심을 보여 준다. 창조의 중요성을 필두로 타락, 하나님의 심판, 언약을 통한 왕국 건설에 결부된 하나님의 구속 계획으로 나아가며, 이 모든 것이 그리스도 안에서 하나님 계획의 성취로 이어진다. 이러한 작업을 통해 그는 구약 역사, 예언적 종말론, 그리스도 안에서의 성취에 관한 성경의 시대 구조를 따르는 방법을 제시한다. 이를 통해 성경 각 부분이 그리스도를 중심으로 전체와 어떻게 연결되는지 반복적으로 보여 주며, 성경이 스스로를 제시하는 방식에 충실하게 읽는 법을 알려 준다.

넷째, 그는 그리스도 안에서의 성취라는 관점으로 구속사의 이전 시대가 아닌 새 언약의 시대를 살아가는 우리에게 성경 전체가 어떻게 적용되는지 보여 주며 책을 맺는다. 복음 메시지에 관한 논의와 그리스도의 사역에 비추어 우리가 교회로서 어떻게 살아가야 할지에 관한 논의는 이 책을 단순히 정경을 관통하는 주제를 추적하는 데 그치지 않게 한다. 오히려 오늘날 우리가 교회로서 어떻게 살아가야 할지를 신중하게 제시하는 책이다.

오늘날 많은 복음주의 교회들이 기본적인 성경 및 신학적 지식과 이해가 부족한 상황임을 고려할 때, 골즈워디의 노작은 이 심각한 문제를 해결하기 위한 필독서다. 교회가 온갖 교훈의 풍조에 밀려 요동하지 않기 위해서는(엡 4:14) 이 책에 담긴 지혜가 필수다. 복음주의 세계의 어떤 이들이 알레고리적 성경 해석으로 돌아가는 옛길을 '복구하려고' 하는 오늘날, 골즈워디는 올바른 '문자적 의미'*(sensus literalis)*의 이해에 근거한 종교개혁적 대안을 제시한다. 그는 성경 본래의 조건, 즉 그리스도를 중심으로 하는 하나님의 영원한 계획을 드러내는 점진적 계시로 성경을 읽음으로써, 교회를 위해 하나님의 말씀을 회복시키는 올바른 '신학적' 해석을 제시하며 우리 삶에 적절히 적용하게 한다.

지금 시점에 필요한 것은 건전하고 신실한 성경적, 신학적 강해다. 이 책이 바로 탁월하게 제공한다. 나는 이 책이 우리 교회들 가운데 널리 읽히고 적용되길 기도한다. 그렇게 된다면 복음주의 교회는 견고하고 강력해질 것이며, 하나님의 온전한 뜻(행 20:27)으로부터 그리스도의 한량없는 풍성함(골 1:27-28)을 새롭게 선포하는 법을 배워 삼위일체 하나님을 알고 영화롭게 할 채비를 갖추게 될 것이다.

스티븐 웰럼

남침례 신학교 기독교신학 교수

들어가는 말

거리 다루기

"이 마지막 날에"(In these last days). 나는 왜 이 문구를 원제에 담았는가? 성경에서 하나님의 진리의 계시가 가진 역동성과 전환성의 실체를 보여 주는 탁월한 구절로 히브리서의 시작 부분만 한 곳도 없기 때문이다.

> 옛적에 선지자들을 통하여 여러 부분과 여러 모양으로 우리 조상들에게 말씀하신 하나님이 이 모든 날 마지막에는 아들을 통하여 우리에게 말씀하셨으니 이 아들을 만유의 상속자로 세우시고 또 그로 말미암아 모든 세계를 지으셨느니라. 이는 하나님의 영광의 광채시요 그 본체의 형상이시라. 그의 능력의 말씀으로 만물을 붙드시며 죄를 정결하게 하는 일을 하시고 높은 곳에 계신 지극히 크신 이의 우편에 앉으셨느니라. (히 1:1-3)

그러므로 히브리서 저자는 성경 계시의 역사에서 주요 전환점을 짚으며 시작한다. 즉 하나님께서 옛적에는 예언자들을 통해 말씀하셨던 것과 달리(구약), 이제 이 마지막 날에는 그의 아들을 통해 말씀하셨다는 것이다(신약). 이런 전환은 성경이 두 증언(Testaments)으로 나뉘어 있다는 점, 언어와 문화의 변화, 그리고 무엇보다 하나님의 아들 나사렛 예수의 등장으로 강조된다.

이 책의 부제('성경 계시의 역동성')에는 약간의 설명이 필요하다. 계시는 정적이지 않다. 하나님이 어떤 문제에 대해 처음 말씀하신 것이 반드시 마지막 말씀이 되는 것은 아니다. 이 연구에서 우리는 계시가 점진적으로 이루어진다는 사실의 중요성을 살펴볼 것이다. 성경의 핵심 주제들은 역사성을 가지며, 현대 독자인 우리는 이를 고려해야 한다. 나는 성경 모든 부분이 21세기 그리스도인에게 동일한 방식으로 연관되지는 않는다는 사실을 여러 차례 강조할 것이다. 이는 한 본문과 우리가 가진 언어적, 문화적, 역사적, 신학적 거리가 그 본문의 의미와 적용을 이해하는 방식에 영향을 미친다는 뜻이다. 본문의 역사적-신학적 기원에서 시작해 그리스도 안에서의 성취에 이르기까지의 발전을 이해하지 않은 성경 주해는 불완전하다. 본문과의 거리는 전체적인 성경 메시지에 대한 우리의 인식과 적용, 그리고 하나님의 구속받은 자녀로서 우리 자신에 대한 이해에 영향을 미친다. 점진적 계시는 신학적 발전과 전환을 아우르며, 본문을 지금 여기에 있는 우리 자신에게 적용하려고 할 때 반드시 고려해야 하는 점이다.

이런 연구를 구성하기가 어렵다는 사실은 이 책의 차례에서도 드러난다. 이는 성경의 웅장한 통일성 안에 성경 각 부분의 다양성이 존재하기 때문이다. 궁극적으로 성경은 예수와 그분의 오심을 통해 하나님이 주신 구원에 관한 책이다. 예수는 하나님과 인간 사이의 유일한 중보자이시며(딤전 2:5), 성경은 하나님을 아는 지식의 근원이다. 따라서 예수가 우리에게 하나님의 말씀을 중재하신다는 점에서, 그런 중재가 무엇을 의미하는지 이해할 필요가 있다. 성경의 통일성은 그 안의 모든 주제가 서로 인식 가능한 방식으로 결부되어 있다는 것을 의미한다.[1] 이는 개별 주제를 다루면서 여타의 여러 주제를 끊임없이 상호 참조해야 한다는 사실을 시사한다. 그래서 이 책을 집필하며 어떤 주제를 강조해야 할지 결정하는 데 어려움이 있었는데, 이 모두는 내가 선택한 주제들이 끊임없이 상호 작용하고 있다는 점을 인정하며 내린 결정이다. 내가 선택한 주제들은 성경 메시지의 핵심이라고 생각하는 것들이다. 이를 통해 우리 앞에 어떤 성경 본문이 놓인다 해도 특정한 해석학적 원칙을 도출하고 적용할 수 있다.[2]

이 연구의 성격상 도표를 활용하는 것이 적실했다. 여러 해 동안 나는 성경 계시의 구조를 도표로 표현하는 것이 유익하며 도움이 된다는 사실을 깨달았다.[3] 물론 도표로는 복합적인 개념을 표현하는 데 한계가 있으며, 그 목적은 본문에 담긴 개념들의 관계를 보여 주는 일을 돕는 것일 뿐이다.

---

1. 내가 '주제'라는 말로 뜻하는 바는 각 장의 제목 및 소제목을 통해 분명히 드러날 것이다. 주제란 성경 전반에 자주 나타나는 핵심적인 전문 용어나 신학 개념이며, 다양한 본문에 통일성을 부여한다.

2. 해석학(Hermeneutics): 오늘날 해석의 원칙을 지칭하기 위해 보편적으로 사용되는 전문 용어로, 주로 텍스트의 해석을 가리키지만 사건, 상징, 표지의 해석을 지칭할 수도 있다.

3. 내 몇 권의 책에서 도표는 필수적인 요소다. 다음을 보라. Graeme Goldsworthy, *The Goldsworthy Trilogy* (Milton Keynes: Paternoster, 2000). 『복음과 하나님 나라』, 『복음과 하나님의 지혜』, 『복음과 요한계시록』(이상 성서유니온); *According to Plan: The unfolding revelation of God in the Bible* (Leicester: Inter-Varsity Press, 1991). 『복음과 하나님의 계획』(성서유니온); *Preaching the Whole Bible as Christian Scripture: The application of biblical theology to expository preaching* (Grand Rapids, MI: Eerdmans; Leicester: Inter-Varsity Press, 2000). 『성경신학적 설교 어떻게 할 것인가』(성서유니온). 물론 이 책에서도 도표는 중요하다. 실로 정확하다면 도표는 성경 전반에 걸친 주제와 개념과 주요 사건이 서로 어떻게 연관되는지를 한눈에 볼 수 있게 한다.

감사의 말

이 책은 성경을 60년 이상 연구한 결과물이며, 그 기간 동안 나는 특별히 성경신학이라는 분야에 집중해 왔다. 오스트레일리아, 영국, 미국의 학부와 대학원 수준에서 다양한 성경학자들에게 교육받을 수 있었던 것은 큰 특권이었다. 또한 세 곳의 신학교에서 14년간 전임, 17년간 시간제로 학생들을 가르칠 수 있는 특권도 누렸다. 학생으로서 나는 스승들에게 많은 것을 배웠으며, 선생으로서는 학생들과의 교제를 통해 더 많은 것을 배웠다. 나를 영적으로, 또 학문적으로 세워 준 많은 이들의 영성과 지혜에 감사의 빚을 크게 졌다. 16년간의 지역 교회 전임 사역, 특히 그중 많은 시간을 기독교 교육 담당자로 보낸 경험은 성경신학을 그리스도인의 삶에 적용하는 데 필요한 관점을 제공해 주었다. 신학생들을 가르치면서는 구약과 신약의 관계에 대한 이해를 비롯해 모든 그리스도인, 심지어 어린이들에게까지도 성경신학의 중요성을 강조할 필요가 있음을 항상 염두에 두었다.

이 책을 헌정하는 감사의 말을 쓰며 나의 생각, 가르침, 글쓰기에 영향을 준 모든 스승과 학생과 교인들에 대한 추억이 떠오른다. 또한 내 전작들을 출간해 준 출판사들, 특히 영국 IVP와의 소중한 인연에 감사한다. 이 책을 위해 애쓴 톰 크리디, 리마 데브뢰, 몰리 바커와 출간을 위해 작업한 IVP/SPCK의 많은 분께 고마움을 전한다. 끝으로 아내 미리엄을 주신 전능하신 하나님께 감사드린다. 거의 60년에 이르는 세월 동안, 그리스도 안에서 아내는 나와 함께하며 사역의 모든 면에서 나를 지지해 주었다. 아내에게 진 빚은 이루 말할 수 없다. 무엇보다 나를 은혜로 자녀 삼아 주시고 이 사역을 맡겨 주신 하나님께 감사한다. 영원히 하나님께 영광이 있기를.

약어표

성경

AV	Authorized Version
ESV	English Standard Version
EVV	English versions
KJV	King James Version
LXX	Septuagint (Greek Old Testament)
NIV	New International Version
NRSV	New Revised Standard Version
RSV	Revised Standard Version

참고문헌 및 학술지

NDBT	*New Dictionary of Biblical Theology*, ed. T. D. Alexander and B. S. Rosner (Leicester: Inter-Varsity Press, 2000)
NDT	*New Dictionary of Theology*, ed. S. B. Ferguson, J. I. Packer and D. F. Wright (Downers Grove, IL: InterVarsity Press, 1988)
NIDNTT	*New International Dictionary of New Testament Theology*, ed. C. Brown, 4 vols (Grand Rapids, MI: Zondervan, 1975-1978)
NSBT	New Studies in Biblical Theology
RTR	*Reformed Theological Review*
SBJT	*Southern Baptist Journal of Theology*
TDNT	*Theological Dictionary of the New Testament*, ed. G. Kittel and G. Friedrich, tr. G. W. Bromiley, 10 vols (Grand Rapids, MI: Eerdmans, 1964-1976)
WTJ	*Westminster Theological Journal*

서론

이 책의 개관

총 4부로 구성된 이 책은 성경에서 하나님이 어떻게 말씀하시는지, 하나님이 누구신지, 하나님이 무엇을 하시는지, 그리고 우리가 어떻게 응답해야 하는지를 다룬다. 2부, 3부, 4부의 각 장은 한 주제를 그 시작에서부터 그리스도 안에 나타난 목표 및 새 하늘과 새 땅에서의 완성에 이르기까지 조사한다. 따라서 이 책은 처음부터 차례대로 읽어갈 수도 있고 성경의 다양한 주제에 대한 참고자료로 활용할 수도 있다.[1] 나는 이 책을 성경을 알고 이해하는 데 진지한 모든 그리스도인을 위해 썼다. 따라서 신학 훈련을 받지 않은 일반 성도뿐 아니라 신학생, 목회자, 교사, 심지어 학자도 이 책에 매력을 느끼길 바란다. 히브리어와 헬라어는 이를 배우지 않은 이들에게 걸림이 되지 않을 정

1. 이 책을 참고 자료로 사용하는 것도 좋지만, 우선은 처음부터 끝까지 읽고 '큰 그림'을 얻는 것이 더 유익하겠다.

도로만 사용했다. 원어에 대한 언급은 무시해도 되는데, 이는 단지 성경 번역이 항상 분명하지는 않다는 점을 상기시키는 역할을 할 따름이다.

우리가 어떤 인쇄물을 읽을 때면, 대체로 그 자료의 종류와 문학 장르에 적응해 거기에 맞는 적당한 반응을 보일 것이다.[2] 예컨대 버스 시간표를 읽는 방식과 추리 소설을 읽는 방식은 같을 수 없다. 물론 냉소적인 사람은 두 가지 모두가 허구적 장르라고 주장할지도 모르겠다. 마찬가지로 정치 평론가의 사설을 읽는 방식과 카레 요리법을 읽는 방식도 다르다. 동요는 일기 예보가 아니고, 부고는 우화가 아니다. 우리는 이미 잘 알고 있으며 대체로 각 장르에 맞게 적절히 반응한다. 대부분은 일상적인 문학 장르를 읽기 위한 기초를 배울 필요가 없다. 그냥 하면 된다. 하지만 익숙하지 않은 것을 다룰 때는 이야기가 달라진다. 따라서 지금까지 성경을 닫힌 책처럼 느꼈던 사람이 이를 이해하며 읽으려고 할 때 겪는 당혹감을 이해하기는 어렵지 않다.

성경 본문이나 문서의 문학 장르에 적응하는 것도 중요하지만, 성경의 전체적인 통일성 속에서 해당 본문의 역사적, 신학적 위치에 적응하는 것도 중요하다. 이는 단순히 과거의 일을 다루는 문서에 익숙해지는 능력만이 아니라 성경이 제시하는 방식대로 성경의 문화와 사상, 그리고 무엇보다 신학의 점진적 발전을 이해하는 감각을 요구한다.[3] 일반적으로 전문 성경 주석은 본문의 문학 장르와 역사에 대해 어느 정도 다룬다. 그러나 순전히 인본주의적이거나 자연주의적인 전제에 따라 본문을 해석하는 자유주의 신학은 결국 순전히 인본주의적이거나

2. 성경의 장르에는 내러티브, 비유, 지혜 격언, 탄식, 묵시적 이미지, 찬송 등이 있다.

3. 성경이 제시하는 방식대로 성경의 신학을 이해하는 것이 우리가 '성경신학'이라고 부르는 학문의 본질이다.

자연주의적인 결론으로 이어지기 쉽다. 예를 들어, 성경의 신적 영감을 의심하는 독자는 성경의 역사적, 신학적 주장에 회의적일 것이다. 이 책에서는 우리의 전제와 이를 사수할 이유를 점검해야 할 필요성을 여러 차례 언급한다. 나는 우리의 전제가 자기증명적이고 궁극적인 권위인 성경에서 비롯되어야 함을 주장할 것이다. 그렇게 할 때 우리는 하나님의 영감받은 말씀을 단순히 사람이 쓴 책으로 취급하지 않을 것이다.

나는 성경에 익숙한 사람과 그렇지 않은 사람 모두에게 유익이 되기를 바라는 심정으로 성경의 본질을 탐구하려고 했다. 각 장에 제시한 주제 분석을 통해 현대 독자가 이해해야 할 성경의 핵심 특징을 담아내고자 했다. 그 특징들은 다음과 같다.

1. 성경은 다양한 책들의 모음집이지만, 그 다양성에도 불구하고 분명하게 드러나는 서사적 구조와 신학적 통일성으로 연결되어 있다.
2. 이 모음집의 영웅, 즉 주인공은 우리 주 예수 그리스도의 아버지이신 하나님이며, 내러티브 속 모든 사건을 주관하시는 분이다.
3. 성경 전체의 중심은 하나님과 인간의 유일한 중보자 예수 그리스도다.
4. 많은 인간 저자들이 성경을 기록했지만, 성경은 전반적으로 하나님의 저작임을 암시하며 때로는 직접적으로 그렇게 명시한다.[4]
5. 성경은 만물을 절대적으로 주관하시는 한 분 하나님의 말씀임을 주장하며, 이는 우리 삶에서 성경의 권위에 대해 가지는 모든 함의를 포함한다.

4. 성경의 이중 저자성과 하나님이 말씀하신다는 것에 대한 상세한 논의는 다음을 보라. Nicholas Wolterstorff, *Divine Discourse: Philosophical reflections on the claim that God speaks* (Cambridge: Cambridge University Press, 1995), pp. 37-57. 이보다 조금 쉬운 수준으로는 다음을 보라. J. I. Packer, *God Has Spoken: Revelation and the Bible* (Grand Rapids, MI: Baker, 1994).

6. 성경의 통일성은 성경 모든 부분(모든 본문)이 서로 명확한 역사적, 신학적 관계를 맺고 있음을 의미한다.

7. 성경에 내재된 다양성과 역사적 발전은 본문들이 서로 간에, 그리고 독자인 우리와 맺는 관계가 다양함을 의미한다.

마지막으로 언급된 특징이 이 책의 주요 주제다. 모든 본문이 21세기 독자들과 똑같은 관계를 맺는 것은 아닌데, 이는 성경을 시대성과 역사적 맥락을 초월한 사상, 도덕적 격언, 하루를 위한 행복한 생각이나 정신을 번쩍 들게 하는 생각이 담긴 상자처럼 대해서는 안 된다는 것을 뜻한다. 궁극적인 진리는 영원하지만 그 진리의 계시 방식은 시간과 공간에 속해 있다. 즉, 역사적이다. 하나님의 자기 계시는 역사적이고 점진적인데, 이는 시간과 공간 안에 존재하는 우리와 관계를 맺기 위해 하나님이 선택하신 방법이기 때문이다. 나는 성경을 읽는 독자들이 점진적 계시의 본질을 이해하도록 돕기 위해 이 책을 썼다. 그렇게 성경을 읽고 이해하고 적용할 때, 성경에 담긴 역동성과 점진적 전환을 고려할 수 있게 될 것이다. 예컨대 모세 율법과 관련해 그리스도인들이 직면하는 문제는 그것이 지금 우리에게 어떻게 연관되고 적용되는지를 분별하는 것이다. "살인하지 말라"는 명령이 여전히 적용된다는 사실은 인정하지만, 납득할 만한 이유를 댈 수 있는가? 또한 이스라엘에 부과된 제의적 요구에 우리가 어떻게 반응해야 하는가라는 문제도 있다. 특히 율법이 주어지지 않은 우리 같은 이방인들에게는 그렇게 간단한 문제가 아니다. 시내산에서 주어진 다양한 제사 규정은 로마서 12:1에서 바울이 권면하는 산 제물과는 매우 다르게 다가온다. 한 가지 방식은 일부 프로테스탄트 종교개혁가들의 표현으로, 그들은 그리스도 안에서 의식법과 제사법이 성취되었기에 더 이상 적용되지 않지만 도덕법은 결코 변하지 않는다고 명백히 구분했다.[5] 안식일 계명에 관해서는 그것이 의식법인지 도덕법인지에 관한 논쟁이 있다. 근본적으로는 이 율법이 누구에게 주어졌으며 얼마 동안 효력을 유지했는가 하는 점을 고려해야 한다. 나는 성공회 전통 가운데 자라면서 성찬식에서 십계명을 사용하는 것에 대해 궁금해하곤 했다.[6] 특히 안식일은 내게 큰 문제였는데, 성경에서 안식일을 토요일에서 일요일로 변경하라는 명령을 찾을 수 없었기 때문이다.[7] 그렇다면 대체 왜 어떤 그리스도인들은 일요일을 기독교의 안식일로 여기는가? 그리고 왜 그들은 이스라엘이 지켰던 방식과 다르게 안식일을 지키는가?

이 책이 성경의 다양한 주제들의 역동성을 언급할 때는 창조에서 새 창조에 이르는, 다시 말해 창세기 1-2장에서 요한계시록 21-22장의 영광스러운 완성에 이르는 역사 시간을 따라가는 계시의 점진적[8] 본성을 의미한다. 이 '앞표지'와 '뒤표지' 사이에 나머지 성경 문헌들이 있고, 역사적 내러티브는 성경 여러 부분을 하나로 묶고 올바른 관계를 유지함으로써 성경의 통일성을 구조화하는 뼈대처럼 그 속에 새겨져

---

5. 이는 성공회 39개 신조(1562) 제7조와 웨스트민스터 신앙고백서(1646) 제19장에 나타난 입장이다. 그러나 내 판단이 옳다면, 우리는 의식법과 도덕법을 포함한 전체 율법이 그리스도 안에서 성취되었지만 도덕법은 여전히 유효하다는 점을 인정해야 한다.

6. 십계명은 에드워드 6세의 두 번째 기도서(1552)의 성찬례에 삽입된 이래로 개정판들에 삽입되어 왔다. 출 20:2의 역사적 배경에 대한 서론, "너를 애굽 땅, 종 되었던 집에서 인도하여 낸"이라는 구절이 생략되면서 짧아졌다. 그래서 1662년판 성공회 「공동 기도서」에서 인도자는 이렇게 말한다. "하나님이 이 모든 말씀으로 말씀하여 이르시되, 나는 네 하나님 여호와니라. 너는 나 외에는 다른 신들을 네게 두지 말라." 각 계명에 대한 회중의 응답은 "주여, 우리에게 은혜를 베푸시고 이 율법을 지키도록 우리 마음을 인도해 주소서"다.

7. 다음을 보라. Graeme Goldsworthy, *Homeward Bound: Sabbath rest for the people of God* (Milton Keynes: Paternoster, 2019). 부활의 날인 일요일이 전통적으로 기독교의 성일이라는 주장을 강화하는 주간 첫날의 모임에 대한 언급들이 있지만, 보편적으로 그리스도인들은 이를 언급하며 '안식일'이라는 용어를 사용하지는 않았다.

8. 이는 창조에서 새 창조에 이르는 역사 시간 속에서 중요한 사건들과 연관된 단계들을 통해 드러나는 주제의 계시를 의미한다.

있다. 이 연구에서 논의할 주제를 선택할 때 나는 그리스도인의 삶에, 그리고 내러티브 구조 안에서 성경의 중심 메시지를 이해하는 데 신학적으로 중요한 주제들을 선택하려고 했다. 이어지는 1부에서는 성경 독자들이 고대 본문에서 시간과 거리의 간극이라는 문제를 인식하도록 돕는 것이 목적이다.

1부

하나님의 말씀

1. 이해하며 성경 읽기

1장은 성경을 어떻게 읽어야 하는지에 대한 내용으로, 오랫동안 성경을 읽어 온 이들에게는 다소 고리타분한 소리로 들릴지도 모르겠다. 너그러운 이해를 구한다. 대부분의 그리스도인은 성경을 읽는 것이 좋고 필요하다는 데 동의한다. 우리 모두는 성경이 기독교 신앙의 기초가 된다는 사실을 어느 정도 알고 있으며, 신앙 여정에서 우리를 안내하고 지탱해 줄 힘을 가지고 있다고 인식한다. 하지만 많은 이들이 이렇게 방대하고 복합적인 문학 작품을 어떻게 다루어야 할지에 관한 조언이나 가르침을 받아 본 적이 없을 것이다. 대체로 그리스도인들은 가정이나 교회에서 성경이 다루어지는 방식에 자연스레 노출되면서 무의식적으로 흡수한 일종의 습관처럼 배우는 경우가 많다. 서로 다른 기독교 집단 사이에는 그만큼이나 다양한 성경 읽기 전통이 존재한다. 어떤 전통은 유익하지만 그렇지 않은 것들도 있다. 여기서는 성경 읽기에 대한 논리적 지침을 제공하고자 한다.

'성경 기초'의 필요성

유구한 기독교 유산을 가진 나라에서 살아가던 사람들 대부분이 성경이 무엇인지 어느 정도 알던 시절이 있었다. 그들은 주일학교에 다니며 아브라함, 모세, 예수에 대해 이야기하던 훌륭한 세대의 자녀들이었을 것이다. 하지만 안타깝게도 1970년대와 1980년대에 접어들면서 그런 시절은 막을 내리기 시작했다. 후기 기독교 시대인 오늘날, 아이들이 '하나님'이나 '예수 그리스도'라는 말을 알고 있다면 텔레비전이나 놀이터, 심지어 집에서 너무도 자주 비속어로 들었기 때문일 것이다. 문자로 'OMG'(오, 마이 갓!)의 뜻을 다 알고 있듯이 말이다. 따라서 21세기에 누군가 그리스도인이 된다면 대개는 성경과 그 안에 담긴 소망의 메시지를 거의 이해하지 못한 상태로 시작한다. 교회 안에서 또한 그리스도인으로서 새롭게 겪는 경험을 통해서 다양한 성경 읽기 계획을 소개받을 수도 있지만, 그들은 대체로 성경을 알아 가라는 권면을 받을 것이다. 초신자들에게는 막막하게 느껴질 수 있다. 도대체 어디서부터 시작해야 하는가? 이번 장에서는 성경을 읽는 데 영향을 미치는 몇 가지 특징을 살펴보고자 한다. 이를 통해 성경이 무엇에 관한 것인지, 성경의 교훈을 어떻게 적용할 것인지, 믿음 안에서 어떻게 성장해 나갈 것인지 이해할 수 있을 것이다.

성경이란 무엇인가?

당신이 초신자이고 처음으로 성경을 가지게 되었다면, 온갖 종류의 낯선 단어와 이름으로 가득한 1,000쪽이 넘는 두꺼운 책을 다뤄야 하는 상황에 처한 것이다. 우선 당신은 성경이 66권의 고대 문서로 이루어진 모음집이라는 사실을 알아야 한다. 이 문서들은 원래 세 가지 고대 언어(히브리어, 아람어, 헬라어)로 1,500년에 걸쳐 작성되었고, 가장 최근의 문서는 주후 1세기 후반의 것이다. 게다가 원본(즉 자필본)은 하나도 남아 있지 않으며, 지금 우리가 가진 본문은 초기 필사본들 및 원어에서 다른 언어로 번역된 것들에 의존하고 있다.[1] 그럼에도 현재 우리가 가진 히브리어 구약성경과 헬라어 신약성경 본문은 신뢰할 만하며, 현대 언어로 번역된 성경들은 이를 토대로 한다.[2] 우리처럼 평범한 그리스도인들은 시대를 거치며 번역을 수행한 학자들의 노고에 감사해야 한다. 그리고 오늘날에도 여전히 전문가들은 세심히 번역을 가다듬고 있다. 따라서 우리가 이런 사실을 아는 것도 중요하지만, 더욱 중요한 것은 현재 우리의 언어로 번역된 성경을 어떻게 선택하고 사용할 것인가 하는 점이다.

그리스도인은 다양한 이유로 성경을 정기적으로 읽도록 권면받는다. 가장 명확한 이유는 성경이 기독교의 원전이기 때문이다. 성경은 기독교 신앙이 무엇인지 알려 준다. 그 중요성은 아무리 강조해도 지나치지 않다. 하지만 성경은 단순한 원전이 아니다. 성경에 관한 가장 중요한 사실은 이것이 살아 계신 하나님의 말씀이라는 점이다. 성경은 하나님의 창조, 우리의 삶, 우리의 구원에 대한 하나님 계획의 계시다. 성경은 하나님이 그분의 자녀들에게 말씀하시고, 아들 예수를 믿는 믿음을 통해 그분에게 속한 모든 이를 위해 준비된 영원한 영광으로 인도하시는 매개체다. 그리스도인이 된다는 것은 살아 계신 하나님

1. 주로 라틴어, 헬라어, 시리아어 역본들이다. 1947년 사해 사본이 발견되기 전까지, 레닌그라드 사본(주후 11세기)에 포함된 히브리어 마소라 사본(Masoretic text)이 가장 오래된 온전한 구약성경이었다. 사해 사본에서 책 전체가 온전히 발견된 것은 구약 가운데 이사야서가 유일한데, 이는 주전 2세기경 작성된 것으로 추정된다. 이때 작성된 사해 사본의 이사야서를 통해 마소라 사본이 매우 엄밀하고 정확하게 전승되었음을 알 수 있게 되었다.

2. 구약성경의 몇 장은 히브리어와 연관된 셈어 계열의 아람어로 기록되었다.

과 교제한다는 것을 의미하며, 이 교제는 하나님의 말씀을 통해 우리에게 그분의 뜻이 전달되는 일과 우리가 기도와 경건한 삶으로 하나님께 응답하는 일을 포함한다. 성경은 오랜 시간에 걸쳐 수많은 인간 저자들을 통해 기록되었지만, 여전히 하나님의 백성과 모든 시대를 위한 하나님의 말씀이다.

성경의 다양한 문서들이 작성될 당시에 우리는 존재하지 않았기에, 어떤 본문도 인간 저자가 오늘 우리를 직접 대상으로 기록한 것은 아니다. 그러나 우리는 하나님의 성령이 이 전체 과정을 감독하셨다고 믿는다. 따라서 인간 저자들이 기록한 내용은 하나님께서 그들을 통해 말씀하고자 하셨던 것이다. 어떤 본문도 우리에게 직접 기록된 것은 아니지만, 성경 전체는 우리를 위해 그리고 영광 저편에 있는 하나님의 모든 백성을 위해 기록되었다(딤후 3:16-17). 놀라운 점은 하나님이 우리에게 말씀하신다는 사실이며, 또한 우리가 그 말씀을 듣고 주목하기를 요구하시는 방식으로 말씀하신다는 사실이다.

어떤 번역본을 사용해야 하는가?

1950년에 내가 처음 그리스도인이 되었을 때 일반적으로 사용하던 유일한 성경은 지금은 킹제임스역(KJV)으로 잘 알려진 흠정역(AV, 1611년 출간)이었다. 1881-85년에 출간된 영어개정판(ERV)도 있었지만 널리 사용되지는 않았다. 새롭게 그리스도인이 된 나는 곧 로마서를 읽기 시작했는데, 다른 그리스도인들이 그 책이 중요하다고 했기 때문이었다. 1-6장까지는 적어도 바울의 논지의 골자를 이해했다고 생각했지만 7장에 이르러서는 꽉 막혔다. 17세기 영어로 기록된 KJV의 논증이 다소 혼란스럽게 여겨져 결국 나중에 다시 읽기로 하고 덮어 두었다. 1946년에 새로운 현대 영어로 신약성경의 개정표준판(RSV)이 출간되었지만, 그것이 일반적으로 사용되기 시작했을 때는 신구약 전체가 출간된 1952년이었다. 새로 구입한 RSV로 로마서 7장을 다시 읽자, 완전히 이해했다고는 할 수 없지만 현대적인 영어 번역으로 인해 서광이 비취는 깨우침을 얻었다고 느꼈다.[3] 이후 RSV는 개정을 거쳐 1989년 새개정표준판(NRSV)으로 출간되었고, 마찬가지로 RSV를 바탕으로 2001년에는 영어표준판(ESV)이 등장했다. 현대 영어 번역판 가운데 가장 인기 있는 것은 1978년에 처음 출간된 새국제판(NIV)이다.[4]

여기서 다양한 성경 번역본의 장점에 대해 자세히 다루지는 않을 것이다. 지금은 너무 많은 번역본이 존재하기 때문이다.[5] 그러나 책임감 있는 성경 독자가 되기 위해서는 몇 가지 선택의 원칙을 생각해 보아야 한다. 첫째, 읽기와 연구를 위한 주된 번역본으로 하나의 '표준' 성경을 선택할 것. 대체로 '표준'이라는 말은 여러 학자와 언어 전문가로 구성된 팀이 작업한 번역본에 적용된다.[6] 각 번역자의 작업은 다른 팀원들에게 검토되어 가장 정확하고 최상의 결과를 얻도록 한다. 반면에 어떤 번역본은 개인에 의해 작업되었는데, 이는 단일 번역자의 전

---

3. KJV만이 원문에 접근할 수 있는 유일한 역본인 것처럼 오직 KJV만 고집하는 그리스도인들과 교회들도 있다. 그러나 16세기 프로테스탄트 종교개혁가들은 성경과 교회 예전이 일반인들이 사용하는 언어로 되어야 한다고 확신했다. 17세기에는 KJV가 당시의 일반 언어였지만 이제는 더 이상 그렇지 않다.

4. 인기를 얻은 다른 현대 영역 성경에는 새흠정역(NKJV), 새미국표준역(NASB), 홀맨기독교표준역(HCSB)이 있다.

5. 다음을 보라. Leland Ryken, *The Word of God in English: Criteria and excellence in Bible translation* (Wheaton, IL: Crossway, 2002); Glen G. Scorgie et al. (eds), *The Challenge of Bible Translation: Communicating God's word to the world* (Grand Rapids, MI: Zondervan, 2003). 나는 다음 책에서 이 문제를 다루었다. Graeme Goldsworthy, *Gospel-centred Hermeneutics: Biblical-theological foundations and principles* (Nottingham: Apollos; Downers Grove, IL: InterVarsity Press, 2006), pp. 288-95. 『복음중심 해석학』(CLC).

6. 그러나 NIV의 경우처럼, 그런 모든 번역본이 '표준'이라는 단어를 표기하고 있지는 않다.

문성 부족이나 신학적 편향으로 인해 오류나 부적합성의 위험이 클 수 있다. 그렇다고 『메시지』(*The Message*)나 TEB(*Today's English Version*, 굿뉴스 성경으로도 알려짐) 같은 서적을 읽는 것이 전혀 유익하지 않다는 말은 아니지만 이런 번역본을 상시적으로 사용해서는 안 된다. '단순화된' 번역본은 주의해야 한다. 어떤 것은 정확할 수 있는 반면, 어떤 것은 틀릴 수도 있는 단순한 의역(paraphrase)에 불과하기 때문이다.[7] 또한 원래 맥락에서 성경 내러티브를 떼어 내 현대적인 배경으로 옮겨 놓은 번역본은 피하는 것이 좋다.[8]

번역은 매우 까다로운 과정이고 그 과정으로 많은 것이 상실될 수 있다. 번역의 정확성이 중요하다는 것은 말할 필요도 없지만, 생각만큼 쉽지 않다. 얼핏 보면 단어 하나하나를 다른 언어로 그대로 옮기면 될 것 같아도 실제로는 그렇지 않다. 모든 언어에는 계속해서 변화하는 자기만의 고유 구조와 관용어가 있다. 이는 동일한 언어의 여러 방언에도 해당한다.[9] 게다가 모든 언어는 고유한 어순과 통사론을 갖는다. 문제는 원어와 번역 대상 언어의 차이를 고려할 때, 번역자가 최대한 실제 단어를 형식적으로 번역하는 것을 목표로 해야 하는지, 아니

---

7. 의역은 번역의 형식적-역동적 스펙트럼에서 극단적 역동성에 위치한다(이에 대한 논의는 아래를 보라).

8. 다음 책은 극단성의 한 예를 보여 준다. Clarence Jordan, *The Cotton Patch Version of Matthew and John* (New York, NY: Association Press, 1973). 이 번역본에서는 복음서의 사건들이 현대 미국의 조지아주로 옮겨지고, 영어는 미국 남부 지역의 언어로 여겨진다. 성경 사건들의 이런 재상황화는 무의미하고 파괴적이며, 이미 세계사적으로 중요해진 사건들의 의의를 간과하는 것이다.

9. 영국과 미국에는 지역 방언들이 많이 있다. 1960년에 케임브리지 학생이었을 때 나는 C. F. D. Moule 교수에게 개인적으로 신약 헬라어 수업을 받는 특혜를 누렸다. 이따금 내가 어려운 헬라어 관용어를 붙들고 헤맬 때면, 그는 함께 새영어성경(NEB)을 살펴보자고 했다. 그는 출간이 임박했던 그 번역본의 번역자 중 한 사람이었다. 나는 오스트레일리아 사람으로서 NEB에 사용된 영국식 구어체 관용구가 이해하기 힘들다는 사실을 여러 차례 인정해야 했다.

면 단어 뒤에 숨은 의미를 재현하는 것을 목표로 해야 하는지에 있다. 어떤 번역은 형식적으로, 즉 직역에 가깝게 옮기는 반면, 다른 번역은 의미를 보다 역동적으로 전달하고자 한다. 두 가지는 완전히 구별되지 않는 연속성을 가진다. 그 어떤 번역도 완전히 형식적이거나 완전히 역동적일 수 없기 때문이다. 이것이 중요한 문제인가? 나는 그렇다고 생각하지만 이견의 여지는 있다.[10]

번역이 형식적(직역)일수록 원문에서 전문적으로 사용된 핵심 단어가 번역본에 잘 유지될 수 있다.[11] 형식적인 계열의 번역본에는 KJV, RSV, NRSV, ESV가 있다. 어떤 독자들은 이런 번역본이 다소 어색하고 익숙해지기 어렵다고 느낀다. 여기서 문제는 번역에 있다기보다 독자에게 있다고 생각한다. 내 의견을 말하자면, 현대 독자들이 이 점을 참고해 계속 노력해 보기를 권한다. 형식적인 번역본일수록 원문의 단어에 더 가까이 가게 해주기 때문이다. NIV는 앞서 언급한 번역본들보다 역동적인 번역에 가깝다. 거듭 말하지만, 자신에게 편안한 표준 번역본을 찾고 그것을 연구할 준비를 갖추라. 성경의 모든 내용이 간단하지는 않으니, 본문의 의미를 손상시키는 단순화된 접근에 안주하지 말라. 성경의 문화적 세계는 오늘날 우리 세계와 다르며, 우리는 성경의 세계를 우리 자신의 세계와 연결하는 법을 배워야 한다.

상황화(contextualisation)는 다른 문제다. 성경 내러티브를 본래의 역

10. 주 5번을 보라. Ryken은 더욱 형식적인 번역을 선호하는 반면 Scorgie는 더욱 역동적인 번역의 여지를 허용한다.

11. 예를 들어, 예수께서 신학적으로 중요한 의미를 담고 있는 칭호인 '인자'를 사용하신 것은 단 7:13의 아람어 '바르 에나쉬'(*bar ʾĕnaš*)를 형식적(직역)으로 옮기신 것으로 보인다. 이를 한결 역동적으로 번역하자면 단순히 '인간'이라는 의미로 옮길 수 있을 것이다. 이 단어를 신약성경이 헬라어로 '인간'이라고 번역했다면 다니엘서의 하늘로부터 온 인간과의 신학적 연관성은 쉽게 간과될 것이다.

사적 맥락에서 떼어 현대적 맥락으로 전환하려는 그 어떤 시도도 주의해야 한다. 마찬가지로 성경의 사건들을 번역어를 사용하는 독자들의 문화적 맥락으로 전환하려는 시도에도 같은 경고가 적용된다. 성육신하신 하나님은 약 2,000년 전에 팔레스타인 땅에 오셨고, 그분의 탄생은 성경이 고대 근동에서 일어난 것으로 기록한 역사 과정의 일부다. 나는 어린아이라 할지라도 예수께서 자동차나 텔레비전이 없던 시절에 저 멀리 떨어진 나라에서 사셨다는 사실, 주로 걸어서 여행하셨다는 사실, 우리가 볼 때 특이한 옷을 입으셨다는 사실, 전쟁 무기로는 칼, 창, 활, 화살이 사용되었다는 사실을 믿을 수 있다고 생각한다. 예수의 삶을 우리 시대의 삶과 동일하게 만들려는 시도가 복음을 더 믿을 만하게 만드는 것은 아니다.[12]

종이 성경인가 디지털 성경인가?

스마트폰 기술의 보편적인 사용은 새로운 영역을 고민하게 한다. 인터넷으로 제공되는 기사와 학습 도구에서 많은 유익을 얻을 수 있다. 온라인 성경은 큰 인기를 얻을 수밖에 없다. 부피가 큰 종이 성경을 들고 다니는 것보다 스마트폰을 들고 다니는 것이 훨씬 편하다. 손끝에서 성경 본문을 볼 수 있는 분명한 이점이 있지만 동시에 위험도 존재한다. 한 번에 몇 구절씩 화면에 뜨는 것보다 실제 종이에 인쇄된 성경 전체에 익숙해지는 것이 중요하다. 스마트폰만 사용해서는 탁월한 성경신학자나 조직신학자가 되기 어렵다고 생각한다.

대학생 사역자 매트 스미스(Matt Smith)는 「오스트레일리안 처치 레

12. Goldsworthy, *Gospel-centred Hermeneutics*, pp. 288–95.

코드」(Australian Church Record)에 게재되고 '복음 연합'(Gospel Coalition Australia)이 공동 배포한 기고문에서 디지털 성경 사용자들이 고려해야 할 몇 가지 사안을 제시했다.[13] 스미스는 온라인에서 성경을 편리하게 이용할 수 있다는 다소간의 이점을 인정하면서 다음과 같은 사항을 지적했다. 첫째, 디지털 성경은 산만해지기 쉽다. 이 주장의 핵심은 스마트폰이 성경만을 위한 기기가 아니라 통화와 문자를 비롯한 수많은 기능을 공유한다는 사실이다. 솔직해져 보자! 만일 교회에서 예배 시간에 스마트폰으로 성경 본문을 확인하며 따라가고 있을 때 문자가 온다면, 그 문자를 무시하고 설교에 집중할 가능성이 얼마나 되겠는가? 하나님은 성경을 통해 말씀하고 계신다는 사실을 기억하라. 그러나 우리는 친구의 문자에 더 큰 유혹을 받는다.

둘째, 스미스의 말에 따르면 디지털 성경은 본문의 맥락을 단절시킨다. 본문의 맥락을 우리 손에 물리적으로 쥐고 있는 대신, 맥락에서 완전히 분리된 대여섯 구절만 화면에 뜰 것이다. 맥락이라는 문제는 실제로 이 책의 핵심이다. 성경은 하나의 통일체며, 한 권의 완전한 성경을 손에 들고 있는 것은 모든 본문이 더 넓은 맥락 속에서 고유한 맥락을 지닌다는 사실을 끊임없이 상기시켜 준다. 궁극적으로 더 넓은 맥락은 성경 전체다. 디지털 성경의 대중적인 사용을 관찰해 본 바에 따르면, 성경을 주로 작은 화면을 통해 읽는 사람은 성경 메시지의 큰 그림을 이해할 가능성이 현저히 낮다고 말할 만한 근거가 있다.

강해 설교나 성경 공부는 매우 빈번히 여러 곳에 위치한 본문을 서로 비교하는 과정을 수반한다. 예컨대 예레미야 9:23-24을 찾아 둔 채

13. Matt Smith, 'Why You Should Ditch Your Digital Bible', *Australian Church Record* and The Gospel Coalition, 2 June 2020: https://au.thegospelcoalition.org/article/why-you-should-ditch-your-digital-bible (accessed 17 January 2024).

로 고린도전서 1:31과 고린도후서 10:17을 찾아 그 관계를 살펴보는 일은 화면에서 이 본문들을 왔다 갔다 하는 것보다 의미가 크다. 종이 성경은 본문 간의 거리를 이해하도록 도와준다. 디지털 기기 사용에 대해 스미스는 이렇게 말한다.

> 그 결과 25세 이하의 많은 이들은 기본적인 이해 기술(예를 들어 반복되는 어휘 발견하기, 사고의 논리적 흐름 파악하기, 단편적인 사실을 더 넓은 맥락에 배치하기 등)을 가르쳐 주기보다 대신 수행해 주는 세상에서 자라났다. 종합해 보면 우리는 젊은 세대들에게서 다음과 같은 사실을 발견한다. (1) 문해력을 위한 핵심 기술을 훈련받지 못했고 (2) 그런 성장 저해를 강화하는 성경 매체를 사용하고 있다.[14]

스미스의 세 번째 요지는 디지털 성경이 우리의 기억력을 제한한다는 것이다. 몇 구절만 뜨는 디지털 화면은 종이 성경이 주는 기억의 단서를 제공하지 못하기 때문이다. 삼차원의 성경은 "특정한 크기, 모양, 무게, 그리고 읽고 있는 부분에 따라 미묘하게 달라지는 두께"를 가졌기 때문에 기억에 도움을 준다. 그는 이렇게 결론을 내린다.

> 종이 성경은 철저히 일관된 방식으로 더 많은 감각을 활용한다.… 디지털 성경에는 그런 요소가 조금도 없다. 디지털 성경은 물리적 형태가 없는 본문으로, 종이 성경이 가진 감각적 이점이 제거되어 사용자의 의도에 따라 (적어도 외형적 측면에서는) 쉽게 변할 수 있다.

---

14. Smith, 'Why You Should Ditch Your Digital Bible.'

우리는 이런 의견을 신중하게 고려해야 한다. 나는 스마트폰을 사용해 성경을 진지하게 공부하려는 시도의 가치를 실로 의심한다. 내 의견이 타당하다면, 교회에서는 스마트폰이 아니라 종이 성경이 읽히고 설교되어야 한다. 설교자는 강단에서 스마트폰이나 태블릿이 아닌 종이 성경을 사용해 모범을 보여야 한다.

성경 읽기 계획

성경 읽기의 중요한 목표는 성경이 가진 통일성과 다양성 어느 것도 놓치지 않고 성경의 메시지를 이해하는 것이다. 성경을 집어 들어 아무 쪽이나 펼쳐서 읽는 것은 제일 나쁜 방법이다. 그것은 성경과 하나님에 대한 지식의 성장을 방해하는 잘못된 습관이다. 우리에게는 성경의 본질을 근거로 한 의도적인 읽기 계획이 필요하다. 성경의 다양성과 통일성을 이해하는 것은 성경의 위대한 중심 주제인 그리스도를 통한 구원을 이해하는 데 필수적이다. 개별적인 부분과 전체를 연결하는 틀 또한 필요하다. 어떤 성경 읽기 계획이나 진지한 공부 방법을 선택하든 간에 그것은 체계적이어야 하지 임의적이거나 다른 할 일이 없을 때 하는 일이 되어서는 안 된다. 이것이 바로 하나님이 우리에게 말씀하시는 방법임을 기억하라. 온 우주의 창조자이자 주님이신 분이 피조물인 우리에게 말씀하신다는 사실을 생각할 때, 우리는 경외심을 가져야 한다. 하나님은 단지 말씀하기 원하시는 것이 아니라 실제로 말씀하신다. 문제는 우리가 듣고 있는가 하는 것이다. 우리를 향한 하나님의 은혜로운 말씀을 듣기 원하지 않는다면, 그것은 지독한 모욕이자 반항적 본성의 뚜렷한 신호다.

성경 읽기 계획과 방법이 매우 다양하게 제공되고 있기에 선택이

막막하게 느껴질 수 있다. 어떤 계획이든지 그 근본 목적은 성경 전체의 내용과 큰 주제들을 이해하도록 돕는 데 있어야 한다. 그런 주제들이 서로 어떻게 연결되는지 이해하면 구원의 복음에 대한 이해가 한층 깊어진다. 성경 읽기 프로그램은 우선 성경이 그리스도를 입증한다는 사실을 깨닫는 데 도움이 되어야 한다. 성경 전체를 잘 알수록 그리스도의 영광과 그분이 이루신 놀라운 구원을 잘 이해하게 된다. 성경의 전반적인 메시지는 66권 안에 담긴 통합적인 주요 주제들의 발전하는 역사적 본질을 고려할 때 가장 잘 이해될 수 있다. 우리는 각 책의 내용과 목적을 파악하고, 각 책의 주된 메시지가 성경 전체의 중심 메시지와 어떻게 연결되는지 이해하는 감각을 길러야 한다. 따라서 개별 구절보다는 각 책의 메시지를 이해하려고 노력하는 것이 마땅하다. 물론 쉬운 해결책, 즉각적인 만족, 모든 것에 대한 요약과 지름길을 선호하는 시대에, 성경 각 권을 탐구하며 이를 성경 전체의 맥락 속에서 이해하려는 시도는 쉽지 않을 것이다.

오랜 세월 성경을 읽고 공부하고 가르쳐 온 경험을 바탕으로 나는 다음과 같이 제안한다. 첫째, '큰 그림'을 이해하는 것과 각 책의 세부 내용을 파악하는 것을 목표로 하는 두 가지 접근법을 개발하라. 매일의 행복한 묵상('축복')을 찾는 데 맞춰진 프로그램(주로 도움을 주기 위한 해설이 담긴)을 피하라. 대체로 이런 프로그램은 쉽게 알아볼 수 있다. 예컨대 매일 서로 다른 책의 구절을 읽게 하거나 책들의 연대기적 관계를 고려하지 않고 신구약을 오가기도 한다. 성경을 행복한 생각과 약속이 담긴 일종의 뽑기처럼 여기는 경우 그런 접근법이 매력적으로 보일 수 있다. 하지만 성경은 그런 책이 아니다. 성경 어디에도 짧은 본문 구절이 그날의 '기분 좋음'을 제공해야 한다고 말하지 않는다. 그런 피상적인 경건은 잘못된 것이며 피해야 한다.

둘째, 성경을 처음 읽을 때 창세기부터 시작해서 끝까지 순서대로 꼼꼼히 읽는 것은 현명한 방법이 아니다.[15] 이는 '큰 그림'을 형성하기 위해 좋은 전략이 아니다. 성경은 너무 방대해서 그런 방법을 지속할 수 있는 사람은 거의 없으며, 단순히 생각해도 신약 본문에는 레위기 율법의 나열보다 영적으로 풍성한 영양분이 담겼기 때문이다. 그러니 마가복음처럼 예수에 관한 책부터 읽는 것으로 시작하되, 신약과 구약을 번갈아 읽는 것이 좋다. 이와 동시에 성경의 통일성에 대한 감각을 키워 갈 필요가 있지만, 처음부터 끝까지 정독하는 일은 나중에 하는 것이 적절하다.

셋째, 형광펜을 칠해도 괜찮은 종이에 인쇄된 성경으로 시작하라. 어떤 스터디 바이블은 여백을 넓게 두어 주석을 달 수 있는 공란을 제공한다. 가족 중 누군가가 태어나고 세례를 받고 결혼하고 사망할 때마다 맨 앞쪽에 기록을 추가하기 위해 먼지를 털어 내던 오래된 가족 성경에 대한 경험이 대부분인 사람에게는 이상하게 들릴 수도 있다. 어떤 이들은 성경에 표시를 하는 것이 신성모독이라고 생각할 수 있지만, 하나님의 말씀으로서 성경을 향한 경외심과 단순한 성경숭배(bibliolatry) 사이에는 큰 차이가 있다. 하나님의 말씀은 살아 있는 말씀이며, 성경의 종이와 잉크는 하나님의 말씀에 다가가기 위해 하나님이 주신 수단이다.

다양한 종류의 성경 읽기 프로그램이 좋은 의도로 구성되었지만 지나치게 엄격하게 따를 때는 역효과를 내기도 한다. 본문에 적용할 질문을 설정하는 방식은 분별력 있게 사용하면 유익하지만, 이 과정은 우리가 본문에서 무엇을 찾아야 하는지를 애초에 규정해 버리는 경

15. 하지만 적어도 한 번은 속독해 보라는 내 제안을 참고하라.

향이 있다. 예컨대 하나님이 주신 약속이나 피해야 할 죄를 찾아보라는 질문이 주어지면, 그에 대한 답을 찾기 위해 본문에 집중하면서 다소간 유익을 누릴 것이다. 하지만 이 점을 생각해 보자. 예수는 성경이 자신에 대해 입증하며 모세도 자신에 대해 기록했다고 말씀하셨다. 그렇다면 본문이 우리에게 직접적으로 말하고 있는 내용을 찾으려 하기보다 본문이 예수에 대해 어떻게 입증하고 있는지 이해를 증진시키는 것이 더 중요하지 않겠는가? 성경은 우선적으로 하나님과 그리스도에 관한 책이다. 이를 명확히 하자면, 우리가 어떤 본문을 읽을(공부할) 때 본래 맥락에서 그 본문의 의미를 파악한 후 적용에 관한 핵심 질문은 이러해야 한다. "이 본문이 어떻게 그리스도를 입증하고 있는가?" 물론 우리는 성경의 교훈을 우리 자신에게 적용해야 하는 것이 마땅하지만, 기독교적 적용은 그리스도를 아는 데서 파생된다. 몇몇 구약 구절의 적실성을 이해하고자 고심하는 이들에게는 이런 접근법이 이상하게 들릴 수도 있겠다.

성경은 방대하고 복합적이어서 성경을 공부하는 일에는 우리 모두가 도움을 필요로 한다. 성경 공부 습관을 세워 나갈 때, 성경의 메시지를 알고 이해하도록 도와주는 보조 서적을 갖추는 것은 좋은 계획이다. 목회자, 설교자, 사역자들은 방대한 서가를 목표로 해야겠지만, 모든 그리스도인이 가능하면 성경 공부를 위한 기본 서적을 갖추어야 한다. 그런 서적의 몇 가지 예를 제시한다면, 성경 다음으로 유용한 것은 좋은 성구사전(concordance)이다. 성구사전은 성경의 한 단어가 나타나는 책, 장, 절을 모두 추적할 수 있게 해 준다.[16] 다음으로는 성경 전

16. 이런 보조 자료는 온라인에서도 구할 수 있다. 구글에서 성구사전을 검색해 보라. 예를 들어, Young의 성구사전(KJV, 1879년 출간)은 번역된 히브리어나 헬라어 단어에 따라 단어들을 분류해서 보여 준다. ESV와 NIV의 성구사전도 서적 형태로 이용할 수 있다.

체에 대한 좋은 단권 주석이다.[17] 또한 전문적인 신학 교육을 받지 않은 평신도를 위해 출간된 성경 각 권에 대한 주석들도 이용할 수 있다.[18] 더 간결한 학습 도구는 '스터디 바이블'이다. 일반적으로 스터디 바이블은 각 페이지 하단에 간단한 주석을 싣고 있다.[19]

큰 그림이 먼저다

나는 시드니에서 자랐다. 1959년 초반, 나는 시드니 항구의 돌출된 지역인 베넬롱 포인트에 오페라 하우스를 건설하기 위한 지반 공사가 시작되는 것을 보았다. 1973년, 나는 엘리자베스 2세 여왕이 준공된 건물의 개관식을 거행할 때 그 자리에 있었다. 오페라 하우스에 대해 어떻게 생각하든, 이 건물은 전 세계 사람들의 관심과 상상력을 사로잡았다. 만일 외지나 해외에서 온 방문객에게 오페라 하우스를 구경시켜 달라는 요청을 받았다고 해 보자. 내가 그들을 지금은 아주 유명해진 그 건물 안으로 서둘러 데려가서 콘크리트 '돛' 아래쪽이나 내부 목재 마감을 구경시켜 준다면 이상할 것이다. 대신 유람선을 타고 지나간다든지 팜 코브(Farm Cove)를 가로지르는 도메인(Domain) 같은 지역, 즉 건물을 전체적으로 조망할 수 있는 곳으로 데려가는 것이 낫다. 다

---

17. 가장 좋은 것 중 하나로 다음을 보라. D. A. Carson et al. (eds), *The New Bible Commentary*, 4th edn (Leicester: Inter-Varsity Press, 1994). 『IVP 성경주석』(IVP). 모든 주석이 성경의 절대적 권위를 존중하는 저자들이 쓴 것은 아니라는 점을 유의하라.

18. 예를 들어, 영국 IVP에서 출간한 BST 성경 강해 시리즈가 있으며, 오스트레일리아의 Aquila에서 출간한 RBT 강해 시리즈가 있다. 다음 단계로는 틴데일 신구약 주석 시리즈(London: Inter-Varsity Press) 같은 것들이다.

19. 전체적으로 훌륭한 스터디 바이블은 다음을 보라. Lane T. Dennis, Wayne Grudem et al. (eds), *ESV Study Bible* (Wheaton, IL: Crossway, 2008). 『ESV 스터디 바이블』(부흥과개혁사). 『NIV 스터디 바이블』(부흥과개혁사)이나 『에브리데이 스터디 바이블』(성서유니온)도 있다.

시 말해, 세부 사항을 살펴보기 전에 큰 그림을 보아야 한다. 맥락에서 벗어나 추상적인 세부 사항을 이해하려고 하기 전에 전체를 보는 감각을 가져야 한다. 성경도 마찬가지다. 66권을 하나로 엮는 전체적인 내용과 구조에 대한 감각을 기르기 위해 노력해야 한다.[20]

이따금 나는 성경을 처음부터 끝까지 속독으로 한 번 읽는 것이 많은 유익을 줄 수 있다고 제안한다. 물론 이것은 성경 전체의 통일성을 느끼기 위한 것이지 일반적인 성경 읽기 방식으로 여겨서는 안 된다. 이 방법은 처음부터 읽어 나가되 세부 사항을 다루거나 모든 내용을 전부 이해하려 하지 않고 끝까지 읽음으로써 성경의 내용과 역사적 순서, 그리고 성경이 무엇에 관한 것인가라는 전반적인 인상을 얻는 것이 목적이다. 가끔은 이런 과감한 방식에서도 유익을 누릴 수 있다고 생각한다. 이런 제안이 앞서 내가 성경을 처음부터 끝까지 자세히 읽으려 하지 말라던 주장과 상충하는 것은 아니다. 오히려 성경에 대한 감각을 얻기 위해 성경 전체를 개괄하는 한 가지 방식을 제안하는 것이다. 본문을 자세히 읽는 일은 그 다음 단계일 것이다. 이 조언을 따르든 따르지 않든 간에, 두 가지 기본 사항을 항상 명심해야 한다. 첫째, 성경의 주요 인물은 하나님이시다. 둘째, 신구약 모든 본문은 육신으로 오신 하나님, 곧 복음 안의 예수라는 핵심 진리와 어떤 연관성이 있다.

이 책에서는 성경의 큰 그림과 그 그림 안에 자리한 세부 사항들을 어느 정도 다룰 것이다. 유명한 건축물이나 미술 작품을 감상할 때처럼, 우선은 뒤로 한 걸음 물러서서 전체를 파악함과 동시에 세부 사항에 집중할 것이다. 이는 '둘 중 하나'가 아니라 '둘 다' 취하는 접근법이

20. 앞에서 언급한 디지털 성경에 대한 견해가 여기에도 해당한다.

다. 성경은 창세기 1-2장의 창조 기사와 맨 마지막 장면인 요한계시록 21-22장의 새 창조 사이에 통일성을 가지고 있다. 그렇다면 큰 그림에 대한 질문은 다음과 같다. 어떻게 창조에서 새 창조로 이야기가 진행되는가? 이 책은 바로 이 질문을 다루고자 한다. 나는 성경의 통일성을 강조하면서 동시에 다양한 주제들이 어떻게 제각각 역사적 발전을 따라가는지, 그로 인해 어떻게 본문과 예수의 거리가 벌어지며 또한 믿음으로 '그리스도 안에' 있는 우리와도 거리가 벌어지게 되는지를 보여 주고자 한다.

교회 공동체에서 성경 읽기

성경은 하나님이 우리를 살아 있는 신자의 공동체 속으로 구원하셨다고 말한다. 우리는 정기적으로 모이는 신앙 공동체, 즉 교회 회중에 속함으로써 기독교의 이 기본적인 실체를 나타내야 한다.[21] 특히 지역 교회는 우리가 성경을 읽고 설교를 듣는 곳이며, 성경을 함께 공부하는 공동체다. 우리는 탈교파(post-denominational) 시대를 살아가고 있으며, 많은 그리스도인이 과거와 달리 자신의 교단적 배경에 크게 신경을 쓰지 않는 것 같다. 나는 성공회 가정에서 태어났지만 다른 교단들과의 교류를 통해 큰 유익을 얻었다.[22]

---

21. 내가 이 책을 집필하던 2020년에서 2022년까지, 코로나 팬데믹으로 인해 대면 모임에 심각한 제한이 있었다. 기술의 발전으로 인해 대부분의 사람이 직접 만나지 못하더라도 서로 연결될 수 있었다. 이는 교회가 하나님 백성에 대한 성경적 가르침의 중심이 되는 공동체라는 사실을 더욱 강조한다. 또한 교회는 신앙 공동체가 노약자들을 돌봐야 한다는 사실을 상기시켜야 한다. 이는 18장에서 자세히 다룬다.

22. 우리는 '교회'라는 단어가 다양하게 사용된다는 점을 인식해야 한다. 이는 건물, 교단(성공회, 침례교, 장로교, 로마가톨릭 등), 시대를 초월한 그리스도인의 정체성, 지역 교회의 회중을 지칭할 수 있다. 그중 마지막 의미가 회중을 뜻하는 성경적 용례에 가장 가깝다. 우리가 모이는 건물

도표 1.1 맥락 안에서 본문 읽기

1. 틀린 방법: 하루를 위한 '축복된' 생각을 찾기 위한 무차별적 탐색

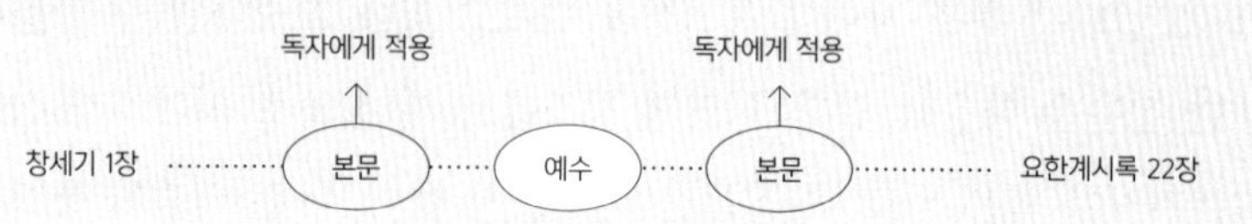

2. 옳은 방법: 예수를 통해 전달되는 성경적으로 구조화된 적용

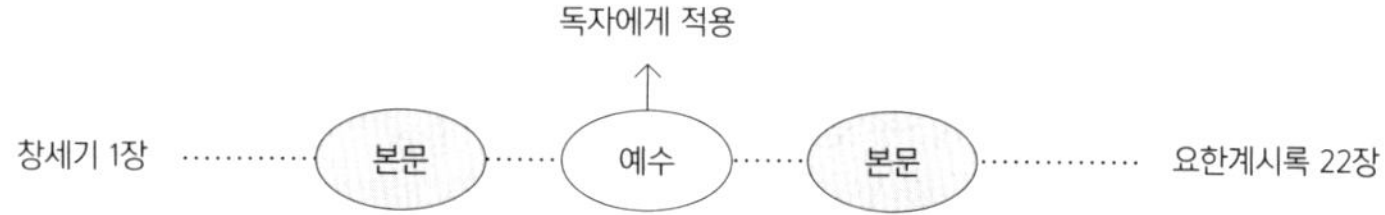

1. 첫 번째 도식은 하나로 통일된 성경 내러티브의 전체적인 맥락을 고려하지 않고 본문을 잘못 읽는 방식을 보여 준다. 독자는 구약의 인물이나 사건의 도덕적, 영적 측면을 자신에게 직접 적용할 수 있다. 그렇게 할 경우, 그런 인물이나 사건이 그리스도의 독특한 구속적 인격과 사역을 예표하는 역할이 쉽게 간과될 수 있다.

2. 두 번째 도식은 본문을 올바른 맥락에서 읽는 방법을 보여 주며, 이로써 하나님과 사람 사이의 유일한 중보자인 예수와의 관계를 바르게 이해할 수 있다. 이를 근거로 본문은 우리 자신과 연결될 수 있는데, 이는 모든 신자가 그리스도를 통해 규정되기 때문이다. 우리가 성경 전체의 맥락 속에서 예수를 이해한다는 사실에 주목하는 것이 중요하다. 구약 본문에서 어떻게 예수께 나아갈 수 있는지가 중요한데, 바로 이것이 이 책의 주된 요지다.

회중이라는 의미에서 교회는 성경에 대한 확신에 따라 매우 다양하다.[23] 스펙트럼의 한쪽 끝에는 보수적이고 개혁주의적인 복음주의 교회들이 있다. 반대편 끝에는 성경의 권위를 최우선에 두지 않는 교회들과 많은 성경 교리를 시대에 뒤떨어진 것으로 여기고 부정하는 교회들이 있다. 스펙트럼 어딘가에는 성경을 통해 자신의 경험을 해석하

을 교회로 부르는 것은 흔한 용례 중 가장 유익하지 못한 표현이다. 교회는 신실한 사람들의 모임이며, 그 장소가 집이든 '교회' 건물이든 야외든 아무 상관이 없다.

23. 17장과 18장에서 교회의 존재와 실천에 대해 다룬다.

기보다 자신의 주관적 경험을 통해 성경을 해석하는 이들도 있다(도표 1.1). 출석할 교회를 정해야 할 때는 복음이 중심이 되고 설교자가 성경을 성실히 주해하는, 성경에 근거한 친교가 있는 곳을 찾아야 한다. 우리가 매주 교회에 출석하는 것은 함께 하나님을 예배하기 위함이지만, 신자들의 친교에 참여해야 하는 핵심 이유 중 하나는 신약이 가르치는 교회가 그리스도의 몸이라는 개념 때문이다. 우리는 공동체 안에서의 연합을 통해 그리스도와의 연합을 드러낸다. 여기에는 하나님의 말씀을 함께 배우면서 서로 격려하고 책임을 나누는 일이 수반된다. 하나님께 예배를 드리는 데는 복음에 근거한 공동체로 함께 모인다는 중요한 의미가 있다. 지역 교회 교인으로서의 책임과 정기적인 출석을 회피하기 위한 변명으로 누군가 "나는 교회에 가지 않고도 하나님을 예배할 수 있다"고 말한다면 이는 근본적으로 틀린 생각이다.[24] 우리는 하나님께 불순종하면서 하나님을 예배할 수 없다. 나아가 세상을 돌보기 위한 프로그램, 즉 전도, 사회 활동, 봉사 같은 일들은 그런 친교를 통해서만 실행되고 지원받고 장려될 수 있다.

공동체 안에서 성경 읽기가 가진 가장 중요한 측면 중 하나는 함께 모인 교회가 성경 해석의 핵심 주체가 된다는 점이다. 우리가 교회 생활과 활동 속에서 성경의 원리를 실천하고자 노력할 때 공동체적 성경 해석에 참여하고 있는 것이다. 성경의 다양한 부분을 정기적으로 함께 읽는 일을 중요시하는 데는 분명한 유익이 있다.[25] 그저 설교자가 강해

24. 물론 노약자나 환자를 비롯한 고립된 그리스도인들은 그 상황 속에서 하나님을 예배할 수 있다. 하지만 일반적인 규범은 아니다. 그런 사람들조차 심방과 지원을 통해 자신이 속한 지역 교회와 계속해서 관계를 유지해 나가는 것이 마땅하다.

25. 「공동 기도서」의 아침 기도와 저녁 기도에는 구약과 신약에서 각각 한 본문씩, 그리고 하나 이상의 시편을 읽게 되어 있다. 이 지침에 따라 1년간 성경을 읽으면, 구약은 한 번, 신약은 두 번, 시편은 매달 한 번씩 읽게 된다.

하는 본문만 읽는 것은 교인들이 성경의 깊고 넓은 내용을 이해하도록 돕는 방법이 아니다.

요약

성경은 영적 성숙을 향한 그리스도인의 존재와 성장의 핵심이다. 성경의 중요성과 그 내용에 대한 일반적인 이해에서 한 걸음씩 나아가야 하는 것은 필수적이다. 나는 성경의 영감성과 권위에 대해서는 논증하지 않았으며, 이 책 다른 부분에서도 직접적으로는 다루지 않을 것이다. 그렇지만 독자들은 내가 성경이 하나님의 영감을 받은 말씀이라는 사실과 성경이 말하는 것이 바로 하나님이 말씀하시는 것이라는 사실에 대한 확고한 믿음을 가지고 성경을 다루고 있다는 점을 이해해야 한다. 이 책의 내용은 성경이 우리를 위해 기록된 하나님의 말씀이라는 전제 아래서만 납득할 수 있다. 성경의 통일성과 다양성이 드러내는 응집력과 장엄함은 기록된 하나님의 말씀인 성경이 영감성과 권위를 가진다는 사실을 입증한다. 또한 성경의 방대함과 복합성은 신중하고 정기적으로 그 내용을 연구해야 할 의무를 부여한다. 우리를 향한 하나님의 말씀이 성경이기에 우리는 경건히 기도하는 마음으로 읽어야 한다. 성경을 가지고 있다는 것은 우리가 경홀히 여겨서는 안 될 특권이다.

이에 따라 핵심을 요약하면 다음과 같다.

1. 성경은 기독교 신앙의 원전이다.
2. 성경은 방대하기 때문에 체계적인 읽기 방법이 필요하다.
3. 성경은 하나님의 역사적이고 점진적인 계시다. 따라서 모든 본문이 현대

독자들과 동등한 연관성을 지니지는 않는다.

4. 성경의 통일성이라는 큰 그림과 각 부분 모두를 연구해야 한다.

5. 성경은 우선적으로 예수에 관한 책이고, 그 다음에야 우리에 관한 책이다.

6. 신뢰할 수 있는 '표준' 번역본 성경을 사용해야 한다.

7. 성경 이해하기는 개인으로서만이 아니라 교회 공동체의 일원으로서도 이루어져야 한다.

2. 우리가 설 자리

이번 장에서는 지식의 습득과 추론 과정에 생기는 주요 문제 가운데 하나를 다룬다. 우리가 지식을 얻는 과정에서 자연스레 작동하는 가정이나 전제를 점검하지 않는다면 문제가 있다. 완전한 백지 상태에서 지적 활동이나 새로운 학습을 하는 사람은 아무도 없기 때문이다.[1] 특히 성경 해석에 있어서는 더욱 그러하다. 지식을 탐구하는 과정은 언제나 이미 형성된 가정에서 시작하며, 그런 가정이 목적과 동기를 제공한다. 자유주의자들과 복음주의자들 모두 성경을 선포하고 가르친다고 주장하지만 그들은 출발점이 다르다. 한마디로 하나님과 성경에 대해 서로 다른 세계관과 견해를 가지고 있다. 따라서 성경의 의미를

---

1. 17세기 경험주의 철학자 존 로크(John Locke)의 '타불라 라사'(*tabula rasa*, 빈 석판) 이론은 직관적 지식을 인정하지 않고, 감각을 통한 경험으로 얻은 지식만을 인정한다. 이런 점에서 로크는 아리스토텔레스(주전 4세기)를 따랐으며, 아리스토텔레스의 경험주의는 토마스 아퀴나스(Thomas Aquinas)를 거쳐 로마가톨릭 신학에 영향을 끼쳤다. 자세한 내용은 다음을 참조하라. Ian Harris, *The Mind of John Locke* (Cambridge: Cambridge University Press, 2008); Alan P. F. Sell, *John Locke and the Eighteenth Century Divines* (Cardiff: University of Wales Press, 1997).

찾아가는 과정에서 서로 다른 결과를 얻는다.

핵심 문제는 우리가 성경을 어떻게 읽고 이해하는가이다. 그러므로 기독교 변증학이나 성경에 대한 태도를 형성하는 데 중요한 과제는 우리의 전제를 검토하고 그 타당성을 평가하는 것이다.[2] 로버트 레이몬드(Robert Reymond)는 네덜란드의 위대한 신학자 아브라함 카이퍼(Abraham Kuyper)와 그가 고대 그리스 과학자 아르키메데스의 예화를 사용한 것을 언급한다.[3] 아르키메데스는 지렛대의 역학을 연구하며 이렇게 논박했다. "나에게 설 땅(헬라어 *pou stō*)을 주면 지구도 움직여 보겠다."[4] 실제로 그는 지렛대 원리를 이해하기 위해 자기 자신 및 대상이 되는 사물의 외부에 위치한 설 자리와 지렛목이 필요하다는 점을 인식했다. 레이몬드는 이 원리를 예로 들어 우리의 이해와 지식에 초월적인 권위가 필요하다는 사실을 설명한다. 하나님의 말씀이 바로 그 권위다. 현대적인 비유로 IT 용어인 GIGO(garbage in, garbage out, 쓰레기

---

2. 기독교 변증학은 복음과 기독교 신앙의 진리를 변론할 필요성에 대한 신약의 다양한 가르침에서 비롯되었다. 그리스도인들이 우리 안에 있는 소망에 관한 이유를 설명할 준비가 되어 있어야 한다는 의미에서 베드로는 헬라어 '아폴로기아'(*apologia*, 이성)를 사용한다(벧전 3:15). 변증학은 신앙의 이유를 변론하는 신학적 학문으로 발전했다. 신앙을 논증하는 일에 대한 신학적 근거는 구약의 예언적 말씀에 근거한다. 이어서 오순절 이후 사도들은 복음의 진리를 논증했다. 우리는 사도들의 변론(*apologia*)을 혼란스러운 교회나 신학적 문제를 가진 교회를 향해 그들이 보낸 목회서신과 별개로 여길 수 없다.

   속사도 시대, 그리스도인들은 이교적 출처에서 비롯된 여러 공격에 맞서 신앙을 논증해야 했다. 또한 주로 이교 철학의 영향을 받고 나타난 이단들을 물리치는 일도 필요했다. 초기 변증가들로는 순교자 유스티누스(2세기), 이레나에우스(130년 출생, 몰년 미상), 테르툴리아누스(160년 출생, 몰년 미상)가 있다.

3. Robert L. Reymond, *A New Systematic Theology of the Christian Faith* (Nashville, TN: Thomas Nelson, 1998), ch. 5, 'The Bible as the Ποῦ Στῶ for Knowledge and Personal Significance', pp. 111-26. 『최신 조직신학』(CLC). 또한 다음을 보라. Robert L. Reymond, *The Justification of Knowledge* (Phillipsburg, NJ: Presbyterian and Reformed, 1979), pp. 30, 79-85. 『개혁주의 변증학』(CLC).

4. 헬라어 ποῦ στῶ. 아르키메데스의 말은 이런 뜻이다. "나에게 설 땅과 충분히 긴 지렛대를 주면 지구도 움직여 보겠다."

를 넣으면 쓰레기가 나온다)를 들 수 있겠다. 컴퓨터가 어떻게 프로그램되었느냐(전제)에 따라 출력 결과가 결정된다. 이처럼 우리의 사고방식이 어떻게 프로그램되었느냐에 따라 영원한 것들에 대한 우리의 생각이 결정된다. 그렇다면 건강한 전제를 세우기 위해서는 어떻게 해야 하는가?

전제와 편견

어떤 텍스트를 접하는 순간 우리는 이미 많은 가정과 전제를 가진 상태다. 그리고 그것이 우리가 읽는 본문의 의미와 유용성을 평가하는 방식에 영향을 미친다. 때로는 그런 가정들이 검증되지 않은 편견에 불과한 것이 아니라 지속 가능한 것인지 평가해 보아야 한다. 우리 세계관의 일부인 가정이나 전제는 주위의 현실을 보고 해석하는 방식이다. 복음주의자들은 자신을 '성경의 사람'이라고 주장한다. 우리가 이렇게 주장할 때, 다른 모든 그리스도인 역시 하나님과 성경에 대한 독특한 전제에 따라 저마다 그렇게 주장한다는 점을 잘 알고 있다.[5] 성경이 여러 권위 중 하나일 뿐이라고 주장하는 이들과 달리, 성경에 궁극적이고 완전한 권위를 부여하는 것이 복음주의자의 특징이다. 반면에 권위가 성경, 전통, 이성의 혼합물이라는 것이 자유주의자에게서 흔히 볼 수 있는 주장이다. 여기에 경험을 추가하여 권위의 의미를 더 모호하게 만들기도 한다. 이는 무엇이 정답이고 그것이 우리와 어떻게 연관되는지에 관한 사고의 근본을 파고드는 복잡한 문제다.

---

5. 일반적인 조건은 '바르게 해석된 성경'이다. 그러나 성경을 바르게 해석하는 방법은 무엇인가? 이 질문 앞에서 다시금 전제에 대한 검토에서 시작해야 할 필요로 돌아간다.

이에 대한 복음주의자의 대답은 그러한 권위의 삼두정치 혹은 사두정치는 작동할 수 없다는 것이다. 성경이나 역사적 증거에 견주어 보면 잘못된 전통들이 존재하기 때문이다. 전통은 반드시 성경으로 검증되어야 한다.[6] 게다가 이성은 개인이 가진 기본 가정을 형성하는 세계관에 따라 유동적이다. 그렇다면 결국 무엇이 합리성을 결정하는가? 자유주의 기독교는 우리의 전제와 편견이 이를 결정한다는 사실을 분명히 보여 주었다. 자유주의에서는 성경의 많은 측면이 이성, 전통, 또는 경험에 의해 도전받는다. 그러나 경험은 매우 주관적인 것이기에 객관적으로 진리를 검증할 수 없다. 복음주의자들은 이성, 전통, 경험 모두가 하나님의 권위 있는 말씀인 성경으로 검증되어야 한다고 주장한다. 물론 이성, 전통, 경험이 중요한 요소인 것은 맞지만, 궁극적으로는 단 하나의 최고 권위만이 존재한다. '다중 권위' 방식을 인정하는 사람들은 대체로 자신들이 중립적이라고 생각하는 이성(자유주의), 전통과 이성(로마가톨릭), 경험(신오순절주의)에 우선권을 부여한다.[7] 우선권을 받은 권위가 무엇이든 간에, 그것에 따라 성경은 희생되고 조정된다.

그렇다면 이성, 전통, 경험 모두가 성경에 복종해야 한다는, 즉 성경의 최고 권위를 주장하는 복음주의적 입장을 하나의 작업가설로 받아들여 보자. 이때 문제는 적어도 세 가지로 나뉜다. 첫째, 성경의 정경이란 무엇이고 그것에 궁극적인 권위를 부여할 수 있는 근거는 무엇인

6. 성경 자체가 전통(말 그대로 전해져 내려온 것)이며, 변증학은 어떤 전통을 믿고 어떤 전통을 거부할 것인가라는 질문을 다루어야 한다.

7. 신오순절주의(Neopentecostalism)에서 경험의 권위는 그들이 스스로를 '복음주의자'라고 주장하는 근거 자체를 의심하게 한다. 통제되지 않는 웃음, 성령에 의해 쓰러지는 현상, 방언 같은 비성경적인 의식들은 복음의 충분성을 격하시키며 그들의 주장을 더욱 약화시킨다. 이 책의 8장을 보라.

가? 왜 이 책들의 모음집이 우리를 비롯해 모든 인류를 향한 살아 있는 하나님의 말씀이라고 주장하는가? 둘째, 우리에게 전해진 본문, 즉 정경의 내용을 어떻게 대해야 하는가?[8] 이는 원어로 기록된 성경이 번역 과정을 거칠 때 발생할 수 있는 신뢰성에 관한 질문과 연관된다. 셋째, 잠정적으로라도 처음 두 가지 문제를 해결한 다음, 우리가 성경이라고 부르는 고대 텍스트 모음집의 적실성을 어떻게 이해할 것인가? 우리에게 권위 있는 말씀으로 인정한다는 것은 어떤 의미인가? 따라서 세 가지 주요 질문은 다음과 같다. 성경의 정경은 무엇인가? 그것은 무엇을 말하는가? 그것은 우리와 어떤 관계를 맺는가? 성경을 우리에게 적용하기 위한 진정한 복음주의적 탐구는 언제나 하나님 말씀의 중재자이신 예수의 역할과 성경이 우선적으로 그분에 대한 증언이라는 사실을 고려할 것이다.

우리가 하나님께서 정하신 정경인 성경을 가지고 있다는 사실과 번역본도 이에 합당하다는 사실을 받아들인다면, 가장 시급한 문제는 성경 해석학에 관련된다. 이 고대 텍스트를 어떻게 읽고 해석하며, 그것으로 어떻게 우리의 신학적 체계를 세워 나갈지는 끊임없이 주목해야 하는 진행 과정이다.

변증학적인 측면에서 볼 때, 믿음이 없는 사람에게 우리의 신앙적 전제들을 어떻게 제시하고 정당화할 수 있겠는가? 실용적 변증학의 한 가지 접근법은 신자와 비신자 사이에 동의할 수 있는 영역을 찾고, 그것을 기반으로 비신자에게 기독교 신앙의 진리를 설득하는 것이다. 이 방법은 흔히 '증거주의'(evidentialism)라고 불리는데, 이는 역사와 유

---

8. '정경'은 보편적 교회에 의해 영감받은 성경으로 인정된 텍스트(책)를 구분하기 위해 사용되는 용어다.

물, 성경과 인간 경험 속에서 비신자가 성경의 주장을 받아들여야 할 이유나 증거를 찾으려 하기 때문이다. 물론 이 입장을 비판하는 사람들은 증거 자체를 배제하지 않으면서도, 믿음과 불신 간의 전제적 차이가 너무나 크고 근본적이어서, 성경의 진리에 대한 증거로 여겨지는 것이 비신자에게는 대부분 동의될 수 없다는 문제를 제기한다.

증거주의자들은 자신만의 전제를 가지고 변증에 임하고, 전제주의자들은 증거에 호소한다는 사실이 오랫동안 인식되어 왔다. 이들의 차이는 무엇이 합당한 증거를 구성하는지 결정하는 데 있다. 문제는 죄의 본질과 죄가 우리의 이성적 능력에 끼치는 영향이다. 특정한 선험적 가정이 제시된 증거의 가치를 판단하는 데 용납 가능한 기준을 결정한다. 경건주의적 증거주의자는 경험이라는 기준을 가리킬 수도 있는데, 이는 예수가 살아 계시다는 사실을 확증하는 한때 많이 불렸던 찬양의 가사와 같다. "내가 어떻게 그분이 살아 계신지 알고 있을까? 그분은 내 맘에 살아 계시네."[9] 전제주의자는 부활 내러티브의 논리와 역사성에 호소할 수 있겠지만 최종적인 증거는 간단하다. "내가 어떻게 그분이 살아 계신지 알고 있을까? 성경이 그렇다고 하니까!"[10] 종교개혁가 장 칼뱅(John Calvin)은 이런 확신이 하나님의 말씀을 신자에게 확증해 주시는 성령의 내적 증거에 달려 있다고 주장했다.[11]

---

9. Alfred Ackley가 작사 작곡한 '부활하신 구세주'(1933년, 찬송가 162장). 후렴구인 "내 맘에 살아 계시네"는 성경에 나오지 않으며, 간혹 계 3:20의 잘못된 주해에 의거한다. 이와 비슷하지만 "믿음으로 말미암아 그리스도께서 너희 마음에 계시게 하시옵고"(엡 3:17)라는 바울의 말은 완전히 상반된 의미다. 그리스도께서 우리 마음에 거하시는 것에 대한 설명은 16-19절에 나타나며, 여기에는 성령으로 말미암아 능력으로 강건하게 되는 일과 그리스도의 사랑 가운데 터가 굳어지는 일이 수반된다.

10. 부활의 진리를 뒷받침하는 역사적 증거들이 분명 존재한다. 물론 비신자들이 이런 증거의 개연성을 받아들일지라도, 이는 여전히 그 사건에 대해 성경이 의미하는 바를 받아들이는 것과는 큰 차이가 있다.

11. 칼뱅의 해석학에 대한 간략한 논의는 다음을 보라. Graeme Goldsworthy, *Gospel-centred*

증거주의와 전제주의의 본질적 차이는 기본적으로 증거주의가 (합리성과는 별개로) 합리주의적 접근법이라는 데 있다. 증거주의는 신자와 비신자 사이에 궁극적 진리에 관한 유의미한 공통 기반이 있다고 가정한다. 이와 반대로 전제주의는 믿음의 사고방식과 불신의 사고방식 사이에 근본적인 차이가 있음을 인정한다. 이것은 본질적으로, 타락으로 인해 인류가 얼마나 깊이 부패했는가 하는 문제와 직결된 근본적인 신학적 차이다.[12] 따라서 비신자는, 심지어 종교적인 사람일지라도 모든 '사실'을 성경의 하나님 없이 해석한다. 그리고 하나님 없이도 그 사실들이 궁극적 의미를 가진다고 가정하기 때문에 이를 하나님에 반하는 증거로 사용할 것이다. 반대로 신자는 모든 '사실'을 성경의 하나님에 의해 통제되고 해석된 것으로 이해한다. 이는 단순히 인식론적 방법과 의견의 차이가 아니다.[13] 그것은 하나님에 대한 인간의 도덕적 반역이 미친 영향과 비신자가 성경을 하나님의 말씀으로 받아들이기를 거부하는 문제다. 또한 우리 죄성의 지성적(noetic) 영향과 이를 교정하기 위한 중생의 필요성에 관한 문제다.[14]

의식적으로 신자의 변증은 성령에 의한 중생과 조명에서 비롯되어야 한다. 이는 새롭게 된 마음과 그렇지 않은 마음의 차이를 심각하게 다룬다.[15] 중생하지 않은 마음은 하나님 나라를 인식할 수 없다(요 3:3-8; 고전 2:14). 비신자의 모든 반론에는 영적인 장애가 있다. "육에 속

Hermeneutics: Biblical-theological foundations and principles (Nottingham: Apollos; Downers Grove, IL: InterVarsity Press, 2006), pp. 185-90.

12. 타락의 영향에 대해서는 11장에서 살펴볼 것이다.

13. 인식론은 지식에 대해 다루는 철학의 한 분야로, 우리가 어떻게 아는지 그리고 우리가 알고 있는 것을 어떻게 아는지에 대해 탐구한다.

14. 인간 지성에 끼친 영향을 뜻한다.

15. 마음의 갱신은 17장에서 다룬다.

한 사람은 하나님의 성령의 일들을 받지 아니하나니 이는 그것들이 그에게는 어리석게 보임이요 또 그는 그것들을 알 수도 없나니 그러한 일은 영적으로 분별되기 때문이라"(고전 2:14). 어떤 복음주의 그리스도인들은 죄의 영향력이라는 진리를 인정하면서도 모든 죄인이 영적 진리에 대해 분명히 생각하며 자유롭게 '예수를 선택'할 수 있다는 생각을 하기도 한다. 그럴 때 죄의 영향력은 심각하게 과소평가된다.

그렇다면 신자와 비신자 간의 대화가 시간과 노력의 낭비에 그치지 않고 실제로 가능하게 되는 지점은 어디인가? 이는 복음 전도자와 변증가 모두가 직면하는 문제다. 변증학이 복음전도 전 단계(pre-evangelism)로 여겨지는 것은 마땅하며, 따라서 복음을 전하는 과정에서도 필수적인 부분이다. 전제주의는 인본주의적 합리주의를 거부하고 증거주의적 접근법을 신뢰하지 않지만, 그렇다고 해서 비합리적인 것은 아니다. 오히려 타락한 마음과 그런 마음이 중생해야 할 필요성에 대한 성경적 진리의 합리적인 적용이다.[16] 전제주의가 모든 증거를 거부하는 것은 아니다. 다만 증거를 인정하는 기준과 이유에서 자연주의적 접근법과 차이가 있다. 증거주의는 비신자의 사고와 추론의 타당성을 전제로, 그것들이 반드시 틀린 것이 아니라 단지 불완전하기에 교육이 필요하다고 본다.

전제주의는 비신자의 중생하지 않은 마음 상태뿐 아니라 '이마고데이'(*imago Dei*),[17] 즉 하나님의 형상이 남아 있는 것들의 역할을 포함한다. 이는 바울이 로마서 1:18-20에서 말한 바와 같다. 전제주의 변증학은 믿음과 불신 간의 근본적인 차이를 강조하며, 기껏해야 피상적인

---

16. 따라서 인본주의적 합리주의와 합리적 사고 간에는 중대한 차이가 있다.

17. 내가 여기서 라틴어 표현 *imago Dei*를 사용한 까닭은 하나님의 형상을 다루는 문헌에서 흔히 쓰이기 때문에 독자들도 이를 접할 가능성이 높기 때문이다.

유사성에 시선을 빼앗기지 않는다. 유일한 실제 접점은 비신자가 마음으로 '알고' 있는 것이 있지만 이를 억누르고 인정하지 않는다는 사실이다(롬 1:16-20). 이 접점은 죄로 인해 왜곡되었지만 여전히 우리가 가진 하나님의 형상 안에 존재한다. 죄인이 복음을 듣고 이해하여 결국 그리스도를 향한 믿음에 이르기 위해서는 중생을 통한 성령의 주권적 역사가 필요하다.

개혁주의와 복음주의의 전제주의 변증학은 부정적 논증과 긍정적 논증을 모두 사용한다. 부정적 논증은 대안적 세계관, 즉 '온건한' 종교적 인본주의자들의 세계관을 포함하는 무신론적 인본주의 세계관을 평가하며 그들의 입장에 대한 변론이 불가능하다는 점을 보여 주려고 한다. 긍정적 논증은 성경적 세계관의 합리적 일관성이다. 전제주의 변증학의 대표적인 현대 주자는 코넬리우스 반 틸(Cornelius Van Til)이다.[18] 그의 일반적인 전제주의 입장은 칼 헨리(Carl Henry),[19] 루서스 존 러시두니(Rousas John Rushdoony),[20] 존 프레임(John Frame)[21]의 책에 잘 정리되어 있다. 나의 전제주의적 관점은 몇 가지 요인에 의해 뒷받침된다. 첫째는 창조와 그 이후 일어난 인간의 타락에 대한 성경적

---

18. Cornelius Van Til, *Christian Apologetics* (Phillipsburg, NJ: Presbyterian and Reformed, 1976). 『변증학』(P&R).

19. Carl F. H. Henry, *Toward a Recovery of Christian Belief* (Wheaton, IL: Crossway, 1990).

20. Rousas John Rushdoony, *By What Standard? An analysis of the philosophy of Cornelius Van Til* (Vallecito, CA: Ross House Books, 1995).

21. John M. Frame, *Apologetics to the Glory of God: An introduction* (Phillipsburg, NJ: P&R Publishing, 1994). 그 외 전제주의자들의 연구는 다음을 참고하라. Tom Notaro, *Van Til and the Use of Evidence* (Phillipsburg, NJ: Presbyterian and Reformed, 1980); Jim S. Halsey, *For Such a Time as This: An introduction to the Reformed apologetics of Cornelius Van Til* (Phillipsburg, NJ: Presbyterian and Reformed, 1978); Reymond, Justification of Knowledge. 전제주의에 대한 변론과 비판을 담은 논문 모음은 다음을 참고하라. E. R. Geehan (ed.), *Jerusalem and Athens: Critical discussions on the theology and apologetics of Cornelius Van Til* (Phillipsburg, NJ: Presbyterian and Reformed, 1971).

교리다. 타락의 결과로 인해 믿음과 불신의 인식론적 틀과 존재론적 틀은 근본적으로 서로 대립한다.[22] 신자와 비신자는 많은 것에 동의할 수 있지만, 단지 제한된 수준에서만 그렇다. 동의할 수 있는 부분이라 할지라도, 그것의 궁극적이고 영원한 의미에 대해서는 동의가 이루어질 수 없다. 비신자는 모든 사실을 하나님과 무관하게 해석하는 반면, 신자는 모든 사실을 하나님과 연관된 사실로 이해한다.

여기서 변증학을 논하는 주된 이유 중 하나는 그것이 복음주의자로서의 우리 입장에 영향을 미칠 뿐 아니라 성경의 권위에 대한 접근법에도 영향을 미치기 때문이다. 점진적 계시의 역동성을 탐구하면서 우리가 취하는 입장에 따라 깊은 영향을 받는 부분들을 다룰 필요가 있다. 예를 들어, 복음주의 안에도 하나님의 주권의 의미와 예언의 축자적 해석에 대해 상당한 차이가 존재한다.[23] 또한 계시의 역동성에 관심을 가짐으로써 나타나는, 아마도 더 민감할 논란의 다른 예들도 있다. 성경에 대한 어떤 복음주의적 접근법은 해석의 원칙을 성경 자체에서 도출하지 않고 합리적이거나 자명하다고 여겨지는 원칙을 받아들이고 있다는 점에서 어느 정도 합리주의적임이 분명하다. 또한 복음주의자들이 내적 경험에 매몰되어 그들의 변증학적 방법이 실존주의 철학처럼 되는 것도 가능하다. 이에 대한 반론은, 영적 실재에 접근하는 유일하고 일관된 방식은 성경을 해석하는 원리가 성경에서 계시되어야 한다는 것이다. 나아가 성경이 주권적인 하나님의 말씀이라면

22. 존재론(또는 형이상학)은 '존재'와 실제로 존재하는 것의 본질에 관한 철학의 한 분야다.

23. 축자적 해석은 비유적 표현, 은유, 그리고 의미가 일대일로 대응되지 않는 다른 문학적 기법들에 대한 여지를 거의 두지 않는다. 무엇보다 심각한 점은, 계시가 이스라엘에서 그리스도로 전환되었다는 사실을 간과하는 경향이다. 이에 대해서는 창조에 관한 10장과 예언에 관한 14장에서 자세히 다룰 것이다.

스스로 증명되어야 한다. 하나님의 말씀보다 이를 인증할 수 있는 높은 권위가 없기 때문이다.

성경은 예수에 관한 책이다

성경이 하늘과 땅의 주권적 창조주의 말씀이라고 주장한다면, 우리의 첫 번째 과제는 그분이 우리에게 무슨 말씀을 하시는지 이해하는 것이다. 우리는 하나님이 그분의 말씀으로 우리 전제를 세우시도록 해야 한다. 예수는 육신으로 오신 하나님의 말씀이며, 이 사실은 몇 가지 기본적인 질문을 제기한다. 성경의 첫 4분의 3, 즉 구약에서는 예수의 이름이 한 번도 언급되지 않는다. 그렇다면 어떻게 성경이 예수에 관한 책이라고 말할 수 있겠는가? 바로 예수께서 그렇다고 하셨기 때문이다. 그분은 자신의 말과 행동에 대해 유대 종교인들과 논쟁을 벌이셨을 때, 자신이 아버지 하나님의 일을 하고 있다고 주장하셨다. 그런 주장은 엄청난 적대감을 불러일으켰다. 예수를 비판하는 자들은 자신들이 모세의 말씀을 따르고 있기에 진정한 유대인이라고 주장했다. 예수는 일침을 날리셨다. "모세를 믿었더라면 또 나를 믿었으리니 이는 그가 내게 대하여 기록하였음이라. 그러나 나의 글도 믿지 아니하거든 어찌 내 말을 믿겠느냐"(요 5:46-47). 여기서 언급된 '모세'는 구약성경의 처음 다섯 권, 즉 '모세오경'을 가리킨다. 이는 구약에서 객관적으로 가장 기초적인 부분으로 여겨진다. 모세오경에는 창조와 시내산에서 모세를 통해 주어진 율법을 비롯해 우리가 설 모든 자리가 담겨 있다. 시내산에서 받은 율법은 이후 유대 종교 생활의 기초가 되었다. 예수는 바로 그것이 자신에 관한 것이라고 말씀하셨다. 예수를 반대했던 이들은 자신들이 유대교, 특히 모세의 가르침에 신실하다고 믿었다. 그러나 예수의 주장은 당시 그분을 비방했던 자들에게 문제였을 뿐만 아니라 21세기 그리스도인인 우리에게도 도전적인 과제다. 일반적으로 그리스도인은 예수가 우리 신앙의 중심이며, 예수께서 우리와 그분의 관계를 통해 우리를 규정하신다는 사실에 동의한다. 요한복음에 기록된 대로 예수는 모세오경 전체(창세기-신명기)가 자신에 관한 것이라 말씀하셨다. 그분이 우리를 규정하신다면 우리는 모세오경이 어떻게 우리를 향한 하나님의 말씀인지, 어떻게 예수의 중재를 통하여 우리에 관한 말씀이 되는지 생각해야 한다.

이제 잠재적으로 문제의 소지가 있어 보이는 또 다른 예수의 말씀을 살펴보자. 부활 후 제자들에게 하신 말씀은 그분의 주장의 범위에 관한 의문을 제기한다.

> 이르시되 미련하고 선지자들이 말한 모든 것을 마음에 더디 믿는 자들이여. 그리스도가 이런 고난을 받고 자기의 영광에 들어가야 할 것이 아니냐 하시고 이에 모세와 모든 선지자의 글로 시작하여 모든 성경에 쓴 바 자기에 관한 것을 자세히 설명하시니라. (눅 24:25-27)[24]

> 이르시되 내가 너희와 함께 있을 때에 너희에게 말한 바 곧 모세의 율법과 선지자의 글과 시편에 나를 가리켜 기록된 모든 것이 이루어져야 하리라 한 말이 이것이라 하시고 이에 그들의 마음을 열어 성경을 깨닫게 하시고. (눅 24:44-45)

24. 예수께서 이런 말씀을 하실 때 신약성경은 아직 기록되지 않았다. 따라서 일반적으로 신약에서 '성경'은 구약성경을 가리킨다.

엠마오로 가던 두 제자에게 예수께서 하신 말씀에는 "모든 성경에 쓴 바 자기에 관한 것"이라는 언급이 있다. 이는 말 그대로 "모든 성경", 즉 성경의 모든 부분 모든 구절이 예수에 관한 것이라는 뜻은 아니다. 하지만 나는 "모든 성경"이 실제로 '모두'를 뜻한다고 본다. 이후 예수께서 예루살렘에서 제자들에게 말씀하실 때는 "모세의 율법과 선지자의 글과 시편에 나를 가리켜 기록된 모든 것"이라고 하신다. 이 본문들에 대한 합리적인 해석은 예수께서 구약 전체가 자신을 증언한다고 주장하셨다는 것이다. 어떤 이들은 예수께서 구약의 모든 구절이 자신에 관해 기록되었다고 콕 짚어서 주장하신 것은 아니라는 점에서 이를 불충분한 주해로 여기고 비판한다. 하지만 예수께서 자신의 죽음과 부활을 성경을 이해하는 핵심 주제로 분명히 언급하실 때(눅 24:46-47), 이것이 어떤 식으로든 자신을 증언하지 않는 구약의 다른 많은 부분을 제외한 말씀이라고 보는 것은 별다른 소득이 없다. 예수께서 구약의 특정 부분만 자신에 관한 것이라고 말씀하셨다는 어떤 암시도 없다. 그러고자 하셨다면 자기와 관련된 부분과 그렇지 않아서 무시해도 될 부분을 명확히 구분해야 하셨을 것이다. 물론 구약의 어떤 본문도 명시적으로 나사렛 예수를 그 서술 대상으로 삼지 않는다. 그러니 상대적으로 안전한 결론은 성경의 통일성은 모든 구약 본문이 예수와 어느 정도 눈에 띄는 관계를 맺고 있음을 보여 준다는 것이다. 이 점에 관해서는 뒤에서 자세히 다룰 것이다. 어떤 본문은 메시아(그리스도)에 관해 보다 직접적으로 언급하지만, 우리는 이를 신약의 기독론에 비추어 살펴보아야 한다.[25] 구약 본문들이 어떻게 미래의 일을

25. 기독론(Christology)은 예수의 그리스도 되심이 어떤 의미인지를 살피는 신학 분과다. 예컨대 두 본성이 통합된 한 위격, 그분의 가르침, 속죄의 죽음, 부활과 승천, 하나님 우편에 앉으심을 다룬다. 따라서 기독론은 죄인을 구원하시는 그리스도의 능력을 보여 주는 데 핵심적인 역할을 맡는다.

예견하며, 특히 나사렛 예수의 인격과 사역을 예견하는지에 관한 문제는 이후 장들에서 다룰 것이다.

앞서 인용한 본문들은 예수께서 어떻게 자신과 관련해 구약을 보셨는지 알려 준다. 그렇다면 신약은 어떠한가? 신약의 일부는 예수의 삶, 죽음, 부활이라는 과거의 사건을 다루고, 다른 많은 부분은 사도 시대 교회의 삶에 관한 것이며, 나머지는 미래, 특히 예수의 재림과 하나님의 모든 약속의 성취를 가리키고 있다. 신약의 그 어떤 인간 저자도 우리에게 직접 쓴 것이 아니라 1세기 그리스도인들을 향해 썼다. 비교적 근래에 기록된 성경 문헌이라는 점에서는 실제로 구약 본문들보다 가깝게 느껴진다. 그렇지만 신약성경도 그 자체의 맥락에서 이해되어야 한다. 그렇다면 예를 들어, 바울이 갈라디아의 그리스도인들에게 "이같이 율법이 우리를 그리스도께로 인도하는 초등교사가 되어"(갈 3:24)라고 기록한 말씀은 시내산에서 받은 율법 아래 있었던 이스라엘 백성과 다른 우리 이방인에게는 어떻게 적용되어야 하는가?[26] 또한 산상수훈(마 5-7장)을 생각해 보자. 이는 보통 직접적으로 교회를 향해 쓰인 영원불변한 말씀으로 여겨진다. 실제로 이 단락(pericope)을 시대를 초월한 일종의 기독교 선언문으로 채택할 수 있는가? 아니면 본래 맥락이 우리와 너무도 다르기 때문에 다소간의 조정이 필요한가?[27] 교회의 발전은 역동적이고, 이는 우리가 신약 본문과 관계를 맺는 방식에 영향을 끼치며, 그렇기에 이러한 연구를 통해 검토해야 하는 문제다.[28]

26. 보편적 율법의 문제는 13장에서 다룬다.

27. 대체로 단락(pericope)이란 더 큰 단위(복음서, 역사서, 예언서 등)의 부분이 되는 하나의 일관된 본문(비유, 서술된 사건, 예언 등) 단위다.

28. 많은 독자들은 행 2장에 기록된 오순절 사건이 오늘날 우리에게 뜻하는 바에 관한 논쟁을 알고 있을 것이다. 이는 8장에서 다룬다.

이러한 예들은 21세기 그리스도인인 우리가 성경을 다루는 데 직면한 어려움을 보여 준다. 이는 본문의 작성자, 전승되고 번역된 본문 자체, 개별 본문과 현대 독자 간의 역사적이고 신학적인 거리와 연관된다. 또한 독자인 우리 자신과도 관련 있음이 점차 인식되고 있다. 따라서 본문과 그 의미에 관련된 가장 기본적인 해석학적 문제는 우리를 위한 본문의 의미를 어디서 어떻게 찾을 것인가이다. 우리는 성경 저자의 의도를 이해하려고 노력해야 하는가? 그의 의도가 고대 이스라엘을 대상으로 한 것이라면 어떻게 해야 하는가? 저자가 자신의 언어를 명확하게 사용하지 않았다면 어떻게 해야 하는가? 물론 그는 우리의 언어를 알지도 못했으며, 그가 자신의 문화적 배경 속에서 사용한 관용구와 유비는 대체로 우리의 것과 다르다. 의미는 저자의 의도와 상관없이 텍스트 자체에 있는가? 아니면 고대 텍스트를 현대적으로 해석하는 과정과 독자에게 달려 있는가? 나는 성경 본문의 의미를 이해하는 데 세 가지 측면이 모두 연관된다고 제안하고 싶다. 첫째는 저자의 의도, 둘째는 실제 텍스트의 구문, 문법, 의미론, 셋째는 현재 독자의 선입견, 기대, 경험, 사고방식이다.[29] 이에 더해, 인간 저작 이면의 신적 저작의 함의 및 하나님께서 타락한 창조 세계의 일부인 고대의 인간 중재자들을 사용하셔서 자신의 뜻대로 우리와 소통하실 수 있다는 사실을 고려해야 한다.

29. 이에 관한 논의는 다음을 보라. Goldsworthy, *Gospel-centred Hermeneutics*, pp. 23-38. 또한 Kevin J. Vanhoozer, *Is There a Meaning in This Text? The Bible, the reader, and the morality of literary knowledge* (Grand Rapids, MI: Zondervan, 1998), pp. 25-9, 43-195. 『이 텍스트에 의미가 있는가?』(IVP).

성경의 통일성과 다양성

성경신학이라는 학문에는 두 가지 주된 목적이 있다. 첫째로 성경의 전체적인 통일성 안에서 신학적 다양성을 드러내는 것과, 둘째로 이런 다양성을 포괄하는 통일성의 구조를 보여 주는 것이다. 성경의 통일성과 다양성은 두 가지 역사적 관점을 내포한다. 하나는 성경의 모든 부분이 예수 그리스도 및 그분을 믿음으로 그리스도와 연합된 모든 사람과 연관성을 가지고 있다는 것이다(통일성). 다른 하나는 모든 본문이 같은 방식으로 그리스도나 우리와 관련되지는 않는다는 것이다(구별성). 우리는 창조에서 새 창조에 이르는 성경의 역사, 이른바 '구속사'의 과정 속에서 다양한 전환과 발전을 통해 계시의 역동성을 볼 수 있다. 성경의 통일성은 이 책에서 수행하는 연구가 서로 다른 주제나 내용으로 완전히 분리될 수 없음을 뜻한다. 다른 주제들과의 역사적 연관성과 신학적 연관성은 꾸준히 마주하게 될 것이다.[30]

본문 해석에는 많은 미묘한 문제들이 존재하며, 특히 구약을 사용하는 과정에서 그러한 문제들이 두드러진다. 예를 들어, 대부분의 사람은 우리가 더 이상 동물 희생제사나 시내산 율법의 의식적 요구를 따르지 않아도 될 이유를 설명할 수 있다. 그러나 특정한 성적 행위의 금지가 오늘날에도 적용되어야 하는 이유에 대해서나 안식일 계명은 어떻게 해야 하는지에 대해서는 의견이 쉽게 일치되지 않는다. 게다가 예언과 예언적 종말론에 관한 해석을 둘러싼 골치 아픈 문제도 있다.

이런 문제는 구약 해석에 국한되지 않는데, 신약성경도 고유한 해석의 문제를 안고 있기 때문이다. 심지어 보수적인 복음주의자들 사이에서

30. 지금까지의 내 주장이 옳다면, 어떤 주제든지 다른 모든 주제와 연관되어 있다. 몇몇 주제와 그것의 연관성은 다른 주제보다 구원 메시지에 중점을 둔다. 따라서 우리는 먼저 가장 중요한 주제, 즉 그리스도 안에 있는 구원을 명백히 보여 주는 것들에 집중하려고 해야 한다.

도 구약에 관한 예수의 관점이라는 쟁점은 다양한 견해와 논쟁을 불러 일으킨다. 예를 들어, 구약의 어떤 본문이 어떻게 성취자이신 예수와 관련되는가? 구약의 기독교적 적용은 이 질문에 대한 우리의 대답에 달려 있다. 기독교적 해석의 역사는, 특히 알레고리(allegory)와 모형론(typology) 사이의 긴장을 보여 준다는 점에서, 이 문제의 규모를 잘 나타낸다.[31]

나는 『복음중심 해석학』(*Gospel-centred Hermeneutics*)에서 성경 해석의 역사와 관련된 중요한 여러 문제를 조사했기에 여기서 되풀이하지는 않을 것이다. 이제는 초기 단계를 넘어서자고 제안하고 싶다.[32] 이어서 『그리스도 중심 성경신학』(*Christ-centred Biblical Theology*)을 집필했는데, 이 두 권은 상호 보완적이다.[33] 본서에서는 성경 계시의 역사적 본질과 영향을 집중적으로 다루고자 한다. 복음주의자들이 '구속사'라는 전문 용어를 사용할 때는 그것이 '현실' 역사에서 실제로 일어난 일과 근본적으로 다르다는 의미가 아니다. 일부 20세기 독일 신학자들은 '구속사'(*Heilsgeschichte*)와 '일반 역사'(*Historie*)에 대한 납득할 수 없는 구분을 지었다.[34] 그들에 따르면 구속사는 종교적 신념을 바탕으로 구성된 역사로, 실제로 일어난 사건들을 역사로 기술하려는 일반 역사와 반드시 일치하지는 않는다. 복음주의적 입장은 성경의 역사 내러티브를 하나님이 말씀하시고 행동하신 사실의 맥락에서 보고 그에 대한 신뢰성을 옹호한다.

---

31. Goldsworthy, *Gospel-centred Hermeneutics*, pp. 94-100, 242-8.

32. 『복음중심 해석학』(CLC)은 시드니의 무어 칼리지에서 1995-2012년까지 신학부 4학년생들에게 해석학을 가르친 수업에서 비롯되었다.

33. Graeme Goldsworthy, *Christ-centred Biblical Theology: Hermeneutical foundations and principles* (Nottingham: Apollos, 2012). 『그리스도 중심 성경신학』(부흥과개혁사).

34. 이 어휘들은 성경 내러티브의 역사성을 받아들이지 않는 신학자들이 처음 사용했다. 3장을 보라.

이 연구에서 내가 견지하고 적용하는 전제들은 다음과 같다.

1. 성경 전체는 영감을 받은 오류 없는 하나님의 말씀으로, 예수 그리스도를 통해 이루어지는 구원을 계시한다.
2. 고대 화자들은 현대 역사 기록학의 규칙에 따라 역사를 기록하지 않았을 수 있지만, 성경의 역사 내러티브는 그것에 연관된 이들의 역사 속에서 실제 일어난 일들을 신뢰할 수 있게 나타낸다.
3. 성경 정경에는 그 메시지에서 명백히 식별 가능한 전체적인 통일성이 있다. 이는 신구약의 내러티브와 신학 모두를 수반하는 일종의 유기적 통일성을 함의한다.
4. 성경의 특징이 되는 통일성과 다양성은 모든 본문이 같은 방식으로 연관되거나, 그리스도와 연관되거나, 우리와 연관된다는 말이 아니다. 이는 창조에서 새 창조에 이르는 역사적이고 신학적인 발전의 결과다. 다시 말해, 하나님의 계시는 역사적 맥락과 신학적 의미에 있어 점진적이다.
5. 신학적 표현의 다양성은 결코 모순을 뜻하지 않는다. 그런 다양성은 성경의 신학이 가진 전체적인 통일성을 약화시키지 않으며, 오히려 발전적이고 상호 보완적이다. 간혹 회의론자들이 모순적이라고 여기는 것은 실제로 계시가 한 단계에서 다음 단계로 전환되는 과정을 나타낸다.

이러한 전제 원칙들은 모두 하나의 근본적인 원칙을 가리킨다. 즉 만물은 존재론적 삼위일체이신 성경의 하나님으로부터 말미암았으며, 궁극적으로 하나님의 자기 계시에 비추어 이해되어야 한다. 예수와 성경 모두 하나님의 '말씀'이다. 성육신하신 말씀과 기록된 말씀의 관계는 성경 전체가 예수에 관한 것이라는 평가를 지지한다.

2차 전제들은 기본적인 가정을 근거로 추론한 것으로, 종종 불완전한 추론으로 인해 그릇될 가능성을 지닌다. 일견 논리적이고 반박이 불가능한 것처럼 보이지만, 이는 우리를 오도할 수 있다. 좋은 성경 해석을 방해하는 주된 요인 중 하나는 본문을 평면적으로 읽는 관습이다. 이는 모든 본문이 독자와 똑같이 고정된 관계에 있는 것으로 취급한다. 그렇기 때문에 복음주의자들은 일반적으로 문법적-역사적 해석을 옹호했다. 이 사실은 다음과 같은 질문을 먼저 던져야 한다고 시사한다. 본문의 어휘들은 무슨 말을 하고 있고 역사적 맥락 속에서는 무엇을 의미하는가? 이를 위해 우리는 본문과 그리스도를 연결시키고 나아가 우리 자신과 연결시키는 신학적 맥락의 중요성을 부가한다.

요약하면 이렇다. 복음주의자들은 일반적으로 성경이 하나님의 말씀이며, 따라서 신앙과 행실의 모든 문제에서 최고의 권위를 가진다는 기본 전제에 동의한다. 성경은 유효한 세계관과 현실 이해에 필수적인 근거를 제공한다. 물론 의견의 차이가 존재한다. 예를 들어, 누군가는 하나님이 우리의 자유 의지를 위해 그분 주권의 일부를 제한하신다고 말하는 반면, 일관된 복음주의는 죄인의 책임 있는 선택은 애초에 죄인이 누릴 수 없는 자유 의지 같은 것이 아니라고 본다. 또한 누군가는 모든 예언이 축자적으로 해석되어야 한다고 말하는 반면, 다른 누군가는 예언이 기독론적으로 해석되어야 한다고 본다. 나는 성경 본문을 적용하는 방식에 영향을 주는 이런 쟁점들을 염두에 두고, 성경에 통일성을 부여하지만 동시에 그 자체로 다양성과 변화와 발전을 보여 주는 핵심 주제들을 검토하고자 한다.

요약 및 해석학적 함의

이제까지의 논의를 다음과 같이 요약할 수 있을 것이다.

1. 성경 전체는 현대 독자인 우리와 관련이 있다. 예수를 통해 맺어진 하나님과의 관계로 우리 삶을 규정하기 때문이다. 성경 전체는 무엇보다 예수를 증언한다.

2. 우리가 성경을 읽고 이해하는 방식은 우리의 기본 전제, 가정, 세계관에 따라 달라진다. 우리는 성경적 세계관을 더욱 배워 가며 우리의 전제들을 검토하고 필요시 조정해야 한다.

3. 성경에는 전체적인 통일성이 있지만 동시에 많은 다양성이 존재한다. 우리가 성경 본문에 접근하며 가져야 할 첫 번째 전제는, 성경을 단순히 고대 이스라엘의 종교 사상을 집대성해 놓은 책이 아니라 하나님의 말씀으로 인정하는 일이다.

4. 우리가 가진 전제들이 계속 유지될 수 있는지 평가해야 한다. 이를 위해 창조 신학과 죄의 결과에 관한 평가가 필요하다. 우리가 성경의 기록을 하나님이주신 것으로 받아들인다면, 성령 하나님과 우리의 중생이 그에 대한 내적 확신으로 이끈다는 사실을 깨닫게 된다.

5. 하나님이 주신 그대로 성경을 이해하는 것을 목표로 해야 한다. 여기에는 성경의 광범위한 다양성과 예수 그리스도를 중심으로 한 전체적인 통일성에 대한 인식이 수반된다.

다양한 기독교 분파에 속한 모든 성경 독자는 성경이 바르게 해석되어야 한다는 사실에 동의할 것이다. 이는 대개 우리가 익숙한 방식으로 성경을 읽는 것을 의미한다. 하지만 우리의 성경 해석에는 여러 쟁점이 있다. 이어지는 각 장의 결론에서는 그 장에서 다룬 주제의 해석학적 함의를 다룰 것이다. 우리의 본문 해석에 다양한 방식으로 영향을 미치는 한 요소는 계시에 대한 해석이다. 성경의 신학에 대한 이해가 계시에서 비롯된다면, 우리는 그 계시를 어디서 찾을 수 있는가? 이는 계시의 두 근원, 곧 성경이라는 특별 계시와 자연과 창조 세계라는 일반 계시에 관한 문제를 제기한다. 이어서 이 문제는 자연신학(natural theology)이 어떻게 자연 계시와 구별되는가라는 논쟁을 야기한다. 게다가 자연주의적 해석은 과학이라는 또 다른 권위를 제시한다.

어떤 형태로든 자연신학은 늘 우리와 함께해 왔다. 성경 내러티브 속에서, 자연신학은 아담과 하와가 하나님의 계시를 버리고 현실에 대한 자율적 평가를 선택한 사건에서 시작한다. "여자가 그 나무를 본즉 먹음직도 하고 보암직도 하고"(창 3:6). 최초의 죄의 기록에서, 뱀이 인간 부부로 하여금 계시를 거부하고 자연신학을 선택하도록 설득했던 장면을 볼 수 있다. 이는 이스라엘 민족이 야웨(Yahweh)[35]의 말씀과 언약을 버리고 가나안의 자연-다산 숭배에 빠지게 된 것에도 영향을 미쳤다. 자연신학은 교회사의 아주 이른 시기에 그리스도인들 사이에 채택되었고, 신학의 토대로 이교 철학의 기초를 차용하는 과정에서 나타났다. 결국 로마가톨릭과 프로테스탄트 종교개혁가들 사이의 주된 논쟁점이 되었으며, 지금까지도 가톨릭과 개혁 신앙의 차이를 유발하는 주된 요소다.[36] 이 문제는 이 책의 나머지 부분에서도 줄곧 등장할 것이다. 우리는 로마서 1:18-32에 언급된 계시의 본질에 관한 성경의 증거를 신중히 살펴보아야 한다.[37] 다시 말해, 자연 계시는 우리 주변 어디에나 있지만 자연을 근거로 구성된 신학인 자연신학은 우리에게 불가능하다. 왜냐하면 그런 식으로 드러난 진리에 맞서 인간은 반역했고, 우리의 죄가 이 진리를 묵살하기 때문이다. 하나님은 불의로 진리

35. 하나님을 뜻하는 히브리어 일반명사 yhwh의 발음을 추정한 것이다.

36. 10장의 창조의 내용을 보라.

37. 계시 신학에 관한 신중한 논의는 다음을 참고하라. Peter Jensen, *The Revelation of God*, Contours of Christian Theology (Leicester: Inter-Varsity Press, 2002). 『하나님의 계시』(IVP).

를 막는 사람들을 그들의 정욕대로 더러움에 내버려두셨다. 이와 반대로, 자연이라는 계시된 신학은 성경 도처에 나타나 있고, 중생한 마음이 그 진리를 추구한다. 우리는 이런 원칙을 염두에 두고 성경을 읽고 적용하는 데 따르는 개별 쟁점들을 검토할 수 있을 것이다.

3. 신학적 과제

이번 장에서는 자신이 신학자가 아니라며 손사래 칠 사람들을 위해 '신학'과 '신학적'이라는 말을 비신비화(demystify)하려고 한다.[1] 신학은 하나님을 아는 것에 관한 일이고 성경은 하나님에 관한 책이다. 하나님이 성경의 주인공이시기에 성경을 잘 알게 되면 신학적 지식이 늘어난다. 이에 대해서는 이후 장들에서 자세히 다루겠지만 현재로서는 독자들에게 다음과 같은 사실을 상기시키는 것만으로도 충분하다. 우리가 전문적인 훈련을 받지 못했거나 학문적 신학자가 아닐지라도, 우리 모두에게는 신학적 과제가 있다. 그것은 바로 주 예수 그리스도의 아버지이신 하나님을 더욱 잘 아는 것이다.

---

1. '신학자'를 일정한 형식을 갖춘 전문 신학 훈련을 받은 사람과 동일시하는 것은 잘못이다. 신학은 하나님에 대한 지식을 다루고 있기에 모든 인간은 신학자다. 물론 어떤 이들은 하나님의 말씀을 더 경청하기에 더 견실한 신학자들이다. 심지어 무신론자도 신학자라 할 수 있지만, 그는 하나님에 대해 알아야 할 지식이라고는 하나님이 존재하지 않는다는 사실뿐이라고 생각하기에 형편없는 신학자다.

성경 계시의 통합 내러티브

성경 이야기에는 수많은 발전과 전환의 순간이 있다. 우리는 성경의 엄청난 다양성 너머를 보며 그런 중대한 순간을 명확히 이해하게 되고, 하나님의 영이야말로 예수 그리스도 안에서 절정에 이르는 하나님의 계획에 대한 유일하지만 복합적인 궁극의 저자임을 깨닫는다. 성경 이야기는 이 세상에서 하나님의 활동 역사를 보여 주는 점진적이고 일관적인 이야기다. 그것은 하나님이 우리 세상과 온 우주를 창조하신 이야기에서 시작하는데, 이후로 성경 내러티브 전반에 나오는 역사적 사건들의 순서를 요약하기는 어렵지 않다. 안타깝게도 그런 순간과 그것이 알려 주는 중요한 변화는 부적절한 성경 읽기 습관이나 성경 내러티브에 대한 단순한 이해 부족으로 인해 막연하게 느껴지기도 한다. 창조에 이은 주요 발전과 전환의 사건은 타락, 홍수, 아브라함 언약, 출애굽, 이스라엘의 약속의 땅 입성, 다윗 왕조와 성전, 예수의 탄생, 부활, 오순절, 재림(Parousia)[2] 같은 것이다.

성경 본문은 예수의 지상 생애와 그 전후 사건들에 관한 것이기에, 모든 본문이 시간적 현실성이나 신학적 연관성에 있어 동일하게 예수와 관련될 수는 없다. 이것은 이제 부활하셔서 아버지 우편에 앉아 계신 예수와의 관계로 규정되는 우리 그리스도인에게도 마찬가지다. 우리가 고대 이스라엘 민족을 향했던 구약성경 본문에서 연관성을 찾으려고 애쓸 때, 특정 본문과 우리 사이의 거리를 더욱 뚜렷이 인식하게 된다. 우리가 가진 이런 해석학적 문제에도 불구하고, 성경 전체를 우리의 유익을 위해 기록된 기독교 정경으로 인정하게 하는 통합적 원칙

---

2. 헬라어 '파루시아'(*parousia*)는 다시 오실 예수의 임재를 가리키는 전문 용어다. 대개 이 사건은 '재림'으로 언급되기도 하지만, 신약에서 그렇게 사용하는 것은 아니다. 15장을 보라.

을 찾아야 한다(딤후 3:14-17). 다시 말하지만, 성경 어느 부분도 처음부터 우리에게 직접 기록된 것이 아니지만 모든 성경은 우리를 위해 기록되었다. 모든 본문은 그리스도와 연관되고, 우리는 부활하셔서 아버지 우편에 계신 그리스도와 연관된다. 이는 예수께서 실제로 지상에 계셨을 때의 모습, 즉 역사적 그리스도와 우리가 맺는 관계와는 구별되어야 한다. 모든 본문은 '그리스도 안에' 있는 우리와 어떤 식으로든 유의미한 관계를 맺는다. 심지어 하나님의 진노와 죄에 대한 심판을 말하는 본문도 죄인(우리)을 대신하여 죄로 여겨지시고 죄를 담당하신 그리스도와 연관된다(고후 5:21).

기독교 역사를 거치며 구약과 신약의 관계, 그리고 신구약을 이루는 각각의 성경이 우리와 맺는 관계를 둘러싼 근본적인 쟁점이 다양한 방식으로 표현되어 왔다. 예컨대 영국 개혁교회는 그 이해를 이렇게 표현했다. "구약성경은 신약성경과 모순되지 않는다. 구약과 신약 모두에서 영생이 하나님과 사람 사이의 유일한 중보자요 하나님이자 사람이신 그리스도를 통해 주어졌기 때문이다."[3] 어떻게 그러한지 설명하지는 않지만, 성공회 39개 신조의 제7조는 그리스도가 하나님의 말씀이며, 모든 계시가 때가 참에 따라 신인(God-Man)이 되셨던 하나님의 말씀을 통해 중재된다는 기독교의 확신을 나타낸다. 이 조항은 구약 전체가 하나님 말씀의 유일한 중보자이신 그리스도와 연관된다는 점을 시사한다. 이스라엘에게 주어진 구약의 하나님 약속들은 (어떤 방식으로든) 아직 오지 않으신 예수를 통해 주시는 구원을 담고 있다.

구약의 본문과 사건이 신약의 그것들과 어떻게 연관되는지의 문제는 예수 시대 이후로 계속해서 논의와 논란의 여지를 만들었다. 신약

3. 성공회 39개 신조(1562) 제7조, '구약성경에 관하여.'

은 구약 본문이 어떻게 기독교 성경으로 이해되는지를 자주 상기시킨다.[4] 따라서 예수와 사도들은 구약의 기대와 약속을 성취하는 메시아로서 예수의 역할을 다룬다.

성경 메시지는 역사적이다. 영적 조언이나 시대를 막론한 이상과 원칙을 담아 둔 저장고가 아니다. 성경 계시에 있어 일련의 중요한 순간들은 역사 속에서 점진적인 하나님 계시의 기본 윤곽을 이룬다. 역사적 사건과 연관된 점진적 계시는 이전의 말씀과 사건이 전환되거나 대체되거나 발전될 수 있음을 의미한다. 〈표 3.1〉은 주요 사건의 순서를 보여 준다. 물론 합당하게 포함되어야 할 순간이나 사건이 빠졌을 수도 있다. 내가 선택한 사건들은 두 차원, 곧 역사적 차원과 신학적 차원의 결합을 근거로 한다. 표에 나타난 순서에서 성경의 역사 속 '순간들'은 하나의 일관된 내러티브로 연결된다. 하나님의 말씀은 성경 역사 속 사건들의 중요성을 드러낸다. 각각의 역사적 사건은 주요 신학적 사상이 표현되는 방식과 연결되기도 한다. 선택된 네 가지 주요 주제의 전환과 발전은 순서를 따라 읽어 내려갈 수도 있다.[5]

하나님의 주권적 섭리 아래 이미 일어났거나, 일어나고 있거나, 장차 일어날 각각의 중요 사건들은 새 창조와 영원의 미래로 이어지는 연결된 사건의 연속이자 일부다. 이 모든 과정에, 사건 자체와 신학 모두에 담긴 의미 있는 발전으로 인해 문학적 다양성과 주제의 다양성에도 불구하고 성경은 통일성을 갖는다. 각 사건은 구속사 안에서

---

4. 신약성경이 구약성경을 인용하고 암시하는 부분에 대한 정리는 다음을 참고하라. Kurt Aland et al. (eds), *The Greek New Testament* (London: United Bible Societies, 1966), pp. 897-920.

5. 전환점의 개수는 어떤 주요 주제를 중점적으로 다루느냐에 따라 달라진다. 〈도표 5.1〉에서는 모형론의 세 가지 기초를 제시한다. 〈도표 19.1〉에서는 성경 역사를 아홉 갈래로 나누었지만 〈도표 5.1〉의 세 부분을 포함하는 방식이다. 중요한 점은 성경의 어떤 주제에서든 점진적 계시 과정에서 발생하는 이런 전환에 민감해야 한다는 것이다.

표 3.1 점진적 계시의 주요 전환점

주요 주제 → 구속사 안에서의 전환점 ↓	하나님 나라	언약	하나님의 백성	구원
1. 창조와 에덴동산	하나님의 통치 아래 하나님의 장소 안에 있는 하나님의 백성	하나님이 말씀으로 창조(창조의 언약적 본성은 12장에서 논의)	하나님의 형상으로 창조된 인간	원래 의로운 상태
2. 타락	인간에 의해 거부당한 하나님 나라	파기된 언약으로 인한 온 피조물의 심판	원죄, 에덴에서 추방된 인간	미공개
3. 창 3:15, 원복음	시정조치 약속	복음에 대한 하나님의 예고	심판 아래 있지만 약속을 받음	구원에 대한 첫 예고
4. 노아	방주로 예견된 하나님 나라	공식적인 첫 언약	노아와 가족들	홍수에서의 구원
5. 셈에서 아브라함까지	세속적 용어로 약속된 하나님 나라	약속의 언약	공식화된 하나님과 백성의 관계	하나님 백성으로의 부름
6. 포로와 출애굽	출애굽으로 예견된 구속	출애굽의 근거인 아브라함 언약	하나님의 백성으로 성립된 나라 이스라엘	노예에서 해방되어 하나님의 백성이 됨
7. 시내산	세속 왕국에 관한 세부 사항	언약적 관계에 관한 세부 사항	이스라엘: 하나님의 택하신 백성	출애굽 구원: 성막과 희생 제물
8. 약속의 땅 입성 및 정복	약속의 땅에서의 하나님 백성	언약에 관한 세속적 표현	약속의 땅에서의 이스라엘	성막과 제사장 직무
9. 왕권	기름 부으신 왕을 통한 하나님의 통치	하나님의 아들로서 다윗의 아들에 집중된 언약	하나님의 통치 아래 하나님의 장소 안에 있는 하나님의 백성	하나님의 장소 안에 있는 속죄 및 하나님과의 교제
10. 쇠퇴, 포로, 귀환	믿음 없는 백성에게 거부당한 하나님 나라	유다의 악한 왕들에 의해 파기된 언약	나라의 분열과 포로됨	신실하고 회복된 남은 자들에 대한 예견
11. 예언적 종말론	약속된 하나님 나라의 회복	마음에 새겨짐으로 약속된 새 언약	장차 포로에서 귀환할 신실한 남은 자들	진정한 하나님 나라를 예견하는 포로 귀환
12. 성육신	하나님 나라의 진정한 표상이신 예수, 예수가 곧 새 창조	언약을 온전히 성취하신 예수	하나님의 참된 백성이신 예수	하나님 나라 성취의 표상이신 신인 예수
13. 예수의 죽음과 부활	죽음으로 인간의 타락을 속죄하시고 부활로 우리를 의롭게 하심	예수 및 '그리스도 안에' 있는 모든 자에게서 성취된 새 언약	우리를 위한 하나님의 참된 백성이신 예수	오직 예수의 삶, 죽음, 부활을 통한 구원

14. 승천과 오순절	하나님의 통치 아래 하나님의 장소 안에 있는 하나님의 백성 예수, 신자와 하나님 나라를 잇는 그분의 영을 보내신 예수	믿음을 통해 그리스도 안에 있는 모든 자를 아우르는 새 언약	자기 모든 백성을 하나님 나라로 모으시는 예수	그리스도를 통한 구원의 메시지
15. 성령 시대	성령의 역사를 통해 하나님 나라에 속한 신자	언약: 먼저 유대인에게 그리고 이방인에게 전해진 복음	언약 아래 있는 믿는 유대인과 믿는 이방인	모두에게 선포된 충만한 복음
16. 재림과 새 창조	모든 신자에게 완전한 현실이 된 하나님 나라	모든 언약적 약속의 최종 성취	하나님의 보좌와 어린양께 모여든 모든 신자	하나님의 임재 안에서의 영생

주요 전환점으로 이어지고, 이는 성경의 그 뒷부분을 우리 자신과 연결시키는 방식에 영향을 준다. 이런 기본적인 역동성을 고려하지 못하면 신학적으로 왜곡이 발생하고, 너무나 자주 그렇듯 잘못된 교리(이단)로 이어진다.

모든 본문의 궁극적 의미, 그리스도

이 연구에서 복음에 대해 많이 언급할 것이기 때문에 '복음'이라는 말로 내가 무엇을 의미하고자 하는지를 독자들에게 분명히 할 필요가 있겠다. 우선은 복음이 하나님의 아들이신 예수께서 우리의 구원을 위해 신인으로 성육신하신 사건 및/또는 그 사건의 선포라고 주장하는 바다. 그러니 복음은 그리스도의 탄생, 삶, 사역과 말씀, 죽음, 부활, 승천에 관한 것이다. C. H. 다드(Dodd)의 주장에 따르면, 우리는 이런 사건의 완성을 미래 그리스도의 재림에 포함시킬 수도 있을 것이다.[6]

6. C. H. Dodd, *The Apostolic Preaching and Its Developments* (London: Hodder & Stoughton,

하지만 우리는 그리스도의 역사적이고 완성된 사역을 믿음으로써 구원을 받지, 그리스도의 재림을 둘러싼 사건들에 관한 특정 관점을 가짐으로써 구원을 받는 것이 아니다. 또한 우리는 복음의 결과 또는 '열매'와 복음 자체를 구별해야 한다. 그런 열매는 우리를 복음에 연결시키시고 복음을 통해 성화시키시는 성령의 독특한 사역이다.

이제 성경 전체에서 그리스도 중심성이라는 문제로 가 보자. 모든 본문이 어떤 식으로든 그리스도와 관련된다고 말하는 것은 처음에 과하고 성급하게 보일 수 있다. 그리고 말이 떨어지기가 무섭게, 이런 주장은 무분별한 알레고리 해석으로 이어질 수밖에 없다고 생각하는 이들이 있을 것이다. 이 연구를 통해 내 주장이 의미하는 바가 분명해지기를 바란다. 이 연구의 중요한 강조점 하나는 그리스도의 중보적 역할의 역동성이다. 개혁주의-복음주의 해석학에서는 일반적으로 두 가지 전제를 공유한다. 첫째는 성경의 신적 기원이며, 둘째는 기독교 신앙의 역사적 본질이다. 이 두 전제는 밀접하게 연관되지만 동시에 명확히 구분되는 두 학문인 성경신학과 조직신학(혹은 기독교 교리)의 근거이기도 하다. 안타깝게도 두 분야는 서로 경쟁 관계로 여겨지기도 한다. 그러나 두 분야 모두 성경의 본질과 하나님의 영감을 받은 말씀으로서의 권위에 대한 동일한 전제를 바탕으로 수행된다. 성경신학과 조직신학은 상호 보완적인 학문으로 서로를 필요로 한다.[7] 비록 학문 방법과 자료 구성에서 차이가 있지만 성경신학과 조직신학은 같은 기반,

---

1936), pp. 17, 21-4. 여기서 Dodd는 사도적 케리그마(*kerygma*)의 내용을 설명하며, 그것이 복음 이상의 것을 포함하고 있음을 이해해야 한다고 말한다. 케리그마에 관한 논의는 16장을 보라.

7. 이런 전제를 공유하지 않는 성경신학자와 조직신학자도 있는데, 그들은 다른 토대 위에서 학문을 한다. 대체로 그들의 성경 해석은 여러 수준의 '의심의 해석학'(주 12번)을 동반한다. 나는 무어 칼리지에서 1학년 학생들에게 성경신학을 가르칠 때 좋은 성경신학자가 되기 위해서는 동시에 좋은 조직신학자가 되어야 하며, 그 반대의 경우도 마찬가지라는 점을 강조했다.

곧 하나님의 말씀에서 출발한다.

그리스도가 모든 본문의 의미라는 주장은 구약성경이 그리스도 안에서 의미를 가진다는 신약성경의 전반적인 강조에 따른 것이다. 앞서 언급했듯이 예수는 구약의 모든 부분을 성취하는 자신의 역할을 언급하셨다(눅 24:25-27, 44-47; 요 5:39-40, 45-47). 바울은 고린도후서 1:20에서 이를 포괄적으로 주장한다. "하나님의 약속은 얼마든지 그리스도 안에서 예가 되니." 에베소서 1:9-11에서는 그리스도 안에 있는 하나님의 목적을 "때가 찬 경륜을 위하여 예정하신 것"으로 언급하며, "하늘에 있는 것이나 땅에 있는 것이 다 그리스도 안에서 통일되게 하려 하심이라"고 말한다. 또한 골로새서 1:15-20과 2:3에서는 만물이 그리스도 안에서, 그분으로 말미암고, 그분을 위하여 창조되었다고 말한다.[8] 이런 포괄적인 진술은 창조 전체가 그리스도 안으로 응축된다는 점을 암시하는 듯하다. 그러므로 모든 성경이 그분과 관련된다는 사실뿐만 아니라, 우주 어디에도 그리스도 안에 있지 않는 궁극적 의미란 없다는 사실도 중요하다. 요한은 그리스도를 창조 때의 하나님의 말씀으로 언급한다(요 1:1-3, 14). 히브리서에서도 "그의 능력의 말씀으로 만물을 붙드시는" 아들에 관한 포괄적인 주장을 볼 수 있다(히 1:1-3). 바울이 하늘과 땅에 있는 모든 것이 그리스도 안에서 통일되게 하시는 것이 하나님의 계획이라고 말할 때(엡 1:10), 이는 분명 그리스도 안에 통합되지 않은 것은 아무것도 없다는 의미다. 따라서 우리는 그리스도가 성경 모든 부분의 궁극적인 의미라고 확신에 차서 주장할

---

8. 골 1:16에서 바울은 일반적으로 '~안에'(in)를 뜻하는 전치사로 헬라어 '엔'(*en*)을 사용하지만, ESV는 '~에 의해'(by)로 번역하면서 그리스도를 창조의 주체로 나타낸다. 물론 이는 사실이지만, 이 본문은 엡 1:10에서 성육신과 창조를 연결하며 언급된 "그 안에서"(in him)에 대한 바울의 이해를 보여 주는 것일 수도 있다. 5장에서 이를 자세히 살필 것이다.

수 있다. 만물이 그분 안에서 창조되었고 그분을 위해 창조되었으므로 그분이 우주의 모든 사실에 궁극적 의미를 부여하신다. 이런 구절들이 주장하는 바는 모든 피조물의 궁극적인 정의다. 바로 '그리스도를 위하여' 창조된 것이라는 진리다.

앞의 주장을 분석해 보자. 성육신이 가진 함의에는 존재하는 모든 것이 '그리스도 안에서' 대표적으로 자신의 완성된 존재 형태를 가진다는 사실이 수반된다. 따라서 고장이 난 예초기를 수리하기 위해 기술자를 불러야 할 때 예초기의 작동 원리를 신학적으로 논하는 일은 별 소득이 없을 수도 있지만, 인간의 어떤 기술도 그리스도가 그 모형이자 궁극적 의미가 되시는 우주 바깥에 존재하지 않는다는 점을 기억해야 한다.[9] 인류 역사의 모든 측면, 인간의 모든 문화적이고 기술적인 성취는 하나님의 창조 목적의 완전성에 얼마나 부합하는지에 따라, 그리고 그것이 하나님이 인간에게 위임하신 지배권을 반영하는지의 여부에 따라 판단된다(창 1:26-28). 그리스도 안에 의미가 있는 것은 성경 본문만이 아니다. 언제 어디서나 인간이 내뱉고 쓰는 모든 말과 심지어 생각까지도 궁극적으로 어떻게 그리스도를 증언하는지, 아니면 부인하는지에 따라 판단된다.

성경신학의 필요성

기독교는 시간과 공간 속에서 이루어진 하나님의 행하심에 관한 것이다. 성경 본문의 복합적 전체성에 대한 이해에는 역사와 신학의 역동성이 영향을 미친다. 역사는 시간과 공간 속에서 일어난 사건의 연속

9. 7장과 9장을 보라.

을 뜻하며, 성경에서처럼 역사적 사건과 관련될 때 그에 부합하는 신학의 전환을 뜻한다. 속죄신학은 그리스도의 유일하고 참된 희생으로 이어지는 역사적 발전과 연결되면서 변화한다. 모든 역사는 하나님의 역사다. 이 말은 세속 사상이 추상적인 것으로 간주하는 일반적인 이상이나 윤리 기준들이 하나님께서 주권적으로 간섭하시는 역사, 곧 우리 모두가 속해 있는 바로 그 역사 속에서 이미 일어났고, 현재 일어나고 있으며, 장차 일어날 일들에 따라 좌우된다는 것이다.[10]

역사적 신뢰성의 문제는 잠시 제쳐 두더라도, 우리는 성경 메시지를 뒷받침하는 역사적 틀을 강조하는 확고한 기반 위에 서 있다. 성경은 시작, 복잡한 중반, 중요한 결론을 갖춘 이야기다. 성경 기록에는 인지할 수 있게 발전하는 구성이 있고, 이는 그것에 수반된 신학과 연결된다. 성경은 창조의 하나님, 또한 자기 백성 이스라엘의 하나님으로 스스로를 드러내시는 하나님, 궁극적으로는 우리 주 예수 그리스도의 아버지 하나님으로서의 역할을 강조함으로써 이 연결을 유지한다. 에스더서를 제외한 모든 성경은 전체 이야기를 구성하는 사건 속에서 하나님의 역할을 직접 언급한다.[11]

성경 계시의 역사적 본질을 인식하게 되면, 조사와 해석의 방법으로 성경신학이 필요하다. 성경신학의 수행에는 다양한 형태가 있는데, 그런 차이는 주로 성경 연구에 적용된 서로 다른 전제에서 비롯된다.

---

10. 표면적으로 속죄신학은 주로 동물을 희생하는 여러 희생제의 규정에 근거한 속죄에서 변화하여 그리스도의 유일하고 참된 제사로 이어지는 역사적 발전과 결부된다.

11. 에스더서는 페르시아의 유대인들을 위한 하나님의 섭리적 행동을 암시하는 특정한 역사 맥락과 연관된다. 하나님의 이런 구속 행위는 에스더서의 한결 넓은 성경적 맥락의 일부다. 다음을 보라. Joyce G. Baldwin, *Esther: An introduction and commentary*, Tyndale Old Testament Commentaries 17 (Nottingham: Inter-Varsity Press, 1984), p. 36; Barry G. Webb, *Five Festal Garments: Christian reflections on the Song of Songs, Ruth, Lamentations, Ecclesiastes and Esther*, NSBT 10 (Nottingham: Apollos; Downers Grove, IL: InterVarsity Press, 2000), pp. 121-4.

성경의 신적 영감과 최고 권위에 대한 보수적 수용법은 '의심의 해석학'과 인본주의 회의론으로 형성된 접근법과는 매우 다른 방식과 결과를 도출할 것이다.[12]

성경신학의 다양한 접근법을 평가하는 요인은 수많은 성경 문서 이면에 자리한 일종의 역사 발전에 대한 공통 인식이다. 보수적인 성경신학자는 다양성을 인정하면서도 한 권으로서 성경의 통일성을 강조할 것이다. 성경에는 많은 신학적 관점과 강조점이 있지만, 이 모두는 그리스도를 중심으로 한 큰 그림 안에서 통일성을 찾는다. 반면에 회의론자에게 성경신학은 진정한 신학이 아니라 성경의 한 권이나 몇몇 권에 나타난 종교적 사고에 대한 연구로, 단지 역사적 관심일 뿐이다. 의심하는 이들은 이런 생각이 그리스도인의 신앙과 삶에 대해 가지는 권위를 부정한다. 자유주의적 '계몽주의' 성경 비평가들은 수많은 역사적 세부 사항을 의심하면서 전체적인 역사적, 신학적 통일성에 관한 주장이라면 어떤 것이라도 물고 늘어질 태세를 취한다. 성경 해석의 역사에서 이런 '자유주의적' 접근법의 극단적인 결과는 성경신학을 유대 종교 사상사로 축소시켰다. 따라서 성경을 인간 문화의 일부로만 본다면, 성경이 사상이나 어느 정도의 지식은 제공할지 모르지만, 성경의 하나님을 향한 회개와 믿음을 촉구하지는 못한다.

계시에 대한 성경의 전제는 그것이 삼위일체 하나님에게서 비롯된 진리며, 그렇기에 하나님의 존재와 행위를 드러낸다는 것이다. 계

12. 이것들은 흔히 성경에 대한 과학적 접근의 결과로 주장된다. '의심의 해석학'(hermeneutic of suspicion)은 본문의 역사적 서술과 신학적 주장에 대해 회의론에 근거한 해석을 지칭하는 용어다. 예를 들어, 가나안 입성 이전의 이스라엘에 대한 성경 역사는 신뢰할 만한 문서나 유물이 발견되지 않았다는 이유로 일부 학자들의 의심을 받는다.

시는 삼위로서 한 분이신 하나님, 즉 존재 자체로 통일성과 다양성이신 삼위일체를 반영한다.[13] 모든 피조물은 특정한 것과 일반적인 것, 하나와 다수, 개인과 공동체의 관계를 결정하는 삼위일체 하나님을 반영한다. 따라서 이런 정통 기독교 전제들을 수용한다면, 비록 시간이 걸릴 수 있겠지만, 하나님 안에서 통일성과 다양성 및 계시의 점진성을 포괄할 성경신학을 발전시킬 필요가 생긴다. 그러므로 성경신학은 성경의 역사 내러티브 구조 속에서 성경이 보여 주는 방식에 따라 성경의 신학을 다룬다. 이는 성경의 하나님이 제시하시는 시나리오를 따라 진행된다. 그것은 역사적으로 중립적인 교리가 아니라 하나님의 자기 계시(신학) 맥락에서 성경이 제시하는 역사적 용어를 사용한다. 전반적인 역동성은 새 창조의 종말론적 완성을 향해 나아가는데, 이 완성은 아직 온전히 드러나지 않은 그 나름의 영원한 역동성을 지니고 있다.

성경신학은 이 학문 분과 내에서 두 가지 필수 절차를 인정한다. 이는 흔히 공시적(같은 시간대: 특정 역사 시점에서의 상황) 접근과 통시적(시간을 통해: 구속사의 전개에 따른 주제의 발전) 접근으로 표현된다. 공시적 성경신학은 성경의 특정 부분(한 권, 한 단락, 한 예언)을 맥락 안에서 면밀히 읽으며 당시 시점에서 본문이 지닌 신학적 중요성을 강조한다. 이러한 방식을 통해 성경 내의 차이점들이 주목을 받게 된다. 통시적 성경신학은 공시적 연구를 통해 얻은 결과물들을 종합하는 작업을 수행한다. 따라서 성경 계시 전체의 전반적인 역동성을 다루며 성경의 통일성에 주목한다. 이 두 가지 접근법은 서로 구별될 수 있지만 분리될 수는 없다. 그리스도 중심성은 우리가 항상 통합적인 성경신학을 세워

13. 삼위일체는 9장의 주제다.

나가야 함을 의미한다.

보수적인 성경신학자들 사이에서도 다양한 접근법이 존재하며, 어떤 것은 상호 보완적으로 여겨지기도 한다. 그 차이는 성경에 통일성을 부여하는 중심 주제를 어떤 것으로 보는가에 달려 있다. 나는 『복음과 하나님 나라』(*Gospel and Kingdom*)에서 그 주제를 '하나님 나라'로 잡았다.[14] 어떤 개혁주의 성경신학자들은 '언약'을 주제로 잡는다.[15] 이 두 가지 주제는 성경의 통일성으로 인해 본질상 대립할 수 없다. 중심 주제에 대한 여러 제안은 단지 동일한 것의 다른 측면에 불과할 수 있다. 따라서 하나님 나라와 언약은 모순되지 않는다. 은혜 언약으로 잇따라 표현되는 내용은 하나님 나라와 그것이 어떻게 임하는지에 관한 것이기 때문이다. 둘 중 하나만으로 성경신학을 세밀히 수행하기는 불가능하다. 물론 처음에는 그 관계를 선명하게 알아볼 수 없는 간접적으로 연결된 주제들도 있다.[16]

일부 학자들은 거부하는 방법이지만, 성경에 통일성을 부여하는 중심 주제를 작업가설로 설정할 수 있다면, 여전히 우리는 그 주제가 정확히 어떤 식으로 발전하는지 살펴보아야 한다. 변화하는 역사라는

---

14. Graeme Goldsworthy, *Gospel and Kingdom: A Christian interpretation of the Old Testament* (Exeter: Paternoster, 1981), 지금은 다음 책으로 통합되었다. *The Goldsworthy Trilogy* (Milton Keynes: Paternoster, 2000). 또한 다음을 보라. Graeme Goldsworthy, *Christ-centred Biblical Theology: Hermeneutical foundations and principles* (Nottingham: Apollos, 2012).

15. 다음을 보라. Geerhardus Vos, *Biblical Theology: Old and New Testaments* (Grand Rapids, MI: Eerdmans, 1948). 『성경신학』(CH북스); Edmund P. Clowney, *Preaching and Biblical Theology* (London: Tyndale Press, 1961). 『설교와 성경신학』(크리스챤출판사); O. Palmer Robertson, *The Christ of the Covenants* (Phillipsburg, NJ: Presbyterian and Reformed, 1980). 『계약신학과 그리스도』(P&R); Thomas E. McComiskey, *The Covenants of Promise: A theology of the Old Testament covenants* (Grand Rapids, MI: Baker, 1985). 『계약신학과 약속』(CLC).

16. Graeme Goldsworthy, *Homeward Bound: Sabbath rest for the people of God* (Milton Keynes: Paternoster, 2019). 여기서 나는 쉼, 포로, 도시, 안식일이라는 주제의 연관성을 보여 주고자 했다.

맥락을 변화 없이 통과하는 개념은 거의 드물다. 주제들이 등장하고 표현되는 방식에서 역동성이 드러난다. 예를 들어, 은혜 언약이라는 주제는 역사의 흐름에 따라 다양하게 나타나는 언약의 표현을 분석할 필요가 있다. 언약의 역동성은 12장에서 다룰 것이다.

성경신학과 조직신학의 공생 관계

성경신학자 한 명과 조직신학자 한 명이 각자 자기 분과의 상대적 중요성에 대해 논의하고 있었다. 성경신학자가 이렇게 말했다. "우리가 성경과 성경신학을 가지고 있다면, 조직신학은 불필요해 보입니다." 이에 조직신학자는 영리하게 응수했다. "당신은 당신이 가진 것이 성경이라는 사실을 어떻게 확신하십니까?"[17] 조직신학자는 어떤 성경신학자도 이미 형성된 성경 교리 없이 자신의 연구를 수행할 수 없음을 지적했다. 그 교리가 단순하거나 임시적이거나 회의적인 것이라 할지라도 상관없다. 한편으로는, 그리스도인이 가치 있게 여기는 책을 연구하고자 하는 단순한 열정일 수도 있다. 신적 영감에 대한 아무런 확신 없이도 말이다.[18] 다른 한편으로는, 성경을 하나님의 말씀으로 굳게 확신하는 태도를 반영할 수도 있다. 혹은 그리스도인이 집착하는 책에 관한 단순한 호기심일지도 모른다. 그럼에도 불구하고, 신학을 탐구하려는 목적을 가진다는 것은 이미 신학이나 하나님의 교리와 성경에 대한 선입견을 어느 정도 가지고 있다는 뜻이다. 따라서 우리는 다시 전제에 관

---

17. 이 대화에 참여한 조직신학자에게 전해 들은 말이지만 나 역시 성경신학자로서 그에게 동의한다.

18. 성경의 본질에 대해 특정한 확신이 없다고 주장하는 것 자체가 이미 성경에 대해 형성된 하나의 전제다.

한 문제로 돌아가게 된다. 성경적 전제는 신학적이며, 기독교 교리의 중요한 측면을 형성한다.

다양한 신학 분과들의 관계를 직선적이거나 논리적으로 의존된 개념으로 이해하는 일은 매력적으로 보일 수 있다. 이는 성경 본문에 대한 주해가 성경신학의 단초를 제공하고, 이를 바탕으로 조직적으로 교리를 정립하며, 때가 되어 역사신학에 반영되고, 다시 설교나 목회학이나 기독교 교육 같은 여러 실천적인 분과로 이어진다는 식의 주장이다. 그러나 이런 직선적 접근법은 누구도 아무 전제 없이 깨끗한 백지 상태에서 시작할 수 없다는 사실을 간과한다.[19] 이 문제를 도식적으로 표현한다면 직선이 아닌 해석학적 나선의 형태여야 한다. 서로 연관된 신학 분과들은 상호 의존적이기에 하나에 대한 이해가 수정되면 그에 상응하는 것들도 수정하게 된다.

역사신학은 교회가 시대를 거쳐 교회를 조직하고 진리를 선포하기 위해 교리를 형성할 필요성 및 이교 철학의 영향을 받은 교리적 이단과 전제적 오류에 대응할 필요성을 다루어 온 방식에 관한 것이다. 또한 역사신학은 기독교 역사 속에서 시대를 거치며 이어져 온 특징적인 논쟁들을 추적한다. 만일 성경 계시의 역동성이 없다면, 시대에 따른 교의의 발전은 한층 단순했을 것이다.[20] 하지만 교회는 그리스도께

---

19. 다음을 보라. Graeme Goldsworthy, '"Thus says the Lord" – the Dogmatic Basis of Biblical Theology', in Peter T. O'Brien and David G. Peterson (eds), *God Who Is Rich in Mercy: Essays presented to Dr. D. B. Knox* (Homebush West, NSW: Lancer Books, 1986), pp. 25–40; 또한 Goldsworthy, 'The Ontological and Systematic Roots of Biblical Theology', *RTR* 62/3 (2003), pp. 152–64.

20. 대체로 '교의'(dogma)는 '교리'(doctrine)와 동의어로 사용된다. James Orr는 다음의 책에서 기독교 교리에 대한 역사적 관점과 초기 교회가 기독론과 신론처럼 다양한 주제에 관심을 두었다는 사실을 보여 준다. *The Progress of Dogma* (London: Hodder & Stoughton, 1901). 특정한 고백의 기준으로서 교의에 주목한 보다 근래의 연구로는 다음을 보라. Michael Schmaus, *Dogma*, 6 vols (London: Sheed & Ward, 1969).

서 다시 오시기 전에 일어날 일들에 비추어 그리스도의 도래에 따른 역동성을 다루어야 했다. "이스라엘아 들으라. 우리 하나님 여호와는 오직 유일한 하나님이시니"(신 6:4), 즉 쉐마(Shema) 교리는 어떻게든 그리스도의 신성과 성령에 대한 복음적 계시에 연결되어야 했다. 동일한 하나님 안에서의 통일성과 다원성이 수반된 문제이기에, 초기 기독교 몇 세기는 삼위일체와 그리스도의 두 본성에 관한 논쟁으로 특징지어진다. 이 모든 혼란스러운 교리의 형성 과정에서 성경신학과 조직신학은 해석학적 나선으로 서로 조정되었고, 기독교 교리는 점점 정제되고 체계화되었다.

프로테스탄트 종교개혁은 로마가톨릭과 상충되는 성경신학을 발전시킨 사례다. 흔히 프로테스탄트 신학자 J. P. 가블러(Gabler)가 성경신학과 조직신학의 차이를 처음으로 명확히 구분한 인물로 평가되지만(1787년), 사실 교회의 시작부터 이 둘은 나란히 존재했다. 게다가 가블러는 계몽주의 전제들을 수용함으로써 성경적 관점에서 벗어난 왜곡된 정의와 구별을 사용했다. 성경신학에 대한 그의 개념은 개혁주의적 입장에서 매우 떨어져 있다. 종교개혁은 루터, 칼뱅, 크랜머가 쓴 논문들의 토대가 되는 전제와 토마스 아퀴나스 및 트렌트 공의회의 전제 사이의 차이점을 부각시켰다. 16세기 로마가톨릭과 프로테스탄트 신학자 중 어느 누구도 현대적 의미에서 성경신학을 실천한 것은 아니었다. 그러나 교회의 위대한 신학자들은 언제나 교리 형성에서 성경 주해의 기본적인 역할과 계시의 점진적 본성을 인식하고 있었다.

복음과 역사

복음은 역사에 근거를 두고 있기에 그 역사성을 약화시키는 것은 복음 메시지의 온전성을 약화시키는 일이다. 또한 복음은 모든 역사의 이유이기에 그것은 역사 의미의 온전성을 약화시키는 일이기도 하다. 다양한 방면에서 하나님의 말씀과 섭리 속에서 역사의 의미 및 위치에 대한 위협이 제기되어 왔다. 역사의 보편적 의미는 무엇보다 확실하게 역사적 사실이다. 그러나 역사 이론, 역사 철학, 역사 서술에 관한 문헌들로부터 역사라는 개념과 학문을 규정하려는 노력이 끊이지 않는다는 것도 사실이다. 물론 이런 시도들은 현존을 과거의 뿌리와 연관지어 이해하려는 인간 공통의 욕망과 미래를 불확실성이나 불길함으로만 대하고 싶어 하지 않는 감정을 대신하지 못한다.

20세기 말, 우리는 딜레마에 직면했다. 미래에 대한 소망의 역사적 근거가 있는가? 아니면 어떤 식으로든 의미 있는 역사는 끝난 것인가? 기독교 복음이 격려의 언어를 제공하는가? 아니면 역사에는 일관성이나 인식 가능한 의미가 없다고 보는 포스트모더니스트들이 옳은가? 역사적 기독교 관점에서 보면 역사의 본질과 의미는 하나님의 아들, 예수 그리스도 안에서 이루어진 하나님의 역사적, 구속적 계시로 규정된다.[21] 하나님의 계시가 과거와 현재와 미래를 규정한다. 우리가 직면한 문제는 이 구속 사건을 우리 자신 및 우리 시대와 어떻게 연관지어 이해할 것인지, 그리고 역사에서 어떤 의미를 발견할 가능성에 대해 점점 회의적인 문화에 어떻게 가장 효과적으로 선포할 수 있을지에 관한 것이다.

우리의 역사 이해에 영향을 미치는 몇 가지 기독교 전제들을 살펴보자. 첫째, 하나님은 이전에는 예언자들을 통해 말씀하셨고 이 마지

---

21. '역사적 기독교'라는 표현은 사도신경, 니케아 신경, 아타나시우스 신경 같은 에큐메니컬 신경에 나타나는 전통적인 정통 신앙을 가리킨다.

막 날에는 그분의 아들을 통해 말씀하셨다(히 1:1-2). 둘째, 우리는 이 예언적 말씀이 신적인 영감으로 기록된 성경을 하나님의 말씀으로 인정한다. 이 두 전제 너머에는 주권적이시고 전지하시며 편재하시고 내적으로 완전하신 삼위일체 하나님의 존재에 대한 근본적인 수용이 있다. 성경은 추상적 사상에 관한 이론적 담론이 아니라, 하나님이 자신의 본성과 일치하는 방식으로 역사 속에서 인간을 어떻게 대하셨는지에 관한 기록이다. 성경에 분명히 나타나며 인간 경험이 이루어지는 피할 수 없는 현실이라는 측면이 바로 시간과 공간이다. 성경은 우리 경험이 말해 주는 바를, 즉 우리는 시간과 공간 안에 존재하는 것으로만 우리 자신을 알 수 있다는 사실을 확인해 준다. 우리는 복음을 통해 거듭나 영생에 이른다는 성경의 확신을 믿음으로 받아들인다. 기독교 관점에서 시간과 영원은 상호 배타적이지 않다. 공통적인 인간의 경험은 만물을 창조하시고 시간과 공간을 주관하시는 분의 말씀에 의해 해석되어야 한다. 그러므로 역사 속에서 성경신학을 형성하는 것은 열정을 가지고 해야 할 일이다.

성경은 예수의 성육신을 하나님의 말씀으로 일컬음받은 분이 우리의 시간과 공간으로 직접 오신 사건으로 이야기한다(요 1:1-3, 14). 복음 사건은 하나님의 완전하고 최종적인 계시의 말씀으로, 이전의 모든 예언적 말씀을 성취하고 완성한다. 우리가 복음을 출발점이자 목표, 곧 성경신학의 알파와 오메가로 삼을 때, 성경 내러티브 전체의 역사적 내용을 평가할 수 있는 토대를 얻게 된다. 성경에는 역사라는 단어가 없지만 역사 속에서 성경신학은 구속사의 한 형태로 나타난다. 역사란 하나님의 말씀에 의해 해석되는 일관된 사건들의 연속이며, 신적 기원과 목적, 그리고 목표를 지닌 것으로 이해된다. 더욱이 이 해석에는 하나님께서 시간과 공간을 주관하시며 계시를 통해 우리로 하여금 그분의 말씀을 받을 수 있게 하셨다는 내용이 수반된다. 이는 하나님이 사람과 언약을 맺으시고 그들에게 말씀하신다는 사실에 내포되어 있다. 성경 이야기는 우리의 시간과 공간 안에서 일어난 사건들의 이야기며, 여기에는 창조 질서의 전체 역사 가운데 특별히 선택된 지점에서의 하나님의 구속 행위가 포함되어 있다.

오스카 쿨만(Oscar Cullmann)은 그의 구속사적 방법론에서, 해석된 사건의 서술에 신약 메시지의 기초가 있다고 본다.[22] 그는 역사와 케리그마(kerygma)를 분리한 불트만(Bultmann)의 주장을 용납하지 않는다.[23] 그는 신약성경 저자들이 복음의 연장선에서 구약에 기록된 사건들을 전제하고 있다는 사실을 지적한다. 이 중심에는 가장 오래된 신조로 여겨지는 고린도전서 15:3-4의 바울의 고백이 있다. 여기서 그리스도의 죽음과 부활 사건은 구약의 관점으로 해석된다. 쿨만은 이렇게 기록한다.

> 신약 구속사의 기원에서 과거, 현재, 미래의 모든 사건은 하나의 사건, 즉 그리스도의 십자가 처형 및 이후의 부활에 정점과 중점을 두고 요약된다.[24]

해석은 구속사 과정의 일부로 여겨져야 한다. 곧 "구원 사건에 구원 메시지가 포함된 것은 신약에서 매우 본질적이다."[25] 우리는 나아가 그 이야기가 실제 사건에 관한 것이라는 점을 강조해야 한다. 내가 어떤

---

22. Oscar Cullmann, *Salvation in History* (London: SCM Press, 1967), pp. 88-97. 『구원의 역사』(대한기독교서회).
23. 케리그마는 선포된 복음 메시지를 가리킨다. 16장을 보라.
24. Cullmann, *Salvation in History*, p. 86.
25. Cullmann, *Salvation in History*, p. 89.

이야기를 들려줄 수는 있겠지만, 그 사건들에 대해 이야기하지 않는다면, 나는 진정한 이야기를 한 것이 아니다. 이는 역사 속에서, 또 이 세상 속에서 하나님의 행하심을 성경적으로 이해하는 데 핵심적인 요소다. 그것은 예수의 생애, 죽음, 부활에 담긴 구원 사건이라는 개념 전체에 영향을 미친다. 역사는 성경 계시에 있어서 매우 중심적이기에, 우리는 성경신학적 관점에서 역사를 이해하려고 힘써야 한다. 본질적으로 이는 하나님이 역사 사건 속에서 행하셨고 역사적 중재자들을 통해 전달된 말씀으로 그 사건들을 해석하셨다는 의미다. 다음 장에서는 인간의 반역적인 마음을 향한 역사적 복음의 도발을 살펴볼 것이다.

요약 및 해석학적 함의

1. 성경 역사와 계시의 발전은 성경의 통일성과 다양성 모두를 고려해야 함을 의미한다.
2. 통일성과 구별의 원리에 관한 이해는 구약과 신약의 관계를 이해하는 데 도움이 되고, 성경 여러 부분 간의 다양한 관계를 파악하게 해 준다.
3. 통일성의 핵심은 모든 본문이 예수 그리스도와 맺고 있는 관계다. 다양성은 예수와 모든 본문이 역사적 혹은 신학적으로 동일한 관계를 지니는 것이 아니라는 사실에 있다.
4. 성경신학에는 두 가지 초점이 있다. 동시대의 개별 본문과 그 독특성을 살펴보는 공시적 접근과 정경으로서 성경 전체를 관통하는 주제의 통일성을 다루는 통시적 접근이다.
5. 성경신학과 조직신학은 서로를 필요로 하는 공생 관계다.

6. 복음은 성경적 통일성의 뚜렷한 부분이며, 예수의 생애, 죽음, 부활을 다룬다. 이는 신자에게 미치는 복음의 영향과는 구분되어야 한다.

4. 복음과 복음의 성급한 비역사화

“하나님이 참으로…하시더냐?”(창 3:1) 이렇듯 뱀은 하나님이 말씀하셨다는 역사적 사건에 대해 의심의 씨앗을 뿌렸다. 이번 장에서는 예수 그리스도의 복음에 가장 큰 대적 중 하나인 복음을 비역사화하려는(dehistoricise) 끈질기고 악한 충동을 살펴볼 것이다. 인간의 죄성은 우리가 가능한 모든 방법으로 복음의 역사성을 부수려 한다는 데서 드러난다. 우리는 여러모로 에덴동산에서 살았던 우리 첫 조상의 원죄를 모방하려고 한다. 우리 모두는 자율적 인간이 되고자 하며, 우리의 전제들은 선험적으로 자기중심적이다. 하나님과 상관없이 우리는 참과 거짓, 옳고 그름을 결정한다.

창조와 타락: 복음이 드러낸 문제

복음은 역사 속에서, 즉 우리의 시간과 공간에서 일어난 사건에 관한 것이므로 우리는 먼저 예수의 생애, 죽음, 부활이 모든 역사의 중심이라는 측면을 명확히 할 필요가 있다. 종교개혁의 표어 '솔라 그라티아'(*sola gratia*, 오직 은혜)는 아퀴나스가 말한 계시와 구원에서의 '자연과 은총'과 전적으로 대조된다. 오직 은혜는 원죄와 죄인의 영적 타락으로 인한 필수적인 원칙이다. 쉬운 말로 하자면, 사회 통념상으로도 인간이 완전하지 못하다는 사실과 잘못된 일이나 나쁜 일을 하는 의미에서 죄를 짓는다는 것을 인정한다. 그러나 이것은 살아 계신 하나님에 대한 매우 모욕적인 반역이 그런 불완전함에 녹아 있음을 인정하는 것과는 다르다. 사실 누군가 잘못을 행하거나 범죄를 저질렀을 때 오늘날 흔히 사용되는 핑계는 "내 실수였어"다. 죄 있는 인간은 누구나 실수한다는 사실을 받아들이며, 이런 경향은 단지 '인간적인' 것으로 여겨진다. 그러나 이는 바울의 주장과 정반대다. "그들이 핑계하지 못할지니라"(롬 1:20).

죄 문제를 해결하기 위해 하나님이 하셔야 했던 일은 문제의 심각성을 보여 준다. 복음 사건은 인간의 문제에 하나님과 인간, 나아가 온 인류 역사가 엮여 있음을 드러낸다. 인간에 관한 문제이기에 나머지 피조물도 모두 이 문제에 엮여 있다. 바로 인간이 창조의 정점이기 때문이다.[1] 일반적으로 '죄'(sin)라는 말을 사용한다고 할지라도, 이는 단순히 인간의 결함이나 불완전함을 나타내기 위함이지 성경의 하나님에 대한 개인적 모독의 의미는 아니다. 로마서 1:1에서 바울이 언급한 "하나님의 복음"은 하나님의 '문제'를 해결하기 위해 계시된 복음이다. 바울은 하나님께서 경건하지 않은 자를 의롭다 하신다고 주장한다(롬 4:5). 그러나 거룩하신 하나님이 어떻게 자신의 인격과 말씀에 반역하는 경건하지 않은 자를 의롭다고 하실 수 있는가? 우리에게 먼저 율법

1. 인류와 창조의 연대성은 타락에서 드러난다. 11장을 보라.

이 필요하다고 말하는 이들, 즉 문제를 깨닫고 나서야 우리가 하나님의 은혜를 구하게 될 것이라고 말하는 이들에게는 은혜 없이도 하나님의 율법을 자연법처럼 이해하는 능력을 전제하고 있다고 대답해야 한다. 복음은 율법을 가장 밝히 보여 준다. 예수께서 몸소 율법을 온전히 이루신 삶을 통해, 또한 그분의 고난과 죽음을 통해 우리가 율법을 어긴 대가가 무엇인지를 보여 줌으로써 율법의 의미를 분명히 한다.[2]

성육신은 하나님께서 인간, 즉 물리적이고 한시적인 존재가 되신 사건으로 죄 문제의 심각성을 나타낸다. 타락하지 않은 우주 속의 흠집 난 영혼에게는 영적 거듭남이 필요할 수는 있어도 실제 시간과 공간 속으로 들어오시는 하나님의 성육신까지는 필요하지 않다. 복음은 단순히 불멸하는 영혼의 구원 문제가 아니라 전인(全人)의 구원 문제를 다룬다.[3] 복음이 비역사화되는 순간, 복음은 역사 속에서 우리를 구원할 능력을 상실한다.

언약과 구속사: 복음이 제시하는 해결책

언약은 구속사에서 성경 계시 전체를 꿰뚫는 통합적인 실마리를 제공한다. 언약은 하나님이 자신의 피조물에게 보이신 은혜로운 헌신의 역사적 표현이다. 하나님은 시간과 공간 속에서 인간을 창조 세계를 다스리는 대리자로 세우셨다(창 1:26-28). 구약의 구속사는 선택받고, 구속되며, 약속의 땅을 선물로 받는 복을 누린 한 민족에게 초점을 맞춘

2. '율법과 복음'에 대한 자세한 내용은 13장을 보라.

3. Cullmann은 영혼 불멸이라는 이교적 교리에 맞서 몸의 부활 교리를 설득력 있게 제시한다. Oscar Cullmann, *Immortality of the Soul or Resurrection of the Dead? The witness of the New Testament* (London: Epworth, 1958).

다. 이는 타락한 피조물과 하나님의 지속적인 관계 문제를 다룬다. 구속사의 완성에 대한 성경적 비전은 존재하는 유일한 문제가 바로 이것임을 보여 준다. 그 밖의 다른 모든 문제는 단지 이 문제의 파생에 불과하다. 그 중심에는 하나님이 어떻게 경건하지 않은 자를 의롭다고 하시는가라는 문제가 있다. 빌헬름 단틴(Wilhelm Dantine)은 이렇게 말한다. "기독교 신앙에서 칭의는 모든 교의적 사고방식의 방향을 설정하는 중요한 전환점 중 하나다."[4] 문제는 인간의 불경건이며, 이 문제에 대한 해결책은 타락한 '땅의 통치자들'(참조. 창 1:28)을 향한다. 이들은 하나님의 선하심, 긍휼하심, 언약에 신실하심을 통해 다시 세워지고 있다.

구약 구속사의 모든 단계에서 구원 사건들은 그것을 해석해 주는 예언적 말씀을 통해서만 알려진다. 그리고 각 사건은 영원하고 영광스러운 해결책을 계속해서 가리킨다. 그러나 문제는 해결될 기미조차 보이지 않은 채 당혹스럽게 남아 있다. 아브라함 언약, 출애굽, 약속의 땅 차지, 궁극적으로 시온에서 다윗의 통치는 모두 그 와중에 도전을 받는다. 이후 주전 586년에 예루살렘이 멸망하고 하나님의 백성이 바벨론 포로가 되면서 모든 하나님 약속의 가시적 증거가 물거품처럼 사라지며 무의미해진 듯이 보인다. 하지만 그런 절망적인 상황 속에서도 예언의 말씀은 모든 것이 바로잡히게 될 주의 날에 대한 약속을 갱신한다.

예수의 오심은 모든 예언을 성취한 사건으로 반겨진다. 그분은 종말이자 마지막 아담, 구속사의 종점 혹은 목표(헬라어 *telos*)로서 역사를 구원하시는 분이다. 구약의 예언 말씀 및 예수의 가르침과 사도들의

---

4. Wilhelm Dantine, The *Justification of the Ungodly* (St Louis, MO: Concordia, 1968), p. 14. Dantine은 칭의를 구원의 서정(*ordo salutis*), 즉 적용된 은혜의 영역에 결부시키려는 경향을 안타까워한다(p. 15). 이는 결국 경건의 내재화를 초래하게 된다(p. 33).

선포를 고려해 처음 그리스도인들은 예수가 누구셨는지, 곧 그들이 믿음을 둔 예수가 어떤 분이셨는지에 대해 고심했다. 복음은 예수가 인간 문제의 해결책이라고 선포한다. 그리고 문제에 대한 이해는 해결책에 대한 이해와 밀접하게 연관된다. 간단히 말해, 예수를 통해 하나님이 하신 일이 문제에 대한 완벽한 해결책으로 드러남으로써 문제와 해결책이 모두 명백히 제시되었다. 만일 예수가 하나님이라면, 이 문제는 하나님과 연관된다. 만일 예수가 인간이라면, 이 문제는 인류와 연관된다. 그리고 예수가 인간으로서 창조의 정점이라면, 이 문제는 온 창조 세계와 연관된다.

성경신학이라는 틀은 하나님의 행동이 하나님의 선택받은 백성의 역사를 통해 전개되는 과정을 보여 준다. 구약이 특정 민족을 언급하는 경우는 그들이 이스라엘의 삶에 영향을 미치는 경우에 한해서다. 그럼에도 불구하고 온 인류의 역사가 이 과정에 연관되었다. 바로 언약과 예언의 말씀이 열방이 함께 나아오는 이스라엘 역사의 궁극적 목표를 장엄하게 그려 내기 때문이다. 구속사는 온 피조물 위에 하나님의 대리자로 세워진 한 사람, 아담의 개인적 역사 때문에 필요하다. 아담의 역사는 후손을 통해 계속되며, 실패한 역사가 되어 하나님의 심판을 받는다. 그래서 바울은 이 상황을 "사망이 한 사람으로 말미암았으니… 아담 안에서 모든 사람이 죽은 것"이라고 말한다(고전 15:21-22). 해결책은 마지막 아담인 예수께 있다. 그분의 구속적 역할이 구속사의 목표다. 이 역사는 첫 번째 아담의 자손들 중 특정 계보를 따라 구원이 이루어지는 발전 과정을 추적한다. 이 역사 속에는 긍정적인 부분도 많지만 그것은 하나님의 은혜의 증거일 따름이다. 실상 이 백성에게는 전반적으로 아담의 죄에서 비롯된 실패의 역사만이 있을 뿐이다.

복음은 나사렛 예수가 마지막 아담이자 참 이스라엘로서 유일하고 진정 신실한 아담의 자손임을 보여 준다. 따라서 예수는 정당하게 하나님의 아들이라 일컬음을 받는 분이다. 예수가 세례받으시는 장면과 누가복음의 족보에서, 예수는 하나님이 본래 인간을 지으실 때 뜻하신 바대로 산 유일한 인간, 곧 하나님께 마땅히 받아들여질 자격이 있는 유일한 인간으로 드러난다. 여기서 '하나님의 아들'이란 칭호는 예수의 신성이 아니라 그분의 참 인간성을 나타낸다.[5] 예수의 육신적 부활은 그분이 이러한 하나님의 아들임을 능력으로 입증하신 사건이다(롬 1:4).

복음이 드러낸 하나님의 역사관

구약의 예언적 종말론과 묵시는 모두 역사의 목적을 수립하고 드러내는 복음 사건의 길을 예비한다. 한편에서, 역사비평적 방법은 성경 역사에 인본주의적 비평 전제들을 들이대며 성경의 모든 역사가 하나님의 주권 아래 있다는 개념을 거부한다. 이런 종류의 비평은 미래 예측적인 예언과 기적을 모두 배제한다. 다른 한편에서, 구속사 내러티브는 하나님이 만물을 선하게 창조하시고 우주의 역사를 시작하셨다고 말한다. 하나님은 첫 조상의 실패한 역사를 심판하시고 인간의 죄로 인해 온 창조 세계를 심판 아래 두셨다. 또한 하나님은 타락한 아담 자손들의 역사로 들어오셔서 인류 및 온 창조 세계와의 관계를 올바르게 회복시키셨다. 이스라엘의 계속된 실패 속에서도, 실패한 역사

---

5. Graeme Goldsworthy, *The Son of God and the New Creation*, Short Studies in Biblical Theology (Wheaton, IL: Crossway, 2015). 『하나님의 아들과 새 창조』(부흥과개혁사).

의 종말과 영원에 이르는 구속받은 역사의 새 시작을 예견하는 소망의 메시지가 선포되었다.

하나님의 영원한 목적은 세상을 창조하기 전에 하나님이 정하신 분명한 목표를 이루기 위해 온 역사를 다스리시는 것이다. 구약의 종말론은 시간과 공간 차원에서 표현되며, 그런 식으로 인간의 구원과 더불어 물리적 우주의 회복을 포함하고 있다. 신약은 이 회복이 예수의 육체적이고 매우 인간적인 고통과 죽음, 그리고 육신의 부활을 통해 이루어졌음을 보여 준다. 역사의 종말 또는 목적(*telos*)은 예수의 십자가와 부활에 나타난다. 십자가는 역사의 주인 없이 품은 미래를 향한 인간의 갈망이 얼마나 헛된지를 드러낸다. 또한 십자가는 온 창조 세계에 대한 새 역사의 시작이다. 타락 이후 모든 역사의 실패는 십자가에 못 박혔고, 새로움이 사흘 만에 무덤에서 나올 수 있게 되었다. 아담의 모든 선택받은 아들과 딸의 개인적 역사는 실패한 역사다. 예수는 그 실패를 자기 십자가에 못 박으셨고, 자신의 삶을 통해 새롭고 온전한 인간의 역사를 쓰셨으며, 이는 모든 신자에게 전가된다. 따라서 예수의 부활을 통해 우리는 새 생명, 새 역사로 거듭난다(고후 5:17; 벧전 1:3-5).

칼뱅의 말처럼, 우리가 하나님을 아는 정도로만 우리 자신을 알 수 있다면, 우리 역사와 그 의미 또한 하나님의 뜻을 아는 만큼만 알 수 있다.[6] 창조에서 새 창조에 이르는 성경 내러티브(창 1장-계 22장)는 일관되게 하나님이 모든 역사의 주인이심을 보여 준다. 여러 다양한 사건 속에서 복음은 하나님의 역사적 행동을 알려 주며, 이를 통해 역사의

6. John Calvin, *Institutes of the Christian Religion*, ed. John T. McNeill, tr. Ford Lewis Battles, Library of Christian Classics 20-1 (Philadelphia, PA: Westminster John Knox Press, 2006), 1.1. 『기독교 강요 1권』(생명의말씀사).

의미와 참된 목적을 드러낸다. 나사렛 예수의 복음 사건을 둘러싼 배경은 신실한 이스라엘 백성의 문화다. 그들은 하나님이 설정하신 목표를 향한 선형적 역사에 관하여 예언의 말씀을 받았다.

이 예언 메시지의 중심에는 역사와 자기 백성을 다루시는 하나님의 주권이 있다. 예정은 복음의 핵심은 아니지만 전제 조건이다. 하나님의 예정하심 없이는 복음과 우리의 구원은 우연히 일어날 가능성조차 없었을 것이다. 죄에 빠진 인류는 반드시 복음을 거부했을 것이기 때문이다.[7] 예수 안에서 하나님이 행하신 일이 '때'의 성취(막 1:14-15) 및 예언의 성취(고후 1:20)로 나타난다는 점은 모든 역사를 다스리시는 하나님의 주권을 시사한다.[8] 구약에서 예측적 예언을 배제하는 비평가들의 태도는 파괴적이다. 이는 역사와 장차 도래할 계시로부터 하나님의 주권이 가진 실제적인 의미를 완전히 제거해 버리기 때문이다. 복음은 창조에서 새 창조에 이르는 전체적인 성경 역사가 하나님의 명령에 의해 반드시 이루어진다는 사실을 보여 준다. 일반적으로 아르미니우스주의자(Arminians)가 필연적인 완성을 받아들이면서도 하나님이 구원을 위해 자유 의지로 협력한 사람들의 수에 만족하셔야 한다는 점을 암시하는 것은 흥미로운 모순이다. 진정 죄인에게 자유 의지가 있다면 그 결과는 우연에 불과하며, 구원받은 자들에 대한 어떤 예측도 확실할 수 없다.

성육신 사건은 모든 시대를 거쳐 가장 중요한 역사적 사건이자 세

7. 어떤 이들의 주장처럼, 하나님의 예정하심은 구원받는 사람의 수를 제한하지 않는다. 예정이 없이는 아무도 구원받을 수 없기 때문이다. 아르미니우스주의(Arminianism)는 타락과 그것이 인간의 의지에 미치는 영향에 대해 지나치게 부실한 관점을 가지고 있다. 11장을 보라.

8. "때가 찼고 하나님의 나라가 가까이 왔으니 회개하고 복음을 믿으라"(막 1:15)는 예수의 말씀은 그분이 오심으로써 구약의 역사적 대망이 성취되었다는 사실을 나타낸다.

계 역사 속에서 하나님의 통치 초점이 놓인 곳이다. 게다가 구속사는 세계의 모든 역사를 정의한다. 세상 모든 민족이 구원 사건과 심판에 연루되어 있기 때문이다. 이것이 열방에 복음을 선포해야 하는 선교 사명의 필수 이유다. 성경 역사가 한 민족에 초점을 맞추는 것은 분명하지만 세계적인 것도 확실하다. 복음은 성육신하신 하나님을 육신이 되신 말씀으로 제시한다. 즉 예수는 신인(God-Man)이시다. 이 역사적 말씀 사건은 하나님이 인류에게 주시는 완전하고 최종적인 말씀이다. 하나님의 말씀이 해석해 주지 않는다면 그 어떤 사건도 계시가 될 수 없다는 사실은 성경 전체가 증언하는 핵심이다. 죄가 없던 상태의 아담조차도 주위의 사건들을 이해하기 위해서는 하나님의 초자연적인 말씀이 필요했다. 성경은 다음과 같은 일관된 형식을 보여 준다. 하나님이 무슨 일을 하실지 말씀하신다. 그리고 그 일을 하신다. 그리고 무슨 일을 하셨는지 말씀하신다. 계시에는 말씀 없는 사건이 없으며, 또한 말씀은 항상 역사의 맥락 속에 있다. 말씀과 사건의 결합은 계시가 신비스럽고 단순히 실존적인 순간으로 전락하지 못하게 한다. 계시는 항상 구속사와 연관된 하나님의 객관적 말씀이다. 말씀 없는 사건을 계시로 여기는 것은 자연신학의 단순한 형태로, 하나님의 말씀과 역사적 사건 사이의 고리를 끊는다. 인간의 죄성으로 인해, 사건을 동반하는 말씀과 말씀이 해석하는 사건은 정보 전달 이상의 것이 되어야 한다. 반역적인 인간은 죄로 인해 죽은 상태이기에 그런 정보를 받을 수 없다. 따라서 그것은 우리 스스로 초래한 무신론적 어둠과 무지를 깨부술 능력을 가진 구속적 말씀-사건이어야 한다. 구속은 예수 그리스도 사건 안에 있으며, 이를 통해 하나님은 반역하는 인간의 용납할 수 없는 역사를 심판하시면서 용납할 수 있는 역사를 제공하신다. 만일 어떤 이야기가 우리를 역사적 그리스도께로 인도하지 않는다면, 그것은 불충분하거나 거짓된 것이기에 구원의 능력이 없다. 여기서 우리는 다시 복음 사건을 공식화하는 경건하지 않은 자들의 칭의 교리가 지닌 중심성을 목격한다.[9]

복음은 역사를 종말론, 곧 하나님의 목표라는 관점에서 정의한다. 역사는 목적을 가지며, 그 미래의 목표를 향해 나아간다. 순전히 과거를 기준으로 역사를 정의하려 하거나 미래를 예측하려는 모든 세속적 시도는 불충분하다. 따라서 "결국 역사가 인간의 삶과 행동을 판단할 것"이라는 상투적인 표현에도 의미가 있긴 하지만, 하나님의 관점 없이는 그런 판단을 내릴 기준 자체가 없다. 복음은 하나님이 정하신 사람을 통해 역사를 심판하실 것이라는 사실을 상기시킨다. 이에 대한 증거가 죽은 자 가운데서 예수를 다시 살리신 일이다(행 17:31). 복음에 기초한 종말의 필연적 귀결은, 모든 사람이 타락한 인간 역사에서 자신이 저지른 잘못을 회개해야 한다는 사실이다(행 17:30). 예수의 삶에서 하나님은 신자를 의롭게 하는 새 역사를 선사하셨다. 예수의 죽음에서 하나님은 우리의 반역적 역사를 완전히 속죄하심으로써 이를 사망에 넘기셨다. 예수의 부활에서 하나님은 역사 속에 종말을 세우셨다. 부활하신 예수는 새 시대의 새 인간이시다. 그분은 아버지 앞에서 우리를 위한 인간이시다. 단 한 번의 과거 사건이 그리스도와 우리의 믿음의 연합을 통해 미래에 완성될 의롭게 된 삶을 보증한다.

---

9. 프로테스탄트 종교개혁은 이 초점을 되찾았다. 그러나 초기 속사도 시대 교회에서 율법주의가 복음을 훼손시킨 것처럼, 종교개혁 이후 시기에 종교개혁의 성과가 종종 허비되었다. 이에 Dantine은 *Justification of the Ungodly*, pp. 26-36에서 '이신칭의'가 어떻게 약화되는지를 지적한다. 이는 믿음이 칭의의 근거가 되고, 그리스도의 공로가 칭의의 유일한 근거로서 지위를 잃을 때 발생한다. 그는 칭의가 신조의 세 번째 조항, 즉 성령의 인격적 적용으로 옮겨 간 것을 안타까워한다. 이에 그는 Heinrich Schmid의 말을 인용한다. "그러므로 우리는 결코 칭의를 인간 내면의 도덕적 상태나 그가 겪은 도덕적 변화로 이해해서는 안 되며, 오직 인간에게 선포된 판단으로 이해해야 한다. 이 판단으로 인해 인간과 하나님의 관계가 회복된다"(p. 26).

그리스도와의 믿음의 연합을 통해 우리는 하나님 나라의 새 시대 백성이 된다.

복음이 결정하는 신자의 역사관

예수 그리스도의 성육신으로 완성되는 역사적 사건들을 통해 하나님이 구원 사역을 펼치셨다는 점은, 인류가 처한 근본적인 문제가 바로 이 역사적 삶의 현장 안에 도사리고 있음을 보여 준다. 문제의 본질은 하나님이 이를 바로 잡기 위해 어떤 일을 하셔야 했는지에 나타난다. 그렇다면 신자가 자신이 본성적으로 하나님을 거역하는 반역자임을 깨닫는 것은 회개 및 역사적 그리스도의 사역과 죽음에 대한 믿음에 이르는 데 필수적이다. 우리는 자기 잘못에 대해 실패감과 죄책감을 강하게 느낄 수 있지만, 오직 복음만이 우리 개인의 역사가 하나님께 아주 역하다는 사실, 즉 죄라는 사실을 드러낸다. 하나님의 율법의 역할이 죄인의 죄성을 깨닫게 하는 것이라면, 이는 반드시 복음과 함께 이루어져야 한다. 율법의 역할을 입증하는 것은 바로 복음이다. 예수 그리스도는 온 인류의 역사를 해석하실 뿐 아니라 우주의 모든 사실을 해석하신다. 따라서 바울은 이렇게 기록한다.

> 만물이 그[그리스도]에게서 창조되되 하늘과 땅에서 보이는 것들과 보이지 않는 것들과 혹은 왕권들이나 주권들이나 통치자들이나 권세들이나 만물이 다 그로 말미암고 그를 위하여 창조되었고 또한 그가 만물보다 먼저 계시고 만물이 그 안에 함께 섰느니라. (골 1:16-17)

만물이 다 그리스도로 말미암고 그분을 위하여 창조되었다면, 모든 사실의 의미는 그분 안에 있다. 그리스도 안에는 의미의 모호함이 없기 때문이다. 그분은 만물의 주님이시다.

그러나 우리에게는 실존적 모호함이 있다. 이는 우리가 자신이 의롭게 된 죄인임을 알고 있고, 우리가 겪고 있는 옛 시대와 새 시대의 긴장은 모든 것이 최종적으로 완성될 때까지 해결되지 않을 것임을 알고 있기 때문이다. 바울의 말대로, 우리는 거울로 보는 것같이 희미하게 보며(고전 13:12), 우리 경험으로는 확인할 수 없지만 하나님이 선언하신 바, 곧 우리가 지금 하나님의 자녀라는 사실을 믿음으로 받아들인다(요일 3:1-3). 루터의 표현대로, 우리는 우리가 의인인 동시에 죄인(*simul justus et peccator*)이라는 사실을 알고 있다.

따라서 복음으로 형성된 그리스도인의 지성은 현재 인간 역사의 깨어진 상태를 현실적으로 인식한다. 조지 버트릭(George Buttrick)은 이렇게 말한다.

> 성경은 단호하게 말한다. 역사는 치명적인 결함을 가지고 있다고. 이 정직함을 스테인리스 철 같은 낙원으로 끝나는 마르크스주의 변증법과 비교해 보라. 또한 헤겔의 낙관주의가 완벽한 프로이센 국가에서 절정을 이룰 것이라는 주장과 비교해 보라. 인간 본성이 선하고 물질의 진보가 영원할 것이라는 미국적 신념과도 비교해 보라. 그런 다음, 성경 이야기의 정직함에 감사하라.[10]

이런 가혹한 정직함의 이면에는 하나님의 구속하시는 사랑이 특징인 역사에 대한 약속이 있다. 인간의 지성이 끊임없이 역사를 복음에서 벗겨 내려고 시도하며, 그로 인해 복음이 우리 안에 드러내는 문제

10. G. A. Buttrick, *Christ and History* (New York, NY: Abingdon Press, 1963), pp. 22-23.

의 심각성을 부정하려는 것 자체가 바로 우리 죄성의 일부다. 안타깝게도 타락한 인간 지성은 역사의 실제 본질을 향한 공격을 멈출 생각이 없다. 이는 역사를 주관하시는 하나님의 통치 및 역사의 중심에 자리한 복음에 반역하는 죄된 행동이다. 다음으로는 역사적 복음에 대한 이런 죄된 공격의 실례를 몇 가지 살펴볼 것이다.

역사적 복음에 대한 가나안 종교의 도전

물론 가나안 사람들에게는 복음을 가리키는 하나님의 계시가 없었다. 그러나 이스라엘 백성은 종종 방황 가운데 가나안 종교에 유혹되었다. 가나안의 순환적 역사관이 이스라엘에 계시된 선형적 구속사에 도전해 왔다. 그런 역사관의 중심에는 다산 숭배, 신전 매춘을 비롯한 자연주의적 종교가 있었다. 그들의 신화와 제의는 농작물의 풍요와 계절의 순환을 보장하기 위한 것이었다. 그것은 이스라엘의 계시된 믿음의 순수성에 대한 도전이자 부도덕함 그 자체였다. 가나안 '성도들'의 신전 매춘이 가증스러운 것으로 선언되었을 때, 이는 단순히 성적 부도덕을 문제 삼은 것이 아니었다. 성적 부도덕이 순환적 계절 농업 경제의 현 상태를 유지하기 위해 의도된 것이었기 때문이다. 가나안 종교의 역동성은 정체되고 무력했다. 변화나 미래를 위한 발전의 요구는 없었고, 대신 생명을 가져오는 계절의 주기가 영원히 반복되기만을 바랐다. 오직 풍성한 수확을 보장하기 위해서였다.

가나안 신앙과 대조적으로, 성경적 신앙은 약속에서 성취로 나아가는 과정에 운동과 전환이 수반된다. 이스라엘 백성에게도 계절은 중요한 현실이었지만, 그것은 하나님이 약속하신 미래의 목표를 향해 나아갈 수 있게 해 주는 수단에 불과했다. 이스라엘의 조상들에게 역사는 창조 사건으로 시작되었으며, 여기에 목적론적 의미가 있었다. 이는 바로 하나님의 백성이 하나님이 선사하신 자리에서 하나님의 통치에 복종하는 것이다. 에덴 이후 하나님의 백성 사이에 전통이 형성되고 다음 세대로 전달되었다. 그런 역사 과정 중에 하나님은 홍수 사건과 바벨탑 시대를 거쳐 이후 모든 일 속에서 행동하시고 말씀하셨다. 역사는 아브라함의 부르심, 언약, 출애굽, 시내산 율법으로 이어졌다. 약속의 땅을 차지하기 훨씬 전부터 그리고 특히 가나안 정착 이후, 예언적 말씀은 과거를 바탕으로 미래를 지향했다. 이스라엘은 야웨의 선택을 받은 민족이자 그 선택에 따른 역사적 실현으로, 또한 미래에 대한 희망으로 정의되었다.

그러므로 이스라엘에게 역사는 과거로 거슬러 올라가 현재를 형성하며 미래의 완성을 고대하는 것이었다. 이에 반해 가나안 종교는 다신론이었으며, 그 신들에 대한 실제 역사나 미래의 역사 목표에 대한 의식이 없었다. 대신 생존에 필수적인 자연의 순환을 염원하는 신화와 제의가 있었다. 놀라운 점은, 오히려 이스라엘 민족이 빈번히 그것에 매력을 느껴 쉽게 빠져 버렸다는 사실이다(예. 신 32:15-18; 삿 3:7; 8:33; 왕상 16:30-33).[11] 그런 우상숭배는 결코 다문화주의의 적극 수용으로 묘사될 수 없을 뿐만 아니라 첫 두 계명을 어긴 데 대한 변명의 여지도 없다. 이스라엘의 가나안 우상숭배는 모든 역사를 통치하시는 야웨를 거부하는 일이자 하나님의 성품과 존재에 대한 결정적인 모독이었다. 한마디로 이스라엘 '복음'의 비역사화였다.

11. 이스라엘의 신앙과 주변 다신론 종교 간의 근본적인 차이에 대해서는 다음을 보라. G. E. Wright, *The Old Testament against Its Environment*, Studies in Biblical Theology 2 (London: SCM Press, 1950).

영지주의의 도전

순환적 역사관으로 하나님의 백성을 도전한 것은 가나안 종교만이 아니었다. 헬레니즘의 이원론과 순환적 역사관도 기독교에 도전했다. 영지주의자 마르키온(Marcion, 주후 85-160년)은 구약의 역사와 하나님이 헬레니즘 사상과 조응하지 않는다고 여겼다. 순수한 영과 본질상 악한 물질 세계라는 그의 이원론적 관점은 야웨가 이스라엘을 구원하기 위해 이 땅에서 행하신 역사가 참된 신성의 사역이 될 수 없음을 뜻했다. 따라서 해럴드 브라운(Harold O. J. Brown)은 그 교리의 핵심을 이렇게 평가한다.

> 마르키온의 입장에서 가장 중요한 특징은 타락한 세상(원죄)이라는 개념이 있어야 할 자리에 **이질적인 하나님** 개념을 넣은 것이다. 이 세상의 창조자는 진정한 하나님과 영적인 인간과는 거리가 멀다. 그가 바로 구약의 야웨다.[12]

다양한 형태의 이단으로 나타난 가현주의(docetism)는 물질적 형태, 곧 성육신이라는 악한 형태를 띠는 하나님의 필요성을 배제한 채 기독교를 일관되게 체계화하려 했다. 이런 시도가 매우 빠르게 진정한 복음에 대한 위협으로 인식되었다는 사실은 '육체 없는' 그리스도에 대한 주장을 정죄하고 있는 요한일서 4:2-3과 요한이서 7절에서 분명히 드러난다. 이 이단이 얼마나 심각했는지 요한은 그들을 적그리스도라고 부른다. 피츠시몬스 앨리슨(C. FitzSimons Allison)은 이렇게 말한다. "영지주의적 기독교는 육체와 시간을 순수하고 무고한 영혼을 가두는

12. Harold O. J. Brown, *Heresies: The image of Christ in the mirror of heresy and orthodoxy from the apostles to the present* (New York, NY: Doubleday, 1984), p. 61.

감옥으로 보았다."[13] 따라서 가현주의[14]가 수반된 영지주의는 진리와 지식의 초월성을 지나치게 강조한 나머지 성육신을 통한 초월성과 내재성의 연합을 이해할 수 없게 되었다. 하나님이 자기 백성을 다루신 역사를 초월적 지식에 기초한 구원으로 대체하는 순간, 복음에 치명적 결함이 생긴다. 성경의 창조 교리를 부정함으로써, 사실상 영지주의는 창조와 새 창조라는 두 축 사이에 존재하는 역사에 관한 성경의 개념 전체를 제거한다. 해럴드 브라운은 이렇게 말한다.

> 기독교 터전에서 영지주의적 충동은 기독교적 개념과 용어를 다소간 보존하려고 하면서도, 유대인의 역사 및 신약의 예수와 제자들의 역사에 대한 기독교의 특별한 의존성을 제거한다. 성경의 역사적 사실은 신적/영적 존재들, 소위 '에온'(aeons)의 기원과 발전 및 궁극적으로 물질 세계에 관한 정교한 영지(gnosis)로 대체되었다.[15]

그리고 계속 이어 간다.

> 중재자, 로고스, 성령 충만, 성육신, 중생, 구원 같은 개념은 예수와 초기 그리스도인들의 삶의 역사적 뿌리로부터 분리되어 보편적으로 여겨지는 철학적이고 종교적인 사고로 해석될 수 있었다.[16]

---

13. C. FitzSimons Allison, *The Cruelty of Heresy: An affirmation of Christian orthodoxy* (London: SPCK, 1994), p. 59.

14. 가현주의는 '~처럼 보인다'라는 뜻의 헬라어 *dokein*에서 유래된 것으로, 예수가 단지 인간으로 보인 것이지 실제 인간이 된 것(성육신)은 아니라는 주장이다.

15. Brown, *Heresies*, p. 47.

16. Brown, *Heresies*, p. 47.

따라서 영지주의는 물질적 창조 세계를 창조의 정점에 있는 인간의 죄로 인해 타락한 것으로 여기지 않고 본질상 악한 것으로 취급함으로써, 복음에서 역사적 성육신과 육체적 부활을 제거했다.

로마가톨릭의 도전

개혁주의적 관점에서 로마가톨릭의 핵심 문제는 그들의 독특한 교리에서 다양하게 나타나는 복음의 비역사화다. 중세 성경 해석에 관한 J. S. 프로이스(Preus)의 중요한 연구에서 볼 수 있는 바와 같이, 중세 교회는 성경 특히 구약의 축자적이고 역사적인 중요성을 이해하기 위해 고군분투했다. 하지만 이런 시도는 대체로 실패하였고 알레고리 해석이 득세하게 되었다. 알레고리 해석은 헬레니즘의 영향을 크게 받은 방식이다. 이는 구약의 지상 사건들을 신약의 천상 '형태'(form)와 대응시키는 추측을 통해 성경 역사의 중요성을 약화시킨다. 이런 수직적 관계는 그리스도 안에서의 성취에 선형적으로 연결된 역사를 투영하고 있는 모형론의 도전을 받았다. 알레고리는 성경 사건의 역사성을 약화시키는 반면, 모형론은 그것을 기반으로 발전한다.

구약의 축자적이고 역사적인 중요성을 찾으려는 아우구스티누스와 토마스 아퀴나스의 담대한 시도는 교회의 교리적 발전으로 인해 어느 정도 좌절되었다. 프로이스는 이렇게 말한다. "토마스에게 은총 이전의 시간은 분명히 '갖지 않음'의 시간이다. 약속을 가진다는 것은 신학적 의미가 없는데, 이는 약속과 위협은 '외적인 것'으로서 내적 은총보다 열등하기 때문이다."[17] 주입된(내적) 은총이 특징인 로마가톨릭의 성례

17. J. S. Preus, *From Shadow to Promise: Old Testament interpretation from Augustine to the young*

전 교리는 토마스에게 문제가 되었는데, 그런 성례가 구약성경에는 나오지 않기 때문이었다. 따라서 복음 사건으로 이어지는 역사적 사건들이 로마가톨릭의 복음에서 떨어져 나갔다. 마찬가지로 구원 은총의 주요 초점이 갈보리에서 일어난 단 한 번의 역사적 사건으로부터 신자의 내적 본성으로 옮겨졌다. 미사 교리와 주입된 은총 개념은 복음을 완전히 뒤집어 놓았다. 이런 로마가톨릭의 복음은 예수의 역사적 사역에 대한 성경적 신앙관을 실질적으로 억눌렀다. 또한 성령의 내적 경험에 집착하는 신오순절주의나 은사주의의 일반적 성향을 로마가톨릭 사제들이 쉽게 받아들이게 했다.[18]

종교개혁의 핵심 쟁점 중 하나는 로마가톨릭이 죄인의 칭의가 내적 갱신을 통해 이루어진다는 관점을 받아들이게 된 방식이었다. 로마가톨릭은 실질적으로 은총을 재정의해 하나님이 우리 안에서 행하신 일에 초점을 맞추었다. 그리고 하나님이 그리스도 안에서 우리를 위해 하신 행동, 곧 그리스도의 역사적 생애, 죽음, 부활에 담긴 성경의 초점으로부터 은총을 제거했다. 칭의와 성화의 이런 역전 현상은 복음을 근본적으로 비역사화하는 것이며, 로마가톨릭의 성례 중심 구원관의 치명적 결함으로 남아 있다.

로마가톨릭에서는 오순절이 실질적 구심점이 되어 나사렛 예수의 모든 역사적 사건이 이제는 교회의 성례와 신자의 내면에 있는 것이 되게끔 뒤집었다. 그러니 성령은 신자 자신을 향한 믿음의 방향을 돌이켜 더 이상 아버지 우편에 앉아 계신 역사 속 그리스도로 향하게 하

Luther (Cambridge, MA: Harvard University Press, 1969), p. 50.

18. Rene Laurentin, *Catholic Pentecostalism*, tr. Matthew O'Connell (London: Darton, Longman & Todd, 1977), pp. 22-4; Edward O'Connor, *The Pentecostal Movement in the Catholic Church* (Notre Dame, IN: Ave Maria Press, 1974), p. 183.

지 않으신다. 미사에서 성령이 그리스도를 이 땅에 임재하게 하시기 때문에, 성경이 단회적이고 반복될 수 없다고 한 사건(롬 6:9)이 끊임없이 재현된다. 실제로 과거 역사 순간에 있었던 나사렛 예수의 의롭게 하시는 생애, 죽음, 부활에 달린 현재 신자의 실존적 성화를 뒤집음으로써, 칭의는 역사적 닻을 상실하고 신자 내면의 실존적 변화에 근거하게 된다. 이제 로마가톨릭에서 하나님을 받아들이는 일은 이생에서 온전하게 완성될 수 없는 내적 갱신에 근거하기에 죄인은 구원의 확신을 가질 수 없다. 구원의 확신이라는 문제를 다루는 트렌트 공의회의 선언을 살펴보자.[19] "누구든지 자신이 끝까지 인내하는 이 위대한 은사를 절대적이고 확실하며 착오 없는 확신으로 갖게 될 것이라고 말하는 자는, 특별한 계시를 통해 그것을 알게 된 경우가 아닌 한, 파문받을 것이다"(제6회기, 교령 16). 이처럼 트렌트 공의회는 종교개혁 신학의 위대한 성과 중 하나를 저주한다.[20]

역사비평적 방법의 도전

이 책의 목적을 위해 비교적 두리뭉실하게 '역사비평적'(historical-critical)이라고 불리는 방법의 계보를 철저히 추적할 필요는 없겠다. 18세기 계몽주의는 성경과 현실에 대한 전통적인 기독교 전제로부터 벗

19. 트렌트 공의회는 프로테스탄트 종교개혁에 대한 로마가톨릭의 대응으로 1545년에서 1563년까지 개최되었다. 이 공의회는 개혁의 필요성을 어느 정도 인정했지만, 오히려 프로테스탄트 종교개혁가들이 성경적 근거를 들어 거부했던 교리들을 고착시켰다.

20. 도르트 총회(네덜란드, 1618-1619)는 다섯 번째 핵심 교리인 '성도의 견인'에서 구원의 확신에 대한 근거를 제시했다. 원래 도르트 총회의 다섯 교리는 칼뱅주의 신학에 반대한 야콥 아르미니우스와 그를 따르던 이들이 다섯 가지로 정리한 '항론'(Remonstrance, 1610)에 대한 응답이었지만, 로마가톨릭과의 논쟁과도 연관되었다.

어나게 된 주된 동력으로 여겨진다. 합리주의의 일환인 계몽주의는 죄와 그 영향에 대한 정통 기독교 관점을 거부한다. 또한 자연 세계에 대한 초자연적 영향이라는 개념도 거부한다. 우주는 단지 자연법칙에 따른 인과관계의 닫힌 체계로 여겨진다. 신적 계시 개념은 격하되는데, 이는 특히 성경의 무오성과 영감성 및 기적을 통한 신의 개입이라는 측면에서 계시가 강조될 때 그러하다.

비교적 늦게 이 분야에 뛰어든 에른스트 트뢸치(Ernst Troeltsch)는 1898년에 역사비평의 기본 전제와 방법론을 정리한 것으로 널리 인정된다. 그는 모든 역사적 텍스트와 사건에는 근본적인 유사성이 있고, 어떤 이례적인 사건을 하나님의 행동으로 돌리는 것은 불가능하다고 전제한다.[21] 우리는 어떤 역사 사건에 관해 단지 가능성만을 주장할 수 있을 뿐이며, 그 가능성은 모든 사건이 유사하다는 전제에 따라 평가된다.

사건의 유사성은 독특한 사건이 존재할 수 없다는 것을 의미하며, 어떤 사건도 초자연적 원인을 가진다고 말할 수 없게 만든다. 부활은 독특한 사건이기 때문에 배제될 뿐 아니라, 기적이 말 그대로 있을 법하지 않은 일이기 때문에도 배제될 수밖에 없다. 게다가 역사비평적 방법은 복음을 그 역사적 기반에서 더욱 분리시킴으로써 구약과 신약 사이에 쐐기를 박는다. 성육신이나 부활, 승천 같은 새로운 일이 처음으로 일어날 수 없는데, 이는 독특한 사건이 허용되기 않기 때문이다. 초자연성에 대한 사실상의 부정은 우리의 자연 감각에 열려 있는

21. 이에 대한 비판은 다음을 참고하라. Sidney Greidanus, *The Modern Preacher and the Ancient Text: Interpreting and teaching biblical literature* (Grand Rapids, MI: Eerdmans, 1988), pp. 25-36; Roy A. Harrisville and Walter Sundberg, *The Bible in Modern Culture: Theology and historical-critical method from Spinoza to Kasemann* (Grand Rapids, MI: Eerdmans, 1995), pp. 155-79.

경험적 진리만을 받아들일 수 있음을 나타낸다. 따라서 이 논의의 진행은 다음과 같다. 사람은 죽음에서 살아나지 않는다. 그러므로 예수의 부활은 신화다. 하지만 이 주장은 양날의 검이다. 왜냐하면 자연 세계에는 반드시 모든 것의 처음이 존재하기 때문이다. 트뢸치의 논리는 어떤 일에도 처음이 있을 수 없음을 암시한다. 이에 반해, 성경 역사는 하나님의 창조에서 만물의 처음을 주장한다.

실존주의의 도전

루돌프 불트만(Rudolf Bultmann, 1884-1976년)은 독일의 저명한 신학자였다. 그는 단순히 신약에서 계몽주의 사고방식에 부합하지 않는 부분을 제거해 버리는 자유주의의 합리주의적 방식에 만족하지 못하고 자신의 실존주의(existentialism) 방식을 창안했다. 불트만은 예수가 역사 속의 인물임을, 그리고 그분 안에서 하나님이 우리를 위한 일을 하셨음을 확신했다. 하지만 그는 이 일을 이해하기 위해 신화적인 요소를 해석해야 한다고 보았다. 따라서 이안 헨더슨(Ian Henderson)은 이렇게 말한다.

> 신약의 비신화화는 신화를 제거하는 것이 아니라 인류학적으로 또는 불트만이 선호하는 표현대로 실존적으로 해석하는 것을 의미한다. 다시 말해, 우리가 신화를 다룰 때는 항상 내레이터가 자신의 실존에 대해 무엇을 말하는지 물어야 한다.[22]

22. Ian Henderson, *Myth in the New Testament*, Studies in Biblical Theology 7 (London: SCM Press, 1952), p. 14.

그렇다면 불트만에게 "신약의 기본적인 의도는 신화를 들려주는 것이 아니라 독자/청자에게 자기 이해를 제공하는 것이다."[23] 따라서 이렇게 물을 수 있다. 예수가 역사적 인물이었고 하나님이 우리를 위해 독특한 일을 그분 안에서 하셨다면, 정확히 예수가 한 일은 무엇인가? 이어서 헨더슨은 이렇게 기록한다.

> 기독교가 기쁜 소식이고 하나님이 우리를 위해 예수 그리스도 안에서 어떤 일을 하셨다는 확언에도 불구하고, 불트만에 따르면, 하나님이 그리스도 안에서 실제로 행하신 일에 대해 그리스도인은 다소 실망하기 쉽다. 우리가 듣기로는, 하나님께서 그리스도인이 자신의 존재를 새로운 방식으로 이해할 수 있게 하셨다는 것이 전부이기 때문이다.[24]

복음의 객관적이고 역사적인 구원 사건들에 대한 신앙은 순전히 주관적인 자기 이해로 대체되고 말았다. 불트만에 따르면 "역사의 의미는 항상 현재에 있고, 기독교 신앙에 의해 현재가 종말론적 현재로 이해될 때 역사의 의미가 실현된다."[25] 따라서 헬무트 틸리케(Helmut Thielicke)는 역사 문제의 핵심을 다음과 같이 꿰뚫어 본다.

> 그래서 불트만은 성탄절이나 부활절, 오순절 같은 신약의 사실들이 실제 사실인지 아니면 신화인지, 또는 부활 이야기처럼 신화적 형태로 표현된 사

23. Harrisville and Sundberg, *Bible in Modern Culture*, p. 215.

24. Henderson, *Myth*, p. 28.

25. Rudolf Bultmann, *History and Eschatology: The presence of eternity* (Edinburgh: Edinburgh University Press, 1957), pp. 154-5. 『역사와 종말론』(대한기독교서회). 다음에서 재인용 Hendrikus Berkhof, *Christ the Meaning of History* (Grand Rapids, MI: Baker, 1966), p. 31.

> 실에 대한 주석에 불과한지 관심이 없다. 역사 사건의 사상적 내용과 신화의 사상적 내용은 모두 동등하게 나의 실존에 관한 이해에 영향을 미칠 수 있다.[26]

신앙이 역사와 연관되지 않는다는 불트만의 견해에 다양한 반응이 나타났다. 이 비선형적 역사 개념에 대한 주요 비판가로 위르겐 몰트만(Jurgen Moltmann)과 볼프하르트 판넨베르크(Wolfhart Pannenberg)가 있다. 이들은 신학의 주관화를 뒤집고 역사를 선형적으로 보며 종말론적 목표 안에서 역사의 의미를 찾는 관점을 옹호한다. 칼 브라텐(Carl Braaten)의 말을 빌리자면, "표어는 이러하다. 역사 없는 케리그마는 무의미한 소음일 뿐이다."[27]

포스트모더니즘의 도전

포스트모더니즘의 역사관은 하나님이 정하신 목표 지향적 사건으로서의 역사라는 기독교적 관점에 심각한 도전을 제기한다. 스탠리 그렌츠(Stanley Grenz)는 이렇게 말한다.

> 포스트모던 시대는 '우주'의 종말, 즉 모든 것을 포괄하는 세계관의 종말을 의미한다. 어떤 면에서 포스트모더니스트는 종합적인 세계관을 가지고 있지 않다. 우리의 인식 대상인 통합적 세계에 대한 현실을 부정하는 것이 포스트

26. Helmut Thielicke, *The Evangelical Faith*, vol. 1: Prolegomena (Grand Rapids, MI: Eerdmans, 1974), p. 58.

27. Carl E. Braaten, *History and Hermeneutics* (Philadelphia, PA: Westminster, 1966), p. 26.

모더니즘의 핵심이다.[28]

따라서 역사에 대한 포스트모더니스트의 입장은 무신론자들이 하나님에 대해 갖는 입장과 같다. 기독교의 역사적 본질에 관한 우리의 논의와 연관된 부분은 지식에 대한 포스트모던 관점이다. 따라서 그렌츠는 다음과 같이 서술한다.

> 그러므로 지식에 대한 포스트모던 이해는 두 가지 기본 전제 위에 있다. (1) 포스트모더니스트는 현실에 대한 모든 설명을 유용하지만 객관적 진리는 아닌 구조물로 보며, (2) 우리에게 현실의 구조물을 벗어날 수 있는 능력이 없다고 본다.[29]

현실 전체를 설명하는 포괄적 원칙, 즉 메타내러티브의 죽음은 역사의 종말을 의미한다. 프랜시스 후쿠야마(Francis Fukuyama)는 그의 책 제목대로 역사의 종말에 대한 포스트모던 관점을 보여 준다.[30] 키이스 윈드셔틀(Keith Windschuttle)은 후쿠야마의 개념을 이렇게 정리한다. "종말을 맞이한 것은 사건의 발생이 아니라(크고 중대한 사건일지라도) 역사다. 이는 하나의 일관된 진화적 과정으로 이해되는 역사다."[31] 이런 포스트모더니스트들의 주장이 옳다면, 역사의 종말은 역사적 복음의 종말이

---

28. Stanley J. Grenz, *A Primer on Postmodernism* (Grand Rapids, MI: Eerdmans, 1996), p. 40. 『포스트모더니즘의 이해』(WPA).

29. Grenz, *Primer*, p. 43.

30. Francis Fukuyama, *The End of History and the Last Man* (London: Hamish Hamilton, 1992). 『역사의 종말과 최후의 인간』(예영커뮤니케이션).

31. Keith Windschuttle, *The Killing of History: How a discipline is being murdered by literary critics and social theorists* (Sydney: Macleay, 1994), pp. 159-60.

라고 말할 수밖에 없다. 이것은 영원한 의미를 가진 사건으로서의 복음, 모든 의미를 정립하는 복음의 종말이다. 포스트모던의 텍스트 해체는 문학적 무신론일 뿐만 아니라 역사적 무신론이기도 하다.[32]

일관성 없는 복음주의의 도전

같은 성경관을 가지고 있다고 주장하는 그리스도인들 사이에서도 어떤 중대한 주제에 대한 입장이 무척 다를 때가 있다. 이는 주해의 잘못이나 성경적 증거에 대한 무지에서 비롯되었을 수도 있다. 하지만 결과적으로는, 우리 중 누구도 자신이 세운 신학 체계나 명시적 전제들과 완벽하게 일치하는 삶을 살지 못하기 때문이다. 그러므로 개혁교회는 항상 개혁을 추구해야 한다.[33] 현대의 문화적, 지적 풍토에서 역사적 복음이 선포될 가능성이라는 실천적 문제에 접근할 때는 적어도 다음 두 가지를 고려해야 한다. 첫째, 가장 중요할 수도 있는 것은 복음의 진리를 타협하게 만드는 다양한 문화적 압박을 피하는 문제다. 둘째, 이 선포 과정에서 우리의 변증적 목표에 대한 물음이다. 역설적이게도 매우 우려되는 점은, 많은 복음주의자들이 동의하는 어떤 사상은 복음에 적대적이라는 것이다. 이는 마치 신학적 트로이 목마를 통해 그것들이 우리 생각에 몰래 스며드는 것과 같다. 여기에는 검증

32. Kevin J. Vanhoozer, *Is There a Meaning in This Text? The Bible, the reader, and the morality of literary knowledge* (Grand Rapids, MI: Zondervan, 1998), p. 30.

33. "개혁된 교회는 항상 개혁되어야 한다"(*Ecclesia reformata semper reformanda*)라는 표어는 아우구스티누스에게서 시작된 것으로 여겨지지만 17세기 네덜란드 개혁교회에서 널리 알려졌다. 초기부터 교회는 복음과 일치하지 않는 방식으로 가르치고 행동하는 죄된 경향을 보였다. 예를 들어 바울은 그의 서신에서 여러 번 교회를 책망하고 권면해야 했다. 다음을 보라. 고전 3:1-23; 5:6-7; 12:21; 갈 1:6; 3:1; 4:9.

되지 않은 상투적인 표현과 전제들이 정통처럼 인정받고 강력히 옹호되는 전통이 보인다.

때로 복음주의자들은 다양한 자유주의 현상에 대해 깊은 성찰 없는 반동적 입장을 취한다. 더욱이 인기 있는 복음주의 저술들이 체험적이고 '기분 좋음'의 차원에 초점을 맞춘다. 이에 대한 관심이 그 자체로 반드시 잘못된 것은 아니지만, 주관적 경험은 객관적 복음의 참된 기초에서 쉽게 분리될 수 있다. 슐라이어마허(Friedrich Schleiermacher, 1768-1834년)와 대중적인 복음주의 경건 사이의 간격이 지나치게 자주 가까워진다.[34] 하나님과 가까워지는 주관적 감정과 하나님과 가까워지는 객관적 현실은 쉽게 혼동된다. 슐라이어마허나 경건주의적 복음주의자들이 역사성을 중요하지 않게 여기는 것은 아니다. 그럼에도 불구하고, 경건성은 쉽게 객관적 현실에서 분리될 수 있다.

대체로 복음주의자들은 이단적 가르침으로 여겨지는 것들 때문에 로마가톨릭을 거부한다. 하지만 역설적이게도, 신자의 거듭남과 은혜의 역사에 대한 로마가톨릭의 강조는 흔히 볼 수 있는 복음주의적 경건인 '내 안에 살아 계신 예수' 또는 찬송가 가사 "내가 어떻게 그분이 살아 계신지 알고 있을까? 그는 내 맘에 살아 계시네"와 몹시 흡사하다.[35] 많은 복음주의자들에게 참된 성경적 기독교의 기준은 중생 교리다. 많은 이들에게 "네가 거듭나야 하겠다"라는 말씀은 결정적인 복

34. 프리드리히 슐라이어마허는 프로테스탄트 자유주의 신학과 현대 해석학의 아버지로 여겨진다. 그는 종교의 핵심이 교의와 신념이 아니라 하나님에 대한 절대 의존 감정 또는 우주에 대한 직관적 인식이라고 주장했다. 즉 종교의 핵심은 교리적 구성이 아닌 경건이다. 다음을 보라. Werner G. Jeanrond, *Theological Hermeneutics: Development and significance* (New York, NY: Crossroad, 1991), pp. 44-50; J. B. Webster, 'Schleiermacher, Friedrich Daniel Ernst (1768-1834)', *NDT*, pp. 619-21.

35. Alfred Ackley가 작사 작곡한 '부활하신 구세주'(1933년, 찬송가 162장).

음 전도 구절이지만, 이는 성경 맥락에서 벗어나 쉽게 왜곡된다.[36] 중세 신학은 교회가 분배하는 성례적 은총이라는 전반적인 체계를 통해 은혜의 작용을 재정의하면서 성경적 은혜 교리와 역사적 복음으로부터 급격히 벗어났다. 칭의와 성화의 뒤바뀐 관계로 나타난 '내 안에 살아 계신 예수' 관점은 많은 복음주의자들에게 자부심을 가지게 했다. 하지만 중생을 복음의 정수로 삼는다면 복음을 비역사화하는 것이다. 설교자들 역시 신자들에게 "복음을 살아내라"(live the gospel)고 권면할 때 단번의 역사적 복음을 비역사화한다. 오직 그리스도만이 복음을 살아내실 수 있었고, 이를 2,000년 전에 이루셨다. 물론 이 표어는 "복음에 합당한 삶을 살라"는 의미로 흔히 사용된다. 그럼에도 불구하고, 역사적 복음과 지금 맺은 복음의 열매 사이에 언어적 혼동이 존재한다.

그리스도인들이 신학적으로 생각하려 할 때 흔히 사용하는 문제시되는 단어 중 하나는 '균형'이다. 우리는 칼뱅주의와 아르미니우스주의, 예정과 자유 의지, 하나님의 주권과 인간의 책임 사이에 균형을 잡아야 한다는 말을 듣는다. 하지만 잠시만 생각해 보면 그런 문제에서 '균형'을 잡는 것이 불가능하다는 사실을 알게 된다. 그러므로 적절한 목표는 그런 문제에 대한 성경적 관점을 나타내려고 하는 것이다. 하나님은 연약한 인간에 의해 균형 잡히실 분이 아니다.[37] 마찬가지로

36. 요 3:7의 이 진술은 직설법이지 명령법이 아니다. 즉 거듭나라는 명령이 아니다. 예수는 니고데모에게 이렇게 말씀하셨다. "내가 네게 하는 말을 놀랍게 여기지 말라. 사람은 거듭날 필요가 있다." 필연성은 능력을 뜻하지 않는다. 사실의 진술은 명령이 아니다.

37. 아타나시우스 신경은 예수에 관해 이렇게 선언한다. 그는 "하나님이자 인간이시며… 신성에 있어서는 성부와 동일하시며 인성에 있어서는 성부보다 낮으시다." 아타나시우스가 직접 이 신경을 작성했을 가능성은 거의 없지만 그의 신학을 반영하고 있고, 성공회 「공동 기도서」에 수록되었으며, 에드워드 6세의 첫 번째 기도문(1549)과 두 번째 기도문(1552), 그 이후 1662년판 「공동 기도서」에도 수록되었다. 이는 정통 기독교의 보편적인 신조 중 하나로 여겨진다.

외적 은혜(그리스도 안에서의 하나님의 행동)는 내적 은혜(우리 안에서의 하나님의 갱신 사역)와 균형을 이루어야 하는 것이 아니다. 내적 은혜는 외적 은혜에 의존하는 열매이기 때문이다. 은혜에 대한 성경적 관점은 그리스도의 역사적 생애, 죽음, 부활 속에서 하나님의 은혜가 우리 칭의의 근거라는 것이다. 우리 안에서 일어나는 하나님의 영에 의한 내적 갱신은 복음의 열매며, 칭의의 결과이지 원인이 아니다. 그런데 어떤 이유에서든 많은 복음주의자들이 자신도 모르는 사이에 '내 안에 살아 계신 예수'에 집착하면서 로마가톨릭의 관점을 되살린다. 19세기 스코틀랜드의 저명한 신학자 제임스 뷰캐넌(James Buchanan)은 1867년에 이제는 고전이 된 칭의에 관한 논문을 썼다.

> 칭의에 관한 주제에서, 성령의 내주하심과 마음속에서 성령의 은혜로운 사역을 칭의의 근거로 삼는 것보다 미묘하고 그럴듯한 오류는 없을 것이다.…
>
> 하나님의 용서와 용납을 근거로, 우리를 위한 그리스도의 대속 사역을 우리 안에서의 성령의 은혜로운 역사로 대체하는 것보다 본질상 성경에 어긋나며 인간 영혼에 치명적인 것은 없다. 만일 우리가 오직 그리스도께서 이 땅에 계셨을 때 우리를 위해 행하셨고 고난받으셨던 그 일로 인해 의롭다 함을 받는다면, 우리는 이미 '완성된' 사역을, 이미 이루어진 의로움을, 예수의 이름을 믿는 모든 이를 위해 하나님이 이미 용납하신 그 사역을 전적으로 신뢰하며 의존할 수 있을 것이다.…
>
> 반면 만일 우리가 우리 안의 성령의 사역을 근거로 의롭다 함을 받는다면, 우리는 완성되고 용납되기까지 한참 남은, 심지어 거듭나지 않은 죄인의 경우에는 시작조차 되지 않은 사역에 의존해야 한다. 신자의 경우에도 이제 막 시작된 단계에 불과하다. 대체로 이 사역은 퇴보와 타락으로 인해 발전이 저해되고, 남아 있는 죄로 인해 오염되고 더러워지며, 짙은 의심의 어둠 속에

둘러싸인다. 그리고 이 생에서 결코 완벽하지 않다.[38]

오늘날 이 경고는 매우 적절하다. 하나님이 '우리 안에서' 이루시는 역사와 하나님이 '우리를 위해' 이루시는 역사의 관계를 혼동하는 것은 쉽게 고치기 어려운 오류다. 우리 대부분은 "예수를 내 마음에 영접하여" 회심했다고 간증하는 좋은 그리스도인들을 만난다. 하나님이 그분의 긍휼하심으로 요한계시록 3:20의 잘못된 이해와 적용을 통해 복을 주셨다고 한들 그것이 성경적이거나 안전하다는 말은 아니다. 다만 이런 식으로 참된 회심에 이른 사람들은 이미 역사적 복음에 대한 지식을 가지고 있었으며, 그렇게 예수를 초청함으로써 개인적인 확신을 굳히고자 했다고 볼 수 있을 것이다. 문제는 역사적 복음의 온전함이다. 성령의 내적 사역을 마치 구원의 열쇠인 것처럼 강조하는 것은 구원의 단회적인 역사적 본성을 손상시킨다.

로마가톨릭으로 돌아가는 또 다른 형태는 오순절주의와 비교적 근래에 나타난 신오순절주의의 여러 지류 또는 은사주의 운동이다. 앞서 언급했듯이, 은사주의 신학의 초점이 내재화됨으로써 이 운동은 로마가톨릭 교회를 쉽게 받아들이게 했다.[39] 오순절 사건에 대한 은사주의 신학의 잘못된 주해에 대해서는 8장에서 자세히 논의할 것이다. 여기서 중요한 점은 복음주의라고 주장하는 방식이 '우리를 위한' 그리스도의 역사적이고 완성된 사역과 '우리 안에서' 지속되는 성령의 사역과의 관계 역전과 모순된다는 데 있다. 이런 관계의 역전은 우리 내면의

38. James Buchanan, *The Doctrine of Justification*, repr. of 1867 edn (London: Banner of Truth Trust, 1961), pp. 401-2. 『칭의 교리의 진수』(지평서원).

39. 한 에큐메니컬 오순절-은사주의 집회에 참석한 로마가톨릭 신자가 성령 세례를 받음으로써 더욱 열심히 성모 마리아에게 헌신할 수 있게 되었다고 간증했다는 말을 들었다.

하나님 사역에 우선 초점을 맞추는 관점으로 쉽게 파고든다.

이제 수많은 복음주의자들이 채택한 또 다른 입장으로 넘어가 보자. 철저히 복음적인 오랜 교리임에도 불구하고 전천년설은 역사의 본질을 규정함에 있어 복음의 중요성을 근본적으로 잘못 이해한다. 이는 복음의 비역사화라기보다 성경 역사의 비복음화(de-gospelising)다. 기독교 시온주의의 한 형태인 이 입장은 복음이 과거 모든 역사를 규정했던 방식으로 미래 역사를 규정할 수 없게 만든다. 기독교 시온주의는 유대인들이 본토로 돌아오고 예루살렘과 성전이 재건될 것이라는 구약의 예언이 문자적으로 성취되어야 한다고 주장한다. 이런 일은 아직 일어나지 않았기 때문에, 우리는 이 일을 미래의 사건으로 기대해야만 한다. 만일 1948년의 이스라엘 건국을 이스라엘이 본토로 돌아오는 일련의 과정으로 본다면, 나머지 예언들은 아직 성취되지 않은 채로 남은 셈이다. 물론 이런 관점이 역사를 부정하는 것은 아니다. 오히려 역사를 개선시키고자 한다. 그러나 이런 관점은 구약의 사건들이 역사적 그리스도 안에서 성취되었다는 신약의 증거를 충분히 고려하지 못하고 있다. 예언의 성취에 대한 이런 관점은 단순히 역사 자체를 훼손시키는 것이 아니라 역사적 복음을 훼손시킨다.

전천년설은 복음이 일으킨 구속사의 위대한 전환, 즉 십자가, 부활, 승천, 오순절 같은 사건들이 기치를 세운 바로 그 전환의 중요성을 제대로 인식하지 못한다.[40] 전천년설은 선민, 땅, 시온, 성전, 다윗 왕조 같은 구약의 질서에 속한 역사가 그리스도 안에서 이미 목표에 도달했다는 사실을 정확히 인식하지 못한다. 신약은 그리스도의 재림이 예언의 완전한 성취를 나타낼 것이라고 말하지, 복음의 견고한 실체들을

40. 나는 후천년설에도 이와 유사한 문제가 있다고 생각한다.

예고했던 과거의 그림자로 돌아가는 일시적인 '천년'을 말하지 않는다. 영광 중에 승귀하신 그리스도는 다시 죽으실 수 없는 것과 마찬가지로, 갱신되지 않은 옛 창조 세계를 다스리기 위해 다시 오실 수 없다. 이는 바울이 로마서 6:9에서 분명히 한 것이다. 천년왕국의 중간 황금기 동안 잔존해 있는 악의 문제는 전천년설이 해결하지 못한 문제다.[41] 문자적 천년왕국에서 아직 성취되지 않은 예언들이 남아 있다고 보는 관점은 그리스도가 자신의 생애, 죽음, 부활, 승천을 통해 모든 예언을 성취하셨고 종말론적 완성이 되셨다는 사실을 간과한다.[42]

끝으로, 현대 복음주의가 강조하는 '결단'도 종종 역사적 복음에서 분리되는 경향이 있다. 예수를 영접하라거나 예수를 위해 결단하라는 요청은 전도에서 중요한 복음에 대한 응답이지만, 그 자체가 복음이 되기 쉽다. 이는 우리가 결단해야 할 본질인 예수의 생애, 죽음, 부활에 관한 복음 선포를 대체해 버리기 쉽다. 예수의 복음을 믿고 회개하려는 분명한 의지 없이 예수를 위해 결단하는 것은 거짓된 결단이다. 이는 불트만의 실존적 복음과 유사하여 그 결단 자체가 복음 사건이 되어 버리고, 대체로 막연하게 느껴지는 그리스도를 향한 잘못된 회심을 초래한다. 바로 불분명한 결단과 직설법으로 표현된 복음에서 명령만을 추출한 결과다. 결단주의, 중생의 복음, 체험 중심의 신앙은 모두 기독교 신앙의 필수 요소를 비역사화하는 경향이 있다. 이런 요소들은 객관적이고 역사적인 복음의 맥락 안에서 보존되어야 한다.

41. Arthur H. Lewis, *The Dark Side of the Millennium: The problem of evil in Rev. 20:1-10* (Grand Rapids, MI: Baker, 1980).

42. 15장을 보라.

역사적 그리스도와 역사적 신앙의 함의

나사렛 예수의 탄생, 생애, 죽음, 부활, 승천에 대한 성경의 기록을 받아들인다면, 우리의 역사 이해에는 특정 함의가 뒤따른다. 역사에 대한 세속적 접근법은 "역사는 어디로 가는가?"라는 질문을 다루기에 불충분하다.[43] 다시 말하지만, 신자와 비신자의 합의는 기만적일 수 있는데, 전문가들의 제한된 시야 때문이다. 예를 들어, 제2차 세계대전의 원인과 그 후의 사회적, 정치적 결과를 평가할 때 세속 역사학자들은 하나님의 목적이라는 궁극적 질문을 고려하지 않을 것이며, 기독교 역사학자들도 그에 관한 신학적 질문을 다룰 엄두조차 내지 못할 것이다. 이는 성경이 세계 정치와 사회 역사에 거의 관심을 두지 않기 때문이다. 시대의 징조를 살피고 그리스도 재림의 임박성을 강조하며 이를 바로잡으려는 자들의 시도는 별 소득이 없다.

역사에 대한 평가가 성육신이라는 사실을 중심으로 형성될 때 비약적인 변화가 나타난다. 성육신에 대해 말한다는 것은 단지 예수라는 이름의 사람이 태어났다는 사실에 주목하는 것이 아니다. 회의론자들에게 예수의 탄생은 실제로 성육신이 아닌 한 인간의 단순한 출생으로 평가되거나, 결코 일어난 적이 없는 신화적 사건에 불과하다. 하지만 성경적으로 말하면, 성육신은 하나님이 인간의 육신을 입고 우리와 같은 존재로 시간과 공간 속에 실제로 들어오신 사건이다. 물론 하나님은 역사의 주인으로서 인간 역사에 항상 관여하셨지만, 우리와 같은 존재가 되어 역사에 참여하시는 이런 급진적 방식은 역사의 어느 한 예정된 시점에 일어났다. 우리는 이 '신인' 속의 신적 임재에 담긴

43. 다음을 보라. John Warwick Montgomery, *Where Is History Going? A Christian response to secular philosophies of history* (Minneapolis, MN: Bethany Fellowship, 1969). Montgomery는 우리의 역사 이해에 영향을 미치는 다양한 철학적 입장의 방법들을 비판한다.

여러 함의를 고백한다. 예수 안에서, 하나님은 에덴으로부터의 보편적 유배를 인간과 공유하셨다. 십자가에서, 그분은 죄의 결과를 속하고 자기 백성을 자신과 화목하게 하시려고 스스로 죄인 역할을 담당하셨다(고후 5:21). 예수는 자신 안에서 본래 하나님이 의도하셨던 하나님과 인간의 관계를 회복시키셨고, 타락의 저주를 되돌리는 필수적인 과정을 보장하셨다. 성육신과 십자가가 결합된 이 역사적 사건은 죄에 대한 단번의 만족시킴이었다. 더욱이 십자가는 부활과 승천 없이 그런 우주적 효과를 가질 수 없었다. 예수의 육체적 부활을 그리스도 예수라는 인간의 '칭의'로 인식하는 것이 중요하다.[44] 바로 이 사실이 신자들로 하여금 "나의 의는 하늘에 있고, 나의 생명은 그리스도와 함께 하나님 안에 감추어져 있다"고 고백하게 한다.[45]

예수의 부활은 아담의 범죄 이후 처음으로 한 인간이 아버지 하나님과 대면하여 교제할 자격을 얻게 되었음을 의미한다. 예수는 자신의 의로운 삶과 속죄의 죽음을 통해 아버지께 순종함으로써 이를 성취하셨다. 이로써 하나님의 공의가 우리를 하나님의 형상인 참된 인간으로 회복시키는 것이 가능해졌다. 이것이 인간 역사의 목적이다. 따라서 역사의 최종 의미는 이 사건을 중심으로만 설명될 수 있다. 세속적이며 이른바 '과학적'이라고 불리는 역사는, 특정 사건들과 그 결과 사이의 제한적이고 흔히 고도로 집중된 연관성에 대한 한계적 평가를 넘어 의미있는 진전을 이루지 못하고 있다. 역사는 끝이 없기 때문에 모든 역사

44. Richard B. Gaffin Jr, *The Centrality of the Resurrection: A study in Paul's soteriology* (Grand Rapids, MI: Baker, 1978), p. 119.

45. 다음을 의역한 것이다. John Bunyan, *Grace Abounding to the Chief of Sinners* (London: SCM Press, 1955), p. 105; 1666년 초판 출간. 『죄인의 괴수에게 넘치는 은혜』(CH북스).

의 의미에 권위 있는 선언을 내릴 수 없다.[46] 그리스도인에게 의미는 반드시 맥락 안에서 결정되어야 하며, 그 전체적인 맥락은 역사의 저자이자 통치자이신 하나님만 알 수 있다. 오직 예수 안에서 나타나신 주권자 하나님만이 인간 실존과 역사의 의미에 진정한 '큰 그림'을 주신다.

성경의 역사 및 본문과 신자 간의 불균형한 관계

일반적으로 세속 역사가들은 과학적 방식으로 역사 집필을 처음 시도한 인물로 주전 5세기 그리스의 투키디데스와 헤로도토스를 꼽는다. 그러나 훨씬 오래된 고대 문명에도 기록가들이 있었다.[47] 헨드리쿠스 벌코프(Hendrikus Berkhof)는 더 성경적인 관점을 제시한다. "우리가 역사는 목표 지향적이고 그렇기 때문에 역사에 의미가 있다는 인식을 갖게 된 것은 그리스나 페르시아가 아니라 이스라엘 덕분이다."[48] 성경의 역사 기록가들은 대부분 그리스 역사가들보다 앞선 시대를 살았지만, 그들이 주장하는 두 가지 특징이 세속적 사고에서는 과학적으로 받아들여지지 않기 때문에 역사가로서 널리 인정받지 못한다.[49] 첫째,

46. 세속주의는 우리의 연대 체계에서 그리스도를 제거하도록 규정한다. 주전(BC)은 이제 기원전(BCE)으로, 주후(AD)는 이제 기원후(CE)로 바뀌었다. 놀랍게도 어떤 그리스도인들은 역사 연대에서 그리스도를 이렇게 제거하는 일을 받아들이는 것처럼 보인다.

47. Simon DeVries, *Yesterday, Today and Tomorrow: Time and history in the Old Testament* (Grand Rapids, MI: Eerdmans, 1975), p. 34, n. 21. 여기서 DeVries는 Alfred Jepsen을 인용하며 말한다. "헤로도토스와 투키디데스에 훨씬 앞서 히브리인들은 실제 역사 기록을 하고 있었다. 여기에는 왕위 계승 문서(주전 10세기)와 신명기 역사서(주전 550년경)도 포함된다." 비록 우리가 신명기 역사서의 연대나 그런 편찬물이 실존했다는 이론에 동의하지 못한다 해도, 제시된 연대가 그리스 역사가들보다 앞선다는 점에서 중요하다.

48. Berkhof, *Christ the Meaning of History*, p. 21.

49. William D. Furley, 'Thucydides and Religion', in Antonios Rengakos and Antonios Tsakmakis (eds), *Brill's Companion to Thucydides* (Leiden: Brill, 2006), pp. 425-6. Furley는 헤로도토스와 달리 투키디데스가 자신의 종교적 신념에 대해 일절 언급하지 않고, 펠로폰네소스

하나님은 세상 역사에 적극적으로 관여하시고, 역사의 궁극적인 저자이시며, 만물이 그분의 주권적 통치 아래 있다는 주장이다. 둘째, 이 주권적 역사의 주인이 선사 시대와 미래의 모습까지 계시하셨다는 주장이다. 이런 주장은 소위 '과학적' 역사가들에게 받아들여지지 않는다.

헤로도토스, 투키디데스와 같은 시대에 활동했을 가능성이 있는 성경의 역사가는 역대기 저자다. 그는 현재 우리가 가지고 있는 두 권의 역대기를 최종적으로 기록한 사람이었을 것이다.[50] 역대상 1장의 첫 단어는 '아담'으로, 우리를 창조 시점으로 돌아가게 한다. 우주 역사의 시작으로서 창조는 창세기에 가장 분명하게 증언되어 있으며, 성경 다른 부분에서도 언급된다. 우주와 인간의 창조, 타락, 에덴에서의 추방 같은 성경의 초기 역사는 하나님이 존재하지 않는다거나 비록 존재한다고 해도 인간 역사를 평가하는 데 관련 있는 존재일 수 없다는, 증명할 수 없는 전제를 가진 세속 역사가들에게 문제시된다.

성경의 역사는 성경이 현대 독자와의 관계에서 갖는 불균형성이라는 특징을 보여 준다. 이는 명백하지만 흔히 간과되는 특징이다. 이 책이 다루는 성경의 특별함을 다시 언급하자면, 모든 본문이 21세기 기독교 독자들과 동일한 관계를 맺고 있는 것이 아니라는 점이다. 한마디로, 어떤 본문은 교회의 삶에 대해 직접적으로 말하는 반면, 다른 본문은 기독교 이전 맥락에서 고대 이스라엘의 상황에 대해 말한다. 나는 대다수의 그리스도인들이 이를 인식하고 있다고 생각한다. 또한 많은 이들이 성경을 그리스도인의 삶에 적용하는 방식에서 그것이 무

전쟁의 교전 당사자들 심리의 한 부분으로서만 종교에 관심을 보인다고 기록한다.

50. 우리는 역대기 저자가 누구였는지, 그가(또는 그들이) 구약에 있는 두 권의 역대기를 정확히 언제, 어떻게 편집했는지 알지 못한다. 중요한 사실은 역대기가 야웨의 주권적 뜻에 따라 통치되고 그분의 목적을 이루는 방향으로 거침없이 나아가는 역사관을 보여 준다는 것이다.

엇을 의미하는지 깊이 고민하지 못했거나 충분히 배우지 못했을 수 있다고 생각한다.

성경적 역사신학이 있는가?

이 질문은 영감받은 성경 저자들이 하나님의 계시에 대한 그들의 이해의 틀 안에서 어떻게 역사를 바라보고 이해했는지에 관한 것이다. 성경적 역사신학은 다양한 성경 문헌에 드러나는 역사의식을 연구해야 한다. 그런 연구를 통해 우리는 성경적 역사와 성경적 역사철학에 이르기를 바랄 수 있을 것이다. 이 과정의 첫 번째 요소는 줄거리로, 학자들은 성경 내러티브의 본질에 대한 자신의 전제에 따라 여러 방식으로 성경의 줄거리를 재구성해 왔다. 둘째는 이야기를 설명하는 방식이다. 따라서 성경적 역사철학은 곧 역사신학이다.[51] 이것은 계시가 이성을 안내해야 한다는 기독교 유신론의 전제에도 부합한다. 그렉 싱어(C. Gregg Singer)는 이렇게 말했다.

> 어떤 철학도, 그것이 가진 인본주의적 전제든 자연주의적 전제든 상관없이, 역사에 대한 참된 해석을 제시할 수 없다. 역사는 그 자체의 의미에 대한 열쇠를 제공할 수 없고, 인간의 마음은 객관적이고 사실적인 자료에 자신의 주관적인 해석을 강요할 수 없기 때문이다.[52]

---

51. 이런 입장을 채택한 연구로는 다음을 보라. Rousas John Rushdoony, *The Biblical Philosophy of History* (Phillipsburg, NJ: Presbyterian and Reformed, 1969); Earle E. Cairns, 'Philosophy of History', in Carl F. H. Henry (ed.), *Contemporary Evangelical Thought* (Grand Rapids, MI: Baker, 1968).

52. C. Gregg Singer, 'A Philosophy of History', in E. R. Geehan (ed.), *Jerusalem and Athens: Critical discussions on the theology and apologetics of Cornelius Van Til* (Phillipsburg, NJ:

역사의 의미를 정의하기 위해서는 역사의 목적을 알아야 한다. 역사에 대한 종합적인 지식 없이는 그 의미를 추측에 의지할 수밖에 없고, 그렇게 되면 미래에는 전적인 재평가가 필요할 수도 있기 때문이다. 우리는 경험적인 수단으로는 그런 완전한 지식을 얻을 수 없지만, 이 완전한 지식을 가지신 하나님이 우리에게 알려 주신다. 하나님은 역사의 주인이시며, 오직 하나님만이 역사를 해석하실 수 있다. 세속적 관점으로 볼 때, 역사에는 목적이 없다. 왜냐하면 그것에 목적을 부여할 수 있는 존재가 없기 때문이다. 기독교적 관점에서 역사는 하나님이 피조물을 위해 자신의 목적을 이루어 가시는 과정이다.

성경에는 역사라는 단어가 없지만, 시간과 사건의 연대를 나타내는 단어들이 있다. 그런 사건을 기록하는 문학 활동 역시 분명히 나온다. 이와 관련해 현대 이스라엘의 히브리어가 '역사'를 성경 히브리어와 동일한 단어들, 즉 '디브레 하야밈'(*divrê hayyāmîm*, 문자적으로 '그 날들의 사건들')과 '톨도트'(*tôldôt*, 세대 또는 계보)로 사용하는 것은 주목할 만하다.[53] 성경적 역사신학은 다양한 성경 문헌에 나타나는 신학적 역사의식을 연구해야 한다. 먼저 고려해야 할 사항은 성경학자들이 다양한 방식으로 재구성해 온 줄거리다. 성경을 하나님이 스스로를 계시하시고 자기 백성을 구원하시는 사건들에 대한 하나님의 영감받은 기록으로 믿는 사람은 전체 내러티브의 필수적인 '큰 그림'을 재구성하는 게 어렵지 않다. 이 내러티브는 창조에서 새 창조까지 이어지며, 양 끝은

Presbyterian and Reformed, 1980), p. 330.

53. 역대기의 히브리어 제목이 '디브레 하야밈'(דברי הימים)이다. Ben Yehuda가 편찬한 *Pocket English-Hebrew, Hebrew-English Dictionary* (New York, NY: Washington Square Press, 1961)에서 '역사'를 찾으면 히브리어 '디브레 하야밈'(דברי הימים)과 '톨도트'(תולדות)가 나온다. 현대 유대 역사 기록에 대해서는 다음을 참고하라. Irving Agus, דברי ימי ישראל (= 이스라엘의 역사) (New York, NY: The Jewish Agency, 1957).

영원에 맞닿는다.

우리가 복음을 성경신학의 기준으로 삼는다면 성경 내러티브의 역사적 내용을 전체적으로 평가할 수 있는 기반을 얻게 된다. 이는 개혁주의적인 복음주의가 반드시 해야 할 일이다. 이를 토대로 성경적 역사신학은 구속사의 한 형태로 나타난다. 그렇다면 성경적 역사신학이 바로 역사다. 그것에 하나님이 단언하신 창조 이후 실제로 일어난 사건들과 미래에 일어날 사건들이 수반되어 있기 때문이다. 또한 성경적 역사신학은 구속사다. 모든 역사의 주인이신 분이 인간과 역사 사건들을 통해 간접적으로 일하시고, 죄로 인한 인간의 타락과 그것이 초래한 전체 창조 세계에 대한 의로운 심판을 바로잡으시는 과정이 주요 내용이기 때문이다. 그리스도 중심성이 이 과정에 있기 때문에, 모든 세계 역사는 그리스도의 인격과 사역 안에서 궁극적인 의미를 갖게 된다.[54]

물론 순진한 성경주의는 다양한 상황에서 사람들의 이야기를 들려주는 모든 본문을 같은 차원으로 취급하려는 경향이 있다고 비판받는다. 물론 최소한 장르 비평 수준에서라도 역사서술(historiography)의 뉘앙스를 고려해야 한다. 그렇다면 내러티브 속에서 명백히 진리를 주장하는 인물들과 사건들은 단순히 이야기를 들려주는 인물들이나 사건들과는 다른 차원에 속한다. 요담의 우화나 예수의 비유에 나오는 사건에 대해 사사들의 업적이나 예수의 행적에 관한 내러티브와 동일한 역사적 주장을 펼칠 정도로 장르에 둔감한 사람은 거의 없을 것이다. 선한 사마리아인 비유의 의미는 그 이야기나 등장인물의 실제 역사성을 받아들이는 것과는 상관없다. 욥기를 둘러싼 논쟁은 더 까다로울

54. 다음을 보라. Berkhof, *Christ the Meaning of History.*

수 있다. 욥과 '친구들'에 관한 기록의 시적 형태와 양식화된 구조, 지혜문학으로서의 명백한 위치를 고려하면 욥기는 역사보다는 비유에 가까워 보인다. 욥기가 가르치는 지혜는 중요하지만, 내러티브로서의 욥기는 이스라엘의 주요 이야기에 거의 혹은 전혀 기여하는 바가 없다. 하지만 서둘러 덧붙이고 싶은 말은, 욥기의 양식화된 형태가 그것이 실제 역사 사건을 바탕으로 했을 가능성을 결코 배제하지 않는다는 것이다. 그렇다 할지라도 욥기가 구속사의 주류에 합류하는 지점은 내러티브 구조가 아니라 그 지혜의 교훈에 있다.[55]

성경적 역사신학은 성경 저자들이 창조, 타락, 구속의 사건을 객관적 우주 안에서 일어난 보편적 사건으로 기록하는 방식에 내포되어 있다. 성경 저자들은 현대 역사가들이 하는 방식대로 역사 기록과 그 목적을 반영하지 않았을지도 모른다. 하지만 그들은 사건을 기록한 문헌의 중요성을 분명히 인식했다. 이는 창세기 같은 작품의 구성에서 "~의 족보는 이러하니라"는 도입구의 반복과, 역사적 중요성뿐 아니라 신학적 중요성을 보여 주기 위해 사용한 족보 등의 문학 장치를 통해 입증된다. 또한 구약에는 보다 현대적인 역사 탐구 방법에 대한 예측도 보인다. 여기에는 문학 자료에 대한 인식이 포함되는데, 역대기에는 기존 자료를 그대로 복사한 부분이 분명히 존재하고 잠언에는 기존의 이집트 자료를 적절히 각색해 사용한 부분이 있다.[56] 또한 실제로 출처

55. 이는 욥기의 저술 연대와는 다른 고려 사항이다. 일부 학자들은 히브리어 본문에 나타난 고문체를 근거로 욥기가 성경 텍스트 가운데 가장 초기 작품 중 하나라고 본다.

56. 일부 학자들은 잠 22:17-24:22의 출처가 이집트 지혜 문헌 「아메네모페」(*Amenemope*)라는 사실을 인정하지만 그 관계의 정확한 성격에 대해서는 논란이 있다. William McKane은 "「아메네모페」와 연관시키지 않고서도 본문을 교훈으로 식별할 수 있다는 점과 두 작품 간의 유사성에 대해 어떤 해석이 가해지든 둘은 서로 독립적이라는 점을 보여 주기 위해" 이 논쟁에 참여하지 않으려고 한다. McKane, *Proverbs: A new approach* (London: SCM Press; Philadelphia, PA: Westminster Press, 1970), p. 371.

나 관련 문서를 언급하는 경우도 있다.[57] 구약성경에서 책이나 기록된 문헌에 대한 언급이 너무 많아 여기서 모두 다룰 수 없지만, 이는 하나님과 그분의 백성을 위해 존재하는 역사의식을 증거한다.

요약 및 해석학적 함의

먼저 이번 장에서 다룬 주요 쟁점을 요약하면 다음과 같다.

1. 하나님은 시간과 공간 속에 거하는 사람들을 구원하시려고 역사적 그리스도를 통해 역사 속에서 행동하셨다.
2. 역사적 복음은 창조의 의미를 타락 및 그에 대한 해결책과 더불어 계시한다.
3. 역사적 복음은 하나님이 그리스도 안에서 새로운 인간 역사를 창조하시고, 그리스도 안에서 우리의 죄된 역사를 다루시는 일을 보여 줌으로써 모든 역사에 대한 하나님의 관점을 계시한다.
4. 역사적 복음이 하나님께서 계시하신 방법이기 때문에 죄된 인류는 복음의 비역사화로 이를 공격한다.
5. 오직 역사의 주인이신 하나님만이 역사의 의미를 제시하실 수 있다.

전승이 가리키듯, 모세가 예언자이자 역사가로서 최소한 모세오경 저술의 기초를 맡았다면, 이스라엘의 본격적인 역사 기록은 헤로도토

57. "유다[또는 이스라엘] 왕 역대지략"(예. 왕상 14:19)은 열왕기 전체에서 대략 30회가량 언급되며, 독자에게 해당 왕들에 대한 추가 정보를 살펴보게끔 한다. 모세오경에는 기록을 남기라는 명령이 보인다. 야살의 책, 여호와의 책, 율법책 등과 같은 언급을 통해 이스라엘에서 기록된 문서가 상당히 중요하게 여겨졌다는 사실을 알 수 있다.

스와 투키디데스보다 거의 천 년 앞서 시작된 것이다. 기독교 역사학자들 사이에는 표면상 역사적인 성경 진술, 특히 독립적이고 직접적으로 검증이 되는 유물이나 문서보다 앞선 진술들에 대한 다양한 접근법이 존재한다.[58] 하나님의 영감이라는 전제 아래서는 창세기 1-50장이 하나님의 행하심과 그분의 백성에 관한 신뢰할 만한 역사를 제공한다는 결론에 이르게 된다. 이는 고대의 역사 기록 방식을 평가하는 데 신중함을 요구한다. 그러나 보수적인 역사학자들 중에서도 그 정도까지 나아가기를 꺼리면서 내러티브의 역사성에 어느 정도 신뢰성을 부여하는 다른 방식을 찾아야 한다는 이들이 있다. 특히 족장 시대 내러티브의 역사성에 있어 더욱 그러하다.

성경 본문을 하나님의 계시로 대하는 데 따르는 해석학적 함의에는 본문이 선포하는 내용을 신뢰할 수 있는 것으로 다루어야 한다는 확신이 수반된다. 아마도 가장 도전적인 함의는 우리가 개인적으로나 공동체적으로 우리에게 말씀하시는 모음집을 하나님의 말씀으로 다루고 있다는 사실이다. 성경은 단지 하나님의 말씀이 포함된 것이거나, 특정 상황에서 개인에게 하나님의 말씀이 되는 것이 아니다. 성경은 객관적으로 우리에게 주어진 하나님의 말씀이다. 개별 본문들로부터 우리가 가진 거리는 다양하며, 여기에는 신학적이고 역사적인 발달과 역동적 변화가 수반된다. 따라서 우리는 언어, 신학적 맥락, 역사적 맥락, 문학적 관습과 기법, 본래 대상 및 그들의 문화와 우리와의 거리를 고려해야 한다.

역사적 복음의 왜곡에 나타나는 공통적인 특징은 삼위일체 오류와

58. 아브라함 시대의 고대 근동 문화에 대한 일반적인 증거는 존재하지만, 성경 본문을 제외하면 직접적인 문서 증거는 없다.

그에 따른 기독론 오류다. 각각의 경우에 우리 존재를 규정하는 영적 중심이 되신, 역사적 복음 안에서의 예수 그리스도가 아닌 다른 무언가에 초점이 맞춰진다. 이는 흔히 성령의 이름으로 복음이 내재화되어 우리 안에서의 성령의 사역을 복음 신앙의 결과가 아니라 복음 사건 자체로 여기는 우를 범하게 된다. 물론 이를 통해 성경적 계시의 이런 저런 유효하고 좋은 요소에 초점을 맞추게 될 수도 있겠지만, 그런 요소들을 객관적이고 역사적인 복음 사건과의 관계에서 바라보는 관점이 상실될 때 그 의미는 왜곡된다. 그렇다면 복음주의자들이 교회 생활에서 자주 행하는 일들과 대중적인 복음주의 사고에서 정통적이고 성경적인 것으로 간주되는 것들이 꼭 성경적이거나 진정 복음주의적인 것은 아니라고 할 수 있다.

이야기를 한다는 것은 그 이야기를 있는 그대로 전달한다는 뜻이다. 역사 속에서 하나님에 대한 이야기는 뒤틀리고 손상된 역사를 바로잡으시는 하나님의 이야기다. 하나님은 스스로 우리를 위해 역사적 인간이 되심으로 인간 역사를 새로 쓰셨다. 역사적 예수라는 인격 안에서 시간과 공간을 비롯한 모든 현실은 우리를 위해 종말론적으로 새롭게 되었다. 이 이야기에 응답하여 그 중심에 있는 실제 역사 인물과 사건에 믿음을 두는 이들은 성령을 통해 새롭고 영원한 생명으로 거듭났음을 발견한다. 우리는 믿음을 통해 우리를 위한 새 창조이신 그 인물(예수)과 연합하고, 그분의 영은 우리 안에서 새 창조를 시작하신다. 그리스도의 영화로운 재림과 새 하늘과 새 땅의 도래에 대한 기대는 역사를 파괴하는 것이 아니다. 오히려 그것은 하나님의 백성이 시간, 공간, 영원이 완벽히 융합되는 일을 경험하는 역사의 완성이다.

5. 구속사의 계시적 역동성

성경을 언급하면 많은 사람들이 "이건 하고 저건 하지 말라는 얘기로 가득 찬 책이잖아"라고 반응하는 것은 안타까운 현실이다. 우리는 그들이 성경은 기본적으로 자비로운 하나님이 우리와의 교제를 회복하려고 행하신 일에 대한 역사임을 깨닫도록 도와줄 필요가 있다. 이 장에서는 성경의 역사적 통일성을 부여하는 틀을 구성하는 연속되는 역사 사건들을 살펴볼 것이다. 하나님의 예언적 말씀으로 드러나는 이 신학적 통일성은 그리스도를 통한 하나님의 점진적 구원 계시를 선명하게 해줄 것이다. 따라서 우리는 성경에 기록된 그대로의 역사 내러티브와 그것이 성경 메시지의 핵심인 구원 신학과 맺는 관계에 주목해야 한다.

구속사와 하나님의 영원한 뜻

성경 역사를 논의하면서 하나님의 영원한 존재하심과의 연결을 고려하지 않을 수는 없다. 우리의 시간과 공간 속에 역사하시는 하나님의 주권은 장차 도래할 일들에 대한 그분의 영원한 결정을 의미한다. 시간과 영원에 대한 이해의 문제를 간략히 언급할 때, 성경에는 시간과 영원에 대한 정형화된 철학이 없다는 점과 그러므로 고대 히브리 사고방식에도 그런 부분이 없었을 것이라는 점이 지적된다. "세세토록"이나 "창세부터"(땅의 기초가 놓이기 전에) 같은 표현은 영원의 무궁한 본성을 가리키지만, 시간과 관련된 용어를 사용해 표현된다.[1] 성경과 기독교 교리가 지속적으로 시간 속에서 일어난 영원과 관련된 사건들을 가리키기 때문에 우리는 시간과 영원을 분리시킬 수 없다. 따라서 성공회 39개 신조 제17조('예정과 선택에 관하여')는 우리 관심을 구원의 기초로 돌린다. 이 가르침은 인간 본성의 타락을 정의하는 제9조('원죄에 관하여'), 하나님의 은혜 없이는 죄인이 하나님께 돌아갈 의지를 갖지 못함을 나타내는 제10조('자유 의지에 관하여'), 그리고 오직 믿음을 통한 칭의에 관한 종교개혁과 성경의 교리를 주장하는 제11조('칭의에 관하여')에서 논리적으로 이어진다.[2] 이 조항들은 죄로 인한 타락이 의지를 무력하게 하며, 하나님께 돌아가기 위해서는 성령의 역사하심이 필요하다는 사실을 인정한다. 따라서 제17조는 이렇게 시작한다.

생명에 관한 예정은 하나님의 영원한 목적이다. 그 안에서(땅의 기초가 놓이

1. 마찬가지로 단 7:9, 13, 22에서는 하나님을 "옛적부터 항상 계신 이"로 묘사한다.

2. 성공회 39개 신조는 1562년에 영국 성공회의 교리적 표준으로 받아들여졌다. 제11조와 제17조 사이에는 제12조('선행에 관하여'), 제13조('칭의 이전의 행위에 관하여'), 제14조('여분의 공로에 관하여'), 제15조('그리스도만이 죄 없으심에 관하여'), 제16조('세례 후의 죄에 관하여')가 있다. 이 조항들은 개혁주의 관점에서 구원 신학을 일관되게 제시하며, 이를 로마가톨릭의 신학과 명확히 구분한다. 39개 신조의 역할 중 하나는 영국 성공회가 로마가톨릭으로부터 어떻게 개혁되고 분리되었는지를 보여 주는 것이었다. 이런 차이는 결코 표면적이지 않고 하나님의 본성이라는 기본 차원에서부터 나타난다.

기 전에) 하나님은 우리에게 은밀한 계획에 따라, 인류 가운데 그리스도 안에서 선택하신 사람들을 저주와 형벌에서 구원하시고, 존귀하게 여겨지신 그릇인 그리스도를 통해 그들에게 영원한 구원을 가져다주신다고 끊임없이 선포하신다.

기독교 교리의 참된 진술인 이 조항은 당연히 완성된 정경으로서의 성경적 관점에서 이 문제를 다룬다. 예상대로 구속사 속에서 이루어진 하나님의 영원한 목적에 대한 가장 분명하고 완전한 표현은 신약성경에 나타난다. 예정 교리는 하나님의 영원한 뜻을 우리의 시간과 연결시키며, 성경 전체 구속사의 토대가 된다.

신약이 역사에 대한 하나님의 영원한 주권 개념을 발전시키는 것은 예상할 수 있겠지만, 구약 역시 다양한 맥락에서 이 문제를 다루고 있다. 구약은 하나님의 목적이 '영원하다'는 언급과 더불어 장차 도래할 역사의 확실성도 언급한다. 이는 '영원'이라는 단어가 양방향으로 적용되어 하나님의 계획이 '영원'에서부터 시작됨을 암시한다. 루이스 벌코프(Louis Berkhof)는 섭리론이 현재 시간에서 일어나는 일을 "선포된 것들의 유효한 집행"으로 주목하는 경향을 언급하며, 예정이 "영원 전부터" 결정된 것이라는 분명한 의미를 지녔다고 본다.[3] 하나님이 자신을 "나는 스스로 있는 자"(I AM, 출 3:14-15)라고 하신 말씀의 정확한 의미와 그것이 하나님의 자기 인식에서 항상 현재적인 무시간성(timelessness)을 뜻하는지의 여부에 대한 논쟁이 있다. 우선 히브리어에는 동사 'to be'의 현재시제가 없기 때문에 본문에는 문법상 문제가 있

3. Louis Berkhof, *Systematic Theology* (Edinburgh: Banner of Truth Trust, 1963; first published 1939), p. 165. 『벌코프 조직신학』(CH북스).

다.[4] 우리가 이를 더 문자적인 미래 직설법으로 해석하거나 사역동사로 해석한다고 해도, 하나님은 항상 주권적이셨으며 지금도 그러하시다는 것을 나타낸다.

"땅의 기초가 놓이기 전", "창세 전에" 또는 "창세부터"라는 모든 표현은 하나님이 창조 이전의 영원 속에서 결정하셨음을 나타낸다. 따라서 마태복음 13:35은 예수의 비유가 시편 78:2을 이루신 것이라고 말한다.

> 내가 입을 열어 비유로 말하고
> 창세부터 감추인 것들을 드러내리라.

예수는 장차 다가올 심판을 선언하시며 모든 역사를 하나님의 역사로 요약하신다.

> 인자가 자기 영광으로 모든 천사와 함께 올 때에 자기 영광의 보좌에 앉으리니 모든 민족을 그 앞에 모으고 각각 구분하기를 목자가 양과 염소를 구분하는 것 같이 하여 양은 그 오른편에 염소는 왼편에 두리라. 그 때에 임금이 그 오른편에 있는 자들에게 이르시되 내 아버지께 복 받을 자들이여. 나아와 창세로부터 너희를 위하여 예비된 나라를 상속받으라. (마 25:31-34)

이 구절은 하나님의 구원 계획을 간단명료하게 요약한다는 점에서

---

4. 히브리어 '에흐예 아쉐르 에흐예'(אֶהְיֶה אֲשֶׁר אֶהְיֶה), 문자적으로 "나는 되고자 하는 대로 될 나일 것이다"(I will be what I will be). 히브리어에는 동사 'to be'에 해당하는 현재시제가 없다. 어떤 이들은 "나는 그렇게 있게 하는 자다"(I am he who causes to be)라고 번역한다. 70인역은 헬라어로 '에고 에이미 호 온'(ἐγώ εἰμι ὁ ὤν)으로 옮긴다. 출 3:15에서, 계속해서 하나님은 "이는 나의 영원한 이름이요 대대로 기억할 나의 칭호니라"고 말씀하신다. "나는 스스로 있는 자"의 영원성은 "아브라함이 나기 전부터 내가 있느니라"는 예수의 주장에 반영되어 있다(요 8:58). "나는 스스로 있는 자"가 무시간성을 암시한다고 보는 것은 지나치다.

중요하다. 이 계획은 창세로부터 비롯되었다. 즉 하나님의 계획은 우리 세계의 역사가 시작할 때 이미 마련되어 있었다. 하나님은 그때그때 되는 대로 계획하지 않으시며, 세상 어떤 사건에도 놀라지 않으신다! 더욱이 하나님은 "복 받을" 사람들을 염두에 두고 이 왕국을 준비하셨다. 구속사에 온 세계 역사가 포함된다는 점을 고려할 때, 우주의 역사는 예수 그리스도의 역사라고 확실히 말할 수 있다. 다시 말해, 예수는 시간과 공간 속에서 과거에 일어났고, 현재 일어나고 있으며, 미래에 일어날 모든 일에 영원한 의미를 부여하시는 기준점이다.

누가복음 11:50은 "창세 이후로 흘린 모든 선지자의 피"를 언급한다. 그들의 순교는 단지 예견된 것이 아니라 하나님이 미리 정하신 것이었다. 이와 유사한 관점에서 요한복음 17:24은 아버지께 드리는 예수의 기도를 기록한다. "아버지여 내게 주신 자도 나 있는 곳에 나와 함께 있어 아버지께서 창세 전부터 나를 사랑하시므로 내게 주신 나의 영광을 그들로 보게 하시기를 원하옵나이다." 바울의 예정론은 구원이 하나님의 영원한 목적에 달려 있음을 보여 준다. "곧 창세 전에 그리스도 안에서 우리를 택하사"(엡 1:4). 따라서 바울은 역사 속에서 하나님의 주권을 언급한다. "모든 일을 그의 뜻의 결정대로 일하시는 이의 계획을 따라 우리가 예정을 입어 그 안에서 기업이 되었으니"(엡 1:11). 따라서 창세 전은 우리의 구원으로 이어지는 모든 일을 위한 하나님 계획의 중심지다. 이에 바울은 야곱에 대한 하나님의 무조건적 선택을 고찰한다.

> 그 자식들이 아직 나지도 아니하고 무슨 선이나 악을 행하지 아니한 때에 택하심을 따라 되는 하나님의 뜻이 행위로 말미암지 않고 오직 부르시는 이로 말미암아 서게 하려 하사 리브가에게 이르시되 큰 자가 어린 자를 섬기리라

하셨나니 기록된 바 내가 야곱은 사랑하고 에서는 미워하였다 하심과 같으니라. (롬 9:11-13)

여기서는 영원이 아니라 역사 속에서 하나님의 목적에 초점이 맞춰져 있지만, 로마서 9장의 핵심은 이스라엘의 구원에 나타난 하나님의 주권이다.

다른 구절들도 같은 메시지를 전한다. 예를 들어, 베드로는 그리스도에 대해 이렇게 말한다. "그는 창세 전부터 미리 알린 바 되신 이나 이 말세에 너희를 위하여 나타내신 바 되었으니"(벧전 1:20). 요한은 짐승을 숭배하는 자들을 "생명책에 창세 이후로 이름이 기록되지 못하고 이 땅에 사는 자들"이라고 부른다(계 13:8). 이 모든 내용을 통해 내릴 수 있는 결론은 역사의 사건들이 우연한 일이 아니라는 것이다. 즉 하나님은 창세 전부터 그분의 뜻에 따라 그분의 백성의 구원이 포함된 모든 사건 속에서 역사하고 계신다.

성경 역사 속에서 구원과 심판

성경은 역사의 의미를 하늘과 땅을 창조하신 하나님의 목적 안에서, 그리고 역사 속에 구원을 일으키신 성육신하신 아들의 인격과 사역 안에서 찾는다. 하나님은 그분의 영원한 목적에 따라 창조로 우리 역사를 시작하셨으며, 동일한 목적에 따라 지금 이 시대를 끝내실 것이다. 그 시작과 끝 사이에 나사렛 예수가 계시고, 때가 차면 하나님은 하늘과 땅에 있는 모든 것을 예수 안에서 통일되게 하신다(엡 1:10).[5] 따

5. 내가 여기서 과거시제를 사용한 이유는 엡 1:10이 성육신뿐 아니라 완성도 언급하고 있다고 보

라서 성경의 내러티브 진행을 되짚어 보면, 우리는 다른 모든 민족 중에서 한 민족만의 자아상을 언급하고 있는 것이 아니다. 우리가 말하고 있는 이야기는 열방의 창조주가 자신에게 반역한 온 인류의 보편적 상황을 어떻게 다루시는지에 관한 것이다. 또한 이것은 타락한 피조물을 다루시는 하나님의 긍휼에 관한 이야기로, 기독교 선교의 모든 성경적 동기는 이를 토대로 한다.

점진적 계시는 성경 인물들이 하나님의 구원 계획에 대해 무엇을, 언제 알았는지에 관한 몇 가지 중요한 질문을 제기한다. 노아보다는 아브라함이 더 많이 듣고 알았으며, 아브라함보다는 모세가, 모세보다는 다윗이, 그리고 이 모든 이보다 바울이 더 많이 듣고 알았다는 사실은 분명하다. 현대 독자인 우리와 성경 본문 간의 거리는 과거로 거슬러 갈수록 단순히 시간상으로 멀어질 뿐만 아니라, 하나님의 말씀에 의해 해석된 사건들의 신학적 중요성이라는 차원에서도 점점 멀어진다.

오직 그리스도를 믿는 믿음으로 구원을 받는다면, 구약의 '성도들'이 어떻게 구원을 받았는지에 관한 물음도 제기된다. 이에 제7조('구약성경에 관하여')[6]에서는 이렇게 답한다. "구약성경은 신약성경과 모순되지 않는다. 구약과 신약 모두에서 영생이 하나님과 사람 사이의 유일한 중보자요 하나님이자 사람이신 그리스도를 통해 주어졌기 때문이다." 이 진술은 간단명료하면서도 신학적으로 깊은 의미를 담고 있다. 논리는 단순하다. 구원은 유일한 중보자이신 그리스도를 통해서만 이루어진다. 따라서 구약 시대의 구원도 그리스도를 통해 이루어진다.

기 때문이다. 이에 관한 논의는 9장을 보라.

6. 성공회 39개 신조.

그렇다면 그리스도가 나타나기 전에 구약의 성도들은 어떻게 구원을 받았는가? 간단히 대답하면, 그들은 그리스도를 가리키고 그리스도를 통해 성취된 약속들을 믿음으로써 구원을 받았다(예를 들어 아브라함. 롬 4:13-25; 히 11:13-16). 제7조에는 구약과 신약의 연결이 구체적으로 명시되지는 않지만 예수의 중보 역할이라는 차원에서 간략히 요약된다. 이는 영국 종교개혁가들이 구약과 예수 사이에 있는 구원의 실제적인 연관성을 이해했으며 신구약 사이의 역동적인 전환을 인식하고 있었음을 보여 준다.

히브리서 11:1은 믿음을 "바라는 것들의 실상이요 보이지 않는 것들의 증거"로 정의하면서 구약에는 그리스도 안에서 성취될 것을 미리 내다보는 안목이 있음을 보여 준다. 계속해서 히브리서 11장은 아벨, 에녹, 노아처럼 기라성 같은 성경 역사 인물들의 믿음을 열거하는데, 이에 우리는 그들의 믿음에 무엇이 있었는지, 그들의 믿음이 어디를 향했는지 묻게 된다. 히브리서 저자는 어떻게 아벨이 "더 나은 제사"를 드렸는지, 어떻게 에녹이 "하나님을 기쁘시게" 할 수 있었는지에 대해 거의 들려주지 않는다(4-5절). 노아가 "아직 보이지 않는 일에 경고하심을 받아 경외함으로 방주를" 건조한 것은(7절) 노아의 믿음이 미래지향적이었음을 잘 보여 준다. 아브라함은 약속의 땅으로 가라는 명령에 믿음으로 순종했다. 따라서 히브리서는 구약에서의 구원에 관한 질문을 이렇게 정리한다.

> 이 사람들은 다 믿음을 따라 죽었으며 약속을 받지 못하였으되 그것들을 멀리서 보고 환영하며 또 땅에서는 외국인과 나그네임을 증언하였으니 그들이 이같이 말하는 것은 자기들이 본향 찾는 자임을 나타냄이라. 그들이 나온 바 본향을 생각하였더라면 돌아갈 기회가 있었으려니와 그들이 이제는 더 나은

본향을 사모하니 곧 하늘에 있는 것이라. 이러므로 하나님이 그들의 하나님이라 일컬음 받으심을 부끄러워하지 아니하시고 그들을 위하여 한 성을 예비하셨느니라. (히 11:13-16)

이 설명에 따르면 구약의 성도들은 즉시 이루어지는 약속보다 훨씬 좋은 것이 앞에 놓여 있음을 알았다. 그래서 히브리서 11장은 이렇게 끝을 맺는다. "이 사람들은 다 믿음으로 말미암아 증거를 받았으나 약속된 것을 받지 못하였으니 이는 하나님이 우리를 위하여 더 좋은 것을 예비하셨은즉 우리가 아니면 그들로 온전함을 이루지 못하게 하려 하심이라"(히 11:39-40).

구약의 성도들은 기독교 신자들과 함께 약속의 실체를 받았다. 그리고 히브리서 12:2의 "믿음의 주요 또 온전하게 하시는 이인 예수를 바라보자"라는 부름으로 이어진다. 원래 성경 본문에 포함되지 않는 12장의 소제목을 무시하고 읽으면, 구약의 믿음과 복음 사이의 연결을 더 쉽게 포착할 수 있다.[7] 구약의 신자들은 하나님의 약속에 믿음을 두었고, 지금 우리는 그것이 예수 안에서 예수를 통해 성취되었음을 안다. 복음주의 가운데 만연해 있는 예언적 문자주의는 이 성취를 예수의 재림과 이른바 문자적 천년왕국으로 유보한다는 점에서 오류를 범한다.[8] 오히려 구약의 신자들은 하나님의 약속을 통해 예수와 그분의 생애, 죽음, 부활을 통한 구속 사역에 직접적인 연관을 맺고 있었다. 물론 그들은 이를 충분히 이해하지 못했고, 그 약속들이 어디로 인도할지도 알지 못했다. 그러나 우리가 예수를 믿는 믿음으로 의롭게

---

7. 중세 이전까지 성경의 장 제목은 달려 있지 않았다.

8. 문자주의적 해석의 많은 부분은 성경적으로 지지받지 못한다. 예언적 종말론이나 신약성경 어디에도 주님의 재림과 최종 구원 사이에 천 년이 있을 것이라고 예견하지 않는다.

된 것같이, 그들도 하나님의 약속을 믿는 믿음으로 의롭게 되었다. 히브리서는 우리 쪽에서 보는 그리스도의 역사를 말하며, 구속사의 통일성을 바탕으로 구약 성도들에게 "더 나은 본향"을 사모함이 있었다고 증언한다.

성경의 역사적 연대에서 주요 사건을 강조함으로써 구속사의 중대한 순간을 식별하는 것은 그리 어렵지 않다. 이는 구속사와 심판사를 나란히 요약한 〈표 5.1〉과 같은 형태를 통해 살펴볼 수 있을 것이다. 심판이 없다면 구원도 필요하지 않다. 구원은 하나님의 의로운 진노의 심판에서 벗어나 선함과 복의 상태로 들어가는 긍정적인 의미를 담고 있다. 또한 구원은 파멸적으로 악한 것에서 우리를 구해 내어 피하게 한다.[9] 성경적 구원의 명백한 특징 하나는 도덕적 차원이다. 우리가 '타락'이라고 부르는 것은 누군가 우연히 웅덩이에 빠지거나 무심결에 기둥에 부딪히는 것처럼 약간의 도움만 있으면 괜찮은 도덕적으로 중립인 사건이 아니다. 우리의 절박한 필요는 이를 해결하기 위해 무엇이 필요했는가에서 그 심각성이 드러난다. 바로 그리스도의 성육신, 죽음, 부활이다.

도덕적 차원은 인격적인 창조주와의 인격적인 관계 속에서, 그분의 형상을 따라 창조된 우리 존재에서 비롯된다. 도덕성에는 인격적인 결합이 수반되는데, 이는 하나님과 우리의 인격적인 결합으로부터 기원한 것이다. 요즘 우리는 대체로 도덕성을 성적인 측면으로 여기는 경향이 있는데, 실제로 인간의 성(性)이 부분적으로는 가장 친밀한 인격적 관계를 수반하기 때문이다. 타락은 인류와 창조주 하나님 간의 인격적

9. 나는 시드니에서 열린 Billy Graham의 십자군 운동 집회에서 그가 하나님의 심판에 대해 이렇게 말했던 것을 기억한다. "여러분이 지옥에 대해 무엇을 믿고 있는지는 모르겠습니다만, 성경은 이렇게 말합니다. '거기에 가지 말라!'"

인 사랑 관계의 의도적 파괴를 뜻한다. 죄는 하나님의 공의와 그분의 질서 정연한 창조 세계의 아름다움에 대한 모독이다. 구원은 우리를 다스리시며 선과 악, 옳고 그름을 판단하실 하나님의 권한에 맞선 뿌리 깊은 도덕적 반역에 따른 자기 파괴적 곤경으로부터 긍휼히 구해지는 것이다. 은혜는 하나님의 공의에 부합해야 하기에 도덕적 차원을 무시할 수 없다. 다시 말해, 하나님은 우리의 반역을 못 본 척하시거나 그리 중요하지 않은 것처럼 반역 상태에 있는 우리를 그대로 용납하실 수 없다.[10]

타락은 죄에 대한 하나님의 심판이며, 죄는 창조주와 창조 세계를 다스릴 그분의 권한에 반역하는 도덕적으로 용납할 수 없는 선택이다. "네가 먹는 날에는 반드시 죽으리라"(창 2:17)는 하나님의 경고는 창세기 3:14-19에 기록된 심판을 통해 처음으로 구체화된다. 유혹한 자와 유혹에 넘어간 자 모두 심판을 받는다.[11] 〈표 5.1〉은 역사 속에서 구원과 심판의 병행하는 문제들을 정리해서 보여 준다.

표 5.1 구속사와 심판사

성경 역사의 중대한 순간	구원의 신학적 중요성	심판의 신학적 중요성
1. 창조와 타락(창 1-3장)	세상 역사는 하나님의 창조 역사며 하나님에 의해 통치된다. 죄가 들어온 이후의 모든 역사는 타락한 창조 세계의 역사지만 여전히 하나님이 통치권을 가지고 계신다.	죄로의 타락은 창조 세계를 다스리시는 하나님의 통치권에 대한 거부다.
2. 죄에 대한 심판(창 2:17)과 하나님의 은혜(3:15)에 대한 계시. 하나님의 선택받은 자들의 계보(창 4-11장)	타락 이후의 새로운 시작에서 '경건한' 계보는 하나님의 선택을 보여 주는 은혜를 경험한다.	"반드시 죽으리라"는 죄에 대한 제재가 이후의 사건들로 구체화된다. 타락이 창조와 그 안의 모든 생명에 영향을 미치고, 에덴 밖에서 인간의 악함은 홍수와 그 이후의 악에 대한 심판들로 이어진다.

10. 하나님의 공의와 거룩함에 대해서는 6장을 보라.
11. 11장에서 타락과 심판의 역동성을 구체적으로 다루었다.

성경 역사의 중대한 순간	구원의 신학적 중요성	심판의 신학적 중요성
3. 언약: 아브라함과 족장들(창 12-50장)	이제 초점은 아브라함과 그의 후손, 이삭과 야곱에게 맞춰진다. 언약적 약속에는 땅의 소유, 하나님의 백성을 이룬 민족, 그들을 통해 열방에 주어질 복이 포함된다. 하나님의 약속을 믿는 믿음으로 살아가는 원칙이 강조된다.	하나님의 선택을 받은 자들과 하나님 및 그분의 백성에 대적하여 심판 아래 있는 자들이 대조된다. 소돔과 고모라의 악은 그들의 멸망으로 심판받는다.
4. 이집트에서의 포로 생활과 출애굽. 모세와 바로의 충돌(출 1-18장)	언약적 약속들이 포로 생활로 인해 무효화된 것처럼 보이지만, 이집트에서 해방되는 출애굽 사건은 구속에 대한 계시적 사건이다. 유월절은 대속적 희생을 강조한다.	이스라엘의 이집트 포로 생활은 하나님의 백성을 괴롭히는 악으로 여겨진다. 열 재앙은 자연과 그들의 신들을 의지하는 이집트에 대한 공격이다. 이집트의 모든 악에 대한 심판은 장자 죽음과 군대의 멸망으로 요약된다. 유월절 희생은 죄에 대한 심판을 예표한다.
5. 시내산, 모세, 율법(출 19장-신 34장)	시내산의 언약법은 이스라엘을 하나님 백성의 나라로 확립한다. 이스라엘은 자신의 구원 경험에 부합하는 삶을 살아야 한다. 성막은 자기 백성 가운데 거하시려는 하나님의 의중을 보여 준다. 제사장직은 하나님과의 화목과 교제를 위한 수단이다.	시내산 율법에는 언약 위반에 대한 강력 제재가 많다. 아론의 금송아지를 비롯한 이스라엘의 우상숭배는 심각한 결과를 초래한다. 사형처럼 엄중한 처벌은 반드시 처벌받아야 하는 죄의 심각성을 나타낸다.
6. 여호수아, 약속의 땅 입성과 소유(수 1-24장)	불순종으로 인해 광야에서 방황했지만 다음 세대는 가나안에 입성한다. 이 입성은 아브라함에게 하신 땅 약속에 대한 하나님의 신실함을 나타낸다.	한 세대 전체가 불순종으로 인해 광야에서 멸망한다. 이스라엘은 죄에 대한 심판 없이는 구원도 없다는 사실을 배운다. 우상숭배와 악으로 인해 쫓겨난 민족들의 운명은 그들이 자초한 것이다.
7. 사사 시대에서 왕조 시대로 이어지며 국가의 최종 형태가 드러나다(삿 1장-삼상 31장)	하나님의 통치 방식의 변화: 하나님의 직접적인 말씀은 모세를 통해 전달되는 말씀이 되었고 사사들과 왕들을 인도하는 예언적 말씀으로 이어진다. 열방과의 갈등은 이스라엘의 선택받음을 강조한다.	죄, 처벌, 회개, 자비의 순환은 구속의 대가를 보여 준다. 언약에 대한 신실함이 깨질 때마다 항상 처벌이 따른다.

성경 역사의 중대한 순간	구원의 신학적 중요성	심판의 신학적 중요성
8. 다윗 언약, 솔로몬, 성전(삼하 1장-왕상 10장; 대상 1장-대하 9장)	이제 초점이 왕, 예루살렘성, 백성들과 함께하시는 하나님의 영원한 처소를 표상하는 성전에 맞춰진다. 솔로몬의 초기 통치는 이 땅에 하나님의 나라가 드러난 정점이다. 하나님의 백성이 하나님의 장소에서 하나님의 통치 아래 있다.	다윗의 통치와 솔로몬의 초기 통치가 이스라엘을 하나님의 복을 경험하는 정점에 두었음에도 불구하고 수많은 악한 정치 술수와 명백한 죄가 존재해 비난받고 처벌받는다.
9. 국가의 쇠퇴, 바벨론 포로, 귀환(왕상 11장-왕하 25장; 대하 10-36장; 에스라; 느헤미야; 에스더; 후기 예언서들) [구약 시대의 끝]	쇠퇴기 동안 후기(문서) 예언자들은 현재의 몰락을 넘어선 발전된 종말론을 선포한다. 그들은 갱신된 창조 세계 속에서 민족의 갱신과 열방이 이스라엘의 복을 나누기 위해 몰려오는 모습을 예견한다. 페르시아 통치로 인한 포로 해방은 기대했던 갱신을 가져오지는 않았지만 이를 예견하는 역할을 한다.	솔로몬의 배교는 몇몇 의로운 왕과 그들의 개혁으로도 막을 수 없는 지속적인 쇠퇴를 유발한다. 왕국의 분열, 앗수르에 의한 북이스라엘의 멸망, 예루살렘과 성전의 최종적인 파괴는 남유다가 바벨론으로 유배되는 결과를 초래한다. 이는 하나님의 심판으로 선언된다. 예언자들은 언약을 깨뜨린 죄를 강력히 규탄하며 하나님의 심판을 경고하는 데 중요한 역할을 한다. 페르시아 통치 아래 회복된 후에도 유대인들은 참 자유를 누리지 못한다.
약 400년간의 유대 역사에 해당하는 신구약 중간기 동안 페르시아 제국은 헬레니즘 제국으로 대체되고, 다시 주전 1세기에 로마에 의해 정복된다.	헬레니즘 권세 아래서의 고난에도 불구하고 유대인들은 민족으로서의 정체성을 유지하면서 장차 메시아가 오실 백성으로 보존된다.	이 시기를 다루는 정경은 없다. 유대인들은 헬레니즘 시대에 많은 고난을 겪고, 로마의 도래로 인해서도 적지 않은 영향을 받는다.
[신약 시대]		
10. 하나님의 아들의 성육신: 나사렛 예수의 탄생, 그분의 행적, 죽음, 부활(사복음서)	구약 시대가 끝난 지 약 400년 후, 이제 로마가 지배하는 세상에 예수가 오신다. 그분은 인자, 다윗의 자손, 하나님의 아들로 계시되며, 하나님이 이스라엘에게 하신 모든 약속을 성취하신다. 예수의 죽음, 부활, 승천은 그분 사역의 핵심으로서 유대인과 이방인 모두에게 구원과 죄 사함을 가져다준다.	십자가는 우리의 죄에 대한 하나님의 심판이다. "우리를 대신하여 죄로 삼아지신" 예수는 죄인의 역할을 이루시고 죄에 대한 하나님의 심판이라는 모든 무게를 짊어지신다. 예수를 거부하는 자들은 여전히 하나님의 진노 아래 있다.

성경 역사의 중대한 순간	구원의 신학적 중요성	심판의 신학적 중요성
11. 교회와 이방인을 향한 선교(사도행전)	예수의 승천은 그분이 왕으로 다스리시는 새 시대를 알린다. 그분은 새로운 방식으로 성령을 보내어 자기 백성 안에 거하게 하신다. 교회는 이제 성령으로 충만한 예루살렘의 유대 신자 공동체로 시작하고, 이 새 이스라엘로부터 두 갈래 선교가 시작된다. 하나는 유대인을 향하고 다른 하나는 이방인을 향하는데, 베드로는 유대인을 위한 사도며 바울은 이방인을 위한 사도다.	교회는 반드시 복음에 신실해야 한다. 이는 회개하지 않고 믿지 않는 모든 사람을 향한 심판을 의미한다. 복음을 기쁜 소식으로 만드는 나쁜 소식은 모든 불의에 대한 하나님의 진노다.
12. 사도적 교회, 예수의 재림과 새 창조에서의 완성에 대한 기대(서신서; 요한계시록)	교회는 믿음으로 의롭게 된다는 선포 아래 살아간다. 또한 산 자와 죽은 자를 심판하시고 하나님의 백성에게 주신 모든 약속을 완성하실 예수의 재림에 대한 확실한 소망 가운데 거한다. 하나님 나라는 그 모든 영광 속에 보편적 현실이 될 것이다.	회개하지 않는 자들의 운명은 죽음, 멸망, 지옥으로 다양하게 묘사된다.

요약하면, 성경이 묘사하는 죄와 심판의 모습은 하나님의 선한 창조가 최종적으로 회복되기 위해서는 모든 악이 제거되어야 한다는 피할 수 없는 사실을 담고 있다. 이런 정화의 근거는 변함없는 하나님의 공의다. 이는 단지 세월이 지나고 낡아서 수리가 필요한 물건을 개선하는 것 같은 도덕적이지 않은 회복이나 속죄를 말하는 것이 아니다. 세계 질서와 공의는 밀접히 연관된다.[12] 구속사의 주요 세부 사항은 3부에서 이어지는 장들을 통해 논의할 것이다.

12. 10장을 보라.

점진적 계시와 모형론

구속사의 두 가지 측면은 특정 본문을 문맥에서 벗어나 읽을 때 생길 수 있는 오해를 피하게 해 주는 올바른 해석학의 중심이다. 첫 번째는 계시의 유의미한 시대적 증거로, 이는 각 사건의 신학적 중요성에서 주요 발전과 전환으로 나타난다. 두 번째는 이런 시대가 구약에서 포괄적인 모형론을 형성하는 데 수행하는 역할로, 이는 신약의 원형론(antitypology)으로 성취된다. 해석학적 도구로서 모형론은 과도하게 남용되어 왔지만, 그렇다고 해서 완전히 무효하지는 않다. 적절히 통제될 때, 그것은 특히 구약 해석에 있어서 여전히 필수적이다. 이는 하나님이 계시와 구속사를 구성하신 방식이다. 안타깝게도 모형론은 알레고리와 자주 혼동되며, 적절히 통제되지 않으면 이를 분간해 내려는 시도가 지나치게 사변적이고 알레고리적이 될 수 있다. 7장에서는 모형론에서 성육신이 지닌 중요성을 고찰할 것이다. 그리스도 중심성은 포괄적인 모형론의 필수 역할을 선명하게 해준다.

모형론의 본질은 계시의 시대적 발전을 사용해 구약 역사에 나타난 모형들을 그리스도 안에서의 완전한 계시와 연결하는 데 있다. 모형(type)이란 구약 계시의 한 측면으로 인물, 사건, 제도, 장소, 창조의 특정 요소가 원형(antitype)이신 예수 그리스도 안에서 이루어질 완전하고 최종적인 계시를 예견하는 것이다. 모형론의 올바른 사용은 시대 간격이 먼 구약 본문에 대한 적절한 해석학적 접근을 위해 필수적이다. 모형론은 주로 구약의 두 가지 기본적인 차원에 의해 뒷받침된다. 첫째는 창조에서 시작해 하나님 나라의 계시가 이 땅의 표현(땅, 성읍, 성전, 왕권)으로 절정에 달하는 성경의 역사다. 이것이 실제 그리스도의 왕국을 예고하는 역사 모형의 본질이다. 둘째는 구속사의 주요 차원들이 예언적 종말론으로 '총괄갱신'(recapitulation)하는 것으로, 이전

시대 역사를 바탕으로 미래의 온전한 왕국에 대한 이상을 보여 준다. 이는 역사적 모형론을 확정하고 발전시킨다. 성경 내러티브는 예언적 종말론의 주된 요소로 사용되는 중요한 모형론적 요소들을 제공한다. 신약은 이런 차원을 기독론에 적용해 원형으로의 궁극적인 전환을 달성한다.

이스라엘의 분열은 그 자체로 비극이지만, 이 나라의 역사에는 항상 모호함이 있었다는 사실을 기억하는 것이 중요하다. 하나님의 약속의 성취로 보이는 모든 것이 이스라엘의 지속적인 죄성과 불신으로 인해 훼손되었다. 생각해 보면, 다윗과 솔로몬의 왕국은 그 영화에도 불구하고 해결되지 않은 죄성으로 인해 치명적으로 불안정해졌음을 알 수 있다. 타락한 세상에서는 그런 결과 외에 다른 것이 나올 수 없다. 하나님 나라가 충만한 영광 가운데 오기 위해서는 아담의 죄로 인해 하나님의 심판 아래 놓인 모든 것이 온전히 갱신되어야 한다. 그런 갱신이 어떻게 가능한지는 예언의 성취와 직결된 문제로, 안타깝게도 이는 기독교 왕국(Christendom)이 존재하던 내내 그것을 분열시켜 온 문제다.

요약하면, 창조에서 시작해 창세기 3:15까지 그리고 창세기 4장 이후의 모든 구약 역사 과정은 아직 드러나지 않은 하나님 나라를 예견하는 것이다. 이집트에서의 포로 생활과 출애굽이 죄와 죽음으로부터의 참된 탈출의 모형이었던 것처럼, 바벨론 포로와 해방도 타락 이후 우리와 온 피조물이 함께 겪어 온 진정한 포로 생활에 대한 계시를 예견한다. 문제의 진짜 본질은 그것을 바로잡기 위해 창조주 하나님이 무엇을 하셔야 했는지를 볼 때에야 비로소 분명해진다. 예수의 죽음은 우리 죄를 속하기 위해 하나님의 공의가 요구하는 대가다. 그분의 부활과 승천이 그분의 의로움이며, 이는 인간이 다시금 아버지께 완전히 용납되고 함께 거할 자격이 있음을 보여 준다. 우리가 믿음으로 그리스도와 연합할 때, 우리를 의롭게 하는 것은 그분의 부활이며, 그분의 인성이 우리 자리에 서고, 그분의 의(공의)가 우리에게 전가된다(롬 4:23-25; 6:5-11; 고후 5:17-21; 엡 2:5-6; 벧전 1:3).

계시의 점진성을 받아들이면 더 이상 모형론은 선택 사항이 아니다. 모형론은 구약 각 시대와 이러한 시대가 그리스도 안에서, 이후 교회와 최종 완성에서 성취되는 관계를 보여 준다. 모형론은 구약 본문을 현대 독자에게 직결시켜 마구잡이로 적용하려는 경향을 방지하기 위한 필수적인 방어책이다. 이는 구약이 그리스도를 예견하고 있음을 인식하고, 그 그림자가 그리스도라는 견고한 실체 안에서 어떻게 해결되는지를 살펴본다(골 2:17). 따라서 모형론은 구약과 신약의 구조적 연결을 보여 주는 방식일 뿐만 아니라 성경 독자가 부적절한 연결에 유혹되지 않게 해 주는 방어책이다. 모형론은 독자와 본문 사이의 거리를 유지하면서 그런 연결을 나타낸다.

〈도표 5.1〉에서 시대(하단부 왼쪽에서 오른쪽)는 창조에서 새 창조에 이르는 성경의 역사를 나타낸다. 정사각형 1, 2, 3은 구약의 모형들이 발전하는 과정, 곧 성경 역사에서 예언적 종말론 단계를 거쳐 원형이신 그리스도에 이르기까지를 나타낸다. 창조에서 새 창조까지의 발전은 대각선 점선 화살표가 표시한다. 정사각형 D는 솔로몬의 모든 영화로 눈부셨던 이스라엘 역사의 정점에서 바벨론에 의해 하나님 나라의 모든 지상 모형이 파괴되는 역사적 모형의 쇠퇴(역방향 점선 화살표)를 나타낸다. 이런 쇠퇴와 동시에 예언자들은 하나님의 모든 약속이 완전하고 영구적으로 성취될 미래를 제시한다. 세 번째 시대는 그 자체로 세 가지 표현이다(15장을 보라). 즉 우리를 위해 성육신하신 그리스도의 사역, 우리 안에서 성령을 통해 이루어진 승천하신 그리스도의 사역, 그리스

도표 5.1 성경 모형론의 형태

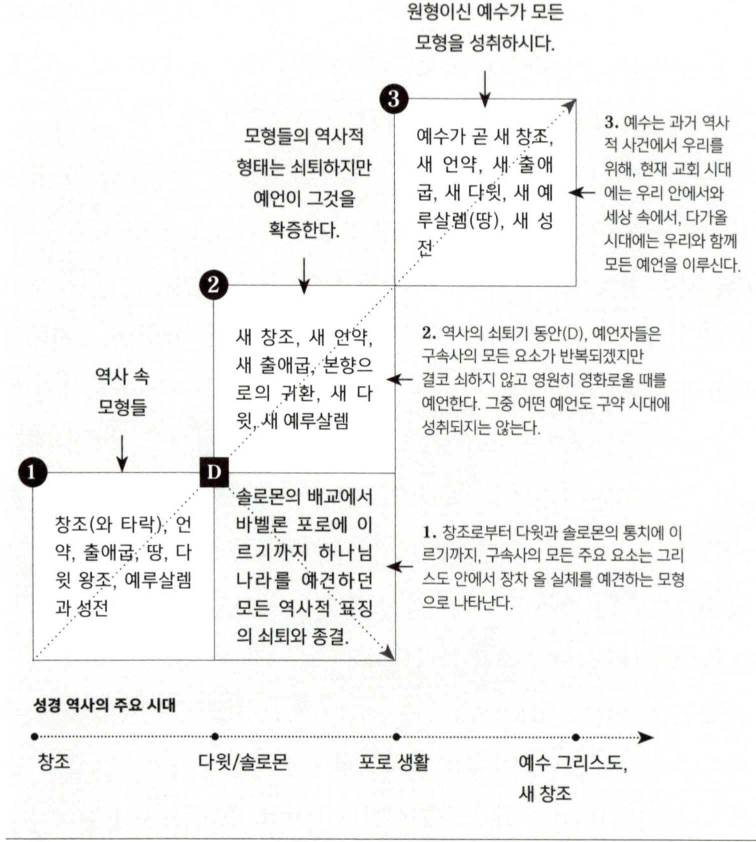

도의 재림과 하늘과 땅의 갱신을 통해 우리와 함께 완성하시는 하나님의 계획이다.

완성을 기다리는 예수와 교회

신구약 중간기는 우리에게 많은 것을 가르쳐 주지만, 최근에 일부 학자들이 주장하는 만큼은 아니라고 생각한다. 초기 교회에서 이 시기의 문서들이 정경에 포함될 가치가 없다고 여긴 사실은 이를 확인시켜 주는 것으로 보인다. 이 시기 유대인들의 기록은 에스라서와 느헤미야서에서 볼 수 있는 역사 정황이 어떻게 전환되어 신약 복음서 시대로 이어지는지를 이해하는 데 중요하다. 또한 히브리어와 아람어가 어떻게 헬라어로 대체되었는지, 유다 재건이라는 페르시아 시대의 과중한 부담이 어떻게 헬레니즘 세력에게로, 다시 로마인들에게로 넘어가게 되었는지 알려 준다. 또한 랍비 유대교의 발달에 관해서도 많은 것을 배울 수 있다. 신약성경이 히브리어나 아람어가 아닌 헬라어로 기록된 이유도 알 수 있다. 그러나 신약의 신학을 제2성전기 유대교와 사해사본을 통해 재평가하려는 근래의 경향은 회당(유대교)과 교회(기독교)의 정경 형성 과정에 중대한 영향을 미친다. 프로테스탄트 종교개혁가들은 외경과 정경의 차이를 인식하고 기독교 성경 범위 밖에서 기독교 교리를 형성하는 것에 반대했다.[13]

다시 한번 나는 다른 저술들에서 취했던 시대관을 고수한다.[14] 신약은 성육신을 통해 구약의 약속과 예언이 성취되는 새로운 시대가 도래했음을 선언한다. 유스티누스와 이레나에우스 같은 초기 기독교 신학자들은 특히 속죄의 의미와 관련해 그리스도의 사역이 아담의 총괄갱신을 수반한다는 생각을 표현했다. 초기 교회에 끼친 헬레니즘의 영향으로 시작된 알레고리와 모형론 사이의 논쟁은 성취에 대한 신약

13. 로마가톨릭은 우리가 외경이라고 부르는 책들을 '제2정경'으로 인정하며, 이를 바탕으로 교리를 형성할 준비가 되어 있다. 성공회 39개 신조 제6조에서는 외경 목록을 나열하면서 교리를 세우는 데 있어 상당히 절제된 어조로 그 역할을 부정하고 있다. 웨스트민스터 신앙고백서(제1장 3항)는 훨씬 단호하게 외경을 배제하고 있다.

14. Graeme Goldsworthy, *According to Plan: The unfolding revelation of God in the Bible* (Leicester: Inter-Varsity Press, 1991); *Gospel-centred Hermeneutics: Biblical-theological foundations and principles* (Nottingham: Apollos, 2006); *Christ-centred Biblical Theology: Hermeneutical foundations and principles* (Nottingham: Apollos, 2012).

의 관점으로 해결되어야 한다. 게할더스 보스(Geerhardus Vos), 에드먼드 클라우니(Edmund Clowney) 같은 현대 개혁주의 신학자들은 시대의 역동성을 토대로 구속사의 이해를 설명해 왔다. 구속사에서 이렇게 뚜렷이 구분되는 각 시대는 그 시대들의 본질적인 통일성을 제거해 버리는 세대주의적 시대 구분과 혼동되어서는 안 된다. 나는 도널드 로빈슨(Donald Robinson)과 가브리엘 허버트(Gabriel Hebert)가 후기 예언서 시대를 전체 과정 속에서 하나의 독특한 발전 시기로 강조해야 할 필요가 있다고 보는 부분이 옳다고 생각하는 것을 제외하고는 시대적 접근법에 동의한다.[15] 또 다른 측면으로는 유대인과 이방인의 관계가 있는데, 이는 특히 신약에서 발견되는 중요한 주제로 13장에서 자세히 다룰 것이다.

요약 및 해석학적 함의

1. 모든 역사는 하나님 백성의 구원을 위한 하나님의 목적에 의해 다스려진다.
2. 성경의 계시는 구속사에 내재되어 있으며, 바로 이것이 성경에 통일성을 부여한다.
3. 구약에서는 그리스도 안에서 성취되는 언약의 약속을 통해 구원이 중재된다.

15. Vos와 Clowney는 모세에서 그리스도까지를 한 시대로 본다. 이런 차이에 관한 논의는 다음을 보라. Goldsworthy, *Christ-centred Biblical Theology*, pp. 167–75, 190–8. 삼중 계시에 대해서는 다음을 보라. Donald Robinson, 'Origins and Unresolved Tensions', in R. J. Gibson (ed.), *Interpreting God's Plan: Biblical theology and the pastor* (Carlisle: Paternoster, 1998), pp. 8–13; Gabriel Hebert, *Christ the Fulfiller: Three studies on the biblical types, as they are presented in the Old and New Testaments* (Sydney: Anglican Truth Society, 1957), pp. 9–17.

4. 신약에서는 구약의 약속이 그리스도 안에서 성취됨으로써 구원이 이루어진다.

5. 구속사는 심판사이기도 하다.

6. 성경의 모형론은 구약 역사로부터 예언적 종말론을 거쳐 그리스도 안에서의 성취에 이르는 시대 전환에 의해 구조화된다.

7. 모형론은 현재 독자와 본문 간의 거리를 유지시켜 준다.

8. 모형론은 성경 해석에 있어 필수적인 관점이다.

신학적으로 말하자면, 성경 내러티브의 역사적 본질은 우리가 어떤 본문을 이해하려 할 때 전환을 고려하도록 요청한다. 신학적 전환과 발전은 그리스도의 죽음과 영화 이후의 시대를 살아가는 우리에게 고대 본문이 가진 의미를 수정한다. 구속사의 구조가 지침이 될 때, 우리는 우리가 살펴보는 특정 본문에 대하여 올바른 질문을 던질 수 있는 자리에 서게 된다. 이로써 더 나은 위치에서 본문과 그리스도의 관계, 본문이 그리스도를 통해 우리와 맺는 관계 및 우리에게 적용되는 바를 가늠하게 된다. 어떤 성경 본문도 우리에게 직접 쓰인 것은 아니지만, 모든 본문이 우리를 위해 쓰이도록 영감받았다는 사실을 기억해야 한다. 이제 2부에서 성경의 신학적 역동성을 살펴보도록 하자.

2부
하나님의 존재

6. 성부 하나님에 대한 계시의 역동성

나는 편의를 위해 하나님의 계시에 대한 논의를 2부 '하나님의 존재'와 3부 '하나님의 사역'으로 나누었다. 이번 장에서는 창조주 하나님에 대한 계시가 신약에서 삼위일체 교리로 완성되는 과정을 살펴보고자 한다. 이 과정에는 하나님의 주요 속성을 논하는 개괄도 포함될 것이다. 무엇보다 우리가 하나님의 존재를 그분의 사역과 말씀을 통해 알며, 하나님의 말씀이 사역의 의미를 드러내기 때문에 안다는 사실을 강조하고 싶다. 존재와 행위의 구분이 우리 마음속에서 이 둘을 분리하도록 해서는 안 된다. 존재와 행위는 분리될 수 없는 것이기에 둘 사이의 어떠한 구분도 실은 강조점이나 초점의 차이에 불과하다. 따라서 조직신학을 정립하는 과정에서 우리는 존재론적 삼위일체(ontological Trinity, 하나님의 존재)와 경륜적 삼위일체(economic Trinity, 하나님의 세 위격이 맡은 독특한 역할) 모두를 형성한다.

현실의 기초로서 단일복수성

성경은 하나님이 삼위일체, 즉 한 하나님 안에 세 위격이 존재하신다고 주장하도록 이끈다. 이 개념은 인간 이성의 틀을 깨는 것인데, 특히 세속 세계에서 비모순율이 차지하는 절대적 위상을 고려할 때 그렇다. 이 법칙은 "모순되는 두 명제가 동일한 의미에서 동시에 참일 수 없다"는 상식적인 주장이다.[1] 아리스토텔레스에게서 비롯된 이 논리는 일견 자명해 보인다. 성경에서도 분명하게 사용되는 논리이기에 우리는 이를 타당하게 사용한다. 하지만 이 논리가 삼위일체 논리를 압도하게 해서는 안 된다. 삼위일체 교리는 기본적이고 절대적인 현실의 구조로서 비모순율에 도전한다. 많은 그리스도인들이 삼위일체를 견고한 교리로 인정하면서도 창조주 안의 단일복수성(uni-plurality)이 창조 세계에 어떤 의미를 가지는지 묻지 않는 경우가 많다. 또한 논리와 신학 및 교리 형성에 어떤 영향을 미치는지도 묻지 않는다.

하나님은 불변하시며, 우리 주 예수 그리스도의 아버지요 하나님이시다. 성부 하나님을 다룰 때 직면하는 문제는 계시의 점진성이다. 즉 삼위일체 논리가 덜 발달한 구약에 비해 신약이 훨씬 명료한 계시를 보여 준다. 우리는 이런 문제에도 불구하고 구약의 하나님, 야웨,[2] 주님을 성경 전체가 증언하는 삼위일체 하나님이라는 더 넓은 관점에서 논의해야 한다.

---

1. 'Law of Noncontradiction', Wikipedia: https://en.wikipedia.org/wiki/Law_of_noncontradiction (accessed 17 January 2024).

2. '여호와'(Jehovah)라는 이름은 KJV에 단지 7회 나타난다. 히브리 성경은 하나님의 이름을 '야웨'(יהוה)로 표기한다. 세 차례에 걸쳐 이 이름은 중요 지명을 나타내는 단어와 결부된다. 구약성경이 기록되던 역사 시기 언젠가부터 히브리인들은 하나님의 거룩한 이름을 발음하는 대신에 '나의 주'라는 뜻의 '아도나이'(אדוני)라고 읽었다. 히브리 성경에 모음부호를 붙이기 시작할 때, 원래 단어를 대체하던 단어의 모음부호를 붙이는 것이 관습이었다. 그래서 '여호와'(יְהוָה)라는 단어가 도출되었다. 일반적으로 영어 성경에서는 '야웨'를 대문자 'LORD'(주)로 번역한다.

일부 조직신학자들은 신적 존재의 특정 속성을 나열하는 방식으로 하나님이라는 주제를 소개한다. 흔히 하나님께만 속한 비공유적 속성과 창조 세계 전체 혹은 하나님의 백성에게 신적으로 형성되는 공유적 속성으로 구별한다.[3] 이런 접근법은 신학자들의 의도와 상관없이 하나님과 하나님의 자기 계시에 대한 정적인 인상을 심어 줄 수 있다. 그렇다고 이것이 잘못되었다는 말은 아니다. 오히려 합당하다. 다만 계시의 과정이 역동적이라는 점을 상기해 줄 성경신학적 관점이 필요할 따름이다. 조직신학(교리)은 교회의 삶에 필수적인 요소다. 하지만 교회 교육 직분에서 조직신학이 소홀히 여겨지는 현실은 안타깝다.[4] 조직신학은 점진적인 계시의 과정보다는 정경 전체의 교리적 자료에 중점을 둔다. 반면 성경신학은 성경에서 일어나는 계시의 역사적 과정을 살핀다. 그렇지만 나는 조직신학과 성경신학의 공생 관계를 계속 주장할 것이다. 우리는 너무 쉽게 그리스도인들이 하나님의 주권, 거룩함, 사랑, 진노 같은 용어의 의미를 알고 있다고 가정한다. 우리는 우리의 성경신학을 세워 가는 동시에 의도적으로 우리의 조직신학을 함께 세워 가야 한다.

하나님의 존재와 관련해서 첫 번째로 강조하고 싶은 점은, 창조 세

---

3. 내가 학창 시절 흔히 보던 책 가운데 하나는 Louis Berkhof의 『조직신학』 재판(1939년 초판)이었다. Berkhof에 따르면 비공유적 속성에는 하나님의 자존성, 불변성, 무한성, 단일성이 있고 공유적 속성에는 하나님의 영성, 지성, 도덕성, 주권성 등이 있다. 또한 다음을 보라. James Montgomery Boice, *Foundations of the Christian Faith*, rev. edn (Downers Grove, IL: InterVarsity Press; Leicester: Inter-Varsity Press, 1986), Part 3, 'The Attributes of God'. 이런 접근법에 제기되는 의문은 다음을 보라. Robert L. Reymond, *A New Systematic Theology of the Christian Faith* (Nashville, TN: Thomas Nelson, 1998), pp. 163-4. 『최신 조직신학』(CLC).

4. 이에 Kevin J. Vanhoozer는 Alan Wolfe의 말을 인용한다. "복음주의 교회들은 새 신자를 끌어모으기 위해 교리를 소홀히 한다. 주류 교회들은 감소하는 기성 신자 수를 유지하기 위해 교리를 소홀히 한다." *The Drama of Doctrine: A canonical-linguistic approach to Christian theology* (Louisville, KY: Westminster John Knox Press, 2005), p. xii. 『교리의 드라마』(부흥과개혁사).

계에 하나님이 끊임없이 관여하신다는 사실 자체에 하나님의 마음과 본성이 반영되어 있다는 것이다. 창조는 단일복수성이 우리 주변에 가득하다는 사실과 그것이 하나님의 단일복수적 존재를 반영하고 있다는 사실을 뜻한다. 죄된 인간은 이런 현실을 계속해서 무시하는데, 이는 하나님에 대한 생각에서만이 아니라 현실에 대한 모든 생각에서 그러하다. 이에 관해서는 9장에서 자세히 다룰 것이다. 나의 의도는 삼위일체로 계시며 창조하시고 구원하시는 하나님에 대한 본질적이고 근본적인 전제, 즉 우리가 탐구하는 모든 것에 영향을 미치는 전제를 바탕으로 이 연구를 수행하는 것이다.

창조 세계에 반영된 하나님의 존재

우리가 구약에서 하나님을 증언하는 본문을 읽을 때, 이미 신약을 비롯한 성경 전체를 통해 하나님에 대해 알게 된 지식을 특정 본문에 대입하기 쉽다. 그러나 하나님의 속성들은 내러티브를 통해 점진적으로 계시되며, 주로 하나님이 자기 백성을 다루시는 역사와 연관된다. 하나님에 대한 점진적인 계시는 완성을 향해 나아가는 그분의 나라와 구속사에 대한 점진적인 계시와 연관된다.

성경은 창조 기사로 시작하자마자 우리를 시간과 영원의 문제에 직면시킨다.[5] 앞서 나는 성경에서 하나님의 영원성이란 정적인 무시간성이 아니라 끝없는 시간을 역동적으로 포괄하는 개념이라고 설명했다.[6] 우리는 시간과 공간 속에서 세상이 창조된 '태초' 이전의 하나님의 행

---

5. 창조라는 주제는 10장에서 자세히 다룬다.
6. 시간과 영원이라는 주제는 5장에서 언급되었고 9장에서 상세히 논할 것이다.

동에 대해서는 상대적으로 거의 아는 바가 없다. 하나님의 불변성은 그분의 무시간성을 의미한다기보다 일관성을 뜻한다. 하나님의 본성은 변하지 않지만, 성부 하나님의 자기 계시는 역동적이다. 구약에서 하나님을 지칭하는 용어로 '아버지'는 드물게 사용되는데, 일반적으로 '엘로힘'(*Elohim*, 하나님 또는 신들을 일컫는 일반적인 단어)과 '야웨'(*Yahweh*, 하나님의 개인적인 이름)는 신약의 아버지 하나님과 같은 의미다.[7] 몇몇 구절은 이스라엘을 하나님의 '아들들' 혹은 '자녀들'로 언급하며 하나님의 아버지 되심을 암시한다.[8] 그러나 이런 본문들로부터 하나님이 인간 자녀를 갖게 되었을 때 비로소 성부가 되셨다는 추론을 하는 것은 잘못이다. 그분은 삼위일체 안에서 영원히 성부 하나님이시다.

'하나님'(히브리어 '엘로힘')[9]과 일반적으로 '주'[10]라고 번역되는 개인적인 이름 '야웨'[11]는 흔히 성부 하나님을 가리킨다. 이 연구에서는 구약에서 '엘로힘'(하나님) 또는 '야웨'(주)에 관한 언급은 대체로 성부 하나님에 대한 것으로, 하나님의 말씀에 관한 언급은 성자 하나님의 활동에 대한 것으로(요 1:1-3, 14), 하나님의 영 또는 주의 영에 관한 언급은 성령 하나님에 대한 것으로 간주할 것이다. 그러나 히브리 본문에서 '주'(히브리어 '아도나이')[12]라고 읽는 '야웨'(יהוה)가 항상 성부를 지칭하지 않을 수도 있다. 어떤 이들은 신약에서 예수께 적용된 '주'(헬라어 '퀴리오스')[13]라

7. 구약에서 하나님을 아버지로 지칭하는 구절은 다음과 같다. 신 32:6; 사 63:16; 64:8; 렘 3:19; 31:9; 말 1:6; 2:10.

8. 출 4:22; 호 11:1(마 2:15에서 인용); 렘 31:9, 20.

9. 히브리어 אלהים.

10. 히브리어 יהוה.

11. 영어 성경에서는 야웨(*yhwh*)를 대문자 '주'(the LORD)로 번역하는 것이 관습이다.

12. 히브리어 אדני.

13. 헬라어 Κύριος.

는 칭호를 성부 하나님이 아닌 성자 하나님, 곧 예수의 신성을 나타내는 사도적 표현으로 본다. 만일 그렇다면, 그리스도의 주되심에 대한 언급 또한 그분의 신성을 가리키는 것이라 할 수 있다.

삼위일체 안에서의 위격 구분이 유일하신 하나님의 활동만을 구별한다고 보는 것은 잘못이다. 삼위일체를 오롯이 하나님의 활동을 구분하는 것으로 보는 전적인 경륜적 삼위일체 개념은 교회에 항상 존재하던 이단이었다. 삼위일체에 대한 오해를 쉽게 불러일으킬 수 있는 표현의 최근 사례로는 「공동 기도서」(1662년)에 수록된 성공회 교리문답이 있다. 여기서 교리문답자는 사도신경을 고백한 후 무엇을 배웠는지 질문을 받는다. 이에 대한 답은 옳지만 신학적으로 충분하지는 못하다.

> 첫째, 나는 나와 온 세상을 창조하신 성부 하나님을 믿는 법을 배운다. 둘째, 나와 온 인류[14]를 구속하신 성자 하나님을 믿는 법을 배운다. 셋째, 나와 하나님의 모든 택한 백성을 거룩하게 하시는 성령 하나님을 믿는 법을 배운다.

이 표현은 교리적인 면에서는 견고하지만 삼위일체를 표현하기에는 부족하다. 이는 삼위일체 세 위격의 역할에 따른 구별만을 다루고 하나님의 존재 안에서 근본적인 단일성과 구별성을 명확히 드러내지 못하기 때문이다.[15] 교리문답의 이런 형식은 이단인 사벨리우스주의

14. '온 인류'라는 표현은 보편구원론으로 해석될 수 없다. 그런 해석은 성공회 교리 모음집과 모순된다. 이어지는 교리문답에서는 성령의 거룩하게 하시는 사역이 오직 택하신 자들에게만 적용됨을 보여 주며, 보편구원론적 해석의 여지를 두지 않는다.

15. 성공회 모음집(Anglican formularies)에는 이단인 사벨리우스주의가 들어설 여지가 없다. 이는 제1조 '성 삼위일체 신앙에 관하여'와 「공동 기도서」(1662년)에 포함된 아타나시우스 신경을 통해 확인할 수 있다. 저녁 기도 순서 뒤에 포함된 이 신경은 '오전 기도에서'라는 제목으로 수록되

(Sabellianism)[16]처럼 오직 경륜적 삼위일체만을 주장하는 것으로 오해될 수 있다.[17] 이는 하나님의 삼위일체를 논할 때 세 위격의 단일성과 구별성 모두를 놓치지 않는 것이 본질적으로 어렵다는 점을 보여 준다. 우리는 뒤에서 성자 하나님과 성령 하나님을 다룰 때 이 문제를 다시 생각해야 한다. 이 책의 3부에서는 교리문답과 거의 동일한 방식으로 삼위일체 각 위격의 역할 구분에 초점을 맞출 것이다. 그와 동시에 삼위일체 하나님 안에서 존재의 단일성 및 구별성을 언급할 기회를 최대한 살릴 것이다.

하나님 안에서의 이 단일성과 구별성은 성경을 비롯한 하나님의 창조 세계에 속한 모든 관계의 특징을 알려 준다. 창조 세계는 하나님의 본성을 반영하고 있기 때문에 그 안의 모든 것은 서로 간의 관계에서 단일성과 구별성을 가진다. 오래전부터 인식된 이런 철학적인 문제는 신학, 과학, 정치, 윤리, 사회, 결혼 등 존재의 모든 영역에 영향을 미쳤다. 따라서 개별적인 것이 일반적인 것과, 하나가 다수와, 개인이 공동체와 어떻게 연관되는지에 대한 질문은 언제나 인간의 관심사였다.[18] 신학적 문제는 하나님의 단일성이 어떻게 그분의 다원성과 연관되는지 의문이 비롯된다. 기독론에서는 어떻게 그리스도의 한 위격이 그분

어 있다.

16. 3세기 양태론(modalism)의 주창자 사벨리우스는 하나님의 '위격' 간의 차이가 존재적 구별이 아니라 하나님이 행하시는 활동(창조, 구원, 성화)의 차이에 불과하다고 가르쳤다. 양태론에 대한 유익한 분석은 다음을 보라. Harold O. J. Brown, *Heresies: The image of Christ in the mirror of heresy and orthodoxy from the apostles to the present* (New York, NY: Doubleday, 1984), pp. 99-103.

17. 전문 용어로 말하자면, 삼위일체 교리는 경륜적 삼위일체(행위)와 존재론적 삼위일체(존재)를 모두 수반해야만 불완전하거나 오해를 일으키지 않을 수 있다.

18. 이 문제에 대해 상세한 기독교적 관점을 제시하는 연구로는 다음을 보라. Rousas John Rushdoony, *The One and the Many: Studies in the philosophy of order and ultimacy* (Fairfax, VA: Thoburn Press, 1978).

의 온전하고 완벽한 두 본성과 연관되는지에 관한 물음이 제기된다. 일치/구별은 너무나 근본적이어서 일원론(monism)이 아닌 단일복수성을 반영하고 있는 우리 우주가 어떻게 일원론적인 신의 피조물일 수 있는지는 이해하기 힘들다.[19]

성부 하나님은 천지의 창조주다. 또한 우리는 하나님의 영이 창조 때 계셨음을 알고 있으며(창 1:2), 사도 요한은 육신이 되신 말씀이 창조주라고 증언한다(요 1:1-3, 14). 창세기 1장과 2장의 창조 기사는 성경 전체의 신학에서 신학적 중심이자 토대가 된다. 창조 기사의 본질은 발화된 하나님의 말씀이지만, 창조의 도구로서 "~이 있으라"는 말씀을 사용하신 이유가 분명히 나오지 않는다. 하나님은 단지 생각만으로, 아니면 다른 조용한 능력으로 쉽게 창조하실 수 있었을 것이다. 그러나 본문은 구체적이다. 하나님이 말씀하셨고, 이에 "그대로 되니라"(창 1:7, 9, 11, 15, 24, 30). 이렇듯 성경 내러티브 전체에 걸쳐 하나님은 처음에는 직접 말씀하시고, 이후에는 예언자들을 통해 말씀하시다가, 끝으로 "이 모든 날 마지막에는" 그분의 아들을 통해 말씀하신다(히 1:1-2).

창세기 1장과 2장의 창조 기사는 창조의 역동성을 분명히 보여 준다. 다윈 이후, 성경 기사들이 과학의 이름으로 제기된 기원 이론과 어떤 관계를 맺는지에 관한 논쟁이 있어 왔다. 창조 기사는 하나님이 무언가를 창조하신 이유를 분명히 밝히지 않는다. 하지만 넓은 맥락에서 우리는 하나님이 자유롭게 창조하기로 결정하셨던 배경에는 그분의 자비와 사랑이 있었음을 안다. 예수의 성육신은 성자 하나님이 인간

19. 우리 우주는 이슬람의 알라나 랍비 유대교의 하나님에 의해 창조될 수 없다. 다신교에도 마찬가지의 문제가 나타난다. 다음을 보라. Lesslie Newbigin, 'The Trinity as Public Truth', in Kevin J. Vanhoozer (ed.), *The Trinity in a Pluralistic Age: Theological essays on culture and religion* (Grand Rapids, MI: Eerdmans, 1997), pp. 1-8.

의 육신을 입으시고 진정한 하나님의 아들, 곧 진정한 아담이자 진정한 이스라엘이 되신 역사적 사건이다. 하나님이 독생자를 주심으로 그를 믿는 자마다 멸망하지 않고 영생을 얻게 하신 사건이다(요 3:16). 우리는 성경에서 가장 잘 알려진 이 구절이 말하는 바를 있는 그대로 이해해야 한다. 하나님이 세상을 이처럼(헬라어 '후토스')[20] 사랑하셨다. '이처럼'이라는 말은 그 사랑의 강렬함을 나타낼 수도 있지만 여기서는 '따라서 이런 방식으로'라는 의미일 수 있다.[21] 이 경우 헬라어 '후토스'는 '얼마나'(하나님이 세상을 무척 사랑하셨다)보다는 '어떻게'(이것이 하나님이 세상을 사랑하신 방식이다)를 뜻한다. 물론 둘 다 가능하다. 어떤 해석을 택하든 간에, 여기에 하나님이 세상과 만물을 창조하신 이유에 대한 단서가 있다. 바로 사랑이다. 우주의 창조와 그 절정에 자리한 인간 창조는 하나님의 사랑의 표현이었으며, 이는 우리를 위해 그 아들을 죽음에 내어 주신 사랑과 동일한 것이다. 더욱이 예수는 자신의 육체적 부활로 보여 주시는 바와 같이, 단지 우리의 영혼만이 아니라 몸과 마음까지 구원하신다. 새 창조, 곧 온 우주의 갱신도 우리의 구원이라는 큰 그림의 일부다.

모든 생명의 근원이신 하나님

세속적 진화론자 중에서도 생명이 원시 늪지의 화학 결합물로 우연히

---

20. 헬라어 οὕτως.

21. 「공동 기도서」(1662년)는 성찬식에서 죄 고백과 사죄 선언 다음에 나오는 '위로의 말씀'에서 요 3:16을 이렇게 기록한다. "하나님은 세상을 사랑하셔서 독생자를 주셨습니다." 이것을 우리는 다음과 같이 바꿔 볼 수 있을 것이다. "하나님은 세상을 이런 식으로 사랑하셨습니다. 바로 독생자를 주신 방식입니다."

발생했다는 생각에 내재된 어려움을 인정하는 이들이 있다.[22] 그럼에도 불구하고 진화 이론의 전체 구조는 설명할 수 없는 방식으로 생명이 무생물로부터 시작되었다는 전제에 근거한다. 반면에 성경은 하나님이 모든 생명의 창조자임을 분명히 밝힌다. 창조 기사에서는 히브리어 구를 사용해[23] '생물'을 지칭한다(창 1:20, 21, 24; 2:7, 19). 이 표현은 인간과 동물 모두 살아 있고 번식할 수 있는 존재로 묘사하며, 식물과는 구별한다. 따라서 히브리어 '네페쉬'(*nepeš*)를 '영혼'으로 번역하는 것은 인간과 동물 사이의 구분을 흐리게 한다. 인간의 독특함은 하나님의 형상과 모양대로 남자와 여자로 창조되었다는 사실과, 하나님이 그들에게는 특별히 말씀으로 다가가셔서 언어가 중요한 역할을 하는 인격적 관계를 맺으셨다는 데 있다. 후에 이 관계는 하나님과 인간이 가장 밀접한 연합을 이루는 신인, 곧 예수의 성육신에서 분명해진다.[24] 뿐만 아니라, 동물은 '생물'로 언급되지만(창 2:19) 오직 사람에 대해서만 하나님이 "생기를 그 코에 불어넣으시니 사람이 생령(*nepeš ḥayyâ*)이 되니라"고 언급한다(창 2:7).

하나님이 모든 생명에게 주신 선물의 핵심 특징은 번성할 수 있는 능력이다. 성경은 하나님이 생물을 그들의 종류대로 번식하게 하셨다고 증언한다. 앞서와 마찬가지로 진화론자들은 이것이 어떻게 우연히 일어났는지, 번식 능력이 진화하는 동안에는 어떻게 생명이 살아남았는지 설명하는 데 곤경에 처한다. 하나님은 모든 생물을 "그 종류대

22. 또한 처음부터 적절한 화학 물질이 어떻게 원시 늪지에 존재하게 되었는지, 이보다 선행하는 것으로 그 늪지 자체가 어떻게 존재하게 되었는지라는 문제도 있다. 이는 결국 모든 것에 대한 질문으로 이어진다.

23. 히브리어 '네페쉬 하야'(נפש חייה).

24. 신인이신 예수를 부분적으로는 사람으로, 부분적으로는 하나님으로 생각하지 않는 것이 중요하다. 예수는 완전한 사람이자 완전한 하나님이시다.

로" 만드시고 그들에게 "생육하고 번성하라"고 명령하셨다(창 1:22, 28). 성경은 하나님이 종분화(speciation)를 고정하셨다고 말한다. 즉 생물은 그 종류대로 번식하며 우연한 돌연변이에 의해 새로운 종이 되지 않는다. 한 종 안에서 번성할 수 있는 능력은 하나님의 선물이다.[25] 만물을 창조하시고 생명을 주시는 일은 하나님의 사역이며, 이는 영원히 생명의 근원이신 하나님의 존재를 드러낸다.

생명의 부정은 죽음이다. 창조주의 지속적인 선물은 생명의 유지다. 생명에 관한 성경의 관점은 오직 생명을 주시는 분과의 관계 안에 진정한 생명이 존재한다는 것이다. 따라서 죽음은 인간이 창조주에 반역함으로써 세상에 들어오게 되었다. 인간은 피조물 가운데 독특한 존재지만 땅의 흙으로 지음받았기 때문에 다른 피조물들과 존재를 공유한다(창 2:7; 3:19). 생명을 주시는 분과의 생명 관계가 단절된 상태를 성경은 죽음이라 칭한다. 죽음과 심판에 대한 주제는 11장에서 다시 다룰 것이다.

하나님의 사랑

요한은 하나님을 단지 사랑하시는 존재가 아니라 그분이 곧 사랑이시라고 기록한다(요일 4:7-10). 이 구절은 하나님이 사랑이기 때문에 사랑의 근원이 되신다는 점을 알려 준다. 하나님은 사랑이시라는 진술이 그분 존재의 모든 속성을 설명하는 것은 아니지만, 하나님의 사랑이 모든 사랑을 정의한다는 사실을 상기시켜 준다. 앞서 나는 창조에

---

25. 10장에서는 창조와 관련된 다른 본문을 다룬다. 창조된 종이 종 안에서 적응하는 과정을 배제하는 것은 아니지만 그렇다고 해서 새로운 종이 탄생하는 것도 아니다.

서 드러난 신적 속성 가운데 하나가 하나님의 사랑이라고 했다. 이는 성경에서 발전되는 하나님의 사랑이라는 주제를 바탕으로 한 추론이며, 우리 주 예수 그리스도의 복음에서 절정에 이른다. 우리가 하나님의 공유적 속성을 규정하려고 할 때 겪는 문제는, 먼저 그것을 인간적 특성으로 이해하고 시작해서 하나님 안에서의 절대 완전으로 확장하려는 경향이다. 하지만 반대로 접근해야 한다. 우리는 인간을 본보기로 삼아 그로부터 하나님의 본성을 추론할 수 없다. 이런 방식은 단지 우리가 상상 속에서 완벽하다고 생각하는 신을 우리의 모습대로 만들어 내는 것에 불과하다. 우리는 하나님의 사랑에 대해 성경이 가르치는 바를 이해하려고 노력한 다음, 그것을 하나님의 공유적 속성 가운데 하나로 우리 자신에게 적용해야 한다.

창세기 1-2장 본문은 하나님의 사랑을 언급하지 않는다. 사실 창세기에서 '사랑'의 동사형과 명사형이 사용되는 경우는 오직 가부장적 가족 안에서의 인간적 사랑을 가리킬 때가 전부다.[26] 출애굽기 20:6은 "나를 사랑하고[27] 내 계명을 지키는 자에게는 천대까지 은혜를 베푸느니라"며 십계명 수여 맥락에서 하나님의 사랑을 언급한다.[28] 성경에서 하나님의 사랑이 주제로 부각되는 첫 책은 신명기지만, 이는 하나님을 향한 이스라엘의 호혜적 사랑과 연관된다. 여기서 선택과 구원의 모든 과정은 하나님의 사랑에서 비롯된다.

---

26. 여기서 사랑의 동사형은 히브리어 '아하브'(אהב)며 이에 상응하는 명사형은 히브리어 '아하바'(אהבה)다. 동사형이 처음 나오는 곳은 창 22:2이고 명사는 창 29:20에 처음 나온다.

27. ESV는 히브리어 '헤세드'(חסד)를 하나님의 '변함없는 사랑'으로 옮긴다. 이는 역본에 따라 다양하게 번역된다. 예를 들어 KJV는 '자비'로, NIV는 '사랑'으로 옮긴다. 이 단어는 주로 자기 백성과의 언약 관계에 신실하신 하나님과 결부되어 사용된다.

28. '사랑'을 뜻하는 일반 동사(אהב)를 어근으로 한다. 또 다른 히브리어로는 '하샤크'(חשק)가 있다.

여호와께서 네 조상들을 사랑하신 고로 그 후손인 너를 택하시고 큰 권능으로 친히 인도하여 애굽에서 나오게 하시며 너보다 강대한 여러 민족을 네 앞에서 쫓아내고 너를 그들의 땅으로 인도하여 들여서 그것을 네게 기업으로 주려 하심이 오늘과 같으니라. 그런즉 너는 오늘 위로 하늘에나 아래로 땅에 오직 여호와는 하나님이시요 다른 신이 없는 줄을 알아 명심하고. (신 4:37-39)

너는 여호와 네 하나님의 성민이라. 네 하나님 여호와께서 지상 만민 중에서 너를 자기 기업의 백성으로 택하셨나니 여호와께서 너희를 기뻐하시고[29] 너희를 택하심은 너희가 다른 민족보다 수효가 많기 때문이 아니니라. 너희는 오히려 모든 민족 중에 가장 적으니라. 여호와께서 다만 너희를 사랑하심으로 말미암아, 또는 너희의 조상들에게 하신 맹세를 지키려 하심으로 말미암아 자기의 권능의 손으로 너희를 인도하여 내시되 너희를 그 종 되었던 집에서 애굽 왕 바로의 손에서 속량하셨나니. (신 7:6-8)

이스라엘아 네 하나님 여호와께서 네게 요구하시는 것이 무엇이냐, 곧 네 하나님 여호와를 경외하여 그의 모든 도를 행하고 그를 사랑하며 마음을 다하고 뜻을 다하여 네 하나님 여호와를 섬기고 내가 오늘 네 행복을 위하여 네게 명하는 여호와의 명령과 규례를 지킬 것이 아니냐. 하늘과 모든 하늘의 하늘과 땅과 그 위의 만물은 본래 네 하나님 여호와께 속한 것이로되 여호와께서 오직 네 조상들을 기뻐하시고 그들을 사랑하사[30] 그들의 후손인 너희를 만민 중에서 택하셨음이 오늘과 같으니라. (신 10:12-15)

29. 히브리어 '하샤크'(חשק)로 '사랑하다', '즐거워하다.'

30. 히브리어 '하샤크'(חשק).

처음부터 성경은 하나님의 사랑을 자기 백성을 선택하시고 그들에게 베푸신 은혜와 결부시킨다. 출애굽에 나타난 하나님의 사랑에는 백성의 대적들에 대한 심판이 포함되어 있는데, 이는 하나님의 사랑과 그분의 정의를 분리할 수 없다는 점을 상기시켜 준다. 위와 같은 신명기 구절은 요한일서 4:10에서 작동하는 원리가 구약에서 발견되는 하나님의 사랑의 논리를 보여 준다는 사실을 충분히 입증한다. "사랑은 여기 있으니 우리가 하나님을 사랑한 것이 아니요 하나님이 우리를 사랑하사 우리 죄를 속하기 위하여 화목제물로 그 아들을 보내셨음이라." 주된 차이점은 하나님의 사랑의 의미를 보여 주는 구속의 과정이 예수 그리스도께 초점이 맞춰진다는 것이다. 따라서 바울은 이렇게 권면한다. "남편들아 아내 사랑하기를 그리스도께서 교회를 사랑하시고 그 교회를 위하여 자신을 주심 같이 하라"(엡 5:25). 하나님의 사랑 중심에는 그분의 택함을 입은 백성이 있는데, 그들이 하나님을 알게 되고 순종함으로써 하나님을 사랑하도록 하는 것이 이 선택의 목적이다.

이제까지 구약에서 드러난 하나님의 사랑의 논리는 먼저 그분이 온 창조 세계를 사랑하셨고, 이 사랑을 구체적으로 택한 백성에게 보이셨다는 것이다. 신명기 7:6-8에서 모세는 이스라엘 백성에게 하나님이 그들을 사랑하시는 이유는 단지 하나님이 그들을 사랑하시기 때문이라고 말한다. 물론 하나님의 사랑에는 또 다른 면이 있다. 하나님은 의로운 자들과 그들의 행위를 사랑하신다(시 11:7; 146:8). 이런 조건적 의미가 하나님의 무조건적 사랑(신 10:12)을 어느 정도 보충한다. 자기 백성을 향한 하나님의 주권적이고 무조건적인 사랑은 그에 대한 응답으로서 신실한 순종이라는 조건에서 결코 멀리 벗어나 있지 않다(사 48:12-14; 61:8-9). 이에 예레미야는 곁길로 빠진 자기 백성을 향한 야웨의 사랑이 가진 역설을 다음과 같이 표현한다.

그 때에 내가 이스라엘 모든 종족의 하나님이 되고 그들은 내 백성이 되리라.

여호와께서 이같이 말씀하시니라.
칼에서 벗어난 백성이
  광야에서 은혜를 입었나니
곧 내가 이스라엘로 안식을 얻게 하러 갈 때에라.
  옛적에 여호와께서 나에게 나타나사
내가 영원한 사랑으로 너를 사랑하기에
  인자함으로 너를 이끌었다 하였노라. (렘 31:1-3)

하나님의 사랑이 가진 영원한 본성은 복음을 지탱하는 원칙이다. 예정에 관한 이 논의는 "영원한"이 뜻하는 바가 하나님께서 장래를 내다보며 영원부터 영원까지 사랑하셨다는 것을 보여 준다.

대중적이고 세속적인 관점에서 사랑은 흔히 "누군가에 대한 감정을 가지는 것"으로 정의된다. 물론 사랑에는 정서적 혹은 감정적 차원이 있지만, 동시에 인간관계와 결혼관계가 자주 깨지는 모습에서 그런 차원의 취약함도 목격한다. 이런 감정을 사랑의 본질로 격상시킬 때 헌신의 의미는 약화되거나 심지어 완전히 상실된다.[31] 우리의 전통적인 기독교 결혼예배가 가진 일반 결혼식과의 차별화된 강조점은 흥미로운 사실이다. 예를 들어, 1662년 「공동 기도서」의 혼배성사 예식문은

31. 사랑이라는 주제에 관한 최근의 성경적 연구로는 다음을 보라. Patrick Mitchel, *The Message of Love: The only thing that counts* (London: Inter-Varsity Press, 2019).

바울이 결혼을 그리스도와 교회의 연합에 연관시킨 것을 언급하며 시작한다(엡 5:32). 신랑과 신부는 목사의 "~하겠습니까?"라는 질문에 "그렇게 하겠습니다"('I do'가 아닌 'I will')라고 대답한다.[32] 이는 의지의 행위로서 두 사람이 "지금부터 좋을 때나 나쁠 때나, 부유할 때나 가난할 때나, 아플 때나 건강할 때나… 죽음이 우리를 갈라놓을 때까지" 서로에게 헌신하겠다는 서약이다. 이는 감정만으로 지킬 수 있는 서약이 아니기에 사람들은 쉽게 '사랑이 식고' 결혼이 무너진다. 헌신에 대한 고려 없이 감정만 지침이 될 수는 없다.

전기 예언서에는 히브리어 '아하브'(*'āhab*)를 어근으로 하는 단어가 자주 나타나지는 않는다. 이 단어들은 하나님의 사랑을 주로 그분의 자비 같은 다른 단어와 결부시킨다. 하나님의 자비로운 헌신을 표현하는 중요한 단어는 히브리어 '헤세드'(*ḥesed*)[33]다. 이 단어의 단일한 의미를 찾는 것이 어렵다는 점을 감안할 때, 우리는 자기 백성을 향한 야웨의 행동에 나타난 속성으로서 이 단어의 용례를 살펴볼 수 있다. 영어 성경의 다양한 번역이 혼란을 줄 수도 있다. 예를 들어, 영어 성경은 시편 136편의 각 절 후렴에 나오는 '헤세드'를 자비(KJV), 사랑(NIV), 영원한 사랑(NRSV, ESV)으로 번역한다.

하나님의 '헤세드'는 주로 이스라엘과의 언약적 맥락에서 사용되어 하나님의 사랑을 자기 백성에 대한 언약적 신실함으로 표현한다. 이

32. 여기서 'will'은 미래 조동사로 사용된 것이 아니다. 이는 주동사의 첫 부분으로 그렇게 하겠다는 의지를 표명한다. 이에 비해 'I do'는 약한 표현이다.

33. 히브리어 '헤세드'(חסד). 다음을 보라. Francis I. Andersen, 'Yahweh, the Kind and Sensitive God', in P. T. O'Brien and D. G. Peterson (eds), *God Who Is Rich in Mercy: Essays presented to Dr. D. B. Knox* (Homebush West, NSW: Lancer Books, 1986), pp. 41-88. 여기서 Andersen은 '헤세드'에 하나의 성경적 의미만을 부여하려는 시도를 경고한다. 하지만 그는 '헤세드'가 하나님의 긍휼과 자비와 관련해 자주 사용되는 방식을 강조한다.

는 시편 136:10-26에 잘 묘사되는데, 출애굽과 가나안 정복을 회고하는 각 문장은 "그 인자하심('헤세드')이 영원함이로다"라는 후렴으로 끝맺는다. 또한 같은 시편의 5-9절은 하나님의 '헤세드'를 창조에 귀속시킨다는 점도 주목할 만하다. 이는 창조의 동기를 하나님의 언약적 사랑과 자기 백성을 구원하시려는 의도에 가장 밀접하게 두는 구약 구절이다. 바로 요한복음 3:16에 나타난 세상을 향한 하나님의 사랑에 반영되는데, 비록 초점은 "믿는 자마다"에 맞춰져 있지만 새 창조 안에서 영생을 경험한다는 점에서는 온 창조 세계가 포함된다.[34]

신약에서 하나님의 사랑을 가장 잘 보여 주는 것은 예수의 인격과 사역이다. 우리는 창조에서, 자기 백성의 택하심과 구원에서, 최종적으로 자기 백성을 구속하기 위해 자기 아들을 보내신 것에서 하나님의 사랑을 본다. 구약에는 삼위일체 하나님의 내적 사랑에 대한 다소간의 암시가 있다. 구약의 예언과 예수를 연결하는 다리 역할을 하는 세례 요한은 이를 다음과 같이 증언한다. "하나님이 보내신 이는 하나님의 말씀을 하나니 이는 하나님이 성령을 한량없이 주심이니라. 아버지께서 아들을 사랑하사 만물을 다 그의 손에 주셨으니"(요 3:34-35).[35]

예수는 아버지의 구원의 뜻에 대한 순종으로 말미암아 아버지께서 자신을 사랑하신다고 말씀하신다.

> 나는 선한 목자라. 나는 내 양을 알고 양도 나를 아는 것이 아버지께서 나를 아시고 내가 아버지를 아는 것 같으니 나는 양을 위하여 목숨을 버리노라.…

---

34. 요한은 이런 연결을 구체적으로 언급하지 않는다. 그러나 요한복음 서문과 후기 예언서, 바울서신, 요한계시록에서 새 창조로의 구속이 차지하는 위치는 이를 뒷받침한다.

35. ESV는 이를 요한이 한 말로 여기지 않지만 각주를 달아 둔다. "어떤 번역자들은 요한의 말이 36절까지 이어지는 것으로 봄."

> 내가 내 목숨을 버리는 것은 그것을 내가 다시 얻기 위함이니 이로 말미암아 아버지께서 나를 사랑하시느니라. (요 10:14-15, 17)

> 아버지께서 나를 사랑하신 것 같이 나도 너희를 사랑하였으니 나의 사랑 안에 거하라. 내가 아버지의 계명을 지켜 그의 사랑 안에 거하는 것 같이 너희도 내 계명을 지키면 내 사랑 안에 거하리라. (요 15:9-10)

> 아버지여 내게 주신 자도 나 있는 곳에 나와 함께 있어 아버지께서 창세 전부터 나를 사랑하시므로 내게 주신 나의 영광을 그들로 보게 하시기를 원하옵나이다. 의로우신 아버지여 세상이 아버지를 알지 못하여도 나는 아버지를 알았사옵고 그들도 아버지께서 나를 보내신 줄 알았사옵나이다. 내가 아버지의 이름을 그들에게 알게 하였고 또 알게 하리니 이는 나를 사랑하신 사랑이 그들 안에 있고 나도 그들 안에 있게 하려 함이니이다. (요 17:24-26)

아들을 향한 아버지의 사랑과 아버지를 향한 아들의 사랑은 삼위일체적 존재에 있어 사랑이 필수라는 사실을 보여 준다. 하나님의 사랑은 일원론적 신의 자기애적 사랑이 아니다. 삼위일체적 사랑은 사랑이 항상 단일성과 구별성의 관계를 내포한다는 점을 시사한다. 하나님 사랑의 역동성은 삼위일체의 세 위격의 관계에서 시작하며, 창조와 창조 세계에 대한 하나님의 헌신을 통해 외적으로 표현된다. 하나님의 행위는 삼위일체 하나님의 내적이고 영원한 사랑을 반영한다. 우리는 죄로 어두워진 세상 속에서 선택받은 자들을 향한 하나님의 헌신을 통해 이 사랑을 보게 되고, 구속사를 통해 나타나는 그분의 헌신은 예수 안에서 절정에 이른다. 따라서 사랑은 삼위일체라는 내적 관계에 있는 하나님 본성의 핵심이다.

거룩하신 주 하나님

하나님의 다른 속성이나 특징을 정의하려고 할 때, (하나님의 사랑과 마찬가지로) 그것이 우선 불완전한 인간에게서 어떻게 발현되는지 고찰하는 데서 시작해 이를 하나님의 완전한 수준에서 생각해 보려는 잘못을 범하기 쉽다. 우리 자신으로부터 시작하면 결국 하나님을 선한 인간 존재보다 무한히 나은 수준의 존재 정도로 묘사하게 될 공산이 크다. 다시 말하지만, 이는 정반대의 방식이다. 단순히 인간의 속성에서 시작해 이를 무한대로 확장하는 방식으로는 하나님의 거룩하심을 이해할 수 없다.

가장 먼저 우리는 하나님이 자신의 거룩함을 어떻게 계시하셨기에 그 계시를 받은 사람들이 이해할 수 있었는지 물어야 한다. 예를 들어, 정한 음식과 부정한 음식에 대한 시내산 율법 단락에서 하나님은 이렇게 말씀하셨다.

> 나는 여호와 너희의 하나님이라. 내가 거룩하니 너희도 몸을 구별하여 거룩하게 하고 땅에 기는 길짐승으로 말미암아 스스로 더럽히지 말라. 나는 너희의 하나님이 되려고 너희를 애굽 땅에서 인도하여 낸 여호와라. 내가 거룩하니 너희도 거룩할지어다. (레 11:44-45)

하나님이 이스라엘에게 거룩하라고 명령하신 맥락은 다양했지만 그 동기는 동일하다. "나 여호와 너희 하나님이 거룩함이니라"(레 19:2; 20:26; 21:8). '거룩함'의 의미에 있어 중요한 단서가 레위기 20:26에 나온다. "너희는 나에게 거룩할지어다. 이는 나 여호와가 거룩하고 내가 또 너희를 나의 소유로 삼으려고 너희를 만민 중에서 구별하였음이니라." 우리의 거룩함이란 세상과 구별되어 거룩하신 하나님께 속하는 것이라고 이해한다 해도 여전히 의문은 남는다. 하나님이 거룩하시다는 의미는 무엇인가? 하나님이 구별되셨다고 말하는 것은 그분이 창조 세계의 일부가 아니라는 의미일 수 있다. 그리고 이 진리만큼이나 중요한 사실은, 하나님이 무언가가 아니라는 점을 알려 주는 부정에 의한 정의라는 것이다.[36]

그러나 하나님의 거룩하심이 우리에게 어떤 감화를 준다는 사실로는 충분하지 못하다. 하나님이 거룩하시기 때문에 우리가 거룩해야 한다면, 우리는 하나님의 거룩함을 우리에게 반영 가능한 유의미한 명제로 분명하게 정의할 수 있어야 한다. "너희는 거룩할지어다"라는 요구를 처음 받은 이스라엘 백성은 이를 어떻게 이해했는가? 우리는 윤리적 차원을 도입함으로써 이 의미론적 문제를 해결할 수 없다. 그것은 동어반복에 불과하다. 우리는 전문적인 어휘를 사용하는 것을 뛰어넘어 하나님의 거룩함이 무엇을 의미하는지 전달 가능한 용어로 말하려고 노력해야 한다.

우리에게 문제가 되는 것은 이스라엘이 받은 거룩하라는 구체적인 요구 사항이 가진 역동성이다. 오늘날 대부분의 그리스도인은 레위기 11:44-45에서 곤충으로 인해 부정해지는 일을 피하라는 명령을 거룩함과 무관한 것으로 여긴다. 어째서인가? 다른 민족과 문화와는 구별되어야 한다는 사실을 이스라엘이 배워야 하는 시작 단계에 있었다는 설명으로 충분한가? 초기 교회와 베드로가 겪은 부정한 음식 문제를 살펴보면, 부정한 음식에 관한 규례에 급진적인 변화를 초래한 어떤

36. 하나님의 속성에 관해 그것이 무엇이 아니라고 말함으로써 설명하고 정의하는 것을 '부정(apophatic) 신학' 또는 '부정의 길'(via negativa)이라고 한다. 이와 대조적으로 '긍정(cataphatic) 신학'은 유비를 사용해 하나님의 속성을 설명한다. A는 B가 아니라고 말하는 부정 신학에서는 다시 B를 정의하기 위해 B는 C나 A가 아니라고 해야 하며, 이는 끝없는 회귀로 이어진다.

일이 일어났음이 분명하다(행 10:9-16). 나는 노아가 정결한 짐승과 부정한 짐승을 구분할 수 있었던 것은 "주님께 바치는 제물로 적합한 것이 무엇인지를 직관적으로 인식했기" 때문이라는 케네스 매튜스(Kenneth Mathews)의 주장에 동의할 수 없다.[37] 나는 그것이 직관이 아니라 계시를 통해 이루어졌다고 생각한다.[38] 그리스도가 오셔서 제의적 부정함이 사라졌으므로, 노아에게 정결한 짐승과 부정한 짐승이 계시되었던 것처럼 베드로에게도 그런 구별이 더 이상 적용되지 않는다는 사실이 계시되었다고 보는 것이 타당하다. 거룩하신 하나님의 백성에게 요구되는 거룩함은 점진적으로 계시되는 것이 분명하다. 이스라엘 음식법의 근거가 건강상의 이유였다고 주장하는 이들이 있는데, 내가 이미 다른 책에서 언급했던 바와 같이 음식법은 냉장고의 발명이 아니라 그리스도가 오셨기 때문에 변했다.[39]

하나님의 거룩함에 관한 계시의 역동성을 이해하기 위해 우리는 구속사 안에서 펼쳐지는 하나님의 거룩함을 따라간다. 어느 정도까지는 어휘 연구가 도움이 될 수 있겠지만, 단어에 고정된 원래 의미를 규정하기보다는 개념 자체를 이해하기 위해 노력하고자 한다. 물론 거룩함과 거룩한 같은 전문적으로 중요한 어휘군은 그 용례를 검토해 볼 가치가 있다. 그런 어휘군의 기준은 언어학적일 수도 있고 신학적일 수도 있다. 또는 한 개념이 복수의 어휘군을 포함하기도 한다. 히브리어에서

---

37. Kenneth Mathews, *Leviticus: Holy God, holy people* (Wheaton, IL: Crossway, 2009), p. 104.

38. 이와 관련해 뒤에서 다룰 문제는 열방의 악행과 우상숭배에 관한 심판이다. 그들은 어떤 법에 의거하여 심판받는가?

39. Graeme Goldsworthy, *Gospel and Kingdom: A Christian interpretation of the Old Testament* (Exeter: Paternoster, 1981), p. 65; *The Goldsworthy Trilogy* (Milton Keynes: Paternoster, 2000), p. 76.

'거룩'을 나타내는 주된 단어는 '카도쉬'(*qādôš*)와 '코데쉬'(*qōdeš*)다.[40] 히브리어에서 연계형 명사와 형용사형 명사가 결합되어 연계형 구조로 사용되는 것은 흔하기 때문에 명사형과 형용사형 사이에 확고한 구분이 없다. 예를 들면, 시편 96:9의 "거룩함의 아름다움"이다. 어떤 이들은 이것이 거룩한 아름다움 또는 거룩한 의복을 뜻한다고 보고, 미학과 거룩함 사이에 실제적인 연관 가능성을 제시한다. 아마도 우리의 감각 중 하나로 인식되는 아름다움의 본질은 삼위일체적 원리인 일치-구별에 기초할 수 있다.

'구별성' 혹은 '구별되다'라는 개념은 두 방향으로 나아간다. 이는 기이한 행동들로 자신의 성품을 드러내시는 하나님의 독특성을 어느 정도 가리키며, 또한 하나님이 택한 백성에게 요구하시는 다양한 규정을 따르려는 제의적, 영적 고집을 의미한다. 제의법은 이스라엘이 열방과 구별된다는 점을 분명히 강조한다. 이스라엘의 제의 요소와 이교 제사들 사이에 공통점이 보이기도 하지만, 중요한 차이는 그것과 관련된 의미에 있다.

하나님의 거룩함에 대한 점진적 계시는 태초부터 시작된다. 창조주는 완전히 특별하시고 모든 것을 '좋게' 창조하셨다.[41] 하나님을 가리키는 '거룩함'이라는 용어는 출애굽기 15:11에 가서야 나타난다. 모세는 해방의 노래를 부르며 야웨를 높인다.

> 여호와여 신 중에 주와 같은 자가 누구니이까.

---

40. 두 단어의 어근은 동일하다(קדש). KJV는 히브리어 '코데쉬'를 거룩함이라는 명사로 번역하고, '카도쉬'를 거룩한이라는 형용사로 번역한다. ESV는 더 미묘한 의미를 살려 번역한다.

41. 여기서도 같은 문제가 생긴다. '좋다'는 것이 무엇인가? 부정을 통한 정의로는 어느 정도 이상 나아갈 수 없다.

주와 같이 거룩함으로 영광스러우며

찬송할 만한 위엄이 있으며 기이한 일을 행하는 자가 누구니이까.

여기서 하나님의 거룩함에 대한 지식은 그분의 기이한 행동과 결부된다. 그렇지 않고 달리 어떻게 그분의 구별됨과 특별함을 드러낼 수 있겠는가?[42]

하나님의 거룩함의 두드러진 특징은 택함받은 백성이 그 본질에 대해 어느 정도 이해하고 있는 것으로 보인다는 점이다. 우리가 그 속성의 본질에 닿으려고 한다면 하나님의 거룩함에 대한 계시의 역동성을 따라가야만 한다. 지금까지 우리는 모세의 노래에 따라 하나님의 거룩함이 홍해 기적과 이스라엘을 노예 상태에서 구원하신 놀라운 행동을 통해 드러났음을 보았다. 이 노래는 이스라엘을 모든 민족 중에서 하나님의 존귀한 소유, 제사장 나라, 거룩한 백성으로 지정한다(출 19:5-6). 이는 하나님에 의해, 하나님을 위해 구별된다는 개념을 뒷받침하지만, 하나님이 이 땅의 왕이요 이스라엘의 구원자며 열방을 위한 목적을 가지고 계시다는 것 이상을 말하지는 않는다.

시내산 율법을 깊이 탐구해 보면 이스라엘을 위해 규정된 어떤 제물은 제사장이 "거룩한 곳"에서 먹어야 했으며, 그곳은 회막 뜰로 지정되었음을 알 수 있다(레 6:16, 26; 7:6). 또한 율법은 정결한 생물과 부정한 생물을 구분하며 그 근거는 레위기 11:44-47에 제시된다. 이런 규례를 준수함으로써 구별된 백성이 되는 것은 하나님의 성품을 그 백성에게 각인시키는 방법이다. 이 구절에서 주목할 점은 "내가 거룩하

42. 이는 이 책의 구성에서 드러나듯, 하나님의 존재와 그분의 행하심을 구별하는 데 따르는 어려움을 나타낸다.

니 너희도 거룩할지어다"와 "나는 너희의 하나님이 되려고 너희를 애굽 땅에서 인도하여 낸 여호와라"는 말씀의 연결이다(레 11:45). 속죄일 제의는 대제사장이 속죄 제물인 수송아지와 염소의 피를 속죄소에 뿌릴 때 하나님의 거룩함과 이스라엘의 제의적 거룩함의 차이를 강조한다. "곧 이스라엘 자손의 부정과 그들이 범한 모든 죄로 말미암아 지성소를 위하여 속죄하고 또 그들의 부정한 중에 있는 회막을 위하여 그같이 할 것이요"(레 16:16). 이스라엘에게 요구된 제의적 거룩함은 이스라엘과 열방의 구별을 강조했으며, 이스라엘과 하나님의 관계를 나타냈다. 또한 제의적 거룩함은 그 자체로 거룩한 백성이 됨에 있어 본질이 될 수 없음을 시인한다. 예언적 말씀은 그에 합한 마음의 자세 없이 형식적인 행위로 전락한 제의 규례의 준수를 신랄하게 책망한다(삼상 15:17-22; 잠 21:3; 사 1:10-15; 렘 6:19-20).

시편은 주로 하나님을 찬양하는 말씀이나 찬송으로서 그 자체로 연구할 가치가 있지만, 하나님의 거룩함과 그 백성의 예배에 대한 잦은 언급은 우리가 이미 살펴본 바와 크게 다르지 않다. '거룩함'이라는 명사형이 자주 나오는데, 이는 때로 하나님의 거처, 즉 그분의 산과 보좌를 가리키거나 그분의 인격과 이름을 가리킨다.[43] 이런 장소들은 하나님과 개념적으로 분리될 수 없기 때문에 거룩하다.

구약에서는 예언자들이 하나님의 거룩함에 대한 계시에 중요한 역동적 변화가 있는지를 보여 주는 역할을 한다. 예언적 말씀 중 가장 인상적인 본문은 이사야가 본 성전 환상이다.

웃시야 왕이 죽던 해에 내가 본즉 주께서 높이 들린 보좌에 앉으셨는데 그의

43. 예를 들어, 시 29:2; 30:4; 47:8; 60:6; 89:35; 93:5; 97:12; 108:7.

옷자락은 성전에 가득하였고 스랍들이 모시고 섰는데 각기 여섯 날개가 있어 그 둘로는 자기의 얼굴을 가리었고 그 둘로는 자기의 발을 가리었고 그 둘로는 날며 서로 불러 이르되

거룩하다 거룩하다 거룩하다 만군의 여호와여.
그의 영광이 온 땅에 충만하도다 하더라.

이같이 화답하는 자의 소리로 말미암아 문지방의 터가 요동하며 성전에 연기가 충만한지라. 그 때에 내가 말하되 화로다 나여 망하게 되었도다. 나는 입술이 부정한 사람이요 나는 입술이 부정한 백성 중에 거주하면서 만군의 여호와이신 왕을 뵈었음이로다 하였더라. (사 6:1-5)

이 구절은 구약에서 하나님의 거룩함에 대한 계시를 보여 주는 전형적인 양식이다. 본문이 이사야가 하나님의 예언자로서의 소명을 묘사하고 있는 것이라면 많은 질문을 유발한다. 예를 들어, 이사야에게 높이 들린 보좌에 앉으신 주님을 본 것은 어떤 경험이었는가? 주님의 거룩함과 그분의 영광은 어떤 관련을 가지는가? 스랍들은 누구인가?[44] 성경 전체에서 그런 존재는 여기서만 언급된다. 본문은 그들이 "거룩하다 거룩하다 거룩하다"라고 외치는 이유나 여섯 날개의 이유도 말해 주지 않는다. 이 양식은 하나님이 거룩하시다는 사실을 알려 주는 방식인 것이다. 그 의미에 대한 유일한 단서는 하나님의 거룩한 활동을 목격한 이들에게 미친 영향이다. 이를 목격한 스랍들은 찬양하며, 성전은 연기로 충만하여 흔들리고, 이사야는 "화로다 나여!

44. 히브리어 어근 שׂרף('사라프', 태우다)에서 유래한 단어로 '불타는 자들'이라는 뜻을 암시한다.

망하게 되었도다"라고 반응한다. 시내산에서의 강조점은 하나님의 특별함과 구별됨에 대한 이해를 이스라엘에게 각인시키기 위한 제의적 요구에 있었지만, 자기 백성을 구원하신 하나님의 기이한 행위에 대한 증언도 있었다. 하지만 여기서는 자신의 무능함과 죄성에 대한 각성으로 압도된 이사야의 모습이 나올 따름이다. 계시에서 이런 점이 명확한 단계로 구분된다는 말은 아니다. 다만 강조점이 조금씩 달라진다는 말이다.

만물의 갱신을 예언하는 이사야 35:1-10은 중생에 관한 구약의 대표 본문이다. 하나님은 악인에게는 보복하실 것이고 신실한 자는 구원하실 것이다. 시온에 이르는 대로는 거룩하여 "깨끗하지 못한" 자는 지나가지 못할 것이다. 그날에 여호와의 영광이 그 백성 위에 나타날 것이며, 나라들이 광명으로 나아오고 "이스라엘의 거룩한 이"에게 나아올 것이다(사 60:1-3, 9). 이런 증거들은 거룩하다고 여겨지는 사물, 사람, 제의 및 제의 도구들이 그리스도와 복음 안에서 하나님의 가장 완전한 계시에 대한 예표의 일부라는 결론을 뒷받침한다.

신약에서 우리는 예수의 인격과 사역을 통해 하나님의 행동을 선명하게 목격한다. 어휘 연구에만 의존할 경우의 한계는 구약에 비해 신약에서 '거룩한'과 '거룩함'이라는 단어 사용 빈도가 낮다는 점에서 두드러진다. 예수를 거룩하다고 언급하는 경우는 드물다.[45] 거룩한 것이나 거룩한 곳, 성전이나 거룩한 성과 같은 일부 언급은 구약 용법과의 통일성을 보여 줄 따름이다.[46] 다른 언급들은 하나님을 위해 구별

45. 행 3:14; 4:27, 30; 계 3:7.

46. 예를 들어, 마 7:6; 24:15; 27:53; 행 6:13; 고전 3:17; 계 21:2, 10; 22:11, 19.

된 자들의 경건한 성품이나 예언자와 천사를 묘사한다.[47] 하나님의 거룩함이라는 구약의 용법은 계속 이어진다.[48] 그리고 하나님의 제도, 언약, 성경을 거룩하다고 언급하는 경우도 있다.[49] 예수를 '거룩하다'고 언급하는 경우는 적지만 그분이 완벽하게 거룩함의 본이 된다는 사실은 분명하다.[50]

이방인들에 대해 "그리스도의 피로 가까워졌느니라"고 말하는 바울의 설명은 유익하다(엡 2:11-22).[51] 그리스도 안에서, 유대인과 이방인을 나누던 벽이 허물어졌다. 이 말의 현실적인 의미는 이스라엘에게 주어진 율법이 더 이상 유효하지 않으며, 약속의 언약에서 배제된 이방인의 부정적 지위도 더 이상 존재하지 않는다는 것이다. 그리스도 안에서 이제 그들은 성도(믿는 유대인) 및 하나님의 가족 구성원들과 함께 동료요 형제자매가 되었다.[52] 그리하여 새 성전이 등장한다. 그 기초는 사도들과 예언자들이지만 그리스도가 구조 전체를 지탱하는 모퉁잇돌이시기에, 유대인과 이방인을 막론하고 그분을 믿는 모든 자는 성령의 사역을 통해 거룩한 성전으로 세워진다.[53] 성전이 거룩한 이유는 그리스도의 인격과 사역으로 세워졌기 때문이다. 따라서 하나님은 복음을 통해 자기 본래의 거룩함과 그로부터 파생된 거룩함을 정의하

47. 막 6:20; 눅 1:70; 2:23; 9:26; 롬 12:1; 고전 7:14, 34; 엡 1:4; 골 1:22; 3:12; 딤후 1:9; 벧전 1:15-16; 계 20:6; 22:11.

48. 눅 1:49; 요 17:11.

49. 눅 1:72; 롬 1:2.

50. 행 3:14; 4:27, 30.

51. 이방인(열방)의 구원에 관한 문제는 13장에서 다룬다.

52. Donald Robinson, 'Who Were "the Saints"?', *RTR* 22/2 (1963), pp. 45-53.

53. 성령은 8장의 주제다.

신다.[54]

인간과 창조 세계를 본래 의도에 맞게 완전히 회복하시려는 하나님의 방법으로서 그리스도의 인격과 사역을 자세히 살펴보면, 우선 성육신에서 그 회복의 본질을 더욱 분명하게 보게 될 것이다. 예수는 중생, 곧 새로운 피조물이다. 예수 안에서 만물은 하나님 안에 있는 완전함에 부합한다. 우리는 계시된 삼위일체의 본성뿐 아니라 하나님의 일체성 안에서 구별된 세 위격의 관계에서도 그런 완전함을 본다. 하나님이 창조 기사의 일곱째 날을 거룩하게 하신 것은 자신의 일을 완벽하게 마치셨기 때문이다. 이 완성은 하나님의 완전함을 반영한다. 그러나 하나님의 거룩함은 삼위일체의 단일복수성이라는 절대적 특별함을 가리킨다. 하나님의 백성 안에 있는 거룩함은 사람 안에 있는 하나님의 형상이 관계적인 것과 동일한 방식으로 관계적이다. 바로 그 형상과 닮음을 회복하는 과정이 신자의 성화다. 이는 존재론적 닮음이 아니라 하나님의 거룩함에 대한 닮음이다. 신자는 성화와 구별되는 칭의를 통해 거룩해지지만, 칭의와 성화를 분리할 수는 없다.

우리는 이 논의를 신자의 거룩함 수준에서 멈출 수 없다. 우리는 이

54. 하나님의 거룩함에 대한 긍정적 고찰의 본질을 정확히 파악하는 것이 얼마나 어려운지는 다음 글들에서 볼 수 있다. Peterson은 하나님의 거룩함에 대해 단지 반쪽 분량을 넘기는 정도로 다룬다. David Peterson, 'Holiness', *NDBT*, pp. 545–50. Packer는 반쪽 분량도 채 다루지 않는다. J. I. Packer, 'God', *NDT*, pp. 274–77. MacArthur는 하나님의 거룩함에 대한 주요 계시를 예수의 인성에서 찾는다. John MacArthur, *None Other: Discovering the God of the Bible* (Orlando, FL: Reformation Trust, 2017), pp. 67–84. Otto Procksch는 구약에서 사용된 히브리어 어근 קדשׁ('카도쉬' 혹은 '코데쉬')의 동계어 및 신약의 헬라어 '하기오스'(ἅγιος)와 그 동계어에 대한 포괄적인 조사를 보여 준다. 'ἅγιος κτλ', *TDNT*, vol. 1, pp. 88–97, 100–15. 그는 히브리어 어근 קדשׁ가 제의에 연관되었다고 여기는 내용을 대번에 파악한다. 이스라엘의 종교적 형식과 실천인 제의가 중요한 것은 사실이지만, 대부분을 제의에 연관시키려는 비평적 욕구는 그것이 가진 신학적 중요성과 역사적 근거로부터 주의를 분산시키는 경향이 있다. 또한 Procksch는 "거룩함의 개념이 신성의 개념에 병합된다"고 여긴다(p. 91). 이사야서에서 하나님의 거룩함은 "그분의 가장 내밀하고 비밀스러운 본질"이다(p. 93). 그의 글의 전반적인 논의는 앞서 우리가 살펴본 어려움들을 입증하는 셈이다.

거룩함을 하나님의 거룩함과의 관계로 이해하고자 한다. 하나님의 거룩함은 삼위일체에 내재한 절대적 관계의 조화다. 아마 고대 이스라엘 백성은 이를 인식하지 못한 채 하나님과의 관계에서, 그들의 사회 속에서, 그리고 그들이 세상을 다스리는 일에서 이 조화를 반영하도록 훈련받고 있었던 것인지도 모른다. 하나님의 거룩함은 삼위일체 세 위격의 사회적 존재에서의 조화일 뿐만 아니라 그분의 모든 존재와 행위에서 이 조화에 부합하는 변함없는 단일성이다. 하나님 안에서 이 조화의 붕괴는 상상할 수 없으며, 사람에게 이 조화의 형상과 닮음이 붕괴된 것이 곧 죄와 사망이다.

의로우신 주 하나님

창조 기사는 삼위일체적 초점으로 시작한다. 성부 하나님이 말씀으로 창조하시고, 성령이 함께하신다. 첫 장면은 형태 없는 원재료들의 상태다. "땅이 혼돈하고 공허하며." 따라서 첫 번째 창조 기사는 이렇게 끝이 난다.

> 하나님이 지으신 그 모든 것을 보시니 보시기에 심히 좋았더라. 저녁이 되고 아침이 되니 이는 여섯째 날이니라.
>
> 천지와 만물이 다 이루어지니라. 하나님이 그가 하시던 일을 일곱째 날에 마치시니 그가 하시던 모든 일을 그치고 일곱째 날에 안식하시니라. 하나님이 그 일곱째 날을 복되게 하사 거룩하게 하셨으니 이는 하나님이 그 창조하시며 만드시던 모든 일을 마치시고 그 날에 안식하셨음이니라. (창 1:31-2:3)

이 결말 앞에는 사건이 시작할 때 존재했던 공허함을 대체하는 만물의 질서 있는 창조에 대한 설명이 나온다. 하나님은 "심히 좋았더라"는 승인으로 여섯째 날의 질서정연함을 완료하신다. 이 시점까지 '좋음'의 유일한 기준은 하나님 자신이다. 좋을 수 있는 다른 것이 없었기 때문이다. 하나님이 안식하신다는 사실과 이 좋음은 창조가 하나님의 인격과 완벽하게 조화된다는 것을 의미할 수밖에 없다. 비록 하나님과 구별되긴 해도 말이다. 좋음은 하나님이 순응하시는 추상적이고 자율적이며 자기 인증적인 특성이 아니다. 하나님이 그렇다고 하셨기 때문에 창조는 좋은 것이다. 따라서 우리가 하나님의 의로우심를 고려할 때는 먼저 그것이 혼돈과 우연의 전적인 부재에 부합해야 한다는 사실에 주목해야 한다. 그러므로 무엇보다 하나님의 의는 그분의 자기 일관성이다. 이는 삼위일체 하나님이 영원히 삼위일체 하나님이 되시는 것이며, 질서정연한 창조를 통해 자신을 표현하시는 것이다.

또한 이 질서의 하나님은 자신이 세운 기준으로 창조 세계에서 인격적, 도덕적 책임을 가진 존재를 다스리시는 하나님이다. 그 존재가 바로 최초의 한 쌍의 인간이다. 그들이 서로를 즐기며 창조 세계를 다스리도록 하나님이 주신 자유는 한 가지 금지 사항과 그에 따른 제재로 제한된다. 즉 선악을 알게 하는 나무의 열매를 먹으면 그들은 죽게 될 것이다. 그런 식의 불순종은 하나님이 창조하신 생태계의 궁극적 퇴보다. 생각지 못한 일이 일어나 그들이 불순종했을 때, 하나님은 예기치 못한 방식으로 선고를 내리셨다. 첫째, 에덴에서의 추방이 즉각적 멸종인 것은 아니다. 둘째, 하나님은 복음의 첫 번째 예표를 통해 상황을 바로잡으려는 의도를 선포하신다(창 3:15). 하나님이 의로우시다는 의미가 무엇이든 간에, 그것은 경계나 질서, 심판, 친절과 자비의 표현이 수반된 자기 일관적 행동과 연관되어야 한다. 하나님의 거룩함은 우선적으로 그분 안에 초점이 있는 반면, 의로움의 우선적 초점은 그분 바깥을 향한 것으로 확장된다.

히브리어 어근 *ṣdq*는 하나님의 의의 의미를 연구하는 데 있어 주된 어휘군을 형성한다.[55] 하나님은 의로운 주로 불리시며, 의를 따라 행하시고, 자기 백성의 의를 즐거워하신다. 신약에서 이와 관련된 헬라어 어근은 *dik*로, 여기서 의, 정의, 공의, 칭의라는 단어들이 파생된다.[56] 하나님의 거룩함과 마찬가지로 어휘 연구가 논리적 출발점이긴 하지만, 특정 단어가 나오지 않을 때에도 그 용례의 핵심 개념을 추적하려고 노력해야 한다. 그런 과정 속에서 하나님을 의로우신 주로 계시하는 역동성을 포착해야 한다. 하나님의 의로우심에서 출발할 때에야 비로소 그리스도 안에서 신자를 향한 하나님의 의의 전가로서 칭의에 대한 이해에 다다를 수 있다.

성경은 하나님이 의로운 일을 하시며, 특정 상황에서는 사람들을 의롭게 여기신다고 말한다. 하나님이 우리에게 의를 원하신다는 것은 그분의 의가 공유적 속성임을 의미한다. 그러나 의로운 주님이라는 하나님 개념은 구속사 초창기에는 자주 나타나지 않는다. 하나님이 옳은 일을 하신다는 것은 자명한 사실이다. 따라서 하나님이 옳은 일을 하시는 것은 그것이 하나님 외부에 선재하는 기준에 따라 옳기 때문이 아니다. 오히려 창조주로서 하나님의 주권은 그분이 하신 일이기 때문에 그 일이 옳다는 것을 의미한다. 옳은 것의 기원은 하나님이어야 마땅하다. 하나님이 옳은 일을 하신다는 것은 하나님이 항상 자신의 성품과 일치하신다는 것의 다른 표현이다. 하나님이 옳은 일을 하실 것이라는 신뢰는 성경 초반 내러티브에 표현된다. 아브라함이 소돔

55. 히브리어 צדק.

56. 헬라어 δικ.

을 위해 간구하며 가진 확신은 분명하다. “세상을 심판하시는 이가 정의를 행하실 것이 아니니이까”(창 18:25).[57] 하나님은 자기 백성이 자신의 눈앞에서 옳은 일을 할 때 즐거워하신다(출 15:26; 신 12:15; 21:9; 왕상 15:5, 11; 왕하 12:2).[58]

하나님은 주로 시편과 후기 예언서에서 의로운 분으로 묘사된다. 하나님은 의로운 분이기에 의롭게 행하신다. 시편 7:8-11에는 의인의 구원과 악인의 심판, 그리고 하나님의 의의 관계가 보인다.

> 여호와께서 만민에게 심판을 행하시오니
> 　여호와여 나의 의와 나의 성실함을 따라
> 　나를 심판하소서.
> 악인의 악을 끊고
> 　의인을 세우소서.
> 의로우신 하나님이
> 　사람의 마음과 양심을 감찰하시나이다.
> 나의 방패는
> 　마음이 정직한 자를 구원하시는 하나님께 있도다.
> 하나님은 의로우신 재판장이심이여
> 　매일 분노하시는 하나님이시로다.[59]

9절의 “의로우신 하나님”이라는 표현에 있는 형용사형은 보기 드문

57. 여기서 “심판”과 “정의”(또는 ‘옳음’)에 해당하는 히브리어 단어는 같은 어근(*špṭ*)을 가진다.

58. 히브리어 어근 ישׁר는 ‘곧은’, ‘옳은’, ‘올바른’이라는 의미와 연관된다.

59. 또한 다음을 보라. 시 7:17; 19:9; 23:3; 35:24, 28; 50:6; 85:10-13; 97:6; 112:9; 119:123, 142, 144, 172.

것이다. '하나님의 공의'나 '하나님의 의로운 행위'라는 명사형이 보다 일반적인 형태다.

하나님의 의는 자기 인격의 표현이므로 항상 도덕적 차원이 존재한다. 의와 진노는 의와 자비만큼이나 중요한 부분이다. 인간의 죄는 하나님의 의로운 성품을 반영하는 모든 피조물과 하나님에 대한 개인적 모욕이다. 중세에는 죄에 대한 하나님의 의로운 진노에 초점을 맞추었다. 그 죄는 곧 하나님과 피조물 안에 있는 하나님의 질서에 대한 인간의 부정이다. 하나님의 의와 진노를 연결한 것이 신학적 잘못이 아니라 이 의로운 진노에 따른 대책을 이해하지 못한 것이 신학적 잘못이다. 따라서 아우구스티누스 수도회에서 수사 시절을 보내던 마르틴 루터는 "주의 공의로 나를 건지소서!"라는 시편 31:1을 이해하지 못했다. 하나님의 공의는 진노와 심판을 뜻했다. 훗날 종교개혁가가 된 루터는 우리를 위해 아버지의 진노를 대신 지신 예수가 불경건한 자의 칭의의 근거가 되신다는 사실에 비추어 이 구절을 이해한다.

후기 예언서에는 하나님의 의와 죄에 대한 그분의 정당한 진노 사이에 비슷한 연관이 존재한다. 그분의 공의의 특징에는 다른 이들에게 베풀어지는 은혜도 있다.[60] 이런 요소는 예레미야 23:1-8과 33:14-16의 예언에도 나타난다. 악하고 거짓된 목자들(통치자들)이 하나님의 양 떼를 흩어 놓았다. 하나님은 양들을 기르는 목자를 세우셔서 이를 바로잡으실 것이다. 주목할 점은, 예레미야서의 선한 목자는 구원을 가져오실 다윗의 자손으로서 "여호와 우리의 공의"라고 일컬음받을 것

60. 사 5:13-17은 반역적인 유다에 대한 포로 시대 심판을 다룬다. 사 45:22-25은 그분의 공의를 통해 모든 민족에게 충성을 명령하는 유일하신 하나님의 주권을 말한다. 사 46:13에서는 하나님의 공의와 이스라엘의 구원이 평행을 이룬다. 또한 다음을 보라. 사 51:4-6; 59:16-17; 렘 9:23-24; 23:5-6은 다윗의 의로운 가지에 대해 말한다.

이라는 사실이다(렘 23:6). 이런 구절의 놀라운 명확성은 신실한 자들로 하여금 그들의 참된 의가 하나님 안에 있음을 보게 해 준다. 이 역동성은 신실한 자들의 시선을 그리스도 안에 존재하는 하나님의 온전한 의로 향하게 하는 데 있어 필수적이다. 이는 존 버니언(John Bunyan)의 통찰에도 나타난다. "갑자기 이 문장이 내 영혼에 떨어졌다. '너의 의는 하늘에 있다.' 그리고 나는 영혼의 눈을 들어 하나님 우편에 계신 예수 그리스도를 보았다. 거기에 내 의가 있었다."[61] 바로 이신칭의라는 성경적 교리의 핵심을 상기시킨다. 종교개혁 시기에 루터는 이를 외적인 의, 즉 우리 밖에서 오는 의, 그리스도 안에서 하늘에 있는 의가 신자에게 전가된 것으로 보았다.[62]

주님께로부터 오는 외적인 의에 대한 예레미야의 언급은 의로운 주이신 하나님에 대한 신약의 증언으로 이어지는 완벽한 다리가 된다. 바울이 우리의 "지혜와 의로움과 거룩함과 구원함"(KJV와 개역개정)이 되신 그리스도를 언급할 때 사용한 헬라어에는 애매한 지점이 있다(고전 1:30).[63] 헬라어 본문에는 "지혜" 다음에 "와"에 해당하는 단어가 없기에 나는 다음과 같이 번역하는 NIV와 ESV가 일리 있다고 생각한다. "그[그리스도 예수]는 우리에게 하나님으로부터 오는 지혜가 되시며, 의와 거룩함과 구원이 되셨습니다"(새번역). 따라서 하나님으로부터 오는 우리의 지혜로서 그리스도가 곧 우리의 의와 거룩함과 구원을 의미한다.

---

61. John Bunyan, *Grace Abounding to the Chief of Sinners* (London: SCM Press, 1955), p. 105. 『죄인의 괴수에게 넘치는 은혜』(CH북스). Bunyan이 이 책을 쓴 것은 1666년이다.

62. 신자에게 전가된 이 외적인 의는 16장의 '의롭다 하심을 받은 불경건한 자' 단락에서 다룬다.

63. 헬라어 본문은 다음과 같다. ἐξ αὐτοῦ δὲ ὑμεῖς ἐστε ἐν Χριστῷ Ἰησοῦ, ὃς ἐγενήθη σοφία ἡμῖν ἀπὸ θεοῦ, δικαιοσύνη τε καὶ ἁγιασμὸς καὶ ἀπολύτρωσις.

구약성경 잠언의 지혜는 여러 방식으로 지혜와 의를 결부시킨다. 잠언은 이 지혜 모음집의 목적을 기술하는 서론으로 시작한다.

> 이 잠언은 지혜와 훈계를 알게 하며,
> 　명철의 말씀을 깨닫게 하며,
> 정의와 공평과 정직을
> 　지혜롭게 실행하도록 훈계를 받게 하며,
> 어수룩한 사람을 슬기롭게 하여 주며,
> 　젊은이들에게 지식과 분별력을 갖게 하여 주는 것이니.
> (잠 1:2-4, 새번역)

여기에 지혜와 의 사이의 연결이 언급된다. 이 연결이 어떻게 표현되는지는 지혜 모음집의 내용을 통해 더욱 분명해질 것이다. 지혜가 정의, 공평, 정직과 밀접히 연관된다는 사실은 지혜의 격언들이 이런 용어를 병렬로 사용하거나 같은 종류의 지혜를 특징짓는 방식에서 분명해진다.[64]

타락했지만 거주 가능한 우주에 남아 있는 선한 질서에 초점을 둔 지혜 문학이자 잠언임을 고려하면, 우리 앞에서 의의 의미는 그것이 지혜와 동의어가 아니라 할지라도 상당히 비슷하다. 잠언 10-12장의 격언들이 그런 상관관계의 예다. 잠언 12장에서는 15절과 22절을 제외하고 모든 경구가 지혜와 어리석음, 의와 악함 사이의 대조를 명시하거나 암시한다. 지혜와 의, 어리석음과 악함의 공통점은 매우 두드러

64. 공의, 정직, 정의, 심판이 모두 하나님의 의에 동일한 근거를 두고 있다고 여긴다면, 다음 구절들이 연관된다고 볼 수 있다. 잠 2:6-10, 20-21; 3:32-33; 4:10-11; 8:1-21; 9:9.

진다. 물론 하나님의 의와 지혜에 중점을 두기보다는 그런 식으로 행동하는 사람과 그에 따른 결과에 중점을 둔다. 그러면서도 하나님의 백성에게 있는 의와 지혜가 하나님의 속성에서 비롯되었다는 점이 부각되기 시작한다. 따라서 이 세상을 보존하시는 하나님의 선한 질서에 부합되게 살아가는 것이 지혜라면, 이와 마찬가지로 의도 그런 선한 질서와 연관된다. 이런 지혜와 의가 타락한 현실의 일부라는 사실은 죄에 대한 하나님의 심판이 그분의 본성을 반영하고 있는 질서를 유지하는 의로운 행위임을 보여 준다. 많은 성경신학자가 이스라엘의 지혜 문학은 구원보다는 창조와 그 질서에 중점을 두고 있다는 점을 지지한다.[65] 이처럼 잠언에서 지혜와 의는 생명과 안녕을 이루는 반면, 미련함과 악함은 파멸, 비참, 죽음을 촉진한다.

성경에서 하나님의 첫 번째 행동은 질서 있는 우주를 창조하신 것이다. 그분은 인간의 불순종을 심판하신 다음 타락한 인류의 구원을 위해 행동하신다. 그리고 하나님은 지혜롭고 정직하며 의롭게 여겨지는 인간의 행동이 어떤 것인지 계시함으로써 자신의 의를 보여 주신다. 이는 창세기 1장과 2장에 나타난 창조 질서의 관계적 측면을 반영한다. 하나님은 인간에게 창조주와의 관계, 서로 간의 관계, 주변 세계와의 관계에 대해 가르치셨다. 앞서 언급한 대로, 구약의 계시는 우리의 의가 오직 외적인 의, 즉 하나님의 의를 수여받을 때만 이루어질 수 있다는 진리로 인도한다. 이는 우리가 본래의 의로부터 타락했기 때문

65. Hans Heinrich Schmid, *Gerechtigkeit als Weltordnung* [Righteousness as World Order], Beitrage zur historischen Theologie 40 (Tubingen: J. C. B. Mohr, 1968), pp. 166-86; Schmid, 'Creation, Righteousness, and Salvation: "Creation theology" as the broad horizon of biblical theology', in Bernhard W. Anderson (ed.), *Creation in the Old Testament* (Philadelphia, PA: Fortress Press, 1984), pp. 102-17.

이다.[66]

복음서에 이르게 되면, 하나님의 의에 대한 언급은 희소하긴 해도 여전히 중요하다. 산상수훈에서 예수는 어떤 종류의 의는 부정하신다. "너희 의가 서기관과 바리새인보다 더 낫지 못하면 결코 천국에 들어가지 못하리라"(마 5:20). 대신 "먼저 그의 나라와 그의 의를 구하라"고 강권하신다(마 6:33). 오직 하나님의 의만 충분하다. 예수와 제자들의 마지막 대화에 관한 요한의 기록은 성령의 사역을 언급하며 하나님의 의를 암시한다. "그[성령]가 와서 죄에 대하여, 의에 대하여, 심판에 대하여 세상을 책망하시리라.… 의에 대하여라 함은 내가 아버지께로 가니 너희가 다시 나를 보지 못함이요"(요 16:8-10). 유대인들은 예수를 불의한 자로 처단하려고 했지만, 그분의 죽음은 제자들에게 의를 제공하는 유일한 방법이 될 것이며 부활과 승천은 그분의 의를 입증할 것이다. 그렇다면 우리는 하나님의 의를 구하라는 예수의 명령과 "내[예수]가 아버지께로 가니" 의에 대하여 세상을 책망하는 역할을 맡으신 성령에 대한 언급을 세심히 살펴보아야 한다. 어떻게 서기관과 바리새인의 율법주의적 의를 뛰어넘을 수 있는가? 예수의 대답은 외적인 의에 관한 것으로, 그분의 승천과 하나님 나라에서 드러난다.

이는 우리로 하여금 사도적 복음과 하나님의 의를 고려하게 한다. 바울은 복음의 핵심에 의가 있음을 설명한다.

> 내가 복음을 부끄러워하지 아니하노니 이 복음은 모든 믿는 자에게 구원을 주시는 하나님의 능력이 됨이라. 먼저는 유대인에게요 그리고 헬라인에게로다. 복음에는 하나님의 의가 나타나서 믿음으로 믿음에 이르게 하나니 기록

66. 타락의 심각성은 11장에서 다룬다.

된 바 오직 의인은 믿음으로 말미암아 살리라 함과 같으니라.

하나님의 진노가 불의로 진리를 막는 사람들의 모든 경건하지 않음과 불의에 대하여 하늘로부터 나타나나니 이는 하나님을 알 만한 것이 그들 속에 보임이라. 하나님께서 이를 그들에게 보이셨느니라. 창세로부터 그의 보이지 아니하는 것들 곧 그의 영원하신 능력과 신성이 그가 만드신 만물에 분명히 보여 알려졌나니 그러므로 그들이 핑계하지 못할지니라. (롬 1:16-20)

바울은 복음에서 하나님의 의가 어떻게 나타나는지 설명하면서 의인은 믿음으로 말미암아 살리라는 하박국 2:4을 인용한다(롬 1:17). 이는 바울의 논증에서 중추적인 부분이다. 구원은 외적인 의, 즉 모든 믿는 자를 위한 하나님의 의를 통해 이루어진다(롬 10:4). 구약에서 하나님의 의에 대한 계시는 창조 질서에서, 그리고 창조주의 주권에 반역해 그 질서를 위반한 일에 대한 하나님의 진노에서 드러난다. 죄인은 오직 회개와 하나님의 약속에 대한 믿음을 통해 하나님과 화해할 수 있다. 그 약속들은 예수의 생애, 죽음, 부활을 통한 예수의 인성에서 최종적이고 충만하게 표현된다.

로마서 1:16은 구원의 복음이 모든 불의에 대한 하나님의 진노를 나타낸다고 말한다. 하나님과 화해할 필요성은 고린도후서 5장을 비롯한 많은 본문에서 바울이 다루는 주제다. 바울은 구원하는 의가 사람의 노력으로 얻을 수 있는 속성이 아니라는 점을 상기시킨다. 그리스도의 속죄의 죽음이 의로 가는 유일한 길이다. 따라서 "하나님이 죄를 알지도 못하신 이를 우리를 대신하여 죄로 삼으신 것은 우리로 하여금 그 안에서 하나님의 의가 되게 하려 하심이라"(고후 5:21). 에베소서 4:24에서 바울은 신자가 복음으로 새롭게 되는 일은 "하나님을 따라 의와 진리의 거룩함으로 지으심을 받은 새 사람을 입는" 것이라고 단언한다. 하나님께로부터 난 의를 믿음으로 받는 자들에게 하나님의 의가 나타난다(빌 3:9). 이는 하나님이 어떤 분인지를 반영하는 실제를 유지하기 위해 행동하시는 하나님의 존재적 측면이다.

하나님은 자신의 성품과 일치하는 방식으로 우리를 향해 행동하셔서 의를 보이신다. 죄인인 인간이 그 성품의 본질을 부정할 때, 하나님은 자신의 참된 본성에 따라 행동하셔야 한다. 그분은 인간의 반역을 언제까지고 내버려둠으로써 스스로를 부정하실 수가 없다. 따라서 죄를 심판하셔야 한다. 죄인을 구원하고 진정한 교제를 회복시키려면, 그들의 죄를 심판함으로써 의롭게 행하셔야 한다. 그분은 대속적 속죄의 복음에서 이 의를 나타내시지만, 회개하지 않는 죄인에게 하나님의 의는 사망 선고로 나타난다.

하나님의 영광

하나님의 영광은 거룩함 및 의로움과 유사한 주제다. 우리는 하나님이 자기 백성을 어떻게 다루셔서 영광을 드러내시는지 이해할 필요가 있다. 하나님의 영광이 위대하고 경외심을 불러일으킨다는 사실을 쉽게 받아들일지라도, 그것이 정말 무엇이며 성경 인물들이 이를 어떻게 인식했는지는 면밀히 고찰해 보아야 한다. 구약에서 '영광'으로 번역되는 주된 히브리어는 '카보드'(*kābôd*)[67]인데, 여기 사용된 어근은 주로 중량, 무거움, 명예, 풍성함을 뜻하는 단어를 구성한다. 고린도후서 4:17에서 바울은 "영원한 영광의 중한 것"이라는 표현으로 영광과 무게를 은유로 함께 사용한다. 경이로움을 불러일으키는 이 모든 속성이 하나님

67. 히브리어 כבוד.

의 영광이라고 말하기는 쉽지만, 사람이 그 영광을 어떻게 목격하며 영광의 계시가 어떻게 진행되는지 특정하기란 훨씬 어려운 일이다.

하나님의 영광의 본질을 조금이라도 알기 전까지, 그것은 단지 명목상의 개념으로 우리가 세속적 관점에서 영광이라고 여기는 것에 의해 정의된다. 우리 앞에 놓인 과제는 성경 본문에서 이 단어가 어떻게 사용되는지 파악하는 것이다. 히브리어 '카보드'가 처음 나오는 내러티브는 출애굽기 16:6-10이다. 이집트에서 막 해방된 이스라엘 백성은 힘겨운 광야 생활에 원성을 터뜨린다. 이에 하나님은 모세에게 "하늘에서 양식을 비 같이 내리리니"라고 이르신다.

> 모세와 아론이 온 이스라엘 자손에게 이르되 저녁이 되면 너희가 여호와께서 너희를 애굽 땅에서 인도하여 내셨음을 알 것이요 아침에는 너희가 여호와의 영광을 보리니 이는 여호와께서 너희가 자기를 향하여 원망함을 들으셨음이라. 우리가 누구이기에 너희가 우리에게 대하여 원망하느냐.…
>
> 모세가 또 아론에게 이르되 이스라엘 자손의 온 회중에게 말하기를 여호와께 가까이 나아오라. 여호와께서 너희의 원망함을 들으셨느니라 하라. 아론이 이스라엘 자손의 온 회중에게 말하매 그들이 광야를 바라보니 여호와의 영광이 구름 속에 나타나더라. (출 16:6-7, 9-10)

백성들의 원망으로 촉발된 하나님의 영광의 현현은 훈계이자 은혜의 표현일 수도 있다. 반역과 원망을 일삼는 백성에게 주님의 선하심으로 베푸신 떡과 고기는 그들이 하나님의 영광을 보게 된 배경이다. 하지만 그들이 본 것은 무엇인가? 본문은 "구름 속에" 있다는 언급 이상은 하지 않는다. 시내산으로 올라오라는 부르심을 받은 모세의 이야기에 좀 더 많은 정보가 있다.

모세가 산에 오르매 구름이 산을 가리며 여호와의 영광이 시내산 위에 머무르고 구름이 엿새 동안 산을 가리더니 일곱째 날에 여호와께서 구름 가운데서 모세를 부르시니라. 산 위의 여호와의 영광이 이스라엘 자손의 눈에 맹렬한 불 같이 보였고. (출 24:15-17)

영광의 실체로부터 떨어진 거리를 주목해 보자. "여호와의 영광이… 같이 보였고." 이는 모세가 독특한 방식으로 경험해야 하는 거리다. 다시금 영광은 구름으로부터 나온다. 모세가 산 위에 있는 동안, 그의 형 아론은 야웨를 경배하기 위해 금으로 된 형상을 만들어 달라는 백성의 성화에 못 이겨 생각지도 못한 일을 저지른다. 이를 알게 된 모세는 하나님이 주신 율법이 새겨진 돌판을 깨트린다(출 32:1-6, 19-20). 그리고 백성을 위해 중보한다.

모세가 이르되 원하건대 주의 영광을 내게 보이소서. 여호와께서 이르시되 내가 내 모든 선한 것을 네 앞으로 지나가게 하고 여호와[68]의 이름을 네 앞에 선포하리라. 나는 은혜 베풀 자에게 은혜를 베풀고 긍휼히 여길 자에게 긍휼을 베푸느니라. 또 이르시되 네가 내 얼굴을 보지 못하리니 나를 보고 살 자가 없음이니라. 여호와께서 또 이르시기를 보라 내 곁에 한 장소가 있으니 너는 그 반석 위에 서라. 내 영광이 지나갈 때에 내가 너를 반석 틈에 두고 내가 지나도록 내 손으로 너를 덮었다가 손을 거두리니 네가 내 등을 볼 것이요 얼굴은 보지 못하리라. (출 33:18-23)

여기서 영광이 지나가는 것은 야웨가 지나가시는 것이며, 모세가 그

68. 히브리어 '야웨'(יהוה).

분을 직접 보는 일은 허락되지 않는다. 그는 하나님의 얼굴이 아니라 등을 볼 따름이다. 하나님과 그분의 영광의 이 가시적 실체는 하나님의 영광이 그분의 등이 아니라 예수 그리스도의 얼굴에 드러날 때를 예견한다(고후 4:6). 백성들이 "여호와의 영광"을 보았다고는 하지만, 하나님의 거룩한 구별되심과 백성의 죄로 인해 우리를 교훈할 수 있는 하나님의 영광을 직접 볼 수는 없다는 사실이 드러나기 시작한다. 죄된 인간이 그 영광을 묘사할 수 있을 정도로 직접 보는 것은 하나님을 보고 죽는 것과 같다.

그러나 하나님의 영광이 나타나고 백성들이 그것을 보았다고 기록하는 본문도 있다. 아론과 그의 아들들을 제사장으로 성별한 후, 모세는 그들에게 성막에서 제물을 바치도록 명한다.

> 그들이 모세가 명령한 모든 것을 회막 앞으로 가져오고 온 회중이 나아와 여호와 앞에 선지라. 모세가 이르되 이는 여호와께서 너희에게 하라고 명령하신 것이니 여호와의 영광이 너희에게 나타나리라. 모세가 또 아론에게 이르되 너는 제단에 나아가 네 속죄제와 네 번제를 드려서 너를 위하여, 백성을 위하여 속죄하고 또 백성의 예물을 드려서 그들을 위하여 속죄하되 여호와의 명령대로 하라. (레 9:5-7)

> 아론이 백성을 향하여 손을 들어 축복함으로 속죄제와 번제와 화목제를 마치고 내려오니라. 모세와 아론이 회막에 들어갔다가 나와서 백성에게 축복하매 여호와의 영광이 온 백성에게 나타나며[69] 불이 여호와 앞에서 나와 제단

69. 이 문장의 ESV 번역에는 불필요한 '그리고'(and)가 있다. 여기서 사용된 히브리어 '바브'(*waw*) 연속법은 새로운 것을 보여 주기 위함이 아니라 하나님의 영광이 백성에게 어떻게 나타났는지를 묘사하기 위함이다. NIV는 KJV 및 ESV와 달리 24절 첫 부분에서 '그리고'를 생략한다. 또한

위의 번제물과 기름을 사른지라. 온 백성이 이를 보고 소리 지르며 엎드렸더라. (레 9:22-24)

하나님의 영광은 제단 위에서 이미 타고 있는 제물을 사르는 불 속에서 나타난다. 이렇게 지정된 제물의 용납은 하나님의 영광을 속죄와 구속에 결부시킨다. 지금까지 우리는 설명되지 않는 여호와의 영광에 대한 언급을 살펴보았는데, 모두 중요한 배경 속에서 나타났다. 즉 광야 백성을 위한 하나님의 공급하심, 모세에게 율법을 주심, 죄를 위한 성막 희생제사 같은 배경이다. 이들의 공통분모는 하나님의 백성이 되고 그분의 임재를 알게 되는 택함받은 자들의 구원이다.

이와 비슷한 방식으로, 이스라엘 백성이 약속의 땅으로 나아가기를 두려워할 때 회막에서 주의 영광이 나타나 하나님이 그들과 함께하신다는 사실을 확신시킨다(민 14:6-10). 여기서 영광은 이집트에서 하나님이 행하신 기적과 연관된다. "내 영광과 애굽과 광야에서 행한 내 이적을 보고서도 이같이 열 번이나 나를 시험하고 내 목소리를 청종하지 아니한 그 사람들은 내가 그들의 조상들에게 맹세한 땅을 결단코 보지 못할 것이요"(민 14:22-23). 고라의 반역에서 영광은 심판의 징후로 나타난다(민 16:19-21). 다시금 영광은 모세와 아론이 므리바에서 마실 물을 위해 하나님께 간구할 때 나타난다(민 20:6). 광야에서 40년간 유리하고 다음 세대가 약속의 땅에 들어가기 직전에 모세는 재차 율법을 설명한다. 그는 이스라엘 백성에게 시내산에서 나타난 현상이 그들을 두려움에 질리게 했다는 사실을 상기시킨다. "말하되 우리 하나님

세 번역 중에 KJV만이 여기서 단락을 새로 시작한다. 레 10:1-3에서는 주제님은 제사장들을 삼켜 버린 불에 대한 이야기로 이어진다.

여호와께서 그의 영광과 위엄을 우리에게 보이시매 불 가운데서 나오는 음성을 우리가 들었고 하나님이 사람과 말씀하시되 그 사람이 생존하는 것을 오늘 우리가 보았나이다"(신 5:24).

전기 예언서에서 추가할 만한 내러티브는 많지 않다. 엘리의 며느리는 아들 이름을 이가봇[70]이라고 짓는데, 언약궤가 블레셋의 손아귀에 넘어갔다는 말은 "영광이 이스라엘에서 떠났다"는 뜻이기 때문이다(삼상 4:21). 이것이 하나님의 영광을 의미하는지 이스라엘의 영광을 의미하는지는 분명하지 않다. 본문은 그 둘을 이스라엘 민족의 구원과 연관된 영광 및 그들과 함께 거하시는 하나님과 연관된 영광으로 결부시키고 있는지도 모른다. 성전에 언약궤가 들어오자 주님의 영광이 성전을 채운다(왕상 8:10-11; 대하 5:13-14; 7:1-3). 백성들이 영광을 '보는' 혹은 영광이 가득한 장면이 나오는 이 모든 사건에서 하나님의 영광은 시각적이고 초자연적이며 설명할 수 없는 어떤 것으로써 경외심과 두려움까지 불러일으킨다. 죄된 인간은 살아 계신 하나님과 대면하고 살아남을 수 없지만, 하나님의 백성은 그분의 영광을 본다.

예언서에서 하나님의 영광을 언급하는 내용은 대부분 이사야서와 에스겔서에 있다. "여호와의 싹"에 대한 이사야의 언급은(사 4:2-6) 출애굽과 시내산의 언어를 시온산으로 옮긴다. 그 싹은 시온의 영광을 비롯해 출애굽이 예견한 모든 것이 이루어지는 메시아 시대를 나타낸다. 이 환상은 이집트에서 시온까지의 진행을 보여 준다. 우리는 이사야가 성전에서 예언자로 부름받는 환상을 이미 살펴보았다. 이사야가 하나님의 영광을 언급하는 나머지 부분은 이사야서 후반부에 나오는데, 주로 포로와 유배 생활에서 구원받는 이스라엘에 초점을 맞춘다

70. 히브리어 '이[없다] 카보드[영광]'(אִי־כָבוֹד).

(사 40:5; 42:8; 58:8; 60:1-2; 66:19). 이 구절들은 하나님의 구원 행위를 통해 드러나는 하나님의 영광을 언급한다. 또한 이사야는 하나님이 자신의 영광을 위해 창조한 자들을 구원하신다는 주님의 선언을 전달한다(사 43:5-7). 유배 중인 하나님의 백성이 그들의 삶 가운데 하나님의 영광을 반영하지 않을 때는 불로 연단을 받듯 단련되어야 한다. 이는 야웨의 이름을 위함인데, 그분은 자기 영광을 다른 이에게 주지 않으실 것이기 때문이다(사 48:9-11).

에스겔이 이 문제에 도움을 준다. 그의 예언 사역은 하나님의 보좌 환상을 설명하며 시작된다(겔 1:1). 이어지는 묘사는 일종의 황홀경처럼 보일 수도 있는데, 하나님이 주신 이상이기에 환각은 아니다(겔 1:4-28). 하나님은 바람, 빛, 번쩍번쩍한 불, 불 속에서 빛나는 금붙이의 광채로 영광의 한 면모를 에스겔에게 드러내신다. 네 얼굴과 네 날개를 가진 네 생물이 나오고 이에 대한 묘사가 계속된다. 이어 에스겔은 눈으로 가득 찬 바퀴 안에 바퀴가 있는 것을 보는데, 이 기이한 현상은 끝이 없어 보인다. 마침내 그는 이 충격적인 환상을 이렇게 요약한다. "이는 여호와의 영광의 형상의 모양이라. 내가 보고 엎드려 말씀하시는 이의 음성을 들으니라"(겔 1:28). 모세가 하나님의 영광을 직접 볼 수 없었던 것과 마찬가지로, 에스겔은 하나님의 참된 영광과 자신 간의 거리를 인식한다. "이는 여호와의 영광의 형상의 모양이라." 그는 영광을 보지 못했다. 다만 영광의 형상의 모양을 환상을 통해 보았다. 이후 여호와의 영광이 거기 머물렀다가 동쪽으로 떠난다는 묘사를 들으면 우리는 실제로 에스겔이 무엇을 보았을지 궁금해진다(겔 3:23; 8:4; 9:3; 10:4, 18-19; 11:22-23). 영광이 떠나 동쪽으로 향한다는 말씀은 하나님의 관심이 이제 바벨론 포로들에게 있음을 시사한다. 좋은 무화과와 나쁜 무화과에 대한 예레미야의 환상과(렘 24:1-10) 포로들에게 보낸 그의 편지도(렘 29:1-14) 같은 관심을 나타낸다. 바벨론에서 예언을 하던 에스겔은 동쪽에서 온 하나님의 영광이 예루살렘 성전으로 돌아가는 환상을 통해 회복의 날을 본다(겔 43:1-5). 에스겔 아내의 죽음이 예루살렘 성전의 임박한 파괴를 상징한다는 점을 고려하면, 하나님의 영광이 회복된 성전으로 돌아온다는 것은 명백히 종말론적이다(겔 24:15-24; 이 책의 15장을 보라).

그렇다면 우리는 하나님의 영광에 대한 구약의 계시에서 어떤 역동성을 포착할 수 있는가? 창조와 연관된 몇몇 본문을 제외하면, 대부분의 경우 우리는 하나님이 심판이 수반된 구원 행위로 영광을 나타내신다는 것을 보게 된다. 자기 백성과 함께 거하시려는 하나님의 계획이 구원에 수반되기에, 성막과 성전이 영광과 결부되는 것이다.[71] 이 본문들은 영광이 보인다는 사실 혹은 그것이 특정 환상의 초점이라는 사실을 나타내므로, 우리는 영광이 하나님의 임재에 대한 압도적인 감각이나 느낌 이상이라는 결론을 내려야 한다. 그러나 (영광을 직접 본 것은 아니지만) "여호와의 영광의 형상의 모양"을 본 에스겔의 예외적인 환상을 제외하면, 하나님의 백성이 실제로 무엇을 보았는지 알기란 불가능하다. 따라서 우리는 하나님이 창조를 통해 처음 자신의 영광을 드러내셨다고 결론지을 수 있다(시 19:1). 그 후, 영광은 타락한 세상에서 죄인들이 은혜로 경험하는 구원의 다양한 측면과 연결된다. 하나님께 영광을 돌리는 것은 자격 없는 자들을 향한 그분의 구원 사역을 인정하며 그분께 마땅한 찬양을 드리는 것이다.

성경 계시의 주요 전환은 구약의 약속들을 이루기 위해 오신 예수

71. 이에 관한 최근의 세심한 연구는 다음을 보라. G. K. Beale' *The Temple and the Church's Mission: A biblical theology of the dwelling place of God*, NSBT 17 (Leicester: Apollos; Downers Grove, IL: InterVarsity Press, 2004). 『성전 신학』(새물결플러스).

께 있기 때문에, 이제 우리에게 남은 것은 신약성경이 하나님의 영광을 전달하는 방식을 살펴보는 일이다. 따라서 누가복음의 예수 탄생 내러티브에서 출발할 것이다. 천사가 목자들에게 예수의 탄생을 알리는 장면의 묘사는 이렇다. "주의 영광이 그들을 두루 비추매 크게 무서워하는지라"(눅 2:9). 구약과 마찬가지로, 이 본문은 목자들이 무서워했다는 사실 외에 어떤 현상이 있었는지 구체적으로 알려 주지 않는다. 또한 구약의 예언서들과 마찬가지로, 구원의 도래에 대한 보증은 "무서워하지 말라"(눅 2:10)는 말로 시작한다.[72] '환히 비취는' 영광은 일종의 밝은 빛을 암시한다. 요한은 다른 방식으로 성육신과 하나님의 영광의 수렴을 언급한다. "말씀이 육신이 되어 우리 가운데 거하시매 우리가 그의 영광을 보니 아버지의 독생자의 영광이요 은혜와 진리가 충만하더라"(요 1:14).[73] 여기서 예수의 존재와 행위가 하나님의 영광을 드러낸다.

예수 탄생 내러티브와 별개로, 마태는 장차 영광 가운데 오실 인자를 언급한다(마 25:31). 이는 그리스도의 온전하신 위엄이 더 이상 이 땅에 비하된 존재로서 옷 입지 않을 것임을 시사한다. 또한 누가는 "인자도 자기와 아버지와 거룩한 천사들의 영광으로 올 때"를 언급한다(눅 9:26). 세 권의 공관복음서는 모두 예수의 변모 사건을 기록하지만(마 17:1-8; 막 9:2-8; 눅 9:28-36; 또한 벧후 1:16-18), 누가만이 모세와 엘리

72. 독일의 양식비평학자들은 "두려워하지 말라"는 어구로 시작하는 구원 신탁(Heilsorakel)의 본질에 주목했다. Claus Westermann, *Isaiah 40-66: A commentary* (Philadelphia, PA: Westminster Press, 1969), pp. 67-81, 114-19(1966년 독일어 초판본의 영역본). 예수께서 이따금 사용하신 "두려워하지 말라"는 말씀은 형식은 다르지만 동일한 구원적 적용의 맥락에 있다(마 17:7; 28:10; 막 5:36; 6:50; 눅 5:10; 12:7, 32; 요 6:20).

73. 마태는 예수 탄생 내러티브에서 하나님의 영광을 언급하지 않는 반면 구약 약속의 성취에 큰 중점을 둔다(마 1:22; 2:15, 17, 23).

야의 모습을 영광과 결부시켜 말한다. 공관복음서에 나오는 이 내러티브의 공통점은 모세와 엘리야의 등장, 밝은 빛, 구름, 인자의 말을 들으라고 선포하시는 하나님의 음성이다. 그리고 이 모두에서 베드로, 야고보, 요한이 느낀 두려움이 언급된다. 시내산과 예수 변모 사건이 이루는 병행 관계는 중요하다. 한편에서 모세는 하나님의 말씀을 중재하는 최고 권위를 지닌 구약의 예언자로 나타나며, 다른 한편에서 위대한 두 예언자와 대화를 나누는 성육신한 말씀은 이제 사도들이 반드시 그 말씀을 들어야 하는 존재로 선포된다. 시내산에서 하나님의 말씀에 동반된 구름 속의 영광은 이제 변모되신 예수와 산 위의 구름 속에 있는 것과 같은 영광이다.[74] 이는 계시에 있어 중요한 전환점이다. 예언자들을 통해 중재된 말씀이 성육신하신 하나님을 통해 중재된다. 다른 신약 본문들은 대부분 예수의 인격과 사역과 관련해 하나님의 영광을 언급한다. 이는 예수가 아버지와 공유하시는 영광이다(요 11:40; 17:5, 22). 그리스도는 하나님의 영광으로 다시 살아나셨다(롬 6:4). 그분은 하나님의 영광의 완벽한 반영이다(히 1:3). 끝으로 그리스도의 영광에 대한 언급을 주목하자. 예수는 단지 하나님의 영광을 반영하신 것이 아니다. 예수의 영광이 진정 하나님의 영광이기 때문이다. 그분은 먼저 고난을 받고 자기 영광에 들어가야 하셨으며(눅 24:26), 이 영광 속에 다시 오실 것을 예견하신다(눅 21:27). 그분은 자신의 행위로(요 11:4), 또한 자신의 죽음으로 아버지께 영광을 돌리며(요 17:1-5) 영광을 나타내신다.

74. 흔히 모세와 엘리야가 율법과 예언자를 대표한다고 보는 관점은 신약에서 추가로 설명되는 율법에 대한 관점에 비추어 보면 오해될 소지가 다분하며, 그렇지 않은 경우라도 충분하지는 못하다. 이들의 등장이 가진 중요성은 예언자로서의 역할에 있다. 모세와 엘리야 모두 제자들이 반드시 들어야 하는 말씀으로서 예수의 예언자적 역할을 증언한다.

하나님의 영광의 가시적 현현은 구름과 빛으로 시작한다. 그런 현상의 발생은 하나님의 영광이 묘사할 수 없는 빛이자 평범한 인간이 접근할 수 없는 존재임을 의미하는 듯하다. 구름은 누구도 버틸 수 없는 하나님의 본성을 가려서 하나님이 죄된 인간에게 자기 존재를 드러내실 수 있게 해준다. 이것들은 하나님의 구원 및 하나님이 자기 백성과 함께 거하시는 일과 일관되게 연관되어 감각적 특징에 의미를 부여한다. 적절한 때에 하나님의 영광에 대한 계시의 위대한 전환을 통해 영광은 예수의 성육신, 그분의 인격, 그분의 기묘한 이적과 기적, 그분의 죽음, 그분의 영화, 그분의 분명한 영광의 재림 속으로 들어온다. 바울은 예수에 관한 소식을 "그리스도의 영광의 복음"이라고 언급한다(고후 4:4). 이제 하나님의 영광은 "예수 그리스도의 얼굴에 있는 하나님의 영광"으로 나타난다(고후 4:6).

하나님의 영광의 계시에 동반된 구름 현상에 관해 한 마디 덧붙이겠다. 비와 폭풍을 부르는 자연스러운 구름의 발생이라는 언급이 있는 반면, 하나님과 그리스도의 영광의 양상을 나타내기 위해 구름이라는 단어가 지속적으로 사용되기도 한다. 구약에서 구름을 뜻하는 히브리어 단어는 '아브'(*'āb*), '아난'(*'ānān*), '샤하크(*šaḥaq*)' 세 가지가 있다.[75] 마지막 단어는 주로 자연적인 구름을 뜻하며 높이, 특히 하나님의 복이나 위대함의 풍성함을 나타내는 데도 사용된다.[76] 처음 두 단어는 하나님의 출현과 존재를 암시하는 어떤 초자연적 현상을 나타내는 데 일관적으로 사용된다.[77]

---

75. 히브리어 '아브'(עב), '아난'(ענן), '샤하크'(שחק).

76. 예를 들어, 욥 36:28; 38:37; 시 36:5; 57:10; 68:34; 108:4.

77. 예를 들어, 출 13:22; 14:20; 16:10; 19:9; 24:15; 34:5; 40:34-38; 사 4:5; 렘 4:13; 애 3:44.

모세의 시내산 체험, 하나님의 영광을 시야에서 가려 주는 구름, "여호와의 영광의 형상의 모양"을 본 에스겔의 환상이 가진 거리감, 자신의 온전한 영광을 기다리는 그리스도의 겸손, 이 모두는 하나님의 영광을 본 이들의 경험은 최종 완성의 때에 드러날 영광의 전조에 불과하다는 사실을 가리킨다. 바울은 "거울로 보는 것 같이 희미한" 일이 "얼굴과 얼굴을 대하여" 보는 것처럼 되어서 우리가 완전히 알게 될 날을 고대한다(고전 13:12). 영광에 대한 요한의 환상은 성소와 새 예루살렘에서 구약의 영광의 현현을 반영한다(계 15:8; 21:10-11). 하나님의 영광이 새 예루살렘의 빛이기에 그곳은 해가 필요하지 않다(계 21:23). 하나님의 영광과 하나님이 성전이 되셔서 자기 백성과 함께 거하시는 일의 결합은 이 주제에 대한 구약의 핵심 개념들을 연결시킨다. 하나님의 영광의 자리인 구원은 하나님이 다시 자기 백성과 함께 거하시기 위한 수단이다. 하나님의 백성이 하나님의 영광을 마주했을 때 실제로 본 것이 무엇이었는지 간에, 새 예루살렘과 새 땅에서 영화롭게 된 하나님의 백성이 겪게 될 아직 드러나지 않은 영광은 구름에 가리지 않는 완전하고 개방적인 경험일 것이다. 어쩌면 죄인인 우리에게 하나님의 영광의 가장 놀라운 점은, 부활의 빛이 비취기 전, 예수가 십자가에 달리신 금요일의 어둠 속에서 그 영광이 가장 분명하게 나타난다는 사실이다.

요약 및 해석학적 함의

이번 장의 요점은 다음과 같다.

1. 삼위일체의 단일복수성은 현실의 기본이다.

2. 구약에서 암시적으로 나타난 삼위일체는 신약에서 명시적으로 나타난다.

3. '하나님'('엘로힘') 또는 '주'('야웨')는 일반적으로 구약에서 성부 하나님을 의미한다.

4. 사랑, 거룩, 의, 영광 같은 하나님의 주요 속성은 그분의 행동을 통해서만 알려질 수 있고, 그분의 말씀으로만 해석될 수 있다. 이 모든 속성은 하나님의 존재와 행위에서 비롯되며 삼위일체이신 그분의 본성과 조화를 이룬다.

5. 구약에서 하나님의 이런 속성은 자기 백성을 구원하시는 하나님의 행동과 관련된다.

6. 예수 그리스도의 오심을 통해 하나님의 속성이 육신의 옷을 입게 되며, 이런 속성이 무엇인지 정의할 수 있는 유일하고 명확한 근거를 제공한다.

기독교 성경 해석의 기본 전제는 삼위로서 하나이신 영원한 하나님이다. 삼위일체는 전문적인 훈련을 받은 신학자들의 선택 사항이 아니라 모든 진리와 사고의 출발점이다. 점진적인 계시의 본질이 우리의 해석학을 결정하며, 이는 우리가 구약을 기독교적 시각으로 바라보아야 한다는 것을 의미한다. '기독교적 시각'이라는 표현이 모든 세세한 구절에서 예수를 발견한다는 알레고리적 집착을 뜻하는 것은 아니다. 오히려 예수와 사도들의 방식으로 구약을 본다는 의미다. 삼위일체는 창조 기사의 시작에서부터 명백하고, '신인'으로 오신 예수 그리스도의 성육신에서 가장 선명히 드러나는 가능하고 유일한 결론이다.

우리는 삼위일체로부터 출발하며, 그 계시는 최종적으로 예수가 중재하신다. 그러므로 하나님의 속성을 정의하려는 모든 시도는 하나님 안에서 단일성/구별성의 의미를 인식하는 데서 시작해야 한다. 삼위일체의 세 위격으로 우리에게 계시된 이 단일성/구별성은, 하나님이 거룩하시고 사랑하시며 의로우시기 위해 순응해야 하는 그분 외부에 선재하는 어떤 법칙이나 기준으로 정의될 수 없다. 우리는 하나님으로부터 출발하여 그분이 어떻게 자신의 말씀과 행동으로 그런 속성을 드러내시는지 관찰할 수밖에 없다. 성경 해석자는 먼저 삼위일체를 출발점으로 삼고, 하나님의 자기 계시의 역동성이 어떻게 예수 그리스도에 대한 최종 계시에 이르게 되는지 관찰해야 한다. 하나님의 각 속성은 그분의 영원한 자기 일관성에 근거한다. 그 가운데 일부는 창조 질서를 통해 드러나거나 반영되어 하나님의 의로움에 대해 알려 준다. 하지만 의로움과 거룩함은 분리될 수 없다. 이는 우리가 하나님 내부의 공동체적 관계에서 본 것과 마찬가지다. 이 관계는 인간관계의 근거가 되며, 우리 인간관계가 하나와 다수의 관계라는 신적 원리에 따라 어떻게 작동해야 하는지를 보여 준다.

이러한 논의는 거룩함, 의, 영광으로 이루어진 일종의 '신적 속성의 삼위일체'를 제시하게 한다. 단순히 세 가지여서가 아니다. 사랑과 같은 다른 속성을 추가할 수도 있기 때문이다. 오히려 단일성/구별성이 수반된 까닭이다. 따라서 하나님의 거룩함은 삼위일체 안에서의 영원한 온전함과 자기 일치성에 중점을 둔다. 거룩한 분리는 하나님이 자신 이외의 모든 것을 창조하셨기 때문에 존재한다. 하나님은 피조물을 자기 신성의 일부로 삼지 않는 방식으로 창조하셨다. 의는 하나님이 피조물을 다루시는 방식으로, 피조물이 하나님의 존재에 대적하여 영속적으로 존재할 수 없게 한다. 이는 반역에 대한 진노와 그 반역자들을 구원하시는 사랑을 모두 포함한다. 하나님의 의는 죄에 대한 자신의 의로운 진노를 유지함과 동시에 죄인을 의롭게 하시려는 도전에 직면한다. 하나님의 영광에는 의롭게 구원을 행하시는 거룩한 하나님의 현현이 수반된다. 설명해야 할 것이 많이 남아 있지만, 이와 같은 하나님의 속성이 우리를 예수 그리스도께로 인도한다는 사실을 상기하는 것만으로도 충분하다.

7. 성자 하나님과 복음에 대한 계시의 역동성

도대체 예수는 누구신가? 왜 우리는 우리 종교를 그분의 이름으로 부르는가? 그분은 지금 어디에 계시며, 정말 다시 오실 것인가? 이번 장에서는 예수와 그분에 대한 신조 진술에서 제기되는 의문을 다룰 것이다. 우리는 크리스마스라는 절기에 너무나 익숙해져 있다. 하지만 그런 기독교적 배경이 없었다면, 성자 하나님의 성육신은 우리에게 매우 놀라운 충격으로 다가왔을 것이다. 부활하신 예수께서 구약성경이 자신에 관한 것이라고 선언하셨을 때(눅 24:27, 44), 중요한 질문이 제기되었다. 어떻게 구약성경이 예수에 관한 책이 되는가? 성육신은 하나님이 인간의 육신을 취해 사람이 되신 사건이었다. 이는 우리 역사의 특정 장소와 시간에 발생했다. 예수는 시기적으로 구약보다 후대에 속하며, 심지어 그 안에서 예수의 이름이 예견된 적도 없다. 그럼에도 불구하고 예수와 사도들, 초기 그리스도인들 모두는 당시 그들이 가졌던 성경, 즉 구약만을 근거로 예수를 메시아이자 구세주로 선포했다. 구약성경이 어떻게 예수에 관한 책인지는 그리스도인과 우리의 성경 읽기에 있어 핵심적인 문제다. 이제 이 문제를 다루어 볼 차례다.

성자 하나님과 신인

성육신이라는 주제는 인간에 대한 성경의 역동성과 밀접한 관련이 있지만, 이번 장에서는 하나님이 우리 가운데 오시는 행위에 초점을 맞출 것이다. 우리는 성육신을 성탄절 이야기에서 시작하는 것으로 여기는 경향이 있는데, 실제 성육신으로 이어지는 계시의 장구한 역사는 하나님이 "우리의 형상을 따라 우리의 모양대로" 사람을 창조하신 창세기 1:26-31로 거슬러 올라간다. 만물을 다스리시는 하나님의 형상을 따라 사람은 나머지 피조물을 다스릴 권한을 받았다. 사람은 피조물의 일부지만 하나님의 형상과 모양으로 만들어진 독특한 지위를 지닌 것이다. 타락 이후, 인간은 그들이 차지한 땅과 타인을 지배하려는 부패한 방식을 통해 그런 권한을 발현한다. 창세기 3:15에는 여자의 "씨"가 뱀의 머리를 상하게 할 것이라는 약속이 나온다. 처음에는 이 약속이 가진 힘을 제대로 이해하지 못할지도 모른다. 이 약속은 하나님과 반역적인 인간이 비참하게 분리된 직후 따라왔다. 여자의 후손을 통한 회복을 약속하심으로써, 성경은 처음부터 이러한 분리가 끝날 것이며 이것이 죄를 해결할 구제책의 서막임을 우리에게 일깨워 준다. 이 '원복음'(*proto-evangel*) 혹은 '첫 복음' 이후 구속사의 모든 단계는 하나님의 성육신으로 이어진다. 한두 구절을 제외하면 구약은 명시적으로 성육신을 언급하지 않는다. 메시아(그리스도)에 대한 예표는 신인(God-Man)에 대해 명확히 말하지 않는다. 그럼에도 우리는 예수의 탄생이 예언자들의 예언, 특히 이사야 9:6-7과 11:1-5의 성취라는 결론을 내릴 수밖에 없다. 예수는 스스로 율법과 예언을 완전하게 하러 왔다고 주장하셨다(마 5:17). 그분은 자신이 말하고 행동한 바에 의해서만이 아니라 신인으로서도 약속을 성취하시는 분이다.

따라서 예수가 이 세상에 오신 것은 구약의 일들이 잘 풀리지 않아서 하나님이 사후에 세우신 방책이 아니었다. 베드로는 이것이 세상이 시작되기도 전에 이미 예정되었던 일이라는 사실을 알려 준다.

> 이스라엘 사람들아 이 말을 들으라. 너희도 아는 바와 같이 하나님께서 나사렛 예수로 큰 권능과 기사와 표적을 너희 가운데서 베푸사 너희 앞에서 그를 증언하셨느니라. 그가 하나님께서 정하신 뜻과 미리 아신 대로 내준 바 되었거늘 너희가 법 없는 자들의 손을 빌려 못 박아 죽였으나. (행 2:22-23)

> 너희가 알거니와 너희 조상이 물려 준 헛된 행실에서 대속함을 받은 것은 은이나 금 같이 없어질 것으로 된 것이 아니요 오직 흠 없고 점 없는 어린 양 같은 그리스도의 보배로운 피로 된 것이니라. 그는 창세 전부터 미리 알린 바 되신 이나 이 말세에 너희를 위하여 나타내신 바 되었으니. (벧전 1:18-20)

인간 예수와 그분의 희생적 죽음은 미리 알려지고, 미리 정해지고, 영원히 결정되었으며, 이제 이 마지막 시대에 드러났다. 이 구절들이 그 모든 것을 말해 준다. 아르미니우스주의자들에게 양립할 수 없는 개념인 하나님의 확정적 계획과 미리 아심은 실제로는 같은 것이다.[1] 사도행전 2:23은 법 없는 자들의 손을 빌린 예수의 처형을 암시하면서 하나님의 주권과 인간의 책임이 충돌하지 않는다는 사실을 보여 준다.

1. 아르미니우스주의자에게 미리 아심은 단지 하나님이 무슨 일이 일어날지를 알고 계신다는 사실을 의미한다. 이는 하나님이 그것을 계획하셨다는 뜻이 아니며 더욱이 그 일이 이루어지도록 보장하신다는 뜻도 아니다.

성육신의 역동성은 여자에게서 태어나기 위해 오신 예수가 구속사의 '마지막 시대'로의 진입이라는 사실을 수반한다. 성육신의 중요성을 이해하기 위한 또 하나의 결정적 측면은 성자 하나님의 전존재(pre-existence)다. 영원부터 계신 하나님이 인간의 육신을 취하시고 우리 가운데 거하신다(요 1:14; 히 1:1-4). 성경이 이렇게 표현하는 것은 아니지만, 하나님의 성육신을 두 본성을 지니신 그리스도로 표현하는 간략하고 합당한 표현은 그분을 '신인'으로 부르는 것이다.[2]

하나님의 영원한 말씀이신 성자 하나님

성경에 나오는 용어는 아니지만, 조직신학에서 '성자 하나님'이라는 칭호는 영원한 삼위일체의 두 번째 위격을 가리키기 위해 사용된다. 우리는 하나님의 영원한 말씀이신 성자에 대한 성경의 말씀을 고려하지 않고서 성육신을 이해할 수 없다.

> 태초에 말씀이 계시니라. 이 말씀이 하나님과 함께 계셨으니 이 말씀은 곧 하나님이시니라. 그가 태초에 하나님과 함께 계셨고 만물이 그로 말미암아 지은 바 되었으니 지은 것이 하나도 그가 없이는 된 것이 없느니라.…
>
> 말씀이 육신이 되어 우리 가운데 거하시매 우리가 그의 영광을 보니 아버지의 독생자의 영광이요 은혜와 진리가 충만하더라. (요 1:1-3, 14)

여기서 요한이 회상하는 창조 기사는 하나님이 말씀으로 세상을

2. 이에 관한 성경신학적 설명은 다음을 보라. Graham A. Cole, *The God Who Became Human: A biblical theology of incarnation*, NSBT 30 (Nottingham: Apollos; Downers Grove, IL: InterVarsity Press, 2013).

존재하게 하셨을 때, 만물이 그 말씀을 통해서 만들어졌다는 사실을 알려 준다. 우리는 창세기 1장에서 반복되는 "하나님이 이르시되"라는 표현에 너무 익숙해져 이 중요성을 간과하기도 한다.[3] 하나님은 말씀으로 창조하시고 소통하셨다. 요한은 바로 그 말씀이 육신이 되셨다고 증언한다. 두 번째 창조 기사가 상기시켜 주듯이 하나님은 '말씀' 하셨을 뿐만 아니라 '만드시고' '지으시고' '두셨다'(창 2:4, 7, 8, 18). 그러나 창세기 1장의 강조점은 창조하시는 말씀에 있다. 하나님의 창조하시는 말씀이 육신이 되셨다. 이는 하나님의 예언적 메시지를 전하고 "그의 능력의 말씀으로 만물을 붙드시는" 것과 동일한 그 말씀이다(히 1:1-3).

따라서 말씀은 단지 하나님의 발화 능력이라는 속성이 아니다. 인간 입장에서 여기에 담긴 위대한 진리는 하나님이 우리에게 말씀하시고, 이로써 우리와 인격적인 관계를 맺으신다는 것이다. 이는 동등한 관계가 아니라 창조주와 피조물의 관계다. 따라서 은혜와 심판에 대한 의로운 표현이 수반된다. 성육신은 성자이신 말씀의 인격적 본성을 분명히 보여 준다. 성경은 성자를 통해 자기 백성을 구원하시려는 영원부터 시작된 하나님의 계획, 즉 구약 전체가 그리스도의 오심으로 절정에 이르는 구속사의 과정을 드러내고 증언한다. 우리가 이 구원을 아는 이유는 하나님이 우리에게 애정 어린 계획에 대해 말씀해 주시기 때문이다.

그렇다면 우리의 시간과 공간 속에서 하나님의 영원한 결정과 성육신이라는 역사적 사건이 결합하는 데 어떤 과정이 있었는가? 하나님

3. 창조에 관한 주제는 6장에서 소개되었고 10장에서 자세히 다룰 것이다. 여기서는 육신이 되신 말씀에 중점을 두고자 한다.

이 인간이 되시는 일이 왜 필요했는가?[4] 이 특별한 사건을 통해 무엇을 이루셨는가? 이를 믿는 우리에게 성육신의 혜택은 무엇인가? 인간 역사 속 예정된 시기에 예수 그리스도의 오심은 임마누엘("하나님이 우리와 함께 계시다") 약속의 성취였다(사 7:14; 마 1:23). 성육신의 역동성은 인간과 관계를 맺으시는 하나님의 유구한 역사가 절정에 이르렀음을 보여 준다. 자신을 위해 온 인류로부터 한 백성을 구원하고 이로써 창조 세계를 새롭게 하려는 이유 말고는 하나님이 인간이 되셔야 할 다른 어떤 이유도 없다.

우리는 성자 하나님과 하나님의 아들이라는 호칭을 구분해야 한다. 전자는 영원한 삼위일체의 두 번째 위격을 나타내는 것으로, 구약의 사건들 속에서 하나님의 말씀으로 존재하시며 이후 육신이 되신 하나님, 곧 나사렛 예수로 나타나신다. 하나님의 아들(Son of God)이라는 호칭은 주로 예수께 적용되어 하나님의 아들(son of God)로 불리는 이스라엘과 아담의 역할의 성취를 나타낸다(출 4:22; 눅 3:38). 누가복음의 족보는 예수, 이스라엘, 아담이 하나님의 아들로서 연결된다는 것을 보여 준다. 신적인 인격, 성자 하나님은 인간의 육신을 입고 '하나님의 아들', '인자', '다윗의 자손'으로 불리셨으며, 그 이름 예수로도 알려지셨다. 신인으로서 예수는 성육신 이전에 특정한 존재로 구약에 나타나지 않으시지만, 말씀으로서 예수는 하나님의 목적에 대한 계시를 중재하는 존재로 그 속에 계시며 활동하신다.

나사렛 예수가 오시기까지 성육신이 없었다면, 바울이 출애굽 당시 이스라엘 백성에 대해 이렇게 언급한 까닭은 무엇인가? "다 같은 신령

4. 11세기 신학자인 캔터베리 대주교 안셀무스는 유명한 논문 *Cur Deus Homo*(왜 신인인가)의 저자다. 이 제목은 일반적으로 '왜 하나님은 사람이 되셨는가'로 번역된다. 여기서 그는 특별한 속죄론을 제시하는데, 이는 타당하지만 불완전한 것으로 보인다. 속죄에 대해서는 11장에서 다룬다.

한 음료를 마셨으니 이는 그들을 따르는 신령한 반석으로부터 마셨으매 그 반석은 곧 그리스도시라"(고전 10:4). 이는 영원한 말씀이신 성자 하나님이 하나님의 백성과 함께 존재하심을 나타내는 신학적 은유가 분명하다.[5] 바울은 영원한 말씀과 예수 그리스도를 융합시키려는 의도 없이, 구약에 나타난 성자 하나님의 신적 임재와 그리스도로서 그분의 성육신과의 연속성을 강조한다. 이런 통일성은 우리가 전자(또는 후자)를 통해 후자(또는 전자)를 설명할 수 있음을 뜻한다. 이와 비슷한 논리로 유다는 "주께서 백성을 애굽에서 구원하여 내시고 후에 믿지 아니하는 자들을 멸하셨으며"라고 말한다(유 1:5).[6] 말씀과 예수 사이에는 중요한 단일성이 있지만, 꼭 그만큼의 중요한 차이도 있다. 말씀은 하나님이지만, 예수는 하나님이자 인간이다.[7] 구약 시대에 전성육신(pre-incarnation)이 발생했다는 명확한 증거는 없다. 하지만 이를 말할 때, 구약에서 신적인 말씀은 거의 언제나 인간 예언자를 통해 중재되었다는 사실을 잊지 말아야 한다.[8]

요한복음 1:1-18을 근거로 하나님의 말씀, 즉 구약 성도들을 위해 오셨던 말씀이 구속사 전체에 관여하신 삼위일체를 가리킨다고 주장할 수 있다. 우리는 성경 곳곳에서 활발히 역사하시는 삼위일체를 결

---

5. Anthony Tyrrell Hanson, *Jesus Christ in the Old Testament* (London: SPCK, 1965), p. 7. 여기서 Hanson은 신약 저자들이 대체로 구약을 주해하며 모형론을 사용하지 않고 "구약 역사 속에 실제로 존재하는 그리스도의 전존재"를 생각했다고 주장한다. Hanson에게 이것은 신약 저자들의 오해라고 할 수밖에 없는 관점이다. 따라서 그는 성경 영감론에 의구심을 나타낸다.

6. 여기서 유다는 비신자에 대한 심판이 구약 시대부터 그의 당대 상황까지 바뀌지 않았음을 분명히 하고 있다.

7. 여기서 내가 '말씀'이라는 단어로 뜻하는 바는 성경이 아니라 하나님이 하신 말씀이다. 예수와 마찬가지로 성경은 신적이자 인간적이다. 성경과 성육신하신 예수의 관계도 단일성과 구별성의 관계다.

8. 예언에 관해 설명하는 14장을 보라.

코 간과해서는 안 된다. 구약의 성도들이 어떻게 하나님과 관계 맺었고 그 관계를 어떻게 이해했는지는 우리가 고려해야 하는 사실이다. 중요한 것은 삼위일체 교리를 구약에 근거가 없는 후대 기독교 사상으로 여겨서는 안 된다는 점이다. 또한 완전한 삼위일체 교리를 구약 성도들이 구비했던 신학의 일부로 여겨서도 안 된다. 이번 장에서 나는 신구약 전체를 통해 성육신의 역동성을 살펴보고자 한다. 구약의 성자 하나님 혹은 하나님의 말씀과 하나님의 아들 예수의 연속성은 성경 계시의 본질적 차원이다.

창조와 심판에서 우리와 함께 계신 하나님

그리스도, 임마누엘, "우리와 함께 계신 하나님"이라는 호칭은 인간과 관계 맺으시는 하나님의 역동성을 나타낸다. 이 관계에 대한 성경 이야기는 창조 기사로 시작하며, 그 정점에 하나님의 형상과 모양을 따라 창조된 인간이 있다. 인간에게 부여된 하나님의 '형상'의 본질에 대해서는 아주 많은 글이 쓰였고, 그 이해의 차이 일부는 중요한 교리적 논쟁의 중심이 되었다.[9] 개혁주의 입장에서는 형상이 순전히 관계적인 것이며 존재론적이지 않다고 본다. 다시 말해, 하나님의 신성의 본질이나 존재를 공유하지 않는다는 말이다. 로마가톨릭의 존재론적 관점에 반대해 루터교 신학자 헬무트 틸리케는 관계적 '이마고'(*imago*)를 내세웠다.[10] 그는 로마가톨릭의 존재론적 관점이 2세기에 이레나에우스가 처음 제시한 창세기 1:26의 "형상"(image)과 "모양"(likeness)의 구분에서

9. 이는 특히 로마가톨릭의 '자연과 은총'과 개혁주의 기독교의 '오직 은혜' 논쟁에 있어 그렇다.

10. Helmut Thielicke, *Theological Ethics, vol. 1: Foundations* (Grand Rapids, MI: Eerdmans, 1979), p. 157.

비롯된 것으로 보는데, 이후 토마스 아퀴나스에 의해 받아들여져 현재에 이르기까지 로마가톨릭에서 사실상 확정되어 있는 구분이다. 틸리케는 이렇게 평가한다.

> 따라서 이 신적 모양은 관계적 실체다. 그것은 나머지 피조물에 대한 인간의 지배적 위치에서 드러나며, 나아가 이런 표현 및 지배와 주권의 행사로 이루어지기 때문이다. 이런 표현과 형상의 본질을 구별하려는 시도 및 그렇게 함으로써 인간의 주권적 통치의 지위를 참된 형상의 속성(이성, 의지, 자유 등)의 결과로만 이해하려는 시도는 성경에 근거가 없으며 플라톤적 사고방식을 드러낼 따름이다.… 그것[형상]은 인간에 내재된 구성적 지위가 아니라 관계적 실체로, 이른바 다른 피조물에 대한 인간의 통치적 기능이다.[11]

이런 방향의 차이는 원죄, 자연법, 자연신학, 칭의에서 자연과 은총의 이원론 같은 교리에 있어 로마가톨릭과 개혁주의 기독교 사이에 엄청난 간극을 초래했다.[12]

그렇다면 선택받은 이들을 향한 하나님의 친밀하심은 일차적으로 공간적이거나 물질적이지 않고 관계적이다. 또한 이따금 경건주의 신앙 전통에서 나타나듯, 하나님과 가까워진 느낌으로 환원할 수도 없다. 하나님과 인간의 관계에 대한 성경의 역동성에는 두 가지 요소가 포함된다. 바로 하나님이 택하신 자들과 항상 함께 계신다는 현실과, 이 현실을 나타내는 계시에 수렴하는 노선이다. 타락으로 인한 하나님과 인간의 분리는 영원할 것같이 보인다. 그러나 점진적인 계시는

11. Thielicke, *Theological Ethics*, vol. 1, p. 157.
12. Thielicke, *Theological Ethics*, vol. 1, chs 9-11.

하나님이 한 민족을 자신에게로 인도하시는 방식을 보여 준다. 따라서 하나님이 노아, 아브라함, 족장들과 맺으신 관계, 이후 모세 및 이스라엘의 지도자들과 맺으신 관계는 임마누엘, 즉 신인 예수 안에서 우리와 함께 계신 하나님이라는 궁극적인 현실로 이어진다. 이런 수렴 속에서 일련의 사람들과 사건들은 인간과 함께 거주하시는 하나님에 대한 계시의 역동성에서 중심이 된다. 이와 같은 진전은 하나님의 은혜가 계속해서 실패하는 하나님의 백성에게 나타나는 과정에서 이루어진다. 이는 타락한 아담에서 시작해 이스라엘 민족의 흥망성쇠와 의로우신 그리스도를 거쳐, 마침내 그리스도 안에서 의롭다 하심을 받은 하나님의 백성에게 도달한다. 이 목적지(*telos*)에 이르는 길에는 완전하고 영화로운 미래의 영원한 회복에 대한 모든 예언적 약속이 수반된다. 구약과 신약 계시의 많은 차이에도 불구하고, 신약은 성육신이 구약의 성도들이 하나님과 맺은 관계를 재정의한다는 사실을 보여 준다. 예를 들어, 바울은 믿음으로 받은 의에 있어 아브라함과 그리스도인을 병치시킨다(롬 4:1-25). 아브라함의 믿음과 우리 믿음이 가진 전반적인 관계는 약속과 성취, 혹은 모형과 원형 사이의 관계와 같다.

하나님은 자신과 가장 밀접한 관계를 맺도록 사람을 만드셨지만, 아담과 하와의 반역과 이에 따른 타락은 그 관계를 방해했다. 그런 방해의 본질은 죄와 은혜에 관한 로마가톨릭과 개혁주의 기독교의 이해에서 중대한 논쟁점이다. 토마스 아퀴나스는 인간에게 있는 하나님의 형상과 모양 사이의 구별을 영속화했다. 따라서 그는 타락에 관한 로마가톨릭의 교리를 '모양'의 상실로 규정했다. 그에 따르면, 모양은 영생으로 이끄는 초자연적 특성이다. 하지만 우리의 본질적 인간성으로 정의되는 '형상'은 상대적으로 덜 손상된 채로 남아 있다. 그러므로 타락의 심각성이 약화된다. 아퀴나스는 단지 이성, 자연신학, 자연법만으로 하나님의 존재를 증명할 수 있다고까지 주장하게 되었다.

하나님의 뜻에 대한 인간의 거부에도 불구하고, 성경의 역동성은 하나님의 형상이신 예수 그리스도의 성육신 속에서 회복된 관계로 구속사를 진행시키시는 은혜로운 하나님을 반영한다(고후 4:4; 골 1:15; 히 1:3). 그리스도 안에서 하나님과 인간의 연합 없이는 구속사의 어느 단계에서도 하나님과 택함받은 이들의 관계가 회복될 수 없다. 하나님의 약속을 믿은 구약의 백성이 그 약속들의 성취자이신 그리스도를 통해 미리 구속되었다는 사실을 고려해야 한다. 성육신은 몸, 마음, 영을 포함한 전인적 차원에서 구원과 하나님과의 교제의 회복을 보장한다.

처음부터 하나님과 인간의 연합은 결코 인간의 신격화 과정이 아니었다. 창조주로서 하나님은 항상 피조물과 존재론적으로 구별되신다. 하나님과 인간의 연합은 언제나 관계적이다. 구원을 구원받은 자들의 신격화로 여길 때, 우리는 선을 넘게 되고 중대한 성경적 관점을 상실한다.[13] 연합을 결코 융합으로 여기서는 안 된다. 하나님의 존재는 시종일관 모든 피조물의 존재와 구별된다. 하나님과 인간의 연합은 자연적이거나 무엇이 '되는' 필연적 과정이 아니라, 자기 백성과 교제를 나

13. 동방정교회와 로마가톨릭이 주장하는 '신격화'(divinisation) 교리에 존재하는 미묘한 지점을 여기서 상세히 다룰 필요는 없다. 다만 두 교회 모두 신격화를 구속된 자들이 신이 되거나 하나님의 존재에 융합되는 것으로 여기지 않는다는 사실만을 적시하는 것으로 충분하다. 신격화는 인간 안에 있는 하나님의 형상과 모양의 구분을 받아들인 동방 교부들의 교리였다. 이는 우리를 "신성한 성품에 참여하는 자"가 되게 하신다는 벧후 1:4에 크게 의존한다. Gerald Bray는 하나님의 공유적 속성에 집중하는 동방 신학의 경향을 지적하며 신성화(*theosis*)와 복음주의 사이에 중첩되는 부분이 있다고 주장한다. 신격화는 "그리스도를 본받음에 대한 서구의 이해에 가장 밀접히 부합한다." 'Deification', *NDT*, p. 189. Donald Fairbairn은 이렇게 말한다. "신성화를 통해 정교회가 의미하는 바는 신성한 특성을 얻는 과정, 불멸과 부패하지 않는 성격의 획득, 하나님과 나누는 교제의 경험이다." 'Salvation as Theosis: The teaching of Eastern Orthodoxy', *Themelios* 23/3 (1998), p. 42.

누시려는 하나님의 사랑의 의지와 이를 이루기 위해 그분이 사용하시는 수단에서 비롯된 것이다. 구속사의 전체 이야기는 택하신 자들을 구원하시려는 하나님의 최초 의도에서 시작해 하나님과 인간이 연합하는 그리스도의 성육신에서 절정에 달하며, 믿음으로 신인이신 그리스도와 우리가 연합하는 단계에 이르게 된다. 하나님과 그리스도의 교제는 우리가 하나님과 가까워지는 수단이다. 믿음으로 우리는 "그리스도와 함께 하나님 안에 감추어"졌다(골 3:3). 불경건한 자에게 주시는 칭의가 하나님과 우리의 친밀함을 정의한다.

창세기 2:17의 "네가 먹는 날에는 반드시 죽으리라"는 제재(sanction)는 우리가 처음 읽었을 때 생각하는 것과 그 의미가 다를 수 있다. 문자적으로 해석하면 성경 이야기가 갑자기 창세기 3장에서 돌이킬 수 없이 중단되어야 함을 의미한다. 죽음은 인류의 종말을 의미하며, 이런 논리에 따르면 결국 우주의 종말을 뜻한다. 만물의 정점으로 인간이 창조되었기에, 피조물은 인간의 타락에 연루되었다(창 3:14-24; 롬 8:20-23). 심지어 모든 피조물의 타락은 하나님이 베푸신 자비였다고 말할 수도 있다. 타락하지 않은 환경에서 타락한 인간이 살아갈 도리가 없었기 때문이다. 그러나 인간과 나머지 피조물의 통일성은 한쪽의 타락에 다른 한쪽의 타락이 수반됨을 의미한다. 창조 세계의 지속성은 인류의 지속성에 달려 있으며, 창조 세계의 구원은 하나님 백성의 구원에 달려 있다(롬 8:19-23). 그러므로 창세기 2:17의 "날"은 그 순간만이 아니라 타락과 최후의 심판 사이에 있을 모든 역사를 아우르는 듯이 보인다. 이 역사적 시기를 살아간 자들은 그리스도 안에서 함께 살아나기 전까지 "허물과 죄로 죽었던" 것이다(엡 2:1-6).

따라서 "네가 먹는 날에" 죽을 것이라는 제재는 갑작스럽고 완전한 종말보다 훨씬 복잡하다. 하나님과 인간의 관계는 심판 속의 은혜라고 할 수 있다. 인류 전체가 사망 선고 아래 놓였지만, 하나님은 자신을 위해 한 백성을 구원하려는 은혜의 목적을 보이신다. 타락 이후의 사건들에 대한 창세기의 기록은 마땅히 받아야 할 정의로서의 심판과 받을 자격 없는 자비로서의 은혜가 수반된 하나님의 지속적인 관리 감독에 관한 것이다. 은혜와 심판 모두에서 하나님은 아담부터 아브라함까지의 원시 역사를 통해 인류에게 다가오신다. 하나님은 셋으로부터 노아와 셈을 거쳐 아브람에 이르는 혈통에 은혜를 베푸신다. 가인의 자손에게 집중되는 심판은 이후 함의 혈통을 거쳐 바벨탑 건축자들에게로 이어진다.

하나님의 백성인 이스라엘의 역사는 아브라함(열국의 아버지)으로 이름이 바뀌는 아브람(존귀한 아버지)을 부르신 데서 시작하는데, 여기에는 "땅의 모든 족속이 너로 말미암아 복을 얻을 것이라"(창 12:3)는 중대한 언약의 약속이 반영되어 있다. 노아 내러티브에서 처음으로 언급되는 언약 개념은(창 6:18; 9:9) 하나님과 인류의 관계에서 지배적인 주제가 된다. 언약의 역동성에 대해서는 뒤에서 자세히 살펴볼 것이다.[14] 지금은 은혜 언약이 하나님과 그분의 택하신 백성 간의 의로운 관계를 회복하시려는 하나님의 의도를 나타낸다는 점에 주목할 것이다. 언약의 은혜라는 표현은 하나님께 반역하고 유혹자에게 팔려 넘어간 아담의 씨인 인간으로서는 얻을 수 없는 것이라는 사실을 나타낸다. 믿음은 하나님의 말씀을 믿고 그분께 전적인 신뢰와 확신을 두는 것이다. 이것이 하나님께 용납될 수 있는 유일한 인간의 반응이다. 수십 세기가 지난 뒤, 히브리서 저자는 "멀리서"부터 비롯된 믿음을 아벨, 에녹, 노아, 아브라함과 후대의 구약 성도들에게 돌리며 이렇게 요약한

14. 12장을 보라.

다. “이 사람들은 다 믿음을 따라 죽었으며 약속을 받지 못하였으되 그것들을 멀리서 보고 환영하며 또 땅에서는 외국인과 나그네임을 증언하였으니”(히 11:13). 이 구절은 심판 가운데 있는 믿음을 보여 준다. 그들이 이 땅에서 이방인과 나그네였다는 사실은 그들이 타락한 세상에 속하지 않았다는 구원의 현실을 나타낸다. 하나님의 백성은 은혜로 말미암아 다른 나라의 시민이 된다. 동시에 그들은 타락한 세상에서 에덴으로부터 추방된 망명자다. 하지만 새 에덴의 약속에 따라 살아가는 그들은 믿음에 의해 그곳의 시민이다.

자기 백성과 함께 거하시는 하나님: 임마누엘

에덴 밖에서 하나님과 인간이 관계 맺는 계시적 사건은 언약적 약속에 수렴한다. 이런 약속에 밀접히 연관된 것은 자기 백성 가운데 거하시는 하나님이라는 주제다. 아브라함과 그의 씨를 선택하신 일이 언약으로 드러나긴 하지만(창 12:1-3; 13:14-17), 그 약속이 창세기 15:18에서 다시 반복되기까지 ‘언약’이라는 용어는 아브라함과 연관되어 사용되지 않는다. 아브라함의 자손에게 복을 주시며 그들의 하나님이 되어 주시고 그들에게 가나안 땅을 주시겠다는 하나님의 약속은, 세상 여러 민족 가운데서 그들에게 특별히 가까우신 하나님을 암시한다. 우리는 이렇게 선택된 자들도 여전히 사망 선고 아래 놓인 반역적인 인류의 일부라는 사실을 유념해야 한다. 하나님과 인간이 관계 맺는 계시적 사건은 인간이 하나님을 찾는 자연스러운 경향이 아니라 하나님이 자비로 인간을 향해 움직이시는 초자연적 계시의 결과다. 물론 이것은 공간적 움직임이 아닌 관계적 움직임이다. 후에 예수는 비유를 통해 하나님이 죄인을 찾으시는 것이지 죄인이 하나님을 찾는 것이 아니

라는 이야기를 들려주신다.[15]

인간은 본성상 하나님을 찾지 않으며, 오히려 참 하나님을 피하기 위해 가짜 '종교'를 만들고 참여한다(롬 1:18-23). 언약의 일방적 성격은 은혜의 관계성을 표현하며, 자기 백성에게 가까이 가시려는 하나님의 뜻을 드러내는 차원을 포함하고 있다. 따라서 언약은 약속의 땅에 중점을 두지만 그 땅 자체는 또한 하나님의 처소라는 주제에 중점을 두며, 이는 주로 성막과 성전으로 표현된다. 하나님의 집이 처음 언급되는 곳은 야곱이 천사들의 꿈을 꾸고 난 다음으로, 이 꿈에서 그를 향한 언약적 약속이 반복된다(창 28:10-17). 이는 야곱과 함께하시며 그를 지키시겠다는 하나님의 약속과 결합된다(창 28:15). 이에 야곱은 다음과 같은 선언으로 반응한다. "이것은 다름 아닌 하나님의 집이요 이는 하늘의 문이로다"(17절).

'임마누엘'('하나님이 우리와 함께하신다'는 의미의 히브리어)이라는 이름은 성경에 단 세 번 나오지만(사 7:14 및 이 구절을 인용하는 마 1:23과 사 8:8),[16] 자기 백성과 함께하시겠다는 하나님의 약속은 지속적인 주제이자 하나님과 인간의 관계에서 중요한 측면이다. 이 약속은 언약과 밀접하게 연관되며 하나님이 택한 백성에게 가지시는 특별한 유대감을 나타낸다. 이삭에게 하신 약속에서 아브라함과 맺은 언약과 땅의 수여가 반복된다. "이 땅에 거류하면 내가 너와 함께 있어 네게 복을 주고"(창 26:3). 야곱이 하란으로 떠나려 할 때 같은 확약이 주어진다. "내가 너와 함께 있어 네가 어디로 가든지 너를 지키며 너를 이끌어 이 땅으로 돌아오게 할지라"(창 28:15). 야곱이 갈등이 분분했던 라반과의 동거를

---

15. 마 18:12-14; 눅 15:1-10.

16. 히브리어 *'immānû'ēl*(하나님이 우리와 함께 계시다)은 사 8:10에도 나오지만 명사가 아니라 술어로 사용된다.

마치고 고향으로 돌아가려 할 때도 주님은 그에게 이르셨다. "네 조상의 땅 네 족속에게로 돌아가라. 내가 너와 함께 있으리라"(창 31:3). 이는 그의 여행길에 하나님이 함께하신다는 사실 이상을 의미한다. 이러한 보장은 하나님과 그분의 백성, 그리고 약속의 땅이 가진 특별한 관계를 가리킨다.

출애굽과 시내산 언약은 하나님과 인간의 연합에 대한 계시의 역동성에서 중대한 발전을 나타낸다. 하나님이 억압자와 피억압자로서 이집트와 이스라엘의 관계를 단절시키고자 준비하시며 모세에게 주신 말씀에서 하나님 백성의 중대한 지위가 드러난다.

> 너는 바로에게 이르기를 여호와의 말씀에 이스라엘은 내 아들 내 장자라. 내가 네게 이르기를 내 아들을 보내 주어 나를 섬기게 하라 하여도 네가 보내 주기를 거절하니 내가 네 아들 네 장자를 죽이리라 하셨다 하라. (출 4:22-23)

이스라엘이 하나님의 아들로 일컬어진 사실은 중요하다. 이것은 우리가 예수를 하나님의 아들로 고려할 때 분명해진다. 수 세기 후, 예언자 호세아는 주께 받은 비슷한 메시지로 출애굽 사건을 회상한다. "이스라엘이 어렸을 때에 내가 사랑하여 내 아들을 애굽에서 불러냈거늘"(호 11:1). 후대에 마태는 자신의 복음서에서 이를 마땅히 예수께 적용한다(마 2:15).

하나님이 이집트에 있는 이스라엘을 "내 아들 내 장자"로 지명하신 것은 이전에는 어느 누구도 하나님의 아들이 아니었다는 뜻이 아니다. 누가복음 3:23-38에서는 세대별로 아들을 따라 나사렛 예수의 조상을 언급하는데, 다윗과 아브라함으로 거슬러 올라가 결국에는 "하나님의 아들" 아담에 이른다. 시편 2:6-7은 하나님의 왕을 하나님의 아들로 일컫는다. 시편 89편에도 비슷한 주제가 나타난다. 다윗과의 언약이 검토되고 있으며(시 89:2-4, 20-21), 다시금 그 언약이 확인된다.

> 그가 내게 부르기를 주는 나의 아버지시요
> 나의 하나님이시요 나의 구원의 바위시라 하리로다.
> 내가 또 그를 장자로 삼고
> 세상 왕들에게 지존자가 되게 하며
> 그를 위하여 나의 인자함을 영원히 지키고
> 그와 맺은 나의 언약을 굳게 세우며. (시 89:26-28)

여기서 다윗의 아들인 왕이 하나님의 장자다. 하나님의 아들인 이 민족은 이제 하나님의 아들인 왕을 통해 대표된다. 그러므로 장자로서 이스라엘의 지위(출 4:22)는 상속 개념과 더불어 그 유산에 관련된 분과 가장 가까운 존재라는 사실을 강조한다고 결론짓는 것이 합리적으로 보인다. 같은 방식으로 예수는 "모든 피조물보다 먼저 나신 이"로 선언된다. 창조주이신 하나님의 형상으로서 "만물이 다 그로 말미암고 그를 위하여 창조되었"기에 그분의 지위는 "먼저 나신 이"로 묘사된다(골 1:15-17).

시내산 언약에서 계시의 중요한 부분은 "내가 그들 중에 거할 성소"를 세우라는 명령이다(출 25:8). 이스라엘을 향한 이런 자비로운 신호의 중심에는 성막의 역할에 대한 규정이 있다. 훗날에는 성전이 그 역할을 대신할 것이다. 하나님은 참으로 자기 백성 중에 계셨지만, 당연히 성막이나 성전이 그분을 담을 수는 없었다. 성막과 그곳에서 드려지는 죄를 위한 희생제사와 하나님과의 교제를 지속하기 위한 제사들의 성화는 자격 없는 백성을 향한 주권적 은혜의 행위였다. 천지의 창조주는 이런 수단을 통해 택한 백성과 관계 맺는 일을 기뻐하셨으며, 이는 일종의 연극이 아니라 실제로 구원을 중재하는 일이었다. 희생된 제물의 피는 그 자체로는 죄를 없앨 능력이 없었지만, 복음 사건을 전후로 모든 신자의 죄를 속할 그리스도의 강력한 피를 예표했다(히 10:4, 12-14).

모세는 약속의 땅에 들어가 그 땅을 차지할 이스라엘의 새로운 세대에게 이렇게 상기시킨다. "네 하나님 여호와께서 이 사십 년 동안을 너와 함께하셨으므로 네게 부족함이 없었느니라"(신 2:7). 또한 장차 적군과 싸울 경우를 대비해 "애굽 땅에서 너를 인도하여 내신 네 하나님 여호와께서 너와 함께하시느니라"며 그들에게 확신을 준다(신 20:1). 구약은 하나님이 자기 백성과 함께하신다는 증거로 그분이 이스라엘을 이집트에서 인도하여 내셨다는 사실을 끊임없이 회고한다.[17] 모세는 온 이스라엘에게 그들을 인도할 여호수아의 역할을 말한다.

> 여호와께서도 내게 이르시기를 너는 이 요단을 건너지 못하리라 하셨느니라. 여호와께서 이미 말씀하신 것과 같이 네 하나님 여호와께서 너보다 먼저 건너가사 이 민족들을 네 앞에서 멸하시고 네가 그 땅을 차지하게 할 것이며 여호수아는 네 앞에서 건너갈지라.… 너희는 강하고 담대하라. 두려워하지 말라. 그들 앞에서 떨지 말라. 이는 네 하나님 여호와 그가 너와 함께 가시며 결코 너를 떠나지 아니하시며 버리지 아니하실 것임이라. (신 31:2-3, 6)

하나님이 이스라엘과 함께 가신다는 것은 특정한 목적, 즉 약속의 땅 소유와 연관된다. 이집트 노예 상태로부터의 구원 약속에서 땅의

17. 이스라엘을 이집트에서 인도하신 일에 대한 언급은 여기에 나열하기에 너무 많다. 몇 가지를 간추린다면 다음과 같다. 출 16:6; 20:2; 29:46; 레 19:36; 26:13; 민 15:41; 신 5:6; 13:5, 10; 20:1; 대상 17:21; 시 80:8; 렘 31:32; 호 11:1; 12:13.

소유에 이르기까지 구속사의 진행은 명확하다. 이 모든 과정에서 하나님은 임마누엘이라는 계시의 토대를 마련하신다. 이런 역동성에서 탄생한 것이 "두려워하지 말라", "떨지 말라" 같은 권면과 "내가 너와 함께함이라" 같은 확언으로 특징지어지는 구원에 대한 예언적 확신이다. 따라서 여호수아가 이스라엘의 지도자 역할을 맡을 때 하나님은 그를 이렇게 안심시키신다. "두려워하지 말며 놀라지 말라. 네가 어디로 가든지 네 하나님 여호와가 너와 함께하느니라"(수 1:9; 또한 1:5; 3:7). 주님의 사자와 그분 자신이 이 약속으로 기드온을 북돋아 주신다(삿 6:12, 16). 구원의 확신은 구원에 대한 예언자들의 선포에서 반복되며, 이후 예수가 제자들에게 "두려워하지 말라"고 하신 말씀에도 나타난다(마 14:27; 17:7; 28:10; 막 5:36; 6:50; 요 6:20). 즉 예수는 제자들에게 자신의 존재가 구원을 이룬다고 확신을 주신다.

다윗이 계획하고 솔로몬이 건축한 예루살렘의 장엄한 성전이 주전 586년 바벨론에 의해 파괴되었을 때, 이스라엘 백성에게는 이 모든 과정이 끝난 것처럼 보였을지도 모른다. 하나님 약속의 모든 실질적 증거가 파괴되었다. 그들과 함께 계시겠다는 약속을 비롯하여 땅, 성전, 시온성, 다윗 왕조가 붕괴되었다. 게다가 예언자들의 확인이 없었다면, 하나님의 택하신 백성이라는 개념 자체가 바벨론 유배 생활 중에 사라져 버렸을 것이다. 한편으로 하나님은 예언자들을 통해 백성의 배신을 책망하시고, 추가적인 심판을 경고하기 위해 재차 말씀하신다. 다른 한편으로는 예언자들을 통해 구원의 확신을 선포하신다. 하나님은 유배 중인 백성에게 자신은 유다 땅이라는 물리적 표지에 제한되지 않으신다는 사실과 유배지에서도 그들과 함께하신다는 사실을 확언하신다(렘 24:1-10; 29:1-14; 31:31-34; 겔 34:11-31).

이 예언적 신탁은 옛 약속들과 구조들이 장차 갱신될 것이라고 선포한다. 하지만 이번에는 똑같은 것의 단순 반복이 아니라 영원한 완전으로 이어진다. 이 부분이 중요하다. 여기에는 역사의 순환 과정이 없다. 모든 것을 성취하시는 그리스도 안에서의 총괄갱신 과정에 대한 이레나에우스의 생각이 이 상황에 훨씬 가깝다. 예언자들은 종말론적 사건이 옛 약속의 범주를 재확립할 것이라고 확신하지만, 그 약속들의 성취에는 실제적인 진보가 수반될 것이다. 바로 새 땅으로의 진입, 새 백성, 새 예루살렘, 새 성전, 새 다윗을 보장하며, 이 모두는 새 창조 안에서 영화롭고 완전하고 영원한 하나님 나라의 특징이 될 것이다. 하나님의 왕이 지상에서 천년을 다스린다는 천년왕국에 대한 주장은 결코 없다.[18] 이 부분에서 점진적 계시는 천년왕국 문제에 열려 있는 것으로 보이지만, 우리는 그런 예언이 어떻게 성취되는지 신약성경이 알려 주는 바를 따라야 한다. 예언적 종말론과 더불어 모든 것이 수렴된다. 하나님은 자기 백성과 함께하실 것이며 그들 중에 거하실 것이다. 주님의 영광이 하나님 백성의 회집으로 돌아올 것이다. 최종적으로 하나님이 영원토록 자신과 교제할 참되고 신실한 백성을 세우시려는 은혜로운 목적은 땅, 성읍, 성전, 왕이 모두 한 곳, 한 사람, 바로 예수 그리스도께로 함께 나아오게 될 것을 의미한다.

하나님의 메시아적 아들

신약으로 넘어가기 전에 우리는 메시아에 대한 구약의 계시를 더 살펴보아야 한다. 왕/메시아로서 또한 그분의 백성 위에 하나님이 세우신

18. 성경에서 그리스도의 천년 통치가 언급되는 유일한 곳은 묵시적 상징으로 가득한 계 20장이다. 이 구절은 예루살렘에서 그리스도의 지상 통치를 말하지 않는다. 그런 해석은 구약의 예언과 계 20장을 결합한 문자주의적 해석에 근거한다.

왕조의 수장으로서 다윗의 기름부음은 하나님과 인간의 계시적 수렴에서 새로운 장을 펼친다. 다윗과 맺으신 언약은 아브라함 언약에 근거한 시내산 언약의 단순 반복 그 이상이다. 다윗은 영구적인 성막, 즉 성전의 필요성을 고심한다. 이스라엘이 반유목민 생활을 할 때는 광야의 천막이 하나님의 처소를 나타내는 적절한 형태였다. 그러나 하나님은 아브라함에게 영구적인 장소로서 그의 자손들의 나라를 위한 땅을 약속하셨다. 그곳에서 하나님은 그들의 하나님이 되시며 그들은 하나님의 백성이 될 것이다.

다윗 언약에서 빼놓을 수 없는 부분은 다윗이 성전 건축자가 아니라 그의 아들이 과업을 달성할 것이라는 말씀을 들었다는 사실이다. 그 전까지 언약의 핵심은 다음과 같은 하나님의 선언이었다. "나는… 너희의 하나님이 되고 너희는 내 백성이 될 것이니라"(레 26:12; 참조. 창 17:7; 출 6:7). 이 약속은 야곱의 자녀로 이루어진 이스라엘 온 백성에게 주어진 것이었지만, 이제는 백성을 대표하는 왕인 다윗의 아들로 특정되어 집중된다. "나는 그에게 아버지가 되고 그는 내게 아들이 되리니"(삼하 7:14). 따라서 다윗의 아들은 육신으로 하나님의 아들이며, 복음의 예표에서 특별한 위치에 있다. 이는 사도 바울이 로마서 1:1-4에서 강조한 바다.

유다가 쇠퇴하고 멸망하던 시기에, 예언자들은 하나님의 약속을 되살리며 장차 올 다윗의 의로운 아들을 지목했다. 이사야는 이렇게 기록했다.

이는 한 아기가 우리에게 났고
　한 아들을 우리에게 주신 바 되었는데
그의 어깨에는 정사를 메었고

그의 이름은

기묘자라, 모사라, 전능하신 하나님이라,

영존하시는 아버지라, 평강의 왕이라 할 것임이라.

그 정사와 평강의 더함이

무궁하며

또 다윗의 왕좌와 그의 나라에 군림하여

그 나라를 굳게 세우고

지금 이후로 영원히

정의와 공의로 그것을 보존하실 것이라.

만군의 여호와의 열심이 이를 이루시리라. (사 9:6-7)

이사야가 다윗 혈통의 왕을 "전능하신 하나님이라, 영존하시는 아버지라"고 말하도록 영감받았다는 사실에 놀라지 않을 수가 없다. 다시금 그는 베어져 버린 이새의 가계에서 성령이 가득한 열매를 맺을 싹이 나게 될 시대에 대해 말한다.

이새의 줄기에서 한 싹이 나며

그 뿌리에서 한 가지가 나서 결실할 것이요

그의 위에 여호와의 영

곧 지혜와 총명의 영이요

모략과 재능의 영이요

지식과 여호와를 경외하는 영이 강림하시리니. (사 11:1-2)

솔로몬은 다윗의 아들 중에서 특별히 하나님의 아들로 지명된 최초의 아들이었다. 그는 성전을 건립했고 지혜로 인해 칭송을 받았다

(왕상 4-10장). 하지만 신약은 솔로몬을 거의 송두리째 무시한다. 이 명백한 무시는 두 가지로 설명할 수 있다. 첫째, 언약은 다윗과 맺어졌고, 하나님의 아들은 다윗의 아들이기 때문이다. 둘째, 이해하기 힘든 솔로몬의 쇠락이 다윗에게 주신 약속의 실패를 뜻하지는 않기 때문이다. 오히려 솔로몬 이후 모든 왕의 실패는 그 약속이 종말론적 사건으로 성취될 것이라는 예언의 말씀으로 상쇄된다. 따라서 예수는 다윗의 진정한 후손으로서만이 아니라 다윗의 약속된 그 아들, 즉 하나님의 아들로 오신다.

다윗 언약은 예레미야서에도 나타나는데, 그 말씀은 참혹한 바벨론 유배 시절에 소망을 가져온다.

> 여호와의 말씀이니라. 보라 때가 이르리니 내가 다윗에게 한 의로운 가지를 일으킬 것이라. 그가 왕이 되어 지혜롭게 다스리며 세상에서 정의와 공의를 행할 것이며 그의 날에 유다는 구원을 받겠고 이스라엘은 평안히 살 것이며 그의 이름은 여호와 우리의 공의라 일컬음을 받으리라. (렘 23:5-6)

이 왕이 백성의 공의를 예고한다는 점이 중요한데, 그것은 바로 하나님에게서 발견될 것이다. 이와 연관된 구절인 예레미야 33:14-21은 다윗 언약의 미래 성취를 보장한다.

> 여호와께서 이와 같이 말씀하시니라. 너희가 능히 낮에 대한 나의 언약과 밤에 대한 나의 언약을 깨뜨려 주야로 그 때를 잃게 할 수 있을진대 내 종 다윗에게 세운 나의 언약도 깨뜨려 그에게 그의 자리에 앉아 다스릴 아들이 없게 할 수 있겠으며 내가 나를 섬기는 레위인 제사장에게 세운 언약도 파할 수 있으리라. (렘 33:20-21)

바벨론 유배지에 있었던 에스겔도 다윗 언약을 자기 백성을 위한 하나님의 미래 행동으로 생각하고 다음과 같이 기록한다.

> 그러므로 내가 내 양 떼를 구원하여 그들로 다시는 노략거리가 되지 아니하게 하고 양과 양 사이에 심판하리라. 내가 한 목자를 그들 위에 세워 먹이게 하리니 그는 내 종 다윗이라. 그가 그들을 먹이고 그들의 목자가 될지라. 나 여호와는 그들의 하나님이 되고 내 종 다윗은 그들 중에 왕이 되리라. 나 여호와의 말이니라. (겔 34:22-24)

다시 살아난 백성에 관한 에스겔의 환상은 왕과 목자로서 다윗이 그들을 다스리는 결과를 바라본다(겔 37:11-14, 24-28). 여기서도 예수가 자신을 선한 목자로 주장할 때 사용하신 비유가 사용된다(요 10:11-30). 다윗 혈통의 미래 왕을 예견하는 다른 예언서 구절로는 호세아 3:5, 아모스 9:11, 스가랴 12:7-9이 있다. 솔로몬, 히스기야, 요시야를 비롯해 개혁적인 유다 왕 누구도 다윗에게 주어진 약속을 이루지 못했다. 그럼에도 하나님은 언약을 지키시며, 하나님의 아들로서 그분 왕좌에서 다스릴 한 아들을 다윗에게 주실 것이다. 때가 차자, 천사 가브리엘은 마리아에게 그녀가 낳을 아이에 대해 알려 준다.

> 그가 큰 자가 되고 지극히 높으신 이의 아들이라 일컬어질 것이요 주 하나님께서 그 조상 다윗의 왕위를 그에게 주시리니 영원히 야곱의 집을 왕으로 다스리실 것이며 그 나라가 무궁하리라. (눅 1:32-33)

이스라엘은 하나님의 백성이 되는 데 실패했지만, 다윗의 아들 곧 하나님의 아들이 언젠가 아버지의 왕좌에 올라 영원토록 하나님의 백성을 다스리실 것이다.

성육신: 임마누엘

우리는 사도신경을 통해 성육신에 대한 믿음을 이렇게 고백한다.

> 나는 그[하나님]의 유일하신 아들, 우리 주 예수 그리스도를 믿습니다.
> 그는 성령으로 잉태되어
> 동정녀 마리아에게서 나시고…

니케아 신경은 그리스도의 두 본성을 더욱 분명히 나타낸다.

> 온 세상에 앞서 성부로부터 나신,
> 하나님으로부터 나신 하나님, 빛으로부터 나신 빛,
> 참 하나님으로부터 나신 참 하나님,
> 창조되지 않고 출생하셨으며
> 성부와 동일한 본질을 가지신 분으로,
> 만물이 다 그로 말미암아 창조되었습니다.
> 그는 우리 인간을 위하여, 또 우리의 구원을 위하여 하늘에서 내려오셔서
> 동정녀 마리아를 통해 성령으로 육신을 입어 사람이 되셨습니다.[19]

이런 식으로 우리는 예수 그리스도가 참 하나님이시며 참 인간이심

---

19. "창조되지 않고 출생하셨으며"와 "사람이 되셨습니다"라는 두 진술은 모순되지 않는다. 이는 영원한 아들이 자기 영광을 떠나 사람이 되신 역사적 순서를 표현한다.

을 고백한다. 이것은 하나님과 인간이 한 존재가 된 '신인' 예수로의 완벽한 수렴이다. 이와 같은 기적 현상을 설명할 수 있으려면 특정한 신학 교리의 형성이 필요하다. 다시 말해, 성령을 통한 하나님의 성육신은 그리스도인들로 하여금 하나님의 존재에 대해 더욱 분명히 고백할 필요성을 느끼게 했고, 결국 삼위일체로서 하나님의 본성에 관한 교리적 진술을 형성하게 했다.

기독교 교회는 이미 만연하던 이단을 피할 수 있게 해 주는 성육신에 대한 만족스러운 진술을 내놓기까지 오랜 시간이 걸렸다. 초기 교회는 구약과 전혀 무관한 헬레니즘 사상을 극복해야 했다. 그리스도의 두 본성의 신비는 아리스토텔레스의 '양자택일적'(either-or) 편향성이 담긴 논리로 각양각색의 잘못된 해석을 양산했다. 믿지 않는 유대인들과 이단인 에비온파(Ebionites)는 엄격한 단일 본성으로서의 해석을 유지했다. 즉 예수는 하나님이 아니라 오직 인간이었다. 헬레니즘의 플라톤주의와 영지주의는 '양자택일' 논리를 사용해 예수가 단지 인간처럼 보였을 뿐이라고 주장함으로써 딜레마를 해결했는데, 이로 인해 예수를 오직 신적 영의 존재로 보고 인간이 아니라고 주장하는 가현주의(docetism) 이단이 발생하였다. 그 후 아폴리나리스(Apollinaris, 4세기)는 예수의 진정한 인간의 영을 신적인 영으로 대체함으로써 이 문제를 해결하려 했다. 그렇다면 예수는 온전한 하나님도, 온전한 사람도 아니다. 네스토리우스(Nestorius, 5세기)의 해결책은 두 본성의 연합을 널빤지 두 개를 붙여 놓은 것으로 보는데, 이것이 본질상의 연합은 아니다. 이런 이단들은 하나님과 인간이 실제로 통일성 안에서 유지되는 구별로 수렴된다는 사실을 부정함으로써 성육신의 진정한 본질을 훼손시킨다.

오늘날까지도 정통주의 기독교의 표식이 되는 해결책은 칼케돈 공의회(주후 451년) 공식이다.[20] 이 공식은 실제로 모든 관계에서 나타나는 신적 구조, 즉 단일성과 구별성, 양자택일이 아닌 양자병합(both-and)을 반영한다. 따라서 그리스도의 두 본성은 단일성(한 인격)을 가지지만 융합되지는 않는다(반신적 인간이나 반인적 신이 아니다). 또한 두 본성은 구별(온전한 두 본성)되지만 분리(완전히 통합된 각 인격)되지는 않는다. 그리스도의 완벽하고 최종적인 두 본성의 통합은 하나님과 인간의 의도된 수렴에 진정한 '구조'를 제공한다. 그러므로 우리와 하나님의 관계는 우리를 신으로 만들지 않지만 성육신의 완벽한 연합을 반영한다. 삼위일체의 단일성/구별성, 즉 세 위격이신 한 분 하나님은 그리스도의 단일성/구별성, 즉 한 위격의 두 본성에 반영되어 있다.[21] 삼위일체와 그리스도의 단일성/구별성은 피조된 남자와 여자의 단일성/구별성에 반영되어 있다. 물론 우리는 모든 관계에서 단일성과 구별성의 정확한 본질을 명시해야 한다. 따라서 남자와 여자가 한 몸을 이루게 될 때(창 2:24), 그들이 각각 개별 남성과 여성으로 존재하지 않는다는 말이 아니다. 단일성과 구별성은 항상 존재한다. 신자가 '그리스도 안에' 있다고 선언될 때도, 죄 없는 그리스도와 죄 있는 그리스도인의 구별을 부정하는 것이 아니다.

성육신을 교의적으로 다룰 때, 즉 이단적 성향을 방지하기 위해 교리적 형식으로 다룰 때, 우리는 예수에 관한 복음서 내러티브와 사도들의 평가와는 다른 역동성을 따라가게 된다. 조직신학의 역동성은 반

20. 다음 책에 정리된 칼케돈 신조를 참고하라. John H. Leith (ed.), *Creeds of the Churches: A reader in Christian doctrine from the Bible to the present*, rev. edn (Richmond, VA: John Knox Press, 1973), pp. 34-6.

21. 따라서 온 창조 세계는 창조주 하나님 안의 단일성과 구별성을 반영한다. 이슬람교와 랍비 유대교 같은 단일신론 종교의 단일신적 신성은 창조 세계에 그렇게 반영되지 않는다. 오직 신성한 삼위일체만이 우리가 현재 경험하는 종류의 우주와 미래에 회복될 우주를 창조하실 수 있다.

드시 성경의 전체 내러티브를 기초로 해야 하지만, 교회에서의 현재적 적용을 표현하는 방식으로도 해야 한다.

하나님과 인간에 대한 계시의 수렴은 예수 그리스도의 성육신에서 최고점에 이른다. 예수 자신이 육신을 입으심으로써, 그분은 우리를 위해 '신인'이 되신다. 구약의 모든 언약적 약속은 나사렛 예수 안에서 성취된다. "하나님의 약속은 얼마든지 그리스도 안에서 예가 되니"(고후 1:20). 약속한 땅에서, 거룩한 성 예루살렘에서, 성전에서, 다윗 왕조의 대표자를 통해 하나님이 자기 백성과 함께하시겠다는 모든 약속은 예수 안에서 성취된다. 땅, 성읍, 성전, 하나님의 아들인 왕 같은 언약적 초점의 동심원은 모두 우리를 그 원들의 중심이신 한 위격, 신인이신 예수께로 인도한다. 우리는 구속사와 언약의 역동성에서 다시 이 부분을 살펴보아야 한다. 구약은 실제로 성육신을 예견한다. 그리고 그 기초는 창조와 타락 이후, 하나님이 본래 인간과 의도하신 관계를 재정립하려는 계획과 계시에 있다.

육신으로 우리와 함께하시는 예수: 복음서 이야기

하나님이자 인간이신 예수가 임마누엘(하나님이 우리와 함께 계시다)의 주요한 표현이시라면, 그분의 제자들은 어떤 방식으로 하나님과 가까움을 경험했는가? 그들은 예수가 하셨던 방식으로 하나님과의 성육신적 연합에 존재론적으로 참여하지 않았다. 복음서 내러티브에서 매우 강렬히 나타나는 한 가지는, 사람들을 자신에게로 이끄시는 하나님의 주권이다. 누군가가 하나님과 얼마나 가까운지는 구원에서 하나님의 은혜가 기능하는 것에 달렸다. '그리스도 안에' 있는 존재인 그리스도인은 이미 더 이상 가까워질 수 없을 정도로 하나님과 가깝다. 그리스도께서 다시 오실 때, 우리는 지금 믿음으로 이해하는 것을 완전히 보고 경험할 것이다. 누군가가 하나님과 얼마나 가까운지 느끼는 것은 다른 문제다. 이 경우에는 신실함, 인식, 초점, 감정, 성경적 이해, 순전히 감정적인 소원 성취 같은 다양한 주관적 요소가 개입된다.

사복음서의 강조점은 사람들을 제자도로 부르시는 중재자로서의 예수께 있다. 일반적으로 그들은 "나를 따르라"고 예수가 부르시기 전까지 자기 일에만 몰두하던 사람으로 묘사된다. 그리고 그들은 예수를 따랐다! 물론 예수께 나오지 않는 사람도 있었다. 그들은 예수를 의심하고, 심지어 적개심을 드러내기도 했다. 이는 예수의 오심이 그분의 주장을 거부하는 유대인과 메시아의 백성(하나님의 백성)인 유대인 사이에 분열을 초래했다는 사실을 보여 준다. 유대인 내부에 해석학적 분열이 생겼다. 이는 구약에 나온 이스라엘의 소망에 대한 해석에 따른 분열이다. 예수의 오심으로 인해 사람들은 그분을 이스라엘의 메시아로 인정하든지 그렇지 않든지 해야 했다. 그때로부터 오늘에 이르기까지, 마땅히 유대인 그리스도인(흔히 Messianic Jews)은 자신들을 이스라엘에 주어진 모든 약속의 성취자를 믿음으로 받아들인 참되고 완전하며 신실한 유대인으로 이해해 왔다. 이는 이방인인 우리에게는 놀라운 일이 아니다. 왜냐하면 그들은 단지 복음서에 언급된 제자들의 본보기를 그들의 고백으로 따르는 것이기 때문이다. 제자들은 자신들이 다른 종교로 개종했다고 생각하지 않았다. 나사렛 예수의 제자들과 오늘날 유대인 그리스도인의 주된 차이점은 전자는 예수를 대면하여 알았다는 것뿐이다.

신약에서 믿는 유대인과 믿지 않는 유대인은 반대편에 서 있다. 그들은 성부가 성자에게 주신 선물이나 그리스도의 양으로 불리든지, 아니면 그렇게 불리지 않는 존재다. 많은 이들이 믿지 않는 이유는 그들이 예수의 양 떼가 아닌 까닭이다(요 10:26-30). 예수는 제자들에게 이렇게 말씀하셨다. "너희가 나를 택한 것이 아니요 내가 너희를 택하여 세웠나니 이는 너희로 가서 열매를 맺게 하고"(요 15:16). 임마누엘의 역동성, 곧 예수가 육신으로 계시는 것은 그분의 개인적 접근성 및 이에 대한 사람들의 반응과 매우 밀접히 결부된다. 마가는 예수가 사역을 시작하면서 이렇게 선포하셨다고 기록한다. "때가 찼고 하나님의 나라가 가까이 왔으니 회개하고 복음을 믿으라"(막 1:15). 회개와 믿음은 이 관계에 필수적이었으며 지금까지도 그러하다. 열두 제자를 예수의 사도로, 다른 이들을 제자로 부르신 일에 대한 성경 기록은 인간적으로 개인적이며, 물리적으로 가깝고, 또한 영적이다. 신약은 예수를 '따름'이나 '제자'라는 용어를 예수가 이 땅에 육신으로 계신 동안 관계 맺은 이들에 한정해 사용한다. 예수가 더는 이 땅에서 육신으로 존재하지 않게 되셨을 때, 이런 용어는 성경 기록에서 사라진다. 오로지 예수를 대면하여 알았던 이들만이 그렇게 지명된다.[22]

사복음서는 모두 구약의 모든 약속과 예언적 예견의 성취로서 예수 중심성을 나타낸다. 그분은 구약을 대체하는 것이 아니라 성취하신다. 그럼에도 불구하고, 약속의 역동성에서 성취의 역동성으로의 전환이 보인다. 따라서 전적으로 다른 시대가 수반된다. 예수 탄생 약 400년 전에 구약 시대가 끝났을 때, 예언의 궁극적 성취에 대한 징조는 전혀 없었

22. 한 가지 예외는 "그러므로 너희는 가서 모든 민족을 제자로 삼아"라는 마 28:19의 '대위임령'이다. 예수께서 자신의 존재에 대해 익숙한 용어로 말씀하셨다고 보는 것이 적절하다. 특히 20절에서 그들과 항상 함께할 자신의 존재를 확신시켜 주셨다는 점에서 그렇다. 헬라어 본문은 다음과 같다. πορευθέντες οὖν μαθητεύσατε πάντα τὰ ἔθνη(너희가 가면서, 그러므로, 제자를 삼으라, 모든 민족을). 제자 삼는 이 과업은 '세례'와 '가르침'으로 부연하여 설명된다. 여기서 사용된 '세례'는 성령 세례에 대한 은유가 거의 확실하다. 이는 다음 책이 주장한 바다. D. Broughton Knox, 'New Testament Baptism', *Selected Works, vol. 2: Church and Ministry*, ed. Kirsten Birkett (Sydney: Matthias Media, 2003), pp. 277-82.

다. 지금 우리가 사후 관점에서 부분적이거나 중간적인 성취로 인식하는 몇 가지 사건이 전부였다. 예언자들의 예언대로 유대인은 그들의 땅으로 돌아왔지만, 여전히 페르시아의 통치 아래서 자유롭지 못했다. 유대인은 페르시아 이후 차례로 헬라 제국과 로마 제국에 종속되었다. 로마 통치 기간에 오신 예수는 성취의 새 역동성을 불러일으키셨다. 이제 성취는 이스라엘의 정치적, 종교적 자유와는 다른 수준에서 일어난다.

이 새 역동성의 핵심 요소 중 하나는 우리가 구약과 유대 전승을 어떻게 바라보는지에 영향을 끼친다. 성육신은 나사렛 예수의 인격과 사역을 통해 구약을 해석하는 것과 오늘날까지 지속되는 메시아에 대한 유대교의 소망 사이에 해석학적 균열을 초래했다. 후자는 예수를 거부하고 장차 오실 메시아를 통한 성취를 바라보는 시온주의자의 소망이다. 이 해석학적 균열은 기독교와 랍비 유대교 사이의 차이를 나타낸다. 그런데 예언적 문자주의에 따른 전천년설 해석을 지지하는 그리스도인들도 있다. 그들은 많은 면에서 유대주의자나 시온주의자의 해석을 공유한다. 허다한 예언이 아직 문자적으로 성취되지 않았기 때문에, 미래 어느 순간에 반드시 그 일들이 문자적으로 일어날 것이라고 주장한다. 나는 이것이 올바른 신약 해석이 아니라고 주장한다. 시온주의자와 유대주의자의 설명과 달리, 신약은 예언의 문자주의적 해석을 규범으로 여기지 않는다.[23]

성경의 역동성에서 구별된 시대가 나타난다면, 우리는 그것의 특성과 다음 시대로의 전환을 세심히 살펴보아야 한다. 예수의 성육신과 공생애 시작은 히브리서 1:1-2에서 언급된 전환을 나타낸다. 이전에 하나님의 신실한 백성들은 하나님이 그분의 나라를 세우기 위해 최종

---

23. 14장과 15장을 보라.

적으로 행동하실 "여호와의 날"이 올 것이라는 확신을 품었다. 그런데 예수는 때가 찼다고 선언하셨다. 즉 여호와의 날이 왔다(막 1:14-15). 나는 대부분의 그리스도인이 예수께서 중대한 변화를 가져오셨다는 점을 인정하리라고 생각한다. 하지만 우리가 예수께서 육신으로 존재하셨던 시대를 살고 있는 것이 아니라는 사실은 간과된다. 그 시대는 그분이 더 이상 육신으로 존재하지 않으시고 말씀과 영으로 우리와 함께 계신다는 사실로 인해 형성되는 그리스도인의 존재와 사역의 시대로 전환될 것이다.[24]

우리는 복음서가 유대인을 위해 기록되었고 그들의 운명이 이방인 교회와 구별된다는 고전적 세대주의의 신념을 공유하지 않는다.[25] 물론 모든 문서는 '거리두기'(distanciation)라는 특성을 갖는다.[26] 이 용어는 우리와 텍스트의 관계를 크게 변화시키는 역동성이 존재한다는 사실을 상기시키는 데 유익하다. 세대주의는 사실상 사복음서가 유대성(Jewishness)으로 인해 교회와 관련이 없다고 선언한 셈이다. 우리가 문제까지 다룰 필요는 없지만, 복음서의 사건들과 우리 사이에 있었던 승천과 오순절이 어떤 해석학적 질문을 제기하는지 따져볼 필요가 있다. 우리는 예수께서 제자들에게 하신 모든 말씀이 똑같은 방식으로 지금 우리에게 적용된다고 가정할 수 없다. 그분의 말씀 일부는 분명

---

24. 이에 대해서는 8장에서 더욱 상세히 논의할 것이다.

25. 19세기 John N. Darby의 가르침에서 창시된 세대주의는 스코필드 관주 성경(Scofield Reference Bible)으로 대중화되었다. 다음을 보라. Vern S. Poythress, *Understanding Dispensationalists* (Grand Rapids, MI: Zondervan Academic, 1987).

26. 현대 일부 해석학자들이 사용하는 '거리두기'라는 용어는, 시대를 막론하고 외부의 모든 텍스트가 우리에게 직접적으로 말한다 할지라도 우리와 일정한 거리를 유지한다는 사실을 가리킨다. Paul Ricoeur는 이 용어를 사용해 텍스트가 저자와 독자 모두에게서 특정한 탈맥락화(decontextualising)를 겪는다고 말한다. 다음을 보라. Anthony C. Thiselton, *New Horizons in Hermeneutics: The theory and practice of transforming biblical reading* (Grand Rapids, MI: Zondervan, 1992), pp. 56-7, 70-1. 『해석의 새로운 지평』(SFC출판부).

히 당시의 역사적 맥락 속에 한정된다. 예를 들어, 흔히 산상수훈(마 5-7장)은 모든 측면에서 교회에 직접 적용된다고 여겨진다. 그렇다면 그것은 교회를 향한 지속적인 선언인가? 아니면 기대에서 성취로, 그리고 예수 안에서의 첫 성취에서 교회의 삶에 실현되는 성취로의 이중 전환으로 제자들을 넌지시 인도하는 수단으로 보아야 하는가?[27] 이는 또한 유대 바리새주의의 위험성에 대한 필수적인 경고와 변증을 포함하고 있는가? 물론 오늘날에도 여전히 바리새주의[28] 문제가 존재하는 것이 사실이지만, 오순절 저편에서 살아가는 우리에게 산상수훈을 어떻게 적용해야 하는가라는 문제는 세심한 주의를 요한다.

복음서 내러티브의 중요한 측면은 예수가 공생애 특정 시점부터 예루살렘에서의 죽음에 집중하기 시작하셨다는 증언이다(마 20:17-19; 21:1-11; 막 9:30-32; 10:32-34; 눅 19:28-40; 요 12:27-36). 제자들은 예수가 그들을 떠나 죽임을 당하셔야 한다는 말씀을 받아들이기 힘들어하는데, 여기서 육신의 약함이 드러난다(마 16:21-23; 17:22-23; 막 8:31-33; 눅 9:22). 성육신이 우리를 마지막 날들로 데려가기에, 사복음서와 예수의 가르침은 새로운 방식으로 우리를 목적지(*telos*)에 이르게 한다는 점에서 종말론적이라는 중요한 의미가 있다. 따라서 죽음을 맞이하러 예루살렘에 올라가시는 예수께 초점이 맞춰지기도 전에 마지막 날들에 대한 해설이 시작된다.

복음서의 주요 초점은 예수가 행하신 기적에 맞춰진다. 이는 오순절에 베드로가 회상하는 첫 번째 측면이다. "이스라엘 사람들아 이 말

---

27. 오순절의 이런 전환에 대해서는 성령의 역동성을 살펴보는 8장에서 논의할 것이다.
28. 유대 바리새주의와는 다른 특정한 영적 문제나 역사적 집단. 이에 대한 포괄적 논의는 다음을 보라. Joseph Sievers and Amy-Jill Levine (eds), *The Pharisees* (Grand Rapids, MI: Eerdmans, 2021).

을 들으라. 너희도 아는 바와 같이 하나님께서 나사렛 예수로 큰 권능과 기사와 표적을 너희 가운데서 베푸사 너희 앞에서 그를 증언하셨느니라"(행 2:22). 베드로가 기적을 하나님의 능력을 중재하는 자로서 예수에 대한 증언으로 보는 방식에 주목하라. 비록 그런 기적이 예수의 신성을 가리킨다 할지라도, 여기서 베드로는 그리스도의 참된 인성을 증언하고 선언하는 데 더욱 관심을 기울인다. 성경에 나오는 기적의 역사는 크게 세 가지 부류로 나뉘는데, 모두 구원적인 중요성을 가진다. 물론 다른 기적들도 기록되었지만 이 세 부류에 대해서는 설명이 필요하다. 첫 번째는 이집트에서 '재앙'의 형태로 모세를 통해 하나님이 행하신 기사와 표적으로 구성된다(출 7:1-12:32; 14:1-31). 이 표적들은 야웨의 능력과 대조되는 바로와 이집트 신들의 무력함을 보여 준다. 그 결과는 노예 상태에서 해방되는 이스라엘의 구원이다. 물론 모세는 이적과 기사를 사용해 사람들을 엇나가게 하는 거짓 예언자를 향한 하나님의 경고도 전해야 했다(신 13:1-5).

두 번째 부류의 기적은 엘리야와 엘리사의 사역에 나타난 것이다.[29] 독이 든 국을 정화한 솥이나(왕하 4:38-41) 물 위로 떠오른 쇠도끼처럼(왕하 6:1-7) 사소해 보일 수 있는 기적도 당시 상황에서는 구속적이었다. 약속의 땅에서 자기 백성을 위한 하나님 약속의 온전함을 지켜 내고 있기 때문이다. 또한 우리는 이스라엘이 거의 완전히 배교했던 시기에 엘리야와 엘리사가 사역했다는 사실을 안다. 이스라엘을 향한 이 '중간적' 구원의 기적들은 시간을 거치며 펼쳐지는데, 다니엘서에 기록된 이적도 여기에 포함된다. 이 모두는 세 번째 부류, 곧 예수의 기적을 예표한다.

예수의 기적은 사복음서의 공통된 특징이다. 또한 사복음서 증언

29. 이 기적들은 왕상 17장에서 왕하 13장 이야기에 기록되어 있다.

의 핵심으로 여겨진다. 그러나 각각의 복음서는 예수를 구약과 연결하는 공통 특징뿐 아니라 고유한 도입부를 가지고 있다. 각 복음서에는 예수가 받으신 세례와 시험에 관한 언급이 나온다. 산상수훈에 앞서 예수의 공생애가 시작되는 장면이 이어진다. "이 때부터 예수께서 비로소 전파하여 이르시되 회개하라. 천국이 가까이 왔느니라 하시더라"(마 4:17). 곧이어 마태는 예수께서 첫 제자들을 부르시는 모습을 서술한 뒤, 그분의 가르침과 치유, 귀신을 쫓아내신 일을 간략히 언급한다(마 4:18-25). 그 다음에 산상수훈이 시작한다. 세례와 시험 사건에 잇따른 이 모든 요소는 종말의 도래를 나타낸다. 따라서 팔복은 하나님 나라의 복됨을 설명한다(마 5:2-12). 이 나라에 속한 사람은 세상의 소금과 빛이 될 것이다(마 5:13-16).

예수께서 율법과 예언을 완전하게 하려고 오셨기 때문에, 하나님 나라의 삶은 서기관과 바리새인의 의를 넘어서야 한다는 실질적인 의미를 가진다(마 5:17-20). 하나님 나라 백성은 하나님의 온전하심과 같이 온전해야 한다(마 5:48). 이에 윌리엄 덤브렐(William Dumbrell)은 산상수훈의 중요성을 다음과 같이 간추린다.

> 그리고 예수는 "너희도 온전하라"고 하신다. 헬라어 '텔레이오스'(*teleios*)는 하나님이 하신 것처럼 언약 관계의 완전한 요구를 충족한다는 구약의 용어로 이해되어야 한다.… 이 가르침을 통해 토라는 그 완전성의 종말론적 목적에 이르게 된다. 예수는 자신의 사역이 유대교 전승에 의해 세워지고 서기관과 바리새인이 강요한 구별과 장벽을 제거하는 것이라고 보셨다.[30]

---

30. William J. Dumbrell, *The New Covenant: The Synoptics in context: Matthew, Mark and Luke* (Singapore: The Bible Society of Singapore, 1999), pp. 39-40. 또한 다음을 보라. *The Search for Order: Biblical eschatology in focus* (Grand Rapids, MI: Baker, 1994), pp. 164-9. 『언약신학과

예수는 자신을 따르는 자들이 오직 자신을 믿음으로써 '온전할' 수 있다는 것을 잘 알고 계셨다. 틀림없이 바울도 예수만이 온전하셨다고 말하며, 믿음으로 신자에게 전가되는 것은 그분의 온전함임을 분명히 밝힌다.

다음으로 우리는 예수의 비유를 고려해야 한다. 예수의 비유를 "하늘의 의미를 담은 이 땅의 간단한 이야기" 정도로 치부하는 대중적인 인식은 예수의 교훈의 역할을 정당하게 다루지 못한 것이다. 따라서 예를 들면, 무화과나무 비유(눅 13:6-9)와 무화과나무를 저주하신 예수(막 11:12-14, 20-22)에 대해 에드윈 호스킨스(Edwyn Hoskyns)와 노엘 데이비(Noel Davey)는 이렇게 말한다.

> 기적 내러티브에 대한 심도 있는 연구를 통해 두 가지 명확한 지점에서 기적과 비유 사이의 밀접한 연관성이 감지되었다.… 이 둘은 모두 메시아로서 예수가 이스라엘에 내리신 심판을 나타낸다. 예수가 주권적이고 유효한 권위로 그런 심판을 선언하신다는 사실이 없다면 이 둘은 모두 무의미하다. 또한 회개와 의를 요구하시며, 그런 요구가 즉시 이루어지지 않을 때 심판을 선언하시는 메시아라는 예수 개념이 없다면 이 둘은 모두 무의미하다.[31]

비유에 대한 이런 기독론적 관점은 기적과 비유를 도덕적 혹은 영적 진리를 이해하기 쉽게 돕는 묘사로 여기기보다는, 팔레스타인에 비천하게 도래하신 메시아에 대한 하나님의 계시의 필수 요소로 여긴다. 그러므로 기적과 비유 이해는 예수를 메시아로 인정하는 것뿐 아니라 그분의 말과 행위에서 솟아

종말론』(CLC).

31. Sir Edwyn Hoskyns and Noel Davey, *The Riddle of the New Testament* (London: Faber & Faber, 1958), p. 126.

나는 하나님 나라를 인정하는 것에 달려 있다.[32]

이 평가는 예수께서 씨 뿌리는 사람 비유를 말씀하신 후 들려주신 비유에 대한 설명과 일치한다(마 13:10-17; 막 4:10-12). 크레이그 블롬버그(Craig Blomberg)는 비유를 이해하기 위해서는 하나님 나라에 대한 전제가 필요하다고 지적한다. 비유를 유형이나 강조점의 수에 따라 세부적으로 분류하려는 시도는 실패한다.[33] 블롬버그는 헌터(Hunter), 스타인(Stein), 예레미아스(Jeremias) 같은 주석가들이 각자의 차이에도 불구하고 하나님 나라라는 중심 주제에 비유의 초점이 있다는 데 동의한다는 것을 보여 준다.[34] 예수께서 하나님 나라가 오직 미래에 있다고 가르치셨는지, 아니면 현재와 미래 모두에 존재한다고 가르치셨는지는 논쟁거리다.[35] 예수는 비유로 그 나라가 '가까이' 있음을 가르치셨을 뿐만 아니라 미래의 완성에 대해서도 많은 말씀을 하셨다(예. 마 19:28; 24:29-31). 분명 비유는 예수의 가르침의 일부에 불과하지만, 과거의 약속과 예언을 현재와 장래 일에 연결하는 데 기여한다. 예수의 사역은 성육신에서 시작해 승천과 오순절로 이어지는 전환기로 우리를 인도한다.

부활의 중요성

사복음서의 주요 초점 중 하나는 예수의 죽음과 부활이다. 예수를 그

32. Hoskyns and Davey, *The Riddle of the New Testament*, p. 133.

33. Craig L. Blomberg, *Interpreting the Parables* (Leicester: Apollos, 1990), pp. 289-91. 『비유 해석학』(생명의말씀사).

34. Blomberg, *Interpreting the Parables*, p. 291.

35. Blomberg, *Interpreting the Parables*, p. 296-302.

리스도로 보는 계시의 신학적 중심이 되는 이 두 사건을 분리할 수는 없다. 공관복음서는 예수가 예루살렘으로 가서 고난을 받고, 죽임을 당하고, 사흘 만에 살아날 것이라고 말씀하신 일을 세 번씩 기록한다(마 16:21-23; 17:22-23; 20:17-19; 막 8:31; 9:31-32; 10:33-34; 눅 9:21-22, 44-45; 18:31-34). 요한은 예수께서 마지막으로 제자들에게 하신 말씀을 기록하면서 그분의 떠남과 성령의 오심에 대해 길게 설명한다(요 14-16장). 사복음서 모두 십자가에 못 박히실 때까지의 과정을 비교적 자세히 기록한다. 반면 예수의 죽음과 부활에 대한 서술은 놀랍게도 간략하며, 섬뜩한 세부 묘사를 하지 않는다.[36] 이를 보여 주는 일부 요소가 있긴 하지만, 그분이 겪으신 육체적이고 영적인 고통의 구체적인 내용보다는 우리를 위해 죽으셨다는 사실을 강조하고자 생략했기 때문일 것이다.

지금 우리는 죽음에 직면하기로 하신 예수의 결심을 어느 정도 익숙한 상태에서 보지만, 그 결단의 선포가 많은 유대인들의 기대에 미친 충격을 과소평가해서는 안 된다. 우리는 제자들의 반응을 통해 이를 알 수 있다. 그들은 혼란, 두려움, 괴로움(마 17:23; 막 9:32; 눅 9:45; 18:34)에서부터 단호한 부정(마 16:22-23; 막 8:32-33)에 이르기까지 다양한 반응을 보였다. 누가는 예수의 말씀의 의미가 감춰져 있어서 "그들이 그 이르신 바를 알지 못하였더라"고 기술한다(눅 18:34). 실제로 제자들에게는 예수의 죽음과 부활에 대한 학습 장벽이 매우 가팔랐다. 예언자들의 예언과 제자들의 초기 이해 사이에는 상당한 간극이 있었던 것으로 보인다.

36. 이는 과도할 정도로 섬뜩한 세부 묘사를 사용한 영화 〈패션 오브 크라이스트〉(The Passion of the Christ, 2004)와 상반된다.

부활 이후의 시기는 제자들의 해석학적 지침과 영적 지도에서 중요한 의미를 가진다. 민족의 회복에 대한 구약의 예언과 고난받는 종이 살아날 것이라는 이사야서의 암시에도 불구하고, 예수의 죽음은 제자들에게 큰 시련이었다. 갈보리의 확연한 비극은 제자들로 하여금 그 일 너머를 바라보지 못하게 했다. 따라서 예수의 부활은 그들에게 단지 기쁨의 이유만이 아니었다. 이는 또한 그들의 불완전한 성경 이해와 해석에서 예수의 죽음과 부활에 대한 말씀을 중심으로 한 영감받은 해석으로의 전환을 촉발시켰다. 그럼에도 부활 사건의 중요성에 대한 그들의 이해는 즉각적이지 않았다. 이는 그리스도로서의 예수와 성경에 대한 그들의 이해에 많은 조정이 필요했음을 의미한다. 누가복음 24:1-49은 예수께서 어떻게 성경을 성취하셨는지 직접 설명하시면서 제자들에게 필요한 조정이 이루어지는 과정에 대한 주요한 해설 하나를 제공한다.

이는 제자들에게 구약의 약속을 성취하시는 예수의 역할이라는 개념이 전혀 없었다는 말이 아니다. 하지만 성취자로서 예수에 대한 그들의 믿음에는 고난과 승귀에 대한 선명한 이해가 부족했다. 마침내 예수께서 부활하신 자신의 존재를 성경과 결부시키셨을 때 모든 것이 명확해졌다. 빈 무덤은 그분이 육신으로 무덤에서 살아나시고, 많은 사람 앞에 부활한 몸으로 나타나셨다는 사실을 증언했다(고전 15:3-9). 제자들은 이 모든 일을 다루어야 했다.

요한은 제자들에게 가장 중요했던 조정을 기록한다. 먼저, 일요일 이른 아침에 막달라 마리아는 무덤 밖에서 부활하신 예수를 만난다. 예수가 그녀의 이름을 부르시자, 예수를 알아본 마리아는 그분을 포옹하려고 했던 것으로 보인다. 그분은 이렇게 말씀하신다. "나를 붙들지 말라. 내가 아직 아버지께로 올라가지 아니하였노라. 너는 내 형제들에게 가서 이르되 내가 내 아버지 곧 너희 아버지, 내 하나님 곧 너희 하나님께로 올라간다 하라"(요 20:17). 얼마 후, 예수는 '의심하는' 도마를 마주하신다. 도마는 예수를 만지고 그 상처를 느끼지 못하는 한 그분이 다시 사셨다는 소식을 믿지 못하겠다고 말한다. 그래서 예수는 도마에게 이렇게 이르신다. "네 손가락을 이리 내밀어 내 손을 보고 네 손을 내밀어 내 옆구리에 넣어 보라. 그리하여 믿음 없는 자가 되지 말고 믿는 자가 되라"(요 20:27). 두 장면의 차이는 다음과 같은 의문을 제기한다. "왜 마리아에게는 신체 접촉을 금하셨고 도마에게는 만져 보라고 하셨는가?" 내가 제안하는 대답은 이렇다. 신자로서 마리아는 이제 예수가 같은 존재이면서도 다르게 되셨다는 것을(구별) 깨달아야 했고, 의심하는 도마는 지금 그가 보는 예수가 동일한 분임을(일치) 깨달아야 했다. 예수 안에서 전환이 일어났지만 여전히 동일한 예수시다. 구속사의 역동성으로 이루어진 모든 전환에는 연속성과 불연속성, 동일성과 차이, 단일성과 구별이 있다.[37]

부활 후 예수께서 제자들에게 주신 지시에는 두 가지 중요한 특징이 있다. 첫째는 이른바 대위임령이다(마 28:18-20; 논란의 여지가 있는 막 16:9-20의 긴 결론에도 나타남). 둘째는 성령이 부어질 때까지 예루살렘에 머무르라는 지시다(눅 24:49; 행 1:6-8). 모든 민족에게 복음을 전해야 하는 제자들의 임무는 전적으로 후자의 사건, 즉 그들로서는 전혀 통제할 바가 없는 성령의 임재에 달려 있다. 그들이 할 수 있는 일이라고는 약속된 성령을 기다리는 것이 전부다. 베드로의 오순절 설교에서 분명히 드러나듯, 성령의 오심이나 성령 세례는 사도들이 이행해야 할 특정 조건이 아니라 전적으로 예수의 승천에 달려 있다(행 2:32-33; 또한 요

37. 이 특징은 세대주의에서 충분히 평가되지 못한 것으로 보인다.

7:38-39). 8장에서 자세히 논하겠지만, 하나님의 모든 백성에게 오시는 성령은 오직 예수의 구원하시는 삶과 죽음의 결과다.

예수의 부활은 그분의 인성이 완전했음을 입증하는 사건이다. 부활이 그분의 신성을 보여 준다는 일반적인 해석은 실제로 이 상황에 들어맞지 않는다. 어떻게든 부활이 예수의 신성을 가리킨다면, 그것은 그분의 약속과 예언이 참임을 드러내는 간접적인 방식을 통해서일 뿐이다. 바울은 예수의 부활이 그분을 하나님의 아들로 선언한다고 말한다. 하나님의 아들은 다윗의 혈통에서 나시기에, 진정 그분은 하나님의 아들이시다(롬 1:3-4). 육신의 부활에 대한 강조는 우리 주의를 그리스도의 인성에 집중시킨다. 부활과 승천 사건이 그리스도의 신성에 관한 의미를 포함한다 할지라도, 그것은 본질적으로 하늘에 한 사람이 계심을, 하늘에 우리의 사람이 계심을, 그리고 그 사람이 아버지 우편에 앉기에 합당한 분임을 뜻한다.

부활은 전적으로 새로운 것이나 예기치 못한 것이 아니다. 〈표 7.1〉은 발생(창조)과 그 후의 퇴화(타락)에 이어지는 부활/갱생에 대한 점진적 계시를 보여 주는 부활의 역동성을 정리한 것이다. 생명, 죽음, 부활은 구원에 대한 성경 계시의 중심이 된다.

하늘에 계신 우리의 '사람'

그리스도의 승천과 좌정하심은 그분의 낮아지심과 죽음으로부터의 승귀를 완성한다. 성육신의 역동성이라는 관점에서 승천은 부활과 분리될 수 없다. 육신의 부활에 집중한 나머지 예수의 육신적 승천을 부활하신 구세주라는 난감한 존재를 치우기 위한 후속 조치 정도로 여기기 쉽다. 그러나 승천은 성육신의 진행 과정에서 중요한 단계를 나

표 7.1
부활에 대한 점진적 계시

구속사의 단계	생명	죽음	부활
역사의 시작: 창조와 타락. 에덴 바깥의 삶: 셋에서 아브라함까지	창조(발생), 모든 것이 좋음(창 1-2장)	타락(퇴화): "네가 먹는 날에는 반드시 죽으리라"(창 2:17)	회복(갱생)의 약속(창 3:15). 자기 백성을 향한 하나님의 은혜: 노아, 셈, 아브라함
택하신 민족의 시작	아브라함에게 주신 약속: 하나님의 백성인 그들을 위한 생명(창 12:1-3; 17:1-8)	생명의 약속이 무효화된 것 같은 이집트에서의 유배 및 노예 생활(출 1:8-14)	이집트로부터 새 생명으로의 출애굽(출 2:23-25; 6:1-9; 15:1-18)
시내산과 약속의 땅에서 하나님의 백성과 나라가 형성	이스라엘의 생명: 율법, 땅의 약속, 예루살렘, 성전, 다윗 혈통의 왕	언약의 파기. 예루살렘과 성전의 파괴. 다윗 왕조의 종말. 바벨론 유배	하나님의 백성을 위한 새 생명의 약속. 포로 귀환과 예루살렘 성전의 복원
유배로부터의 회복	귀환 당시 남은 자들의 생존. 예언자들을 통해 약속하신 완전한 갱신을 기다리는 포로기 이후 백성의 생존	불성실함: 회복에 대한 실망 및 페르시아, 헬레니즘, 로마 제국으로 이어지는 종속	영원한 하나님 나라로의 갱신이라는 약속에 근거한 소망
성육신	마지막 아담, 진정한 이스라엘, 새 성전, 다윗의 아들, 나사렛 예수	예수의 죽음과 장사	예수의 부활과 승천
하나님의 백성을 위한 그리스도 안에서의 성취	그리스도 안에서의 새 창조(고후 5:17; 벧전 1:3)	그리스도와 함께 못 박힘. 우리를 위한 예수의 대속적 죽음	그리스도와 함께 살아남. 하나님과 함께 영생하는 부활의 약속
종말	사망에서의 부활	최후의 심판: 사망 혹은 영생	영생

타내는 것으로 많은 사실을 알려 준다. 이제까지 하나님과 인간에 대한 계시의 수렴선은 신인이신 나사렛 예수에게서 최종적으로 합쳐졌다. 그런데 예수의 부활과 승천은 여기서 한 걸음 나아간다. 하나님과 인간은 성육신 안에서 이보다 가까워질 수 없다. 물론 하나님이 밝히신 계획은 죄인이기에 그분의 자비가 필요한 인간을 구원하는 것이었다. 그리스도께서 영광에 들어가신 것은 성육신 결과에서 한 걸음 더 나아간 것이다.

기독교 신앙의 표현 중에 신자가 죽었을 때 "주님 곁으로 가셨다"

라는 말이 있다. 이는 화장이나 매장으로 시신을 경건하게 처리하는 일과 결합된다. 하지만 이것이 전부가 아니다. 영혼 불멸이 아니라 몸의 부활이 기독교 소망의 핵심이라는 사실은 너무도 쉽게 잊힌다.[38] 최근 몇 년 동안 나는 "주님 곁으로 가셨다"라는 말이 예수의 부활에 대한 기념을 퇴색시키는 기독교 장례식에 여러 번 참석했다. 나는 예수의 부활을 기념하는 것이 장례의 핵심 특징이 되어야 한다고 믿는다.[39] "주님 곁으로 가셨다"는 말에 담긴 감정이 유효한 만큼, 우리는 그 임시적인 경험에 대해 상세히 아는 바가 거의 없다. 하지만 성경의 강조점은 우리 육신의 부활과 그 너머에 있다.

베드로의 오순절 설교는 부활과 승천이라는 이 전환과 직접적인 연관을 갖는다. 예수는 이 땅을 떠나시지만 성령의 임재를 통해 계속해서 사역하신다(행 2:14-40). 설교를 통해 베드로는 승천하신 그리스도에 관한 네 가지 핵심 사항을 언급하면서 오순절의 몇 가지 현상을 설명한다.[40]

> 누구든지 주의 이름을 부르는 자는 구원을 받으리라 하였느니라. (행 2:21, 욜 2:32 인용)

> 그가 하나님께서 정하신 뜻과 미리 아신 대로 내준 바 되었거늘 너희가 법

38. Oscar Cullmann, *Immortality of the Soul or Resurrection of the Dead? The witness of the New Testament* (London: Epworth, 1958).

39. 나는 부활에 관한 두 본문, 곧 요 11:25-26과 욥 19:25-27로 시작하는 「공동 기도서」 장례 예식(하관 예배시 목회자가 관 앞에서 예배당이나 무덤을 향하며 말하거나 노래로 부르는 구절—옮긴이)을 간직한 성공회 유산에 감사한다. 관을 내린 후 예수의 부활의 영광에 대한 바울의 강해가 담긴 고전 15:20-58을 봉독한다. 그리고 "우리 주 예수 그리스도를 통하여 부활에서 영생에 이르는 확실하고 분명한 소망 중에"라는 말로 시신을 땅에 맡긴다. 마침 기도는 마지막 날에 있을 일반적인 부활을 언급한다.

40. 이 사건에 대해서는 8장에서 자세히 언급할 것이다.

없는 자들의 손을 빌려 못 박아 죽였으나. (행 2:23)

하나님께서 그를 사망의 고통에서 풀어 살리셨으니 이는 그가 사망에 매여 있을 수 없었음이라. (행 2:24)

그런즉 이스라엘 온 집은 확실히 알지니 너희가 십자가에 못 박은 이 예수를 하나님이 주와 그리스도가 되게 하셨느니라. (행 2:36)

이 네 가지 서술에서 우리는 다음과 같은 사실을 알게 된다.

1. 예수의 부활과 승천은 구원의 날이 바로 여기 있음을 나타낸다. 즉 종말론적 마지막 시대가 우리에게 임했다. 따라서 베드로는 말세에 대한 요엘의 예언이 지금 이루어졌다고 인용한다(행 2:16-17). 물론 이것은 이 시대가 오기 전까지 신자들에게 구원이 없었다는 말이 아니다. 오히려 예수의 지상 사역이 완료되지 않았다면 구원은 결코 있을 수 없었음을 의미한다.
2. 하나님의 영원한 계획이 이루어졌다. 처음에는 비참한 실패 같았던 일이 사실은 하나님이 뜻하신 구원 계획의 영광스러운 성취였다.
3. 이 계획의 중심에는 우리를 위해 죽음을 정복하신 예수의 부활이 있다.
4. 승천을 통해 성부 하나님은 성자를 주(하나님)와 그리스도(신인)로 세우셨고, 이제 그분은 역사를 통치하시며 자기 몸인 교회를 다스리신다.

또한 이 네 가지 핵심은 우리가 승천하신 그리스도에 매료되어 마치 그분이 이 땅에 오신 적이 없던 것처럼 여겨서는 안 된다고 강조한다. 그분은 우리의 시간과 공간 속에서 사셨고 행하셨으며, 죽으셨고 다시 사셨다. 이것이 인간 역사의 중심 사건이다. 기독교 신앙은 무엇보다도 성육신하신 그리스도를 우리 역사의 결정적 요소로 삼아야 한다. 이는 성찬에 대한 개혁주의 관점의 중심에 있는 사실이다. 성찬에서 그분의 죽음을 상징하고 떠올리는 요소들은 우리의 믿음을 하늘에 계시지만 모든 신자의 믿음에 현존하시는, 부활하시고 승천하신 그리스도께로 향하게 한다.[41]

성경 기사는 승천을 예수의 지상 이야기를 무의미하게 만드는 결말로 해석할 수 없게 한다. 예수는 육신으로 사셨고, 육신으로 죽으셨으며, 육신으로 무덤에서 살아나셨고, 육신으로 아버지께로 승천하셨다. 그분은 육신으로 존재하시며 이제 자기 백성을 위해 중보하신다. 우리는 언젠가 그분이 산 자와 죽은 자를 심판하러 다시 오실 것이라는 약속을 믿는다. 그렇다면 이 사이에 승천하신 하나님의 성육신은 어떤 의미를 가지는가? 아버지 앞에서, 성자 하나님이신 하나님의 아들께서는 승천과 재림 사이에, 성령의 시대 동안 무엇을 하고 계신가? 우리는 신조들(creeds)을 통해 그분이 아버지 우편에 앉아 계신 것과 거기로부터 산 자와 죽은 자를 심판하러 오실 것을 고백한다.

승천은 예수의 완전한 인성이 성령의 선물을 누릴 자격이 있다는 것과, 그분이 오순절을 시작으로 이 선물을 새롭고 충만한 방식으로 자기 백성과 나누신다는 것을 의미한다. 이는 오순절이 오기 전에는

41. 성찬의 이런 역동성은 로마가톨릭의 화체설(transubstantiation), 고교회파 성공회의 성령 청원(epiclesis)과 '실제적 임재', 루터교의 공재설(consubstantiation)에 나타나는 그리스도의 편재하는 속성들, 자유주의의 극단적 사랑에 대한 모호한 기념 같은 여러 형태의 '실제적 임재' 교리에 완전히 상반된다. 개혁주의의 입장은 「공동 기도서」(1662년)의 성찬 예식에 첨부된 교리 진술인 이른바 '검은 예배 규정'(Black Rubric)에서 인정된다. 이 규정은 빵과 포도주를 받을 때 무릎 꿇는 관행을 성찬 요소 자체를 숭배하는 것으로 느끼는 사람이 있다는 문제를 다룬다. 검은 예배 규정은 다음과 같은 진술로 끝난다. "우리 구주 그리스도의 자연적 몸과 피는 하늘에 있고, 여기에 있지 않다. 그리스도의 자연적 몸이 동시에 여러 장소에 있을 수 있다는 생각은 진리에 반한다." 따라서 무릎을 꿇는 것은 어떤 실제적 임재로 변화하는 성찬 요소에 대한 숭배가 아니라, 위에 계신 그리스도께 표하는 경의다.

성령이 부분적으로만 임재하셨다는 말이 아니다. 이전에 부분적이었던 것은 복음의 계시였다. 이제 성령이 오셔서 완성된 사역으로 복음의 충만함을 증언하신다. 이제 예수는 자기 백성에게 그분의 영으로 세례를 베푸신다. 이 선물을 받는 유일한 조건은 그리스도의 사역과 죽음을 믿고 회개하는 것이다.[42] 성령의 역할은 복음의 말씀을 보편적으로 전파하시고 선택받은 자들에게 적용하시는 것이다. 이스라엘에게 주어진 약속된 땅으로의 회복에 관한 모든 약속은 신실한 남은 자들이 그 땅 성전에 계신 하나님의 임재로 돌아오리라는 것이었다. 예수가 바로 새로운 성전이시다. 이스라엘의 남은 자들은 믿음으로 그분께 나아가면서 약속의 성취에 이른다(히 12:22-24). 아브라함에 주어진 처음 약속의 또 다른 요소는 열방을 향한 복이다. 오순절 이후, 이제 복음은 예수가 명하신 대로 열방으로 전파된다.

그리스도의 좌정(session), 즉 아버지 우편에 앉으심과 그리스도의 중보(intercession), 즉 우리를 대신하여 아버지 앞에 나아가심은 하나로 연결된다. 로마서 8:26-27에서 바울은 우리의 연약함을 도우시며 우리를 위해 친히 간구하시는 성령의 역할을 언급한다. 이는 우리를 위해 중보하시는 아들의 역할과 분명히 다르지만, 분리되지는 않는다. 바울은 이렇게 말한다. "누가 정죄하리요. 죽으실 뿐 아니라 다시 살아나신 이는 그리스도 예수시니 그는 하나님 우편에 계신 자요 우리를 위하여 간구하시는 자시니라"(롬 8:34). 그리스도의 중보는 자기 백성의 구원을 위한 청원이 아니라, 모든 신자의 무죄 판결의 근거로 자기 자신을 아버지께 제시하시는 것이다.[43] 히브리서 7:25은 그리스도의 영원한 제

---

42. 이에 대해서는 8장에서 상세히 다룰 것이다.

43. 흔히 기독교에서는 누군가의 사정을 위해 기도로 간구하는 것을 중보라는 단어로 표현하기 때문에 우리도 이에 영향을 받기 쉽다. 그러나 중보란 개입하는 것을 의미한다. 이에 관하여 다

사장직으로 인해 "자기를 힘입어 하나님께 나아가는 자들을 온전히 구원하실 수 있으니 이는 그가 항상 살아 계셔서 그들을 위하여 간구하심이라"고 말한다. 두 구절 모두 그리스도의 제사장 사역의 완전함을 보여 주며, 그분의 중보는 우리가 믿음으로 얻은 의를 확립하고 유지하도록 우리 대신 아버지 앞에 계심을 뜻한다.[44] 그분의 중보는 우리를 대신하여 참으로 의롭게 되신 자로 존재하심을 의미한다. 마틴 로이드 존스(Martyn Lloyd-Jones)는 이렇게 말한다. "하나님 우편에 계신 주 예수 그리스도의 존재는 우리가 자비를 받을 수 있다는 보증이다."[45]

아버지와 함께 계신 우리의 대언자가 있다고 하는 요한의 진술도 승천하신 그리스도를 주목한다(요일 2:1-2). 우리 죄를 위해 화목제물이 되신 제사장 그리스도는, 우리에게 아버지 앞에서 우리를 대표해 우리의 의를 확립하시는 하늘에 계신 '사람'(a Man)을 의미한다. 우리의 칭의, 곧 믿음으로 인한 우리의 의는 지속적인데, 이는 그리스도의 생애, 죽음, 부활이 항상 우리를 덮으시기 때문이다. 바울은 같은 현실을 다르게 표현한다. 부활하신 그리스도는 그분의 완전한 인성에 속하는 속성이 그분을 믿는 우리에게도 있다고 여기심으로 우리를 대신하신다. 따라서 하나님이 보시기에 죄로 물든 우리의 자아는 죽었으며, 죄의 궁극적인 형벌 값이 치러졌고, 우리의 생명은 그리스도와 함께 하

음을 보라. Leon Morris, *The Epistle to the Romans* (Grand Rapids, MI: Eerdmans; Leicester: Inter-Varsity Press, 1988), pp. 337-8.

44. 우리의 이신칭의에 대해서는 12장에서 살펴볼 것이다.

45. D. Martyn Lloyd-Jones, *Romans: Exposition of chapter 8:17-39* (Edinburgh: Banner of Truth Trust, 1975), p. 437. 『마틴 로이드 존스의 로마서 강해 - 제6권』(CLC). John Calvin, *The Epistles of Paul the Apostle to the Romans and to the Thessalonians* (Edinburgh: Oliver & Boyd, 1961), p. 186. 여기서 칼뱅은 이렇게 말한다. "그러나 그리스도가 우리를 위해 중보하신다는 것은 정당한 표현이다. 왜냐하면 그분은 자신의 죽음과 부활로 끊임없이 아버지 앞에 나아오셔서 영원한 중보를 대신하시며, 아버지와 우리를 화해시키고 아버지로 하여금 우리의 기도를 듣게 하시는 생생한 효력을 지니시기 때문이다."

나님 안에 감추어졌다(골 3:3). 에베소서 2:1-10에도 같은 개념이 발견된다. 원래 우리의 상태는 사망이고, 우리는 하나님의 진노의 자녀다. 하나님의 자비는 그리스도가 우리를 위해 어떤 분이셨으며, 어떤 분이신지에 있다. 신자의 실증적 자아는 소망 중에 믿음으로 살아가지만, 그리스도 안에서 우리는 이미 그리스도와 함께 살았고 부활했으며, 그리스도 예수 안에서 하늘의 자리에 함께 앉게 되었다.

예수가 아버지께로 승천하셨을 때도 성육신의 중요성은 사라지지 않는다. 요한계시록에서 요한이 그리스도를 하나님의 백성을 위해 죽임을 당한 유월절 어린양으로 영존시키는 것은 주목할 만하다. 승리한 유다 지파의 사자는 죽임을 당한 어린 양 같았으나 이제는 부활한 어린양이 되었다(계 5:5-6, 8, 12-13). 여러 번에 걸쳐 요한은 그의 중심인물을 어린양으로 묘사하는데, 이는 그가 그리스도께 부여한 주요 호칭이다.[46] 앞의 〈표 7.1〉은 예수의 부활과 이로써 그분의 백성이 부활에 이르게 되는 점진적 계시를 정리해서 보여 준다. 부활의 씨앗은 창조(발생)에 있으며, 타락(퇴화)은 새 창조(갱생)를 필요로 한다. 따라서 제자들은 예수의 죽음과 부활에 놀라지 말았어야 했다. 애초에 예수의 죽음과 부활이 구속사 과정의 중심이었기 때문이다.

영광 중에 다시 오실 그리스도

아버지 앞에서 우리의 대표가 되신 예수는 그럼에도 불구하고 성자 하나님, 곧 영원한 삼위일체의 두 번째 위격이시다. 히브리서 1:3-4은 이렇게 상기시킨다.

46. 요한계시록에서는 대략 25회에 걸쳐 그리스도를 어린 양으로 지칭한다.

> 이는 하나님의 영광의 광채시요 그 본체의 형상이시라. 그의 능력의 말씀으로 만물을 붙드시며 죄를 정결하게 하는 일을 하시고 높은 곳에 계신 지극히 크신 이의 우편에 앉으셨느니라. 그가 천사보다 훨씬 뛰어남은 그들보다 더욱 아름다운 이름을 기업으로 얻으심이니.

"그의 능력의 말씀으로 만물을 붙드시는" 하나님은 우리 죄를 위해 고난을 받고 죽으신 분이다. 그분은 여전히 하나님의 어린양이지만, '온화하고 부드러운 예수'[47]는 진리의 일부일 뿐이며(사 40:11) 전체 그림과는 상당한 거리가 있다. 어린양은 또한 유다 지파의 사자이기 때문에 그분을 대적하는 자들은 진노를 겪게 될 것이다(마 7:21-23; 계 5:5; 6:12-17).

성육신하신 신인에 대하여 계시된 진리의 마지막 책은 그분이 구름을 타고 오실 것이며 각 사람의 눈이 그분을 볼 것이라고 말한다(계 1:7). 바울은 현재 우리 역사의 종말이 될 이 사건을 더욱 자세히 기술한다.

> 우리가 예수께서 죽으셨다가 다시 살아나심을 믿을진대 이와 같이 예수 안에서 자는 자들도 하나님이 그와 함께 데리고 오시리라. 우리가 주의 말씀으로 너희에게 이것을 말하노니 주께서 강림하실 때까지 우리 살아 남아 있는 자도 자는 자보다 결코 앞서지 못하리라. 주께서 호령과 천사장의 소리와 하나님의 나팔 소리로 친히 하늘로부터 강림하시리니 그리스도 안에서 죽은 자들이 먼저 일어나고 그 후에 우리 살아 남은 자들도 그들과 함께 구름 속

47. 그리스도에 대한 이런 익숙한 묘사는 Charles Wesley의 찬양 '온화하고 부드러운 예수'(1742년)에서 기원한다.

으로 끌어 올려 공중에서 주를 영접하게 하시리니 그리하여 우리가 항상 주와 함께 있으리라. (살전 4:14-17)[48]

예수께서 승천하실 때 천사들은 제자들에게 "이 예수는 하늘로 가심을 본 그대로 오시리라"고 선언했다(행 1:11). 그러므로 영광 중에 오실 그리스도는 산 자와 죽은 자를 심판하러 돌아오실 '신인'이시다. 영화롭게 되신 그분의 존재가 어떠하든지 간에, 부활 후의 그리스도와 승천 후의 그리스도 사이에 어떤 차이가 있든지 간에, 그분은 우리의 시간과 공간 속에서 사셨고 죽으셨고 부활하신 여전히 동일한 어린양 예수일 것이다.

영광 중에 다시 오실 예수는 그 실제적 현현에 대해 논란이 많은 주제다. 이와 관련해서는 예언에 대한 장에서 자세히 다룰 것이다. 한편으로 이 문제와 관련해 많은 적대감이 생겨나게 된 것은 유감스럽지만, 다른 한편으로 많은 사람들이 이를 신경 쓸 가치가 없는 것으로 여기는 상황도 안타깝다. 그러나 전천년설, 후천년설, 무천년설의 차이는 상당하며, 그로 인해 교회의 삶과 사역에 대단히 상이한 접근법이 양산되었다. 한 친구는 "모든 일이 다 잘 풀릴 거야(pan out)"라며, 자신은 '팬천년주의자'(pan-millennialist)라는 말장난을 하곤 했다. 하지만 이런 농담이 무색하게, 정치적으로 중요한 여파를 남기는 전천년주의의 대중적 형태인 '기독교 시온주의'가 득세하고 있다.[49]

---

48. 일부 주석가들이 이 소란스러운 구절에서 어떻게 은밀한 휴거를 발견하는지는 이해하기 어렵다. 바울이 그리스도 안에서 죽은 자들을 "자는 자"로 언급한 것은 부활의 확실성과 죽음의 일시적 성격을 고려한 용어의 사용으로 보인다. 고전 15:26에서 바울은 죽음을 "맨 나중에 멸망 받을 원수"로 묘사한다.

49. 13장의 논의를 보라. 이것은 오늘날 이스라엘 국가와 팔레스타인 사이의 지속적인 분쟁을 가리킨다.

하나님의 전략: 그리스도 안에서의 새 창조

이제 성육신의 역동성을 요약하며 그 필요성과 목적을 달성하는 방식을 설명하고자 한다. 그 중심에는 예수가 참 하나님이자 참 사람이셨다는 사실이 있다. 그분의 인성은 현실이었다. 이는 복음주의자들이 쉽게 간과하는 사실이다. 예수의 신성을 부정하는 자유주의자들에 맞서 예수의 참된 신성을 옹호하려는 열정에 치우쳤기 때문이다. 지금까지 나는 자기 백성과 함께하신 하나님을 통해 나타난 그분의 은혜를 설명하기 위해 성경의 역사를 더듬어 보았다. 또한 언약 관계 안에서 하나님과 인간의 만남에 대한 점진적 계시를 개괄했다. 이 모두와 속죄의 필요성을 아울러, 우리 교회는 목회신학을 형성하기 전에 성경신학, 조직신학, 역사신학의 관점에서 성육신을 바라볼 수 있어야 한다.

나는 성경신학의 방법으로 창조에서 시작해 타락을 거쳐 은혜 언약, 성육신, 새 창조에 이르는 발달을 추적했다. 성육신은 하나님과 인간의 관계를 중심으로 하는데, 여기에는 창조 세계를 다스리는 인간의 주권으로 인해 하나님과 전체 창조 세계의 관계도 포함된다. 아담의 죄에 대한 사망 선고에 여자의 씨를 통한 회복의 약속이 대응한다. 그 지점에서부터 우리는 희생적 속죄를 통한 의로운 죄 사함에 근거하여 하나님과 인간의 점진적인 만남을 추적했다. 동물 희생제사에는 하나님과 인간의 끊어진 교제를 다시 연결하는 죄 사함의 능력이 없지만, 하나님의 약속에 대한 믿음은 회개한 구약의 죄인들을 의롭게 했다. 이후 하나님이 직접 사람의 몸을 입으시고 죄를 속하심과 동시에 우리 능력으로는 할 수 없는 완전한 의를 이루셨다. 그리스도의 죽음은 속죄를 이루었고, 예수의 삶은 아버지에 대한 적극적 순종을 통해 의의 토대를 다졌다. 이 역동성의 중심에 예수 안에서 참 하나님과 참 인간의 완전한 관계로서의 성육신이 있다.

이 과정에 관한 간단한 전경 혹은 ‘큰 그림’은 첫 창조(창 1-2장)와 새 창조(계 21-22장)를 두 축으로 삼는 것이다. 그 사이에 점진적 계시가 있으며, 이는 신인이신 예수 그리스도에서 절정에 이른다. 선한 창조 세계에서는 하나님, 인간, 우주가 온전한 관계를 맺고 있었지만, 인간의 죄로 인해 모든 피조물이 허무한 데 굴복하고 썩어짐의 종노릇을 하게 되었다(롬 8:19-23). 타락으로 인해 깨어진 것을 하나님이 성육신으로 한데 묶으셨다. 예수는 새로운 피조물이시다(고후 5:17).[50] 15장에서는 지금 현재로서의 새 창조와 최종 완성 때의 새 창조에 관한 신약의 역동성을 상세히 살펴볼 것이다. 무엇보다 먼저 하나님은 예수 안에서 현실을 회복하시고 새 창조를 이루신다. 그리고 이것은 하나님 백성의 구원 및 새 하늘과 새 땅에서 이루어질 과정의 완성에 영향을 미친다. 하나님이 그리스도 안에서 우리를 위해 하시는 일은, 그분이 성령을 통해 우리 안에서 하시는 일과 그리스도가 다시 오실 때 우리와 함께 하실 일의 기초이자 바탕이다.

〈도표 7.1〉은 죄로 인해 하나님과 인간이 분리된 상태와 그 해결책으로 그리스도의 두 본성이 연합하는 과정의 계시를 나타낸다. 하나님은 자기 백성과 늘 함께하시지만(수직 점선), 이에 대한 계시는 성육신 및 그리스도와 신자의 연합으로 이어지는 구속사의 언약 과정을 통해 하나님과 인간의 점진적인 만남으로 나타난다. 셋, 노아, 셈, 아브라함, 모세, 다윗을 비롯한 구약의 모든 성도와 하나님의 가까움은 전적으로 성육신에 달려 있다. 하나님의 함께하심은 변하지 않지만, 이에 대한 계시는 점진적으로 수렴해 그것을 가능하게 하는 사건, 즉 성육신으로 이어진다.

50. 10장을 보라.

도표 7.1
성육신에 대한 계시의 역동성

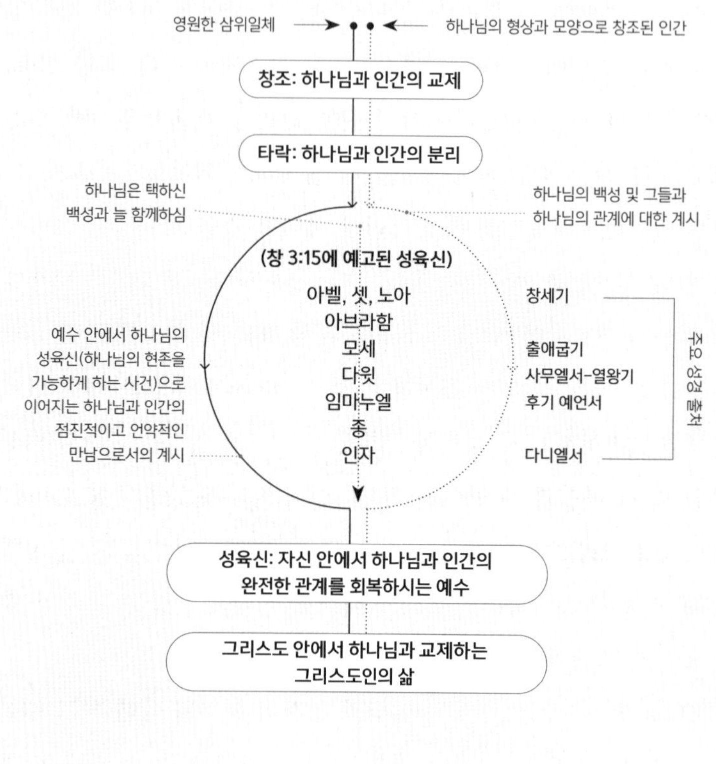

모든 진리의 전형이신 예수

성경은 창세기 1장 첫 구절부터 하나님을 계시한다. 구약 전체는 나사렛 예수의 이름이 등장하기 전에 하나님의 자기 계시에 대해 다룬다. 이 책의 목적 중 하나는 구약이 신약과, 특히 예수를 통해 드러난 하나님의 계시와 어떻게 연결되는지 확인하는 것이다. 하지만 우리는 기독교의 삼위일체 교리가, 계시와 신학적 공식화라는 측면에서, 예수가 그리스도시며 임마누엘이시라는 계시로부터 비롯된다는 것을 이미 살펴보았다. 삼위일체와 그리스도의 두 본성에 대한 기독론적 문제 모두는 초기 교회 신학자들이 오랜 시간 씨름했던 주제다. 대체로 삼위일체 논쟁은 각 입장의 강조점에 따라 존재론적 삼위일체, 경륜적 삼위일체, 삼위일체에 대한 전적 부정으로 나뉜다. 존재론적 삼위일체는 한 하나님 안에 세 위격이 일체로서 영원히 실재하며 단일성과 구별성을 가진다는 정통주의 고백이다. 반면 경륜적 삼위일체만을 주장하는 교리는 존재론적 삼위일체의 실재를 부정한다. 그런 이단으로는 양자설, 사벨리우스주의, 아리우스주의, 종속론이 있다.[51] 이들 각각은 기독론과 예수 그리스도의 한 인격 안에 있는 두 본성 교리에 영향을 미쳤다. 크게 보면, 이단은 하나가 다수를 압도하거나 반대로 다수가 하나를 압도하는 형태로 나타난다. 정통주의는 하나와 다수의 동등한 궁극성을 수용하는 데서 형성된다. 따라서 우리는 어떤 식으로든 하나님의 복수성을 그분의 단일성에 종속시킬 수 없고, 그분의 단일성을 복수성보다 덜 중요하게 여길 수도 없다.

기독교 현실관은 〈도표 7.2〉에 나타나 있다. 전체 현실을 표현하기 위해 여기 사용된 원은 편리하고 임의적인 도식 방법이다. 첫째, 하나님은 영원부터 홀로 존재하셨고 아무 부족한 것이 없으셨다.[52] 둘째, 하나님이 무에서 우주를 만드신 창조 행위는 현실을 영원히 변화시켰다. 창조는 하나님이 자기 자신 외의 다른 무엇과 관계를 맺어야 할 필

51. 양자설(adoptionism): 예수는 단지 뛰어난 인간이었을 뿐이며, 하나님이 그를 양자로 삼아 하나님의 아들의 지위를 주셨다는 개념. 이를 그리스도인이 양자됨과 은혜를 통해 하나님의 자녀가 되었다는 신약의 가르침과 혼동해서는 안 된다. 사벨리우스주의(Sabellianism): 한 하나님 안에서 그분의 행동과 활동을 단지 세 가지 양태의 경륜적 구별로만 인정하고 존재론적 삼위일체를 부정함. 아리우스주의(Arianism): 아리우스는 성부 하나님만이 유일한 하나님이며 성자는 창조되었다고 가르쳤다. 종속론(subordinationism): 성자가 성부께 종속된다는 일부 초대 교부들의 가르침.

52. 우리는 하나님 홀로 계신 현실을 생각하기 어려울 수 있지만, 하나님과 함께 영원히 존재하는 다른 무언가가 있다는 성경적 증거는 없다.

도표 7.2 현실에 대한 성경적 계시

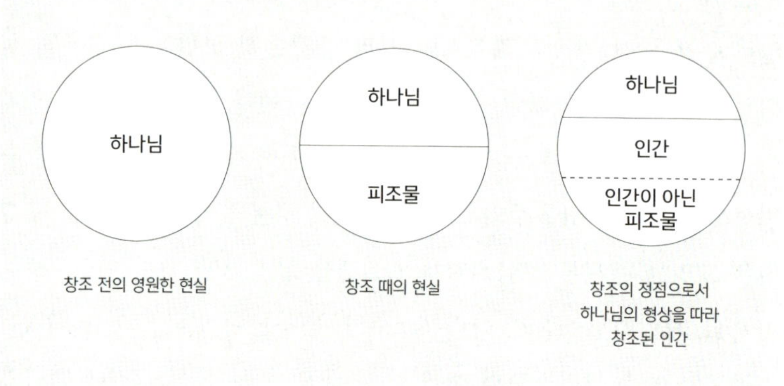

요성 때문에 행하신 일이 아니었다. 하나님은 자신 안에서 온전한 관계를 이루고 계시기 때문이다. 그러므로 우리는 하나님의 존재와 피조물의 존재를 구별해야 한다. 하나님은 완전하시며 자족하신다. 창조 세계는 전적으로 하나님께 의지하며 그분으로 말미암아 유지된다. 셋째, 창조의 정점이지만 그 일부인 인간은 하나님의 형상대로 창조된 독특한 피조물이다. 하나님과 피조물의 구분은 그 형상이 관계적이지 존재론적인 것이 아님을 의미한다. 인간과 다른 피조물과의 관계에 나타나는 단일성과 구별성은 창조 세계의 운명이 인간의 운명과 연관되어 있음을 나타낸다.

'태초'부터 현실은 하나님과 그분이 창조하신 모든 것으로 이루어져 있었다. 그 외에 고려할 것은 없다. 창조의 정점은 하나님의 형상과 모양대로 특별히 지음받은 인간이었다. 인간은 나머지 다른 피조물을 다스릴 임무를 부여받았지만, 피조물과 분리된 존재가 아니었다. 인간도 창조 세계의 일부로서 땅의 흙으로 만들어졌기 때문이다(창 2:7; 3:19). 그리스도의 성육신을 통해 하나님은 기적적이고 놀라우며 전례 없는 방식으로 우리의 시간과 공간에 들어오셨다. 한 인격이신 나사렛 예수는 참 하나님이자 참 사람이셨다. 이 독특한 인격적 연합에도 불구하고, 각각의 본성이 충분하고 완전하다는 점에서 그리스도의 신성과 인성의 관계는 동등한 궁극적 관계이자, 하나님과 인간 사이의 중재자가 되셔야 하는 예수께 동등한 필요적 관계다. 이는 인성과 신성이 존재론적으로 동등하다는 잘못된 주장과는 사뭇 다르다.[53] 삼위일체와 마찬가지로 어느 본성도 희석될 수 없다. 예수는 완전한 하나님이자 완전한 인간이시다.[54] 이는 그리스도의 인성이 어떻게든 그분의 신성과 균형을 이룬다는 말이 아니다. 인성과 신성이 동등하게 궁극적이라는 말은 '균형'보다는 '관점'의 의미다. 성경적 관점은 인성이 신성과 관계 맺도록 의도된 바에 따라 두 본성이 완벽하게 관계 맺는다는 말이다. 예수는 완전한 신성 없이 우리를 구원하실 수 없고, 마찬가지로 완전한 인성 없이 우리를 구원하실 수 없다.

바울이 마침내 드러난 하나님의 목적은 "하늘에 있는 것이나 땅에 있는 것이 다 그리스도 안에서 통일되게 하려 하심이라"고 했을 때, 이는 전적으로 포괄적인 진술이었다(엡 1:10). 나는 이 사건을 최종 완성의 종말 시점으로 유예하는 학자들의 견해에 동의하지 않는다. 이것이 성육신에서 이루어진 목적(*telos*)과 최종 완성 모두에 해당한다고 믿는다. 성육신이 종말의 전형(pattern)이기 때문이다.[55] 이는 하나님의 모든 목적의 완성이 먼저 예수 그리스도 안에서 실현되었다는 것을 인식할

53. 따라서 아타나시우스 신경은 예수가 "신성에 있어서는 성부와 동일하나, 인성에 있어서는 성부보다 열등하다"고 주장한다.

54. 내가 마이크로소프트 워드(MS Word)로 이 글을 작성하는 동안, 자동 맞춤법 검사에 의해 이 문장은 "완전한 하나님 또는 완전한 인간"으로 수정하도록 표시되었다. 이는 아리스토텔레스가 세속적 사고방식을 지배하고 있으며 컴퓨터 프로그램에도 반영되어 있음을 보여 준다.

55. 이는 '양자택일'이 아니라 '양자병합'의 또 다른 경우다. 종말론의 역동성은 완성에 속한 것이 이미 그리스도의 인격과 사역에 드러났음을 보여 준다. 이 문제는 15장에서 다시 다룰 것이다.

도표 7.3 새 창조의 원형이신 예수 그리스도

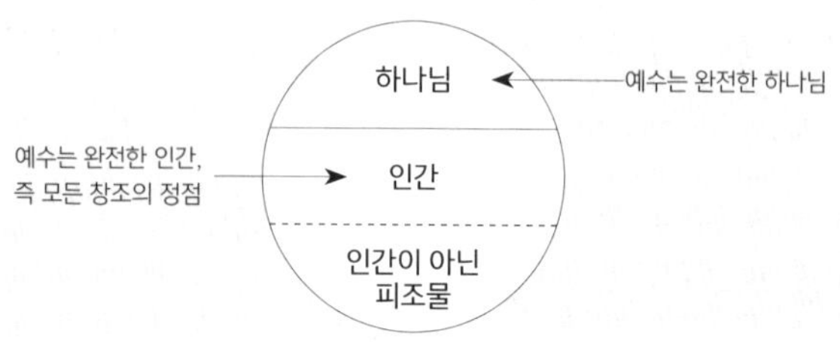

성육신은 하나님, 인간, 세상의 완전한 관계를 수반한다. 예수는 우리를 위한 새 창조의 대표이시다

때 당면하는 마땅한 결론이다. 그분의 인격, 삶, 죽음, 영화는 모두 하나님의 목적을 그분 안에서 완성(*telos*)으로 이끈다. 모든 현실이 아버지의 뜻에 따라 성육신 안에서 완전함에 이른다면, 우리는 예수 그리스도가 진리의 전형이며 시간과 공간 속에 있는 모든 것의 해석학적 규범이라고 말해야 한다(〈도표 7.3〉을 보라).

종종 "그리스도가 답이다"라고 말하곤 한다. 그런데 그분이 답하시는 문제나 질문은 무엇인가? 이것은 명백하다고 생각하는 이들도 있겠지만 나는 그렇지 않다. 우선 우리 모두는 여전히 죄에 감염되어 있기 때문에 자기 정당화에 아주 능숙하다. 우리는 성령을 통해 복음으로 거듭나기 전까지 죄 안에서 죽어 있었기 때문에, 우리가 복음만큼이나 큰 문제를 가졌다고 듣게 되면 기분부터 상한다. 그럼에도 복음은 우리의 곤경에 대한 해결책을 알려 주는데, 그 해결책이 역으로 우리가 가진 문제를 분명하게 나타낸다. 물론 하나님이 이를 고치기 위해 어떤 일을 하셔야 했는지가 드러나기 전까지, 우리는 그 문제가 무엇인지 실제로 이해하지 못한다.[56] 우리의 반역적 타락에 대응하기 위

56. 인간적인 비유로 말하자면, 우리는 의사가 질병을 치료하기 위해 어떤 조치를 해야 하는지를

해 하나님은 육신을 입고 사람이 되셔서 하나님의 백성에게 요구되는 삶을 제시하시며, 부정한 삶의 대가를 치르고 우리를 구속하기 위해 죽으셔야만 했다. 따라서 이 문제는 하나님, 인간, 창조된 우주가 모두 포함된 것으로 드러난다.

이 과정에서 발생하는 역동성은 다음과 같이 요약할 수 있다.

1. 먼저 영원 전부터 현실을 철저히 비우시는 하나님이 계신다. 그리고 '태초에' 하나님은 무로부터(*ex nihilo*) 모든 것을 자유롭게 창조하셨다. 창조의 정점에는 하나님의 형상으로 창조된 인간이 있다.

2. 창조주에 대한 인간의 반역을 통해 죄가 들어오면서 하나님과 피조물 사이 또한 모든 피조물 사이의 관계가 틀어졌다. 타락한 것은 인간이지만, 인간과 나머지 피조물의 연대성으로 인해 우주도 함께 타락하게 되었다.[57]

3. 은혜로 인한 하나님의 자비로운 구원은 세 단계로 성취된다.[58]

(1) 현실의 모든 부분, 즉 하나님, 인간, 세상은 성육신으로 종합되어 올바른 관계를 회복한다. 나사렛 예수는 자기 안에서 하나님, 인간, 세상의 완전한 관계를 이루신다. 이것이 예수가 우리를 위해 어떤 분이셨으며 무엇을 하셨는지를 보여 주는 복음 사건이다. 그분은 우리를 대신한 죄 없는 삶을 사시고, 우리를 대신한 속죄의 죽음으로 참된 인성을 내려놓으신다. 새 시대는 예수와 함께 우리의 현실 속으로 침투한다. 이와 관련한 중요 구절은 고린도후서 5:17-19이다.[59]

알게 된 후에야 비로소 육체적 질병의 본질을 이해할 수 있다. 반창고만 붙여도 될 일인가, 아니면 대수술이 필요한가?

57. 이 부분에 대해서는 11장에서 상세히 다룰 것이다.

58. 이 역동성에 대해서는 15장에서 상세히 살펴볼 것이다.

59. 17절의 헬라어 원문은 다음과 같다. ὥστε εἴ τις ἐν Χριστῷ καινὴ κτίσις[헬라어에는 "그는"(he is)에 해당하는 말이 없음], τὰ ἀρχαῖα παρῆλθεν, ἰδοὺ γέγονεν καινά.

그런즉 누구든지 그리스도 안에 있으면 [그는] 새로운 피조물이라. 이전 것은 지나갔으니 보라 새 것이 되었도다. 모든 것이 하나님께로서 났으며 그가 그리스도로 말미암아 우리를 자기와 화목하게 하시고 또 우리에게 화목하게 하는 직분을 주셨으니 곧 하나님께서 그리스도 안에 계시사 세상을 자기와 화목하게 하시며 그들의 죄를 그들에게 돌리지 아니하시고 화목하게 하는 말씀을 우리에게 부탁하셨느니라.

이 본문과 관련된 두 가지 중요한 측면이 있다. 첫째, 17절에서 영어 성경의 'he is'(그는)는 번역자들이 완전한 문장을 만들기 위해 추가한 것으로 헬라어 원문에는 없다. 이 가상의 'he'의 선행사는 일반적으로 "누구든지"로 간주된다. 하지만 단순히 바로 앞의 "그리스도"일 수도 있다. 그렇다면 이렇게 된다. "누구든지 새로운 피조물이신 그리스도 안에 있으면, 이전 것은 지나갔으니…." 나는 두 가지 모두 옳다고 본다. 신자는 그리스도 안에서 새로운 피조물이 된다. 하나님은 우리가 그리스도가 아닌 어떤 것이 되도록 의도하지 않으신다. 둘째, 19절의 "그리스도 안에"라는 표현도 두 가지 가능성이 있다. 하나는 하나님이 그리스도를 통해 세상과 자신을 화목하게 하셨다는 것이며, 다른 하나는 그리스도 안에 화목이 있다는 것, 즉 성육신이 화목하게 된 현실을 포용한다는 것이다. 이 점에서도 나는 두 가지 다 옳다고 본다.

(2) 복음 선포와 성령의 내주하심을 통해 하나님은 자기 백성 안에서 회복을 시작하신다. 이는 우리 자신이 그 일부이기도 하면서 동시에 책임을 져야 하는 창조 세계에도 영향을 미친다. 바로 우리 안에서 형성되는 복음의 결실이다. 옛 시대는 지속되지만 새 시대와 중첩되는 부분이 있다.

(3) 하나님의 모든 목적이 완성되고 그리스도가 다시 오실 때, 죄의 옛 시대는 영원히 폐지되고 새 시대의 충만함이 드러날 것이다. 하나님의 구원 사역은 새 하늘과 새 땅에서 드러나며, 모든 성도가 그분의 보좌로 모여들 것이

다. 이것이 우리와 함께 이루시는 하나님의 최종 완성 사역이다.

요약 및 해석학적 함의

1. 성육신의 전역사(prehistory)는 아담과 하와의 창조로 시작된다.
2. 성경은 하나님과 그분의 참된 백성의 실제적 가까움과, 그것이 하나님과 인간의 소외에서 시작하여 성육신에서의 수렴을 통해 그 목적에 이르는 방식을 보여 주는 점진적인 계시를 구분한다.
3. 하나님은 자신의 참된 백성과 늘 가까이 계시지만, 예언자, 제사장, 왕, 기름부음 받은 메시아는 점진적 계시를 통해 예수가 새 창조의 대표이자 하나님과 백성의 화목이 되시는 방식을 보여 준다.
4. 복음은 역사적 그리스도에 관한 사건이자 선포다. 바로 그분이 우리가 살아야 했지만 실패한 삶을 살아내시고, 그 실패의 대가를 치르는 충분한 희생으로 완전한 존재를 나타내신다는 점에서 그렇다.
5. 신약과 구약의 관계는 본질상 유기적이며 두리뭉실하지 않고, 모형적이며 알레고리적이지 않다는 사실을 명확히 하는 설교와 가르침이 필요하다.
6. 조직신학은 하나님, 계시, 성경의 권위에 관한 신학자의 전제로 형성된다는 점에서 다른 신학 분야와 다르지 않다.

이제까지의 논의에서 핵심적인 해석학적 함의는 구약과 신약의 관계다. 만일 신약이 구약은 예수 그리스도에 관한 책이라고 말한다면, 과연 어떤 식으로 그렇게 되는가라는 질문은 피할 수 없다. 기독교 교회는 항상 구약성경을 영감받은 권위 있는 정경으로 받아들여 왔다. 실제로 우리는 예수와 사도들에게 히브리 성경과 그것의 헬라어 역본

외에 다른 성경이 없었다는 사실에서 출발했다. 이번 장에서는 창조로부터 시작하여 하나님의 영원한 말씀의 역동성을 살펴보았다.

신약과 구약의 관계 문제에서 우리는 모형론이라는 주제를 고려해야 한다. 때로 모형론은 나쁜 인상을 남기기도 하지만, 나는 더 넓은 계시의 역동성에 있어 모형론을 절대적인 기초로 여긴다. 모형론은 구약의 예표에서부터 그에 부합하는 신약의 실체로 이어지는 선형적 진행을 수반한다. 물론 구약의 모든 구절에서 그리스도인을 위한 영적 의미를 발견하고, 모든 세부 사항 속에서 예수에 대한 암시를 찾음으로써 구약의 신비를 정복하고자 하는 열정이 과한 주석가에 의해 남용될 수 있는 것도 사실이다. 이는 정당한 모형론과 단순 비유 및 알레고리 사이의 본질적 차이를 혼동하게 한다. 모형론은 후대의 성취에 대한 신학적이면서 동시에 역사적인 연결을 필요로 하는 반면, 알레고리는 모형으로 보이는 것을 역사적 맥락에서 분리시켜 천상적 또는 영적 적용으로의 수직 도약을 도모한다. 모형론은 구속사 안에서의 점진적 계시와 연관되지만, 알레고리는 개념의 연관성이나 매우 근소한 유사성에 의존한다. 모형론에 대해서는 14장에서 자세히 살펴볼 것이다. 여기서는 타락으로 인해 하나님과 인간이 분리되었으며 구속사의 진행에 따라 두 존재가 점점 만나게 되는 것이 모형론의 기초를 이룬다는 사실을 언급하는 것만으로 충분하다.

성자 하나님의 성육신의 역동성에 대한 연구의 해석학적 결론은 다음과 같다. 신구약성경 모든 본문은 그리스도에 대한 증언의 일부다. 성경 해석자는 학문적이고 전문적인 문제를 다루든 일상적인 성경 묵상을 하든, 끊임없이 본문과 그리스도 사이에서 타당한 연결점을 찾아야 한다. 그리스도인으로서 우리 존재는 그리스도의 중재를 통한 하나님과의 관계로 정의된다. 이는 모든 성경 본문과 우리의 관계가 모든 성경의 의미이신 그리스도를 통해 중재된다는 것을 의미한다. 나는 이 연구를 통해 각 주제의 발전이 어떻게 그리스도의 인격과 사역에 연결되는지, 그리고 그 연결이 우리 삶 속에서 어떻게 실현되는지 밝히고자 한다.

지금 단계에서 내가 내리려는 해석학적 결론은 그리스도가 현실의 모든 것을 해석하는 원형(template)이라는 것이다. 무엇보다 그리스도의 두 본성이 가진 단일성과 구별성은 그리스도인으로 하여금 삼위일체에 대한 풍성한 이해를 갖게 한다. 하지만 그리스도는 모든 현실, 곧 하나님, 인간, 온 피조물의 속성을 공유하신다. 그분은 이 모든 것의 참된 본질을 드러내신다. 그리스도 외에는 모든 현실에서 진리의 근본적인 전형을 제시하는 것이 없다.

8. 성령 하나님에 대한 계시의 역동성

이번 장은 성령에 대한 간추린 역사로, 창조에서 새 창조에 이르는 점진적 계시 속에서 성령의 위치를 살펴볼 것이다. 나는 성령의 인격과 우리를 향하신 사역에 관한 견실한 성경적, 신학적 접근이 부족했던 것이 많은 혼란을 초래했다고 생각한다. 오직 구속사 전반에 걸쳐 성령의 위치를 탐구할 때만, 우리는 과거에 불화와 혼란을 촉발시켰을 뿐 아니라 현대 교회에서도 끊이지 않고 있는 성령이라는 주제를 둘러싼 몇 가지 의문스러운 관점을 평가할 수 있을 것이다.

교회가 성령을 등한시했는가?

종종 성령은 침묵하시는 삼위일체의 일원으로 언급된다. 역사적으로 그리스도인은 성령의 영감이 우리에게 하나님의 명확하고 권위 있는 말씀인 성경을 주셨다고 믿어 왔다. 성경의 증거에 따르면 성령의 주된 사역은 우리를 그리스도께로 인도하시는 것이다. 먼저는 그리스도를 증언하는 성경을 영감시키셔서 그렇게 하신다. 다음으로는 신자에게 성경이 그리스도에 관한 것이며 그것이 진리임을 증언하신다. 성령의 이런 역할을 보여 주는 구절에는 요한복음 15:26이 있다. 예수는 성령에 대해 "그가 나를 증언하실 것이요"라고 말씀하신다. 이는 곧 성령이 우리를 예수께로 인도하신다는 의미다. 또한 요한복음 16:13에서 예수는 "그가 스스로 말하지 않고"라고 하시며, 14절에서는 "그가 내 영광을 나타내리니 내 것을 가지고 너희에게 알리시겠음이라"고 말씀하신다. 여기서 예수는 성령의 사역이 자신의 사역과 분리되지 않는다는 점에서 삼위일체의 단일성을 나타내고 계신다. 만일 이런 구절을 성령에 관한 성경의 가르침을 약화시키는 방식으로 읽는다면 극히 유감스러운 오독이 아닐 수 없다. 예수가 성령과 다른 방식으로 중심적이신 이유는 간단하다. 성령과 달리 예수는 구주이시며, 하나님과 창조세계 질서의 완전한 연합이시기 때문이다. 성령이 없이는 복음도 존재할 수 없지만, 그렇다고 복음이 성령의 특별한 사역에 관한 것은 아니다.

성령에 관한 오해의 또 다른 극단에 교회가 시대를 거쳐, 특히 최근에 와서 성령론을 등한시했다는 근거 없는 주장이 있는 것도 안타깝다. 그런 주장에는 역사적이고 성경적인 뒷받침이 반드시 필요하다. 나는 교회사와 기독교 교리사를 면밀히 살펴보면 다른 이야기를 듣게 될 것이라고 생각한다.[1] 그러므로 성경의 증거를 살펴보자.

나는 성령에 대한 성경적 계시의 구체적인 본질은 구약의 증언에서 시작하는 것이 최상이라고 생각한다. 부분적으로는 오순절에 사도들

1. 1988년, 나는 종교개혁에 관한 성공회 문서 모음집, 특히 「공동 기도서」(1662년)와 「설교집」에 나타난 성령에 대하여 간략한 조사를 수행했다(1989년 브리즈번 교구 총회에 제출된 미발표 보고서). 그리고 이러한 교리와 예배 규범에서 어떤 의미에서도 성령이 소홀히 여겨졌다고 볼 수 없다는 결론을 내렸다.

에게 성령이 임하신 사건을 너무 강조하다 보니, 마치 그리스도가 오시기 전까지는 성령이 조용히 대기하고 계셨던 것처럼 여기는 경향이 있기 때문이다. 성령이 오순절 이전에는 부재하셨다고 결론 내리는 것은 구약의 증언을 무시하는 심각한 잘못이다.[2]

구약의 성령

하나님의 영에 대한 성경의 가르침을 살펴볼 때 두 가지 의미론적 문제가 부상한다. 첫 번째는 영이나 성령을 나타내는 히브리어 '루아흐'(*rûaḥ*)와 헬라어 '프뉴마'(*pneuma*)가 모두 바람이나 숨을 뜻할 수도 있다는 점이다. 그렇기에 이 단어들이 사용될 때마다 문맥을 통해 그 의미를 세심히 검토해야 한다. 두 번째 문제는 영으로 번역되는 히브리어와 헬라어 단어 모두 하나님의 영(대문자)이나 사람의 영(소문자)을 가리킬 수 있다는 점이다. 우리가 가진 히브리어와 헬라어 성경 사본에는 대소문자의 구별이 없기 때문에, 이를 구분하는 일이 항상 명확하지는 않다. 또한 구약은 성령에 관한 교리를 형성함에 있어 다소간의 문제점을 노출한다. 이는 특히 평범한 신자들에 대한 성령의 사역을 언급하는 면에서 구약이 신약에 비해 훨씬 두드러지지 못하기 때문이다. 하지만 이로부터 성령이 오순절 이전에는 활동하지 않으셨다고 추론하는 것은 잘못이다. 성령을 다루는 구약 본문에는 주목해야 할 형식이 존재한다.

하나님의 영에 대한 첫 번째 언급은 성경 첫 구절에서부터 나타난다.

2. 이에 대한 유익한 논의는 다음을 보라. David G. Firth and Paul D. Wegner, *Presence, Power and Promise: The role of the Spirit of God in the Old Testament* (Nottingham: Apollos, 2011).

> 태초에 하나님이 천지를 창조하시니라. 땅이 혼돈하고 공허하며 흑암이 깊음 위에 있고 하나님의 영은 수면 위에 운행하시니라. (창 1:1-2)

"운행하시니라"고 번역된 동사(히브리어 *měraḥepet*, 어근 *rḥp*)는 성경에 단 세 번 사용되었다.[3] 신명기 32:11에서는 시적 은유로 사용된다. "마치 독수리가 자기의 보금자리를 어지럽게 하며 자기의 새끼 위에 너풀거리며 그의 날개를 펴서 새끼를 받으며 그의 날개 위에 그것을 업는 것같이." 이는 광야에서 주님이 이스라엘을 인도하시는 모습에 대한 묘사다. 예레미야 23:9은 하나님의 심판 말씀 앞에서 예언자가 떨고 있는 모습을 묘사하기 위해 이 동사를 사용한다. 창세기 1:2에서 사용된 동사에는 아리송한 면이 있는데, 이는 창조 기사에서 다시는 사용되지 않기 때문이다. 그렇다면 왜 여기서 하나님의 영이 언급되는가? 우리는 하나님의 영이 창조에서 예표된 또 다른 중요한 곳에서 운행하실 것이라는 사실에 주목한다. 바로 공관복음서에서 볼 수 있는, 성육신하신 하나님이 우리 세상에 들어오셔서 새 창조를 공표하시는 장면이다. 하나님의 아들이자 새 창조의 원형이신 예수께서 세례를 받으실 때, 성령이 비둘기 모습으로 내려오셨다.[4] 비록 '운행하다'라는 말은 사용되지 않지만, 창조 기사와의 유사성이 매우 인상적이다.

창조의 장면은 아무런 형태도 없이 공허한 어둠에서 시작한다(창 1:1-3). 성령이 깊음을 덮으며 그 위를 운행하시는 장면이 나오고, 바로 다음에 하나님의 말씀이 빛을 창조하시는 사건을 시작으로 뒤이어 다

3. 창 1:2; 신 32:11; 렘 23:9. 이 중 어떤 것도 창 1:2이 하나님의 영이 아니라 강한 바람을 가리킨다는 비평적 해석을 뒷받침하는 것으로 보이지 않는다.

4. 7장을 보라. 공관복음서는 '운행하다'라는 말을 사용하지는 않지만 성령이 비둘기 형태로 내려와 예수 위에 머무르셨다고 묘사한다.

른 모든 일이 일어난다. 2001년판 ESV에는 2절 이후에 여백을 두고 '창조의 여섯 날'이라는 번역자/편집자가 삽입한 부제가 있다.[5] 물론 히브리어 원문에는 그런 것이 없으며, 하나님의 구두 명령으로 즉시 이어진다. "하나님이 이르시되 빛이 있으라"(3절). 이렇게 끊어짐 없는 본문은 성령과 하나님의 창조 말씀 사이의 중요한 이음새를 구성한다. 디트리히 본회퍼(Dietrich Bonhoeffer)는 이렇게 말한다.

> 하나님은 여전히 깊음 위에, 수면 위에 창조주로 계신다. 그러나 창조주이신 이 하나님이 이제 다시 시작하신다. 형태 없음, 공허, 흑암의 창조는 여기서 수면 위 성령의 운동으로 특징되는 하나님의 운동으로 인한 형태의 창조와 구별된다.[6]

성령의 능력이 혼돈과 흑암을 다루실 때, 하나님은 창조에 형태와 질서를 부여하신다. 애당초, 하나님(성부)의 창조에서 하나님의 영과 하나님의 말씀이 함께 일하신다. 이로부터 우리는 창조에서 역사하신 삼위일체 하나님에 관한 첫 번째 단서를 얻게 될 뿐만 아니라 결코 놓쳐서는 안 될 원리를 발견한다. 즉 하나님이 그분의 말씀으로 역사하시는 곳에서, 그분의 영은 그 말씀을 계획에 맞는 효과적인 목적지로 인도하신다. 이에 따른 결론은 성령의 사역이 언제나 말씀과 함께 이루어진다는 것이다. 기독교 교리의 형성에 있어, 말씀과 성령 사이에 뗄

---

5. KJV와 NRSV에는 이런 여백이 없다. NIV는 2절과 3절 사이를 여백으로 띄워 둔다. 번역자들이 삽입한 부제는 성경의 특정 부분을 빨리 찾는 데 도움이 되지만, 전혀 적절하지 않게 본문을 나누어 보게 만들 수도 있다. 나는 이 경우가 분명 여기에 해당한다고 생각한다.

6. Dietrich Bonhoeffer, *Creation and Fall: A theological interpretation of Genesis 1-3*, tr. John C. Fletcher (London: SCM Press, 1959), p. 18. 『창조와 타락』(복있는사람).

수 없는 연결을 유지하는 것이 필수적이다. 다시 말해, 성령은 그리스도와 함께 일하시는 것이지, 그리스도의 사역에 추가적인 일을 하시는 것이 아니다.[7] 성령은 흑암의 수면 위를 운행하시며, 말씀이 "빛이 있으라"고 하시니 그대로 이루어져 빛이 생긴다.

구약에서 창조에 대한 탁월한 묘사 가운데 하나는 잠언 8:22-36의 지혜에 관한 시적 찬양이다. 여기서 의인화된 하나님의 지혜는 주께서 창조의 시작부터 지혜를 가지고 계셨다고 주장한다. 그리고 지혜의 역할이 언급된다.

> 그가 하늘을 지으시며
>   궁창을 해면에 두르실 때에 내가 거기 있었고
> 그가 위로 구름 하늘을 견고하게 하시며
>   바다의 샘들을 힘 있게 하시며
> 바다의 한계를 정하여
>   물이 명령을 거스르지 못하게 하시며
> 또 땅의 기초를 정하실 때에
>   내가 그 곁에 있어서 창조자가 되어

---

7. 이런 연결은 신앙이 성경이 아니라 체험으로 정당화되는 은사주의자들의 도가 지나친 행위로 인해 깨어진다. 예컨대 '성령으로 인한 쓰러짐'이라든지 통제되지 않는 웃음 현상이 나타난 이른바 토론토 축복(Toronto Blessing) 같은 것이 여기 해당한다. 이와 마찬가지로 심각한 일은, 일부 경건주의 복음주의자들과 신오순절주의자들이 회심 이후 그리스도를 영접한 다음 단계로서 "성령을 받으라"고 하는 비성경적 관행이다. 이는 은사주의의 전형적 오류로, 신약과 개혁주의 정통 신앙에 맞지 않는 것이다. 바로 삼위일체 이단과도 같다. 다음을 보라. Bill Bright, *How to Be Filled with the Holy Spirit* (Sydney: Lay Institute for Evangelism, 1997). 『성령 충만을 받는 방법』(순출판사). Nicky Gumbel, *Alpha: Questions of Life* (Eastbourne: Kingsway, 1993). 『인생의 의문점들』(서로사랑). Gumbel은 이 책의 10장 '어떻게 성령으로 충만할 수 있는가?'에서 성령으로 충만했을 때 나타나는 현상에 주목하지만, 어떻게 이를 이룰 수 있는지에 대해서는 조금도 언급하지 않는다.

날마다 그의 기뻐하신 바가 되었으며
항상 그 앞에서 즐거워하였으며
사람이 거처할 땅에서 즐거워하며
인자들을 기뻐하였느니라. (잠 8:27-31)

하나님의 지혜가 단순하게 하나님의 영을 뜻하는 다른 말이라는 암시는 없다. 그럼에도 이 구절은 창세기에서 하나님의 영의 사역으로 언급한 일과 똑같은 하나님의 창조 사역을 지혜와 연결한다. 여기서 지혜는 성령과 같은 독립적이고 신적인 위격이 아니라, 성령의 핵심 역할 중 하나를 묘사하는 은유적 방식이다. 하나님의 영과 하나님의 지혜는 모두 형태 없는 공허한 혼돈을 질서 정연한 창조의 구조로 형성하는 동력이다.

잠언 8장에서의 성령과 지혜의 연결이 암시적이라면, 고린도전서 2:6-16에서 바울은 성령과 하나님의 지혜에 대해 명시적으로 언급한다. 복음의 지혜는 하나님의 영으로 전달되는 지혜다. 바울은 복음에서 발견되는 하나님의 참된 지혜에 관한 서언(고전 1:17-31)을 끝맺으며 이렇게 서술한다.

이와 같이 하나님의 일도 하나님의 영 외에는 아무도 알지 못하느니라. 우리가 세상의 영을 받지 아니하고 오직 하나님으로부터 온 영을 받았으니 이는 우리로 하여금 하나님께서 우리에게 은혜로 주신 것들을 알게 하려 하심이라. 우리가 이것을 말하거니와 사람의 지혜가 가르친 말로 아니하고 오직 성령께서 가르치신 것으로 하니 영적인 일은 영적인 것으로 분별하느니라.

육에 속한 사람은 하나님의 성령의 일들을 받지 아니하나니 이는 그것들이 그에게는 어리석게 보임이요, 또 그는 그것들을 알 수도 없나니 그러한 일

은 영적으로 분별되기 때문이라. (고전 2:11-14)

바울은 하나님의 영과 하나님의 지혜를 창조와 구원에서 계속된 동반자로 여긴다.

구약에서 성령과 창조를 연결하는 또 다른 구절은 욥의 '위로자들' 중 네 번째로 등장하는 엘리후의 말에 나타난다. 엘리후는 자기 정당화를 일삼는 욥과 쓸데없는 논쟁을 일으킨 세 친구에게 화를 낸다(욥 32:1-5). 그리고 이제 자신이 바로잡아 보겠다며 이렇게 주장한다. "하나님의 영이 나를 지으셨고 전능자의 기운이 나를 살리시느니라"(욥 33:4). 이 문맥에서 엘리후가 특별한 영감을 주장하고 있다고 보는 로울리(H. H. Rowley)와 하틀리(John E. Hartley)의 주장은 타당한 것 같다.[8] 그렇지 않다면 엘리후는 방금 책망한 이들에 비해 자신에게 더 말할 자격이 있다고 주장하지 못했을 것이다. 이사야도 하나님의 지혜, 하나님의 영, 창조를 연결하며 구원을 이루실 하나님의 위대함을 찬양하는 예언을 한다(사 40:12-31).[9] 다시 한 번 시편 104편은 하나님의 지혜와 하나님의 영을 창조와 연결한다. 여기서 시인은 하나님이 창조하신 세상의 다채로운 측면에 나타나는 그분의 위대하심을 찬양한다(시 104:1-23).

---

8. H. H. Rowley, *The Book of Job*, New Century Bible Commentary (Grand Rapids, MI: Eerdmans; London: Marshall, Morgan & Scott, 1976), p. 211; John E. Hartley, *The Book of Job*, New International Commentary on the Old Testament (Grand Rapids, MI: Eerdmans, 1988), p. 438. Andersen은 이 주장에 대한 확신이 없다. Francis I. Andersen, *Job*, Tyndale Old Testament Commentaries 14 (Leicester: Inter-Varsity Press, 1976), p. 248. 아무튼 결국 욥의 네 친구 모두 잘못 이해하고 있었다.

9. ESV는 9-11절도 이 예언에 포함시킨다. Westermann은 이 부분을 1절에 대한 응답으로서 세 번째 위로의 말로 보기 원한다. Claus Westermann, *Isaiah 40-66: A commentary* (Philadelphia, PA: Westminster Press, 1969), pp. 48-50. Motyer도 이 견해에 동의한다. Alec Motyer, *The Prophecy of Isaiah: An introduction and commentary* (Downers Grove, IL: InterVarsity Press, 1993), p. 302. 『이사야 주석』(솔로몬).

24-31절에서, 그는 하나님의 창조적 지혜와 하나님의 창조적 영에 대한 언급 사이에 피조물을 향한 하나님의 섭리라는 주제를 끼워 넣는다.

여호와여 주께서 하신 일이 어찌 그리 많은지요.
주께서 지혜로 그들을 다 지으셨으니
주께서 지으신 것들이 땅에 가득하니이다. (시 104:24)

시인은 25-29절에서 피조물을 향한 하나님의 섭리를 언급하고 다음과 같이 이어 간다.

주의 영을 보내어 그들을 창조하사
지면을 새롭게 하시나이다. (시 104:30)

이런 구절들은 성경 계시의 세 가지 측면, 곧 하나님의 창조 사역, 하나님의 지혜, 하나님의 영과 연관된다. 이것들이 정확히 어떻게 연관되는지는 하나님의 구원 계획과 행위에서 성령의 사역이 가진 중요성을 고려하며 검토해야만 한다.

성령과 인간의 관계는 정적이지 않다. 그래서 창세기 6:3은 인간의 악함이 적어도 모든 사람과 성령의 관계에 심각한 영향을 끼친다는 사실을 보여 준다. "여호와께서 이르시되 나의 영이 영원히 사람과 함께하지 아니하리니 이는 그들이 육신이 됨이라. 그러나 그들의 날은 백이십 년이 되리라 하시니라." 여기서 성령의 임재는 생명을 보장한다. 성령이 떠나시는 것은 생명의 끝이다.

하나님의 영과 지혜는 성막 건축자로 브살렐를 임명하시는 일과도 연관된다.

> 하나님의 영을 그에게 충만하게 하여 지혜[능력]와 총명과 지식과 여러 가지 재주로 정교한 일을 연구하여 금과 은과 놋으로 만들게 하며 보석을 깎아 물리며 여러 가지 기술로 나무를 새겨 만들게 하리라. (출 31:3-5; 참조. 출 35:30-36:1)

여기서 성령 충만이 지혜를 뜻하는 세 단어, "능력"(히브리어 *tĕbûnâ*로, 보통 '지혜'로 번역됨),[10] "총명"(히브리어 *da'at*), "지식"(히브리어 *da'at*)과 연결된다는 점은 중요하다.[11] 따라서 우리는 하나님의 영, 지혜, 하나님의 집 건축 사이의 주목할 연결과 병합을 발견한다. 성령의 이런 선물은 특히 하나님의 처소인 성막을 잘 짓기 위함이다. 또한 성막은 새 창조의 예표다.[12] 이런 연결은 구약의 구속사 중심에 자리 잡고 있으며, 참된 성전을 회복시키는 성령 충만한 자와 연관되어 다시 나온다. 그가 바로 또한 모든 지식과 지혜로 가득한 분인 예수다(골 2:3).

시내산 이후, 모세가 이스라엘을 인도하는 과정을 도울 조력자들이 필요하다는 사실이 분명해지자 지혜와 성령의 연결이 이루어진다. 하나님은 모세에게 자격을 갖춘 70인을 선발하라고 하시며, 그에게 임한 영의 일부를 그들에게도 임하게 하리라고 알리신다(민 11:17, 25-29). 그들에게 영이 임하자 그들은 예언을 했다. 하지만 예언의 내용에 대해서는

10. 이 문맥에서 일반적으로 '지혜'로 번역되는 히브리어 '호크마'(חכמה)는 실용적 지혜, 곧 물건을 능숙하게 제작하는 기술을 의미하는 듯이 보인다. 이스라엘 사람에게 지혜는 순수한 지적 능력보다 넓은 의미로, 높은 지능지수(IQ)와 혼동해서는 안 된다. 높은 지능을 가진 사람도 악의 어리석음을 위해 그것을 사용할 수 있다.

11. 히브리어 '호크마'(חכמה, 지혜), '테부나'(תבונה, 통찰/총명), '다아트'(דעת, 지식)는 모두 지혜 문학의 표준 어휘다.

12. 이는 포로기 이후 예언자 스가랴가 회복된 성전에 관해 선언한 내용을 예견한다. "만군의 여호와께서 말씀하시되 이는 힘으로 되지 아니하며 능력으로 되지 아니하고 오직 나의 영으로 되느니라"(슥 4:6).

조금의 언급도 없다. 그 내용이 무엇이었든, 모세는 이를 승인하며 이렇게 말한다. "네[여호수아]가 나를 두고 시기하느냐. 여호와께서 그의 영을 그의 모든 백성에게 주사 다 선지자가 되게 하시기를 원하노라"(29절). 발람은 이스라엘 백성이 아니었지만 하나님의 영의 충동으로 예언했다(민 24:2). 이 경우에는 발람이 전한 메시지의 내용까지 나온다(24:3-9).

훗날 이사야는 이스라엘의 불순종을 회상하며 성령의 떠나심에 대해 구체적으로 언급한다.

> 그들이 반역하여
> 주의 성령을 근심하게 하였으므로
> 그가 돌이켜 그들의 대적이 되사
> 친히 그들을 치셨더니
> 백성이 옛적 모세의 때를
> 기억하여 이르되
> 백성과 양 떼의 목자를
> 바다에서 올라오게 하신 이가 이제 어디 계시냐.
> 그들 가운데에
> 성령을 두신 이가 이제 어디 계시냐.
> 그의 영광의 팔이
> 모세의 오른손을 이끄시며
> 그의 이름을 영원하게 하려 하사
> 그들 앞에서 물을 갈라지게 하시고
> 그들을 깊음으로 인도하시되
> 광야에 있는 말 같이 넘어지지 않게 하신 이가 이제 어디 계시냐.
> (사 63:10-13)

이사야는 출애굽에서 구원의 역사적 모범을 제시하신 성령의 역할을 회상한다. 여기서 성령은 하나님의 백성을 그분께 인도하고 그리스도 안에 있는 구원을 예표하는 하나님의 구원 사역의 능력의 근원이시다.

구약에서 성령과 복음을 연결하는 모든 구절 중에 이사야 61:1-2을 능가하는 구절은 없다. 이 구절은 예수가 나사렛 회당에서 인용하시면서 자신이 이를 성취했다고 선언하신 말씀이기도 하다(눅 4:16-21).

> 주 여호와의 영이 내게 내리셨으니
>   이는 여호와께서 내게 기름을 부으사
> 가난한 자에게 아름다운 소식을 전하게 하려 하심이라.
>   나를 보내사 마음이 상한 자를 고치며
> 포로된 자에게 자유를,
>   갇힌 자에게 놓임을 선포하며
> 여호와의 은혜의 해와
>   우리 하나님의 보복의 날을 선포하여.

이제 하나님의 영과 다가올 구원의 날의 선포 사이에 연결점을 본 이스라엘의 예언자가 오셨다. 예수는 자신 안에서 이날이 도래했음을 분명히 알리신다.

구속사의 흐름 속에서, 구약은 하나님의 영이 특히나 집중된 사역에 점차 많은 관심을 보인다. 성령에 관한 거의 모든 언급은 하나님의 구속 행위와 연관되며 구원의 도구로 선택된 이들에게 특별히 부여된 영을 나타낸다. 따라서 성령은 이집트의 요셉에게 주어졌다. 아니면 적어도 이집트의 왕만큼은 요셉의 지혜로운 조언을 신의 영에 감동된 것으로 해석한다(창 41:38).[13] 바로의 이런 호의는 요셉이 자기 가족을 구하고, 나아가 이스라엘 민족을 구할 수 있게 해 준다.

이스라엘의 새로운 세대가 약속의 땅에 들어가 그곳을 차지하면서 언약적 약속이 성취될 때, 성령의 사역에 새로운 강조점이 생긴다. 모세는 이스라엘의 예언자였을 뿐 아니라 하나님의 임명을 받은 백성의 지도자 혹은 통치자이기도 했다. 왕권을 예비하는 이 리더십은 하나님의 영으로 부여되었다(민 27:15-23). 그래서 여호수아는 하나님의 사람으로서 자기 백성을 약속의 땅으로 인도하는 모세의 후계자가 되었다. 신명기 34:9은 "모세가 눈의 아들 여호수아에게 안수하였으므로 지혜의 영이 충만하니"라며 영과 여호수아를 연관시킨다. 이는 ESV의 번역처럼 '영'(소문자)으로 이해해야 할지, 아니면 '하나님의 영'(대문자)을 암시하는 것으로 보아야 할지 분명하지 않은 구절 가운데 하나다.[14] 존 톰슨(John Thompson)이 말한 대로 이것이 만일 하나님의 선물로서의 지혜라면, 하나님의 영이 수반된 것은 분명한 사실이다.[15]

이스라엘의 사사들은 성령의 사역이 드러나는 새로운 시대를 열었다. 사사기 초반부는 약속의 땅 정복에 있어 심각한 한계를 보여 준다. 여호수아의 리더십으로 이스라엘은 가나안을 전반적으로 정복하

---

13. ESV는 "그리고 바로가 그의 신하들에게 이르되 이와 같이 그 속에 하나님의 영이 있는 사람을 우리가 찾을 수 있겠는가?"라고 옮긴다. 그리고 다음과 같은 각주를 달아 둔다. "혹은 신들의 영." 바로가 야웨를 믿지 않았다는 사실을 고려하면 이는 합리적일 수 있다. 히브리어 '엘로힘'(*'ĕlōhîm*)은 '하나님' 혹은 '신들'로 해석되기 때문이다. 바로의 진술은 그가 이스라엘의 하나님을 믿었음을 뜻하지 않으며, 단지 요셉이 일종의 신적 도움을 받았다는 것을 보여 준다.

14. NIV는 '성령'이라는 각주를 달아 다른 가능성도 열어 둔다.

15. J. A. Thompson, *Deuteronomy*, Tyndale Old Testament Commentaries 5 (London: Inter-Varsity Press, 1974), p. 320. 또한 다음을 보라. Telford Work, *Deuteronomy*, Brazos Theological Commentary on the Bible (Grand Rapids, MI: Brazos, 2009), pp. 314-15; Eugene H. Merrill, *Deuteronomy*, New American Commentary (Nashville, TN: Broadman & Holman, 1994), p. 454. 『NAC 신명기』(부흥과개혁사).

고 각 지파에 땅을 분배할 수 있었다. 하지만 이스라엘이 정복하지 못한 많은 지역이 남아 있었다(삿 1:19, 21, 27-34). 여호수아가 죽은 뒤, "여호와를 알지 못하며 여호와께서 이스라엘을 위하여 행하신 일도 알지 못한" 새로운 세대가 등장했다(삿 2:10). 그 결과 우상숭배가 만연했다(2:11-15). 사사기 나머지 부분은 이스라엘의 불순종, 하나님이 보내신 심판인 압제, 회개의 순환이 반복된다. 이스라엘이 회개할 때, 사사라고 불리는 성령을 받은 구원자가 나타난다. 주님의 영이 옷니엘(3:9-10), 기드온(6:34), 입다(11:29), 삼손(13:24-25; 14:6, 19; 15:14)에게 임하셨다. 성령이 임했다는 언급이 없는 다른 사사들도 소소한 구원자로서 이와 비슷한 임무를 완수하기 위해 성령을 받았음이 분명하다. 사사기 내러티브는 단지 흥미진진한 영웅담이 아니다. 이는 하나님이 택하신 자들이 성령의 능력을 힘입어 자격 없는 백성을 구원하는 일을 보여 주고, 이로써 다시금 성령으로 기름부음 받으신 구주 그리스도의 사역을 예표하기 위한 기록이다. 사사들은 하나님의 구원 말씀과 사역을 중재하도록 하나님이 특별히 기름을 부으신 진정한 초기 '은사주의자들'이다.

다음은 이스라엘과 유다의 왕들이다. 사울의 왕권이 실패로 끝나긴 했지만, 그는 사무엘에게 기름부음을 받으면서 성령을 받고 예언자 무리와 함께 예언을 한다(삼상 10:6, 9-10). 사울의 개인적인 삶과 왕위는 실망스러운데, 이는 그에게 임하신 성령의 사역의 본질에 대한 다소간의 질문을 제기한다. 다윗을 사로잡으려 했던 사울의 계획은 하나님의 영이 사울의 전령들에게 임하고 그들도 예언자들과 함께 예언하면서 수포로 돌아간다. 사울이 이를 조사하려고 갔을 때, "하나님의 영이 그에게도 임하시니 그가… 예언을" 하였다(삼상 19:18-24). 성령은 다윗을 잡으려는 시도를 훼방하신다. 또한 사울의 기름부음과 성령이 임하신 사건은 고정된 것이 아니다. 성령은 참된 왕권을 예표하는 구체적인 행동이나 사역을 가능하게 하신다.

다윗이 기름부음받는 이야기의 극적 긴장감은 이새의 아들들이 줄지어 나오지만 하나님이 그들 모두를 거절하시는 데서 점점 고조되어 간다. 마침내 이름도 모르는 막내가 불려 나오고, 주님은 사무엘에게 말씀하신다. "이가 그니 일어나 기름을 부으라." 사무엘이 순종하자, "이 날 이후로 다윗이 여호와의 영에게 크게 감동"된다(삼상 16:12-13). 이 시점에 성령은 사울을 떠나시고 "하나님께서 부리시는 악령이 왕을 번뇌하게" 한다(삼상 16:1, 14). 다윗은 생의 마지막에 이런 고백을 한다. "여호와의 영이 나를 통하여 말씀하심이여. 그의 말씀이 내 혀에 있도다"(삼하 23:2). 예언적 주장으로 보이는 이 말은 구약에서 점차 부상하는 기독론에 분명한 기여를 한다. 또한 다윗이 성령을 받은 후 처음 이룬 업적이 골리앗을 죽이고 무력한 이스라엘을 적의 손아귀로부터 구한 것이라는 사실도 중요하다(삼상 17:1-58). 이는 사탄, 죄, 죽음에 대하여 우리를 위하신 그리스도의 승리를 예표한다. 그리스도인들이 이 사건을 우리 개인의 '골리앗'을 물리치는 방식으로만 적용하며 격하시킬 때 복음과의 연관성은 약화되거나 아예 사라져 버리고, 그리스도 안에서 우리를 위한 하나님의 은혜를 우리의 노력에 의한 구원으로 변질시킬 수 있다. 믿음의 초점이 오직 우리 안에서의 하나님의 역사에 맞춰진다. 오히려 우리는 여기서 형성되는 모형에 주목해야 한다. 다윗은 그의 백성을 위해 기름부음받은 구원자/왕, 즉 메시아로서 그의 왕조는 민족의 불신앙과 우상숭배로 인해 바벨론에 멸망하기까지 통치할 것이다.[16] 유다의 몰락과 포로기로 이어지는 심판의 역사로

---

16. 히브리어 '메시아'(*mšḥ*)는 '기름 붓다'라는 뜻을 가진 히브리어 어근 משׁח에서 파생한 단어로, 헬라어 '그리스도'(*Christ*)로 번역된다.

인해 구속사에 어둠이 짙게 깔릴 때, 성령의 구원 역할에 대한 지상의 증거는 여호와의 큰 날에 있을 미래의 갱신에 대한 예언적 약속으로 유지될 것이다. 이 약속은 진정한 다윗의 자손이 무력한 자기 백성을 구하러 오실 것을 예견한다(마 1:1; 롬 1:1-4).

메시아 왕조의 수장 다윗은 무엇보다 성령을 받은 왕이다. 다윗 왕조의 특별한 지위를 강조하려는 역대기 저자는 다윗의 왕위 계승자들에게 보내진 예언자들에게 임하신 성령만을 언급한다. 먼저는 아사왕을 맞이한 아사랴다. 여기에 구약의 신앙 선언에서 중요한 구절이 나온다. "너희가 여호와와 함께하면 여호와께서 너희와 함께하실지라. 너희가 만일 그를 찾으면 그가 너희와 만나게 되시려니와 너희가 만일 그를 버리면 그도 너희를 버리시리라"(대하 15:1-2). 따라서 아사왕은 유다의 부주의함을 회개하고 성전 정화와 개혁을 단행한다. 암몬과 모압의 침공으로 위협을 받자 여호사밧왕은 몹시 두려워했다. 그러나 영이 임한 야하시엘이 전하는 격려의 예언적 말씀으로 유다는 구원을 받는다(대하 20:1-23). 스가랴도 하나님의 영을 입고 요아스왕의 우상숭배를 꼬집는 예언을 했으며, 결국 죽임을 당한다(대하 24:20-22).

지금까지의 내용을 요약하자면, 창조 사역 이후 구약에서 성령의 활동은 (딱 그렇게 한정되는 것은 아니지만) 대체로 두 가지 측면에 연관되었다고 하겠다. 바로 이스라엘의 삶 속에서 발전하는 왕권과 예언이다. 민수기는 이스라엘 백성이 시내산을 떠난 후, 즉 율법을 받은 이후의 사건들과 연관된다. 이제 그들은 언약법 및 성막과 그에 따른 사역을 가지고 있다. 이 모두는 하나님과 그분의 구원에 관한 이스라엘의 지식에서 핵심이 된다. 이스라엘이 시내산을 떠난 후(민 10:11-36) 얼마 지나지 않아 백성들은 광야에서의 고초를 불평하기 시작한다(민 11:1-15). 모세가 성령을 받았다는 명백한 기록은 없지만, 그는 분명 최고의 예언자로 나타난다(신 19:15; 34:10-12). 모세가 성령으로 충만했다는 기록은 하나님이 모세에게 임한 영의 일부를 떼어 그를 돕기 위해 임명된 70인의 장로에게 주겠다고 하시는 대목에서 찾아볼 수 있다(민 11:17). 이런 표현 방식은 여기서의 영이 인격적인 존재가 아니라 예언자의 한 속성을 나타내는 것일 수도 있다. 하지만 이후 계속해서 발전하는 성령과 말씀에 대한 관점을 고려하면, 이 문맥에서는 하나님의 영으로 해석하는 것이 합당하다.[17] 이런 언급은 성령의 사역에서 한 가지 중요한 측면과 연관된다고 볼 수 있다. 그 결과, 성령을 받은 70인의 장로들이 예언을 한다(민 11:25). 성령은 예언의 영으로, 하나님의 말씀에 능력을 부여해 예언자가 말하는 바를 확증하는 역할을 하신다. 시편 51:11에서 다윗은 "주의 성령을 내게서 거두지 마소서"라고 간구한다. 오늘날 기독교 예배에서도 마땅하게 사용되는 이런 기도는,[18] 사실 구약에서는 다윗이 특별한 메시아-왕으로 기름부음받을 때 임하신 성령과 연관된 것이다(삼상 16:13).

예언적 종말론에서의 성령

후기 (문서) 예언자들의 독특한 특징 가운데 하나는 하나님의 약속이 미래에 성취될 것이라는 사실에 대한 강조다. 이런 새로운 차원의 예언적 종말론은 하나님의 계획 속에서 왜 이 예언자들이 새로운 수준

17. 여기서 성경신학과 조직신학이 공유하는 방법을 보여 주는 한 원칙이 나타난다. 즉 이후의 계시가 이전의 계시를 명확히 해 줄 때, 이후의 계시를 바탕으로 이전의 계시를 해석하는 것은 정당하다.

18. 「공동 기도서」(1662년)의 아침과 저녁 기도문에 인용된 성경 구절과 응답은 다음과 같다. "오 하나님, 내 속에 정한 마음을 창조하시고, 주의 성령을 우리에게서 거두지 마소서."

의 계시를 기록으로 남겼는지 쉽게 설명해 준다. 그들은 이스라엘 과거사의 뼈아픈 실패를 넘어서는 새로운 이상을 후대에 넘겨준다. 몇몇 문서 예언자들은 예언자로서 자신의 소명에 대한 자각을 기록한다. 이사야가 본 "계시"(vision)에 대한 언급으로 이사야서가 시작할 때, 예언자는 그것이 하나님으로부터 온 것임을 분명히 알고 있다(사 1:1). 또한 그는 하나님에게서 비롯된 것이 분명한 말씀을 "본다"(사 2:1).[19] 그러나 하나님의 영의 역할에서 훨씬 중심적인 것은 메시아의 기름부음에 대한 이사야의 증언이다. "이새의 줄기에서" 난 "한 싹"인 다윗 왕조는 중요한 의미를 가진다. 바로 여기서 이사야가 메시아를 하나님의 영과 연결시키기 때문이다. 그 영은 지혜와 총명의 영이며, 모략과 재능의 영이자, 지식과 여호와를 경외하는 영이기도 하다(사 11:1-2). 또한 이 신탁은 여호와의 영을 새 창조와 연결시킨다(사 11:6-9). 성령으로 인한 이런 새 창조는 이사야 32:14-20에 나오는 회복에 관한 예언의 주제다. 이스라엘의 황폐함이 그치는 순간이 온다. "마침내 위에서부터 영을 우리에게 부어 주시리니 광야가 아름다운 밭이 되며 아름다운 밭을 숲으로 여기게 되리라"(15절). 이는 에덴의 비옥함과 조화로 돌아가는 갱신된 창조에 대한 단순한 암시 이상이다.

이사야의 독특한 기여는 고난받는 종에 관한 것으로, 최소한 네 가지 신탁의 주제가 된다.[20] 첫 번째 종의 노래에서, 하나님의 종은 이방에 정의를 베풀기 위해 성령을 받는다(사 42:1-9). 다른 세 노래에서는 성령이 언급되지 않지만, 이사야 59:21에서 예언자의 말은 성령으로

19. 이사야는 이런 말로 시작한다. "아모스의 아들 이사야가 유다와 예루살렘에 관해 본 계시라…"(한글 성경은 '보았다'라는 동사를 문자적으로 옮기지 않는다—옮긴이).

20. 일반적으로 '종의 노래'로 여겨지는 본문은 사 42:1-4(일부 주석가는 5-9절도 포함시킴); 49:1-6; 50:4-9; 52:13-53:12.

인해 확증된다. 알렉 모티어(Alec Motyer)는 마땅히 이를 하나님의 기름부음받은 자, 아마도 그 종을 가리키는 것으로 본다.[21] 이사야 61:1-9은 두 번째 종의 노래 주제를 다시 이어받아, 기름부음받은 자가 자신의 기름부음을 회고한다.

> 주 여호와의 영이 내게 내리셨으니
> 이는 여호와께서 내게 기름을 부으사
> 가난한 자에게 아름다운 소식을 전하게 하려 하심이라. (사 61:1)

예수는 나사렛 회당에서 이 구절이 언급하는 사람이 바로 자신이며 이사야의 예언을 이루는 과정이라고 주장하셨다(눅 4:16-30). 또한 이사야는 이스라엘이 어떻게 성령을 근심하게 하였는지, 하나님이 어떻게 자기 백성을 이집트에서 은혜롭게 구원하시고 성령이 그들을 편히 쉬게 하셨는지 회상한다(사 63:10-14). 이는 아마도 모든 백성에게 임하신 성령에 대해 진술하는 몇 안 되는 구약 구절 중 하나일 것이다(11절). 물론 성령의 사역이 그들의 해방과 안식의 복을 보장한다는 의미일 수도 있다.

무엇보다, 에스겔은 성령의 예언자다. 에스겔서에 성령은 두 가지 방식으로 일하신다. 첫째, 예언자에게 계시를 주시고 또 이를 통해 말씀하시는 계시의 영으로서의 역할이다. 둘째, 하나님의 백성을 장차 회복시키시는 영으로서의 역할이다. 에스겔은 주전 597년에 바벨론으로 끌려간 첫 번째 포로들 가운데 한 명이었다. 에스겔서 대부분은 주전 597년에서 예루살렘이 멸망한 586년 사이의 유다 상황에 관한 이상

21. Motyer, *Prophecy of Isaiah*, p. 492.

을 담고 있다.[22] 에스겔은 포로들에게 희망을 주는 회복, 부활, 갱신에 대한 예언을 전한다. 또한 그는 일련의 환상을 체험한다. 이를 통해 성령은 그를 붙잡아 예언자인 그에게 하나님의 계획을 계시하시고, 전체 상황이 전개되는 동안 그를 인도하신다(겔 2:2; 3:12, 14, 24; 8:3; 11:1, 5, 24; 37:1). 에스겔 11:19에 나오는 갱신의 영은 예레미야 31:31-34과 32:36-41에서 약속된 것과 비슷하게 새 마음과 새 영에 대한 희망을 제시한다. 포로기 동안 예루살렘에 남아 있던 예레미야 또한 예언을 했다. 예레미야는 성령을 언급하지 않지만, 그가 선포한 하나님의 행동에 따른 결과는 에스겔이 성령의 사역으로 돌린 것과 동일하다.

먼저 하나님은 갱신의 영을 이렇게 약속하신다. "내가 그들에게… 새 영을 주며"(겔 11:19).[23] 회복 신탁은 주로 에스겔 34-38장에 기록된다. 하나님은 "너희가 들어간 그 여러 나라에서 더럽힌 나의 거룩한 이름을 위해" 구원을 행하리라고 선언하신다(겔 36:22-24). 그분은 맑은 물로 백성을 정결하게 하실 것이며, 자기 영을 그들 속에 두실 것이다(겔 36:25-28). 예수께서 니고데모에게 "진실로 진실로 네게 이르노니 사람이 물과 성령으로 나지 아니하면 하나님의 나라에 들어갈 수 없느니라"고 말씀하실 때(요 3:5) 이 구절을 언급하신 것으로 보인다.[24] 또한 에스겔은 새롭게 하는 영을 마른 뼈의 부활과 연관시킨다(겔 37:11-14). 이스

22. 에스겔은 유다에서 일어나는 일에 대해 많이 설교하고 기록했지만, 이는 주로 바벨론에 끌려온 동포들을 위한 것이었을 가능성이 높다.

23. KJV, RSV, NIV, ESV 모두 이 구절이 사람의 영을 새롭게 하는 것에 대한 언급이라는 데 동의한다. 그러나 뒤에 나오는 하나님의 영에 관한 겔 36:25-27의 언급은, 하나님의 영이 사람의 영을 새롭게 하신다는 사실을 시사한다.

24. "물"을 세례에 대한 언급으로 보는 이들은 세례를 통한 중생 교리에 찬성하거나 반대할 대비를 해야 한다. 나는 니고데모가 기독교의 물 세례를 이해했을 가능성이 낮다고 생각한다. 예수는 이 주장을 성령과 그분의 주권에 관한 설명으로 이어 가신다. 명확한 이해를 위해 다시 한 번 니고데모가 질문했을 때, 구약성경을 가르치는 선생이라면 마땅히 이해해야 한다는 말씀을 듣는다.

라엘의 회복에 대한 이런 은유에도 "내가 내 영을 이스라엘 족속에게 쏟았음이라"는(겔 39:29) 하나님의 자기 계시가 동반된다.[25] 베드로는 오순절 성령 강림을 그런 쏟아짐으로 묘사한다(행 2:16-23, 욜 2:28-32 인용).

요엘 2:28-32 외에도 성령에 관한 언급은 미가 3:8, 학개 2:5, 스가랴 4:6과 7:12에 나타난다. 요엘은 모든 육체에 성령이 부어지는 종말론적 사건을 말한다.[26] 미가는 예언의 영에 대한 자신의 경험을 언급한다. 학개는 하나님의 언약 백성 가운데 거하시는 성령의 역할을 회상한다. 스가랴는 새 성전 건축을 예언하며 "이는 힘으로 되지 아니하며 능력으로 되지 아니하고 오직 나의 영으로 되느니라"고 전한다(슥 4:6). 예수가 새 성전이라는 사실은 이 예언이 분명히 성취되었음을 보여 준다.

성령에 대한 구약의 계시를 요약하면 다음과 같다.

1. 성령은 창조에 참여하시며, 새 창조에 참여하실 것이다.
2. 성령은 죄로 인해 인간으로부터 물러나신다.
3. 성령은 하나님의 말씀을 전달하는 예언자적 사역에 영감을 주신다.
4. 성령은 이스라엘의 지도자와 메시아-왕에게 임하신다.
5. 성령은 하나님의 지혜와 밀접하게 연관되신다.
6. 성령은 하나님의 집을 세울 수 있게 하신다.
7. 성령은 하나님의 백성을 새롭게 함으로써 회복시키실 것이다.
8. 종말론적 여호와의 날에, 하나님은 자기 모든 백성에게 성령을 부어 주실 것이다.

---

25. 나는 이것을 단순한 은유로 보지 않는다. 오히려 참된 이스라엘, 즉 부활을 통해 하나님의 아들로 선포되신 예수의 '부활'을 가리킨다(롬 1:4). Graeme Goldsworthy, *The Son of God and the New Creation*, Short Studies in Biblical Theology (Wheaton, IL: Crossway, 2015), pp. 89-92.

26. 모든 사람이 구원을 받는다는 의미로서의 보편구원론이 아니라, 이 문맥에서는 하나님의 모든 백성 위에 하나님의 영이 부어진다는 의미다.

구약 시대의 성령에 대한 계시가 가진 이 모든 측면은 신약에서 더욱 풍성히 표현된다. 구약의 강조점은 성령이 새 창조를 비롯한 구원의 위대한 순간들과, 그리고 하나님의 구원 계획에서 중요한 역할을 맡은 이들과 연관되어 역사하신다는 사실에 있다. 성령의 보편적 임재를 언급하는 몇몇 구절은 종말론적인데, 대표적으로 요엘 2:28-32이 그러하다. 성령의 사역에 대한 구약 계시의 핵심 요지는 신약의 기독론을 향한다. 즉 하나님의 기름부음받은 분은 성령으로 충만하실 것이다. 하나님의 모든 백성에게 성령이 부어지는 결과에 대해서는 간접적으로 다뤄질 따름이다.

하지만 다음과 같은 신약의 진술을 고려하면 구약에서의 성령의 활동에 의문이 제기된다.

> 나를 믿는 자는 성경에 이름과 같이 그 배에서 생수의 강이 흘러나오리라 하시니 이는 그[예수]를 믿는 자들이 받을 성령을 가리켜 말씀하신 것이라. 예수께서 아직 영광을 받지 않으셨으므로 성령이 아직 그들에게 계시지 아니하시더라. (요 7:38-39)[27]

예수와 세례 요한은 에스겔 36:26과 요엘 2:28-32 같은 구절의 성취를 기대하지만, 이것이 구약의 신자들에게 성령이 없었다는 말은 아니다. 존 골딩게이(John Goldingay)는 "사후 관점으로 보면, 요한은 성령이 언급되지 않는 구약 본문에서도 우리가 성령에 대한 언급을 인

27. 헬라어 원문은 다음과 같다. οὔπω γὰρ ἦν Πνεῦμα, ὅτι Ἰησοῦς οὐδέπω ἐδοξάσθη. 문자적으로는 이렇게 번역된다. "아직 성령이 계시지 아니하였으니, 이는 예수께서 아직 영광을 받지 못하였기 때문이라."

식할 수 있다는 사실을 암시한다"고 주장한다.[28] 그는 히브리어 '루아흐'(*rûaḥ*, 영, 숨, 바람)가 하나님의 임재와 활동을 표현하기 위해 구약에서 사용된 신인동형론적 표현 가운데 하나라고 강조한다. 신약에서 이런 표현은 성령의 인격에 더욱 집중되는데, 그러한 발전으로부터 "교의학적 관점에서 보자면, 구약에서 하나님의 팔, 손, 손가락, 얼굴, 눈이 언급되는 곳은 언제나 성령의 활동에 대해 이야기하는 것"이라는 결론을 내린다.[29] 모든 이가 동의하는 것은 아니지만, 골딩게이가 구약의 신자들이 하나님과 맺었던 관계는 신약의 신자들이 하나님과 맺었던 관계와 본질상 유사하다고 주장하는 것은 분명히 옳다.[30] 따라서 구약의 신앙 및 하나님의 언약적 약속을 믿은 자들이 드린 참된 예배는 성령에 의해 가능해졌음이 틀림없다.

지금까지의 연구는 성령의 임재와 활동의 역동성에 대한 구약과 신약의 강조를 구분하는 것이 정당하다는 사실을 보여 준다. 구약에서는 성령의 직접적인 계시가 거의 전적으로 모형론적 사건과 인물에 초점이 맞춰져 있다. 우선적으로 그 모형에 대한 원형은 기독교 공동체가 아니라 그리스도 안에서 발견될 것이다. 그러므로 구약에서 강조되는 것은 신약의 기독론적 강조점을 예견하는 구속사 속에서 성령의 역할이다. 한편 우리는 성령이 진정한 구약 신자들의 공동체적이고 개인적인 믿음 안에서 더 은밀히 활동하셨음을 추론해 볼 수 있다. 계시에 있어서는 완전하고 충만하게 성령을 받으신 한 사람, 즉 예수를 준

28. John Goldingay, 'Was the Holy Spirit Active in Old Testament Times? What was new about the Christian experience of God?', *Ex Auditu* 12 (1996), p. 17.

29. Goldingay, 'Was the Holy Spirit Active in Old Testament Times?', p. 18.

30. Goldingay, 'Was the Holy Spirit Active in Old Testament Times?', p. 19. 그 관계가 본질상 유사하다는 것은 중대한 차이가 없다는 말이 아니다. 이 책의 주제 가운데 하나이기도 한 그런 차이점은 점진적 계시로 인해 발생한다.

비하는 것이 더욱 중요했다. 이는 구속사의 구체적인 사건들 속에서 성령의 역사를 분명히 드러내는 계시를 통해 성취되었다. 다시 말해, 자기 백성 안에서가 아니라 자기 백성을 위한 하나님의 사역으로 성취되었다.

공관복음의 예수와 성령

성령에 대해 나타난 구약의 계시는 앞으로 펼쳐질 일들의 근거가 된다. 신약은 이전에 있었던 사건들을 연결하고 전제하는 방식으로 성령의 역사를 이어 간다. 구약의 주된 강조점이 성령이 임한 왕과 메시아에 있었듯이 복음서도 마찬가지다.

복음서에는 성령의 사역과 관련해 두 가지 주목할 지점이 있다. 첫째는 성령이 예수의 성육신과 사역에 동참하시고, 심지어 이를 가능하게 하시는 방식이다. 이는 메시아적 구원자의 성령 충만에 대한 구약의 강조를 성취하는 것이다. 둘째는 예수와 복음서 저자들을 포함한 이들이 성령에 대해 가르친 내용이다. 나는 공관복음과 요한복음을 따로 다룰 것이다. 공관복음과 달리 요한복음은 이 주제에 대해 다소 독특한 관점을 제시하기 때문이다.

성령에 대한 마태의 첫 언급은 마리아의 수태에서 성령의 역할이다. 마땅히 요셉은 이를 마리아의 부정으로 오해했다. 그러나 천사가 나타나 마리마의 임신이 성령으로 말미암았음을 알려 주어 그 오해를 바로잡는다(마 1:18-25). 이는 단순히 처녀가 임신했다는 점만이 아니라 창조에 있어 성령의 역할에 대한 구약의 증언과 연결된다는 점에서 중요하다. 성령은 하나님이 사람의 육신을 취해 신인이 되신 성육신의 기적을 이루신 중재자다. 동정녀 탄생 교리는 조직신학에서 처분해 버릴 수 있는 교리가 아니다. 이것이 없다면 구약에서의 성령의 역할과 신약 기독론에서의 성령의 역할 사이에 틈이 생긴다. 첫 창조 때 성령이 계셨던 것처럼, 이제 성령은 새 창조에서도 중요한 역할을 하신다. 누가는 소년 예수가 성장하면서 "지혜가 충만"하였고, "지혜와 키가 자라가며 하나님과 사람에게 더욱 사랑스러워 가시더라"고 기록한다(눅 2:40, 52). 앞서 논의한 지혜와 성령의 연관성을 고려하면, 이런 진술은 예수 안에서 활동하시는 성령을 가리킨다고 보는 것이 합당하다.

다음으로 마태는 세례 요한의 선언에 나타난 성령을 언급한다. 요한은 자신의 물 세례가 예수께서 베푸실 성령 세례로 대체되거나 보완될 것이라고 말한다(마 3:11).[31] 예수께서 요한에게 세례를 받으실 때 성령이 비둘기처럼 내려오는 것이 보이며, 이는 성부의 선언으로 확증된다. "이는 내 사랑하는 아들이요 내 기뻐하는 자라"(마 3:13-17; 막 1:9-11; 눅 3:21-22). 바로 창조 당시 수면 위를 운행하시던 성령을 떠올리게 함과 동시에 이제는 성령이 예수를 새로운 피조물로 증언하시는 장면이다(창 1:2; 고후 5:17). 또한 이 사건은 예수가 진정으로 성령 충만한 인간이며 메시아적 다윗의 자손임을 나타낸다.

공관복음서 모두 예수께서 세례받으실 때 나타난 성령과 하나님의 확증 말씀을 연결하며, 또한 이 사건을 성령이 마귀의 유혹을 받는 광야로 예수를 이끄신 일과도 연결한다(마 4:1; 막 1:12-13; 눅 4:1-2). 누가만 두 사건 사이에 예수의 족보를 삽입해 "사랑하는 아들"이라는 용어를 아담에서부터 내려오는 인간 계보를 가리키는 것으로 설명한다(눅 3:23-28).[32] 지금까지 성령은 예수의 생애에서 중대한 사건들 가운데 드

31. 교회사를 보면 분명 물 세례와 성령 세례가 통합되는 경향이 있으며, 이에 따라 물 세례는 성령 세례의 상징으로 여겨지게 되었다.

32. 누가는 그 이유를 구체적으로 명시하지 않지만, 나는 이런 사실이 족보 삽입에 대한 최선의 설

러나셨다. 예수는 성령으로 말미암아 초자연적 잉태를 통해 태어나셨다. 또한 공생애를 시작하며 요한에게 회개의 물 세례를 받으셨다.

그렇다면 예수께서 세례를 받으실 때 성령이 비둘기처럼 내려오셨다는 이야기에서 무엇을 추론할 수 있는가? 게다가 세례 기사로부터 두 가지 질문이 추가로 제기된다. 왜 하필 요한은 요단강에서 세례를 베풀었으며, 왜 하필 예수는 광야에서 시험을 받으셨는가? 공관복음은 예수의 공생애가 그분의 세례받으심, 성부의 확증 말씀에 동반된 비둘기 같은 성령 강림, 성령에 이끌리어 시험받으러 광야로 가신 일로 시작된다는 점에 동의한다. 이 세 이야기의 맥락과 구약의 성취에 초점을 맞추어 보면, 세 사건이 이스라엘의 새로운 시작을 강조한다는 사실을 피할 수 없다.[33] 성령에 이끌린 사건들은 아담의 창조와 이스라엘이 하나님의 백성으로 재창조된 과정 모두를 떠올리게 한다. 요단강은 이스라엘이 처음으로 그들 유업에 들어갔던 새 출발의 장소를 상징한다. 그 출발에서부터, 타락한 이스라엘은 광야에서의 유혹을 이기지 못했다. 다시 태어난 이스라엘이자 진정한 아담이신 하나님의 아들 예수는 광야에서 승리를 거두신다.[34]

공관복음에서 '영'이라는 단어가 가장 빈번히 사용되는 경우는 예수께서 더러운 영들을 쫓아내시는 경우다. 마태는 예수가 하나님의 성령을 힘입어 귀신을 쫓아냈다고 하신 말씀을 기록한다(마 12:28). 이어

명이라고 생각한다. 예수는 하나님의 아들로 선언되었고, 족보는 예수로부터 "하나님의 아들" 아담에게까지 거슬러 올라가기 때문이다.

33. 다음을 보라. G. K. Beale, *A New Testament Biblical Theology: The unfolding of the Old Testament in the New* (Grand Rapids, MI: Baker Academic, 2011), pp. 412-17. 『신약성경신학』(부흥과개혁사); William J. Dumbrell, *The New Covenant: The Synoptics in context: Matthew, Mark and Luke* (Singapore: Bible Society of Singapore, 1999).

34. 누가의 족보는 예수의 계보에 속한 개개인의 혈통에 초점을 맞추고 있다. 그러나 이스라엘 전체도 "내 아들 내 장자"다(출 4:22; 호 11:1).

예수는 말로 성령을 거역하는 것은 용서받을 수 없는 죄라고까지 말씀하신다(마 12:32; 또한 눅 12:10). 따라서 용서받을 수 없는 죄는 하나님의 말씀과 기이한 징조를 거부하는 것을 포함한다. 누가는 이런 거부를 신성모독으로 본다.

마가는 시편 110편의 다윗의 말이 성령의 감동으로 인한 것이라고 이해한다. 이는 성경 전체가 영감을 받았다는 사실을 암시한다(막 12:35-37; 또한 행 1:16). 마가복음의 '작은 묵시록'에서 예수는 제자들에게 다가올 박해를 경고하시며, 그때에는 성령께서 그들을 위해 말씀해 주실 것이라고 하신다(막 13:10-11). 누가도 성령의 임재에 대한 비슷한 약속을 기록한다(눅 12:11-12). 또한 예수께서 제자들에게 기도를 가르치신 일에 대한 누가의 기록도 관련된다. 그들에게 주기도문을 가르치신 후, 예수는 아버지께서 기도에 응답하실 준비가 되어 있음을 말씀하시며 "구하라, 찾으라, 두드리라"는 태도를 알려 주신다. 그리고 이렇게 확신을 주신다. "너희가 악할지라도 좋은 것을 자식에게 줄 줄 알거든 하물며 너희 하늘 아버지께서 구하는 자에게 성령을 주시지 않겠느냐"(눅 11:13). 이와 비슷하긴 하지만 마태는 예수가 구체적으로 성령을 언급하지 않고 아버지께서 "좋은 것으로" 주신다고 말씀하신 것으로 기록한다(마 7:9-11). 누가의 기록은 예수께서 말씀하신 바가 정확히 무엇인지 의문을 유발한다. 이는 성령의 지속적인 사역에 대한 단서인가, 아니면 성령의 종말론적 선물을 내다보고 하신 말씀인가? 뒤에 이어지는 내용을 고려해 보면, 이것은 장차 도래할 종말론적 사건을 지칭하는 것으로 보인다. 따라서 이런 구절은 요한복음 7:38-39과 마찬가지로 성령에 대한 계시의 역동성뿐 아니라 구약의 약속이 성취되고 전환되는 과정에서 구속사의 역동성을 보여 준다.

요한복음의 예수와 성령

요한복음에는, 그 안에서도 특히 예수가 십자가에 달리시기 전에 제자들과 나누신 마지막 대화에는 성령에 대한 풍성한 가르침이 담겨 있다. 하나님의 백성에게 새 생명을 주시는 성령이라는 구약의 종말론적 이상을 배경으로, 요한복음의 서언이 예수를 믿는 유대인들 속에서 이미 역사하고 있는 영적 갱신을 가리킨다는 점에는 이론의 여지가 없다. 그들은 하나님께로부터 난 자들이다.

> 자기 땅에 오매 자기 백성이 영접하지 아니하였으나 영접하는 자 곧 그 이름을 믿는 자들에게는 하나님의 자녀가 되는 권세를 주셨으니 이는 혈통으로나 육정으로나 사람의 뜻으로 나지 아니하고 오직 하나님께로부터 난 자들이니라. (요 1:11-13)

여기서 분리될 수 없는 두 가지가 보인다. 그리스도를 영접하는 것, 곧 그분의 이름을 믿는 것과 하나님께로부터 나는 것이다.[35] 요한은 이 출생이 "혈통으로나 육정으로나 사람의 뜻으로 나지 아니하고 오직 하나님께로부터 난" 것이라는 결론을 맺는다. 니고데모와 예수의 대화 주제(요 3:1-21)였던 새 출생(또는 위로부터의 출생)은 에스겔이 유려하게 기록한 성령을 통한 새 출생이다(겔 36:25-28; 37:11-14).[36] 시간적 우선성에 대

35. "그 이름을 믿는 자들"이라는 말은 그리스도를 영접하는 것에 추가되는 어떤 일이 아니라 바로 그것에 대한 설명이다. 이는 복음주의자들이 너무 경솔히 그리스도인이 되는 방법으로 "그리스도를 영접하라"고 권하는 경향이 있다는 점을 고려할 때 중요한 사실이다. 신약의 강조점은 우리 삶에 그리스도를 모시도록 초청하는 데 있지 않고, 죄를 회개하고 복음을 믿어 구원을 얻으라는 부름에 있다. 그 이후 따라오는 경험은 성령을 통한 그리스도의 임재다.

36. 요 3:16-21이 예수의 말씀에 해당하는지, 아니면 요한의 주석에 해당하는지는 여기서 중요하지 않다.

한 논쟁(믿음이 먼저인가, 새 출생이 먼저인가)은 주요 쟁점이 아니다. 그러나 이 구절 및 이에 관한 다른 주요 구절의 문맥상 구조는 거듭남이 성령의 주권적 사역이라는 관점을 지지한다. 즉 하나님께로부터 나는 것은 믿음을 가능하게 하는 것이지, 믿음에 따른 결과나 보상이 아니다.[37]

니고데모가 예수께 나아왔을 때, 그는 '위로부터' 또는 '거듭'(헬라어 *anōthen*) 태어나는 것이 하나님의 나라를 보고 들어가는 데 필요한 조건이라는 말씀을 듣는다. 니고데모가 그것이 어떻게 가능한지 묻자 예수는 성령의 주권적 차원으로 대답하신다.

> 예수께서 대답하시되 진실로 진실로 네게 이르노니 사람이 물과 성령으로 나지 아니하면 하나님의 나라에 들어갈 수 없느니라. 육으로 난 것은 육이요 영으로 난 것은 영이니 내가 네게 거듭나야 하겠다[38] 하는 말을 놀랍게 여기지 말라. 바람이 임의로 불매 네가 그 소리는 들어도 어디서 와서 어디로 가는지 알지 못하나니 성령으로 난 사람도 다 그러하니라. (요 3:5-8)

이 말씀은 성령의 주권적 사역의 우선성을 더욱 분명히 보여 준다. 우리는 바람을 통제할 수 없으며 다만 바람의 영향을 관찰할 따름이다. 마찬가지로 우리는 성령을 통제할 수 없다. 우리가 하나님 나라를 보고 들어가기 위해서는 성령께서 새 출생을 주셔야 한다.[39] 이것은 또

---

37. 이와 다른 입장은 죄의 심각성을 제대로 인식하지 못하는 결함을 지닌 일종의 펠라기우스주의 관점이다.

38. "네가 거듭나야 하겠다"라는 말씀은 니고데모에게 스스로 거듭나라는 명령이 아니다. 이것은 서술형이다. 헬라어 원문을 직역하면 이러하다. "내가 너에게 '거듭날 필요[헬라어로 Δεῖ]가 있다'고 하였다고 놀라지 말라"(μὴ θαυμάσῃς ὅτι εἶπόν σοι Δεῖ ὑμᾶς γεννηθῆναι ἄνωθεν). '필요'에 대한 언급은 명령이 아니며, 이를 성취할 능력에 대한 암시도 아니다.

39. 이것은 "나는 거듭났기 때문에 믿게 되었다"고 말하는 이들을 지지하지, "내가 믿은 결과로 거듭나게 되었다"고 말하는 이들을 지지하지 않는다.

한 "살리는 것은 영이니 육은 무익하니라"는 요한복음 6:63의 주제다. 그리고 성령의 주권이 예수의 말씀과 연결된다. "그러므로 전에 너희에게 말하기를 내 아버지께서 오게 하여 주지 아니하시면 누구든지 내게 올 수 없다 하였노라"(요 6:65). "성령이 아직 그들에게 계시지 아니하시더라"는 요한복음 7:39의 문제는 성령의 임재에 관한 이후의 담화를 고려하며 살펴야만 한다.

예수의 마지막 담화를 담은 요한의 독특한 기록은(요 14-16장) 성령에 관한 우리의 이해에서 대단히 중요하다. 언뜻 보기에 예수의 말씀이 혹은 예수에 대한 요한의 기록이 14장의 성령에 관한 지속적인 대화로부터 15:1-25의 포도나무와 가지 비유로 갑자기 건너뛴 것처럼 보인다. 여기서 예수는 "내 안에 거하라"고 권면하신다(4절). 그리고 성령에 관한 주제가 15:26-16:15에서 계속된다. 하지만 우리가 번역 성경에 삽입된 소제목들을 무시하고 읽는다면 전체 담화가 일관되게 다가올 것이다.

요한복음 15장의 포도나무와 가지 비유는 예수와 제자들의 관계를 나타내는 비유다. 요한복음에서 예수가 처음으로 제자들에게 "내 안에 거하라"고 권면하시는 장면을 보게 된다. 이는 성령의 오심을 뜻하는 예수의 말씀을 떠올리게 한다. "그 날에는 내가 아버지 안에, 너희가 내 안에, 내가 너희 안에 있는 것을 너희가 알리라"(요 14:20). 포도나무와 가지 비유는 곧 임하실 성령에 관한 담화에서 멀리 벗어난 것이 아니라, 그리스도 안에 거하는 것이 성령의 사역의 결과임을 보여 준다. 그리스도와 우리를 연결시키는 것이 성령의 사역이다. 성령의 주권은 그리스도 안에 거하라는 권면과 모순되지 않는다. 신적 주권과 인간의 책임 및 선택은 결코 모순되지 않는다. 성령을 주신다는 예수의 담화의 핵심은 그것이 전적으로 그리스도의 완성된 사역에 달려 있다는 것이다. 따라서 예수는 아버지께 구하실 것이며, 아버지는 성령을 보내실 것이다(요 14:16-17). 예수께서 떠나신다는 생각에 제자들이 낙담하자 그분은 제자들을 위로하며 이렇게 말씀하신다. "그러나 내가 너희에게 실상을 말하노니 내가 떠나가는 것이 너희에게 유익이라. 내가 떠나가지 아니하면 보혜사가 너희에게로 오시지 아니할 것이요 가면 내가 그를 너희에게로 보내리니"(요 16:7). 예수의 떠나심은 그분의 죽음, 부활, 승천을 통한 구속사의 절정을 이룬다. 따라서 이는 구속사의 모든 시점, 즉 과거, 현재, 미래에 성령이 강림하시는 모든 조건을 충족시킨다. 구약에서 성령을 주시는 것도 (신약에서처럼) 그리스도의 영광받으심에 달려 있다. 예수의 부재와 성령의 임재에 따른 유익은 갈릴리와 예루살렘에 국한된 사역이 온 세계로 전환되는 것이다.

예수께서 이렇게 성령의 임재를 위한 조건을 충족시키시면, 성령의 사역은 하나님의 백성을 부활하신 그리스도의 역사와 연결시키는 차원에서 규정된다. 성령이 그들을 가르치며 예수께서 하신 말씀을 생각나게 하실 것이다(요 14:26). 이를 통해 그들은 예수 안에 "거하게" 될 것이다(요 15:1-11). 성령은 죄와 의와 심판에 대하여 세상을 책망하실 것이다(요 16:8-11). 이런 성령의 사역은 결코 그리스도의 사역과 분리되지 않으며, 그리스도의 사역이 효과적으로 적용되게 한다. 성령은 세상에 대해 먼저 예수에 대한 불신을 책망하시고, 이어서 그리스도의 완전하고 의로운 사역을 확증하시며, 마지막으로 그리스도의 사역을 통해 사탄이 심판받았음을 깨닫게 하실 것이다. 진리의 성령이 그들을 모든 진리로 인도하실 것이다. 이는 곧 진리 자체이신 예수 안에 있는 진리다(요 14:6). "진리의 성령"이라는 호칭은 성령께서 예수를 영화롭게 하시고 그분을 진리로 선포하실 것이라는 의미다(요 16:13-15). 따라서 요한은 성령의 임재에 대해 예수가 세 가지로 말씀하신 것을 기록한다. 첫째, 성령의 임재는 전적으로 예수가 그리스도로서 완성하신 사역에 달려 있다. 둘째, 성령은 하나님의 임재다. 이로써 승천하신 예수께서 자기 백성과 함께 계신다. 셋째, 성령은 예수와 그분의 완성된 사역에 관한 하나님의 진리의 중재자다. 이를 통해 우리는 성령을 보내 주심이 항상 예수의 구원 사역과 연관된다는 결론에 이른다. 그리스도를 소유하면, 성령을 소유하는 것이다. 그리스도를 믿음으로 영접했다면, 성령을 받기 위해 거쳐야 할 별도의 후속 단계는 존재하지 않는다. 하나님은 한 분이시며, 하나님을 '소유한다'는 것은 성부, 성자, 성령을 소유한다는 것이다.

사도행전의 성령

누가는 그의 복음서 후속편인 사도행전을 시작하면서 누가복음 마지막 말씀을 상기시킨다. 누가복음 24장에서, 그리스도의 지상 사역을 포함한 구속사는 부활 이후의 사건들을 통해 절정에 이른다. 유대인 제자들에게 예수의 담화는 그분의 생애, 죽음, 영화를 토대로 새롭게 성경을 해석하는 법을 제시한다. 이는 구약성경이 예견한 모든 것을 성취한 예수 사건에 기초하고 있다(눅 24:44-46). 이를 바탕으로 예수는 "그들의 마음을 열어 성경을 깨닫게" 하셨다(45절). 그리고 "그의 이름으로 죄 사함을 받게 하는 회개가 예루살렘에서 시작하여 모든 족속에게 전파될 것"이라며 이런 새로운 깨달음이 가진 첫 번째 의미를 알려 주신다(눅 24:47; 행 1:8).[40] 이는 마태복음 28:18-20에 나오는 대위임령에 해당하는 누가의 기록이다. 두 가지는 서로 다른 사건일 수도 있

40. 이 과정이 예루살렘에서 시작된다는 사실은 13장에서 자세히 살펴볼 것이다.

지만, 본질상 같은 의미를 가진다. 즉 복음은 유대인만을 위한 것이 아니라 모든 족속을 위한 것이라는 사실이다. 아브라함 언약에서 비롯된 이 역동성은 유대인에서 이방인으로 확장된다. 이 단계에 들어서면서 사도들은 "위로부터 능력으로 입혀질" 것이라는 아버지의 약속을 받게 될 것이다(눅 24:49). 구속사의 절정인 이 말씀은 누가가 사도행전을 통해 이어 가는 새로운 역동성을 보여 준다.

사도행전에서 누가의 이야기는 그의 복음서 결론부에 대한 확장판으로 시작한다(행 1:4-8). 이는 세례 요한이 예수께서 성령으로 세례를 베푸실 것이라고 한 예언이 곧 성취될 것임을 나타낸다. 사도들은 예루살렘에 머물며 기다리라는 말만 듣는다(행 1:4). 성령 세례를 위한 모든 조건은 오직 예수로 말미암아 충족된 것이지, 사도들이 할 수 있는 무언가가 아니다. 성령을 받기 위해 '머무름'(tarrying)이라는 일종의 고통스러운 영적 심리 상태가 필요하다는 개념은 성경에 근거가 없으며, 오순절 운동에 의해 복음에 삽입된 추가적인 요소다. 기다리는 동안 제자들은 베드로의 인도로 가룟 유다를 대신할 사람을 찾고자 제비를 뽑는다.[41] 열두 번째 사도의 자리는 맛디아로 채워진다. 그러나 오순절 이후로는 신약 교회가 제비뽑기로 하나님의 인도하심을 구했다는 기록을 더 이상 찾아볼 수 없다. 아마도 오순절 이후에는 복음과 성령의 조명을 받은 신자들의 지혜가 필요한 모든 인도하심을 제공했다고 짐작할 수 있을 것이다.

오순절, 곧 유월절로부터 50일 후, 사도들이 한자리에 모였다. 이

41. 행 1:20에 따르면 이런 행위는 성령의 오심과 관련이 없으며, 단지 성경을 성취해야 할 필요에 대한 반응이었다. 이 경우는 시 69:25에 관한 분명한 기독론적 해석과 시 109:8에 관한 문자적 해석을 따른 것이다. 다음을 보라. G. K. Beale and D. A. Carson (eds), *Commentary on the New Testament Use of the Old Testament* (Grand Rapids, MI: Baker; Nottingham: Apollos, 2007), p. 530. 『사도행전•로마서』, 신약의 구약사용 주석 시리즈3(CLC).

사건에 대한 누가의 묘사는 이러하다. 홀연히 하늘로부터 강하고 세찬 바람 소리가 난다. 불의 혀처럼 갈라지는 것들이 사도들 위에 앉는다. 사도들은 성령의 충만함을 받는다. 그들은 "다른 언어들로 말하기" 시작한다(행 2:1-4). 이 마지막 현상에 대한 누가의 해석은 다음과 같다. 천하 각국에서 예루살렘으로 모인 디아스포라 유대인들은 "우리가 다 우리의 각 언어[방언]로 하나님의 큰 일을 말함을 듣는도다"라고 말했다(행 2:5-12). 여기서 언급된 "방언"은 당시 알려진 여러 언어들을 가리키는 것이 분명하다. 그래도 의문이 남는다. 그것은 말하는 과정의 기적이었는가, 듣는 과정의 기억이었는가, 아니면 둘 다였는가? 이 사건은 세례 요한이 예언하고 예수가 약속하신 바와 같이 예수로 말미암은 성령 세례의 임재를 포함한다(마 3:11; 행 1:4-5). 흔히 간과되는 중요한 특징은 사도들이 어떻게 말했느냐가 아니라 무엇을 말했느냐다. 바로 "하나님의 큰 일"이다. 성령의 선물은 복음 선포로 이어진다.

일부 구경꾼이 제자들이 외국어로 웅성대는 말을 술 취한 것으로 여기자, 베드로는 그러기에는 너무 이른 시간이라고 대답한다(행 2:14-15). 그리고 새롭게 성령 충만해진 베드로는 오순절 사건을 해석하는 설교를 시작한다. 그의 첫 번째 요지는 이 사건이 예언의 성취라는 것이었다. 특히 요엘 2:28-32의 예언이다.

> 하나님이 말씀하시기를
> 말세에 내가 내 영을 모든 육체에 부어 주리니
> 너희의 자녀들은 예언할 것이요
> 　　너희의 젊은이들은 환상을 보고
> 　　너희의 늙은이들은 꿈을 꾸리라.

그 때에 내가 내 영을
  내 남종과 여종들에게 부어 주리니 그들이 예언할 것이요
또 내가 위로 하늘에서는 기사를
  아래로 땅에서는 징조를 베풀리니
  곧 피와 불과 연기로다.
주의 크고 영화로운 날이 이르기 전에
  해가 변하여 어두워지고
  달이 변하여 피가 되리라.
누구든지 주의 이름을 부르는 자는
  구원을 받으리라 하였느니라. (행 2:17-21)

베드로는 지금 일어난 일이 "곧 선지자 요엘을 통하여 말씀하신 것이니"(16절)라고 선언하며 위 구절을 인용한다. 여기에는 베드로가 눈치채지 못했거나 신경 쓰지 않는 것으로 보이는 명백한 불일치가 있다. 어떤 의미에서 17절과 18절은 오순절 사건에 정확히 맞아떨어지고, 21절도 적절하다고 할 수 있다. 하지만 요엘서에서 언급된 우주적인 초자연 현상은 일어나지 않았기에, 베드로의 인용에 대한 신뢰성을 떨어지게 하는 요인으로도 보인다. 그러나 이를 개인적 체험에 있어서의 역동성이 아니라 구속사의 역동성이라는 범위 안에 두게 되면, 베드로가 이제 요엘이 언급한 "말세"에 접어들었다는 사실을 말하고 있음을 알게 된다. 그가 그리스도를 설교한다는 점에서, 말세로의 대전환은 예수로부터 시작되었으며 오순절이 그런 전환의 마지막 부분인 것이 드러난다.

다음으로 성령 충만에 대한 베드로의 반응에서 주목해야 할 사실은, 그가 일부 신오순절주의자들(은사주의자들)이 흔히 하듯 자신이 성

령 충만한 체험에 대해 이야기하는 것이 아니라 그리스도를 설교한다는 점이다.[42] 그는 사도들이 술에 취한 것이 아니라고 부인할 때에만 이 이상한 경험을 입에 올렸다. 요엘서 본문을 언급한 후 그는 설교를 통해 오직 그리스도만을 전하며 예수의 인격과 사역의 역사를 되짚었다(행 2:22-33). 사도행전 2:17에 인용된 요엘의 예언대로, 이것이 바로 예언이 의미하는 바다. 그리스도를 선포하는 것 말이다. 베드로는 설교의 절정에서, 아버지께로부터 약속된 성령을 받으신 그리스도의 승귀가 이제 "모든 육체 위에" 성령의 부어짐이 시작될 수 있는 이유라고 선언한다.

> 이 예수를 하나님이 살리신지라. 우리가 다 이 일에 증인이로다. 하나님이 오른손으로 예수를 높이시매 그가 약속하신 성령을 아버지께 받아서 너희가 보고 듣는 이것을 부어 주셨느니라. (행 2:32-33)

따라서 성령의 약속, 곧 구약의 성도들이 고대하던 그 약속은 무엇보다도 새롭고 참된 이스라엘이신 예수 그리스도에게 주어진 약속이었다.

그렇다면, 베드로가 오순절 사건을 통해 청중에게 알리기 원했던 주된 교훈은 무엇인가? 누가는 그의 말을 이렇게 기록한다. "그런즉 이스라엘 온 집은 확실히 알지니 너희가 십자가에 못 박은 이 예수를 하나님이 주와 그리스도가 되게 하셨느니라"(행 2:36).

---

42. 예를 들어, 다음을 보라. Bishop Ralph Wicks, 'Charismatic Renewal', *Agenda for a Biblical Church, vol. 2: Debates and Issues from the National Evangelical Anglican Congress* (Sydney: Anglican Information Office, 1981), pp. 110-12. Wicks는 성경에 대한 직접적인 언급이나 '은사주의적 갱신'(Charismatic renewal)에 대한 설명 없이 이 갱신에 대해 간결하지만 열정적인 변증을 한다. 그 주장은 오로지 개인의 체험에만 근거하고 있으며, 회심에 관한 간증에 가깝다.

이에 따라 베드로는 자신의 설교를 다음과 같이 적용한다.

> 너희가 회개하여 각각 예수 그리스도의 이름으로 세례를 받고 죄 사함을 받으라. 그리하면 성령의 선물을 받으리니 이 약속은 너희와 너희 자녀와 모든 먼 데 사람 곧 주 우리 하나님이 얼마든지 부르시는 자들에게 하신 것이라. (행 2:38-39)

예수를 믿는 믿음은 성령의 완전한 선물에 동반된다. 그렇다면 오순절은 구속사의 발전이 예수의 영광받으심으로 완성된 복음 사건 이후의 시대로 진입하는 것을 나타낸다. 완성된 복음 사건, 즉 예수의 삶과 죽음, 영광스러운 부활은 구원의 길을 선포하는 내용이다. 이 역사적 사건과 창조에서 성령의 역할로 시작된 선행 사건은 구속사 속에서 단번의, 반복되지 않는 사건으로서 오순절을 가리킨다. 이로 인해 계속되는 것은 충만한 복음의 지속적인 선포와 모든 신자 안에 성령의 내주하심이다. 이런 일은 오직 예수께서 영화롭게 되셨을 때에만 가능하게 되었다.

이제 우리는 구약에서 성령의 활동에 대한 계시가 적게 나오는 듯 보이는 이유와, 요한복음 7:38-39 같은 구절의 중요성에 대해 논할 자리에 왔다. 아마도 이에 대한 최상의 설명은 성령에 대한 계시의 역동성이 창조에서 시작해 창세기 3:15을 거쳐 그리스도의 완성된 사역에 이르는 구속사와 완전한 조화를 이룬다는 것이다. 성령에 대한 계시의 역동성은 복음에 대한 계시의 역동성과 연관된다. 말씀과 성령은 구분이 가능하지만, 결코 분리될 수 없다.[43] 성령은 구원 내러티브가

---

43. 그리스도의 두 본성에 관한 '칼케돈 원칙'(Chalcedonian principle)은 동일한 삼위일체 원리를

그리스도 안에서 성취로 나아가는 과정에서 능동적인 중재자로 나타나신다. 따라서 그리스도께서 단번에 고난을 받으시고 죽으시며, 부활하시고 하늘에 오르시어 아버지 우편에 계신 것같이, 성령의 사역에도 오순절이라는 단 한 번의 절정으로 향하는 역동성이 있다. 오순절주의는 성령 세례와 회심을 분리시킴으로써 심각한 오류를 범한다. 성령 충만과 말씀을 나누는 일은 삼위일체 교리를 제대로 이해하지 못한 결과다.

오순절 사건은 반복될 수 없음에도 불구하고 지속적이며 영속적인 결과를 가진다. 이 문제에서 신오순절주의와 개혁주의 신학자들 사이에 해석학적 차이를 관찰할 수 있다. 리처드 개핀(Richard Gaffin)은 오순절주의 해석자들 가운데 구속사(*historia saluits*)와 구원의 서정(*ordo salutis*)을 혼동하는 이들이 있음을 마땅히 지적한다.[44] 구속사는 성경시대 전체에 걸친 하나님의 행위와 계시의 역사를 다룬다. 하나님이 역사 전반을 거치며 우리를 위해 또한 그분의 모든 백성을 위해 주권적으로 행하신 일에 관한 것이다. 구원의 서정은 개인적 신앙의 역동성에 관한 것으로, 하나님이 우리 안에서 행하시는 일과 하나님의 예정, 소명, 중생, 믿음의 선물, 견인을 통해 개인이 믿음과 최종 구원에 이르는 과정을 다룬다(롬 8:28-30).[45] 오순절주의는 오순절에 나타난 현상이 개인의 회심과 성화의 일부가 되어야 한다고 본다. 반면 개혁주의 신학은 오순절 성령 강림을 복음 사건과 연관된 것으로 보며, 그리

표방한다. 즉 일치하지만 융합되지 않고, 구별되지만 분리되지 않는다.

44. Richard B. Gaffin Jr, 'Challenges of the Charismatic Movement to the Reformed Tradition', *Ordained Servant* 7/3 (1998), pp. 48-57.

45. 우리를 위한 하나님의 사역과 우리 안의 하나님의 사역 간의 구분과 차이는 성경적 진리의 근간을 이루지만, 교회의 설교와 가르침에서 흔히 혼동된다. 〈표 15.3〉을 보라.

스도의 삶, 죽음, 승귀처럼 단번의 사건으로 여긴다. 따라서 복음으로 구원을 얻은 사람은 오순절의 충만함도 얻는다. 그리스도 안에서 신자는 성부, 성자, 성령이신 삼위일체 하나님의 충만함을 소유한다.

오순절주의에서 제자들의 오순절 경험을 오늘날 성령 시대의 영구적인 규범으로 평가하는 것은 다음과 같은 사항을 간과한 것으로 보인다.

1. 성령의 역사는 오순절을 구속사의 절정으로 가리키며, 이를 그리스도의 단번의 승귀에 의존하는 단번의 사건으로 보여 준다.
2. 오순절을 하나의 규범적 사건으로 보는 주장은 어떤 식으로든 오순절 경험에서 바람 소리와 불의 혀, 그리고 저절로 외국어를 말하는 현상이 사라졌다는 것을 무시한다.
3. 그리스도께서 오순절의 모든 조건을 충족시키셨다는 사실에 부합하려면, 오순절주의자들은 모든 그리스도인이 성령으로 세례를 받았다는 것을 인정해야만 한다.
4. 일반적으로 오순절주의자들의 '방언' 체험은 사도들의 메시지가 당시 사용하던 실제 언어들로 들렸던 오순절 현상과 일치하지 않는 것으로 보인다.
5. 방언이 성령 세례의 필수 증거라고 주장하는 오순절주의자들은 고린도전서 12장과 14장을 제외하면 신약에서 방언이 다시는 언급되지 않는다는 사실을 무시하는 것으로 보인다. 또한 그들은 한 번도 '방언'을 해 보지 않은 수많은 평범한 그리스도인들은 말할 것도 없고, 위대한 전도자와 목회자들의 존재까지 간과하는 듯하다.
6. 성령 충만을 위한 세부 조건을 명시함으로써 복음의 은혜를 훼손하는 율법주의적 요구를 추가한다. 예수께서 우리를 위해 모든 것을 이루셨거나 완전히 실패하셨거나 둘 중 하나다. 믿음이 이른바 온전한 구원을 얻기 위한

공로가 될 수는 없다.

7. 믿음으로 그리스도께 나아가 그분의 완전한 인성의 충만함이 우리에게 전가되는 것으로 충분하지 않다면, 우리를 위한 그리스도의 사역은 불완전하고 불충분한 것이다. 복음은 더 이상 복음이 아니다. 특정한 조건을 만족시키고 성령으로 세례받아야 한다는 오순절주의자들의 주장은 복음을 구원의 일부로 격하시킴으로써 복음을 손상시킨다. 이는 또한 성령의 사역을 그리스도의 사역과 분리시키는데, 말씀과 성령의 관계에 대한 신구약의 모든 증거에 반하는 삼위일체적 이단이다.

8. 오순절주의(은사주의)자들은 흔히 경험으로 자신들의 교리가 입증된다고 주장하지만, 그런 경험은 성경에 나오지 않거나 성경의 경험을 자신들의 경험과 동일시하는 잘못을 범한다.

이런 사항을 종합해 보면, 구원하고 성화시키며 궁극적으로 영화롭게 하는 복음의 절대적 충분성에는 회심 후 성령의 추가적 부여를 주장하는 이른바 '충만한 복음'(full gospel)이 설 자리는 없다.[46] 새 신자들에게 그리스도를 영접했으니 이제는 성령을 받아야 한다고 말하는 것은 그들을 심각하게 오도(誤導)할 수 있다. 이런 가르침은 잔인한 이단이다.

그렇다면 오순절 성령 강림의 새로운 점은 무엇인가? 두 가지를 이야기할 수 있을 것이다. 첫째, 오순절은 예수가 집례하시는 성령 세례의 시작을 알린다. 그분은 "죽기까지" 순종하심으로 이런 역할의 자격을 얻으셨다(빌 2:8). 둘째, 복음의 충만함을 적용하는 성령의 새로운 역할이다. 이런 적용은 예수께서 구속사를 모든 민족에게 복음이 전

---

46. 성령 충만에 대해서는 뒤에서 따로 다룰 것이다.

파될 새로운 절정에 이르게 하심으로써 하나님의 모든 약속이 성취된 지금에서야 비로소 가능해졌다. 성령의 주된 사역은 자신이 아니라 예수를 직접 주목하게 하는 것이다.

오순절 이후, 사도들은 예수의 '따르는 자'와 '제자'에서 다양한 교회의 성도와 구성원이 되는 전환의 시기로 들어섰다.[47] 성경에서 '따르는 자'와 '제자'라는 단어는 예수께서 육신으로 이 땅에 계실 때 그분을 알았던 사람을 가리키며 사용된다. 이런 전환이 명시적이지 않을 수 있겠지만, 신약 서신서들이 기록되었던 초기 교회에서 더 이상 그리스도인을 그런 용어로 묘사하지 않았다는 사실에서도 미루어 짐작할 수 있다. 따라서 오늘날 그리스도인을 '예수를 따르는 자' 혹은 '예수의 제자'로 부르는 것이 유용할지는 몰라도 신약에서 이 용어를 사용하는 방식은 아니다. 서신서는 신자들을 여러 다른 방식으로 언급하면서 그들이 예수의 제자들과 구별된다는 것을 나타낸다. 나는 이런 사실이 하나님의 백성에 대한 계시의 역동성이 오순절 이전에서 오순절 이후의 상태로 발전했음을 보여 준다고 생각한다. 이렇게 새로운 방식으로 오순절에 성령이 임하신 것은 예수가 더 이상 육신으로 이 땅에 계시지 않기 때문이다. 성령은 하나님의 백성에게 예수를 임재하게 하시지만, 동시에 예수는 부재하시며 하늘에 계신다. 그러므로 신자는 고아와 같이 버려지지 않는다. 예수께서 성령으로 그들과 함께하시기 때문이다(요 14:18-20).

47. 예를 들어, KJV Young's Concordance에 따르면 '제자'가 가장 많이 언급되는 본문은 사복음서와 사도행전이다. 마찬가지로 예수를 따르는 사람을 가리킬 때 사용된 '따르다'라는 동사와 '따르는 자'라는 명사도 사복음서와 사도행전에서 가장 많이 언급된다.

서신서에서의 성령

신약의 서신서들이 복음서나 사도행전과 다른 관점을 제시한다는 데는 의심의 여지가 없다. "성령으로 충만한"이라는 표현은 단 한 번, 수동 명령형으로 나타난다. "성령으로 충만하게 되어라"(엡 5:18). 이는 서신서에 그리스도인의 삶에서 성령의 '충만함'에 대한 가르침이 부족하다는 것을 의미하지 않는다.

성령 안에서(혹은 성령으로) 받는 세례와 관련하여, 서신서 어디에서도 오순절이나 제자들의 성령 충만에 관한 역사적 언급을 찾아볼 수 없다. 물론 그것이 구속사의 역동성 안에서 오순절의 중요성을 인식하게 한다는 점에서 특별한 의미가 있다.[48] 결과적으로, 사도들의 오순절 경험이 모든 시대에 걸쳐 규범적이라는 암시는 없다. 오순절은 지금은 완성된 복음 사건 및 말세의 도래와 관련된 성령의 활동이 시작하는 중요한 시점을 나타낸다. 게다가 그리스도인이 회심 후 또 다른 성령 세례 경험을 대망해야 한다는 사상은 성경 어디에도 나오지 않는다. 오순절주의의 믿음과 달리, 성령 세례를 회심 후 모든 그리스도인이 특정 조건을 맞춘 경우에 받을 수 있는 필수적인 혹은 바람직한 두 번째 경험으로 주장하는 내용은 서신서에서 결코 찾아볼 수 없다. 오히려 그런 성령 세례를 언급하는 한 구절은 모든 그리스도인이 이미 경험했다고 말한다. "우리가 유대인이나 헬라인이나 종이나 자유인이나 다 한 성령으로 세례를 받아 한 몸이 되었고 또 다 한 성령을 마시게 하셨느니라"(고전 12:13). 바울은 그리스도에 대한 우리의 믿음과 성령 세례를 분리할 수 없다는 점을 너무도 잘 알고 있다.

오순절에 대한 서신서의 침묵을 성령에 대한 가르침의 부족으로 받

48. 이는 5장에서 논의한 바와 같다.

아들여서는 안 된다. 바울은 로마서 서두에서 성령을 하나님의 아들의 부활에서 드러난 능력으로 소개한다(롬 1:4). 물론 보편적인 죄와 모든 신자의 믿음을 통한 의를 논할 때는 성령의 역할을 언급하지 않고 그리스도의 사역에 집중한다. 로마서 8장은 성령에 관한 바울의 소논문과도 같은데, 여기서 그가 성령 안에서의 삶을 다루면서 그리스도 중심성에서 벗어났다고 여기는 것은 큰 오산이다. 실제로 바울은 결코 정죄함이 없는 "그리스도 예수 안에 있는 자"를 위한 생명의 성령의 법을 언급하며 이 논의를 시작한다(1절).

> 이는 그리스도 예수 안에 있는 생명의 성령의 법이 죄와 사망의 법에서 너를 해방하였음이라. 율법이 육신으로 말미암아 연약하여 할 수 없는 그것을 하나님은 하시나니 곧 죄로 말미암아 자기 아들을 죄 있는 육신의 모양으로 보내어 육신에 죄를 정하사 육신을 따르지 않고 그 영을 따라 행하는 우리에게 율법의 요구가 이루어지게 하려 하심이니라. (롬 8:2-4)

이 문맥에서, 성령을 따라 행하는 것은 그리스도 안에서 자유롭게 되는 것을 의미한다.

바울은 육신을 따른 생각에 근거한 삶과 성령을 따른 생각에 근거한 삶을 대조한다. 성령을 따른 생각을 가진 이들에게 거하시는 하나님의 영이 곧 그리스도의 영이다.[49] 그분은 예수를 죽은 자 가운데서 살리신 이의 영이며, 우리도 살리실 것이다(롬 8:9-11). 우리 안에 계신 성령은 몸(육신)의 행실을 죽이게 하신다. 그분은 우리가 하나님의 자

49. 성경에서 "그리스도의 영"이라는 표현이 나오는 곳은 롬 8:9과 벧전 1:11뿐이다. 갈 4:6에서 바울은 "그 아들의 영"이라고 언급한다.

녀이며 그리스도와 함께 공동 상속자임을 깨닫게 해 주신다(롬 8:12-17). 이는 그리스도인에 대한 규범적 서술이다. 만일 추가적인 성령 세례 같은 무언가가 더 필요하다면 바울이 언급했을 법도 한데 결코 그렇지 않다. 성령은 우리가 기도하도록 도우실 뿐 아니라 우리를 위하여 친히 간구하신다(롬 8:26-27). 성령에 대한 바울의 언급은 로마서 15:19과 15:30에서 두 차례 더 나오지만, 이미 살펴본 성령의 사역에 대한 진술에 새롭게 추가될 것은 없다.

고린도전서는 오순절을 규범적으로 생각하면서 그 사건에서 비롯되었다고 여기는 특정한 영적 은사와 현상들의 지속성을 주장하는 이들에게 교과서 같은 본문이 되어야 마땅하다. 고린도 교회는 바울의 특별한 관심사였다. 그의 편지는 고린도라는 도시의 국제적 성격에서 비롯되었을 법한 우상숭배, 부도덕, 무법 상태 등의 현실적인 문제를 다룬다. 흥미롭게도, 바울은 모든 언변과 지식에 풍성한 고린도 교회와 "모든 은사에 부족함이 없는" 교인들에 대한 감사로 시작한다(고전 1:4-9). 그러나 곧 분쟁, 특히 인물 중심의 파벌 문제를 언급한다(1:10-16). 바울은 세상의 지혜와 복음의 지혜를 철저히 대조하면서 이 문제를 다룬다(1:17-2:16). 그 중심에는 우리의 지혜가 되신 그리스도의 십자가가 있다(1:18-2:5). 언제나 그리스도께 주된 초점을 맞춘다.

바울은 "너희 중에서 예수 그리스도와 그가 십자가에 못 박히신 것 외에는 아무것도 알지 아니하기로 작정"했다(2:2). 그는 "성령의 나타나심과 능력으로" 말한다(2:4). 따라서 오직 그리스도에 대해 말하는 이 지혜는 성령의 주관 아래 있다. "성령은 모든 것 곧 하나님의 깊은 것까지도 통달하시느니라.… 이와 같이 하나님의 일도 하나님의 영 외에는 아무도 알지 못하느니라"(2:10-11). 따라서 이렇게 이어진다. "육에 속한 사람은 하나님의 성령의 일들을 받지 아니하나니 이는 그것들이 그에게는 어리석게 보임이요. 또 그는 그것들을 알 수도 없나니 그러한 일은 영적으로 분별되기 때문이라"(2:14). 다시금 그리스도의 복음과 하나님의 지혜와 하나님의 성령이 결합된다. 바울은 예수가 제자들에게 마지막 담화에서 주신 가르침을 적용한다. 곧 성령의 주된 사역은 그리스도를 증언하는 것이다(요 15:26; 16:7-15).

바울은 고린도 교회에 대한 찬사의 말로 시작했지만, 곧이어 교회의 분열을 다룬다. 바울은 이 교회를 영적 교회라 할 수 없는 육신적 교회로 여긴다(고전 3:1-4). 신령한 은사를 사모하는 그들의 마음은 인정하지만, 아무래도 그들은 그 은사들을 잘못 사용한 것으로 보인다. 오직 내주하시는 성령만이 우리로 하여금 예수를 주로 고백하게 하신다(12:3). 바로 이 성령께서 공동선을 위해 다양한 은사를 주시는데, 그분의 뜻에 따라 그렇게 하신다(12:4-11). 모든 사람이 성령 안에서 세례를 받아 한 몸이 되었으므로, 성령은 교회에 그리스도 안에서의 연합을 가져오신다(12:12-13).

그렇다면 성령에 관하여 교회에 주는 신약의 명령에는 어떤 것들이 있는가? 그리스도인은 성령을 따라 행해야 한다(갈 5:16, 25). 갈라디아서 5장 전체는 그리스도인의 삶에서 성령의 역할, 특히 유대주의로 인해 어지러운 상황 속에서의 역할을 다루고 있다. 그리스도 안에서의 칭의는 성령으로 말미암은 믿음을 통해 이루어진다(5:5). "성령을 따라 행하라"는 바울의 말은 우리가 믿음을 통해 그리스도와 연합해 살아간다는 뜻이다. 성령은 우리에게 믿음을 주신다. 이 믿음에는 대상이 있다. 바로 사셨고, 죽으셨고, 부활하신 그리스도다(5:6). 바울은 성령의 열매를 다시 언급한 뒤, 그런 열매를 맺는 자들이 바로 "그리스도 예수의 사람들"이라고 선언한다(5:24). 그들은 육체와 함께 그 정욕을 십자가에 못 박았다. 그래서 바울은 "만일 우리가 성령으로 살면 또한 성령으로 행할지니"라고 말한다(5:25). 성령이 우리에게 생명을 주셨기 때문에(예수에 대한 믿음을 통해) 우리는 계속해서 그 원칙을 따라 살아가야 한다.

바울은 그리스도인들에게 성령이 하나되게 하신 것을 지키며(엡 4:3), 성령을 근심하게 하지 말고(엡 4:30), 성령을 소멸하지 말 것을(살전 5:19) 권면한다. 지금까지 우리가 살펴본 바에 따르면, 이런 권면은 항상 그리스도를 중심에 두라는 격려로 함축된다. 그것이 바로 성령께서 행하시는 사역의 주된 역할이기 때문이다. 그리스도인의 삶과 성령에 대해 다루는 많은 구절이 있지만, 이 정도면 이 주제에 대한 관점을 얻기에 충분할 것이다.

마지막으로 남은 사도의 저술은 요한계시록이다.[50] 요한이 편지의 수신자인 일곱 교회와 연관된 "일곱 영"을 언급할 때(계 1:4), 우리는 이것이 묵시적 표현임을 고려해야 한다. 이는 마찬가지로 "일곱 영과 일곱 별을 가지신 이가 이르시되"라는 표현에도 적용된다(3:1; 4:5; 5:6). 성령에 대한 주요 언급은 소아시아의 핍박받는 교회들을 향한 일곱 편지라는 맥락에서 이루어진다(2:7, 11, 17, 29; 3:6, 13, 22). 이 일곱 편지는 "나는 처음이요 마지막이니 곧 살아 있는 자라. 내가 전에 죽었었노라. 볼지어다 이제 세세토록 살아 있어"라고 선언하시는 그리스도의 말씀이다(1:17-18). 각각의 편지는 "~분이 이르시되"로 시작하는데, 뒤따르는 내용에 의하면 이분은 그리스도다. 그리고 각 편지는 그 내용을 "성령이 교회들에게 하시는 말씀"으로 언급하며 끝난다. 즉 그리스도께서 말씀하시는 것이 성령께서 말씀하시는 것이다. 그리스도와 성령은 분

50. 나는 요한계시록을 복음에 관한 책으로 본다. Graeme Goldsworthy, *The Gospel in Revelation: Gospel and apocalypse* (Exeter: Paternoster, 1984), 다음 책으로 재출간. *The Goldsworthy Trilogy* (Milton Keynes: Paternoster, 2000), pp. 167-78.

리되지 않는다.

성령 충만

성령 충만은 오순절주의나 신오순절주의뿐 아니라, 이와 유사하게 성령 충만을 중생 및 모든 그리스도인 안에 거하시는 성령의 내주와는 완전히 구별되는 제2의 경험 혹은 보충적 경험으로 취급해 온 다른 성결론 및 완전주의 신학 전통에서도 핵심적인 관심사가 되어 왔다. 오순절주의의 이런 독특한 교리는 잘못된 성경 주해와 성령에 대한 계시의 역동성을 잘못 인식한 데서 기인한다. 이는 또한 모든 그리스도인이 그리스도 안에서 누리는 풍성함이 성숙한 그리스도인의 삶에 충분하지 않다고 봄으로써 복음의 능력을 떨어뜨린다.

오순절에 사도들은 "성령의 충만함"을 받았다(행 2:4). 사도행전 다른 곳에도 성령 충만이 언급된다. 베드로와 요한이 유대 종교 지도자들의 반발을 샀을 때, 베드로는 성령이 충만하여 복음을 선포했다(4:8-12). 권력자들로부터 위협을 받을 때 제자들은 성령이 충만하여 계속해서 "담대히 하나님의 말씀을 전"했다(4:31). 바울은 회심 후 성령으로 충만하여 예수가 하나님의 아들이심을 또한 그리스도이심을 전파했다(9:17-22). 후에 바울이 거짓 예언자를 꾸짖을 때도 성령이 충만했다고 한다(13:9-12). 이 모든 경우의 공통점은 성령 충만이 예수를 그리스도로 강력히 선포하는 일과 연결되어 있다는 사실이다. 성령 충만이 갑작스럽고, 일시적이며, 반복되는 사건이라는 암시는 없다. 다만 누가는 그들이 "성령으로 충만한" 사람들이며, 이것이 그들이 말하는 방식의 특징이라는 점을 보여 주고자 했을 뿐이다. 따라서 그는 예수께서 제자들에게 성령으로 세례를 베푸신 이후의 새로운 역동성을 시사한다. 성령으로 충만한 사람들이 이를 특별히 '갈망'했거나 간구했다는 언급은 전혀 없다. 또한 이런 성령 충만의 구체적 경험을 근거로 그들에 대해 묘사한 곳도 없다. 특별한 '성령 충만 경험'이 무엇을 의미하든 간에, 그에 대한 눈에 띄는 언급이 전혀 없다. 성령 충만에 관련된 문법은 전적으로 직설법이다. 사도행전에는 "성령 충만을 받으라"는 권고적 명령이 없다. 이는 사도행전의 역사 내러티브를 고려하면 자연스러운 것이다. 게다가 만일 특별하고 갑작스러운 충만이 어떤 사건에 수반되었다면, 사도들이 언제 또 무슨 이유로 '충만하지 못한' 상태가 되었기에 다시 성령 충만해야 할 필요가 있었겠는가?

직설법이 아니라 명령법으로 "성령으로 충만하라"는 명령이 나오는 곳은 에베소서 5:18이 유일하다. 바울은 에베소 교인들에게 지혜 있는 자와 같이 세월을 아껴, 술 취하지 말고 성령으로 충만함을 받으라고 권면한다. 바울은 현재 시제 명령법을 사용해 지속적인 상태를 시사한다. 헬라어 전치사 '엔'(*en*)과 여격이 결합된 이 문장을 해석함에 있어, 성령이 충만의 목적어가 아니라 주어일 수 있다는 것이 문법상 애매한 지점이다.[51] 일단은 성령이 목적어라고 가정하자. 그렇다면 마땅히 떠오르는 질문은 이것이다. 성령으로 충만하다는 것은 무엇을 의미하며, 어떻게 그렇게 될 수 있는가? 여기서 바울은 헬라어 분사구문을 줄이어 사용한다. 화답하기, 노래하기, 찬송하기, 감사하기(엡 5:19-21).[52] 이런 활동은 우리가 신약에서 교회 '예배'나 '모임' 중에 행해진

51. Constantine R. Campbell, *The Letter to the Ephesians*, Pillar New Testament Commentary (Grand Rapids, MI: Eerdmans, 2023), p. 240, n. 113.

52. 엡 5:18-21의 헬라어 원문은 이러하다. καὶ μὴ μεθύσκεσθε οἴνῳ, ἐν ᾧ ἐστιν σωτία, λλὰ πληροῦσθε ἐν πνεύματι λαλοῦντες ἑαυτοῖς ψαλμοῖς καὶ ὕμνοις καὶ ᾠδαῖς πνευματικαῖς, ᾄδοντες καὶ ψάλλοντες τῇ καρδίᾳ ὑμῶν τῷ κυρίῳ, εὐχαριστοῦντες πάντοτε ὑπὲρ πάντων ἐν ὀνόματι τοῦ κυρίου ἡμῶν Ἰησοῦ Χριστοῦ τῷ θεῷ καὶ πατρί, ὑποτασσόμενοι λλήλοις ἐν φόβῳ

일로 이해하는 것과 가장 가깝다. 이것이 성령으로 충만한 사람들이 하는 일이다. 주목할 점은 이 모든 것이 "우리 주 예수 그리스도의 이름으로 항상 아버지 하나님께" 향해 있다는 사실이다(20절). 골로새서 3:16-17에서 바울은 이와 비슷한 상황의 수신자들에게 예배하도록 권면하는데, 성령으로 충만하라는 말 대신 "그리스도의 말씀이 너희 속에 풍성히 거하게" 하라고 하는 것은 단순한 우연이 아니다. 따라서 "성령으로 충만하라"는 말을 "그리스도의 말씀이 너희 속에 풍성히 거하게 하라"는 말과 완전히 같은 의미로 보는 것이 타당하다고 할 수 있다. 둘 다 같은 결과를 가져오기 때문이다. 이것이 그리스도인의 생각과 행동을 묘사하는 방식이다. 즉 그리스도의 인격과 사역 및 구원받은 우리 삶 속에 나타나는 그에 따른 결과에 의도적으로 성령께서 집중하시게 하는 데서 비롯된다. 성령 충만은 신자가 그리스도 안에서 믿음으로 의롭게 된 후에 겪어야 할 추가적인 경험이 아니라, 복음 중심의 공동체 속에서 드러나는 그리스도 안에서 의롭게 된 삶의 본질이다. 바울은 에베소 교인들에게는 그리스도 중심적이 될 것을, 골로새 교인들에게는 그리스도의 말씀으로 충만할 것을 권면한다. 우리 모두는 그리스도를 향한 이상을 새롭게 하고 그분을 지속적으로 주목하라는 끊임없는 권면을 받아야 한다.

요한은 그의 첫 번째 편지에서 요한복음 15장에서 예수가 "내 안에 거하라"고 말씀하신 것과 매우 흡사한 방식으로 성령을 언급한다. 따라서 우리는 예수가 주신 성령으로 말미암아 그분이 우리 안에 거하시는 줄을 안다(요일 3:24; 4:13-14). 우리는 예수가 육체로 오신 것을 시인하는 자들에게 있는 하나님의 영을 알 수 있다(요일 4:2). 또 다시 성

Χριστοῦ.

령의 사역은 예수 그리스도의 인격을 향한다. 요한은 신자들에게 예수를 영접한 후에 반드시 성령을 받아야 한다는 믿음의 두 번째 행위를 권면하지 않는다. 앞서 살펴본 바와 같이, 말씀과 성령을 결부시키는 동일한 강조점이 요한계시록 2장과 3장의 일곱 교회에 보내는 편지에서도 발견된다.

심지어 신오순절주의자가 아닌 사람들 중에서도 성령 충만을 그리스도의 복음으로 충만한 것과 다른 무엇으로 여기는 이들이 있다. 이것은 아들의 사역과 성령의 사역을 분리시키는 심각한 신학적 오류다. 사람들은 그리스도를 향해 밖으로 시선을 돌리기보다, 성령께서 복음과 무관하게 행하시는 일로 인해 발생하는 어떤 경험을 찾아 자신의 내면을 들여다보는 경향이 있다. 이는 종교개혁에서 물러나 중세 신학의 내면화된 '은총'으로 퇴보하는 걸음이다.

성령과 경험

모든 논쟁을 종결시키는 은사주의적 신오순절주의의 주장은 다음과 같다. "당신은 내가 한 경험을 해 보지 않았으니 알 수 없다. 그러니 내 경험을 부정해 봐야 아무 소용없다." 이는 우리가 누구의 경험도 부정하려 해서는 안 된다는 점에서는 맞는 말일 수 있다. 하지만 문제는 경험의 실체가 아니라 경험의 해석에 있다. 그러니 의문은 여전하다. 그 경험은 정확히 무엇인가? 또한 오순절주의자에게는 비오순절주의자는 하나님이 우리에게 의도하신 경험을 하지 못했다는 가정이 있는 듯하다. 마치 비은사주의에는 아무런 경험도 존재하지 않는 것처럼 여긴다. 만일 그렇다면, 이는 비오순절주의자는 그저 미성숙한 B급 그리스도인에 불과하다는 점을 암시하는 오만함을 나타낸다. 성공회 시드니

교구 총회에 제출된 보고서는 이렇게 기록한다.

> 신오순절주의자와 비신오순절주의자는 경험을 통해 성경을 이해하는 것과 관련하여 중요성을 어디에 두느냐에 차이를 보인다. 성경은 하나님과 그분의 사역에 대한 나의 경험을 통해 이해되어야 하는가, 나의 경험이 하나님의 말씀에 비추어 이해되어야 하는가, 아니면 둘 다 인가?
>
> 신오순절주의자는… 이런 현상을 겪고 나서 그런 경험에 관련된 성경 본문의 이해가 상당히 바뀌게 되었다고 지체 없이 인정한다. 그러나 비오순절주의자는 개인적 경험이 성경에서 분명하지 않은 것을 분명하게 해 줄 수 없다고 생각한다.[53]

예를 들어, 위 인용문의 마지막 진술은 오순절 사건의 방언과 고린도전서 12:10에서 바울이 언급하는 방언에 무엇이 묘사되고 있는지에 대해 논란이 있다는 사실을 지적한다. 따라서 성경을 해석할 때 경험이 하는 역할은 성령 세례와 방언을 비롯한 그 밖의 영적 은사들에 관한 논쟁에서 중요한 요소로 작용한다.

오순절 운동에 대한 한 오순절주의자의 평가에 따르면, "오순절주의는 그 자체를 신약에 나오는 사도들의 경험을 교회가 다시 체험하도록 하는 부흥 운동으로 인식했다."[54] 나는 이미 사도행전을 살펴보며 사도 시대의 역동성에 대해 다루었다. 간략히 말해, 사도들이 경험한

---

53. Church of England in Australia, *Both Sides to the Question: Official enquiry into Neo-Pentecostalism. Report of a select synod committee of the Diocese of Sydney* (Sydney: Anglican Information Office, 1973), p. 6. 위원회는 신오순절주의와 비신오순절주의 양측 모두를 대표하는 이들로 구성되어, 이 보고서가 문제에 대한 양측의 입장을 정확히 제시했다고 승인하였다.

54. Kenneth Archer, 'Pentecostal Hermeneutics: Retrospect and prospect', *Journal of Pentecostal Theology* 8 (1996), p. 64.

모든 것이 우리에게 열려 있는 것은 아니다. 그들은 독특한 직분을 가지고 있었으며, 우리가 접근할 수 없는 독특한 전환기를 살아갔기 때문이다. 여기서 질문이 제기된다. 오순절주의자들이 자신들의 경험(방언, 은사 등)이라고 주장하는 것은 실제로 사도들이 겪은 경험인가? 대답은 반복된다. "오순절주의의 본질은 전능하신 하나님이 신자의 일상 속으로 침투해 오신 것에 대한 강조다."[55] 이 글의 저자는 오순절주의에 대한 브루너(F. D. Bruner)의 비판을 언급한다. 브루너는 이신칭의 교리가 공격을 당한다고 본다.

> 오순절주의의 성령 충만 교리의 결과는 예수 그리스도에 대한 믿음을 촉발시키고 유지시키는 강력한 메시지 외에는 성령 충만에 대한 어떤 조건도 버려야 한다는 것이다. 그리스도인에게 한 사람을 그리스도인이 되게 하는 복음보다 충만하고 만족스러운 복음은 없다. 그런 것이 있다는 주장은 바울의 질책을 받는다(갈 1:6-9; 5:2-12).[56]

브루너는 복음 너머에 그 이상의 단계가 있다고 보는 오순절주의의 주장이 복음을 하나님의 구원하시는 능력으로 보는 바울의 전체 사상을 훼손한다고 정확히 지적한다.

오순절에 관한 논쟁은 사도행전이 구속사에서 다음 단계를 제시하는지, 아니면 서신서의 주제이기도 한 그리스도인의 지속적인 삶을 위한 일종의 교리를 설명하는지에 관한 것이다. 우리는 서신서 어디서에

55. Archer, 'Pentecostal Hermeneutics', p. 69.

56. Archer, 'Pentecostal Hermeneutics', p. 71에서 재인용. 원문은, Frederick Dale Bruner, *A Theology of the Holy Spirit: The Pentecostal experience* (Grand Rapids, MI: Eerdmans, 1970), p. 240. 『성령신학』(나눔사).

도 오순절 경험을 규범적으로 언급하지 않는다는 사실을 기억해야 한다. 오순절주의는 능력을 부여하는 성령의 은사를 구원의 은사와 분리시킨다. 또한 말씀이신 그리스도와 성령의 사역을 분리시킨다. 오순절주의에서는 복음이 전부가 아니라는 브루너의 주장은 옳다. 그것은 성령으로 능력 있는 삶을 살아가기 위해서는 복음만으로는 충분하지 않다고 보기 때문이다. 일부 오순절주의자들은 자신들의 교회 이름을 '순복음'(Full Gospel)이라고 지으며 이 문제를 희석시키고자 한다.[57] 개혁주의 신념은 우리가 복음에 더할 것은 아무것도 없다는 사실을 성경이 충분히 가르친다고 본다. 케네스 아처(Kenneth Archer) 역시 성령세례에 관한 오순절주의자와 비오순절주의자의 주된 차이는 그것이 회심과 구분되는지에 달려 있다는 점에 동의한다.

> 던[James Dunn, 비오순절주의자]과 멘지스[Robert Menzies, 오순절주의자] 간의 논쟁의 핵심 쟁점은 다음과 같다. "누가는 개인에게 성령이 부어지는 것을 회심의 시작과 분리시키고 그것을 구원론적 은사가 아니라 능력을 부여하는 은사로 보는가?" 던은 "아니다"라고 주장하는 반면, 멘지스는 "그렇다"고 주장한다.[58]

또다시 쟁점은 오순절이 구속사(*historia salutis*)에서 우선적으로 주목할 만한 전환인가, 아니면 애초에 그리스도인 개인의 신앙 여정에 적용되는 구원의 서정(*ordo salutis*)에서의 다음 단계인가 하는 것이다.

성경적 증거는 우리를 복음의 온전한 충분성으로 이끈다. 요엘

57. 이것은 그리스도 안에서 우리를 위한 하나님의 사역과 성령을 통한 우리 안에서의 하나님 사역을 혼동하는 변명의 여지가 없는 오류다.

58. Archer, 'Pentecostal Hermeneutics', p. 73.

2:28-32에 대한 베드로의 언급은 단번에 완성된 그리스도의 사역으로 이루어진 구속사적 전환으로서 오순절을 가리킨 것이 분명하다. 우리는 성령에 집중함으로써 성령으로 충만해질 수 없고, 다만 우리에게 그의 영을 주신 그리스도께 집중함으로써만 성령으로 충만해질 수 있다. 이는 그리스도께서 우리를 위해 하신 일에 근거한다. 그런 충만을 갈망하거나 우선적으로 추구하라는 권면은 성경적이지 않다. 또한 대부분의 사람이 얻지 못한 것을 누군가는 특정 조건을 만족시킨 공로를 통해 추가로 영적 보물처럼 얻는다는 암시는 해로운 것이다. 이는 실제로 종교개혁에서 퇴보하여 로마가톨릭으로 돌아가는 행보다.

성령의 내적 증언

오순절주의가 주관적 경험에 호소하는 것을 비판한다고 해서 신자를 향한 성령의 사역이 전적으로 객관적이라고 여겨서는 안 된다. 성령의 사역에는 분명 내적 증언이 있지만, 주관적인 것은 항상 객관적인 것과의 관계를 통해 이해되어야 한다. 이 원칙은 하나님의 창조 행위 자체와 하나님이 인간 존재를 해석하고 우리 생각을 지도하기 위해 말씀하셔야 한다는 사실에서 비롯된다. 여기서도 '양자택일'(either-or)이 아닌 '양자병합'(both-and)이라는 삼위일체적 원칙이 적용된다. 주관성과 객관성은 모두 인간됨의 측면이다. 이는 둘 사이의 균형을 맞추는 문제가 아니라 그 둘의 관계에 대한 성경적 관점을 유지하는 문제다. 창조 내러티브에서 인간됨은 우리 바깥에 있는 것, 즉 하나님, 타인, 우리를 둘러싼 세계와의 관계적 차원에서 묘사된다. 우리는 우리 바깥에 있는 것(객관)에 대한 자기 인식적 관계의 측면에서 자신(주관)을 이해하도록 창조되었다. 객관적인 것에 우선권이 있다. 그것이 하나님이 우리를 지으신 방식이다. 그 반대, 즉 주관적 경험을 제일 중요하게 여기는 것은 죄에 빠진 인간의 상태를 반영한다.

앞선 논의에서 살펴본 바와 같이, 성령의 주된 역할은 우리 자신에게서 시선을 돌려 그리스도께로 향하게 하는 것이다. 성령이 객관적인 복음에 집중하게 만드시는 이 과정에는 하나님의 말씀에 대한 내적 확신을 가져오는 일이 수반된다. 예를 들어, 칼뱅이 성경을 하나님의 말씀으로 인정하게 하는 성경의 객관적 측면을 다룰 때, 그는 이러한 증거를 인식하는 것은 성령의 내적 증언에 달려 있다는 사실을 지체 없이 인정한다. 성령의 사역은 객관적인 복음과 하나님 말씀의 진리에 대해 우리 마음을 열어 주시는 것이다.[59] 성령의 증언을 우리 안에서 깊이 생각해 보게 될 때, 우리는 성령이 그리스도 안에서 우리가 가진 객관적 구원의 다양한 측면에 대한 내적 확신을 가져다주시는 것을 깨닫게 된다. 성령은 죄, 의, 심판에 대하여 세상을 책망하시는 분이다(요 16:8-11). 예수는 이 각각의 것이 자신 혹은 자신의 사역과 연관되어 있음을 설명하신다. 세상이 죄에 대하여 책망을 받는 것은 "그들이 나를 믿지 아니함" 때문이다(9절). 의에 대하여 책망을 받는 것은 "내가 아버지께로 가기" 때문이다(10절). 심판에 대하여 책망을 받는 것은 "이 세상 임금이 심판을 받았기" 때문이다(11절). 참된 주관성은 객관성과의 관계 속에서 우리 자신을 아는 것이다.

우리를 그리스도 사역의 의미에 대해 성령이 생성하시는 확신으로 이어 주는 것, 그것이 바로 신자에게 복음의 실체를 보증하시는 성령

59. 칼뱅은 『기독교 강요』 1권 8장에서 성경의 신빙성에 대한 증거를 다루지만, 이에 앞서 다음과 같은 사실을 상기시킨다. "말씀이 성령의 내적 증언으로 봉인되기 전까지는 사람의 마음에 받아들여지지 않을 것이다." John Calvin, *Institutes of the Christian Religion*, ed. John T. McNeill, tr. Ford Lewis Battles, Library of Christian Classics 20-1 (Philadelphia, PA: Westminster John Knox Press, 2006), 1.7.4. 『기독교 강요 1권』(생명의말씀사).

의 역할이다. 이는 성육신하신 그리스도의 부재와 성령으로 말미암은 그분의 지속된 임재 상황 속에서 주어진 것이다. 바울은 약속된 성령의 인치심으로 이를 설명한다.

> 우리를 너희와 함께 그리스도 안에서 굳건하게 하시고 우리에게 기름을 부으신 이는 하나님이시니 그가 또한 우리에게 인치시고 보증으로 우리 마음에 성령을 주셨느니라. (고후 1:21-22)

> 참으로 이 장막에 있는 우리가 짐진 것 같이 탄식하는 것은 벗고자 함이 아니요 오히려 덧입고자 함이니 죽을 것이 생명에 삼킨 바 되게 하려 함이라. 곧 이것을 우리에게 이루게 하시고 보증으로 성령을 우리에게 주신 이는 하나님이시니라. (고후 5:4-5)

> 그[그리스도] 안에서 너희도 진리의 말씀 곧 너희의 구원의 복음을 듣고 그 안에서 또한 믿어 약속의 성령으로 인치심을 받았으니 이는 우리 기업의 보증이 되사 그 얻으신 것을 속량하시고 그의 영광을 찬송하게 하려 하심이라. (엡 1:13-14)

이러한 성령 사역의 역동성은 분명히 예수 사역의 역동성에 의해 결정된다. 예수가 이 땅에 육신으로 계셨을 당시 예수를 제외한 다른 이들에게 역사하신 성령의 사역에 대한 언급은 거의 없다. 요한복음 14-16장의 고별 담화에서 예수는 제자들에게 자신이 떠날 날이 임박했음을 알리시며 이렇게 안심시키신다. "내가 너희를 고아와 같이 버려두지 아니하고 너희에게로 오리라"(요 14:18). 그분은 육신이 아니라 "보혜사" 성령을 통해 임재하실 것이다. 부활 후, 예수는 제자들에게 그들이 성령으로 세례를 받을 것이라고 말씀하신다(행 1:4-5). 이후 성령의 사역은 하나님의 모든 백성을 부활하시고 승천하신 예수께로 이어 주시는 것이다. 하지만 이것이 이제는 신자가 성령께만 집중해야 한다는 것을 의미하지는 않는다. 성령의 사역은 신자 안에서 주관적인 확신으로 분명히 나타나겠지만, 초점은 여전히 예수 그리스도의 객관적이고 역사적인 인격과 사역에 맞춰질 것이다.

요약 및 해석학적 함의

구약의 성령에 관해서는 앞에서 이미 상세한 요약을 제시했다. 여기서는 성경 전체를 통해 이 주제를 간략히 요약할 것이다.

1. 성령은 창조에서 드러나시며, 창조에서 그분의 역할은 새 창조에서의 역할을 예견한다.
2. 구약에서 성령에 대한 계시는 구속사의 점진적 계시와 나란히 진행된다.
3. 구약에서 성령의 초점은 주로 예언자, 제사장, 왕, 메시아 직분과 연관된다. 이는 세례 요한의 사역에서 절정에 이르며, 그는 이 직분들을 성취하실 예수께 세례를 베푼다.
4. 성령은 예수의 사역을 가능하게 하시는 분이다. 구약에서 성령의 사역이 새롭게 출현하는 복음과 연관되듯이, 신약에서 성령은 충만한 복음의 능력으로 나타나신다.
5. 오순절 성령의 임재는 이제는 완전히 드러난 역사적 복음과 연관된 성령의 새로운 사역을 알린다.
6. 모든 그리스도인은 회심의 순간에 성령으로 세례를 받는다.

성경에서 성령에 대한 계시의 역동성은 구원의 복음에 대한 계시의 역동성과 밀접한 연관이 있다. 이것은 삼위일체적 현상이다. 성령과 성자(말씀)는 분리된 신성이 아니다. 구약에서는 성령이 평범한 개인 신자에게 역사하시는 장면이 뚜렷이 나타나지 않지만, 성령이 임한 인간이신 예수 그리스도를 예표하는 특정 직분과 사람에게 부여된 모습은 강조된다. 예수 안에서, 하나님의 충만함이 죄 없는 인성과 온전한 관계를 맺으며 존재하신다. 신약은 하나님의 약속과 말씀에 대한 참된 구원 신앙이 성령의 은사라는 점과, 이것이 구약의 성도들에게도 틀림없이 존재했음을 보여 준다. 이런 결론이 아니라면 구약에는 참된 신자가 없었다거나, 구약의 사람들은 죄와 허물로 죽은 상태가 아니었기에 믿음을 위해 성령의 중생하시는 사역이 필요하지 않았다고 주장하는 수밖에 없다. 그러나 분명히 구약에도 성령으로 중생한 참된 신자들이 있었다.

오순절은 제자들에게 독특한 경험적 전환을 보여 주었다. 바로 육신으로 존재하신 예수를 아는 것에서 몸으로는 부재하지만 그분의 영으로 존재하시는 예수를 아는 것으로의 전환이다. 이는 구속사의 역동성에서 새로운 단계이자, 신학적, 해석학적으로 큰 중요성을 가진다. 오순절 이후, 새로운 그리스도인들은 이전 시대의 제자들과 동일한 입장에 있을 수 없었다. 그들은 육신으로 계신 예수와 관계를 맺을 수 없었기 때문이다. 당시의 그들과 지금의 우리에게 성령의 사역은 역사적 그리스도의 삶과 죽음, 부활과 승천에 집중된 믿음을 유지하게 하시는 것이다. 오순절주의자들은 시간을 되돌려 다시는 돌아갈 수 없는 한 번뿐인 사건으로 돌아가려는 오류를 범한다. 그러나 우리는 성령의 이런 새로운 사역의 출발점으로 돌아갈 수 없으며, 먼지가 풀풀 날리는 유대 땅으로 돌아가 예수의 발치에 앉을 수도 없다. 오순절이 지금 우리에게 지니는 의미는 그것이 성령이 이끄시는 복음의 충만함에 대한 선포가 시작된 날이라는 것이다. 이제 복음은 더 이상 유대인에게 국한되지 않고 이방 세계에까지 전해진다. 이것이 가능한 유일한 이유는 예수께서 하나님 우편에 앉아 계시기 때문이다.

예수는 구세주로서 자기 백성에게 성령의 충만함을 주기 위해 필요한 모든 조건을 충족시키셨다. 오순절은 구원의 점진적 계시와 나란히 함께 가는 하나님의 약속의 성취다. 신약에서 오순절에 성령이 임하신 것은 오직 예수의 삶, 죽음, 부활, 승천 때문이다. 정도의 차이는 있지만, 그리스도인들은 그리스도께 집중된 믿음을 가지고 살아가며, 온전히 집중할 때 성령으로 충만하게 된다. 실제로 오순절은 지속적인 의미를 지닌다. 오순절은 하나님의 백성 안에서 지속되는 성령의 임재에 대해 침묵하지 않는다. 그렇다고 오순절 사건이 그리스도의 승귀로 나타난 복음 사건의 충만함과 상관없는 성령에 대한 새로운 경험을 주는 것은 아니다. 오순절에 나타난 현상들은, 모든 시대에 적용되는 규범은 아니지만, 참된 규범을 제시한다. 바로 성령의 능력을 통해 예수께 이르는 믿음과 그에 따르는 선행이다. "성령으로 충만함"과 "성령으로 세례받음"은 회심 이후 우리가 충족시킨 어떤 조건에 의거한 두 번째 경험의 설명이 아니다. 오히려 성경적으로 볼 때, 그런 표현은 복음 안에서 예수의 진리에 가까이 살아가는 사람을 묘사하는 것이다.

오순절 현상을 모든 그리스도인이 지금 경험할 수 있는 것으로 확립하려는 해석은, 어떤 경험을 한 뒤 그 경험을 정당화할 적당한 성경 본문을 찾는 방식에 의거해서는 안 된다. 주관적 경험은 본문 해석의 근거가 될 수 없다. 성령의 내적 증언에 대한 경험도 마찬가지다. 우리는 그것이 무엇인지 오직 성경, 즉 태초에 하나님과 함께 계셨던 그 말씀이 알려 주시기 때문에 안다. 우리는 반드시 성경 본문으로 우리 경험을 해석해야 한다. 진리에 대한 계시의 근원은 하나님의 말씀에 있지 우리의 경험에 있지 않다. 더욱이 어떤 경험이 성경의 증거에 부합된다고 확신하는 경우라 할지라도, 성경의 역동성이라는 해석학적 문제가 만족스럽게 다루어져야만 한다. 다르게 표현하자면, 또다시 규범성의 문제가 불거진다. 주후 1세기에 발생한 일에 대한 서술이 반드시 오늘날을 향한 처방인 것은 아니다.

해석학적 요지는 '내면 지향적' 오순절주의, 신오순절주의, 경건주의적 복음주의가 잘못 다루고 있는 두 가지 기본적인 쟁점을 드러낸다. 첫째, 객관적인 역사적 복음으로부터 주관적인 내적 경험으로의 주초점 이동이다. 둘째, 하나님의 삼위일체를 왜곡하는 데까지 이르는 근본적인 신학적 오류다. 회심자가 회개하고 예수에 대한 믿음으로 나아갈 때, 그는 단지 예수만이 아니라 하나님을 영접한다. 하나님 전부를! 믿음으로 신인이신 예수를 영접하는 것은 성 삼위일체 하나님을 영접하는 것이다. 성령을 받는 것이 예수를 믿고 영접한 후의 추가적 단계로 여겨질 때, 삼위일체의 단일성이 간과된다. 그렇다면 성부 하나님을 영접하기 위한 세 번째 단계가 더 있어야 하는가? 그렇지 않다. 그리스도와 연합하면, 성부, 성자, 성령이신 하나님과 화목을 이루는 것이다.

9. 삼위일체와 진리의 형태

삼위일체로서 하나님은 모든 성경 계시의 근본이시다. 따라서 모든 기독교 교리의 근본이시다. 이와 반대로, 모든 이단의 기저에는 하나님의 단일복수성에 대한 오류가 있다. 삼위일체 논의는 6장의 제목처럼 '성부 하나님'을 이해하는 데서 출발해야만 했다. 이 호칭은 '성자 하나님', '성령 하나님'과 구별된다는 점에서 의미가 있다. 삼위일체 각각의 신적 위격에 대한 계시의 역동성을 어느 정도 살펴본 후, 이제 삼위일체 하나님에 대한 추가적 함의를 고찰해 보겠다. 자기 외부에 존재하는 모든 것을 창조하신 영원하며 자존하시는 하나님은 피조물 속에서 자신과 자신의 본성을 드러내신다(롬 1:19-20). 그렇지 않다면 자기 자신을 부정하는 셈이자 존재의 기반이 없는 우주를 창조하는 셈이기 때문이다.

영원과 시간 속에서의 삼위일체

우선 시간 속에 살고 있는 우리의 관점에서 하나님이 영원하시다는 것이 무엇을 의미하는지 살펴보자. 우리는 하나님이 영원하시다고 고백하지만, 동시에 성경이 시간과 영원에 대한 철학적이거나 신학적인 논의를 제시하지 않는다는 것을 인정한다. 흔히 이런 대답이 들린다. "영원에는 시간이 없으며, 모든 것이 영원한 현재일 뿐이다." 이런 주장은 실제로 이를 뒷받침할 어떤 성경적, 철학적 근거도 없이 가정된 것이다.[1] 어떤 신학자들은 이 영원한 현재라는 개념을 하나님의 주권과 우리의 자유 의지를 조화시키는 방식으로 사용한다. 하지만 영원을 현재로 축소시키는 것은 무한을 점으로 축소시키는 것이라는 반론이 가능하다.[2] 시간과 영원이 어떻게 연관되는지 이해하기 힘들다는 사실이 시간 자체가 존재하지 않는다는 뜻은 아니다. 영원을 "시간이 없는 단지 영원한 현재"로 묘사하는 것은 현재를 살아가는 우리의 시간 경험에 쉽게 적용할 수 있는 시간 언어를 사용한 것이다. 그러나 실상 우리는 먼 과거와 가까운 과거를 기억하고, 가까운 미래와 먼 미래를 기대하며 현재를 살아간다. 성경이 영원을 나타내기 위해 시간과 연관된 어휘나 어구를 사용하고 있다는 사실은 주목할 만하다.

아마도 이렇게 정리해 볼 수 있을 것이다. 우리는 영원을 무시간성으로 이해해야 하는가, 아니면 끝없는 시간으로 이해해야 하는가?[3] 후자의 입장이라고 해서 시간을 다른 질적 특성으로 인식하거나, 시간

1. 세속적 사고는 머나먼 과거의 시간을 표현할 때 연도나 광년의 수치 뒤에 단순히 '0'을 더 붙이는 방식으로 영원을 다루는 듯하다. 이는 과학자들의 가설 수준에서도 마찬가지다.

2. 우리가 고등학교 기하학 수업에서 배운 것처럼 점은 위치는 있으나 크기가 없다.

3. John Newton은 그의 유명한 찬송 '나 같은 죄인 살리신'(1779년)의 마지막 절에서 끝없는 시간을 생각했다. "거기서 우리는 만년이 지나도록 / 해처럼 밝게 빛나며 / 우리가 처음 찬양을 시작했던 때보다 / 적지 않은 날 동안 하나님을 찬양하리라."

을 영원 속에서 다른 방식으로 인식할 가능성이 사라진다고 가정해서는 안 된다. 하지만 무슨 이유에서든 영원의 시간이 우리가 현재 인식하는 시간과 전적으로 다르다고 믿는다면, 이것 역시 순전히 추측에 불과하다. 일반적으로 '영원히'와 '언제나'로 번역되는 성경의 용어들이 우리가 바라는 만큼 구체적이지 않다는 사실도 문제다. 예를 들어 구약에서 히브리어 '올람'(*ʿôlām*)[4]은 의미론적으로 유연하게 사용된다. 그래서 히브리인들이 이것을 정확히 어떻게 생각했는지는 알기 어렵다. 성경에서 '올람'의 용례를 살펴보면 존재와 시간이 사실상 같은 뜻임을 알게 된다.[5] 즉 아무것도 존재하지 않는다면 시간도 존재하지 않는다. 일반적으로 영원은 끝없이 존재하는 현실로 이해된다.

하나님에 대한 시간적 언급은 창조에서부터 논리적으로 시작하는 듯이 보인다. "태초에 하나님이 천지를 창조하시니라"(창 1:1). 본문은 하나님이 시간을 창조하셨다는 말을 하지 않고, 다만 해와 달을 만드셔서 낮과 밤을 주관하게 하셨다고만 언급한다. "태초"라는 시간의 경계 너머에 있는 사건들에 대한 언급은 시간 밖에서 일어난 것으로 묘사되지 않으며, 흔히 "땅의 기초가 놓이기 전" 혹은 "창세 전"(요 17:24; 엡 1:4; 벧전 1:20)과 같은 시간적 표현을 사용한다. "땅의 기초가 놓인 후로부터"(창세부터)라는 표현도 같은 관점을 공유하며, "세상이 시작될 때 이미 그런 상태였다"와 같은 의미로 사용된 것이라고 볼 수도 있을 법

4. 히브리어 עולם.

5. F. Brown, S. Driver and C. Briggs, *A Hebrew and English Lexicon of the Old Testament*, reprint with corrections (Oxford: Clarendon Press, 1957). 이 어휘 사전에서는 히브리어 '올람'(עולם)의 뜻을 이렇게 나열한다. "오랜 기간, 아주 오래된, 미래성, 지속적인 존재, 기간, 영원." 또한 다음을 보라. Rick Brannan, *Lexham Research Lexicon of the Hebrew Bible* (Bellingham, WA: Lexham Academic, 2020). 여기서는 "오랜 시간, 오랜 기간, 미래의 시간, 앞으로 다가올 시간, 아주 오래전, 불후의, 영원"으로 나온다.

하다(마 13:35; 25:34; 눅 11:50; 히 4:3; 계 13:8; 17:8). 역사적 사건이 "창세 이후로"(눅 11:50) 일어났다고 하는 구절들은 단지 그것이 하나님의 예정 가운데 일어났다는 사실을 의미한다.

성경신학에서 시간-영원의 논쟁은 여전히 해결되지 않았다.[6] 오스카 쿨만의 중요한 연구에서는 성경적 관점에서 영원을 끝없는 시간으로 본다.[7] 그렇다고 해서 다룰 가치가 없는 것은 아니다. 쿨만은 시간에 대한 하나님의 주권을 강조하고 있기 때문이다. 그는 나사렛 예수라는 핵심 사건에서 출발하며, 그분의 삶, 죽음, 부활을 모든 역사의 중심점으로 여긴다.[8] 그것은 다른 모든 것을 규정하는 기준이다. 쿨만은 신약에서 '시대'(헬라어 *aiōn*)라는 어휘를 다루면서 창조 이전의 시간에는 시작이 없지만 끝이 있고, 종말론적 완성 이후의 시간에는 시작은 있지만 끝이 없다는 결론에 이른다.[9] 또한 그는 영원이 무시간적이고 언제나 현재적인 실재라는 개념과 상충하는 듯이 보이는 영원의 역동성을 지적한다. 따라서 쿨만의 입장에 따르면, 창조 이전의 영원은 완전해지기 위해 무언가를 창조해야 할 필요가 없는 자존하신 하나님의 영역이었다. 성경 역사의 사건들 이후에 도래할 영원은, 역사 속에서 성육신하시고 영광을 받으신 그리스도와 새 하늘과 새 땅, 그리고 그리스도 안에서 구속받아 이제 그분과 함께 영원을 누리는 모든 이

---

6. Louis Berkhof, *Systematic Theology* (Edinburgh: Banner of Truth Trust, 1963), p. 60. 여기서 Berkhof는 이렇게 언급한다. "영원과 시간의 관계는 철학과 신학에서 가장 어려운 문제 중 하나며, 현재 우리 상태에서는 해결이 불가능할지도 모른다."

7. Oscar Cullmann, *Christ and Time: The primitive Christian concept of time and history* (London: SCM Press, 1951). 『그리스도와 시간』(나단).

8. 이는 성육신이 창조의 시작과 끝 사이에서 연대적으로 정확히 중간 지점에 있다는 말이 아니다. 다만 결정적 지점이라는 것이다. 신약은 성육신이 '종말'의 시작을 알렸다고 분명히 보여 준다. 이는 다음 장에서 자세히 살펴볼 것이다.

9. Cullmann, *Christ and Time*, p. 48.

를 포괄하는 하나님의 영역이 될 것이다. 이는 하나님이 역사를, 다시 말해 그리스도와 분리시킬 수 없는 역사를 영원으로 가져가셨음을 의미한다. 그리고 우리 시간 이전의 영원과 현재 우리 시대 이후의 영원이 다름을 의미한다. 창세기 1장의 서두에 제시된 계시, 곧 "태초에 하나님이 천지를 창조하시니라"는 말씀은, 하나님께서 만물을 다시 무(無)로 돌려놓으심으로 응답되는 것이 아니라, 영원한 새 하늘과 새 땅이라는 종말의 완성으로 응답된다. 평면적 영원론은 성육신과 새 창조, 그리고 그리스도 안에 있는 모두를 포함한 만물과 역사의 선재성(pre-existence)을 암시하는 것 같다. 그러나 영원에 창조와 시간이 삽입되면, 영원에도 '이전'과 '이후'가 있는 것처럼 보인다. 만일 그렇다면 시간은 단지 존재의 한 양상에 불과하다. 따라서 시간이 없으면 존재도 없다.

성경은 성부를 창조와 구속에서 전체적인 기획자로 묘사한다. 만물을 창조하시고 다스리시는 하나님의 주권은 구원 계획과 구원받은 자들에 대한 문제를 야기한다. 하나님의 예정 혹은 선택의 문제는 영원을 '늘 현존하는' 실재로 상정하는 이들에 의해 편의적으로 해결되는데, 이 실재 속에서 하나님은 모든 개인의 가정된 자유 의지의 결과를 그것이 하나님의 '현재' 안에 있다는 근거로 보시고 아실 수 있다고 여겨진다.[10] 이에 따라 바울의 '미리 아심'에 대한 언급(롬 8:29-30)은 일종의 천리안적 통찰이나 사전 인지, 혹은 영원히 현존하는 여기-지금(ever-present here-and-now)으로 해석된다. 하지만 이것은 '미리 아심'을

10. John M. Frame, *Apologetics to the Glory of God: An introduction* (Phillipsburg, NJ: Presbyterian and Reformed, 1994), p. 45. Frame이 지적한 바에 따르면, 만일 하나님이 어떤 사람이 자유롭게 복음을 받아들일 것을 미리 아시고 세상을 창조하셨다면 그들의 수용은 필연적이므로 예정론을 피하려는 이런 계책은 아무런 성과가 없다.

적절히 다루지 못하며 '예정하다'라는 동사를 무의미하게 축소시켜 버리는 일이다. 그렇게 되면 하나님의 예정은 이른바 죄인의 자유 의지에 달려 있는 것이 된다.[11] 문제는 단순히 현재와 영원의 관계에만 있는 것이 아니다. 이러한 관점은 하나님께서 당신의 백성을 실제로 구원하신 것이 아니라, 그들의 구원 가능성만 열어 두셨다는 의미를 내포하게 된다. 그렇다면 구원은 인간의 자유 의지에 근거한 우리의 응답 여부에 달려 있게 된다. 그런 자유 의지는 인간이 어느 정도까지 타락한 것인지 질문을 제기하며 기독교 죄론에 심각한 도전을 제기해 올 것이다. 죄와 타락의 지적 영향은 그렇게 피상적으로 다뤄질 수 없다. 이와 같은 방식으로 예정을 잘못 다루는 것은 에베소서 1:4-6에 대한 그릇된 주해에서 나타나곤 한다.

문제와 해답으로서 삼위일체 교리

삼위일체 문제는 그것이 우리의 논리 개념에 도전한다는 데 있다. 최소한 세 가지 이유에서 삼위일체 교리는 그리스도인에게 혼란과 골칫거리가 된다. 첫째, 이는 구약성경에서 명확히 언급되지 않기에 하나님의 유일성에 대한 이스라엘의 가르침을 불필요하게 교란할 소지가 있다. 둘째, 신약성경에도 삼위일체라는 용어 자체는 나오지 않고, 후대에 형성된 이 교리는 신론을 불필요하게 문제시하는 복잡한 구조로 여겨진다. 그리고 가장 거센 도전일 수 있는 세 번째는, 삼위일체 개념이 '상식'을 거스르는 듯한 논리 전환을 수반하기 때문이다. 그렇지만

11. 이런 아르미니우스주의적인 접근을 받아들인다면 하나님의 '선승낙'(pre-compliance)이라는 용어가 더 적절할 것이다.

삼위일체는 하나님에 관한 기독교의 중심 가르침으로 남아 있다. 이것이 문제가 되는 까닭은 하나님의 단일성과 복수성을 동시에 이해해야 하기 때문이다. 이는 초기 그리스도인들이 예수께서 자신과 아버지의 관계에 대해, 또한 오실 성령에 대해 하신 말씀에서 직면했던 질문과 매우 흡사하다.

삼위일체 신학과 기독론은 서로 밀접히 연관되어 각각 서로를 암시한다. 여기서 발생하는 한 가지 문제는 삼위일체에 대한 계시를 그리스도가 중재하신다는 점이다. 성경에 관한 우리 이해의 중심에 계속해서 예수 그리스도의 위격을 두는 것이 '그리스도 일원론'(Christomonism)으로 비난받는 경향이 있다는 사실은 안타깝다. 나는 그런 관점이 "모든 것은 예수에 관한 것이자 오직 그분에 관한 것"이라는 무분별한 방향으로 나아갈 여지가 있다는 점을 인정한다. 물론 나는 결코 그런 식으로 나가고 싶지 않다. 하나님은 알 수 없는 존재이시고, 우리는 예수의 위격에 관해서만 말할 수 있을 뿐이라고 주장하는 정교한 그리스도 일원론 형태들도 있다. 그렇다면 실질적인 '신학'은 없고 기독론만 남는다. 이 책을 통해 우리가 하나님 말씀(성자)의 계시를 통해 살아 계신 하나님에 대해 갖게 되는 참된 지식의 중재자가 예수라는 사실을 분명히 깨닫길 바란다. 모든 성경이 예수를 증언한다고 말하는 것과 예수를 하나님과 인간 사이의 유일한 중재자라로 말하는 것은 신학이 존재하지 않는다는 뜻이 아니다. 이는 단지 하나님을 아는 지식, 즉 우리의 신학이 중재된다는 사실을 의미한다. 그리스도인은 그리스도를 통해 하나님을 알지만, 실제로 하나님을 아는 것이다. 실례가 되는 성구 몇 구절을 살펴보면 다음과 같다.

내 아버지께서 모든 것을 내게 주셨으니 아버지 외에는 아들을 아는 자가 없

고 아들과 또 아들의 소원대로 계시를 받는 자 외에는 아버지를 아는 자가 없느니라. (마 11:27)

본래 하나님을 본 사람이 없으되 아버지 품 속에 있는 독생하신 하나님이 나타내셨느니라. (요 1:18)

내가 진실로 진실로 너희에게 이르노니 아들이 아버지께서 하시는 일을 보지 않고는 아무 것도 스스로 할 수 없나니 아버지께서 행하시는 그것을 아들도 그와 같이 행하느니라. (요 5:19)

이에 그들이 묻되 네 아버지가 어디 있느냐. 예수께서 대답하시되 너희는 나를 알지 못하고 내 아버지도 알지 못하는도다. 나를 알았더라면 내 아버지도 알았으리라. (요 8:19)

나를 본 자는 아버지를 보았거늘 어찌하여 아버지를 보이라 하느냐. 내가 아버지 안에 거하고 아버지는 내 안에 계신 것을 네가 믿지 아니하느냐. (요 14:9-10)

따라서 중재자이신 그리스도는 참으로 아버지를 우리에게 보여 주신다. 신학, 즉 하나님을 아는 지식은 가능할 뿐만 아니라 예수의 사역으로 인해 필수적인 것이다. 창조의 시작부터 하나님의 계획과 목적의 중재자였던 하나님의 말씀은 아버지를 계시하신다. 우리는 다른 방법으로는 아버지를 알 수 없다.

어떤 비평학자들은 구약이 신약의 하나님만큼의 신성을 보여 주지 않는다고 주장한다. 우리는 이런 주장을 거부해야 마땅하다. 구약에서 계시된 분이 바로 우리 주 예수 그리스도의 아버지 하나님이시기 때문이다. 그분은 그리스도를 예표하는 약속과 율법으로 이스라엘에게 언약적으로 말씀하시는 하나님이다. 구약에서 하나님에 대해 예측할 수 있는 모든 것은 성육신으로 우리 가운데 오신 하나님과 필연적으로 연결된다. 이스라엘의 위대한 하나님으로부터 그리스도인에게 이르는 길은, 그리고 항상 그래야만 하는 길은, 우리 주 예수 그리스도를 통해서뿐이다.

6장에서 나는 하나님이 삼위일체시라는 구약의 증거 몇 가지를 언급했다. 이는 그분의 말씀(성자)을 통해 중재되고 그분의 영으로 감독되는 하나님의 창조에서 시작한다. 하나님의 삼위일체적 본성에 대한 구약의 단서에는, 하나님의 말씀이 계시의 중재자로 일관되게 선택된 것과 하나님의 구원 사역에 관련한 특정 임무를 가능하게 해 주는 성령의 특별한 수여에 관한 언급이 포함된다. 이사야서에서 소개된 주의 종과 "전능하신 하나님이라, 영존하시는 아버지라, 평강의 왕이라"(사 9:6) 불리는 메시아적 아이는 신자보다는 회의적인 비평학자들에게 더 크게 다가오는 문제다. 보수적인 그리스도인들은 삼위일체에 대한 구약의 증거를 부정하는 유대교의 경직성에 의아할 수 있을 것이다.[12]

신약성경에 '삼위일체'라는 단어가 없다는 사실이 하나님의 영원한 단일복수성을 받아들일 방법을 찾고자 고심한 초기 그리스도인들의 노력을 폄하시키는 것은 아니다. 따라서 속사도 시대 교회가 직면했던

12. Gordon Jessup, *No Strange God: An outline of Jewish life and faith* (London: Olive Press, 1976), p. 105. 여기서 Jessup은 한 유대교 학자가 기독교의 유대교 박해가 없었다면 유대교가 삼위일체 신앙을 받아들일 수 있었을 것이라고 주장한 바를 언급한다. 또한 그는 중세 유대인 철학자 마이모니데스(Maimonides)가 '쉐마'(신 6:4)에서 히브리어 '에하드'(אחד, 하나) 대신 '야히드'(יחיד, 분리되지 않는 하나)의 사용을 도입했다는 점을 언급한다. 창 2:24에서 "한 몸"을 의미하는 히브리어 '에하드'는 부부의 단일성 속에 있는 복수성을 배제하지 않는다.

두 가지 주된 교리적 문제, 이후에도 다양한 방식으로 계속해서 다시 등장한 문제는 이것이었다. 바로 한 인격이신 예수 그리스도의 온전하고 완전한 두 본성과 삼위일체 하나님의 존재였다.

보수적인 그리스도인들은 핵심 교리가 보존된 초기 신경들을 받아들인다. 사도신경은 사도 시대를 풍미했던 가르침과 일치하지만, 지금의 형태를 갖춘 것은 훨씬 후대인 주후 700년경으로 여겨진다.[13] 기독교 신앙에 대한 이 진술은 세 부분으로 나뉜다. 즉 성부 하나님, 성자 하나님, 성령 하나님이다. 마지막 부분에는 교회론과 종말론도 포함된다. 니케아 신경은 325년 니케아에서 열린 공의회에서 채택되었다. 이 역시 세 조항으로 이루어졌지만, 그리스도의 신성과 성부와의 일치에 대한 교리적 정의에 있어 사도신경보다 훨씬 자세하다. 현재 우리가 가진 형식의 니케아 신경 두 번째 조항은 확장된 신학적-역사적 진술을 포함하고 있다.

> 나는 한 분이신 주, 예수 그리스도,
> 하나님의 독생자,
> 영원히 성부로부터 나셨고,
> 하나님으로부터 나신 하나님, 빛으로부터 나신 빛,
> 참 하나님으로부터 나신 참 하나님,
> 창조되지 않고 출생하셨으며,
> 성부와 동일한 본질을 가지신 분을 믿습니다.
> 만물이 다 그로 말미암아 창조되었습니다.

---

13. John H. Leith (ed.), *Creeds of the Churches: A reader in Christian doctrine from the Bible to the present*, rev. edn (Richmond, VA: John Knox Press, 1973), pp. 22-6.

그는 우리 인간을 위하여, 또 우리의 구원을 위하여
  하늘에서 내려오셔서,
성령의 능력으로
  동정녀 마리아를 통해 육신을 입어 사람이 되셨습니다.

여기서 예수의 신성과 성육신으로 인간이 되셨다는 사실이 분명히 언급된다. 이는 어떻게 실제로 사람이었던 한 인간을 동시에 참 하나님이라고 할 수 있는가라는 인간 논리의 현실적인 문제를 제기한다. 문제는 두 본성의 관계와, 신성과 인성 어느 것 하나 손상시키지 않으면서도 비논리적으로 보이는 이 진리를 어떻게 표현할 수 있겠는가에 있다.

삼위일체에 관해서도 같은 종류의 문제가 제기된다. 유대교, 이슬람교, 일부 명목상의 기독교, 예를 들어 유니테리언(Unitarians), 여호와의 증인, 몰몬교, 그리스도 형제단(Christadelphians)은 모두 정통 삼위일체 교리를 부정한다.[14] 〈도표 9.1〉은 삼위일체에 대한 정통 기독교의 이해를 보여 주기 위해 흔히 사용되는 방식이다. 얼핏 비논리적으로 보이는 삼위일체 교리의 문제는 "무엇이다"(일치)와 "무엇이 아니다"(구별)를 동시에 말해야 하는 데 있다. 긍정과 부정이 동시에 발생하기 때문에 부정은 긍정이 융합을 암시할 수 없음을 뜻하는 반면, 긍정은 부정이 분리를 암시할 수 없음을 뜻한다. 〈도표 9.1〉은 존재론적 삼위일체, 즉 하나님의 존재적 본성을 나타내려는 시도다. 하나님은 존재의 단일성 안에서 구별된 세 위격으로 존재하신다. 모든 도표가 그렇듯 이것

14. 그리스도의 신성과 삼위일체에 대한 부정은 정통 기독교 교리가 아니기 때문에 나는 '비정통적'이라는 부정적 용어도 사용할 각오가 되어 있다.

도 모든 것을 설명하지는 못하고 부분적인 이해를 도울 뿐이다. 우리의 '일반적인' 논리에 대한 진정한 도전은, 각 '위격'이 온전한 하나님이라는 점, 그리고 하나님은 한 분이기에 다른 위격들 없이는 어느 한 신적 위격도 존재할 수 없다는 사실에 있다.

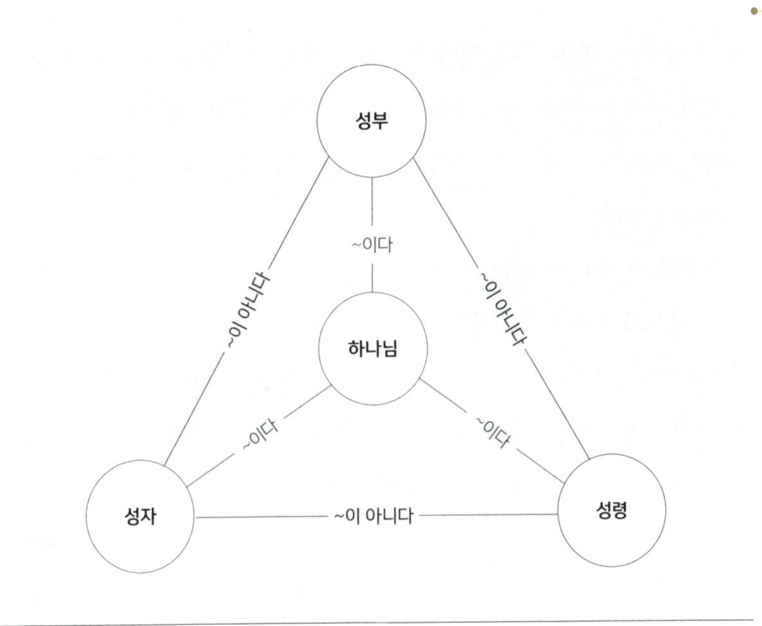

도표 9.1
삼위일체의 단일성과 구별성

이는 경륜적 삼위일체의 행동을 묘사하는 방식에 영향을 미친다. 또한 아리스토텔레스의 비모순율(어떤 것이 같은 관점에서 A이면서 동시에 A가 아닐 수 없음)에 근거한 논리에 도전한다는 교리적 함의도 있다. 기독교적 입장은 하나님의 단일성이나 복수성 그 어느 것도 우선될 수 없다는 것이다. 단일성과 구별성은 똑같이 중요하다. 모두 동일하게 결정적이다. 어떤 방식으로든 서로를 제한하게 되면 온전할 수 없다.

삼위일체 문제의 일부에는 하나님의 활동을 구별된 세 위격으로 보기보다 분리된 세 위격으로 보려는 우리의 경향이 있다. 이런 편향성을 다루기 위해 다음과 같은 방식이 제시되기도 한다. 삼위일체의 한 위격이 존재하고 어떤 일을 하고 있을 때, 세 위격 모두가 존재하며 그 일을 하고 있다는 것을 인정하면서도(단일성), 그 일을 행하는 데 있어 독특한 역할을 맡은 위격에 강조점을 두는 것이다(구별성).[15] 이런 방식은 문제를 이해하는 데 일반적으로 유용할 수 있겠지만, 마찬가지로 성경의 증거를 연구하는 과정에서 몇 가지 의문이 제기될 것이다. 이 방식은 하나님의 행위에 초점을 맞추기 때문에 경륜적 삼위일체만을 강조하기 쉽다.

삼위일체 교리가 하나님, 인간, 구원의 문제에 대한 해결책이 될 수 있는 이유가 무엇인가? 첫째, 삼위일체 교리는 철학과 인간 사상과 행동의 근본적인 문제 가운데 하나에 해결책을 제시한다. 이는 개별적인 것과 일반적인 것의 관계, 즉 하나와 다수의 관계에 대한 물음이다. 정치 체제들은 이를 해결하기 위해 분투하거나, 문제를 회피하기 위해 개인과 국가의 관계에 대한 답을 강압적으로 부여하기도 한다. 전체주의 국가는 구별을 허용하지 않는 단일성의 논리에 따라 운영된다. 무정부 상태는 그 반대다. 삼위일체 교리를 지닌 기독교의 유산은 일치와 구별을 포함하는 민주주의 형태를 더욱 장려할 공산이 크다. 민주주의는 불완전하고 취약하며 인간의 죄성으로 인해 쉽게 부패할 수 있지만, 이론상으로는 국가(하나)와 개인(다수), 각 개인(하나)과 큰 공동체(다수)의 올바른 관계를 보여 준다. 일신론적 종교와 무신론은 독재와 전체주의를 촉진할 가능성이 높다.

둘째, 삼위일체의 역동성은 우리가 성경을 이해하는 방식에 매우 중

15. 나는 이 간단한 법칙을 제시한 고(故) Geoffrey Paxton에게 감사한다.

요한 영향을 미친다. 성경 본문에서 제기되는 모든 해석학적 문제에는 성육신에서 완전히 드러나는 일치-구별의 원리가 수반된다. 우리가 살펴본 바와 같이 삼위일체는 창조의 시작부터 분명히 나타나지만, 이 증거의 명확성은 복음의 관점에서 되돌아볼 때에만 얻을 수 있다. 우리가 구약에서 보는 야웨의 위격과 사역, 중재하시는 그분의 말씀, 주의 영에 관한 간헐적인 언급은 예수께서 자신이 하나님이라고 주장하실 때에야 비로소 선명하게 초점이 잡힌다.

이런 기독론적-삼위일체적 관점을 통해, 이제 우리는 창조로부터 시작된 성경의 점진적인 계시 속에 항상 존재해 왔던 어떤 특징을 이해할 수 있게 된다. 모순처럼 보이는 하나님의 단일복수성은 우리가 비모순율을 자명한 논리로 받아들여야 하는지 다시 생각해 보게 한다. 예를 들어, 남자와 여자가 합하여 "한 몸"이 되라는(창 2:24) 하나님의 명령은 남성과 여성의 구별을 제거하지 않는다. 여기에는 융합이 없다. 결혼은 창조주가 창조 세계에 새겨 두신 단일성-구별성으로 특징지어진다. 창조주 자신이 단일성이자 구별성이시기 때문이다. 만일 혼인 관계를 배우자 한 사람이 지배한다면 그 관계는 적절한 구별성을 잃게 된다. 반대로 부부가 실제로 각자 구별된 삶을 산다면 단일성이 손상된다.

또한 우리는 바로의 마음을 완악하게 한 자가 누구였는지 혼란스러울 수 있다. 하나님이었는가(출 4:21; 7:3; 9:12; 10:1, 20, 27; 11:10), 바로였는가(8:15, 32; 9:34), 아니면 둘 다였는가?(7:13, 22; 8:19; 9:7, 35) 다른 예로, 인구 조사를 하도록 다윗을 부추긴 자는 누구였는가? 야웨였는가(삼하 24:1), 아니면 사탄이었는가?(대상 21:1) 딜레마로 보이는 이 모든 질문에 대한 답은 "그렇다!"이다. 다른 말로, 우리가 이전에 가졌던 '양자택일'의 세속적 관점이 '양자병합'의 기독교적 관점이 된다. 이것이 하나님의 방식이기 때문이다. 물론 '양자택일'의 상황이 있는 것도 사실이다. 예를 들어, 하나님은 빛이시고 어둠이 조금도 없으시다(요일 1:5). 아들이 있는 자에게는 생명이 있고 하나님의 아들이 없는 자에게는 생명이 없다(요일 5:12). 그러나 이런 경우조차도 하나님이 그것들을 만들고 다스리신다는 점에서 단일성의 특징이 있고, '양자택일'은 항상 '양자병합'의 틀 속에 존재한다. 우리는 삼위일체적 우주 속에서 살아간다. 이는 유니테리언주의, 이슬람교, 랍비 유대교의 신처럼 일신론적 신에 의해 창조될 수 없는 우주다. 오직 모든 진리의 형태이신 그리스도만이 만물의 진면목을 드러내실 수 있다. 그분은 모든 피조물과의 관계 속에 반영된 삼위일체 하나님을 드러내신다.

삼위일체가 제시하는 세 번째 해결책은 예수의 사역이 지닌 계시적 역할과 관련된다. 예수께서 아버지를 계시하신다는 것은 사실이지만, 이와 동시에 그분이 아버지와 하나라는 것은 그분이 어떻게 아버지를 계시하시는지 분명히 보여 준다. 예수는 아버지에 관한 진리를 말씀하시지만 그것은 단순히 정보 전달이 아니다. 이는 복음의 구원 능력을 통한 개인적 관계다. 우리는 예수 안에서 하나님과 화목하게 됨으로써 성부 하나님을 알게 된다. 성자의 중재하시는 역할은 기도에 관한 신약의 관점에 잘 나타난다. 그리스도 일원론(Christomonism)은, 성령의 도우심으로 아들의 중재를 통해 아버지께 드려지는, 신약이 강조하는 기도의 본질을 훼손한다.[16] 예수가 아버지를 알리실 때, 야웨는 우리 주 예수 그리스도의 아버지이자 하나님으로 나타나신다. 구약의 야웨, 말씀, 성령은 복음 안에서 성부, 성자, 성령으로 최종적으로 드러나신다.

16. 이 점에 관한 방대한 논의는 다음을 보라. Graeme Goldsworthy, *Prayer and the Knowledge of God: What the whole Bible teaches* (Leicester: Inter-Varsity Press, 2003). 『기도와 하나님을 아는 지식』(IVP).

삼위일체 이단과 기독론 이단

초기 기독교 교회사에서 발생했던 수많은 잘못된 교리적 동향에 대해 모든 역사적 세부 사항까지 다룰 필요는 없다. 문제의 본질을 보여 주기에는 몇 가지 예로도 충분할 것이다. 이 점은 오늘날 교회에도 동일한 도전과제가 존재하기 때문에 중요하다. 본질적으로, 다양한 기독교 사상들을 괴롭혔던 것은 아리스토텔레스 논리의 경직된 적용이었다. 한 하나님 안의 세 위격에 관한 교리와 그리스도의 한 위격 안의 두 본성에 관한 교리 사이에는 삼위일체가 두 본성(신성과 인성)이 아니라는 점에서 다소 차이가 있다.[17] 삼위일체는 한 위격 안의 두 본성에 관한 문제가 아니라 한 하나님 안의 세 위격에 관한 문제다. 그럼에도 불구하고 두 교리 모두는 같은 문제를 보여 준다. 바로 많은 이들이 '양자병합'보다는 '양자택일'의 방식으로 접근했다는 점이다. 이런 '논리적' 사고방식은 복음에 따라 지성의 구원을 추구하지 못한 잘못이다. 죄와 용서의 층위에서 그리스도의 구속 사역을 열정적으로 믿으면서도, 우리의 생각을 비롯한 우리 존재의 모든 측면에 적용되는 그리스도의 구속 사역의 포괄성은 인식하지 못하는 경우가 많다. 복음적 변화는 마음의 갱신을 포함한다(롬 12:1-2; 고전 1:18-2:16).[18] 이 복음 지향의 중심에는 단일성과 구별성의 원리, 즉 '양자택일'이 아닌 '양자병합'이 자리하고 있다.

현실의 모든 것에 일치-구별이 해당하기 때문에 삼위일체적이고 기

17. 조직신학자들은 그리스도 안의 두 본성과 한 위격을 '위격적 연합'(hypostatic union)이라고 부른다. 헬라어 '휘포스타시스'(ὑπόστασις)는 '휘포'(ὑπό, 아래)와 '스타시스'(στάσις, 서 있음)가 합성된 단어다. 따라서 위격적 연합은 그리스도의 존재의 근본적 실체로서 하나님과 인간의 연합을 의미한다.

18. 마음의 갱신에 대해서는 17장에서 자세히 다룰 것이다.

독론적인 어떤 이단은 다른 주제들에 쉽게 영향을 끼칠 수 있다. 예를 들어, 성경은 인간적임과 동시에 신적이다. 성경에 대한 성령의 영감은 저자들의 인성을 통해 작용하기 때문이다. 성경의 두 본성은 그리스도의 두 본성과 같은 방식으로 잘못 다뤄지기 쉬운 주제다. 한편으로, '에비온파' 관점에서 성경은 순전히 인간적인 책으로 어떤 면에서도 하나님의 감동을 받지 않았다. 다른 한편으로, '가현주의' 관점은 성경 각 권에 대한 인간 저작을 거의 또는 전혀 고려하지 않는다. 따라서 성경을 비역사화하고 비인간화한다.

우리가 그리스도인으로서 자신을 평가할 때도 같은 종류의 문제가 발생할 수 있다. 에비온파적 그리스도인은 에비온파적 그리스도를 따르며 우리의 인간성을 평가의 모든 대상으로 여긴다. 에비온파적 그리스도는 하나님이 아니다. 그는 우리가 따라야 할 본보기를 남긴 덕망 있는 인간에 불과하지 하나님 앞에서 우리의 대표자나 대속자가 아니다. 에비온파적 그리스도인은 기독교를 선함과 연민의 인간적 본보기를 따르는 것으로 축소시킨다. 반면에 가현주의적 그리스도인은 우리의 인간성을 무시함으로써 의사 결정 같은 일에서 자신의 책임을 경시한다. 그런 사람이 내게 이런 말을 했었다. "우리가 더 이상 결정을 내릴 필요가 없다는 건 정말 좋은 일이에요. 성령님이 우리를 대신해서 결정해 주시니까요." 하나님의 인도하심과 관련된 까다로운 문제는 종종 이런 사고방식과 갈등을 빚는다.[19] 안타깝게도 기드온의 양털 사건

---

19. 하나님의 인도하심에 관한 보다 성경적인 접근법은 다음 책에서 볼 수 있다. Garry Friesen, *Decision Making and the Will of God: A biblical alternative to the traditional view* (Portland, OR: Multnomah, 1980). 『나의 결정과 하나님의 뜻』(생명의말씀사); John Stott, *Your Mind Matters: The place of the mind in the Christian life* (Downers Grove, IL: InterVarsity Press, 1972); Bradley Green, *The Gospel and the Mind: Recovering the intellectual life* (Wheaton, IL: Crossway, 2010).

(삿 6:36-40)은 이따금 하나님의 인도하심을 구하며 그분이 어떤 징조로 응답하셔야만 하는지 하나님께 지침을 주는 것을 합리화하는 식으로 잘못 적용된다.[20]

기독교 사상사의 이런 잘못된 접근법으로부터 우리가 배울 수 있는 주된 교훈은 뚜렷한 복음에 근거한 기독교적 이해, 즉 '양자병합'의 태도를 지키는 것이다. 일반적으로 말해, 삼위일체 안에서 관계의 본질은 모든 관계 속에서 '단일성과 구별성'으로 반영된다. 이는 창조주이신 삼위일체 하나님을 반영하며 그분의 본성과 조화를 이루는 창조된 현실의 하부 구조다.

요약 및 해석학적 함의

삼위일체 교리는 성경뿐 아니라 모든 현실에 대한 견실한 해석학을 형성하는 토대가 된다. 또한 잘못된 교리를 막는 필수적인 안전장치다. 모든 이단의 바탕에는 삼위일체 하나님에 대한 잘못된 이해가 있다. 이번 장을 요약하면 다음과 같다.

1. 삼위일체 교리는 오래된 문제인 하나와 다수, 즉 개별성과 일반성의 문제를 그리스도인이 어느 정도 이해할 수 있게 해 준다. 삼위일체 신학은 건강한 인간 사회와 관계의 기초가 된다.
2. 모든 이단은 삼위일체에 대한 잘못된 이해를 반영한다. 이는 하나님이나 그리스도 또는 인간관계를 왜곡하는 이단일 수 있다.
3. 삼위일체 하나님의 단일성-구별성은 그리스도의 두 본성과 한 위격 속에

20. 17장을 보라.

반영된다.

4. 삼위일체의 단일성-구별성은 창조 세계의 모든 관계에 대한 관점을 제공한다. 따라서 단일성-구별성은 모든 성경 본문에, 특히 구약과 신약의 관계에 잘 나타난다.

5. 삼위일체적 성경 원칙은 모든 현실에 적용된다. 따라서 성경 해석에서 또한 모든 관계에서 다음과 같은 사항을 말할 수 있다.

(1) 우주에 있는 모든 것은 다른 모든 것과 일종의 단일성을 공유하지만, 우리는 그 단일성이 어디에 있는지 반드시 확인해야 한다.

(2) 우주에 있는 모든 것은 다른 모든 것과 일종의 구별성을 공유하지만, 우리는 그 구별성이 어디에 있는지 반드시 확인해야 한다.

(3) 성경도 (1)과 (2)에 포함되므로, 성경 모든 부분은 다른 모든 부분과 단일성을 가지면서 동시에 구별성을 가진다.

단일성과 구별성의 동등한 궁극성을 이해하는 방식으로 성경을 해석하는 과정은 다음 사항을 포함할 것이다.

1. 성경 각 권은 하나님 말씀의 일부로서 본질적인 단일성을 지니지만, 그것이 기록된 역사 과정 속에서의 위치에 따라 중요한 문학적, 역사적, 신학적 구별성도 지닌다.

2. 구약과 신약의 관계는 단일성과 구별성 모두를 포함한다. 예를 들어, 단일성은 여러 다양한 표현과 함께 언약이라는 측면에서 표현될 수 있다. 하나님의 모든 예언적 약속과 성취, 모형과 원형 사이에는 단일성과 구별성이 존재한다.

3. 가장 중요한 구별 가운데 하나는 하나님과 피조물 사이의 구별이다. 모든 것이 하나님의 피조물이지만 하나님은 창조의 일부가 아니시며, 피조물도 하

나님 존재의 일부가 아니다.

성육신은 구약의 하나님, 그분의 말씀과 창조에 관한 우리의 이해를 주관하는 이미 존재하는 단일성-구별성을 우리에게 명확히 보여준다. 예수 그리스도는 모든 진리의 전형이시다. 우리 주 예수 그리스도의 아버지이자 하나님께서 모든 진리의 근원이 아니라는 전제 위에 형성된 세계관은 치명적인 결함을 가지고 타락한 인간의 죄성을 드러낼 것이다. 오직 성경의 하나님이 진리의 근원이라는 전제 위에서 일관성 있게 발전된 세계관만이 그 안에 생명을 지닐 것이다.

3부 하나님의 사역

10. 창조에서 새 창조로 이어지는 계시의 역동성

이 장부터는 하나님의 사역에 대한 계시를 살펴보기 시작할 것이다. 이 일은 논리적으로 창조에서 시작해야 한다. 이 주제를 하나님의 행위(the doings of God)라고 일컫는 것은 일반화다. 하나님은 그분의 말씀과 행동으로 알려지시는데, 하나님의 행위를 살펴보는 일은 필연적으로 그분의 존재에 관한 문제를 다시 살펴보는 것을 의미하기 때문이다. 그럼에도 불구하고 나는 하나님의 행위를 상당히 중요한 강조점으로 여긴다. 단일성과 구별성의 원칙은 항상 유지되어야 한다. 우리는 창조에서 시작할 텐데, 성경이 그렇게 하기 때문이다. 그리고 새 창조로 마칠 텐데, 이 또한 성경이 마지막 장에서 우리를 그리로 데려가기 때문이다. 성경이라는 책을 감싸고 있는 이 두 '표지' 사이에서 우리는 창조에서 새 창조로 이어지는 역동성을 보여 주는 다른 창조 본문들도 살펴볼 것이다.

창조 본문과 문학 장르

나는 다음과 같은 전제 위에서 이 논의를 진행해 나갈 것이다. 첫째, 나는 창조에 관한 성경의 진술이 과학 논문이 아니라는 점을 인정한다. 그렇다고 그것이 참된 과학적 사실과 충돌한다는 의미는 아니다.[1] 둘째, 창조 내러티브가 역사 기록을 재구성한다는 것은 분명하다. 셋째, 문자적 해석과 경직된 문자주의적 해석을 구분해야 한다. 성경 본문의 문자주의적 해석이라는 문제는 끊임없이 우리 앞에 놓여 있다. 나는 창세기 1장 내러티브에 대해 경직된 문자주의자가 되지 않으면서도 문자적 관점을 견지하는 것이 가능하다고 생각한다. 본문의 '문자적' 의미란 저자 및/또는 편집자가 이 특정 문학 작품을 통해 전달하고자 하는 바를 뜻한다. 문자주의적 해석과 반대로, 문자적 해석은 저자가 상징, 은유, 과장, 시적 이미지, 비유 등을 사용할 가능성에 대해 개방적이다. 문자적 해석은 비문자적인 표현 방식을 반드시 고려해야 한다. 하지만 문자주의적 읽기는 은유와 수사적 표현의 사용 가능성을 무시하는 경향이 있다.[2] 문자주의적 해석의 흔한 오류는 전반적인 성경 계시 과정에 나타는 역동성을 무시하는 것이다. 문자주의적 해석은 성경의 점진적 계시 속에 나타나는 신학적 전환을 쉽게 무시하는 잘못된 경향을 보인다. 마지막 네 번째 전제는 원본의 기록자들에게 영감을 불어넣어 진리를 보증해 주는 신적 저작권이다.

1. 때로 이런 견해는 만일 무언가가 과학적으로 설명되지 않는다면 그것은 신화적인 것이 분명하며, 따라서 진실이 아니라고 보는 불합리한 추론에 잘못 동반되는 경우가 있다.
2. 나는 예언과 기독론에 관한 논의에서 문자주의적 해석을 언급할 것이다.

창조의 '이유'

우리는 하나님이 '왜' 무언가를 창조하고자 하셨는지 깊이 생각해 볼 수 있을 것이다. 어떤 이들은 창조 이전에는 하나님만 존재하셨으므로 그분이 외로움을 느끼셨을 것이라고 추측한다. 그래서 하나님은 자신과 관계를 맺고 동반자가 될 인류와 우주를 창조하신 것이다. 하지만 그런 생각은 삼위일체에 대한 성경의 계시를 간과할 뿐만 아니라, 영원부터 영원까지 하나님은 단순히 사회적 존재가 아니라 그 자체로 **완벽한 사회적 존재**라는 사실을 간과한 것이다.[3] 모든 인간 사회의 긍정적 측면은 하나님이 그 자체로 참되고 근본적이며 완벽한 사회라는 진리에서 비롯된다. 다시 말해, 삼위일체는 인간성을 포함한 모든 공동체의 근원이다.

인간 사회가 죄로 타락했다는 사실이 위 원칙을 바꾸지는 않는다. 자신의 형상대로 아담을 지으신 후, 창조주는 "사람이 혼자 사는 것이 좋지 아니하니"라고 선언하셨다(창 2:18). 인간인 우리는 왜 동반자와 공동체를 갈망하는가?[4] 왜 고립된 사람은 비정상적이고 정서적 결핍이 있는 것으로 여겨지는가? 비록 세속 사상은 이를 인정하지 않지만, 그것은 하나님이 우리를 공동체적 존재로 만드셨기 때문이다. 여기에 삼위일체의 공동체가 반영되어 있다. "이러므로 내가 하늘과 땅에 있는 각 족속에게 이름을 주신 아버지 앞에 무릎을 꿇고 비노니"(엡 3:14-

3. 이 주장을 뒷받침하기 위해 인용할 특정 구절은 없다. 나는 성경 전체가 증언하는 하나님의 단일복수성에 근거해 이 주장이 합리적이라고 생각한다.

4. 2020년, 세계는 코로나19 팬데믹으로 트라우마를 겪었다. 이를 통제하기 위한 수단으로 고립, 격리, 국경 폐쇄가 시행되었다. '줌'이나 '유튜브' 같은 다양한 소셜 미디어를 통해 가상으로 사람들과 접촉할 수 있는 복을 누렸지만, 고립은 극심한 고통으로 인한 많은 정신 질환과 괴로움을 야기했다. 우리 삶의 방식 전체가 흔들린 것은 말할 필요도 없다. 우리는 연결되기를 원했다. 바로 우리가 그렇게 만들어졌기 때문이다.

15)라는 바울의 기도에도 그런 사실이 암시되었다.

창조의 '이유'에 대한 다른 답변은 창조 세계를 다루시는 하나님의 방식에서 추론해 볼 수 있다. 일례로, 창조의 정점으로서 인간인 우리가 하나님을 거역하고 그분의 통치에 반역했음에도 불구하고, 하나님은 복음의 은혜와 사랑으로 응답하셨다. 이를 통해 우리는 하나님이 자신의 온전한 공동체적 인격 바깥에 있는 존재들과도 무한한 사랑과 우정을 나누고자 하는 바람에서 세상을 창조하셨다고 추론할 수 있다. 우리에게 주어진 정보를 종합하면, 하나님께는 자신을 완성하거나 충족시키기 위해 필요한 것이 아무것도 없었지만 무로부터 모든 것을 창조하셨다는 결론에 이르게 된다. 이는 창조가 피조물을 향한 사랑과 관용으로 이루어졌음을 보여 준다. 창조를 다루시는 하나님의 방식은 그분의 자비라는 그림을 완성시킨다. 우리가 현실의 본보기로서 예수에 대해 논의한 내용은 그분이 아버지와 공유하신 사랑을 말씀하셨던 장면을 상기시킨다(요 17:26).

창조의 이유에 관한 또 다른 차원은 창조를 위해 하나님이 세우신 목표에서 드러난다. 하나님이 이 놀라운 작품을 일정 기간 유지하다가 언젠가 싫증난 장난감 버리듯 처분하실 것이라는 조짐은 어디에도 없다. 우리는 하나님이 자신의 형상과 모양대로 사람을 창조하시며 자기 본성의 일부를 나누어 주신 방식에 놀라지 않을 수 없다. 우리가 살펴본 바와 같이 창조에는 의도된 목적, 즉 영원한 '텔로스'(*telos*)가 있다.[5] 하나님은 자신의 사랑, 교제, 기쁨을 피조물들과 나누고 싶은 뜻에서 세상을 창조하셨다.

5. 헬라어 '텔로스'는 어떤 것(사건, 목적)이 향해 가는 끝이나 목표를 의미한다. 예를 들어 마 10:22; 24:6; 롬 10:4[그리스도는 율법의 '텔로스'(마침)이시다].

창조의 '방법'

'빅뱅' 이론은 하나님이 말씀으로 우주를 창조하셨다는 성경의 진술과 양립할 수 있는가? 무엇이, 왜 폭발했는지를 묻는 것은 누군가에게는 실없는 질문일 수 있다.[6] 그럼에도 불구하고 무엇이, 어딘가에서, 어떤 방식으로 무로부터 시작되었거나 영원부터 존재했어야 한다는 사실은 분명하다. 따라서 '무엇이?'라는 물음에 '어떻게?'가 동반되는 것은 마땅하다. 아마도 유신론적 진화론자들은 실제로 빅뱅이 있었다고 하면 이를 단지 하나님의 창조 시나리오의 일부로 여기고 말 것이다. 하지만 빅뱅이 반드시 차후의 진화로 이어져야만 하는 것은 아니다. 빅뱅의 본질도 무관하지 않다. 만일 빅뱅 이론이 성경이 "혼돈하고 공허하며"(히브리어 *tōhû wābōhû*)라고 묘사한 내용을 과학의 이름으로 이해해 보려는 시도에서 비롯된 것이라면, 과학은 언제나 더 나은 이론의 가능성에 열려 있을 것이다.[7] 물론 여기서 우리의 목적은 하나님이 우주를 창조하기로 정하신 방법에 관한 물음에 답할 수 있는 성경적 증거를 검토하는 데 있다.

때로 유신론적 진화론자들은 창세기 내러티브가 창조의 '내용'을 알려 주고, 진화론적 가설은 창조의 '방법'을 알려 준다고 주장하곤

6. 창조론자가 제시한 빅뱅 이론에 대한 한 가지 설명은 다음과 같다. 우주의 모든 물질과 에너지, 그리고 시간과 공간이 한때 본질적으로 무한한 밀도와 온도를 가진 무차원의 특이점에 수축되어 있었다. 약 138억 년 전, 이 특이점은 '양자 요동'(quantum fluctuation)으로 팽창을 시작해 극히 짧은 초기의 '급팽창'(inflation)을 통해 빛의 속도를 초과하여 기하급수적으로 성장했다. Russell Grigg, 'Can Christians Add the Big Bang to the Bible?', *Creation* 43/1 (2021), pp. 24-7. John Clark, *His Workmanship: Reflections on living in Christ* (n.p.: Ark House, 2023), pp. 127-41. 여기서 Clark은 평신도 수준에서 빅뱅의 의미를 간결히 설명해 준다.

7. 여기서 히브리어를 언급한 이유는 성경에서 이 두 형용사의 조합이 나오는 기타 본문은 렘 4:23이 유일하기 때문이다. 그곳에서 이 표현은 창 1:2의 창조의 시작과 달리 하나님의 심판 아래서의 종말 혹은 창조의 소멸을 묘사한다.

한다. 나는 이 주장이 설득력이 없다고 생각한다. 창세기는 창조의 '내용'과 '방법'을 모두 말해 주려는 의도가 분명하기 때문이다. "하나님이 이르시되"라는 단순한 진술은 하나님이 어떻게 만물을 창조하셨는지 알려 준다. 즉 그분은 말씀으로 만물이 존재하게 하셨다. 이 방법이 반드시 빅뱅 이론을 배제하는 것은 아니지만, 그런 이론들과 어우러지기 힘든 성경 기사의 탁월한 측면 중 하나인 것은 분명하다. 뿐만 아니라 진화론도 이 진술과 조화되지 않는다. 물론 유신론적 진화론은 이와 반대로 생각한다. 진화론과 달리 성경의 설명은 말씀을 통한 창조를 하나의 과정이 아닌 일련의 사건으로 보여 준다. "그대로 되니라." 처음부터 각각의 날에 있었던 일은 완벽하다고 선언되었다. "하나님이 보시기에 좋았더라." 돌연변이라는 우연한 과정과 생존 불가능한 것의 죽음이라는 오랜 과정은 창조의 각 사건이 즉각적으로 좋았다고 선언되는 사실과 양립하기 어렵다. 성경의 증거는 하나님이 창조에 '텔로스', 즉 목적을 가지고 계셨음을 보여 준다. 하지만 무신론적 형태의 가설로서 진화론은 '텔로스'를 말해 줄 수 없다. 진화에는 목적을 가진 지성이 없고, 모든 것은 우연에 불과하기 때문이다.

성경 기사의 강조점은 창조의 수단이자 능력인 하나님의 말씀에 있다. 하나님은 생각으로 창조를 존재하게 하지 않으셨고, 손가락을 튕겨서 그렇게 하신 것도 아니다. 성경은 하나님이 말씀하셨다고 증언한다. 우리는 "하나님이 이르시되"라는 표현을 창조의 각 측면이 완성되기 전에 하나님의 의도를 보여 주는 단순한 문학 장치로 여길 수도 있다. 그러나 우리는 성경 전체를 통해 하나님의 말씀하심이 그분의 행위와 자기 계시의 변함없는 특징이라는 것을 안다. 하나님은 헛되이 말씀하지 않으시며, 말씀하신 것은 반드시 이루어진다(사 55:11). 따라서 창세기 1장의 창조 이야기에서 동사 '이르시되'를 사용해 주요 창조 사건을 소개하는 것은 적절하다. “하나님이 이르시되 ~이 있으라.” 발화된 말씀은 곧 신적 명령(fiat)이며, 이로써 만물이 존재하게 되었다.[8]

신약성경이 예수 그리스도와 관련해 구약의 창조 기사를 반영한다는 사실은 계시의 역동성에 발전이 있음을 알려 준다. 이는 창세기에 나타난 창조 사건의 계시가 그리스도 안에서 더욱 충만하게 드러나는 계시로 발전해 나가는 과정이다. 따라서 요한은 창조하시는 말씀을 하나님과 **함께 계시는** 분, 하나님**이신** 분, 그리고 육신이 되신 분과 동일하게 여긴다(요 1:1-3, 14). 만물이 하나님의 말씀을 통해 창조되었다는 사실은 창세기 기록에 분명히 나타난다. 하지만 이 말씀이 삼위일체의 제2위격이신 말씀이며, 성육신하신 하나님의 아들이라는 사실은 창조에 대한 계시를 새로운 층위로 끌어올린다. 이는 입증되지 않고 입증할 수도 없는 진화 가설과 너무 큰 간극을 갖기 때문에 두 시나리오를 조화시키는 것은 불가능하다. 일반적으로 성경의 역동성은 이전 계시의 의미가 점진적으로 발전하는 계시를 수반하지만, 그렇다고 완전히 다른 것으로 변한다는 말은 아니다. 정확하게는 그리스도 안에서 충분히 명료해지는 계시를 향해 나아가는 움직임이다. 성경 비평에서 자유주의는 다윈주의로부터 큰 동력을 얻었는데, 이는 성경의 점진적 계시의 역동성을 종교 사상과 문학 형태의 자연적 진화 관점에서 잘못 해석한 데 따른 것이다.

여기서 중요한 신약 본문 몇 구절을 살펴볼 필요가 있다. 첫 번째는 앞서 언급한 요한복음 1:1-3, 14이다. 이 구절은 창세기 1장의 창조 기

---

8. 라틴어 ‘피아트’(*fiat*)는 “그대로 이루어지소서”라는 뜻이며, 영어로는 권위 있는 말이나 명령을 나타내기 위해 사용된다.

사를 반영하고자 했음이 분명하다.

> 태초에 말씀이 계시니라. 이 말씀이 하나님과 함께 계셨으니 이 말씀은 곧 하나님이시니라. 그가 태초에 하나님과 함께 계셨고 만물이 그로 말미암아 지은 바 되었으니 지은 것이 하나도 그가 없이는 된 것이 없느니라.… 말씀이 육신이 되어 우리 가운데 거하시매 우리가 그의 영광을 보니 아버지의 독생자의 영광이요 은혜와 진리가 충만하더라. (요 1:1-3, 14)

여기서 "아버지의 독생자"는 만물을 지으신 그 말씀과 동일한 분이다. 창세기에서 명료하지 않았던 것이 예수 그리스도에 비추어 보면 명료하게 된다.

두 번째 구절은 골로새서 1:15-16이다.

> 그[그리스도]는 보이지 아니하는 하나님의 형상이시요 모든 피조물보다 먼저 나신 이시니 만물이 그에게서 창조되되 하늘과 땅에서 보이는 것들과 보이지 않는 것들과 혹은 왕권들이나 주권들이나 통치자들이나 권세들이나 만물이 다 그로 말미암고 그를 위하여 창조되었고.

여기서 바울은 그리스도가 하나님의 참된 형상이심을 주장하면서 인간이 하나님의 형상과 모양으로 창조되었다는 사실을 암시한다. 우리는 아담 속에 담긴 그 형상이 죄로 인해 훼손되었음을 알고 있다. 바로 앞의 두 절은 하나님의 "사랑의 아들"의 나라를 말한다(골 1:13-14). 바로 이 아들이 이제 드러난 하나님의 참된 형상에 대한 서술의 대상이시다. 대체로 주석가들은 "모든 피조물보다 먼저 나신 이"라는 표현은 그리스도가 순전히 창조된 존재임을 암시하는 것이 아니라는 사실을 강조하는 데 공을 들인다.[9] 그럼에도 우리는 예수의 완전한 신성을 조금도 부정하지 않는 방식으로, 그분이 완전한 인간으로 우리의 창조된 본성을 공유하신다는 사실을 인정해야 한다. 이런 맥락에서 주석가들이 바울의 강조점은 창조에서의 그리스도의 절대적 우월성에 있다고 보는 것은 올바르다.[10] 그리스도는 단지 만물의 중재자일 뿐 아니라, 만물보다 먼저 계시고 만물이 그분 안에 결속되어 있다(17절). 게다가 "만물이 다 그로 말미암고 그를 위하여 창조"되었다(16절). 따라서 바울은 예수께서 새로운 창조의 본보기임을 보여 준다.

세 번째 주요 구절은 히브리서 1:1-3이다.

> 옛적에 선지자들을 통하여 여러 부분과 여러 모양으로 우리 조상들에게 말씀하신 하나님이 이 모든 날 마지막에는 아들을 통하여 우리에게 말씀하셨으니 이 아들을 만유의 상속자로 세우시고 또 그로 말미암아 모든 세계를 지으셨느니라. 이는 하나님의 영광의 광채시요 그 본체의 형상이시라. 그의 능력의 말씀으로 만물을 붙드시며 죄를 정결하게 하는 일을 하시고 높은 곳에 계신 지극히 크신 이의 우편에 앉으셨느니라.

성육신하신 성자 하나님은 우리에게 하나님의 말씀을 전달하시는 중재자며, 예언자들을 통해 전달된 하나님 말씀의 성취다. 그분은 하

---

9. Herbert Carson, *The Epistles of Paul to the Colossians and Philemon*, Tyndale New Testament Commentaries (Leicester: Inter-Varsity Press, 1960), p. 42; William Hendriksen, Colossians (Edinburgh: Banner of Truth Trust, 1971), pp. 71-4; Douglas J. Moo, *The Letters to Colossians and Philemon*, Pillar New Testament Commentary (Cambridge/Grand Rapids, MI: Eerdmans; Nottingham, Apollos, 2008), p. 118. 『PNTC 골로새서•빌레몬서』(부흥과개혁사).

10. 예를 들어, G. K. Beale, *Colossians and Philemon*, Baker Exegetical Commentary on the New Testament (Grand Rapids, MI: Baker, 2019), pp. 80-91. 『BECNT 골로새서•빌레몬서』(부흥과개혁사).

나님의 창조의 말씀이자 만유의 상속자며, 하나님의 모든 목적의 중심이다. 그분은 하나님의 정확한 형상이시자 그분의 능력의 말씀으로 우주를 계속 주관하고 계시기 때문에 모든 사실의 의미가 되신다. 만유 가운데 이 진술에 해당하지 않는 것은 아무것도 없다. 모든 창조 세계는 그분의 능력 있는 말씀에 붙들려 있으며, 그 말씀에 의지함으로써 존재의 의미를 갖는다.

이 세 구절과 그 밖의 다른 증언은 성자 하나님이 창조 때 존재하셨다는 것뿐만 아니라 만물을 창조하신 주체임을 분명히 보여 준다. 따라서 창조는 영원한 삼위일체인 성부, 성자, 성령이 참여하신 '하나님 사건'이었다. 그렇기에 창조는 단지 성경의 구원 이야기의 배경이 아니라, 그 이야기의 필수적인 부분이자 이후의 모든 것을 위한 무대를 제공한다. 창조는 이후에 하나님이 행하시는 모든 일의 견본이다. 삼위일체가 수반된 창조의 '방법'은 모든 면에서 삼위일체 하나님의 본성을 반영할 것이다.

창조의 '내용'

창조의 '내용'을 살펴보면, 창세기 1장은 창조 사건에 예외 없이 모든 것이 포함되어 있음을 분명히 보여 준다. 하나님이 "천지를 창조하시니라"는 기록은 하나님 자신을 제외한 모든 것을 포괄한다. 창조 전에는 하나님 홀로 존재하셨고, 6일 동안의 창조 사건 이후에는 변화된 현실이 존재하게 되었다. 또한 창세기 1장은 하나님이 피조물과 완전히 구별되신다는 점을 명확히 한다. 이는 이신론자(deist)의 신처럼 자신에게서 창조 세계를 멀리 떨어뜨려 둔다는 의미에서가 아니라, 하나님은 창조의 일부가 아니며 창조는 하나님 존재의 한 양태나 확장이 아니라는 의미에서 그렇다.

하나님의 자존성은 하나님과 창조 사이에 필수불가결한 존재론적 연결이 없음을 뜻한다. 다만 하나님이 만물을 지으셨고, 피조물이 삼위일체 창조주의 본성을 반영한다는 점에서 연결고리를 찾을 수 있을 뿐이다. 다시 한번 강조하지만, 하나님은 피조물의 일반적 존재를 공유하지 않으신다. 그리고 피조물도 하나님의 존재에 참여하지 않는다. 하나님은 그분 자신이 하나님이기 위해 창조를 필요로 하지 않으신다. 이것은 기독교 변증학에서 매우 중요한 사항이다. 왜냐하면 하나님의 존재를 증명하려는 시도에는 항상 논란의 여지가 따랐기 때문이다. 토마스 아퀴나스의 신 존재 증명은 대개 그 전제를 숙고하지 않고 받아들여지는데, 자연신학을 토대로 하는 그런 증명은 성경적 관점에서 평가해 볼 필요가 있다. 토마스 아퀴나스의 신학에 호소하는 로마가톨릭 문제와 관련하여, 코넬리우스 반 틸은 토마스 아퀴나스 신학의 핵심 오류에 대해 다음과 같이 평가한다.

> 로마가톨릭 변증가가 자신의 철학과 자연신학으로 하나님의 존재를 '증명'한다면, 그는 아리스토텔레스가 '증명한' 것과 같은 신의 존재를 증명한 것이다. 그 신은 단지 추상적이고 보편적인 존재 원리에 지나지 않으며, 우주에 의미를 부여하기는커녕 자신과 상호 연관된 이 우주의 우연성을 필요로 하는 신에 불과하다.[11]

성경은 하나님이 우주에 의미를 부여하신다고 주장하지만, 아리스

11. Cornelius Van Til, *The Defense of the Faith* (Philadelphia, PA: Presbyterian and Reformed, 1975), p. 3.

토텔레스와 아퀴나스 및 로마가톨릭의 자연신학은 이와 반대로 우주가 자연적으로 증명 가능한 신에게 의미를 부여한다고 주장한다. 그러나 창조, 죄, 심판, 구원에 관한 전체 성경 이야기는 하나님의 실제적인 본성을 반영한다. 반 틸의 반대는 자연신학에 대한 것으로, 이는 개혁주의 신학과 로마가톨릭 신학 간의 중대한 차이 중 하나다. 아퀴나스는 존재의 유비를 근거로 하나님과 피조물 사이에 존재론적[12] 관계가 있다고 가정한다. 따라서 피조물이 하나님과 동일한 일반적 존재를 공유하는 것으로 여긴다. 결과적으로 인간은 하나님의 존재를 공유함으로써 하나님의 형상으로 창조된 셈이다. 이에 반해 개혁주의 관점에서는 인간 속 하나님의 형상을 존재론적이 아니라 관계적인 것으로 이해한다.[13]

창조의 '내용'은 창세기 기록에 따른 주장, 즉 구체적인 의도를 가진 하나님의 말씀이 이루어진다는 "그대로 되니라"는 표현에도 나타난다. 더욱이 이루어진 모든 것이 "좋았더라"고 선언된다. 여기에 우리는 하나님이 다양한 생물종을 이런 방식으로 지으셨다는 성경의 증언을 보탤 수 있다. 창세기는 다양한 종들이 본래 창조의 일부이며, "각기 종류대로" 번식하도록 의도되었다는 사실을 우리에게 이해시키려고 하는 것이 분명하다. 따라서 하나님은 말씀을 통한 신적 명령(피아트)으로 창조하셨지, 우연한 돌연변이의 연속으로 창조하지 않으셨다. 과학자들은 일반적으로 돌연변이가 퇴행적인 것이라고 말한다. 그러니 자

12. 존재론(ontology): 존재의 본질을 탐구하는 철학 분과. '존재론'이라는 명칭은 헬라어 동사 '있다'(to be)의 현재분사형에서 유래했다.

13. 개혁주의의 통찰은 로마가톨릭의 그리스 철학적 토대를 거부하고 성경적 관점으로 돌아가는 것이었다. 무엇보다 구원에서 로마가톨릭의 '자연과 은총'의 결합을 거부하고 '오직 은혜'라는 관점을 지지한다.

연 선택은 단지 생존 불가능한 종이 소멸한다는 사실을 보여 주는 것에 불과하다. 그것은 생존 가능한 종과 생존 불가능한 종이 어떻게 생기게 되었는지 말해 주지 않는다. 창조 내러티브는 창조된 것이 처음부터 좋게 창조되었음을 가리키는 것이지, 그저 좋은 것(더욱 복잡하고 생존 가능한 형태의 '좋음')으로 진화할 가능성을 지닌 상태를 나타내는 것이 아니다. 더욱이 모든 생물은 각기 그 종류대로 번식하도록 다른 종으로 창조되었다. 성경은 종들의 단일성이 그들의 공통된 미생물적 기원에 있는 것이 아니라 한 분이신 창조주 안에 있음을 보여 준다. 하나님이 창조 전략으로 돌연변이를 정해 두시고 생존 불가능한 종들의 죽음을 통해 걸러 내셨다고는 생각하기 어렵다. 유신론적 진화론은 해결책이 될 수 없다.

창조에서의 계시

창조 내러티브는 두 가지 사실을 분명히 보여 준다. 첫째, 자연 세계는 선한 창조주 하나님이 선한 목적으로 창조하신 선한 세계였다. 둘째, 하나님은 사람에게 그들과 자연의 관계에 대해 말씀하셨다. 사람과 하나님의 관계는 그들이 하나님의 피조물이라는 사실과 그들을 향한 하나님의 말씀에 나타난 권위 속에 암시된다. 따라서 자연은 창조주와 그분의 말씀에 비추어 보았을 때만 올바르게 해석될 수 있다. 타락의 참극은 하나님, 사람, 자연(우주) 모두에 영향을 주었다. 사람이 가장 가까이 있던 자연, 즉 한 나무와 열매에 대한 하나님의 명령을 재해석한 것은 다른 모든 관계에 도덕적 영향을 미쳤다. 그리하여 타락은 하나님, 사람, 자연 사이의 관계를 변질시켰다. 사람의 반역으로 왜곡되

지 않은 유일한 관계는 삼위일체 안에서의 관계뿐이었다.[14]

때로 성경 내러티브는 다양한 자연 현상을 하나님의 심판 사역과 연관지어 묘사한다. 우리는 대홍수와 소돔의 멸망에서 통찰을 얻는다. 이집트의 열 재앙, 홍해를 가로지른 출애굽, 시내산에서의 자연 현상과 초자연적 현상에서 가장 눈에 띄는 것은 자연이다. 뿐만 아니라 요단강을 건넌 일, 기브온에 떨어진 큰 우박과 태양이 멈춘 일에서도 자연이 눈에 띈다(수 10:12-14). 이 모든 일에서 자연은 구원과 심판을 행하시는 하나님의 사역으로 선언된다. 자연과 초자연은 구별될 수 있지만, 하나님이 자연 안에서 또한 자연을 통해 일하시기 때문에 분리될 수는 없다. 그러므로 기적은 자연 현상을 초자연적으로 다스리시는 하나님의 능력과 권한을 부정하는 자들에게만 문제가 될 뿐이다.

하나님과 창조에 대한 후대의 견해를 살펴보면 창조 자체가 하나님을 드러낸다는 인식이 분명히 나타난다. 당연히 시편 19:1이 즉시 떠오른다. "하늘이 하나님의 영광을 선포하고 궁창이 그의 손으로 하신 일을 나타내는도다." 우리는 너무 쉽게 이 구절을 우리 주변의 창조 세계가 창조주 하나님을 생생하게 증언할 뿐 아니라 우리도 본능적으로 이런 사실을 알고 있다는 의미로 받아들인다. 하지만 창조 세계가 하나님을 생생하게 증언한다는 사실을 우리는 어떻게 아는가? 바로 시편 19편과 다른 성경 말씀들이 그렇게 말해 주기 때문이다. 이 시는 하나님을 전혀 모르던 사람이 아름다운 해돋이를 보며 돌연 유신론자가 되는 깨달음의 순간을 표현한 것이 아니다. 다윗은 하나님의 초자연적 계시를 전달하는 영감받은 중재자다. 엄연히 자연 계시는 존재하지만, 반역자인 우리 인간은 불의로 진리를 억누른다(롬 1:18-25). 신

14. 이는 11장에서 자세히 다룰 것이다.

자인 우리는 창조가 하나님의 영광을 드러낸다는 사실을 안다. 그렇다고 증언하는 하나님의 말씀을 믿기 때문이다. 피터 젠센(Peter Jensen)은 "실제로 우리에게 필요한 것은 자연으로부터 신 존재를 증명하려는 자연신학(natural theology)이 아니라, 신학적 관점에서 자연을 이해하는 자연의 신학(theology of natural)이다"라고 말한다.[15] 이와 같은 구별은 중요하다. 후자는 초자연적 계시에 토대를 두고 있는 반면 전자는 그것과 별개라고 주장하기 때문이다.

자연에 대한 신학적 이해에서 가장 근본이 되는 토대는, 자연이 삼위일체 하나님에 근거하고 있다는 사실이다. 하나님은 삼위일체이신데, 이는 신학이 하나님과 창조 세계의 관계를 포함하는 하나님에 대한 학문임을 의미한다. 하나님이 자연 속에 계시되신다는 개념은 단순히 우리가 아름다운 해돋이나 해넘이를 감상하며 찬탄하거나, 타락한 세상에서도 다채롭게 드러나는 경이로운 자연 앞에서 경탄을 자아내는 것보다 훨씬 풍성한 의미를 담고 있다. 자연과 온 우주는 "그의 보이지 아니하는 것들, 곧 그의 영원하신 능력과 신성"을 선언한다. 마땅히 하나님의 신성에는 그분의 삼위일체성이 수반되어 있다. 바울은 "창세로부터… 그가 만드신 만물에 분명히 보여 알려졌"다고 말한다(롬 1:20). 물론 동시에 인간이 불의로 이 진리를 억누른다고도 말한다.

성경은 자연에 대해 아주 많은 것을 말한다. 창조 세계는 창조의 정점이자 자연을 다스릴 권한을 받은 인류와 필연적인 연대를 이루기 때문이다. 따라서 인간의 타락에 자연의 타락이 수반된다. 마찬가지로, 한쪽의 구원은 반드시 다른 한쪽의 구원을 수반한다(롬 8:19-23). 그러나 창

15. Peter Jensen, *The Revelation of God, Contours of Christian Theology* (Leicester: Inter-Varsity Press, 2002), p. 116.

조 세계가 하나님을 계시한다고 말하는 것은 다른 종류의 문제다. 왜냐하면 창조 세계는 결코 '그 자체로' 존재했던 적이 없기 때문이다. 그것은 항상 하나님의 피조물이었으며, 하나님은 그것과 인간의 관계를 정립하는 말씀을 통해 시작부터 창조 세계에 대한 자신의 통치를 나타내셨다.

창조는 지혜 문학과 시편에서 많이 언급된다. 시편 8:22-31은 창조주로서 하나님의 속성인 지혜를 다룬다.[16] 하지만 이 구절은 창조를 계시적인 것으로 말하지는 않는다. 잠언에 나오는 자연과 관련한 교훈들, 예컨대 부지런한 개미(6:6-11; 30:25), 힘센 황소(14:4), 토한 개와 성난 개(26:22, 17), 만족할 줄 모르는 거머리(30:15), 치솟는 독수리(30:19) 등은 모두 인간의 특징으로서 지혜를 학습하기 위한 비유적 예시다. 그러나 이 모든 지혜 학습 위에 한 가지 절대 원칙이 있다. "여호와를 경외하는 것"이 지혜와 지식의 근본이라는 것이다(1:7; 9:10). 여호와를 경외한다는 것은 만물의 창조주로서, 또한 그분의 택한 백성의 구세주로서 하나님의 은혜로운 자기 계시에 경건하게 응답하는 것을 의미한다. 자연 현상에 대한 해석은 항상 하나님의 계시에 종속된다.

문서 예언자들에게도 자연과 창조는 하나님에 대한 독립적인 계시자가 아니다. 이는 예언과 종말론을 다루는 장에서 자세히 살펴볼 주제다. 성경에서는 회복된 창조를 기대하는 그림이 형성되는데, 거기서 에덴동산은 다가올 시대의 세계 질서와 조화를 묘사하기 위한 은유로 사용된다. 내가 '은유'라는 단어를 사용한 이유는 종말론에서 에덴의 이미지는 그저 창세기 2장으로 돌아가는 것을 의미하지 않기 때문이다.[17] 예언서에서, 창조의 갱신과 하나님 백성의 구원이라는 주제는 성

16. 뒤에 나오는 '세계 질서에 드러난 하나님의 지혜와 주권' 부분을 보라.

17. 그렇다고 해서 창 2-3장의 에덴이 단순히 은유라는 말은 아니다. 에덴이 시간과 공간 속의 실제 장소를 가리키기 위해 기록된 것은 분명하다.

육신과 예수의 몸의 부활을 예표한다.

이에 관한 결정적인 성경 구절은 로마서 1:18-32이다. 여기서 바울은 아담과 하와의 원죄로 인해 인간이 처한 보편적 조건을 설명한다. 바울이 본래 의로운 상태에서 출발한 인간이 개별적으로 하나님의 심판을 받았음을 설명하고 있다고 가정하는 것은 이치에 맞지 않다. 그것은 펠라기우스(Pelagius)가 범했던 오류다.[18] 오히려 바울은 하나님의 피조물이 그분의 위대함과 영원한 신성을 뚜렷하게 드러내고 있다는 사실 앞에서 인간 조건에 대해 말한다. 바울은 하나님의 진노가 인간의 불의에 대해 나타나는 이유를 설명한다(롬 1:18). 하나님은 자신이 지으신 피조물 안에 자신을 계시하셨고, 이는 모든 사람이 볼 수 있게 존재한다. 나면서부터 눈먼 인간의 상태를 핑계 삼을 수 없다. 인류가 불의로 진리를 억누르고 있으며 모든 사람은 핑계 대지 못할 상황에 있기 때문이다(롬 1:20).

"하나님을 알되 하나님을 영화롭게도 아니하며 감사하지도 아니하고"(롬 1:21)라는 바울의 표현은 한 가지 질문을 제기한다. 여기에는 두 가지 주된 측면이 있다. 첫째, 바울은 아담과 하와의 타락이라는 역사적 과정을 요약한다. 이는 "아담 안에서" 우리 모두가 참여한 타락이며, 죄에 대한 집단적 책임에 부합한다(롬 5:12; 고전 15:21-22). 두 번째 측면은 첫 번째와 연관된 것으로, 바울은 타락한 세상에서 모든 인간의 실존적 상태를 묘사한다. 이 경우 "하나님을 알되"라는 표현은 죄된 인간 안에 남아 있는 하나님 형상의 잔재를 가리킨다. 이는 칼뱅이 '신의식'(*sensus deitatis*)이라고 부른 것으로, 우리가 하나님의 형상으로 창

18. 펠라기우스는 약 355년에서 420년까지 살았던 영국의 수도사이자 신학자였다. 그는 원죄를 믿지 않았는데, 모든 사람은 죄 없이 태어나지만 다른 이들을 모방함으로써 죄를 짓는다고 주장했다. 아우구스티누스는 펠라기우스와 그의 오류를 강력히 반박했다.

조되었기에 소유하게 된 것이다.[19] 바울의 판단은 명확하다. 하나님에 대한 계시를 인정하지 않는 것은 불의로 진리를 악하게 억누르는 일이며 모든 인간을 변명할 수 없게 만든다(롬 1:18-20). 이렇게 진리를 부정해 초래된 악한 결과에는 다음과 같은 일이 있다. "이는 그들이 하나님의 진리를 거짓 것으로 바꾸어 피조물을 조물주보다 더 경배하고 섬김이라"(롬 1:25).

그렇다면 창조에 대한 계시의 역동성은 우리를 어디로 데려가는가? 우리가 성육신에 관하여 살펴본 내용이 이와 관련된다. 성육신은 하나님이 육신을 입으시고 모든 피조물의 정점인 인간이 되셨다는 것을 의미하기 때문이다. 자연과 살아 있는 하나님의 말씀은 하나님과 피조물 모두의 본질을 보존하는 연합을 이룬다. 인간 그리스도 예수 안에서 하나님이 우리에게 주신 최종적이고 완전한 계시가 여기에 있다. 예수의 인성은 하나님의 계시에 필수적이다.

> 하나님께서 나사렛 예수로 큰 권능과 기사와 표적을 너희 가운데서 베푸사 너희 앞에서 그를 증언하셨느니라. 그가 하나님께서 정하신 뜻과 미리 아신 대로 내준 바 되었거늘 너희가 법 없는 자들의 손을 빌려 못 박아 죽였으나. (행 2:22-23)

> 그는 보이지 아니하는 하나님의 형상이시요 모든 피조물보다 먼저 나신 이시니 만물이 그에게서 창조되되 하늘과 땅에서 보이는 것들과 보이지 않는 것들과 혹은 왕권들이나 주권들이나 통치자들이나 권세들이나 만물이 다 그

19. John Calvin, *Institutes of the Christian Religion*, ed. John T. McNeill, tr. Ford Lewis Battles, Library of Christian Classics 20-1 (Philadelphia, PA: Westminster Press, 2006), 1.3.1-3; 1.4.1-4.

> 로 말미암고 그를 위하여 창조되었고 또한 그가 만물보다 먼저 계시고 만물이 그 안에 함께 섰느니라. (골 1:15-17)

신약에서 하나님의 자기 계시와 창조 세계의 연결은 예언적 종말론에서 예견되었다. 이사야는 다윗의 줄기에서 메시아적 싹이 나와 공의로 다스릴 것을 말한다. 이어서 창조 세계의 조화가 회복될 것이라는 예언을 전한다(사 11:1-9). 이 예언이 고대하는 최종 목표는 만물이 그리스도 안에서 통일되는 것과(엡 1:10) 그리스도가 새로운 피조물이라는 사실이다(고후 5:17). 창조에서의 계시는 결코 말씀 없이 존재하지 않았다. 창조에서의 계시는 말씀, 즉 신인이신 예수 안에서 성취되었다.

창세기 1:26-28은 "우리의 형상을 따라, 우리의 모양대로"라는 창조주의 말씀을 인용하며 인간 종(히브리어 '아담')의 창조에 대해 알려 준다. "형상"과 "모양"의 정확한 의미와 두 용어의 관계는 오랫동안 논쟁의 대상이 되어 왔다. 헬무트 틸리케는 2세기 신학자 이레나에우스가 두 히브리어 단어에 대한 잘못된 구별을 도입했다고 지적한다.[20] 그는 인간 본성(형상)과 초자연성(모양)을 구별했다. 따라서 그는 인간의 본래 자연적 성향, 곧 그들의 "육체성 및 이성과 자유"를 그들의 초자연적 운명과 구분했다.[21] 후대에 이 구분은 토마스 아퀴나스에 의해 받아들여져서 로마가톨릭의 변경할 수 없는 견고한 토대가 되었다. 이에 틸리케는 로마가톨릭의 관점을 다음과 같이 평가한다.

20. 하나님이 이르시되 그가 "우리의 형상을 따라"(히브리어 '첼렘', צלם) 그리고 "우리의 모양대로"(히브리어 '데무트', דמות) 사람을 창조하셨다. Helmut Thielicke, *Theological Ethics, vol. 1: Foundations* (Grand Rapids, MI: Eerdmans, 1979), pp. 202-4.

21. Thielicke, *Theological Ethics, vol. 1*, p. 202.

> 우리가 자연적 본질과 초자연적 운명에 대한 [로마가톨릭의] 이런 구별을 이해하는 것은 매우 중요하다. 여기서 자연적 본질은 확고히 주어진 것이며 본질상 파괴될 수 없는 것인 반면, 초자연적 운명은 얻거나 상실할 수 있는 변동 가능한 것이다. 이 구별은 이레나에우스가 처음 제시한 것으로, 이를 통해 이후 로마가톨릭의 기본적인 구별인 자연과 초자연, 자연과 은총의 구별이 형성되었다. 이 구별은 하나님의 형상이 명시적으로 존재론적 특성을 가지게 하여, 죄로 인한 손상과 은총을 통한 회복을 겪는 중에도 온전함을 유지한다.[22]

틸리케의 요지는 존재론적 혹은 형이상학적 형상(라틴어 *imago*)은 인간 존재와 하나님 존재를 같은 수준으로 취급하여, 사실상 하나님과 피조물 사이의 존재론적 구별을 제거해 버린다는 것이다. 그러나 창조주 야웨는 피조물과 같은 수준의 존재로 취급받는 자연신학의 하나님이 아니다. 아리스토텔레스로부터 이레나에우스를 거쳐 아퀴나스에 이르는 발전은 로마가톨릭이 존재의 유비(*analogia entis*)를 정의함에 있어 심각한 오류를 범하게 했다. 이런 하나님과 자연 사이의 존재론적 관계는 하나님과 자연이 동일한 일반적 존재를 공유함을 뜻한다. 종교개혁가들은 이를 거부하며 하나님의 형상과 모양이 동일한 표현이라고 주장했다.[23] 그들은 신앙의 유비(*analogia fidei*)를 말하면서 사람 안에 있는 하나님의 형상을 관계적인 것으로 보았다. 이것이 가지는 가장 중요한 의미는, 성경은 순수 이성에 의해서가 아니라 반드시 성경에

22. Thielicke, *Theological Ethics, vol. 1*, p. 203.

23. "모양과 형상"은 하나의 의미를 전달하기 위해 두 가지 단어를 사용하는 '이사일의'(hendiadys)를 구성한다. 즉, 명사와 이를 수식하는 형용사를 사용하는 대신 '그리고'를 사용해 두 개의 명사를 결부시켜 하나의 개념을 표현하는 방법이다.

의해서 해석되어야 한다는 사실이다.[24] 로마가톨릭의 오류에 대한 이런 거부는 '자연과 은총'에 대조되는 '오직 은혜'라는 개신교의 강령으로 표현되었다.

자연에 은총이 더해진다는 토마스주의적 관점은 죄의 심각성에 의문을 제기하게 만든다. 만일 자연(하나님의 형상)이 죄의 영향을 받지 않은 채로 초자연(하나님의 모양)만 상실되는 것이라면, 인간의 자연적 속성은 거의 그대로 남아 있게 되는 셈이다. 그대로 남아 있는 인간의 이성은 로마가톨릭의 자연신학이 번성할 있는 기반을 제공한다. 이 관점은 죄 교리를 약화시켜 구원이 전적으로 은혜의 결과가 아니라는 결론에 이르게 한다.

여기서 문제가 되는 것은 하나님과 인간에 대한 우리의 이해에 따라 달라지는 세계관이다. 모든 사람은 인생의 경험이 어떤 의미인지, 자신의 세계가 무엇으로 구성되어 있는지, 현실은 무엇으로 이루어져 있는지에 대한 관점, 즉 세계관을 형성하고 있다. 단순하거나 깊이 성찰되지 않은 세계관도 있으며, 심지어 단순화되거나 미신적이라든지 아니면 아주 제한된 경험에 국한된 세계관도 있다. 물론 신중히 성찰된 세계관, 매우 종교적인 혹은 철학적인 세계관도 있다. 이 모든 세계관은 우리가 무엇이며, 우리가 인식하는 세상에서 우리는 어디에 어떻게 자리 잡고 있는지, 그리고 우리 자신이 누구인지에 관한 기본적인 존재론적 전제를 내포한다. 또 우리가 무엇을 어떻게 아는지에 관한 인식론적[25] 전제뿐 아니라 옳고 그름, 선과 악에 관한 윤리적 전제

24. 로마가톨릭에서 '신앙의 유비'는 성경을 신앙의 규칙, 즉 교회 교의에 따라 해석하는 것을 의미한다.

25. 인식론은 지식에 관한 이론으로, 우리가 어떻게 아는지, 우리가 무엇을 알 수 있는지, 우리가 알고 있다는 사실을 어떻게 아는지를 다룬다.

도 있다. 아마 대부분의 사람은 자신의 세계관을 자주 성찰하지 않을 것이다. 심지어 생각조차 해 보지 않을 수도 있다. 결국 우리는 자신도 모르는 동기나 점검해 보지 않은 전제들에 휘둘리기 쉬우며, 정작 우리의 현실 인식을 형성하는 데는 이러한 요소들이 결정적인 영향을 미치게 된다. 이것이 바로 기독교 변증학이 자신의 전제를 인식할 수 있도록 비신자를 돕고 그 전제들에 맞서야 할 이유다.

창조의 '시기'(역사성)

창조의 '시기'는 언제나 뜨거운 논쟁거리였다. 이 문제는 창세기의 창조 기사에 관한 주해와 그것이 창세기 3-11장의 원역사에 어떤 영향을 미치는지에 관한 것이다. 나는 창조가 언제 시작했는지 그리고 완성되기까지 얼마나 걸렸는지 의견이 갈릴 때, 주요 쟁점이 창조의 '시기'에 있다고 생각하지 않는다. 게다가 '젊은 지구론' 입장이나 '오랜 지구론' 입장을 취하는 것이 성경에 계시된 창조의 역동성을 한쪽으로 치우치게 만든다고 생각하지도 않는다. 이 논쟁은 우주의 나이와 인간 종의 나이에 관한 세속 과학의 주장과, 성경 자료가 우주는 최근에 창조되었다는 사실을 뒷받침한다고 믿는 이들의 문자주의적 관점의 충돌에서 비롯된다. 주요 문제는 창조에 얼마의 시간이 소요되었고 얼마나 오래전에 일어났는지가 아니라, 과정 대 사건의 문제다. 다시 말해, 하나님은 목적을 가지고 선한 창조 세계를 창조하셨는가(창 1:31), 아니면 단순한 생명체에서 복잡한 생명체로의 돌연변이 과정을 사용해 원래 목표하던 온전한 상태에 도달하기까지 (중도에 죽은 것은 소멸하고) 살아남은 것만이(자연 선택설) 그 상태에 이르게 하셨는가? 성경은 후자를 지지하지 않으며 분명 전자를 주장한다. 수많은 진화론자들이 우주의

나이에 0을 더 많이 붙임으로써 그만큼 시간이 늘어나기만 하면 진화가 믿을 만하다고 가정하는 듯이 보인다. 유신론적 진화론자에게 주된 문제는 죽음이 언제 세상에 들어왔는가라는 것이다. 성경은 우리의 첫 조상이 죄를 지었을 때 죽음이 들어왔다고 분명히 명시하고 있다(창 2:17; 롬 5:12-15; 고전 15:20-22).

창조 사건의 순서는 문제가 되지 않는다. 두 가지 버전의 창조 기사에는 저마다의 논리와 특정 측면에 대한 강조가 있다. 두 번째 창조 기사인 창세기 2:4-25은 첫 번째 창조 기사와 다른 식으로 사건을 배치한다. 물론 두 기사 모두 구속사의 전개에 연관된다. 순서에 있어 중요한 측면 중 하나는 인간의 창조가 여섯째 날이라는 것이다. 아담과 하와의 창조가 특별한 주목을 받는 이유는 그들이 창조의 절정으로 마지막에 창조되었다는 점뿐 아니라 하나님이 그들에게 특별한 관심을 두셨다는 점 때문이기도 하다.[26] 사람이 하나님의 형상과 모양대로 만들어졌다는 사실은 세상을 다스릴 권한 및 번성하고 땅에 충만하라는 명령과 연관된다.

성경적 관점에서 창조는 "태초"를 의미한다(창 1:1). 나는 이것을 시간과 영원에 대한 이해를 형성하는 데 바탕이 되는 철학적 진술로 여기지 않는다. 우리가 사건의 순서를 식별할 때는 두 가지 창조 기사와 그것들이 보여 주는 변화를 모두 고려해야 한다. 창세기 1:26-28과 2:4-25의 두 창조 기사는 같은 사건을 서로 다른 관점에서 서술한다. 두 본문을 문자 그대로 연대기적으로 조합하려는 시도는 경직된 문자주의에서나 찾아볼 수 있을 것이다.

젊은 지구론과 오랜 지구론 논쟁에 관련된 또 다른 쟁점은 각각의

---

26. 창 2:5-7은 창조의 다른 순서를 나타내는 것으로 보인다.

입장에 도달하기 위해 사용된 방법에 관한 것이다. 대체로 젊은 지구론은 창세기 1-11장의 한정된 족보와 시대를 사용해 창조부터 현재까지의 시간을 측정하는 근거로 삼으려는 데서 비롯된다. 성경에 기록된 족보는 그런 정보를 제공하기 위해 구성되었다고 전제한다. 이 경우에 나는 그렇다는 확신이 서지 않는다.[27] 물론 오랜 지구를 주장하는 과학계의 전제에 대한 재평가를 제안하는 견실하고 명망 있는 과학자들도 있다.[28] 젊은 지구론을 지지하는 사람들은 매우 오래된 우주와 지구에 대한 과학적 근거가 대체로 '과학적'이라고 여겨지는 패러다임에 사로잡혀 있다고 생각한다. 세속 진화론자들이 생명의 기원과 종의 진화에 대한 직접적인 과학적 증거 없이, 용인된 과학적 방식을 벗어나는 추정을 남발하는 것은 확실하다. 여기서 이 문제에 대한 해결책을 제시할 수는 없다. 다만 내 목적은 성경 본문의 역동성을 밝히는 것이다.

세계 질서에 드러난 하나님의 지혜와 주권

창세기에 나오는 창조 기사 이후 성경에서 다양하게 언급되는 창조는 최초의 창조 기사를 올바르게 해석하는 데 어떤 식으로든 도움을 주

27. 다음을 보라. Goldsworthy, *The Lion of the Tribe of Judah: 1 and 2 Chronicles* (Sydney: Aquila Press, 2021), pp. 16-35. 나는 역대기의 족보에 관한 내 결론이 성경에 나오는 족보들에 일반적으로 적용된다고 생각한다.

28. 국제창조사역회(Creation Ministries International)는 복음주의를 겉도는 단체로 여겨지며 너무 쉽게 무시된다. 그럼에도 나는 귀 기울일 가치가 있다고 생각한다. 그들이 모든 답을 가지고 있어서가 아니라, 많은 복음주의자들이 받아들이는 유신론적 진화론의 문제에 중대한 의문을 제기하기 때문이다. 그들의 사역에 연관된 자료는 다음과 같다. Jonathan Sarfati, *The Greatest Hoax on Earth: Refuting Dawkins on evolution* (Atlanta, GA: Creation Book Publishers, 2010); Robert Carter (ed.), *Evolution's Achilles' Heel* (Powder Springs, GA: Creation Book Publishers, 2014). 이와 다른 관점으로 유신론적 진화론을 지지하는 자료들은 BioLogos와 ISCAST의 간행물에서 찾아볼 수 있다.

는가? 구약성경은 창조에서 새 창조에 이르는 우주의 역사를 성경적 관점에서 기술하고 있다. 후기 예언서의 종말론에는 새 창조에 대한 다소간의 언급이 있으며, 이 주제는 신약에서 분명한 의도를 가지고 다루어진다. 첫 창조와 마찬가지로 새 창조에는 하나님의 백성이 거주할 곳이 포함되는데, 이는 영생을 약속하는 복음의 전개에 따른 마땅한 결과다. 창세기 1장 기사는 하나님의 주권, 창조하심에 있어서의 자유, 하나님의 형상과 모양대로 지음받은 인간 창조의 독특성을 강조한다.

타락 이후, 대홍수와 노아 가족의 구원에서 창조 신학이 나타난다. 홍수 이후의 세계가 여전히 홍수 이전에 존재했던 타락한 창조 세계라는 것은 사실이지만, 이 이야기가 현재 창조 세계의 파괴와 새로운 질서의 출현을 예견하는 방식을 무시할 수는 없다. 노아 내러티브는 인간의 반역 결과인 하나님 심판의 전형을 제시할 뿐 아니라 창조의 갱신을 가리킨다. 창세기 9:1-7은 창세기 1:28-31의 역동성을 반복하면서 이를 분명히 상기시킨다. 동시에 두 번째 이야기에는 어떤 변화가 수반되어 있다. 바로 두 사건이 세상에 죄가 들어오기 전과 후에 위치해 있기 때문이다. 따라서 노아는 방주에서 내린 뒤, 아담이 받았던 것과 같은(창 1:28) "생육하고 번성하여 땅에 충만하라. 땅을 정복하라"는 명령을 받는다. 그러나 아담과 다르게(창 1:29) 노아의 식단은 채소와 과일에 한정되지 않는다. 이제 "모든 산 동물은 너희의 먹을 것이 될지라"는 말씀을 듣는다(창 9:3-4). 이후 시내산 율법은 '부정한' 음식 섭취의 제한을 규정한다. 이런 규정은 하나님이 노아에게 명하신 이유를 알 수 없는 정결한 짐승과 부정한 짐승의 구별을 통해 이미 예견되었다(창 7:1-2).[29]

29. 정결함과 부정함의 구별은 짐승에 관한 것이지만, 방주 안에서의 음식물 섭취에 대한 요구 사항은 구체적으로 명시된 바가 없다.

이스라엘의 이집트 포로 생활과 이후 출애굽을 통한 구속에서도 이와 유사한 예견적 사건을 볼 수 있다.[30] 이집트의 신들, 경제, 왕권의 붕괴는 하나님 나라의 도래를 반대하는 모든 것에 대한 최후 심판을 예고한다. 이스라엘 민족은 포로 생활 속에서 죽은 상태였지만, 출애굽을 통해 다시 태어난다. 비록 다소 절뚝거리며 나아갈지라도, "젖과 꿀이 흐르는 땅"(출 3:8)이자 종말론적 새 에덴을 예표하는 약속의 땅을 향해 가며 새 창조를 대망한다. 출애굽은 하나님 백성의 새로운 창조가 시작되었음을 알리는 지표다.

이스라엘의 지혜 문학이 정확히 언제 탄생했는지는 알 수 없지만, 그것이 솔로몬 시대에 활짝 피었다는 사실은 분명하다. 지혜가 창조의 의미에 기여하는 방식은 어느 정도 뻔하면서도 어느 정도 예상치 못한 것이기도 하다. 잠언이 가장 오래된 지혜 작품이나 모음집이 아니라 할지라도, 이 책은 우리가 살아가는 세상의 질서정연함에 뚜렷한 강조점을 두고 있다.[31] 그 안에는 인식 가능한 질서뿐 아니라 한계도 존재한다. 지혜와 어리석음, 옳음과 그름에 대한 참된 인식은 하나님을 주님으로 인정하고 그분과 그분의 말씀을 경외하는 마음을 전제로 한다(잠 1:7; 9:10). 어떤 학자들은 지혜 신학이 구속사가 아니라 창조에서 기원한다고 주장한다. 나는 그들이 창조 질서를 강조함에 있어서는 옳다고 생각하지만, 이를 구속사와 분리시키는 것은 틀렸다고 생각한다.

---

30. Bernhard W. Anderson, 'Mythopoeic and Theological Dimensions of Biblical Creation Faith', in Bernhard W. Anderson (ed.), *Creation in the Old Testament* (Philadelphia, PA: Fortress Press; London: SPCK, 1984), pp. 3-7.

31. William McKane, *Proverbs: A new approach*, The Old Testament Library (London: SCM Press; Philadelphia, PA: Westminster Press, 1970). McKane은 잠언 지혜의 문학적 단순성이 다른 복잡한 지혜 작품들보다 이전에 형성된 증거라고 보는 관점에 이의를 제기한다. 상당수의 문학 비평에 나타나는 진화론적 전제들은 배제되어 마땅하다.

창조는 구속사의 전제이자 토대며, 자기 백성과 함께 거하시는 하나님이라는 성경의 개념에 필수적이다. 이런 연관성은 솔로몬과 지혜를 연결하는 내러티브에서 분명히 나타난다. 지혜 문학과 지적 운동은 이스라엘의 구속사가 절정에 달했던 솔로몬 시대에 꽃을 피웠다. 구속사는 지혜 신학과 창조 신학을 모두 아우른다.

잠언에는 삶과 인간관계의 일반적인 문제 외에도, 창조에 대해 구체적으로 다루는 한 본문이 있다. 바로 잠언 8:22-31이다. 이 구절은 지혜의 덕과 유익을 성찰하는데, 지혜는 의인화되어 하나님의 창조를 위한 대행자로 비유된다. 지혜는 창조 이전에 존재하여 "장인과 같은" 하나님 곁에 있었다(30절). 여기서 두 가지 사항을 언급할 수 있을 것이다. 첫째, 지혜는 하나님이 자연 속 각 영역의 경계를 두르실 때 하나님과 함께했다. 둘째, 일반적으로 잠언에 나오는 지혜의 한계는 인간의 유한함과 온 피조물이 인간의 타락에 연루되었다는 사실에서 비롯된다. 지혜의 신비는 욥기에서 나타나며, 인간 지혜의 혼란은 전도서의 주요 주제다. 신비와 혼란은 모두 인간의 피조성과 타락으로 인해 존재한다.[32]

대체로 욥기는 단순히 고난의 문제를 다루는 지혜 문학으로 여겨진다. 물론 그렇기도 하지만, 욥기는 그 이상의 문제를 다룬다. 욥기는 잠언의 지혜가 보여 주는 것과 달리 숨겨진 신적 지혜를 다룬다. 욥기의 핵심은 욥의 부르짖음이다. "그러나 지혜는 어디서 얻으며 명철이 있는 곳은 어디인고?"(28:12) 욥은 답을 모르지만, 하나님이 그 답을 알고 계시다는 사실을 인정하면서 창조와 그 질서정연함을 넌지시 언급한다

32. 지혜의 '질서'에 관한 주제는 다음을 참고하라. Graeme Goldsworthy, *Gospel and Wisdom: Israel's Wisdom literature in the Christian life* (Exeter: Paternoster, 1987). 다음 책으로 재출간되었다. Graeme Goldsworthy, *The Goldsworthy Trilogy* (Milton Keynes: Paternoster, 2000).

(28:23-28). 욥이 최종적으로 책망과 함께 받은 응답은 창조와 질서가 생겨날 때 그가 참여하지 않았다는 사실을 상기시키는 말씀이다. 욥기 38-41장은, 죄 아래 있는 인간의 지각으로는 도저히 가늠할 수 없는 영역을 알려고 하는, 인간의 오만을 꺾으시는 하나님의 긴 연설이다. 끝내 욥은 한탄한다.

> 나는 깨닫지도 못한 일을 말하였고
> 스스로 알 수도 없고 헤아리기도 어려운 일을 말하였나이다. (욥 42:3)

이는 우리가 창조에 대해 알 수 없다는 뜻이 아니라, 그렇게 드러난 하나님의 방식은 우리가 성경 한두 본문을 통해 이해하는 것보다 훨씬 깊다는 뜻이다.

다음으로 시편에 나타난 창조에 대한 가르침을 살펴보자. 다윗의 시인 시편 8편에서 하나님은 그분의 창조로 인해 영광을 받으신다. 다윗은 먼저 하늘의 광대함에 비해 인간이 얼마나 보잘것없는지 놀란다. 하지만 그는 천사보다 조금 못하게 창조되고, 영화와 존귀로 관을 쓰며, 나머지 피조물을 다스릴 권한을 받은 인간의 놀라운 특권에 대해 성찰한다. 시편 8편은 창세기 1장의 내러티브 요지를 반복한다. 이 시가 산문체로 하루 하루 기록된 창세기와 다른 형식으로 쓰였다는 사실은 내러티브를 약화시키지도 상충되지도 않는다.

시편 19편은 하늘이 하나님의 영광을 선포한다고 말한다. 매일의 날이 하나님의 창조와 영광을 증언한다. 창조 사건의 순서는 고려되지 않고, 오직 하나님의 영광을 증언하는 완성된 사역만이 나타난다. 이 시는 하나님이 지으신 모든 것이 계시적 역할을 담당한다고 말하는 다른 구절을 예고한다(예. 롬 1:19-20). 시편 24:1-2은 "그분이 만드시고, 그분이 다스리신다"라는 간단한 논리로 하나님의 주권을 찬양한다. 시편 29편의 초점은 특별히 물 위에 있는 하나님의 음성에 맞춰진다. 이는 노아의 홍수, 이스라엘이 홍해를 건넌 사건, 그리고 이후 요단강을 건넌 사건에서 하나님의 주권을 반영한다고 볼 수 있다. 무엇보다 하나님은 창조의 주님이다. 시편 33편은 주님의 말씀을 찬양한다. 하나님이 말씀으로 땅과 바다를 창조하셨다는 사실이 그분을 경외할 이유다(6-9절). 시편 89:11과 102:25은 하나님이 창조하셨다는 사실을 언급하지만, 그 이유에 대해서는 조금도 언급하지 않는다. 시편 90:2은 창조 전부터 존재하신 하나님의 영원성을 묵상한다. 끝으로, 시편 136:5은 "지혜[총명]로 하늘을 지으신 이에게 감사하라"고 권면한다. 여기서 '지혜'를 뜻하는 히브리어 '테부나'(*tĕbûnâ*)는 지혜 어휘군에서 흔히 사용되는 단어다.

하나님과 창조에 대해 언급하는 많은 구절을 검토해 보면, 창세기 2장을 제외하고는 어떤 본문도 창세기 1장을 문자적으로 읽는 방식에 도전한다고 볼 수 없다. 만일 창세기 1장과 2장 모두를 문자적으로 읽는다면, 창조 순서가 서로 충돌한다고 볼 수 있을 것이다. 하지만 두 본문을 문자적으로 읽으면서도 은유, 심상, 서로 다른 강조점, 그리고 경직된 문자주의가 아닌 여러 표현의 고려가 가능하다. 따라서 창세기 2:4의 하반부, "여호와 하나님이 땅과 하늘을 만드시던 날"은 창조를 여섯 날로 분명히 구별해 나열하는 방식이 아니다. 창세기 2:5-19은 창세기 1:26-28의 내용과 달리 인간이 가장 마지막에 창조된 것이 아니라고 말하는 것처럼 보이지만, 인간이 창조의 절정으로서 매우 중요한 위치를 차지한다는 사실만큼은 결코 부정할 수 없다.

창조에 대한 계시의 역동성은 타락과 구속사의 전 과정을 포함하며, 새 창조에서의 종말론적 회복으로 이어진다. 하나님은 창조의 각 단계에서 "좋았더라"고 말씀하셨고, 모든 일을 마치시고는 "심히 좋았더라"고 하셨다(창 1:4, 10, 12, 18, 21, 25, 31).[33] 그리고 하나님은 일곱째 날에 안식하셨다. 처음 여섯 날과 달리 일곱째 날에는 저녁과 아침에 대한 언급이 없다는 사실로 미루어 보면, 일곱째 날에는 끝이 없는 것으로 보인다. 성경은 그저 하나님이 하시던 모든 일을 그치고 일곱째 날에 안식하셨다고만 말한다.

한 쌍의 인간에게 주신 우월한 지위로 인해 그들은 하나님의 명령과 제재의 대상이 되었다. 그들은 창조 세계를 다스릴 권한을 받았을 뿐만 아니라, 그들 자신도 하나님의 절대적인 주권 아래 놓이게 되었다. 그들은 선악을 알게 하는 나무의 열매는 먹지 말라는 말씀과 함께 그렇지 않으면 죽을 것이라는 경고를 들었다(창 2:17). 그들의 불순종은 심판을 초래했다. 그것은 하나님의 통치에 대한 거부이자 무엇이 옳고 그른지, 선하고 악한지, 실제와 허상인지를 말해 주는 창조주의 권한에 대한 거부였기 때문이다.

구약성경에 나타난 창조 역사의 전개 과정은 다음과 같이 정리할 수 있다.

1. 하나님의 말씀에 의한 창조와 다른 피조물보다 특별한 인간의 우월성은 가장 중요한 사항이다.
2. 인간이 하나님의 형상으로 창조되어 다른 피조물을 다스리는 것은 구속

33. 이는 생존 불가능한 돌연변이가 소멸되는 식의 진화론적 자연 선택설과 상반된다.

이야기에서 두드러지는 특징이다.

3. 하나님의 형상에서 비롯한 신뢰 관계는 인간의 불순종으로 남용된다. 타락은 인간에 대한 하나님의 심판과 에덴동산에서의 추방을 포함한다.

4. 인간과 뱀에 대한 심판, 출산의 고통과 함께 창조 세계는 타락하게 되었다(창 3:16-19). 이는 나머지 다른 피조물과 인간의 연대성을 보여 준다. 땅이 인간의 죄로 저주를 받았다는 사실은 창조 세계 전체의 타락을 가리킨다. 여기서 보편적 타락이 명시되는 것은 아니지만, 에덴 바깥 세상의 상태와 로마서 8:19-23 같은 본문에서 구체적으로 언급된 재앙을 바탕으로 그런 결론은 적절하다. 타락 이후 이어지는 구속사는 타락한 창조 세계 속에 타락한 인류가 존재할 수 있는 자리를 마련해 주시는 하나님의 자비를 보여 준다.

창세기 2:17의 "네가 먹는 날에는 반드시 죽으리라"는 제재의 의미가 이제 더욱 분명해진다. 에덴 밖에서 사람은 죽을 운명이 되었지만, 가장 오래 969년을 산 므두셀라처럼 불가능해 보이는 수명을 누리기도 한다.[34] 대홍수가 일으킨 파괴는 홍수의 직접적인 생존자를 제외한 모든 인간의 수명을 상당히 단축시켰다. 노아는 500세가 넘어 세 아들을 낳고 950세까지 살았다. 하지만 이스라엘이 가나안에 정착할 무렵에는 상황이 극적으로 변했다. 그리하여 "하나님의 사람 모세의 기도"라는 표제가 달린 시편 90편은 일반적인 수명을 70년으로, 강건하면 80년에 이를 수 있다고 말한다. 인간의 죄악에 대한 하나님의 진노 때문에 수명이 이렇게 짧아졌다고 서술한다(시 90:7-12). 아담과 하와의 범죄가 '영적 죽음'을 초래했다는 주장은 부분적으로 옳지만, 이런 마땅한 구분이 인간의 육체적 측면과 영적 측면을 완전히 분리시키지 않

34. 므두셀라가 생일 촛불을 불어서 끄다가 폐기종으로 죽었다는 주장은 성경적 근거가 없다.

도록 해야 한다. 육체적 죽음은 필연적으로 따라오기 때문이다.

인간이 타락했음에도 하나님의 은총의 징표는 계속되는데, 먼저는 원복음(창 3:15)에 담긴 회복의 약속에서, 그다음으로는 홍수 이후 노아의 새로운 세상에서, 그리고 아브라함과의 언약과 약속의 땅에 대한 서약으로 이어지는 과정에서 나타난다. 이스라엘이 가나안에 정착한 후에도 죄 많은 역사는 계속되었고, 결국 바벨론에게 약속의 땅을 빼앗기게 된다. 그러나 하나님은 약속에 신실하시기에, 이런 쇠퇴에도 불구하고 백성과 땅의 회복이라는 예언적 말씀이 등장하기 시작한다. 그리고 이는 새 창조에 대한 약속으로 이어진다.

새 하늘과 새 땅의 약속으로 이어지는, 하나님의 임재와 하나님의 백성이 수렴하는 계시는 연대순으로 간략히 요약할 수 있다. 애초에 아담과 하와에게 기대되었던 삶은 에덴에서 하나님의 임재 안에 거하며, 순종하는 피조물로서 창조 세계를 다스리는 특권을 누리는 것이었다. 에덴 밖에서 노아가 누린 삶은 하나님의 '호의'(은혜)를 입는 것이었으며, 방주 안에서 홍수의 파멸로부터 구원을 얻는 것이었다. 아브라함에게 삶은 하나님께 부름을 받고, 비록 여전히 타락한 상태지만 에덴의 풍성함을 떠올려 주는 땅을 물려받을 후손들이 한 민족을 이루리라는 약속을 받은 것이었다. 다윗과 솔로몬을 비롯한 모든 신실한 이스라엘 백성에게 삶은 풍요로운 땅에서 하나님의 임재를 알고 사방 적으로부터 안식을 누리는 것이었다. 문서 예언자들은 새 창조를 통해 땅과 백성이 새롭게 되어, 하나님의 백성이 그분의 임재를 충만하게 경험하는 삶의 전망을 예견한다.

신실한 남은 자들이 약속의 땅으로 돌아올 것이라는 구약의 약속은 하나님 백성의 구원이 땅의 회복과 새 예루살렘, 그리고 마침내 새 하늘과 새 땅과 함께 이루어지리라는 구체적인 약속으로 분명해졌다. 그러나 이렇게 예견된 복은 주전 538년에 유대인들이 바벨론에서 해방되어 예루살렘과 성전을 재건했을 때도 실현되지 않았다. 구약 시대가 끝이 나고 중간기도 지나갔지만 예언적 약속들은 해결되지 않았다. 해결되어야 할 문제는 그런 약속 성취의 본질에 관한 것이었다. 이 문제는 성육신(7장), 예언(14장), 종말론(15장)을 다루는 장들에 담겨 있다.

신약에서의 새 창조

신약에서의 새 창조는 예수와 함께 시작한다. 예수는 구약의 약속을 성취하는 분으로 선포된다. 따라서 그분은 새 예루살렘, 새 성전, 다윗 혈통의 새 왕에 초점을 둔 새로운 땅이시다. 세 가지 측면이 성취자로서의 예수의 실체를 확증한다. 첫째, 그분은 임마누엘(하나님이 우리와 함께 계시다)로서 예루살렘과 성전을 중심으로 한 땅의 역할을 성취하신다. 둘째, 예수는 하나님과 인간이 만나는 새로운 성전이시다.[35] 셋째, 그분은 언약적 약속의 중심인 다윗의 자손이시다. 이스라엘에 대한 언약적 약속은 모두 임마누엘, 성전, 다윗에 총체적으로 나타나기에 그 성취를 보기 위해서는 다른 곳이 아닌 성육신하신 하나님, 예수를 보아야 한다.

성육신과 창조의 회복 사이의 연관성으로 인해, 나는 만물을 그리스도 안에서 통일되게 하시려는 하나님의 계획이(엡 1:10) 바로 예수 자신이 새로운 피조물이라는 사실을 의미한다고 주장할 것이다. 성경이 제시하는 종말론적 체계에 따르면, 만물의 최종적인 완성은 예수의 인격과 사역을 통해 도달하게 된 그 종국적 목적(*telos*)의 패턴을 그대로

35. 새로운 땅, 새로운 성전, 새로운 피조물로서 예수에 관한 자세한 논의는 14장과 15장을 보라.

따라야 한다. 차이가 있다면, 예수의 인격 안에서 먼저 일어났던 일이 완성의 때에는 우주적으로 성취되리라는 점이다.[36]

예수는 마태복음 19:28에서 '새로운 세상'(new world, ESV)에 대해 말씀하신다.[37] '새로운 세상'으로 번역된 헬라어 '팔링게네시아'(*palingenesia*)는 문자 그대로 번역하면 '중생'(re-generation)이다. 새로운 세상은 옛 세상의 변혁적 재탄생이자 성경 이야기의 마지막인 요한계시록까지 이어지는 주제다. 지금까지 살펴본 내용을 바탕으로 우리는 신자 개인의 중생과 새 창조에 대한 모든 주제를 확실하게 연결시킬 수 있다. 따라서 창조, 타락, 구속사를 거쳐 새 창조에 이르는 성경의 전체 전경을 살펴볼 수 있다. 그리스도인에게 새 창조는 생명의 새로움, 즉 영생이다. 우리는 새로운 피조물이신 그리스도와 연합하기 때문이다(고후 5:17). 그리스도인의 중생은 몸의 부활을 통해 하나님과 함께하는 영생으로 그 목적(*telos*)을 달성한다. 그러므로 우리는 영혼의 불멸을 바라보지 않고, 의가 있는 곳인 새 하늘과 새 땅에서 온전한 사람으로 부활할 날을 바라본다(벧후 3:8-13). 성경의 역동성이 우리를 첫 창조(창 1:1)에서 새 창조로 인도할 때, 그 연결점은 단순한 언어적 유비를 훨씬 뛰어넘은 본질적인 것이다.

요한계시록에서 요한은 묵시적 이미지를 사용해 생명의 동산, 에덴이라는 구약의 주제를 자기 백성과 함께 거하시는 하나님이 계신 새 예루살렘과 연결한다. 새 예루살렘은 하늘에서 새 땅으로 내려오는데, 그 도성의 형태는 제사장의 중재로 하나님과 사람이 만난 장소인 성전 지성소의 완벽한 정육면체를 떠올리게 한다(계 21:1-27). 하나님의

---

36. 15장을 보라.

37. 헬라어 '팔링게네시아'(παλιγγενεσίᾳ)는 신약에서 단 두 번 사용되며, 다른 한 번은 딛 3:5에 나온다. 디도서에서는 문자 그대로 '중생'으로 번역되어 개인의 거듭남을 의미한다.

보좌가 생명수 강의 근원이며, 생명나무는 만국을 치료하는 열매를 맺는다(계 22:1-5).

요약 및 해석학적 함의

창조에 대한 계시의 역동성은 다음과 같이 요약될 수 있다.

1. 하나님은 왜 세상을 창조하셨는가라는 질문에 관한 답은 대체로 타락 이후 하나님이 창조 세계를 어떻게 대하셨는지와 새 창조에 대해 계시된 그분의 의도에서 찾을 수 있다.
2. 창조 내러티브는 하나님이 어떻게 창조하셨는지 알려 준다. 바로 그분의 말씀으로 창조하셨다.
3. 하나님의 창조는 그분의 지혜의 표현이었으며, 이 지혜는 하늘과 땅의 질서정연함으로 드러난다.
4. 전체 그림은 창조(발생), 타락(퇴화), 새 창조(갱신)로 요약된다.
5. 신인이신 예수는 온 창조 세계를 아울러 그 자신이 대표인 새로운 피조물이 되신다.
6. 새로운 피조물로서 예수 안에서 이루어진 일은 예수께서 영광 중에 다시 오실 완성의 때에 보편적으로 이루어질 것이다.

유신론적 진화론은 창조의 '방법'을 성경적으로 다루지 않는다. "하나님이 이르시되"라는 구절은 수백만 년에 걸친 우연한 돌연변이와 부적합한 개체의 죽음이라는 자연 선택설과 들어맞지 않는다. 이는 우리가 세속 진화론자들이 우연으로 보는 것을 하나님의 역사라고 주장한다고 해도 마찬가지다. 성경적 관점에서 인간 창조는 여러 독특한 창조 사건 가운데서도 절정이다. 많은 생물 종들의 관계는 진화론자들의 주장처럼 한 나무에서 뻗은 여러 가지와 같지 않고, 하나님의 말씀과 목적 안에서 그들의 기원이 본질적 통일성을 갖는다. 죄로 인한 죽음의 등장은 생명 발달 초기 단계에 죽음이 필수인 진화 과정과 전혀 양립할 수 없다. 유신론적 진화론은 창조의 말씀이 그리스도라는 사실과도 맞지 않는다. 성육신을 통해, 하나님은 오랜 세월에 걸친 돌연변이와 자연 선택 과정의 죽음을 거쳐 진화한 어떤 유인원(호미니드) 형태가 아니라 독특하게 창조된 인간의 몸을 친히 입으셨다. 창조 내러티브의 해석은 표면상 과학에 근거한 것으로 보이는 자연신학에 종속되어서는 안 된다.

창세기가 성경의 역사와 신학에서 모든 것의 토대와 배경이 된다고 주장할 수도 있겠지만, 어디까지나 그것은 토대일 뿐이지 완성된 상부 구조가 아니다. 따라서 우리는 창세기에서 시작하는 여러 주제의 발달 과정, 즉 역동성을 추적할 필요가 있다. 창세기와 창조 기사를 이 주제에 관한 최종 결론으로 삼으려는 이들은 그 점을 간과하는 것으로 보인다. 그들이 의도적으로 그렇게 하려는 것은 아니겠지만, 제아무리 중요하다고 해도 계시의 한 영역에만 집중하는 데는 가장 중요한 무언가를 놓치게 만들 위험이 늘 도사리고 있다. 물론 창조 없이는 복음도 없다. 그러나 창조 자체가 복음은 아니다.[38]

마지막으로 짚고 넘어가야 할 중요한 해석학적 쟁점은 우리의 참된 인성이 무엇인가 하는 점이다. 새 창조의 실체이신 예수님은 인류가 장차 입게 될 몸의 운명을 결정지으셨다. 하나님께서 이토록 방대

38. 이는 젊은 지구론자들에게만 해당하는 위험이 아니다. 성경 연구의 어떤 분야든지, 전문화는 고립과 분리를 초래할 수 있다. 예를 들어, 구약에 관한 연구나 수업에서 구약의 모든 기대의 성취가 예수 그리스도와 명백히 연결되지 않을 때 그렇게 된다.

한 물질 세계를 창조하신 것을 두고, 누군가는 그분이 물질을 지극히 사랑하시는 게 분명하다고 말하기도 했다. 인간을 비롯한 모든 피조물과 예수님의 육체적 부활 및 승천이 맺고 있는 이 긴밀한 관계는, 장차 우리가 입을 육신의 부활에 대한 확신을 준다. 나아가 새 하늘과 새 땅이 사람들이 흔히 상상하는 추상적이고 영적인 상태가 아니라, 지금보다 훨씬 더 견고하고 실재적인 현실임을 분명하게 증명해 준다.

11. 타락, 심판, 속죄에 대한 계시의 역동성

이번 장에서는 인류의 가장 큰 문제와 그에 대한 하나님의 해결책을 살펴볼 것이다. 죄로 인한 인류 타락의 의미를 고찰할 때, 우리는 하나님과 인간의 관계 및 죄가 이 관계에 미친 영향을 살펴보아야 한다. 5장에서 우리는 심판과 구원이 얼마나 뗄 수 없는 관계에 있는지를 보았다. 심판의 역동성을 살펴볼 때는 이미 다룬 몇 가지 주제를 간략하게나마 다시 언급하게 될 것이다. 나는 하나님이 인간의 죄를 다루실 때 나타나는 진노의 심판 과정을 따라가려고 한다. 죄와 심판의 어둠에 대한 이해와 은혜와 구원의 빛에 대한 이해는 나란히 함께한다는 것을 명심해야 한다.

하나님과 인간 관계의 역동성

창조와 생명의 선물 이후, 성부 하나님이 보이신 중요한 다음 계시는 완성된 창조 세계를 향한 그분의 주권적 통치다. 하나님의 창조 사역의 절정은 한 쌍의 인간을 만드신 것이다(창 1:26-31). 우리는 하나님이 인간을 만드셨고, 인간에게 특별한 사역을 제안하고 부여하고 말씀하시며, 이후 계속해서 관심을 집중하시는 독특한 방식으로 인해 우리가 창조의 정점임을 알 수 있다. 그리스도의 성육신은 인간의 이런 중요한 역할에 대한 결정적 확증이다. 일단 여기서는 창조 때에 하나님이 인간을 정의할 여러 관계를 선포하셨다는 사실을 언급하는 것으로 충분하다. 바로 하나님과 그들의 관계, 남자와 여자로서 그들의 관계, 그리고 다른 인간을 비롯한 나머지 피조물과 그들의 관계다.

하나님의 형상으로서 인간의 관계적 의미에 대해서는 앞에서 다루었다.[1] 이 관계성은 하나님의 창조 행위의 절정으로 그분이 친히 수립하신 것이며, 하나님 자신의 인격을 반영하는 인격적 관계라는 점에서 독특하다. 우리가 제아무리 동물들, 특히 우리가 키우는 반려동물에게 인간의 인격적 특성을 부여하고 싶을지라도, 성경은 인간만이 하나님의 형상을 지닌 독특한 존재임을 분명히 증언한다.

가장 우선적으로, 하나님이 창조의 절정, 곧 인간 부부와 맺으신 관계는 그들이 하나님의 형상과 모양이라는 점에서 특별하다. 하나님과 인간의 이런 특별한 관계는 별다른 이유가 없다. 그저 하나님이 그렇게 정하고 만드셨기 때문이다. 이 관계에는 하나님의 인격과 조화를 이루는 우리의 인격이 포함된다. 둘째, 하나님은 인간에게 세상을 다스릴 권한을 주셨다. 바로 하나님의 대리자로서 나머지 피조물을 다스리는 역할을 뜻한다. 이 또한 하나님 형상의 한 측면이다. 셋째, 인간 종(히브리어 '아담')의 창조에는 남자와 여자 모두가 포함되는 것으로 선언된다. 인간 부부에게 하나님이 주신 복에는 다스리며 번성하는

1. 10장을 보라.

일이 포함된다. “생육하고 번성하여 땅에 충만하라. 땅을 정복하라”(창 1:28). 넷째, 하나님의 인격적 성품이 인간이라는 인격체 안에 고유하게 투영되어 있다는 사실은, 인간과 하나님 사이의 관계가 도덕적 성격을 띠게 함을 의미한다. 여기에는 하나님의 주권을 인정하며 그분께 책임을 다하고 복종하는 삶의 태도가 포함된다. 인격과 도덕적 차원은 하나님과 인간 관계의 기본이 되며, 거룩함과 의로움이라는 속성을 수반한다.

두 가지 창조 기사를 함께 살펴보면, 여자는 남자에게 어울리는 동반자이자 조력자로 지어졌음을 알 수 있다. 부부는 어떤 음심을 먹을 수 있는지 들었으며, 선악을 알게 하는 나무의 열매는 먹어선 안 된다는 사실도 알았다. 인류의 번성은 남자가 그 부모를 떠나 아내와 합하여 둘이 “한 몸”을 이루는 것으로 표현된다(창 2:24). 이는 결혼이 남자와 여자 사이에 이루어짐으로써 가장 밀접한 연합을 이루도록 의도되었다는 성경의 명백한 증거다. 이런 결혼의 연합은 동성 간에는 경험될 수 없다. 동성애와 동성 결혼은 하나님의 형상 안에서 언약적 관계라는 삼위일체의 본성을 훼손시키는 것이다. 삼위일체 하나님께는 하나 되심(연합)이 위격의 구별됨을 가리지 않으며, 이 연합과 구별은 동등한 가치를 지닌다. 그러나 동성 간의 결합은 오직 연합만을 내세움으로써 하나님이 제정하신 남녀라는 결혼의 본질적 구별을 무너뜨린다. 이와 마찬가지로 하나님의 형상을 심각하게 훼손하는 또 다른 죄는 이성 간의 무분별한 성관계와 간음이다.

오늘날 성적 지향과 성 정체성 논쟁이 뜨거운데, 일부 그리스도인들이 동성애를 모든 죄 중에 가장 악한 죄로 여기는 것은 유감스러운 일이다. ‘게이 프라이드’(gay pride) 같은 운동은 하나님의 권위를 부정하는 방식으로 그런 그리스도인들의 편향된 태도를 파고들기 때문에 쉽사리 대중의 보호 본능을 자극한다. 그리스도인으로서 우리는 더욱 회개할 필요성을 자각하고 동성애자를 사랑하며, 가능하다면 그들을 그리스도 안에 있는 하나님의 사랑으로 인도하려는 마음으로 받아들여야 한다. 동성애의 죄성을 지적하는 것 자체가 동성애 혐오인 것은 아니다. 이는 이성 간의 문란함의 죄성을 지적하는 것이 곧 이성애 혐오를 뜻하지는 않는 것과 마찬가지다.

이제 인간의 죄에 대한 계시의 역동성을 살펴보도록 하자. 성경은 아담과 하와의 원죄를 온 인류의 죄악의 근원으로 상정한다.[2] 남자와 여자의 반역적 협력은 모든 죄의 기원이 이성 간의 관계에서 비롯되었음을 보여 준다. 창조 세계, 그중에서도 특히 인간의 의지에 대한 하나님의 주권을 거부하는 것이 모든 죄의 근원이다. 우리가 아담에게서 물려받은 원죄는 우리 모두가 이 세상과 인간관계의 깨어짐에 똑같이 책임이 있음을 뜻한다. 인간의 성적 문란함은 형태를 막론하고 아담 안에서 죄인인 우리가 책임져야 할 깨어진 인간성의 한 측면이다.

인간이 자기 자신에 대해, 서로 간의 관계에 대해, 세상과의 관계에 대해, 그리고 하나님과의 관계에 대해 알아야 할 모든 것의 기초는 하나님의 말씀을 통해 전달된다. 하나님의 말씀이 최고 권위였으며, 최초의 인간들은 이 사실을 분명히 알았다. 다시 말해, 현실에 대한 인간의 관점은 창조주 하나님의 주권과 현실 구조에 대한 그분의 계시에서 시작한다. 하나님이 절대적으로 주권적인 분이라는 사실은, 그분의 말씀이 참되다는 것을 입증하기 위해 말씀 밖에서 다른 증거를 끌어올 수 없음을 의미한다. 하나님과 그 말씀 위에 있는 권위란 없으므

2. 지속되는 연대적 책임에 관한 바울의 언급은 롬 5:12-21과 고전 15:20-22에 나온다.

로, 그 말씀은 스스로 정당성을 입증하거나 아니면 아예 이해할 수 없는 것이어야 한다. 말씀은 스스로 입증하는(self-authenticating) 성격을 지니고 있기에, 우리가 마주하는 모든 경험적 사실은 결국 하나님의 말씀이라는 안경을 통해 해석된 사실들이다. 그러나 죄로 타락한 우리의 이성에게 이러한 증거 방식은 '하나님의 말씀이 주권적인 이유는 오직 말씀이 그렇게 선포하기 때문이다'라는 식의 치명적인 순환 논리로 보일 수밖에 없다. 그러나 하나님의 말씀이 스스로 입증하는 성격을 지니고 있지 않다면, 그것은 주권적인 하나님의 말씀이 아니다. 그 말씀을 인증해 줄 더 높은 어떤 권위가 있어야만 하기 때문이다. 타락한 우리 세상에는 근본적으로 두 가지 종류의 세계관이 있다. 하나는 주권적인 하나님의 계시에 근거한 세계관이며, 다른 하나는 하나님에 대한 반역에서 비롯된 것으로서 인간이 자율적이고 자족하며 진리의 유일한 판단자라고 주장하는 세계관이다.[3]

하나님은 선악을 알게 하는 나무의 열매를 먹는 죄에 대한 제재로 죽음을 정당하게 선언하셨다. 이것이 허황된 협박이 아니라면, 에덴에서의 추방은 본질상 죽음을 의미한다. 아담과 하와가 즉시 죽지 않고 계속 살았다는 사실을 설명하기 위해 불순종의 결과는 영적 죽음이었다고 주장하는 이들도 있다. 그런 식으로 영적 죽음과 육체적 죽음을 구별하는 것은 필요하지 않다. 어차피 그들은 흙으로 돌아가도록 정죄받았기 때문이다. 죽음은 즉각적이면서도 시간이 걸리는 결과지만, 아무튼 그것은 전인(全人)의 죽음이다. 은혜는 이렇게 시간이 걸리는 심판과 함께 나타나는데, 이런 식으로 성경의 패턴은 구원과 진노의 심

3. 따라서 종교와 세속성은 모두 세계관의 한 형태라는 공통점이 있다. 둘 다 명시적으로든 암묵적으로든, 긍정적이든 부정적이든, 초자연적인 것에 대한 태도를 나타낸다.

판이 항상 동반된다는 것을 보여 준다.

신적 제재로서의 죽음에 대한 정확한 의미를 두고 기독교 신학이 분열되어 왔다는 점에 주목해야 한다. 펠라기우스주의는 사실상 인간의 본성이 영적으로는 이 죽음의 영향을 받지 않은 상태라고 주장했다.[4] 즉, 원래의 의가 상실된 것이 아니며 모든 사람은 무죄한 상태로 태어난다는 것이다. 펠라기우스주의의 이런 주장은 인본주의적 감성에 호소한다. 예컨대 갓난아이는 무력하고 무죄하다는 식이다. 이 관점은 아담의 불순종을 모방함으로써 죄를 짓게 된다고 보며, 타락으로 인해 모든 인간의 본성이 내적으로 부패한 결과 죄를 짓는다고 보지 않는다. 이에 반해, 성경적 원죄론은 성공회 신조 제9조 같은 곳에서 살펴볼 수 있다.[5] 이 조항은 원죄를 "모든 인간의 결함과 부패로, 아담의 후손들에게 자연적으로 생기는(ingendered)[6] 것"이라고 설명한다.

로마가톨릭과 아르미니우스적 개신교의 입장은 형식적으로는 반(半)펠라기우스주의를 거부하지만 실제로 몇 가지 유사점이 있다.[7] 두 입

---

4. 펠라기우스는 354년경 태어나 418년 이후(불확실) 사망한 것으로 추정되는 신학자다. 그는 기독교가 점점 세속화되는 현실에 자극을 받아 사람에게 하나님의 요구를 충족시킬 능력이 있다고 주장했다. Harold Brown은 이렇게 말한다. "펠라기우스는 하나님을 기쁘시게 하는 도덕적 책임을 지는 삶이 가능하다는 것을 보여 주고자 했다. 그와 동시에 한때 아우구스티누스가 몸담았고 완전히 벗어나지 못했던 마니교 운동의 비관적이고 내세적인 이원론을 비판했다.… 펠라기우스의 견해에 따르면, 은혜는 선을 알고 선택할 수 있도록 모든 사람에게 주어진다. 반면 아우구스티누스의 견해에 따르면, 하나님의 은혜 없이는 아무도 선을 선택하거나 사랑할 수 없다." Harold O. J. Brown, *Heresies: The image of Christ in the mirror of heresy and orthodoxy from the apostles to the present* (New York, NY: Doubleday, 1984), p. 201.

5. 영국 성공회의 39개 신앙 조항(1562년)은 보통 「공동 기도서」(1662년판 및 후속 개정판)에 부록으로 첨부되어 있다. 제9조, '원죄 혹은 생득의 죄에 관하여'는 첫 문장에서부터 모방으로 죄를 짓는다는 펠라기우스의 주장을 물리친다. 또한 원죄는 웨스트민스터 신앙고백 제6장의 주제이기도 하다.

6. 'engendered'의 고어.

7. 반펠라기우스주의는 제2차 오렌지 공의회(529년)에서 정죄되었다. 다음을 보라. D. F. Wright,

장의 신학 모두 인간이 "자유롭게 예수를 선택할 수" 없을 정도로 죄의 영향이 심각한 것은 아니라고 여긴다. 이런 입장은 하나님께로 돌이키기 위해서는 선행 은총이 필요하다고 명시한 성공회 신조 제10조에 의해 거부된다.[8] 로마가톨릭은 토마스 아퀴나스의 철학적 입장을 따라 인간 안에 간직한 하나님의 형상과 모양을 구별해 '자연과 은총' 개념을 받아들였다.[9] 이에 따르면 타락한 인류의 본성은 타락 사건의 영향을 거의 받지 않았다. 하나님의 모양, 즉 '초자연적 속성'만 손상되었을 뿐 본성은 거의 그대로 남아 있다고 보았다. 따라서 은총 없이는 충분하지 않지만, 인간 본성이 구원에 부분적으로 기여한다고 여긴다. 반면 프로테스탄트 종교개혁가들은 '자연과 은총'의 이런 개념을 거부하고 구원은 '오직 은혜'로 이루어진다고 주장했다.

'Pelagianism', *NDT*, pp. 499-501; 'Semi-pelagianism', *NDT*, pp. 636-7. 로마가톨릭의 견해는 다음 책에서 볼 수 있다. Richard P. McBrien, *Catholicism* (Minneapolis, MN: Winston Press, 1981), pp. 37-46. McBrien은 "펠라기우스주의의 변형인 반펠라기우스주의는… 믿음의 시작(*initium fidei*)에 은혜가 필요하지 않다고 보았다"고 말한다(p. 38). 그는 오렌지 공의회에 대해서는 이렇게 평한다. "이것은 공교회의 가르침 가운데 가장 중요하면서도 가장 알려지지 않은 내용 중 하나일 것이다. 이는 지켜지기보다는 빈번히 어겨지는 것 중 하나다"(p. 40). 이어지는 논의는 자연과 은총 및 믿을 수 있는 인간의 능력과 그 믿음을 행할 수 있는 인간의 능력을 다루는 복잡성을 보여 준다. 이는 원죄와 타락의 영향에 대한 의문을 제기한다.

8. 제10조, '자유 의지에 관하여'는 실제로 아담의 범죄 이후 인간 본성 안에 자유로운 의지가 자연적으로 존재한다는 어떤 개념도 부정한다. 선행 은총(prevenient grace)이란 하나님께로 돌이킬 수 있는 능력을 얻기 위해 반드시 선행되어야 하는 은혜를 뜻한다.

9. McBrien은 이렇게 말한다. "아퀴나스에게 신앙 행위는 본질적으로 지성의 행위다. 하지만 이는 단순한 지적 활동이 아니라, 동의를 동반한 사유다." McBrien, *Catholicism*, p. 41. 성공회 신조 제10조에서 부정하는 자유 의지 개념은 1546-47년에 트렌트 공의회 제6회기의 '칭의에 관한 교령'에서 주장된 것이다. 이에 McBrien은 다음과 같이 언급한다. "칭의의 과정은 예수 그리스도를 통한 하나님의 은혜로 시작된다. 칭의로의 이런 부르심은 공로에 의한 것이 전혀 아니다. 우리에게는 여전히 이를 거부할 자유가 있다.… 요약하자면 이렇다. 트렌트 공의회는 믿음에 대한 공식적인 정의를 내리지 않았지만, 믿음은 철저히 초자연적인 것임과 동시에 자유로운 행위임을 가르쳤다. 또한 믿음은 칭의와 구원에 필수적이며, 단순히 진리를 지적으로 받아들이는 것이 아님을 가르쳤다. 그리고 16세기 일부 프로테스탄트의 입장과 달리 믿음이 죄와 공존할 수 있음을 가르쳤다"(McBrien, p. 43).

죽음이라는 제재는 심각하게 받아들여져야 한다. 그것은 전인적인 죽음으로, 에덴 바깥의 모두가 허물과 죄로 그렇게 죽은 상태다(엡 2:1, 5). 반역한 인류가 겪는 이 죽음의 경험 한가운데서 하나님의 은총에 대한 계시가 동트기 시작한다. 이 계시는 인류의 죄가 하나님의 목적을 좌절시키도록 내버려 두지 않으시는 그분의 선제적 목적을 암시한다. 그래서 창세기 3:15의 약속이 전통적으로 원복음(*proto-evangel*), 즉 처음 표현된 복음으로 알려지게 되었다. 이후 나머지 성경 내러티브는 하나님이 인류의 죄를 바로잡으시는 구원 사역의 예표로서 이 약속이 실현되는 과정을 보여 준다.

창세기 3:15의 약속은 다소 난해한 구석이 있다. 여자와 뱀 사이에는 증오가 생겨서, 여자의 후손은 뱀의 머리를 상하게 하고 뱀의 후손은 여자의 씨의 발꿈치를 상하게 할 것이다. 이 말씀은 전통적으로 예수의 십자가 죽음을 가리키는 것으로 해석되어 왔지만, 신약에는 이에 대한 직접적인 언급이 없다. 가장 근사하게 원복음을 상기시키는 구절은 로마서 16:20이다. "평강의 하나님께서 속히 사탄을 너희 발 아래에서 상하게 하시리라." 이것은 실제로 성취되면서 일어나는 일을 통해 그 의미가 드러나는데, 바로 점진적 계시의 역동성이다. 하나님께서 이 상황을 바로잡으셔야만 했던 이유는, 아담 부부가 에덴동산에서 추방되어 생명나무에 이르는 길을 잃어버린 사실에서 분명히 드러난다. 생명나무에 이르는 길은 그룹들과 두루 도는 불칼이 지키고 있다(창 3:22-24).

모든 피조물의 심판자이신 하나님

신학적 맥락에서 정의와 공의는 대체로 동의어로 여겨진다. 하나님은 의롭게 심판하신다. 하나님은 자신의 창조 세계 안의 불의와 부정을 보고도 아무렇지 않게 방관할 수 없는 분이다.[10] 인간과 창조주 하나님의 관계는 창조 내러티브 초반부터 시험을 받는다. 하나님의 사랑과 선하심은 무엇보다 그분 인격의 어떤 필요나 결핍에 의해서가 아닌 자유롭게 창조하신 행위를 통해 충분히 드러난다. 이 단계에서 하나님의 사랑은 타락한 피조물을 향해 그분이 어떻게 행동하시는지를 보여주는 후대의 기록을 통해 추론할 수 있다.[11] 하나님의 사랑은 존재했지만, 단지 이름이 부여되지 않았을 뿐이다. 하나님의 형상과 모양대로 지음받은 독특한 관계 외에, 하나님이 사람의 모든 필요를 채우신다는 묘사는 "하나님이 지으신 그 모든 것을 보시니 보시기에 심히 좋았더라"(창 1:31)는 서술에서 절정에 달한다. 창세기 2장에 나오는 두 번째 창조 기사는 여자의 창조와 두 부부가 에덴동산에 거하게 된 일을 들려준다. 하나님은 그들에게 모든 것을 풍성히 공급하셨지만, 단 하나의 검증 과정을 두셨다. 바로 선악을 알게 하는 나무의 열매는 먹지 말라는 것이다(창 2:16-17). 이 시험은 창조주 앞에서 인간의 도덕적 책임을 매우 분명히 나타낸다. 여기에는 하나님의 주권과 인간의 책임이 양립할 수 없다는 어떤 암시도 보이지 않는다. 비단 여기뿐 아니라 성경 어디에도 이 문제에 대한 형이상학적 추론은 없다. 하나님은 절대 주권자이시지만, 그분의 피조물인 우리는 자신의 선택에 책임을 지고 그에 따라 심판을 받는다. 논리는 간단하다. 하나님이 우리와 모든 피조물을 지으셨기에 그분께는 우리를 다스리고 창조 세계를 해석할 권

10. 6장에서 우리는 하나님의 속성에 삼위일체로서 그분의 본성과 일치성이 있음을 살펴보았다.

11. 사랑을 뜻하는 어휘들[히브리어 אהב(아하브), אהבה(아하바)]은 창 22:2에 이르기까지 나오지 않는다. 하나님을 향한 사랑은 하나님의 구원 사역에 대한 응답을 나타내는 언약적 용어가 된다. 예를 들어, 출 20:6; 신 6:5.

한이 있다(시 24:1).

성경에 악의 기원에 대한 언급은 없지만, 악의 첫 등장은 뱀의 유혹을 통해서다(창 3:1-7). 이 참담한 상황 이전에 어떤 일이 있었는지 추측하는 것은 쓸데없다. 때로 바벨론 왕을 향한 이사야의 정죄를 문맥에서 떼어 내 사탄의 타락에 대한 묘사로 해석하는 것도 부족한 설명이다(사 14:12-15).[12] 물론 사탄과 바벨론 왕 사이에 영적 연관성이 있는 것은 분명하지만, 그렇다고 그들이 동일한 존재라는 말은 아니다. 여기서 핵심 원칙은 인간의 불순종에는 반드시 하나님의 심판이 따른다는 것이다. 성부 하나님의 주권과 피조물의 경계를 설정하신 권한은 아담과 하와를 에덴에서 쫓아내시는 법적 행위로 나타난다. 에덴은 하나님과 인간이 교제하던 장소였지만 이제 그 관계가 깨어졌다. 게다가 온 창조세계가 이 심판을 함께 공유하게 되었다(창 3:14-19; 롬 8:19-23).

"네가 먹는 날에는 반드시 죽으리라"는 제재가 이제 시행되었기에, 우리는 성경 내러티브의 진행에 따라 이 죽음이 무엇을 의미하는지 관찰할 수밖에 없다. 이것은 아담과 하와의 존재가 즉시 중단되거나 순식간에 사라지거나 영원한 지옥에 떨어진다는 의미가 아니다. 바로 이 심판 아래서, 부패한 세상에서 살아가는 것이 "흙으로 돌아갈 때까지" 계속된다는 뜻이다(창 3:19). 훗날 사도 바울은 로마서에서 이 점을 언급한다. "피조물이 허무한 데 굴복하는 것은 자기 뜻이 아니요 오직 굴복하게 하시는 이로 말미암음이라. 그 바라는 것은 피조물도 썩어짐의 종노릇한 데서 해방되어 하나님의 자녀들의 영광의 자유에 이르

12. 구약에서 단 한 번, 사 14:12에 나오는 히브리어 '헤일렐'(הילל)을 KJV는 '루시퍼'로, ESV는 '계명성'으로 옮긴다. 이는 '빛나다'를 뜻하는 동사형에서 파생된 것이다. 일부 주석가들이 루시퍼를 사탄으로 보려는 경향은 도움이 되지 않는다. 그래서 어떤 영역본은 '루시퍼'라는 번역을 사용하지 않는다. 사실 '루시퍼'는 라틴어로 단순히 빛과 연관된 단어임에도 오해의 소지가 있기 때문이다.

는 것이니라”(롬 8:20-21). 바울은 우리가 지금 “살아 있다”고 여기는 상태가 실제로는 “허물로 죽은” 상태임을 알았다(엡 2:5). 창조주가 안식하신 일곱째 날의 다음 ‘날’은 오직 하나님의 은혜로만 비쳐지는 흑암과 죽음의 날이다. 이는 우리를 후기 예언서가 말하는 “여호와의 날”로 이끈다. 그날에는 죄에 대한 하나님의 진노와 선택받은 자들을 향한 구원이 모두 드러나게 될 것이다.

성경 전체, 특히 후기 예언서에서 반복되는 중요한 형식이 나타난다. 첫째, 주권적인 하나님을 대적하는 반역에 대한 정죄다. 둘째, 심판의 선포다. 셋째, 반역에서 돌이키는 자들을 향한 구원의 확증이다. 구약의 구속사는 그리스도 안에서 구원의 복음이 탄생하는 모체가 된다. 하나님의 구원 사역은 언제나 하나님의 심판과 맞닿아 있다. 다시 말해, 하나님이 창조 세계의 온전함을 구원하고 회복시키시려면 반드시 자신과 자기 나라에 대적하는 모든 것을 심판하셔야 한다.[13]

에덴 바깥의 하나님 백성 이야기는 아담과 하와가 동산에서 추방되는 데서 시작한다. 이 이야기는 생명나무에 접근하지 못하는 것이 바로 심판이며, 그것이 곧 죽음의 선고임을 확인시켜 준다. 생명나무에 이르는 길은 그룹들과 두루 도는 불칼이 지킨다. 현대의 세속적 지성은 하나님이 죽었다고 선언하며, 심지어 신이라는 개념 자체가 무의미하거나 해롭다고까지 말한다. 그저 상투적으로 “우리가 왜 죽어야 하는가?”라고 물을 뿐이다. 사람들은 미래의 과학적 진보가 온갖 질병을 영원히 치유하며 부활과 비슷한 일을 이루리라는 희망을 품고 냉동인간 기술 같은 것에 기대를 건다. 하나님을 부정하는 지성은 만

13. 이 주제는 다음 책에서 돋보인다. James M. Hamilton Jr, *God's Glory in Salvation through Judgment: A biblical theology* (Wheaton, IL: Crossway, 2010).

유의 주께서 선포하신 질서를 거부한다. 하나님의 심판을 판타지로 치부하면, 하나님이 맡기신 다스림의 책무는 쉽게 부패하고 우리에게 하나님이 필요하지 않음을 입증하려는 집요한 고집이 된다.[14]

하나님의 심판의 한 측면은 우리가 반창조(uncreation)라고 부를 수 있는 과정이다. 창세기의 두 창조 기사에서 드러난 하나님의 선한 창조는 인간과 함께 타락하고 심판을 받아 손상되었다. 이런 보편적 타락 속에서도 드러난 하나님의 자비와 은혜를 고려하면, 한편으로는 타락한 창조 세계가 타락한 인간을 너그럽게 받아들인다고도 말할 수 있을 것이다. 말 그대로 우리는 본래의 순수한 상태를 유지한 온전한 세상에서는 살아갈 수 없었을 것이다.[15] 타락은 창조 세계 전체를 뒤덮었다. 다른 한 측면에서, 이는 "얼굴에 땀을 흘려야 먹을 것을 먹으리니"라는 엄중한 심판이다(창 3:19). 여자가 받은 심판은 "네게 임신하는 고통을 크게 더하리니 네가 수고하고 자식을 낳을 것"이다(창 3:16). 타락의 보편적 '반창조'는 하나님이 심판으로 내리신 기근처럼 여러모로 겪게 될 것이다(예. 욜 1:2-4; 암 4:6-11). 아모스 4:10은 이집트의 전염병을 언급하는데, 출애굽 시기에 모세를 통해 임한 재앙들을 생각나게 한다. 열 가지 재앙은 이집트의 신들을 굴복시켰을 뿐 아니라 그 땅에 심각한 반창조 현상을 일으켰다.[16]

에덴 밖에서는 깨어진 세상과 도덕적으로 부패한 인간에 관한 이야기가 펼쳐진다. 생육하는 일이 지속되어 아담과 하와는 두 아들, 가인

---

14. 다음을 보라. Rousas John Rushdoony, *The Mythology of Science* (Nutley, NJ: The Craig Press, 1967). Rushdoony가 이 책을 쓴 이후 과학은 장족의 발전을 이루었지만, 과학이 하나님의 명령 위에 군림한다는 세속적 태도는 여전하다.

15. 다음 책에 이 문제가 잘 나타난다. C. S. Lewis, *The Great Divorce: A dream* (London: Collins, 1946). 『천국과 지옥의 이혼』(홍성사).

16. 창조에 관한 10장을 보라.

과 아벨을 낳는다. 그러나 이제 폭력적 죽음이 등장한다. 가인이 동생을 살해한 일은 더 큰 심판으로 이어진다. 창조 세계 전체가 타락했지만, 두 부류의 사람들로 새로운 구별이 생긴다. 하나는 타락한 세상에서나마 회복을 위해 하나님이 호의를 베풀며 예정하신 자들이고, 다른 하나는 계속해서 심판을 자초한 자들이다. 아담이 들은 땅에 내려진 저주가(창 3:17-19) 가인에게 내려진 심판에서 심화된 것으로 보인다(창 4:11-12). 노아의 아버지 라멕은 하나님의 저주와 호의를 이해하고는 노아를 낳고 이렇게 말한다. "여호와께서 땅을 저주하시므로 수고롭게 일하는 우리를 이 아들이 안위하리라"(창 5:29).[17] 지금까지 하나님의 심판은 에덴에서 깨어진 세상으로의 추방과 결국 맞이하게 될 육체적 죽음으로 이루어졌다. 그러나 창세기 6장에서는 하나님의 심판에서 또 다른 차원이 펼쳐지는데, 이는 앞으로 하나님의 백성의 역사에서 점점 두드러지게 나타날 것이다. 인간의 악함으로 인해 땅 위의 생물들을 즉시 파멸시키는 심판 말이다. 이 경우에는 대홍수가 일어나서 인간의 계보는 오직 노아와 세 아들의 가족으로만 이루어지게 된다.

성경 내러티브의 발전을 따라가면서 이것이 하나님의 심판 아래 있는 타락한 창조 세계의 역사임을 기억하는 것이 중요하다. 세상이 여전히 거주할 만한 곳으로 남아 있는 한, 생물들은 계속 번성할 수 있었다. 생명이 다소간의 정상성을 유지한 것은 순전히 하나님의 자비와

---

17. '노아'라는 이름이 라멕의 말과 어울리지 않는 데 문제가 있다. 다음을 보라. Victor P. Hamilton, *The Book of Genesis: Chapters 1-17* (Grand Rapids, MI: Eerdmans, 1990), pp. 258-60. 『NICOT 창세기 1』(부흥과개혁사). 그래서 Tremper Longman은 다음과 같이 설명한다. "노아는 위로를 뜻하는 히브리어 '나함'(*naham*)과 소리가 비슷하고, 성경은 더 자세한 설명을 덧붙인다. '여호와께서 땅을 저주하시므로 수고롭게 일하는 우리를 그가 위로할 것이다.'" Tremper Longman III, *Genesis*, The Story of God Bible Commentary (Grand Rapids, MI: Zondervan, 2016), p. 100. 『SGBC 창세기』(성서유니온).

은혜 덕분이었다. 그 사이, 하나님의 심판은 그분의 통치에 대한 지속적인 반역에 맞서 뚜렷하게 드러난다. 은혜와 심판의 관계를 인식하지 않고 하나만 언급할 순 없다는 점에서 은혜와 심판은 서로를 규정한다. 이 원리는 가인과 아벨 때 처음 나타나서 노아 홍수 때 더욱 분명해진다. 이는 노아의 세 아들에게서도 볼 수 있다. 한 명은 축복을 받고, 둘째는 저주를 받으며, 셋째는 첫째의 축복을 어떤 식으로든 함께 누리게 된다(창 9:18-19, 24-27). 셈과 야벳의 이런 연결은 구원받은 유대인(이스라엘 민족)과 구원받은 이방인의 관계를 예견한다.[18]

아브람의 부르심에서 시작해 하나님이 이삭과 야곱을 통해 아브람의 후손과 맺으신 언약적 관계는, 하나님의 심판이라는 주제와 함께 하나님 백성의 불순종과 불신앙, 그리고 그들이 접촉하던 열방의 우상숭배에 초점이 맞춰진다. 이스라엘이 하나님께서 아브라함에게 약속하신 가나안 땅을 차지해 가는 힘겨운 과정은 때로 그 땅의 주민들을 대대적으로 진멸한다는 점에서 도덕적으로 문제가 있다고 여겨지기도 한다. 그러나 이런 식의 폭력적인 축출은 그 이유가 분명히 언급된다.

> 오늘 너는 알라. 네 하나님 여호와께서 맹렬한 불과 같이 네 앞에 나아가신즉 여호와께서 그들을 멸하사 네 앞에 엎드러지게 하시리니 여호와께서 네게 말씀하신 것같이 너는 그들을 쫓아내며 속히 멸할 것이라. 네 하나님 여호와께서 그들을 네 앞에서 쫓아내신 후에 네가 심중에 이르기를 내 공의로움으로 말미암아 여호와께서 나를 이 땅으로 인도하여 들여서 그것을 차지하게 하셨다 하지 말라. 이 민족들이 악함으로 말미암아 여호와께서 그들을 네 앞에서 쫓아내심이니라. (신 9:3-4)

18. 이스라엘은 아브라함의 조상인 셈의 후손이므로, 야벳은 이방인의 조상이다.

이스라엘에 의해 쫓겨난 민족들이 당한 일이라는 도덕적 문제는 그들이 범한 우상숭배에 대한 하나님의 공의로운 심판이라는 관점으로 해결된다.[19]

창조 때 세워진 원칙은 변하지 않는다. 우리를 지으신 하나님께 우리를 다스릴 권한이 있다. 하나님의 창조 행위와 통치는 창조 세계 전체의 선을 위한 것임이 드러난다. 하나님의 형상대로 지음받은 인간이라는 특성은 하나님의 공의를 거스른 반역이 곧 철저한 도덕적 반란임을 의미한다. 하나님의 심판을 이해하기 위해서는 아담과 하와의 죄로부터 죄의 본성이 무엇인지를 파악해야 한다. 우리는 첫 조상들의 죄가 금지된 열매 하나를 먹은 사소한 행동에 불과하다는 반론에서 벗어나야 한다. 왜 하나님은 그토록 화를 내셔야 했는가? 우리 자녀가 그런 사소한 잘못을 저지른다면 우리는 쉽게 용서할 수 있을 것이다. 하지만 에덴의 상황은 완전히 독특했다. 하나님과 그분의 백성의 관계도 마찬가지였다. 아이가 부모 몰래 금지된 과자 한 조각 먹는 것은 우리 첫 조상들의 죄와 비교 자체가 되지 않는 일이다.

아담과 하와의 불순종은 하나님의 권위에 대항하는 뿌리 깊은 도덕적 반역이었다. 여기서 '도덕적'이라는 말은 그것이 하나님과 그분의 백성 간의 놀랍고 독특하며 누릴 자격 없는 인격적 관계에 대한 공격이었음을 의미한다. '반역'이라는 말은 옳고 그름, 선과 악, 진리와 거짓을 결정할 수 있는 하나님의 고유한 특권에 대한 거부를 의미한다. 이는 하나님이 사람을 위해 완벽히 설정하신 세계관을 부정하고는, 인간 중심적이고 우상숭배적이며 완전히 잘못된 세계관으로 대체하는 짓이다. 다시 말해, 죄의 참혹함은 하나님께 언제나 우리 삶에서 물러나 계

19. 이런 이방인들이 어떤 법으로 심판을 받는지에 대해서는 13장에서 논의할 것이다.

시라고 말하는 데 있다. 자기 자신만이 진짜 현실이 어떤지, 무엇이 자신에게 최선인지 알 수 있다고 생각하기 때문이다. 그러나 우리는 하나님과 교제하도록 지어졌다. 그 결과로 인해 하나님과 인간의 관계가 틀어진 것이 바로 타락의 핵심이다. 성경에서 그렇게 부르지는 않지만 우리가 '타락'(Fall)이라고 부르는 사건에는 인류의 악한 반역과 하나님의 공의로운 심판이 모두 수반되어 있다. 이는 실로 하나님과 조화를 이루는 인간의 존엄성으로부터의 추락이다. 타락은 창조의 선한 질서로부터 우리 주변에서, 특히 인간관계에서 목격하는 상대적 혼돈으로의 전락을 초래한다. 만일 하나님께 다른 계획이 없었다면, 타락은 완전한 혼돈과 궁극적이고 절대적인 반창조로 이어졌을 것이다.

성경은 창조주에 대한 인류의 반역에 담긴 심각한 본성을 강조하기 위해 상대적으로 소박한 반창조의 과정을 가리킨다. 우리는 여전히 많은 질서와 아름다움을 지닌 창조 세계 속에서 살아간다. 그럼에도 불구하고, 반창조는 인간과 나머지 피조물 사이의 연대성을 강조한다. 대홍수, 악한 성읍들의 파괴, 이집트에 내린 저주, 홍수와 기근의 위협 등은 모두 창조 세계가 위협받고 있음을 보여 준다. 이런 예시 가운데 가장 인상적인 것 하나는 예레미야가 바벨론의 손아귀에 달린 유다의 운명을 숙고하는 데서 나타난다. 창세기 1:2은 질서가 세워지기 전의 초기 상태를 이렇게 묘사한다. "땅이 혼돈하고 공허하며 흑암이 깊음 위에 있고." "혼돈하고 공허하며"라는 표현은 히브리어 '토후 와보후'(*tōhû wābōhû*)[20]인데, 이는 성경 다른 곳에서 단 한 번 사용된다. 그곳이 바로 창세기 1:2을 반영하고 있는 예레미야 4:23-26이다. 하지만 예레미야는 창조의 질서가 아니라 그와 정반대, 즉 유다의 죄로 인한 창

20. 히브리어 תהו ובהו.

조의 체계적 해체를 묘사한다.

> 보라, 내가 땅을 본즉 혼돈하고 공허하며
> 　하늘에는 빛이 없으며
> 　내가 산들을 본즉 다 진동하며
> 　작은 산들도 요동하며
> 　내가 본즉 사람이 없으며
> 　공중의 새가 다 날아갔으며
> 　보라, 내가 본즉 좋은 땅이 황무지가 되었으며
> 　그 모든 성읍이 여호와의 앞
> 　그의 맹렬한 진노 앞에 무너졌으니.

이처럼 예레미야는 바벨론 포로 생활을, 하나님이 주신 땅에서 하나님의 백성이 가졌던 통치자로서의 역할을 증명해 주던 모든 것이 파괴된 사건으로 보았다.

진정한 세계관에 맞선 반역

우리 세대 복음주의 설교자들이 많이 쓰는 표현 중 하나는 '죄의 넘치는 죄성'(the exceeding sinfulness of sin)이다. 이 표현은 시종일관 기독교 신학에 따라붙어 온 신학적 질문을 제기한다. 그래서 죄는 얼마나 죄악스러운가? 아담과 하와가 선악을 알게 하는 나무의 열매를 먹어 하나님께 불순종했을 때 대체 어떤 일이 벌어졌던 것인가? 아담과 하와의 죄는 모든 사람의 인간 본성에 어떤 영향을 미쳤는가? "네가 먹는 날에는 반드시 죽으리라"는 선고는 우리의 마음과 생각을 얼마나 무력하게 만드는가? 신학자들이 인류의 반역과 그에 따른 결과를 '타락'(fall)이라는 용어로 설명하기 때문에 다음과 같이 묻는 것이 타당하겠다. 과연 인류는 얼마나 깊이 추락했는가?

창세기 3장에서 묘사된 타락의 역동성이 누군가에는 판타지 이야기처럼 보이기도 한다. 그렇다고 악의 문제가 사라지는 것은 아니며, 이를 부정하는 것은 어리석은 일이다. 우리가 살아가는 세상에는 아름다움이 존재하지만, 죽음, 파괴, 재난, 증오와 악, 동료 인간에 대한 비인간적 처사로 가득한 것도 사실이다. 성경은 악이 어디서 왔는지에 관해서는 어떤 형태의 철학적 이유도 제시하지 않는다. 다만 창세기 3:1에서 뱀의 존재로 나타날 따름이다. 이 악한 존재는 하나님이 지으신 피조물인데, 이것 자체가 하나님이 그를 악하게 지으셨다는 말은 아니다. 이 내러티브의 역동성은 단순하다. 하나님은 남자에게 한 나무의 열매만은 금지하시며, 이를 어기면 죽게 될 것이라고 말씀하셨다(창 2:17). 이는 현실에 대한 인간의 관점을 정립해 주는 하나님 계시의 한 사안에 불과했다. 그러나 이 제재는 하나님의 주권과 온 세상을 다스리시는 그분의 권한에 맞선 반역의 결과를 분명히 보여 준다.

뱀이 여자에게 말을 걸며 유혹하기 시작할 때, 먼저 그런 금지의 범위에 대해 거짓말을 하며 여자의 마음에 의심이 들게 유도한 후 하나님의 말씀을 정면으로 부정한다(창 3:1-5). 결국 여자는 굴복해 금지된 열매를 따서 먹고, 남자에게도 주어 먹게 한다(창 3:6). 하나님이 두 부부를 추궁하시면서 드라마는 책임을 서로 떠넘기는 장면으로 전개된다. 남자는 여자를 탓하고, 여자는 뱀을 탓한다. 그러나 이 순간의 핵심 문제는 그런 불순종 행위가 도덕적 차원을 가진다는 점이다. 이는 모든 피조물을 자신의 성품과 완전히 일치하게 만드신 하나님의 주권적 의지에 대한 반역이다. 이 반란의 주요 결과 중 하나는 인간 본성에 있어서의 인식론적 변화다. 타락 내러티브는 인간이 자기 스스로를 무엇이 선이고 진리며 현실인지 판단하는 유일한 잣대로 세움으로써 하나님으로부터의 독립과 자율성을 선언했음을 보여 준다. 인간은 하나님 말씀의 진리 여부를 결정할 수 있는 권한을 거머쥐었다. 그리고 이에 따른 첫 번째 결정이 하나님의 말씀에는 진리가 없기에 하나님을 신뢰할 수 없다는 것이었다. 코넬리우스 반 틸은 다음과 같이 정리한다.

> 따라서 인간의 타락은 모든 면에서 하나님 없이 살아가려는 시도였다. 인간은 진리, 선, 아름다움의 이상을 하나님 저편, 곧 직접적으로는 자기 자신에게서, 간접적으로는 자신을 둘러싼 우주에서 찾고자 했다. 원래 인간은 하나님의 지도 아래 우주를 해석했지만, 이제 하나님과 상관없이 우주를 해석하고자 했다.[21]

이것은 그저 과일 하나를 훔친 무해하고 하찮은 잘못이 아니라, 주권적 주님이자 창조주이신 하나님과 인간의 관계를 전적으로 재정립하는 사건이었다. 따라서 인식론적 자살이자 영적 자살이었다.

타락의 도덕적 차원은 신적 인격에 맞선 창조된 인간의 반역과 그에 따른 창조 질서에 맞선 반역에 있다. 이 창조 질서는 처음의 혼돈하고 공허한 상태('토후 와보후')가 하나님의 말씀과 영에 의해 그분의 성품을 반영하는 온전한 피조물로 변한 결과다. 오직 하나님만이 자신의 피조물을 해석하시고, 무엇이 진리고 선인지 말씀하실 수 있다. 아담과 하와는 그들이 진리의 기준이라는 자기기만적 주장을 받아들였

21. Cornelius Van Til, *Christian Apologetics* (Phillipsburg, NJ: Presbyterian and Reformed, 1976), p. 15.

을 뿐만 아니라, 그렇게 함으로써 하나님을 거짓말쟁이로 만들고 신적 계시를 거부하는 것이 그런 허상을 지탱할 수 있는 유일한 방법임을 보여 주었다. 지식에 대한 인간의 전제는 신뢰할 수 있고 스스로 입증하는 하나님의 말씀에서 멀어져, 인간 자율성의 자기기만을 표현하는 것으로 바뀌고 말았다.

이보다 위태로운 상황을 생각하기는 불가능하다. 하나님은 기만자로 여겨지고, 그분의 진리는 거짓으로 간주되며, 인간의 어리석음과 오류가 지혜와 진리로 미화된다. 따라서 우주의 도덕 구조가 거짓과 인간의 자기충족적 주장으로 인해 부정된다. 바로 이것이 하나님의 심판을 받아야 하는 이유, 즉 우리가 '타락'이라고 부르는 것이다. 사도 바울이 "아담 안에서 모든 사람이 죽은 것같이"라고 선언할 때(고전 15:22), 그는 인류 전체의 연대성을 주장한다. 처음에는 이것이 개인의 책임을 부정하는 것처럼 보일 수도 있다. 하지만 그런 추론은 성경 계시에 의해 허용되지 않는다. 이에 대해서는 뒤에서 설명할 것이다. 우선 지금은 아담 안에서의 이 죽음이 우리에게 의미하는 바를 살펴보자. 이는 원죄론에 관한 신학적 공식에서 설명되는 인간의 상태로 이어진다. 종교개혁의 공식 가운데 하나인 성공회 39개 신조(1562년)는 이 교리에 대해 다음과 같이 기술한다.

> 원죄는… 모든 인간 본성의 결함과 부패로, 아담의 후손들에게 자연적으로 생기는 것이다. 따라서 인간은 의로부터 아주 동떨어져 있고 본성상 악에 기우는 경향이 있으므로, 육신적 욕망은 항상 영을 거스른다. 그러므로 이 세상에 태어난 모든 인간은 하나님의 진노와 저주를 받아 마땅하다. (제9조. 원죄 혹은 생득의 죄에 관하여)

이에 대한 이해를 확실히 하기 위해, 다음 조항에서는 이렇게 선언한다.

> 아담의 타락 이후, 인간은 자신의 자연적인 힘과 선행을 통해 스스로 돌이켜 하나님을 믿고 찾을 준비를 할 수 없는 상태에 처했다. 결국 우리에게는 하나님께서 기뻐하시고 받아주실 만한 선을 행할 능력이 전혀 없다. 우리가 선한 의지를 품을 수 있도록 그리스도를 통해 선행하시는[22] 하나님의 은혜가 있어야만 하며, 우리가 그 의지를 품었을 때에도 우리 안에서 함께 일하시는 하나님의 은혜가 반드시 필요하기 때문이다. (제10조. 자유 의지에 관하여)

비록 제10조의 명칭은 '자유 의지에 관하여'이지만, 이 신조는 죄인에게는 죄인으로서 타락한 본성에 따라 행동할 자유만 있다는 사실을 분명히 밝힌다. 통상적으로 사용되는 '자유 의지'라는 용어는 대체로 그 의미에 대한 깊은 고찰 없이 자율성을 뜻하는 말로 쓰인다. 이는 우리가 삶 속에서 우리 뜻대로 선택하며 살아간다는 점과 완전하고 무조건적인 자유를 혼동한 것이다. 자유 의지에 대해 철학적이고 신학적으로 살펴보면, 그런 선택은 결코 절대적 의미에서 자유롭지 않다. 다시 말해, 선택 능력이 자율적이고 무조건적이며 무제한적이라는 일반적 의미에서의 자유 의지는 지속 가능한 개념이 아니다.

우리가 오직 자신의 죄성을 표현할 자유만을 가지고 있다는 사실은 근본적으로 우리가 현실을 바라보는 방식, 즉 우리의 세계관에 영향을 미친다. 근래에는 자연 세계를 설명하기 위해 창조 교리를 거부하고 시간

---

22. 여기서 사용된 'preventing'(막다, 방지하다)이라는 단어는 '앞서가다'라는 뜻을 가진 라틴어에서 유래한 것으로, 방해한다는 의미가 아니라 가능하게 한다는 의미다. 신학자들은 '선행 은총'이라는 용어를 사용하여 믿음을 위해 반드시 필요한 하나님의 은혜를 나타낸다.

과 우연의 교리를 받아들이는 지경에 이르렀다. 그래서 오늘날 논쟁의 특징은 흔히 신앙과 과학의 논쟁으로 여겨지는 것이다. 하지만 실상은 하나님의 강력한 창조 목적에 대한 신앙과, 오랜 시간에 걸친 우연한 돌연변이로 자연의 복잡성을 설명하는 자연 선택의 강력한 창조 목적에 대한 신앙 사이의 논쟁이다. 한마디로 상반된 두 신앙 사이의 논쟁인 것이다.

변증학에서 이것이 가진 중요성을 결코 과소평가해서는 안 된다. 현상학적 수준에서는, 거듭난 마음과 거듭나지 않은 마음이 의견을 같이할 때가 많다. 자연 과학, 기술 공학, 언어학, 역사, 예술 같은 연구 분야에는 많은 공통점이 있다. 하지만 형이상학, 인식론, 윤리학 같은 궁극적인 문제에 있어서는 근본 원리에 대한 합의가 거의 이루어지지 않을 것이다. 이는 현실의 본질과 그것이 어떻게 지금 모습이 되었는지에 관하여 두 가지 상반된 전제에 근거한 두 가지 상반된 체계가 존재하기 때문이다.

그리스도인과 비그리스도인을 구분 짓는 두 가지 기본적인 '현실관'에 대한 인식 없이 시작하는 변증학적 논증은 비신자를 설득하지 못할 가능성이 높다. 물론 복음의 능력과 죄인을 변화시키시는 성령의 주권적 사역을 무시할 수는 없지만, 기독교 신앙의 주장을 이성적으로 변론할 때는 반드시 이 두 가지 상반된 세계관의 실제를 인식하고 있어야 한다. 변증학적 방법은 변증가가 어떤 전제 위에 서 있는지에 달려 있다. 이것이 우리가 기독교 신앙의 진리로 비신자들의 마음을 설득하려고 할 때 상정할 접점을 결정하는 요소다.[23]

---

23. 개혁주의 변증학을 탁월하게 다룬 작업은 다음을 보라. Cornelius Van Til, *The Reformed Pastor and Modern Thought* (Philadelphia, PA: Presbyterian and Reformed, 1975); John M. Frame, *Apologetics to the Glory of God: An introduction* (Phillipsburg, NJ: P&R Publishing, 1994). 또한 다음을 참고하라. Robert L. Reymond, *The Justification of Knowledge* (Phillipsburg, NJ: Presbyterian and Reformed, 1979); Rousas John Rushdoony, *By What Standard? An analysis of the philosophy of Cornelius Van Til* (Vallecito, CA: Ross House Books, 1995).

하나님의 심판

창세기 2:17에서 불순종에 대한 제재는 죽음이었다. 그에 따른 실제 결과는 창세기 3:15-19에 서술된다. 여자와 뱀의 후손 사이의 갈등 예고는 희망을 주는 면이 있지만(15절), 여자의 해산 및 남편과의 관계에서는 가혹한 암시가 보인다(16절). 남자는 먹을 것을 얻기 위해 자연과 씨름해야 하고, 결국 자신이 나온 흙으로 돌아가야 한다(17-19절). 우주에 존재하는 죽음이라는 현상은 인간의 죄의 결과로 언급된다(창 2:17; 롬 5:12, 15-19; 고전 15:21-22).

하나님의 판결은 최종 결과로 요약된다. 이제 사람은 선과 악을 알게 되었고, 그 점에 있어서는 하나님과 같이 되었다. 그리고 생명나무에 접근하지 못하게 되어 그 열매를 먹고 영원히 살지 못하게 되었다(창 3:22-24). 선악을 알게 하는 나무의 열매만 금지되었기 때문에, 아담과 하와가 무죄했을 때는 생명나무의 열매를 먹을 수 있었던 것으로 보아야 한다. 죽음은 에덴 바깥에서 하나님으로부터 소외되어 살아가는 인간 존재의 본질이 되었다. 일부 통념과 달리, 죽음은 정상적인 삶의 일부로 받아들이거나 기념해야 할 것이 아니다.[24] 성경적으로 보면, 죽음은 타락한 상태에서만 정상적인 것이다. 실상 죽음은 멸망받

24. 현대 세속 사회는 죽음의 현실과 심각성을 부정하기 위해 온갖 노력을 기울여 왔다. 안타깝게도, 그리스도인들조차 이에 쉽게 동조했다. 우리는 더 이상 '죽음'과 '죽다'라는 말을 사용하는 것이 부적절하다고 생각하며 '세상을 떠났다' 또는 단순히 '떠났다'라는 말을 사용한다. 실제 매장은 더 이상 장례식의 일부가 아니다. 관은 무덤에 내려지지만 일단 인조잔디로 만든 덮개로 구덩이를 덮어 두고 조문객들이 떠난 뒤에 흙을 메운다. 세속 정신은 자기 고유의 종교적 신화를 창안했다. 세상을 떠난 친족은 이제 천사가 되거나 밤하늘의 밝은 별이 되어 우리를 다정하게 내려다보고 있다고 생각한다. 죽음과 심판이 더 이상 현실로 받아들여지지 않음에 따라, 우리는 끝을 맞은 삶을 기념하는 측면을 강조한다. 우리는 죽음을 삶의 아름다운 측면으로 대해야 한다고 느낀다. 죽음은 더 이상 그리스도의 죽음과 부활로 정복된 마지막 원수가 아니다. 나는 그리스도의 부활은 한 번도 언급되지 않으면서 고인의 공덕만을 칭송하는 기독교 장례식에 몇 번 참석하며 슬픔을 느꼈다. 그런 예식은 사실상 가톨릭 공경지례(恭敬之禮)의 개신교적 변형에 불과하다.

을 마지막 원수다(고전 15:26). 따라서 창세기 3:22-24은 타락으로 인해 하나님의 백성이 창조주와 교제하며 삶을 누리도록 준비된 장소에서 쫓겨나는 심판을 받았다고 알려 준다. 에덴은 하나님 나라의 원형이었다. 바로 그 하나님 나라가 창세기 3:15에서 시작하는 구원 이야기의 중심 주제가 될 것이다. 에덴 바깥, 즉 하나님 나라에서 추방된 상태에서도 삶이 지속된다는 사실은 하나님의 은혜의 표현이다. 그러나 하나님의 구원 없이는 살아 있으나 죽은 삶이다. 그리스도로 말미암아 자유롭게 되기 전까지, 우리는 걸어 다니는 송장에 불과하다.

인간에 대한 심판에 자연환경의 상태에 대한 심판이 동반되는 것을 볼 수 있다. 수십 세기 후, 바울은 그리스도인의 고난의 본질을 숙고하며 간결하게 요약했다.

> 피조물이 허무한 데 굴복하는 것은 자기 뜻이 아니요 오직 굴복하게 하시는 이로 말미암음이라. 그 바라는 것은 피조물도 썩어짐의 종노릇한 데서 해방되어 하나님의 자녀들의 영광의 자유에 이르는 것이니라. 피조물이 다 이제까지 함께 탄식하며 함께 고통을 겪고 있는 것을 우리가 아느니라. (롬 8:20-22)

여기서 바울은 인간과 창조 세계 전체의 연대를 설명한다. 따라서 하나님 백성의 구원과 갱신에는 그에 상응하는 창조 세계의 회복이 함께 이루어져야 한다. 이런 회복의 조화는 우리의 갱신이 단지 영혼불멸이라는 다소 모호하고 비성경적인 개념을 통해서가 아니라, 새 창조와 함께 몸의 부활로 완성된다는 점을 상기시켜 준다. 복음주의자들은 거듭남의 필요를 강조하면서, 우리의 중생이 우주 전체의 새 창조의 일부라는 사실을 종종 잊곤 한다.

에덴으로부터의 추방에서 시작하는 성경 내러티브는 일관된 메시지를 전한다. 이제는 악이 인간의 규범이 되었다. 물론 일반인들에게는 불쾌한 소리일 것이다. 칼뱅주의의 '전적 타락' 교리는 우리가 가능한 수준에서 악하게 되었다는 뜻으로 오해되곤 한다. 그러니 '전적 무능'이라는 표현이 더 정확할 것이다. 한마디로, 타락한 본성의 영향을 받은 전인(全人)에게는 하나님을 기쁘시게 할 능력이 남아 있지 않다. 하나님이 구원 계획을 일구어 가시는 동안에도 인간은 여전히 죽음의 선고 아래 있다. 하나님의 은혜로운 개입 없이는 인간에게 순전한 선을 행할 능력이 없다는 사실이 점점 분명해진다.[25] 타락한 상태에서 발현된 이타심, 친절, 자선, 사랑 같은 행위도 모두 우리의 죄성으로 인해 부패해 있다.

에덴에서 추방된 이후의 최초 사건은 아담과 하와에게서 가인과 아벨이 태어난 일이다. 처음에는 희망적으로 들리지만, 성장한 두 형제의 갈등으로 인해 가인이 아벨을 살해하게 된다. 그리고 가인은 더 멀리 놋[26] 땅으로 유배를 가게 된다. 이어서 인간 세상에 악이 점점 커지는 이야기가 나온다(창 6:1-8). 이제 아담과 하와의 '원죄'는 인류 가운데 악행이 극대화되는 장면으로 표현된다. "여호와께서 사람의 죄악이 세상에 가득함과 그의 마음으로 생각하는 모든 계획이 항상 악할 뿐임을 보시고"(창 6:5). 이에 따른 하나님의 심판은 세상을 끝장내는 것이었다. "모든 혈육 있는 자의 포악함이 땅에 가득하므로 그 끝 날이 내 앞에 이르렀으니 내가 그들을 땅과 함께 멸하리라"(창 6:13). 노아만 주

25. 성공회 39개 신조의 제13조, '칭의 이전의 행위에 관하여'에서는 "그리스도의 은혜와 그분의 성령의 영감을 받기 전의 행위들은 하나님을 기쁘시게 할 수 없다. 그것은 예수 그리스도를 향한 믿음에서 나온 것이 아니며… 우리는 그런 행위가 죄의 본성을 가지고 있음을 의심하지 않는다"라고 선언한다.

26. '방황하다'라는 뜻의 히브리어 '노드'(נוד).

님께 은혜(호의)를 입었다(창 6:8). 하나님은 인간의 악을 자신의 공의 및 정의와 분리해서 여기실 수 없다.

요한계시록 21-22장에 나오는 하나님의 구원 계획의 완성에 이르기까지 성경 전체를 나란히 꿰뚫는 두 가지 주제가 있다. 바로 인간의 죄성과 하나님의 은혜다. 성경 이야기를 통해 이 두 주제를 따라가다 보면, 하나님이 택하신 백성의 역사 속에서 두 차원이 지닌 예측 가능한 역동성에 주목하게 된다. 이스라엘 주변 민족들에게 드러나는 인간의 악과 하나님의 말씀에 대한 그분 백성의 반응을 대조해 보면, 두 집단이 얼마나 다르면서도 동시에 얼마나 비슷한지 알 수 있다. 심지어 하나님의 은혜를 경험하는 중에도 원죄는 존재하고, 하나님의 백성 또한 계속해서 죄인들의 민족으로 살아간다.

노아에게 베푸신 하나님의 은혜로 노아와 가족들은 구원을 받았다. 아브람은 우상숭배를 하던 중에 살아 계신 하나님을 알고 섬기도록 부름을 받았다. 족장들은 아브라함에게 주신 언약의 약속을 물려받았지만, 그들이 일군 민족은 하나님과의 관계에서 제멋대로이고 반역적이며 변덕스럽고 일관성이 없었다. 성경 내러티브 속에서 택하신 백성의 모습은 있는 그대로의 '결점까지 다' 드러난다. 아브라함은 거짓말을 한다. 야곱은 아버지를 속이고 형의 장자권을 빼앗는다. 요셉의 형제들은 그를 노예로 팔아넘긴다. 이들 모두는 언약의 약속을 어긴 죄를 범했다. 그러나 더 심각한 것은, 이스라엘 백성이 출애굽이라는 놀라운 구원의 은혜를 경험하는 와중에도 하나님께 반역했다는 사실이다. 모세를 통해 나타난 징조와 이적으로 노예 생활에서 자유롭게 해방된 경험에도 불구하고, 유월절 희생과 기적적인 출애굽을 통해 구속의 교훈을 얻었음에도, 이스라엘은 여전히 마음이 완고한 민족이었다. 출애굽과 시내산 언약은 하나님의 은혜를 보여 주었지만,

이 백성은 그런 은혜에 반역한다. 그리스도 안에서 드러날 하나님의 은혜에 대해 출애굽기에 기록된 이 위대한 예표는 제멋대로인 백성에게 베푸신 하나님의 자비와 인자하심을 증언한다. 바울은 이를 언급하면서 하나님이 경건하지 아니한 자를 의롭다 하신다고 서술한다(롬 4:5).

이제 이스라엘의 죄의 심각성을 살펴보자. 이 민족의 조상인 아브라함, 이삭, 야곱은 모두 하나님이 베푸신 자비와 용서, 즉 자격 없는 자를 향한 은혜를 입었다. 야곱(이스라엘)의 후손은 강대한 민족이 되었지만 이집트의 노예로 전락했다. 그러나 하나님은 은혜로 그들을 구속하시고, 시내산에서 구원받은 삶의 지침이 되는 언약을 주셔서 그들을 자기 백성 삼으셨다(출 20:1-24:18). 하나님은 성막 건축과 제사장 직분의 수립을 통해 죄 사함은 물론 그분과의 지속적인 교제를 가능하게 하셨다(출 25:1-31:18; 35:4-40:38). 아론의 금송아지 사건에서 드러난 광기의 순간에 하나님은 그들을 징계하면서도 용서하셨다(출 32:1-35; 34:1-35). 그리고 이스라엘 민족에게 약속의 땅을 가리키시며, 그곳에서 그들이 하나님의 특별한 민족으로 살게 되리라고 약속하셨다(출 33:1-3).

그러나 이스라엘은 반복해서 반역했다. 이 백성에게 은혜 위에 은혜가 더해진 것을 볼 수 있지만, 그들은 고집스럽게 주님의 말씀을 듣지 않았다. 약속의 땅에 들어가게 되었을 때, 그들은 하나님의 약속을 의심하고 그 땅 주민들을 두려워했다. 이집트에서 시내산까지 이르는 여정에서 하나님이 보여 주신 신실함, 능력, 영광이 그들에게는 아무 의미도 없는 듯 했다. 하나님이 베푸신 모든 선한 일 앞에서 그들은 “우리가 한 지휘관을 세우고 애굽으로 돌아가자”고 했다(민 14:1-4). 그들은 신앙의 위험을 감수하기보다 노예 생활의 안정을 선호했다. 그 결과 하나님은 그들을 정죄하시며 40년간의 광야 생활이라는 심판을 내리셨다. 출애굽 당시의 아이들이 성인이 되어 약속의 땅에 들어가기 전까지, 모든 성인 세대는 죽게 될 것이다(민 14:20-33). 마치 가인처럼 이스라엘은 놋 땅에 있는 것 같았다.

출애굽 다음 세대가 약속의 땅에 들어가게 되었을 때, 모세는 우리가 지금 신명기라고 부르는 말씀을 통해 그들을 준비시켰다. 이 말씀은 앞에 놓인 위험을 현실적으로 바라보면서, 이스라엘이 가나안 성읍을 정복하며 빠질 수 있는 만연한 우상숭배와 악에 대한 위험을 경고했다. 이스라엘의 역사는 믿음과 순종의 역사이기도 했지만, 반복된 반역과 불신과 우상숭배의 역사이기도 했다. 사실 이런 상황은 다윗 왕조 통치 내내 지속되었다. 물론 이따금 개혁이 있었지만 지속되지는 못했다. 결국 하나님은 더 이상 참지 않으시고, 자기 백성에게 주신 하나님 나라의 모든 물질적 증거가 바벨론에 의해 파괴되게 하셨다. 여기서 에덴으로부터의 추방과 이집트에서의 노예 생활이 떠오르는 것은 어쩔 수 없다. 이번에는 약속의 땅에서 추방되어 바벨론 유배를 당했고, 예루살렘과 성전과 다윗 왕조까지도 파괴되었다. 이스라엘의 구원과 새 창조를 예표하던 것들이 가차 없이 제거된 것이다.

택하신 백성의 반역적 본성에 대한 하나님의 진노는 여러 방식으로 표출되는데, 많은 경우 언약의 복을 박탈하는 식이었다. 안식이라는 주제는 이런 축복의 완전함을 보여 주기 위해 사용되지만, 그 초점은 아브라함에게 주어진 약속의 성취에 맞춰진 것이었다. 하나님의 안식에 들어간다는 것은 창조가 완성된 일곱째 날을 떠올리면서 언약 축복의 성취로 들어간다는 것을 뜻했다. 따라서 반역과 불신은 정죄를 받고 하나님의 백성이 그런 축복을 누리지 못하게 만들었다.[27] 히브리서

27. 이 주제에 대한 자세한 논의는 다음을 보라. Graeme Goldsworthy, *Homeward Bound: Sabbath*

3:7-4:13에서 장황하게 인용되는 시편 95편의 결론은 다음과 같다.

> 그러므로 내가 노하여 맹세하기를
> 그들은 내 안식에 들어오지 못하리라 하였도다. (11절)

구약성경 많은 곳에는 죄인을 향한 하나님의 진노가 나타난다. 시편 1:5-6은 이렇게 말한다.

> 그러므로 악인들은 심판을 견디지 못하며
> 죄인들이 의인들의 모임에 들지 못하리로다.…
> 악인들의 길은 망하리로다.[28]

시편에 관한 근래의 연구들은 시편의 첫 노래(1편)가 어떻게 전체 시편의 신학을 요약하고 있는지 보여 준다. 경건하지 않은 자를 향한 하나님의 진노는 시편에서 두드러지는 주제다(예. 2:4-5, 9-12; 5:4-6; 9:5-6; 11:5-6). 시편에서 무척 중요한 점은 죄인, 특히 의인을 핍박하는 자에게 하나님의 심판과 진노가 임하는 방식이 하나님 백성의 구원에 없어서는 안 될 요인으로 나타난다는 사실이다.

타락의 역동성은 구원에 대한 예언 신탁에서 더욱 분명히 나타난다. 이러한 계시는 죄의 고발과 하나님의 심판 선포라는 맥락 속에서 드러난다. 이런 정죄 선언은 곧 하나님의 언약을 깨뜨리고 부패와 우상숭배에 빠진 이스라엘의 현실을 보여 준다. 하나님의 뜻을 기꺼이

---

rest for the people of God (Milton Keynes: Paternoster, 2019).

28. 6절의 설명처럼, 악인은 심판에서 살아남지 못할 것이다.

성취하며 살아가야 할 백성이 언약을 깨뜨림으로써 심판이 임한 것이다. 이토록 강한 악의 성향은 신실한 남은 자의 구원과 회복이라는 하나님의 약속에서 더욱 두드러진다. 속죄만으로는 충분하지 않으며 백성이 새롭게 되어야 한다. 그리고 이 약속은 온 피조물의 중생 약속과 함께하는 것이다. 이렇듯 창조 세계가 전적으로 갱신, 즉 중생이 되어야 할 필요성 자체가 죄의 심각성을 가리키는 것이라고 할 수 있다.

구원을 이루시는 하나님의 은혜의 크기는 예언 메시지의 주요한 한 측면, 곧 이사야서의 고난받는 종에게서 나타난다. 일반적으로 이 주제는 이른바 네 편의 '종의 노래'에서 볼 수 있다(사 42:1-4; 49:1-6; 50:4-9; 52:13-53:12). 마지막 노래에 대해 크리스토퍼 노스(Christopher North)는 이렇게 언급한다. "일찌감치 기독교 교회가 이사야 53장을 그리스도에 대한 예언으로 해석했던 것에는 의심의 여지가 없다."[29] 고난받는 종 개념은 대속적 희생 신학의 역동성이라는 측면에서 그 깊이와 차원을 한 단계 끌어올린 중요한 발전이다. 속죄는 대체로 유월절과 시내산 언약에서 정립된 동물 희생제사에 암시되어 있고, 이따금 분명히 드러나기도 한다. 하지만 이사야서에서는 속죄의 멍에가 희생 제물인 동물에게 놓이지 않고 "우리의 허물 때문"에 찔리신 하나님의 종에게 놓여 있다. 이사야의 말에는 대속의 원리가 분명하게 나타난다. "우리 모두의 죄악을 그에게 담당시키셨도다"(사 53:5-6). 인간의 죄는 인간 제물로 다루어져야만 한다. 그러나 누가 죄인들을 대신할 만큼 순결한 인간인가?

29. C. R. North, *The Suffering Servant in Deutero-Isaiah: An historical and critical study* (London: Oxford University Press, 1956), p. 23.

죽음과 죽음 이후의 심판

구약성경은 하나님의 심판이 일차적으로 우리가 발을 딛고 사는 이 땅의 삶, 즉 현세 속에서 이미 가시적으로 나타나고 있음을 보여 준다. 그 절정은 예수께서 우리를 대신해 십자가에서 지신 죄에 대한 심판에서 볼 수 있다. 우리는 구약 역사에서 일련의 심판 사건을 나열할 수 있지만, 하나님의 기본적인 제재는 "네가 먹는 날에는 반드시 죽으리라"였음을 기억해야 한다. 따라서 죽음이 실제로 어떤 의미인지를 이해해야 한다. 심판을 받는다는 것은 죽는다는 말이지만, 이것은 단순히 뇌 기능과 심장이 멈추고 육체가 썩기 시작하는 과정에 국한되지 않는다. 예를 들어, 대홍수나 하나님을 믿지 않던 성읍들의 파멸 와중에 죽은 이들이 죽음 이후 어떤 경험을 했는지에 대해서는 아무런 언급이 없다. 성경의 역사가 진행됨에 따라 죽음 이후의 경험에 관한 개념도 생겨나기 시작했다.

초기 이스라엘 역사에서 죽음을 뜻하는 다양한 용어들은 죽음 이후의 상태에 대하여 어떤 정보도 제공하지 않는다. 노아 이전에 죽은 아담의 자손들은 단순히 "죽었더라"고 기록된다(예. 창 5:5-32, 히브리어 *wayyāmōt*[30]). 마찬가지로 대홍수로 죽은 자들도 단순히 "다 죽었으니"라고 기록된다(창 7:21-22, 히브리어 *wayyigwaʿ*[31]). 죽음 이후 존재하는 하나님 백성의 공동체라는 개념은 아브라함의 죽음을 묘사하는 곳에서 처음 등장한다. "그의 나이가 높고 늙어서 기운이 다하여 죽어 자기 열조에게로 돌아가매"(창 25:7-8).[32] 하지만 여기에도 죽음

30. 히브리어 וימת.

31. 히브리어 ויגוע.

32. 아브라함의 향년 175세는 므두셀라의 969세에 비해 짧지만, 그럼에도 당시로서는 비정상적으로 긴 수명으로 여겨졌다.

이후에 어떤 의식적인 경험이 있다고 결론 내릴 만큼의 확실한 언급은 없다.

이렇듯 건강한 노년과 오랜 세월로 묘사되는 긴 수명을 누리는 것의 의미는 다섯 번째 계명에 반영되어 있다. "네 부모를 공경하라. 그리하면 네 하나님 여호와가 네게 준 땅에서 네 생명이 길리라"(출 20:12). 이것은 약속이 있는 유일한 계명으로 매우 중요한 의미를 갖는다(엡 6:1-3). 바울 시대의 신자들에게도 장수는 축복으로 여겨졌다. 천국과 지옥 같은 죽음 이후의 삶에 대한 계시가 없던 구약 시대에는 언약의 현재적 축복에 초점이 있었다. 즉 이 땅에서의 삶이 중심이었다.

오늘날의 통념에서 천국은 덕망을 갖춘 사람(거의 모든 사람!)이 이 땅에서의 삶에 대해 보상을 받는 죽음 이후의 경험이나 장소를 의미한다. 마찬가지로, 지옥은 악한 자들이 죽은 후에 자신의 악행에 대해 처벌받는 곳으로 여겨진다. 사후 운명에 대한 이런 생각은 사람들이 이 땅을 살아가면서 자신이 마땅히 누려야 할 것을 얻지 못했다는 전제에서 비롯된 듯하다. 단순히 고인의 삶을 기리는 것에 그치지 않고 인류 보편적으로 장례 의식이 거행되었다는 사실은, 죽음이 절대적인 끝이 아니며 사후 세계가 있으리라는 믿음 같은 여러 요인이 존재했음을 보여 준다. 로마서 1:18-32에서 바울은 불신자들도 하나님이 존재하신다는 것과 우주가 도덕적 원리에 기초한다는 사실을 "알고 있다"고 말한다. 그렇지만 불신자들은 이 진리를 악하게 억누르며, 죽음과 그 후의 심판이나 보상에 대한 거짓된 종교적 신념을 만들어 냈다.

성경은 죽음 이후 일어나는 일에 대한 점진적 계시를 포괄하는 관점도 제시한다.[33] 죽음 이후의 삶에 대한 계시의 역동성은 이 땅에서 하

33. 다음 책에서 이에 관한 종합적 연구를 볼 수 있다. Paul R. Williamson, *Death and the Afterlife:*

나님 백성의 삶에 대한 계시의 역동성과 반대 방향으로 전개된다. 구약 초기에 하나님의 복과 심판은 하나님의 마땅한 요구에 대한 사람들의 반응에 따라 주로 이생에서 일어나는 일로 나타났다. 이에 따라 죽음 이후의 삶에 대한 초점이 거의 없었다. 시간이 지나면서, 특히 이 땅에서의 복이 점점 불확실해지는 현실 속에서 죽음 이후의 언급이 나타나기 시작한다. 이는 참된 축복이 종말론적임을 보여 주는 점진적 계시와 나란히 등장한다. 물론 여기서 우리의 목적은 죽음 이후의 삶에 대한 단순한 관심보다 더욱 구체적으로, 죄에 대한 하나님의 심판에 담긴 계시의 역동성을 살펴보는 것이다.

노아 홍수 내러티브와 하나님의 진노가 그분의 백성이나 열방에 임하는 여러 기록들에 나타나는 파멸과 죽음 외에도, 사후에 심판이 일어난다는 개념이 점진적으로 발전한다. 구약에 여러 차례 언급되는 '스올'(Sheol)[34]이라는 단어는 비교적 광범위한 개념을 가진 것으로 보인다. 죽음을 의미한다는 점에서는 공통적인 특징이 있지만, 스올이 누구를 기다리는 곳인지에 관해서는 명백하거나 일관되지 않다. 윌리엄슨은 스올을 단지 망자의 영역으로만 볼 수 없다고 지적한다.[35] 스올이 소멸이나 망각을 의미하지 않는다는 사실만큼은 분명하기에 이런 질문이 제기된다. 왜 사후 세계가 존재하는가? 그리고 이 개념은 구약성경에서 언제, 왜 생겨났는가?

아담과 하와에게 죽음이란 에덴 밖에서 타락한 존재로 하나님

Biblical perspectives on ultimate questions, NSBT 44 (London: Apollos; Downers Grove, IL: IVP Academic, 2017). 또한 다음을 보라. R. Martin-Achard, *From Death to Life* (Edinburgh: Oliver & Boyd, 1960); J. A. Motyer, *After Death: A sure and certain hope* (Philadelphia, PA: Westminster Press, 1965).

34. 히브리어 שאל 또는 שאול.

35. Williamson, *Death and the Afterlife*, pp. 131-4.

의 진노와 미움 아래 살다가 흙으로 돌아가는 것을 의미했다(창 3:19). 이 기록에는 흙으로 돌아간 이후 어떤 경험이 뒤따르는지에 관한 어떤 암시도 없다. 죽음 이후 아벨에게 어떤 일이 생겼는지에 대해서도 아무런 언급이 없다. 그런데 원역사에서 유독 한 사람이 두드러진다. "에녹이 하나님과 동행하더니 하나님이 그를 데려가시므로 세상에 있지 아니하였더라"(창 5:24). 아담의 족보에 나오는 다른 모든 사람은 제아무리 장수했다고 한들 "죽었더라"는 말로 단순하게 기록되었다. 그들 중 누구에게도 사후 세계에 관한 언급이 없다. 에녹이 떠난 장면은 다소 아리송한 용어로 묘사된다. 우리는 에녹이 어떤 식으로든 하나님과 함께하는 천국을 경험했으리라고 추측할 따름이다. 그가 육체적으로 데려가졌다는 사실은 육신의 부활을 예표한다. 내레이터는 이 사건을 해석하지 않고 다만 에녹을 장수를 누린 경건한 자들 가운데 특별한 인물로 남겨 둔다. 창세기 3:22-24은 이제 아담과 하와가 접근할 수 없는 생명나무가 인간에게 다시 회복될 수 있음을 암시한다. 만일 그렇다면, 이는 하나님 백성의 영생 교리가 발전할 것을 예견한다. 그렇기에 에녹은 영생에 이르는 구원의 실체를 예표하는 인물이기도 하다. 한편, 구약에서 죄인에 대한 궁극적인 심판은 주로 이 땅에서의 생명이 끝나는 것으로 표현된다.

함의 후손을 향한 심판 묘사는 순전히 이 땅에서의 일에 관한 것이다. 즉 함의 후손은 형제인 셈과 야벳을 섬기게 될 것이다. 바벨탑을 건설한 자들에 대한 하나님의 심판은 "그들이 서로 알아듣지 못하게" 언어를 혼잡하게 하신 것이었다(창 11:7). 따라서 하나님 없는 사회 통합은 좌절되고 인류는 세계 곳곳으로 흩어지게 된다. 지금까지 나타난 다양한 방식의 심판 가운데 가장 두드러지는 것은 죽음을 통한 이 땅에서의 소멸이다. 그러나 가인과 바벨탑 건축자들에 대한 심판은 이 땅을 유리하는 것, 즉 에덴에서의 추방이 확장된 형태였다. 가나안에게 내려진 심판은 노예 생활이었다. 따라서 심판을 선포하는 어조에 두 가지 차원이 보인다. 하나는 이후에 대한 어떤 암시도 없는 죽음이고, 다른 하나는 이 땅에서의 삶이 망가지는 것이다. 하나님이 없다면, 삼위일체에서 드러나는 공동체의 온전한 구조는 요원한 일이 되고 만다.

바벨론 유배 시기까지 주된 심판 형식은 언약의 땅에서 누리던 지상의 복이 박탈되는 것이었다. 이스라엘과 이웃 관계로 지낸 민족들에게, 그들의 악과 우상숭배에 대한 정죄는 하나님의 백성에 의해 실제로 멸망을 당하는 것이었다. 적어도 처음에는, 한쪽의 축복은 다른 쪽의 멸망이었다. 예외적인 몇 가지 경우를 제외하면, 이 땅에서의 축복과 심판에 대한 강조는 상관관계를 갖는다. 복을 받는다는 것은 하나님이 주신 땅, 즉 젖과 꿀이 흐르는 땅에서 오래 사는 것을 의미했다. 바로 회복된 에덴의 축복에 대한 그림자였다.

이처럼 광범위한 전경 속에서 스올이 등장한다. 스올이 가리키는 다채로운 상황은 이 단어에 죽음 너머의 존재를 암시하는 일반적인 의미가 있음을 보여 준다. 스올은 죽은 자들에게 매력적인 운명이 아니다. 대개 스올은 생명의 축복이 전혀 없는 음산한 장소로 묘사된다. 스올에 대해 최대한 긍정적으로 말하자면, 무덤 저편의 삶을 향한 희망이 반영된 희미한 그림자 정도라고 할 수 있겠다. 반면 부정적으로 말해 그것을 구약에서 말하는 지옥으로 보는 것은 지나친 해석이다. 어떤 구절은 스올을 의인과 악인 모두의 공통 운명으로 취급한다. 어떤 구절은 훨씬 부정적으로 번역되어, 예컨대 KJV는 '구덩이'로 옮긴다(민 16:30, 33; 욥 17:16). 반면 ESV는 이 구절들에서 '스올'을 그대로 음역한다.

스올과 같은 의미로 보이는 다른 어휘군은 히브리어 어근 *šḥḥ*와

*šḥh*에서 파생한 것이다. 그중 히브리어 '샤하트'(*šaḥat*)[36]는 피하고 싶은 장소를 의미한다. 영어 성경은 이를 '썩음'이나 '구덩이'로 옮긴다. 만일 스올과 구덩이가 사후 경험을 가리킨다면, 이는 타락한 우주에서 타락한 인류에게 일어나는 일일 것이다(예. 욥 33:18, 24; 시 9:15; 30:9; 35:7; 사 38:17; 겔 28:8). 그런 의미에서 인간의 죄에 대한 전체적인 심판의 일부로 간주되어야 한다. 여러 본문을 종합해 볼 때, 스올이나 구덩이의 경험은 복된 것이 아니며 사람들이 기대하는 장소도 아니다. 시편 88편에서 스올과 구덩이의 공포는 하나님으로부터 단절된 기분을 느끼는 시인의 우울감을 나타내는 은유로 사용된다. 시편 88:1-7에서처럼 "여호와 내 구원의 하나님"께 부르짖는 시인은, 시편 49:15에서는 "하나님은 나를 영접하시리니 이러므로 내 영혼을 스올의 권세에서 건져내시리로다"라는 확신에 차 있다. 이렇듯 이제는 스올이 아니라 하나님과 함께하는 일종의 복된 사후 세계에 대한 소망의 표현이 나타난다.

아직 무덤에 묻히기 전, 이생에서 사는 동안에도 스올의 공포를 미리 경험한다는 점에서 한스 비텐하르트(Hans Bietenhard)는 다음과 같이 주장한다.

> 스올은 단지 삶의 저편 경계에 놓여 있는 것이 아니다. 스올은 질병, 약함, 감금, 원수와 죽음의 억압 같은 것을 통해 살아 있는 자의 모든 측면을 파고든다.… 따라서 죽음은 단순한 생물학적·물리적 과정이 아니라 야웨와 맺은 생명의 관계가 해체되거나 끝나는 것을 의미한다.[37]

36. 히브리어 שחת.

37. H. Bietenhard, 'Hell', *NIDNTT*, vol. 2, p. 206.

이 단계의 성경 계시에서 주된 관심은 죽음 이후의 경험에 대한 선명한 이해에 있지 않다. 오히려 이 타락한 땅 위 모든 생명에 만연해 있는 아담의 죄의 더 큰 결과를 계속해서 묘사한다. 따라서 심판은 주로 북이스라엘과 남유다의 쇠퇴와 결국에는 두 왕국의 멸망을 통해 표현된다. 여기서 주된 강조점은 땅, 성전, 하나님의 도성 예루살렘, 다윗 왕조를 죄다 잃은 유다의 상실에 있다. 죽음 이후의 삶이나 언약을 깨트린 것에 대한 지속적인 형벌 문제는 아직 본격적으로 다루어지지 않는다.

하데스와 지옥: 신약에서의 심판

최후의 심판에 대한 신약의 서곡은 한편으로는 회복이라는 의미에서의 부활로 나타나며(예. 겔 37:1-14) 다른 한편으로는 심판으로 이어지는 부활로 나타나는데, 마땅히 이 심판의 결과는 모욕과 수치 아니면 영생이다(단 12:1-2). 또한 다니엘서에는 모세가 처음 언급했던 사람들의 이름이 기록된 책이(출 32:32-33) 다시 언급된다. 하나님이 의인들의 이름이 기록된 책을 보관하고 계신다는 사상은 시편 56:8; 69:28; 139:16에도 나타난다. 신약에서 생명책은 구원받은 자들과 의인들의 명단이다(빌 4:3; 계 3:5; 21:27). 요한계시록 13:8은 "죽임을 당한 어린 양의 생명책에 창세 이후로 이름이 기록되지 못하고 이 땅에 사는 자들은 다 그 짐승에게 경배하리라"며 큰 배교를 언급한다. 이처럼 창세 전에 예정된 구원받은 자들의 이름은 생명책에 기록되었고 그들의 미래는 확정되었기에 배교라는 상황 속에서도 견딜 수 있다.

지금까지의 내용을 바탕으로 몇 가지 결론이 도출된다. 우리는 출애굽기에서 요한계시록에 이르기까지 선택받은 자들의 구원에 인을 치는 하나님의 생명책이라는 강력한 주제가 있음을 살펴보았다. 이 책에 이름이 없는 불신자가 겪을 일은 죄에 대한 하나님의 진노의 역동성에서 점차 드러난다. 처음에 그 벌은 이 땅에서의 육체적 생명이 끝나는 일반적인 의미의 죽음이었다. 그러나 하나님의 백성에게 죽음은 순전히 개인적인 문제가 아니다. 그들은 "조상들"의 후손이며, 그들의 죽음은 자기 조상이나 백성에게 돌아가는 것으로 언급된다(창 35:29; 47:30; 49:29, 33). 그렇다고 이것이 무조건적인 복은 아니다. 아론은 금송아지 반역에 대한 심판으로 약속의 땅에 들어가지 못했지만, 죽어서 그의 조상들에게 돌아갔다(민 20:26). 마찬가지로 모세도 그 땅에 들어가지 못했지만 죽어서 그의 조상들에게 돌아갔다(민 27:13; 신 32:50). 요시야왕 통치기에 성전에서 율법책이 발견되어 불신앙에 대한 보응의 위협이 드리운 때에도, 야웨는 요시야의 회개로 인해 "내가 너로 너의 조상들에게 돌아가서 평안히 묘실로 들어가게 하리니 내가 이곳에 내리는 모든 재앙을 네 눈이 보지 못하리라"고 약속하신다(왕하 22:20). 요시야는 평안히 미래의 삶으로 들어가고 이 땅에 내려지는 심판도 피하게 된다.

예언서의 종말론에서 기억을 지운다는 주제는 심판에 관한 또 다른 관점이다(사 26:13-14). 그러나 심판이 지금 여기서의 문제로 국한되지 않는다면, 죽음 이후의 심판에 대한 질문이 생긴다. 죽음과 부활이라는 주제가 다루어지기 시작할 때에야 비로소 죽어서 지옥에 간다는 사실이 우선적인 쟁점이 되었다. 이사야 26:19은 의인의 부활을 언급한다. 다니엘 12:2은 다른 장면이지만 여전히 불확실한 부분이 있다. "땅의 티끌 가운데에서 자는 자 중에서 많은 사람이 깨어나 영생을 받는 자도 있겠고 수치를 당하여서 영원히 부끄러움을 당할 자도 있을 것이며." 여기서 "많은 사람"은 누구인가? 모든 사람이 깨어나지 않는 이유는 무엇인가? 아마도 "많은 사람"이 모든 사람을 뜻할 것인데, 하나님의 공의로 심판과 복이 결정되기 때문이다.

신약에 이르면 하나님의 심판이라는 계시의 중심에 예수의 죽음이 자리한다. 이 시기에는 유대인의 마음에 내세에서 부활한다는 사상에 대한 이해가 확고히 자리 잡았음이 분명하다(예. 요 11:24). 따라서 신약에서 하나님의 심판은 두 가지 측면으로 전개된다. 하나는 예수의 대속적 죽음이고, 다른 하나는 하나님의 은혜를 거부하는 자들에 대한 개별적 심판의 가능성이다. 바울은 예수의 죽음과 관련해 다음과 같은 사실을 상기시킨다. "하나님이 죄를 알지도 못하신 이를 우리를 대신하여 죄로 삼으신 것은 우리로 하여금 그 안에서 하나님의 의가 되게 하려 하심이라"(고후 5:21). 이는 구약의 죄에 대한 희생제사 체계의 중요성을 함축한 것으로, 이제 우리는 모세 율법 아래서 동물의 희생이 예수 죽음의 모형이었음을 알게 된다.

현세에서의 심판과 내세에서의 심판의 경계가 항상 분명한 것은 아니다. 세례 요한은 그에게 세례를 받기 위해 온 바리새인과 사두개인을 돌려보내며 이렇게 말했다. "독사의 자식들아, 누가 너희를 가르쳐 임박한 진노를 피하라 하더냐"(마 3:7). 요한은 무슨 진노가 언제 어떻게 임할지 구체적인 언급은 하지 않는다. 이는 삶, 죽음, 부활에 대한 신약의 명백한 설명을 통해 분명해질 것이다. 요한의 경고에 담긴 이미지는 쉽게 무시할 수 없다. 장차 도래할 진노는 오실 이가 성령과 불로 세례를 베푸시며, 알곡은 모으고 쭉정이는 꺼지지 않는 불에 태우시는 것으로 묘사된다(마 3:11-12). 여기서 불의 세례는 진노의 심판을 의미하는 것으로 보인다.

예수는 하나님을 향한 반역을 회개하지 않는 자들의 심판에 있어서는 망설임이 없으시다. 하나님 나라는 하나님의 통치라는 의미로 해석되지만, 성경에서 이 용어가 사용될 때는 항상 구체적인 장소가 동반된다. 구약에서는 에덴과 약속의 땅이었다. 신약에서는 예수와 그분이 주님으로 계신 곳에 초점이 맞춰진다. 세례 요한과 예수는 모두 하나님 나라가 가까이 왔으니 회개할 것을 촉구했다. 이는 단순하지만 무척 중요한 명제다. 한마디로 하나님은 우주를 다스리시는 주님이니 우리는 그분에 맞선 반역에서 돌이켜야 한다는 것이다(마 4:17; 막 1:14-15). 예수께서 심판에 대해 명확히 말씀하신다는 점은 사복음서의 중요한 특징이다. 그분은 주로 '지옥'으로 번역되는 '게헨나'를 언급하시는데, 이는 의로운 삶의 기준을 위반한 자들의 운명이다(마 5:22, 29, 30; 또한 마 10:28; 23:15, 33 및 마가복음과 누가복음의 병행 구절).[38] 신약에서 지옥을 뜻하는 또 다른 단어는 '하데스'다(예. 마 11:23; 16:18; 눅 16:23).[39]

최초의 심판 말씀이 "죽으리라"(창 2:17)였다는 점을 생각하면, 신약에서 '죽음', '파괴', '멸망' 같은 단어가 예수께로 돌아와 생명 얻기를 거부하는 자들에 대한 심판을 나타내는 데 사용된다는 사실은 놀랍지 않다. 물론 신약의 증거를 들여다보면 지옥이나 죽음에 대한 구체적인 묘사가 다소 부족하다는 것을 알 수 있다. 심판이 일어난다는 사실은 분명하다. 그러나 중세 신학자들이 구체적으로 상상했던 이른바 창의적인 고문 같은 모습은 나오지 않는다.[40] 예수께서 사용하신 용어, 예컨대 바깥 어두운 데서 울며 이를 갈게 될 것이라든지(마 8:12; 22:13; 25:30), 음

---

38. 힌놈(게헨나)의 골짜기는 예루살렘 외곽에 위치한 쓰레기 소각장이었으며, 심판의 장소를 나타내는 은유로 사용되었다. 다음을 보라. P. S. Johnston, 'Hell', *NDBT*, pp. 544-6.

39. 헬라어 '하데스'(*Hades*)는 히브리어 '스올'을 번역할 때 70인역에서 사용된 단어다.

40. 단테의 『신곡』 '지옥편'(14세기)과 귀스타브 도레의 삽화(1866년)는 중세의 지옥관이 얼마나 참혹했는지 여실히 보여 준다.

부의 고통(눅 16:23), 지옥 불(마 5:22; 10:28) 같은 것은 요한계시록에 나오는 표현과 크게 다르지 않다(예. 계 6:12-17; 13:5-10; 14:17-20; 16:1-21).

서신서에는 '지옥'(하데스)이라는 단어가 나오지 않는다. 다만 베드로후서 2:4에 사용된 '타르타로스'(Tartarus)라는 단어가 KJV, ESV를 비롯한 여타의 영역본에서 '지옥'으로 번역되었다.[41] 바울은 다양한 단어와 표현으로 회개하지 않은 죄인을 향한 심판을 나타낸다. 윌리엄슨은 이를 다음과 같이 정리한다. "이는 곧 진노, 정죄, 죽음, 멸망, 파멸, 저주받음, 생명을 주시는 하나님의 임재와 능력으로부터의 단절이다."[42] 이런 심판이 실제로 일어나는 방식이 항상 분명하지만은 않다. 예를 들어, 바울은 로마서에서 장차 임할 진노를 경고하며 "진노"(헬라어 '오르게')라는 단어를 사용하지만, 그것이 사후의 일인지는 분명하지 않다. 이에 관해서는 종말론의 역동성을 다룰 때 자세히 살펴볼 것이다(15장).

구약에서의 속죄

속죄는 심판과 밀접히 연관된다. '속죄'(atonement)라는 단어는 '단 한 번에'(at-one-ment)라는 단어들의 결합으로 구성된다. 그렇지만 성경에서의 의미는 실제 용례를 통해 확인해야 한다. 은혜 언약의 핵심에는 속죄를 요구하는 하나님의 의가 있다. 속죄는 심판과 의에 관한 것이다. 구약에는 속죄에 대한 많은 예표가 있지만, 궁극적으로는 우리를 대신해 죄를 감당하실 수 있는 유일한 분에게 최후의 심판이 내려짐으

41. 그리스 신화에서 타르타로스는 형벌의 장소다.

42. Williamson, *Death and the Afterlife*, p. 152.

로써 성취된다. 성경 역사에서 그 근거는 "네가 먹는 날에는 반드시 죽으리라"(창 2:17)는 최초의 제재에 있지만, 이 죄과에 대한 속죄의 단서는 구속사 과정에서 실제로 그 일이 일어나기까지 나타나지 않는다. 속죄 개념은 뱀의 후손과 여자의 후손이 서로 타격과 상처를 주고받는다는 암시에서부터 서서히 전개된다(창 3:15). 이 일의 성취는 예수의 죽음을 통해서만 보게 될 진리다. 그동안 속죄라는 개념은 이스라엘에게 주어진 점진적 계시의 일부가 된다.[43]

에덴 밖 세상에서 속죄의 필요성에 대한 암시가 처음 나타나는 곳은 가인과 아벨의 제사 장면이다(창 4:3-7). 이 제사의 동기, 효과, 근거에 대해서는 구체적인 언급이 없다. 죄를 위한 희생제사라는 설명도 없이 단지 야웨께 드리는 제물이라고만 언급된다. 중요한 사실은, 히브리서 11:4이 아벨의 제사는 "믿음으로" 드려졌기에 가인보다 나은 것으로 받아들여졌다고 언급한다는 점이다. 히브리서의 이런 평가는 참된 믿음 없이 드린 반역적인 백성의 제사를 받지 않으신 하나님을 보여 주는 이스라엘의 유구한 역사를 따르고 있다(잠 15:8; 전 5:1; 사 1:11-15; 렘 6:20; 호 6:6; 암 5:21-24; 미 6:6-8).

일반적으로 속죄와 연관되어 사용되는 주요 단어는 제단, 제물, 희생제사다. 희생제사의 도구와 지침은 성경에서 쉽게 찾아볼 수 있다. 문제는 이 과정의 본질이 무엇이며, 그것이 어떻게 하나님과 화목하게 하는지에 관한 것이다. 대체로 화목은 그 필요성과 과실의 심각성에 따라 평가된다. 이는 예수의 십자가 처형의 의미를 둘러싼 문제로, 교회사 전반에 걸쳐 오늘날까지 계속되는 논쟁이다. 어떤 종류의 거래

43. 다음을 보라. R. W. Yarbrough, 'Atonement', *NDBT*, pp. 388-93; Leon Morris, 'Atonement', *NDT*, pp. 54-7.

가 예수의 죽음을 통해 이뤄졌는가? 이는 예수의 탄생과 그리스도의 본성 같은 질문을 함께 다룰 때에만 답할 수 있다. 즉 그것은 정말로 동정녀 탄생이었는가? 실제로 하나님의 성육신이었는가? 어떤 의미에서 우리를 위해 죽으셨는가? 이와 같은 주제는 뒤에서 다룰 것이다.

성구 사전에 따르면 제단[44]을 뜻하는 히브리어가 상당히 많이 사용되는 것을 알 수 있다. 마찬가지로 제사[45]와 번제[46]를 뜻하는 단어도 많이 사용된다. 이 단어들뿐 아니라 유사한 여러 단어가 이스라엘의 예배 언어와 하나님의 예언 말씀의 기초를 이룬다. 흔히 '속죄'라고 번역되는 단어들은 '덮다'라는 의미를 가진 히브리어 어근 *kpr*에서 비롯된 것이다.[47] '속죄'라는 단어가 처음 사용된 것은 시내산 언약 맥락에서 출애굽기 25-30장의 회막 건설 명령 가운데 제단을 거룩하게 하는 제의에서다(출 29:35-37). 피 흘림을 통한 속죄가 처음 언급되는 곳은 출애굽기 30:10이다. 이는 회막 봉사를 위한 속전 납부와도 연관되는데, 여기서 다시 '속죄'라는 단어가 사용된다(출 30:15-16). 아론의 금송아지 주조와 백성의 우상숭배 사건은 모세로 하여금 그들의 죄를 속할 필요를 깨닫게 한다(출 32:30).

속죄는 레위기에서 가장 두드러지며, 속죄 신학으로 한결 명확한 형태를 갖춘다. 레위기에는 다섯 가지 주요 제사가 규정된다. 곧 번제(1:1-17), 소제(2:1-16), 화목제(3:1-17), 속죄제(4:1-5:13), 속건제(5:14-6:7)다.

---

44. 히브리어 *mizbēaḥ*(מזבח).

45. 히브리어 *zebaḥ*(זבח), *mizbēaḥ*와 같은 어원.

46. 히브리어 *ʿōlâ*(עלה)는 '올라가다'라는 의미의 히브리어 동사 *ʿālâ*와 어원이 같다. 번제와 화목제는 모두 음식 예물로서 "여호와께 향기로운 냄새"로 묘사된다(레 1:9, 13, 17; 3:5, 16). 동사 *ʿālâ*와 같은 동계어가 사용된 것은 그 향기가 하나님께 '올라간다'는 의미로 보인다.

47. 히브리어 כפר.

이런 제의는 회막에서 아론 계열의 제사장들이 집전한다. 희생 제물로 드려지는 동물은 흠이 없어야 한다. 제물을 바치는 사람은 그 짐승의 머리에 안수하고 회막 문에서 짐승을 잡는다. 그런 다음 제사장들은 그 피를 가져다가 제단 사방에 뿌린다. 어떤 제사에서는 바친 짐승의 일부를 먹는 행위가 포함되었지만, 피나 지방을 먹는 일은 금지되었다.

속죄 신학은 다양한 제사 형태, 특히 피 흘림이 수반된 제사에 내재되어 있다. 가장 뚜렷하게 피 흘림을 요구하는 날은 레위기 16장에 규정된 연례 의식인 대속죄일(*yom kippur*)이다.[48] 이날은 제사장의 정결 의식과 별도로 행해지는 희생 염소 의식에 대한 상세한 절차가 속죄일의 의미를 더한다. 속죄는 하나님이 규정하신 동물들의 희생제의를 중심으로 이루어진다. 그 목적은 이스라엘 공동체 전체 계층에서 부지중에 저지른 죄를 해결하는 데 있다. 민수기 15장은 레위기의 제사 규정에 적용되는 원칙을 보여 준다. 즉 부지중에 지은 죄에 대해서는 희생 제물을 드릴 수 있지만(민 15:24), "고의로" 지은 죄에 대해서는 그럴 수 없다(민 15:30-31). 고의로 범죄한 자는 "여호와의 말씀을 멸시하고 그의 명령을 파괴"했다. 따라서 그런 자는 "온전히 끊어질" 것이다. 레위기 16장은 대세사장 아론에게 주어진 지침으로 시작한다. 대제사장조차 법궤와 속죄소에 접근하는 것이 금지되었다.[49] 오직 이 연례행사 때만 대제사장은 희생의 피를 가지고 들어가 하나님의 임재를 상징하는 곳에 설 수 있었다. 피 없이 들어간다면 그는 죽을 것이다. 심

48. 이 명칭은 후대 유대교에서 붙여졌다. 이 명칭에 가장 가까운 성경 본문은 레 16:30의 "이 날에 너희를 위하여 속죄하여"라는 부분이다.

49. '속죄소'(mercy seat)는 '덮다'라는 어근에서 파생된 히브리어 *kappōret*(כפרת)의 일반적인 번역이다. 야웨는 이 덮개를 덮고 있는 그룹들의 날개 사이에 좌정하신다고 여겨진다(출 25:20-22). '속죄소'는 희생제사의 신학적 의미로부터 추론된 어휘로 보인다.

지어 성막조차도 그것의 본래 목적인 속죄를 수행하기 위해서는, 먼저 성막 자체를 깨끗하게 하는 속죄 절차를 거쳐야 한다.

속죄 의식의 또 다른 부분은 희생 염소다. 대제사장은 염소 머리에 안수하고 백성의 죄를 고백한 뒤 "아사셀을 위하여" 광야로 내보내야 한다(레 16:8-10, 26). '아사셀'의 의미에 대해서는 논란이 분분하다. 후기 유대교 일부 전통에서는 이를 악의 화신으로 해석했지만, 마귀를 달랜다는 사상은 죄와 그 처분 방식에 대한 성경의 이해와 맞지 않다. 죄는 마귀를 거스른 것이 아닐뿐더러, 그를 달래는 것은 그의 권위를 인정하는 셈이 된다. 더욱이 신약에 따르면 지옥은 마귀와 그 사자들을 위해 예비된 곳이 분명하다(마 25:41; 계 19:20; 20:10). 모세 율법의 희생제사는 야웨에 대한 범죄를 다루며, 그런 반역과 죄를 향한 그분의 의분을 유화하는 데 전반적인 강조점이 놓인다.

레위기와 민수기에 규정된 희생제사는 이스라엘의 속죄 개념의 기초로 남아 있다. 그 핵심에는 믿음으로 희생제사를 드리는 죄인의 죽음을 대신해 제단에 바쳐진 동물의 생명이라는 대속 원리가 있다. 인간의 죄를 대신해 인간이 대속적 희생을 치른다는 개념은 이사야서의 고난받는 종에 이르러서야 등장한다. 후기 유대교의 반론에도 불구하고, 그리스도인들은 이사야 52:13-53:12의 종에 대한 묘사가 마땅히 그리스도의 희생을 예표한다고 보았다. 이 구절은 주님의 종이 높이 들리는 데서 시작한다(사 52:13). 그는 이런 높임을 받기 전, 멸시와 버림을 받는다(53:3). 그는 우리의 슬픔과 질고를 짊어지고, 우리의 죄 때문에 상함을 입는다. 주님께서 우리 모두의 죄악을 그에게 담당시키셨기 때문이다. 그의 생명이 속건 제물이다(53:10-11). 그는 실제로 죽임을 당하고 평범한 이들과 함께 묻힌다(53:9). 아마도 가장 중요한 진술은 "의로운 종이 자기 지식으로 많은 사람을 의롭게 하며 또 그들의 죄악을 친히 담당하리로다"일 것이다(53:11). 이신칭의 교리를 이보다 명확하게 표현할 수 없을 정도의 구절이다. 마지막으로 죽음에서 다시 살아난 것으로 보이는 종은 범죄자들을 위해 중보한다(53:12).[50] 이 종의 사역에 대한 묘사는 예수의 사역과 놀랍도록 일치할 뿐 아니라 구약의 구속사에 대한 신약의 해석에서 신학적으로 긴밀히 연결된다.

경건한 이스라엘 백성이나 신실한 유다 주민이 이처럼 많은 동물의 피를 흘리는 속죄의 역학에 대해 얼마나 깊이 생각했을지 심리학적으로 고찰해 보려는 시도는 매혹적이다. 그 역학은 분명하다. 바로 동물의 피 흘림(죽음)이 죄인의 피 흘림(죽음)을 대신한다는 것이다. 과연 이스라엘 백성은 어떻게 소나 염소의 피가 죄를 없이하는지 의문을 품은 적이 없겠는가? 그런 제의가 죄에 대한 야웨의 미움을 정말 가볍게 하는가? 지금 우리는 복음의 진리를 누리고 있기 때문에, 히브리서 저자가 황소와 염소의 피가 죄를 없이하지 못한다고 선언한 이유를 이해할 수 있다(히 10:4). 그러나 히브리서 9:22이 상기시키는 바와 같이 구약 전체에는 다음과 같은 원리가 흐른다. "율법을 따라 거의 모든 물건이 피로써 정결하게 되나니 피 흘림이 없은즉 사함이 없느니라."

구약성경과 히브리서의 이런 딜레마에 대한 한 가지 답변은 하나님의 약속과 보증을 믿은 아브라함에게 "그것이 그에게 의로 여겨진 바 되었느니라"는 바울의 진술이다(롬 4:3). 여기서 모형론과 단일성-구별성의 원리가 작동한다. 하나님은 자기 백성에게 참된 믿음으로 죄를

50. Kurt Aland의 *The Greek New Testament*는 이 종의 노래를 암시하거나 인용하는 약 40개에 달하는 신약 성구 목록을 싣고 있다.

위한 제사 규례를 준수하면 확실히 죄 사함을 받을 것이라고 말씀하셨다. 이런 희생제사는 우리 죄를 위해 단 한 번 드려진 그리스도의 참된 제사의 모형이었다. 하나님의 눈에 약속을 믿는 자들은 구원을 위해 예수의 죽음에 매달린 자들로 여겨졌다. 한마디로, 모형은 믿음을 통해 신자들에게 원형의 실체를 전달했다.

예수의 삶과 대속적 죽음으로 정의된 타락

나는 타락의 역동성이 지닌 두 가지 양상을 언급한 바 있다. 첫째는 이 땅에서 인간의 삶에 하나님이 규정하신 모든 말씀을 거스르는 반역의 근본적 본질과, 인간 자율성의 자기 파괴적 망상의 수용이다. 둘째는 이런 태도가 하나님의 은혜와 자비 앞에서도 요란할 정도로 그 심각성이 뿌리 깊다는 점이다. 구약은 인간의 죄성을 분명하고 강력하게, 애매함 없이 증언하고 있지만, 결코 그 참혹한 실상을 완전히 전달하지는 못한다. 사람을 비유로 들자면, 병든 사람이 자기 병이 심각하다고 인식하면서도 실제로 그것이 얼마나 심각한지 깨닫지 못하는 것과 같다. 의료진과 간호사들이 그 질병을 치료하기 위해 어떤 시술을 해야 할지 파악하게 될 때에야 상황의 심각성을 알게 된다. 마찬가지로 우리도 하나님이 죄의 문제를 처리하기 위해 실제로 어떤 일을 하셔야 했는지 알게 될 때에야 비로소 죄와 죽음의 심각성을 이해하게 된다. 따라서 우리는 복음이 단지 죄인을 위한 하나님의 해결책에 그치지 않으며, 다른 무엇보다 문제의 본질을 선명하게 보여 준다는 사실을 인식해야 한다.

타락의 심각성은 속죄의 본질에서 드러난다. 인류가 죄와 심판에 빠진 사실을 다룰 때, 우리는 이 문제를 해결하기 위한 하나님의 필연적 수단이 예수의 삶, 죽음, 부활이었다는 것을 깨달아야만 타락의 의미에 대한 계시를 온전히 이해할 수 있다. 전쟁, 억압, 살인, 하나님이 주신 은사의 남용 등 끊임없는 인간의 완악함 앞에서, 오직 교육만이 우리를 더 나은 삶으로 인도할 수 있다고 주장하는 이들이 많다. 그러나 세속 사회가 제아무리 이런저런 개선 방안을 놓고 시도한다 해도 결코 성공할 수 없다! 인류 역사의 그 모든 참혹함 앞에서도 지속적이고 실현 가능한 개선이라는 신화가 얼마나 집요하게 남아 있는지 놀라울 따름이다. 진짜 문제는 하나님이 우리에게 처음 주셨던 풍족함이 무엇이며 그분께 은혜를 구하며 피하는 자들에게 회복시키고자 하시는 것이 무엇인지 보여 주는 예수의 완전한 순종과 죄 없는 삶으로 해결된다. 또한 누군가는 사회 모든 계층에 만연한 도덕적 부패가 관용과 연민으로 해결될 수 있다고 주장하기도 한다. 하지만 제아무리 우리의 태도를 바꾸려 애쓴다 할지라도 영구적으로 성공할 수는 없다. 진짜 문제는 우리가 하나님의 아들을 믿음으로써 그분의 용서를 받을 필요가 있음을 보여 주는, 죄 많은 인간에 의한 예수의 수난과 죽음으로 해결된다. 따라서 예수는 단지 문제가 무엇인지 드러내는 데 그치지 않고 그 문제를 해결하신다. 기독교 신학에서 죄의 심각성은 다양하게 평가된다. 성공회 신조 제10조에서처럼, 우리가 하나님의 선행 은총 없이는 그분께로 돌이킬 수 없는 존재라면, 그리스도 안에 있는 구원의 믿음으로 나아오는 과정에 심각한 파문이 일 것이다.[51] 전도할 때 흔히 사용되는 '자유 의지'라는 통념은 대체로 복음에 대한 응답을 호소하기 위한 실천적 차원에 영향을 미친다. 칼뱅주의 전도의 핵심인 복음의 '자유로운 제시'(free offer, 극단적 칼뱅주의의 택함받은 자들을 향한 제시에 반대되는 개념—

51. 성공회 39개 신조 제10조, '자유 의지에 관하여.'

옮긴이)는 인간이 자율적으로 응답할 수 있는 자유 의지를 전제하지 않는다.[52] 오히려 이것은 우리의 신실한 복음 선포를 수단으로 사용하셔서 선택된 이들을 믿음과 구원으로 부르시는 하나님이야말로 궁극적인 전도자라는 사실을 의미한다. 기도를 비롯한 기독교의 모든 사역은 인류를 향한 하나님의 사역에 우리가 동참하고 동일시할 수 있게 하시는 하나님의 방식이다.

구원은 인간의 반역이라는 현실을 다루시는 하나님의 은혜로운 행위다. 우리는 죄를 처리하기 위해 하나님의 성육신이 필요한 이유를 살펴보았다. 그러나 만일 로마가톨릭과 아르미니우스주의처럼 죄가 인간 본성에 근본적인 영향을 미치지 않았다고 여긴다면, 반드시 성육신이 필요했던 이유를 이해하기 어려울 것이다. 구원을 받기 위해 필요한 것이 예수(혹은 그분의 영)를 마음에 모시는 일뿐이라면, 성육신은 굳이 필요하지 않다. 앞서 언급한 대로, 로마가톨릭에서는 타락을 초자연적 은혜(하나님의 모양)의 상실로 본다. 이는 타락의 영향을 거의 받지 않은 우리의 본질적 인성(하나님의 형상) 위에 덧붙여진 선물이었다. 하지만 이런 견해와 달리 우리는 실제 성육신, 즉 예수의 육신적 삶, 죽음, 부활이 가진 복음 메시지가 단지 영생을 위한 초자연적 속성의 회복과는 비교할 수 없이 크다는 사실을 이해하는 것이 중요하다. 우리의 인간됨 전체가 구원을 필요로 하며, 그것은 '신인'이신 예수의 삶, 죽음, 육신적 부활을 통해 구원을 받는다.

이 문제들은 16세기 종교개혁가들이 중세 신학, 특히 타락에서 자연과 초자연을 구분하는 이원론을 거부했음을 상기시켜 준다. 만일

52. Philip P. Bliss가 쓴 유명한 찬송의 후렴구 "어느 누구나 주께 나오라"(찬송가 520장, 1870년)는 왜 어떤 이들은 나아오기 원하고 다른 이들은 그렇지 않은가라는 문제를 제기한다. 자율적인 자유 의지는 성경적 대답이 아니다.

타락으로 인해 초자연성만 상실되었다면, 구원의 과정은 초자연적 영역에 국한될 것이다. 그렇다면 은혜는 하나님이 신자를 칭의를 받을 자격이 있는 성화된 자로 변화시키시는 내적 사역으로 재정의된다. 따라서 로마가톨릭 체계는 성경의 복음을 뒤집은 셈이다. 성경의 증언을 벗어나 세례를 통해 원죄가 없어진다고 선언하는 것도 마찬가지다.[53] 그 이후 죄는 성례적으로 다뤄지며, 은혜는 신자의 내면을 변화시키는 것으로 여겨진다.[54] 그렇게 은혜가 철저히 내면화될 때 그리스도 안에 있는 하나님의 은혜는 탈역사화되고, 우리가 의롭다고 여김받는 근거를 부활하시고 승천하신 그리스도 안에서가 아니라 우리 자신 안에서 찾아야 하는 상황이 된다.

지금까지 우리는 구약성경에서 속죄에 관한 점진적 계시를 살펴보았다. 이미 과거를 알고 있는 입장에서 생각해 보면, 제자들이 임박한 자신의 죽음에 대해 예수가 말씀하신 것을 이해하지 못한 모습이 의아하게 느껴질 수도 있다. 이는 주님의 나라에서 높은 자리를 차지하기 원하는 제자들의 요청을 묵살하신 예수의 대답에 함축되어 있다. "인자가 온 것은 섬김을 받으려 함이 아니라 도리어 섬기려 하고 자기 목숨을 많은 사람의 대속물로 주려 함이니라"(마 20:28).[55] 대속의 의미

53. 세례가 '성례 자체의 힘'(*ex opere operato*)에 의해 이루어진다고 말한다. 따라서 믿음이 필요하지 않고 단지 삼위일체 하나님의 이름으로 물에 적용되는 것이다. *Catechism of the Catholic Church*, Paras. 405-6.

54. 로마가톨릭의 칭의 교리에는 성례 집전을 통해 죄인을 성화시키는 성령의 내적 사역이 포함된다. 따라서 성화가 칭의의 근거가 된다. 반면 종교개혁가들은 바울을 따라 하나님이 경건하지 않은 자들을 의롭다 하시며 그 열매로 성화가 나타난다고 보았다. catholicculture.org의 'Catholic Dictionary' 카테고리에서 'Ex Opere Operato'를 검색하면 다음과 같이 나온다. "방해(빗장)가 없는 한, 적절히 집전된 모든 성례전은 그 성례가 의도한 은혜를 부여한다. 진정한 의미에서 성례전은 은혜의 도구적 원인이다."

55. 헬라어 '뤼트론 안티 폴론'(λύτρον ἀντὶ πολλῶν), "많은 사람을 대신하는 속전."

와 그 작용 방식에 대해 두 가지 주된 견해가 제시된다.[56] 먼저 성경적인 견해는 대속이 곧 유화(propitiation)라는 것이다. 즉 우리 죄성에 대한 하나님의 의로운 진노를 만족시키는 것이다. 다른 하나는 하나님이 의로우시면서 동시에 진노를 품으실 수 없다고 보는 약화된 자유주의 신학에서 비롯된다.[57] 자유주의자들은 속죄 용어를 '속상'(expiation)으로 번역하는데, 이는 어떤 식으로든 우리 죄의 결과가 사라진다는 것을 뜻하지만 하나님에 대한 인격적 모욕은 다루지 않는다. 속상은 죄의 후유증을 제거하는 데 중점을 두는 반면, 유화는 모욕당한 인격, 즉 하나님과의 화해에 중점을 둔다. 죄와 타락의 교리가 도덕적이기에 곧 인격적이라면, 그 해결책도 도덕적이어야 하며 그에 따라 인격적이어야 하는 것이 마땅하다.

앞서 논의한 바와 같이 '속죄'라는 말은 구약의 '덮다'라는 표현의 일반적인 번역이다. 기독교 신학에서 이 단어는 죄를 위한 희생제물까지 포함하는 의미로 확장된다. 그러나 영어 번역에서 '속죄'라는 말은 흔히 사용되지 않는다. KJV는 로마서 5:11의 헬라어 '카탈라게'(*katallagē*)[58]를 속죄로 번역한다. 하지만 NIV와 ESV는 '화목'으로 번역한다. 화목의 의미는 인간의 죄로 인한 단절을 바라보는 관점에

---

56. 또 다른 대속 속죄론은 죄인이 마귀로부터 대속된다고 본다. 이에 대한 성경적 근거는 없다. 문제의 소지가 있는 이 관점은 C. S. Lewis의 『나니아 연대기: 사자와 마녀와 옷장』에 나오는 아슬란의 죽음에 깔려 있다. 다음을 보라. Louis Berkhof, *Systematic Theology* (Edinburgh: Banner of Truth Trust, 1963), pp. 384-5; John Stott, *The Cross of Christ*, 20th anniversary edn (Nottingham: Inter-Varsity Press, 2006), pp. 132-5; Robert L. Reymond, *A New Systematic Theology of the Christian Faith* (Nashville, TN: Thomas Nelson, 1998), pp. 656-7.

57. 종교개혁 이전의 루터는 시 31:1(또한 시 71:1-2)의 "주의 공의로 나를 건지소서"라는 표현에 골머리를 앓았다. 중세 사고에서 하나님의 공의는 구원이나 건짐이 아니라 진노의 심판을 의미했기 때문이다. 훗날, 그는 하나님의 공의가 그리스도의 인성 안에서 우리 죄를 심판하셨기 때문에 진짜 죄인인 우리가 해방될 수 있다는 사실을 깨닫게 되었다.

58. 헬라어 καταλλαγή.

달려 있다. 우리의 목표는 속죄론을 충분히 설명하는 것이 아니라, 죄 사함과 타락으로 인한 죽음으로부터의 구원이라는 성경적 교훈의 핵심에 자리한 희생제사에 대한 계시의 역동성을 강조하는 것이다. 이번 장에서 우리가 다룬 주제가 하나님의 심판인 만큼, 이제 우리 앞에 놓인 물음은 예수의 십자가 처형이 어느 정도로, 어떤 방식으로 죄에 대한 하나님의 심판이었는가 하는 점이다. 예수의 죽음의 의미는 다양한 방식으로 해석되어 왔다. 그중 일부는 심판을 포함하는 대속적 속죄 개념을 비켜 가고, 어떤 것은 이를 노골적으로 배격한다.

우리는 신약이 어떻게 예수와 그분의 죽음을 구약의 심판과 속죄 사상의 성취로 제시하는지 이해하기 위해 노력해야 한다. 비록 서신서보다 늦게 기록되었지만 복음서부터 살펴보도록 하자. 복음서의 역사적 관점은 성령이 강림하시고 복음 증거를 위해 초기 교회가 형성되기 전, 예수의 지상 사역과 승천에 관한 것이다. 복음서는 예수께서 자신이 반드시 죽고 다시 살아나야 한다는 사실을 알고 계셨다고 말해 준다. 예수를 약속된 다윗 계열의 왕이자 통치하시는 주님으로 서술하는 모든 말씀과 임박한 그분의 죽음을 분리해서 생각하지 않는 것이 중요하다. 세례 요한의 설교에 회개하지 않는 자에게 임할 진노에 대한 경고가 담긴 것은 의미심장하다(마 3:7-8; 눅 3:7-8). 세례 요한은 예수의 죽음을 직접적으로 언급하지 않지만, "세상 죄를 지고 가는 하나님의 어린 양"이라는 표현을 통해 이스라엘 백성을 위해 희생된 유월절 어린 양을 떠올리게 한다(요 1:29). 또한 그는 예수께서 성령과 불로 세례를 주실 것이라고 선포하는데, 이는 심판의 세례를 시사한다(마 3:11-12).

예수의 죽음은 하나님의 진노를 돌이켜 우리 죄를 속한다. 이 사실은 신약에서 다양한 방식으로 나타난다.[59] 레온 모리스(Leon Morris)는 그리스도께서 우리를 죽음(롬 5:17; 고전 15:51-57)과 육체의 속박(갈 5:19-21, 24)에서 해방시키셨다고 언급한다. 십자가는 유월절과 이스라엘의 구원(고전 5:7) 및 대속죄일(히 9:7, 11-12)을 상기시킨다.[60] 이 모든 증거는 타락이 너무도 심각하여 이를 해결하기 위해서는 성육신, 예수의 완전한 순종, 그분의 고난과 죽음이 필요했음을 보여 준다.

알리스터 맥그래스(Alister McGrath)는 기독교 신학이 발전해 오면서 제시된 다양한 속죄론을 유익하게 정리한다. 모든 속죄론은 나름대로의 타당성이 있지만, 어느 하나만으로는 대속적 속죄에 대한 성경의 모든 증거를 충분히 설명할 수 없다.[61] 따라서 아우구스티누스는 십자가의 희생적 의미를 강조하며 이렇게 말했다. "우리를 위해 드려진 유일하고 가장 참된 희생 제물인 그분의 죽음으로, 예수는 통치자들과 권세들로 하여금 대가가 치러질 때까지 정당하게 우리를 속박하게 했던 죄책들을 모두 제거하고 폐지하며 소멸시키셨다."[62] 맥그래스는 예수가 자신을 희생 제물로 드렸다는 개념을 거부하는 많은 학자들의 주장을 반박한다. 전체 그림의 또 다른 줄기로는 죄와 죽음과 사탄에 대한 그리스도의 승리가 있다. 그리고 이레나에우스 같은 초기 그리스 신학자들이 강조한 속전 개념도 있다. 어떤 이들은 십자가의 의미를 단지 하나님의 사랑에 대한 최고의 본보기 정도로 약화시킨다. 희생, 속전, 사랑이라는 이 모든 차원을 성경적으로 바르게 이해할 때, 죄인

59. 다음을 보라. Morris, 'Atonement', *NDT*, pp. 54-7; Yarbrough, 'Atonement', *NDBT*, pp. 388-93.

60. Morris, 'Atonement', p. 55.

61. Alister E. McGrath, *Christian Theology: An introduction* (Oxford: Blackwell, 1994), pp. 341-60. 『신학이란 무엇인가』(복있는사람).

62. McGrath, *Christian Theology*, p. 342.

을 하나님의 자녀로 회복시키고 그분과 온전한 교제를 누리게 하는 데 아무 부족함이 없는 대속적 속죄의 총체적인 계시가 드러난다.

요약 및 해석학적 함의

1. 모든 관계, 곧 인간과 하나님, 인간과 인간, 인간과 다른 피조물 간의 관계는 삼위일체에 내재하는 단일성-구별성의 관계를 반영한다.
2. 아담의 원죄는 우리 모두가 물려받은 죄성의 근원이다.
3. 의로우신 하나님은 인간의 죄(반역)를 반드시 심판하셔야 한다.
4. 타락과 그에 따른 심판은 인류와 더불어 나머지 피조물이 하나님과 맺고 있던 관계의 전적인 재조정이었다.
5. 죽음 이후의 심판은 구속받은 자들의 영생에 대한 계시에 병행해 점진적으로 나타난다.
6. 속죄는 예수의 속죄적인 삶과 죽음, 부활을 통해 죄의 심각성이 충분히 드러날 때까지 점진적으로 나타난다.

성경 해석자로서 우리는 타락과 심판에 대한 성경적 교리에 영향을 받는 수많은 문제에 직면한다. 만일 죄로 인해 인류가 심각하게 타락했다는 성경 증언이 참되다면, 타락한 존재인 우리가 어떻게 성경의 복음 중심성을 이해하고 구원의 복된 소식을 바르게 선포할 수 있는가라는 중대한 질문이 제기된다. 이해를 추구할 때는 우리 자신이 선입견과 선이해를 가진 독자임을 염두에 두어야 한다. 그것들이 바로 결론에 영향을 미치기 때문이다. 하나님을 믿지 않는 독자는 하나님을 불신하며 부정하는 전제를 성경 본문에 도입할 것이다. 그리고 성경의 우선성은 이성, 전통, 경험에 대한 호소로 약화될 것이다. 어쩌면 세 가지 모두가 동시에 작용할 수도 있다. 심지어 신앙을 가진 그리스도인이라 할지라도 일관성 없이 적용되는 일련의 전제를 수용한다면 성경의 주장에서 벗어나게 될 것이다. 의심과 불신의 해석학이 성경의 권위를 삼켜 버릴 것이다. 믿음의 해석학에 대해서는 이미 논의하였으므로, 이 장의 주제에 비추어 몇 가지 주요 사항을 간략히 정리해 보고자 한다.

믿음의 해석학은 우리가 심판에서 건짐을 받았지만 아직 타락에서 완전히 벗어난 것은 아니라는 상태를 인식하는 데서 비롯된다. 성령은 우리를 거듭나게 하시고, 하나님의 구원 방식인 외부로부터의 의에 대한 믿음을 주신다. 그분은 신자로 하여금 마음의 갱신과 성경의 그리스도 중심성이라는 증언의 진리를 깨달아 확신하게 하신다. 성경 독자로서 우리는 하나님 앞에서 우리에게 전가된 의를 인정함과 동시에, 여전히 죄인이기에 성경 본문의 의미를 악하게 왜곡할 수 있다는 사실을 인식해야 한다. 우리는 반드시 성경이 알려 주는 방식에 따라 성경을 읽어야 한다. 그래야만 성경의 역사적 배경과 인간 저자들을 무시하는 가현설적 해석에 빠지지 않을 것이다. 동시에 신적 저술을 무시하며 본문의 권위를 떨어뜨리는 에비온파적 해석에도 빠지지 않을 것이다.

하나님의 진노의 심판 교리는 그분의 말씀을 반역적으로 거부한 것에 대한 계시다. 하나님의 말씀을 경홀히 여기고 비웃는 일은 곧 그것을 폄하하고 멸시하고 무시하는 셈이며, 하나님의 진노를 일으킨다.[63]

---

63. 학생들에게 성경의 역사성과 신학적 명제를 의심하도록 가르치고, 성경의 권위에 의문을 제기하며, 인본주의적 이성을 높이는 선생들은 위험한 길을 선택한 것이다(딤전 1:3-7).

어떤 신자라도 하나님 말씀의 모든 측면을 무오하게 해석할 수는 없다. 그럼에도 성경의 명확성은 겸손한 마음을 가지고 진리로 인도하실 성령을 신뢰하는 이들에게 성경을 이해하게 해 준다.[64] 우리가 가진 오류, 완고함, 부족한 지혜, 큰 그림과 핵심 진리에 대한 부족한 이해는 모두 하나님 말씀의 온전한 성육신과 그분이 하나님 말씀의 완전한 해석으로서 인간의 몸을 입으신 사실로 인해 정당화된다.

64. 다음을 보라. Mark C. Thompson, *A Clear and Present Word: The clarity of Scripture*, NSBT 21 (Nottingham: Apollos; Downers Grove, IL: InterVarsity Press, 2006), pp. 49-80.

12. 은혜 언약과 하나님 백성에 대한 계시의 역동성

이제 성경적 언약 개념을 살펴보려 한다. 성경에서 '언약'이라는 단어가 어떻게 사용되는지 연구하는 것은 중요하지만, 먼저 이 단어로 표현된 개념의 기초가 무엇인지 밝혀야 한다. 우리가 곧 확인하게 되겠지만, 언약 개념은 이 단어의 실제 용례보다 훨씬 넓은 의미를 갖고 다른 중요한 성경 주제들에 영향을 미친다.

언약 정의하기

'언약'은 성경에서 자주 나타나는 단어이자 개념으로, 성경의 통일성에 실질적인 내용을 부여한다. 언약 신학은 수 세기에 걸쳐 다양한 관점을 양산하는 근원이었다. 이 주제가 정경 전체를 관통한다는 사실은 우리로 하여금 무엇이 언약을 언약답게 만드는지 고찰하게 만든다. 성경에 나타난 언약적 표현을 식별하는 것은 비교적 단순한 작업이지만, 언약의 본질을 규명하기 위해서는 그것들이 가진 공통점을 파악해야 한다. 언약의 통일성과 다양성에 대한 평가는 정경 전체의 본질적인 통일성과 다양성에 대한 결론에 영향을 미친다.

주로 법적 거래에서 사용되는 세속적 용례에서 언약은 단순히 합의다.[1] 하지만 성경에서는 보통 하나님과 그분이 택하신 백성 사이의 관계에서 사용되기 때문에 이런 정의는 충분하지 않다. '합의'라는 의미로 볼 때, 이는 주로 한쪽(백성)이 다른 한쪽(하나님)에게 하는 복종이다. 언약이라는 히브리어 단어 '베리트'(*bĕrît*)[2]가 처음 나오는 곳은 창세기 6:18이다. 하나님은 노아에게 홍수로 모든 육체를 멸절할 것이라고 말씀하신 뒤, "그러나 너와는 내가 내 언약을 세우리니 너는 네 아들들과 네 아내와 네 며느리들과 함께 그 방주로 들어가고"라고 약속하신다. 무엇이 이 약속과 지시를 언약답게 만드는 것인가? 비록 여기서 처음 사용된 단어이긴 하지만, 노아 언약 이전에 무슨 일이 있었는지 살펴볼 신학적인 이유는 충분하다. 그러려면 보다 형태를 갖춘 언약 진술에 비추어 보아야 한다.

이에 관해, 우리는 시내산에서의 공식적인 언약과 그보다 연대적으로 앞선 히타이트 조약의 유사성을 밝힌 연구들의 타당성에 주목하게 된다.[3] 1954년, G. E. 멘덴홀(Mendenhall)이 언약에 관한 첫 논문을 발표했을 때, 그의 주요 논지는 다양한 입장을 가진 성경신학자들에게

1. *The Concise Oxford Dictionary*(1976년)에서는 언약을 "합의, 흥정" 그리고 간결히 "(성경에서) 하나님과 이스라엘 민족 사이의 협정"이라고 정의한다.

2. 히브리어 ברית.

3. 이 연구는 다음 책에서 처음 수행되었다. G. E. Mendenhall, *Law and Covenant in Israel and the Ancient Near East* (Pittsburgh, PA: Biblical Colloquium, 1954). 또한 다음을 보라. D. J. McCarthy, *Old Testament Covenant* (Richmond, VA: John Knox Press, 1972), pp. 10-34; John Bright, *Covenant and Promise: Future in the preaching of the pre-exilic prophets* (London: SCM Press, 1977), pp. 36-43; Meredith G. Kline, *Treaty of the Great King: The covenant structure of Deuteronomy* (Grand Rapids, MI: Eerdmans, 1963), pp. 13-44.

즉각 긍정적으로 받아들여졌다. 학계의 논란이 없었던 것은 아니지만, 보수적 신학자들 사이에 멘덴홀의 분석이 다양한 표현으로 나타난 언약 속에서 일정한 형식적 통일성을 찾는 데 유익하다고 보는 분위기가 형성되었다.[4] 고대 근동의 조약들 가운데 이미 언약의 전형적인 구조가 확립되어 있었다고 보는 것이 일반적이다. 대체로 이런 조약은 정복자가 피정복자에게 부과하는 형태였는데, 주권적인 하나님이 자기 백성에게 부과하신 언약과 다소간의 유사성이 있다. 이스라엘이 히타이트를 모방했는지 이미 익숙했던 형식으로 하나님이 모세에게 영감을 주신 것인지에 관한 논의는 우리의 핵심 관심사가 아니다. 실제로 고대 근동 조약들과 성경이 유사성을 가진다 하더라도, 성경은 모세가 하나님의 영감으로 언약을 받았음을 증언한다. 그렇다면 종주가 강요하는 조약과 시내산 언약이 유사하다는 사실 자체가, 하나님이 인간에게 말씀하실 때 나타나는 방식일 수 있지 않은가? D. J. 매카시(McCarthy)는 언약 조약의 개요를 다음과 같이 정리한다.[5]

1. 통치자를 소개하는 서문
2. 두 당사자 간의 이전 관계를 설명하는 역사적 서론
3. 규정
4. 문서 보존과 재낭독을 명하는 세부 규정
5. 조약의 증인들
6. 불충에 대한 저주와 충실에 대한 축복

---

4. Meredith Kline의 *Treaty of the Great King*은 이 분석에 확고한 토대를 두고 신명기에 관한 보수적 주석을 구성했다. 또한 다음을 보라. J. A. Thompson, *The Ancient Near Eastern Treaties and the Old Testament* (London: Tyndale Press, 1963).

5. McCarthy, *Old Testament Covenant*, p. 12.

메레디스 클라인(Meredith Kline)이 신명기 구조에 적용한 형식은 다음과 같다.[6]

1. 서문(통치자의 말을 전하는 중재자)
2. 역사적 서론
3. 언약적 삶을 위한 규정
4. 제재
5. 언약의 지속을 위한 왕의 결정

고대 근동의 조약과 성경의 언약 사이에 유사성이 존재한다고 해서, 자기 백성과 언약을 맺으시는 데서 드러나는 하나님의 사랑이라는 가장 중요한 차이를 간과하는 것은 큰 잘못이다. 언약 신학자들이 이를 은혜 언약이라고 부를 때는 이 사실을 인식한 것이다. 이 점에 있어서는 히타이트 조약의 내용 및 의도와는 그 어떤 유사성도 찾을 수 없다. 하나님의 은혜는 받을 자격이 없는 이들에게 최고의 선물을 주신다는 점에서 독특하다.

이런 분석으로부터 관계의 규정에서 필연적인 논리가 나타난다. 이 경우에는 지배자가 종속 대상자와의 관계를 설정하고 말로 표현하기 때문이다. 이와 같은 종주권 조약에는 상호 합의의 여지가 없다. 단지 일방적으로 부과된다. 마찬가지로 하나님과 그분의 백성 간의 언약도 상호 합의가 아니다. 주권자이신 하나님께 규정과 그 위반에 대한 제재를 정할 힘과 도덕적 권한이 있다. 이런 상황은 '언약'이라는 단어가

6. Kline, *Treaty of the Great King*, pp. 48-9. 이와 비슷한 접근은 다음을 보라. Peter Craigie, *The Book of Deuteronomy*, New International Commentary on the Old Testament (Grand Rapids, MI: Eerdmans, 1976), pp. 22-3.

사용되기 전부터 성경에 잘 나타난다. 이에 따라 윌리엄 덤브렐은 노아 언약과 그 공식적 명칭의 사용('베리트')이 하나님과 피조물의 관계의 구조를 보여 준다고 주장한다. 그는 이렇게 말한다. "홍수 기사는 사람의 행동을 규제하기 위한 보편적 도덕법이 존재함을 주장하는 것으로 보인다."[7] 덤브렐에 따르면, 이는 맨 처음으로 거슬러 올라간다.

> 만일 우리의 주장대로 이미 존재하는 언약에 대한 최초의 언급(창 6:18)이 창조 사실 자체로 세워진 신적 관계를 가리키는 것이라면, 언약 체결에 관한 표준 용어가 창세기 첫 부분에 나오지 않는 이유를 납득할 수 있다.[8]

창조 언약은 정복이 아닌 사랑의 행위다. 이는 이후로 모든 언약의 기초가 된다. 물론 창세기 3장 이후 언약이 표현하는 사랑은 진노를 받아 마땅한 자들을 향한 것이다. 만일 우리가 창조 언약을 인정한다면, 창조 기사 속에 그 구조가 있으리라고 예상할 것이다. 고대 근동의 유사한 조약들이나 시내산 언약과의 차이점은 인류가 타락하기 이전 창조의 맥락에서 유추해야 할 것이다.[9]

타락 이전에 하나님이 인간 부부에게 하신 말씀에 대한 기록은, 하나님은 굳이 자신이 누구인지 밝히실 필요가 없었음을 암시한다. 창조주와 그분의 형상대로 지음받은 피조물의 관계가 자명하기 때문이었다. 마찬가지로 이 내러티브는 하나님이 아담과 하와에게 그들이 어떻게 이런 존재가 되어 지금 위치에 있게 되었는지 설명하실 필요조차

---

7. W. J. Dumbrell, *Covenant and Creation: An Old Testament covenantal theology* (Exeter: Paternoster, 1984), p. 13.
8. Dumbrell, *Covenant and Creation*, p. 32.
9. 이 논의에 관해서는 다음에 나오는 '언약으로서의 창조' 부분을 보라.

없었음을 암시한다. 물론 막 창조된 인간의 심리를 자세히 들여다보려는 시도는 흥미롭지만, 성경의 정보가 부족하기 때문에 아마 성공하지 못할 것이다. 반면 하나님과 인간의 관계에 대한 규정은 명확하다. 생육하고 땅을 다스리라는 것이다(창 1:28-30). 하나님이 인간에게 나머지 피조물을 다스릴 권한을 주셨다는 사실은 "빛이 있으라"로 시작된 하나님의 창조 말씀이 모든 피조물과의 언약적 관계를 수립함을 보여준다. 두 번째 창조 기사에서는 인간의 다스리는 역할에 금령이 추가되고, 불순종할 경우의 저주라는 위협이 주어진다. "선악을 알게 하는 나무의 열매는 먹지 말라. 네가 먹는 날에는 반드시 죽으리라"(창 2:17). 방금 언급한 '언약적 관계'는 단지 하나님은 하나님이시고 우리를 자신의 뜻대로 지으셨다는 이유만으로 존재하는 것이다. 창조와 그 이후 하나님이 사람에게 하신 말씀은 언약적 관계를 세운다.

지금까지의 논의를 종합해 보면, 언약의 계시에 어떤 역동성이 있더라도 그 기본 개념은 창조 때 이미 확립되었기 때문에 크게 달라질 순 없다고 하겠다. 구원이 창조에서 새 창조로 이어지는 점진적인 계시라는 점은 다양한 구원 언약들이 창조의 본래 언약을 반영할 것이라는 사실을 의미한다. 이 틀 안에서 나는 다양한 언약의 내용과 그것들이 이루어지는 방식에 주목해 보려고 한다. 제아무리 언약의 기본 개념이 하나님과 피조물의 최초 관계를 반영한다고 해도, 그 속에는 언제나 미래의 성취와 목표를 향한 잠재력이 내포되어 있다. 무엇이 약속되었고 어떻게 성취되는가와 같은 언약의 역동성은 약속-성취의 차원에서 검토되어야 한다.

나는 지금까지 하나님에 대한 성경의 묘사, 특히 그분이 자기 백성과 맺으신 특별한 언약적 관계가 창조 때로 거슬러 올라간다고 주장했다. 역대기는 이를 인식하고 맨 첫 줄부터 이렇게 시작한다. "아담, 셋, 에노스, 게난, 마할랄렐, 야렛, 에녹, 므두셀라, 라멕, 노아, 셈, 함과 야벳"(대상 1:1-4). 이렇듯 역대상 1-9장에서는 아담에서 아브라함, 그리고 다윗에 이르는 일단의 족보가 이어지는데, 이 족보들은 신학적 중요성을 가진 인물에 초점을 맞추고 있다. 이 세대별 정리는 마태복음 1장과 누가복음 3장의 족보와 중첩된다. 이렇게 가계도를 나열함으로써 기록된 사건들을 요약해서 보여 주는 역할을 통해 이스라엘 민족의 뜻깊은 역사와, 예수의 인격 안에서 이 민족을 향한 하나님 계획의 성취를 재구성할 수 있게 해 준다.

우선적으로 족보에 나열된 이름은 역사 기억의 보조 역할을 하는데, 고대 독자들도 그런 목적으로 이해했을 가능성이 높다. 이는 민족의 조상들에 대한 전통과 역사성을 강화하는 방법이었다. 둘째로, 족보는 명단 속에 존재하는 신학적 연결고리를 만드는 방법이었다. 역대상 1-9장의 족보는 지대한 관심을 받는 가문, 즉 유다 지파를 하나님의 목적 안에서 인류 전체 역사와 의미심장하게 결부시킨다. 마태복음 1장의 족보는 예수를 다윗과 아브라함의 진정한 후손으로 결부시키며, 누가복음 3장의 족보는 하나님의 아들이신 예수가 곧 두 번째 아담(하나님의 아들)이심을 보여 준다.[10] 이는 '신인'으로서의 예수의 역할에 대한 이해에서 대단히 중요한 신학적 연결고리다.

10. 예수를 직접적으로 두 번째 아담이라고 부르는 것은 아니지만, 누가의 기록에서 그분은 새로운 아담으로서의 역할을 맡으신다. 고전 15:45에서 예수는 "마지막 아담"으로 언급되신다. 47절에서는 "둘째 사람"으로 언급되신다.

모세오경, 전기 예언서,[11] 역대기의 내러티브 본문을 읽을 때 공통된 한 가지가 보인다. 바로 모든 사건과 결과를 주관하시는 하나님이 주인공이라는 사실이다. 따라서 이 고대 역사 기록 모음집은 인간 역사 속에서 하나님의 역할을 조금도 인정하지 않는 이른바 '과학적' 세속 역사가들에게 받아들여지지 않는다. 물론 그들도 신이 종교 사상사에서 등장할 수 있다고 생각한다. 또한 계몽주의적 전제를 성경 연구에 적용한 비평가들에게도 성경 문서의 역사적 주장은 인정되지 않는다. 그들 관점에 따르면, 이 문서의 가치를 높이 평가한다고 할지라도 그것은 신에 대한 고대인들의 사상을 보여 주는 증거에 불과하다. 성경 문서의 역사적 가치는 다른 기준으로 평가되어야 한다. 그렇지 않다면 그 내러티브와 실제 사건의 관련성은 상당히 약화된다. 나아가 하나님은 '과학적' 경험 자료에 포함될 수 없기 때문에, 성경신학자들이 계몽주의적 사고방식을 수용하자 성경신학의 학문성은 종교 사상사에 관한 연구 정도로 축소되었다. 이로써 성경의 독특한 권위에 대한 모든 감각이 단절되었다.

성부 하나님과 이스라엘에 대한 계시의 역동성은 유구한 역사에 걸친 점진적 계시의 역동성이다. 이스라엘의 성경적 선사 시대는 하나님, 하나님 나라, 언약, 구원의 길에 관한 후대 계시의 모든 측면에 토대를 놓는 방식이라는 점에서 중요하다. 야웨 혹은 이스라엘의 '엘로힘'을 성부 하나님과 동일하게 보는 것은 하나님이 그분의 말씀으로 만물을 창조하셨다는 사실에 의해 뒷받침된다. 훗날 요한은 창조하시는 이 말씀을 육신이 되어 우리 가운데 거하신 말씀과 동일시한다(요 1:1-3, 14). 그리고 성령은 창조 때에 "수면 위에 운행"하고 계셨다(창 1:2). 또한 성

11. 여호수아서, 사사기, 사무엘서, 열왕기.

부께서는 자신의 영원한 계획을 그분이 창조한 시간과 공간 속에 두시고, 언약을 중심으로 역사의 과정을 시작하셨다. 결국 이 과정은 이스라엘과 유다의 역사를 통해 예수의 인격으로 이어진다. 이제 언약의 역사적, 신학적 발전에 대해 논의해 보자.

자기 백성을 기뻐하시는 하나님

하나님이 자신의 백성과 맺으시려는 관계의 핵심 특징은 그들과 함께 거하시는 것으로 표현된다. 창조주가 계속해서 창조 세계에 관여하는 데는 그분이 그것을 승인하고 기뻐하시기 때문이라는 사실 외에 다른 명확한 이유는 없을 것이다.[12] 성경신학과 조직신학에서 우리가 반드시 인식해야 하는 하나님과 피조물 간의 구별은 하나님이 모든 피조물, 특히 자기 백성과 맺으신 밀접한 관계를 배제하지 않는다. 하나님이 자신의 형상과 모양을 지닌 인간으로 대표되는 피조물을 버리지 않으신다는 사실은 성경 창조 기사의 필연적 결과다. 하나님은 아담에게 복을 주시며 말씀하시고, 지시하시며 돌보신다. 하나님은 아담과 함께 에덴에 계셨다(창 2:8-25). 아담과 하와가 죄를 지었을 때, 하나님은 그들을 대면하셨다(창 3:8-13). 심지어 그들의 죄를 심판하시면서도 그들의 필요를 공급하셨다(창 3:21).

하나님은 타락 이후의 사건들 속에도 계실 뿐 아니라, 여전히 그 모든 일을 주관하신다. 아담과 하와는 이런 하나님의 임재를 인식하고 있었다. 이 사실은 그들이 자녀를 출생할 때 잘 드러난다(창 4:1-2, 25-

12. 18세기 이신론자들은 하나님을 우주와 인간 세상에 관여하지 않는 존재로 여김으로써 하나님이 자신과 자기 목적을 계시하신다는 개념을 폐기했다.

26). 사람들이 여호와의 이름을 부르기 시작했다는 사실도 그분의 통치에 대한 인식과 그분께 나아갈 수 있다는 인식을 보여 준다. 그래서 노아는 여호와께 은혜를 입어 자기 가족과 함께 홍수에서 구원을 받는다. 홍수 이후, 하나님은 전에 약속하신 대로 노아와 언약을 맺으신다(창 6:18; 9:8-17).

아브라함에게 주어진 약속은 하나님이 그에게 복을 주시겠다는 일반적인 표현으로 시작하지, 구체적으로 아브라함 및 그의 자손과 함께 거하시겠다는 약속은 아니었다. 약속의 땅과 그가 수많은 자손을 얻을 것이라는 사실 자체에 대한 강조였다(창 12:1-3; 15:5-6). 그런데 "너와 네 후손의 하나님이 되리라"(창 17:7-8)는 하나님의 의도가 담긴 선언에는 괄목할 만한 발전이 보인다. 이어서 여호와가 아브라함의 하나님이자 이삭과 야곱의 하나님이라는 구체적인 확증이 야곱에게 주어지는 장면이 나온다(창 28:13-17). 이 선언에 동반된 약속도 야곱에게 주어진다. "내가 네게 허락한 것을 다 이루기까지 너를 떠나지 아니하리라"(15절). 아브라함 언약과 그것의 발전된 형태인 시내산 언약은 자기 백성과 함께 거하시는 하나님이라는 모티프의 틀을 제공하는데, 이는 구속사와 예언에서 중심이 되는 주제다. 하나님이 자기 백성을 기뻐하시고 그들과 함께하기 원하신다는 사실이 구속사의 핵심이다. 이 강력한 언약적 결속력은 시내산에서부터 가나안 정착과 왕조 시대에 이르는 기간 내내 방황하던 백성을 향한 하나님의 오래 참으심에서 드러난다.

시편은 하나님의 백성 중 신실한 자들의 마음에서 우러난 고백이다. 수많은 언약 표현이 하나님께서 자기 백성을 기뻐하신다는 것과, 이 백성이 하나님과의 언약을 지켜야 하는 책임에 관한 것이라는 사실은 당연하다. 언약을 나타내는 두 가지 주요한 표현이 있는데, 하나는 언약을 뜻하는 히브리어 '베리트'(*bĕrît*)의 사용이고, 다른 하나는 하나님의 인애(KJV는 '자비')를 뜻하는 히브리어 '헤세드'(*ḥesed*)의 사용이다. 언약적 맥락에서 '헤세드'가 자주 사용된다는 사실은 이스라엘이 성실하지 못한 때에도 하나님은 자기 언약에 성실하시다는 것을 보여 준다.[13]

시편과 후기 예언서에 언급된 언약은 이스라엘과 유다가 언약에 성실하지 못했던 것에 대한 정죄 및 이에 따른 현재와 미래의 결과를 포함한다. 그리고 종말론적 관점은 언약에 대한 하나님의 신실하심을 반영한다. 시편에는 하나님의 '헤세드', 즉 '인애'라는 언급이 많은데, 거의 모두가 하나님의 언약적 성실하심에 대한 시인의 확신을 나타내는 것이다. 그러나 방황하는 백성이 깨트린 언약('베리트')에 대한 의미심장한 언급도 있다(예. 시 50:16-21; 55:19-21). 시편 78편은 출애굽 이후 이스라엘이 언약을 깨트린 죄를 두 차례에 걸쳐 들려준다. '베리트'가 두 차례(78:10, 37) 사용되고 '헤세드'는 한 번도 사용되지 않지만, "증거", "율법", "명령", "기이한 일", "징조" 같은 단어가 자주 사용되어 언약의 다양한 측면이 깨어졌음을 보여 준다(78:17-22, 40-43, 56-58). 시편 78편은 하나님이 다윗의 모습을 지닌 메시아적 구세주를 세우셔서 이스라엘의 죄를 처리하신다는 확증에 대한 언급으로 끝난다. 바로 그가 이스라엘을 목자처럼 돌보며 능력의 지혜로 인도할 것이다(78:70-72). 후기 예언서도 언약을 깨트린 이스라엘을 향한 정죄를 이어 가지만, 종말론적 관점의 발달과 더불어 구원에 대한 새로운 확증의 영역으로 우리를 데려간다. 이에 대해서는 14장과 15장에서 자세히 다룰 것이다.

---

13. 시편에서 사용된 히브리어 '헤세드'(חסד)는 여기 나열하기에는 너무 많다. 몇 가지 예로도 충분하다. 시 5:7; 6:4; 13:5; 18:50; 21:7; 23:6; 59:10, 16, 17; 89:1, 2, 14, 24, 28; 136:1-26.

언약 신학

'언약 신학'은 성경신학과 조직신학에 적용되는 특별한 접근법을 가리키는 용어다. 이는 하나님이 인류를 다루시는 인격적이고 관계적인 방식을 나타내는 구속사의 언약적 본질에 근거해 성경 계시의 구조를 이해하는 방식을 제시한다.[14] 언약 신학에는 하나님과 그분의 백성 사이의 관계를 나타내는 주요 언약적 표현이 통일성과 차별성이라는 신학적이고 역사적인 발전을 보여 준다는 주장이 내포되어 있다. 언약의 약속적 측면은 우리를 그리스도 안에 나타나는 약속의 실체로 이끄는 성취를 통해 확인된다. 모든 언약은 '신인'이신 그리스도 안에서 완벽히 드러나는 하나님과 인간의 관계라는 이 충만한 표현을 고대하고 있다.

이 접근법은 구속사를 구별된 연속적인 시대나 세대로 보는 세대주의와 다소간의 유사성이 있지만, 각 시기를 정하고 평가하는 방식과 그 시대들이 서로 어떻게 연관되는지에 대해서는 세대주의와 확연한 차이를 보인다. 언약 신학은 언약들의 통일성 안에서 다양성을 인식하는 반면, 세대주의는 거의 완전한 분리에 이를 정도로 시대 간의 차이를 강조한다. 더욱이 언약 신학은 성경에 명백히 표현된 언약에 기초한 반면, 세대주의는 시대에 따른 독특한 특징에 기초한 추론을 바탕으로 각 세대를 구분한다. 하지만 그 특징이라는 것이 정말로 '특징'인지는 분명하지 않다. 언약 신학은 성경에 언급된 여러 언약에 기초하지만, 세대주의는 본문에 명시적으로 언급되지 않은 여러 세대를 추론한다. 두 접근법 모두 그리스도인이 각 언약 시대 또는 세대의 성경 본문을 지금 현실에 어떻게 적용할 수 있는지 이해하는 데 영향을 미치는 두 입장의 역동성을 충분히 인식해야 할 필요를 강조한다. 또한 두

14. 언약 신학은 주로 개혁주의(칼뱅주의) 학자들이 취하는 접근법이다.

접근법 모두 성경의 모든 본문이 그리스도인에게 똑같은 방식으로 연관되는 것은 아니라는 원칙에 동의한다는 사실이 중요하다. 그럼에도 실제 작용하는 역동성에 대한 세대주의적 이해는 언약 신학이 제시하는 통찰과 현저한 차이가 있다. 여기서 나는 언약적 역동성의 입장을 제시하고자 한다.

넓은 의미의 언약 신학 안에서도 역동성을 둘러싼 다소간의 논란이 있다. 모세 율법이나 역사 내러티브의 특정 측면을 우리 자신에게 적용하는 방식에 영향을 미치는 역동성에 관한 것이 그런 예다.[15] 계시의 역사적 발전은 특정 본문이 때로는 당시 상황에만 적용될 수 있음을 의미하기도 한다. 하지만 이런 역동성은 구약에 근거한 기독교 교훈을 비판하는 비신자들에 의해 오해되곤 한다. 그 비판에 맞서 무질서한 해석학으로 기독교의 입장을 설명하려는 그리스도인에 의해 그런 오해는 더 심화된다. 특히 성구 인용(proof-texting)은 성경의 역동성을 무시하기 쉽다는 점에서 그런 잘못에 빠질 가능성이 높다.[16]

단일성과 구별성: 언약은 몇 개인가?

역사적 전천년설과 달리, 19세기에 새롭게 탄생한 세대주의는 예언

---

15. 율법과 복음에 관한 논의는 별도로 다음 책을 참고하라. 루터파와 칼뱅주의자들은 율법과 복음의 관계에 대한 서로 다른 이해를 두고 많은 논쟁을 해 왔다. 예를 들어, Helmut Thielicke, *Theological Ethics, vol. 1: Foundations* (Grand Rapids, MI: Eerdmans, 1979), pp. 94-125; *The Evangelical Faith, vol. 3: Theology of the Spirit*, tr. G. W. Bromiley (Grand Rapids, MI: Eerdmans, 1982), pp. 177-90; James Montgomery Boice, *Foundations of the Christian Faith*, rev. edn (Downers Grove, IL: InterVarsity Press; Leicester: Inter-Varsity Press, 1986), pp. 219-64.

16. '성구 인용'은 인용된 본문이 실제로 그 주장을 입증하는 신학적, 역사적 문맥에서 비롯된 것일 때는 전적으로 타당한 방법이다.

과 성취에 관한 전천년설의 해석에 독특한 접근법을 취했다.[17] J. N. 다비(Darby)에게서 태동한 세대주의는 『스코필드 관주 성경』(*Scofield Reference Bible*)으로 대중화되었고, 이후 쇠퇴와 부흥을 겪었다.[18] 극단을 피하려는 이들은 급진적인 수정을 가하기도 했다.[19] 나는 적절한 경우에 한에서만 세대주의를 언급할 것이다. 세대주의가 전천년설의 형태를 갖추고는 있지만, 모든 전천년주의자가 세대주의자인 것은 아니다. 둘 다 해석학적으로 유사성이 있는데, 이는 예언에 관한 장에서 다룰 것이다.[20]

서로 구별되는 언약적 표현이 몇 가지인지는 답이 다양하다. 그러나 이처럼 많은 언약들을 구분하는 중에도 단일성에 대한 어떤 합의가 존재한다. 따라서 히브리서 13:20에 언급된 하나의 영원한 언약이 있으며, 이 언약은 역사적 발전 속에서 서로 다르지만 연결된 형식으로 표현된다. 연속된 언약은 각각 자기보다 앞서 나온 언약 신학을 발전시킨다. 성경을 구약과 신약(즉 언약)으로 구분하는 것은 단지 역사적, 언어적 구별이 아니라 성육신으로 결정되는 신학적 구별이다. 기독교의 일반적인 용례로 신구약이라고 할 때의 '약'(Testament)은 '언약'(Covenant)과 동의어며, 따라서 구약과 신약이 어떻게 연결되는지 이

17. 역사적 천년설 혹은 천년왕국설은 기독교 역사 초기에 발생했으며, 2세기 이후 일부 초대 교부들의 저작에서 발견된다. 이는 방대한 세부 사항과 다양한 변형이 있는 세대주의적 전천년설과는 현저한 차이가 있다.

18. Hal Lindsey의 *The Late Great Planet Earth* (Grand Rapids, MI: Zondervan, 1970)라는 책의 인기는 세대주의가 부흥했던 시기의 한 예다.『대유성 지구의 종말』(생명의말씀사). 내 생각에는 그런 인기를 얻을 가치조차 없는 책이다.

19. 고전적 세대주의의 오랜 본거지였던 달라스 신학교에서도 '진보적' 형태의 세대주의가 출현했다. 다음을 보라. Craig A. Blaising and Darrell L. Bock (eds), *Dispensationalism, Israel and the Church: The search for definition* (Grand Rapids, MI: Zondervan, 1992); Craig A. Blaising and Darrell L. Bock, *Progressive Dispensationalism* (Grand Rapids, MI: Baker, 1993).

20. 14장. 예언에 대한 계시의 역동성.

해하는 것은 언약에 관한 성경적 계시의 역동성을 파악하는 것이다.[21] 두 언약의 관계에 대한 이해의 중심에는 그리스도의 성육신이라는 중대한 사건과, 예수의 인격과 사역에 비추어 신약이 구약을 해석하는 방식이 자리한다.

언약의 단일성은 다양한 언약적 표현이 최종 언약 계시, 곧 예수의 피로 인봉된 새 언약으로 점진적으로 나아가는 연속성 안에 존재한다. 구속사 과정을 통해 하나님은 그분의 마음을 바꾸시는 것이 아니라 그분의 영원한 언약을 점진적으로 계시하신다. 단일성에 대한 이런 이해는 장 칼뱅을 위시한 프로테스탄트 개혁가들의 전형적인 입장이었다.[22] 비교적 근래의 언약적 성경신학 분야의 대표 인물로는 게할더스 보스와 에드먼드 클라우니가 있다.[23] 언약 신학자들은 구속사적 맥락에서 서로 다른 언약적 표현을 바탕으로 단일성을 보여 주는 가운데, 자기 백성을 구원하시려는 하나님의 목적이라는 계시의 발전을 가

21. 나는 이 책에서 구약과 신약의 관계에 대한 별도의 장을 할애하지 않았지만, 사실 이 책 전체가 그 문제를 전반적으로 다루고 있다.

22. 칼뱅은 『기독교 강요』 2권 10장에서 구약과 신약의 유사성을 다룬 후 2권 11장에서는 차이점을 다룬다. John Calvin, *Institutes of the Christian Religion*, ed. John T. McNeill, tr. Ford Lewis Battles, Library of Christian Classics 20-1 (Philadelphia, PA: Westminster John Knox Press, 2006).

23. 20세기의 언약 신학 연구는 다음을 참고하라. Geerhardus Vos, *Biblical Theology: Old and New Testaments* (Grand Rapids, MI: Eerdmans, 1948); Edmund P. Clowney, *Preaching and Biblical Theology* (London: Tyndale Press, 1961). 또한 다음을 보라. John Murray, *The Covenant of Grace* (London: Tyndale Press, 1954); O. Palmer Robertson, *The Christ of the Covenants* (Phillipsburg, NJ: Presbyterian and Reformed, 1980); Thomas E. McComiskey, *The Covenants of Promise: A theology of the Old Testament covenants* (Grand Rapids, MI: Baker, 1985). 언약 개념에 관한 일반적 연구로는 다음을 참고하라. Delbert Hillers, *Covenant: The history of a biblical idea* (Baltimore, MD: Johns Hopkins Press, 1969); D. J. McCarthy, *Old Testament Covenant: A survey of current opinions* (Richmond, VA: John Knox Press, 1972). 또한 다음을 보라. Paul R. Williamson, 'Covenant', *NDBT*, pp. 419-29; *Sealed with an Oath: Covenant in God's unfolding purposes*, NSBT 23 (Nottingham: Apollos; Downers Grove, IL: InterVarsity Press, 2007), p. 23.

리키는 연속된 시대를 포착했다. 이는 점진적인 진화라기보다는 구별되면서도 연결된 계시의 연속적인 시대들이다. 따라서 클라우니는 다음과 같이 시대를 구분했다. 창조에서 타락(에덴 시대), 타락에서 대홍수, 대홍수에서 아브라함, 아브라함에서 모세에 이르는 족장 시대, 모세에서 그리스도, 그리스도와 말세, 그리고 완성이다.[24] 각 시대는 구체적인 언약 표현으로 특징되는데, 다른 언약 표현들과의 관계 속에서 단일성과 구별성을 모두 드러낸다.[25]

성경에서 언약이라는 용어는 사람과 사람 사이에도 사용되었다. 예를 들어, 아브라함과 이삭 모두 그랄 왕 아비멜렉과 언약을 맺었다(창 21:27; 26:28). 앞서 살펴본 바와 같이, 명시적으로 언급된 최초의 언약은 하나님이 노아와 맺으신 것이다(창 6:18; 9:8-17). 그 다음으로 하나님의 언약을 받은 사람은 아브라함이며, 다음은 그의 자손 이삭과 야곱이다. 출애굽 이후 하나님은 모세를 통해 시내산에서 이스라엘 백성과 언약을 맺으시는데, 이 언약의 표현은 오늘날까지도 유대교 율법의 기초로 남아 있다. 이는 여호수아가 세겜에서 갱신한 언약이 거의 확실하다(수 24:1-28). 시내산 언약의 핵심 내용들은 하나님이 다윗왕에게 주신 약속들을 통해 더욱 구체적이고 명확하게 부각된다(삼하 7:8-17). 이제 한 사람(다윗)이 많은 사람(이스라엘)을 대표한다. 다윗 왕조의 후계자들로 인해 왕국이 쇠락하자, 예언자들은 영원한 영광의 나라의 기초가 되는 새 언약이 포함된 갱신을 약속한다. 구약 시대에 성취되

24. Clowney, *Preaching and Biblical Theology*, p. 89. 여기서 Clowney는 Vos가 제안한 방식을 따르고 있다.

25. 나는 다음 책 4장에서 이 시대적 접근법에 대해 평가했다. Graeme Goldsworthy, *Christ-centred Biblical Theology: Hermeneutical foundations and principles* (Nottingham: Apollos, 2012). 그리고 D. W. B. Robinson과 Gabriel Hebert가 제안한 시대적 구성을 선호하는 이유를 밝혔다.

지 않은 이 거듭남은 예수와 그분의 복음에서 핵심을 이룬다.

하나의 중심 주제가 있는가?

하나님 나라의 계시를 이해하는 데 있어 언약과 약속-성취 중에 더 유용하고 생산적인 방법이 무엇인지에 대한 질문이 제기된다. 나는 이 둘을 별개로 취급할 필요가 없다고 생각한다. 언약에는 성취를 예견하는 약속이 수반되기 때문이다. 게다가 하나님 나라라는 주제는 언약의 내용과 그리스도 안에서 성취된 약속에 초점을 맞춘다.[26] 나는 하나님의 처소에서 하나님의 통치 아래 있는 하나님 백성에 대한 기본적인 차원이 점진적으로 나타나는 하나님 나라 개념을 고수하고 있다.[27] 언약과 나라는 매우 밀접히 연관된 주제이므로 둘 중 하나만 따로 생각할 수 없다. 따라서 창조와 에덴은 하나님 나라의 패턴을 설정한다. 노아의 방주는 하나님 나라의 축소판이다. 아브라함과 맺은 언약에서는 하나님 나라가 명백히 약속된다. 시내산 언약은 이스라엘이 하나님 나라의 백성으로 살아가는 구체적인 조건을 제시한다. 다윗과 맺은 언약에 이르면, 예표적인 나라가 그 성취를 위한 예언적 외침을

---

26. 나는 성경 전체의 통일성을 보여 주기 위한 방식으로 하나님 나라라는 주제를 사용했다. Graeme Goldsworthy, *Gospel and Kingdom: A Christian interpretation of the Old Testament* (Exeter: Paternoster, 1981). 지금은 다음 책으로 통합되어 출간. *The Goldsworthy Trilogy* (Milton Keynes: Paternoster, 2000).

27. 다음을 보라. Goldsworthy, *Gospel and Kingdom*, ch. 5, in *Trilogy*. 하나님의 처소에서 하나님의 통치 아래 있는 하나님의 백성이라는 하나님 나라에 대한 나의 도식을 개선하려는 혹은 더 분명히 하려는 제안들이 있었다. 예를 들어, '통치'가 하나님의 사역에 대한 순종을 포함하도록 확대되어야 한다거나 하나님의 '복'이 포함되어야 한다는 식이다. 나는 두 가지 '개선책' 모두 거부한다. 사역은 하나님의 통치를 벗어나서 존재할 수 없고, 하나님의 복도 마찬가지이기 때문이다. 물론 어느 시점에서는 각 측면을 확장할 필요가 있겠지만, 나는 처음 도식을 고수하는 편이다. 하나님의 통치를 받는 것보다 큰 복은 없으며, 그분의 통치에 속하지 않는 복은 없다.

형성한다. 새 언약으로서 예수는 하나님 나라가 가까이 왔고 자기 안에서 성취되었음을 선포하신다. 예수의 재림을 기다리는 것은 하나님 나라의 완성을 기다리는 것이다.

언약을 중심으로 성경을 살필 때의 이점은, 언약이 하나님의 약속 방식을 구조화할 뿐만 아니라 동시에 그 약속을 받은 자들의 응답도 수반한다는 것이다. 가장 일방적인 언약 표현조차도 수용, 믿음, 순종의 의무를 암시하거나 명백히 언급한다. 언약적 접근법에서 한 가지 복잡한 점은, 특히 예언적 종말론에서 약속의 내용 상당수가 언약을 명시적으로 언급하기보다 암시한다는 데 있다. 그럼에도 예언자들은 앞으로 올 새 언약에 대해 많은 내용을 제시한다.

약속과 성취에 중점을 둘 때의 이점은, 언약의 공식 구조를 통해 전달되는 내용에 더 관심을 두면서 그 구조 자체를 식별하는 데 얽매이지 않는다는 것이다. 마찬가지로 이 접근법도 약속에서 성취에 이르는 역동적 발전을 강조한다. 언약 외에도 많은 주제들이 성취를 기대하는 약속의 범주에 속하지만, 언약을 비롯한 이 모든 주제의 신학적 연결을 무시해서는 안 된다. 이번 장에서 나는 필요한 경우에는 기꺼이 공식 구조에 초점을 맞추는 한편, 하나님은 성취하려는 것을 약속하신다는 더 넓은 의미도 살펴보고자 한다. 언약의 구조를 따라가다 보면, 많은 문맥에서 '언약'이라는 단어가 등장하지 않는 것이 전혀 문제되지 않음을 알게 된다. 이는 하나님의 말씀이 본질적으로 언약적이라는 단순한 이유 때문이다. 심지어 그 말씀이 불신과 불순종에 대한 정죄와 언약 제재의 적용일 때도 마찬가지다. 그러므로 이제 단어 사용 자체보다는 언약의 개념을 살펴보도록 하자. 우리는 언약 형태의 계시의 최종 표현에 도달하기까지, 다시 말해 창조에서 시작해 새 창조에 이르기까지 연이어지는 언약들을 검토할 필요가 있다.

언약으로서의 창조

앞서 요약한 언약 모티프와 언약과 하나님 나라의 관계는, 성경 내러티브에서 암시적으로 또한 명시적으로 나타나는 언약의 사례들에 주의 깊은 집중을 요구한다. 이미 언급한 바와 같이, 하나님과 피조물 간의 관계를 기초로 언약을 이해해야 하는 이유가 있다.[28] 우리의 주된 관심은 하나님과 그분의 백성 간의 언약에 있지만, 그 언약들이 이전의 언약적 상황에 기초했을 가능성을 염두에 두어야 한다. 성경은 어떤 의미에서든지 창조 자체를 언약으로 직접 묘사하지 않기 때문에, 창조가 우리의 언약('베리트') 이해에 갖는 의미를 고려해야 한다. 성경에서 하나님이 주체가 되어 맺으시는 언약은 일방적이다. 다시 말해, 하나님과 인간의 협상을 통한 합의가 아니다. 하나님의 말씀에 의한 창조는 명시적으로 언약이라 불리지 않지만, 모든 피조물과 관련된 하나님의 주권적 행위를 통해 성립된 언약적 관계가 있다고도 보인다.[29] 케빈 밴후저(Kevin Vanhoozer)는 하나님이 언어를 사용해 피조물, 특히 창조의 정점에 있는 인간과 언약적으로 관계를 맺으신다는 사실에서 비롯되는 '담론의 언약'에 관해 말한다. 하나님의 형상대로 지음받은 인간 사이에서 언어의 기능 또한 언약적이다.

> 언어의 설계 목적은 하나님과, 다른 사람들과, 세상과 언약적 관계의 매개체로서의 역할이다. 이 담론의 언약에는 두 차원이 있다. 하나는 화자 사이의 상호 주관적 유대고, 다른 하나는 언어와 현실 사이의 객관적 유대다.… 언어는 단순히 주체를 드러내는 기호가 아니라, 언어의 주체에게 존엄성과 책임

28. 특히 Dumbrell이 제안한 바와 같다. 앞의 '언약을 정의하기' 부분을 보라.

29. 이에 대한 설득력 있는 주장은 다음을 보라. Dumbrell, *Covenant and Creation*, pp. 33-43. 또한 Robertson, *The Christ of the Covenants*, pp. 67-87.

감을 부여하는 언약이다.[30]

따라서 언약에서 언어의 신학적 의미는 단순히 약속의 형태나 내용에 그치지 않으며, 바로 이 목적을 위해 하나님이 인간에게 주신 선물로 언어를 사용한다는 데 있다.

창조 기사는 삼위일체 하나님의 능동적인 행위로 시작한다. 하나님은 말씀(성자)으로 창조하시고 성령께서 이를 감찰하신다(창 1:1-2). 창조 내러티브에서 하나님의 모든 말씀은 3인칭 지시법 동사다. "~이 있으라."[31] 하나님의 언약적 말씀은 완벽하다. 말씀과 결과가 정확히 일치하여 "그대로 되었고"(창 1:3, 7, 9, 11, 15, 24), "하나님이 보시기에 좋았기" 때문이다(창 1:4, 10, 12, 18, 21, 25). 하나님의 언약적 책임은 "하나님이 지으신 그 모든 것을 보시니 보시기에 심히 좋았더라"는 점에서 완벽히 실현된다(창 1:31). 오로지 하나님만이 자신의 작품에 대해 판단하실 수 있으며, "심히 좋았더라"는 평가는 하나님의 온전하심과 일치한다. 하지만 피조물도 책임 있게 응답할 수 있는가? 물론 그렇다. 창조의 절정은 인간이다. 인간도 "우리가 만들자"라는 지시형 언어로 창조되었다. 하지만 이번에는 독특하게도 "우리의 형상을 따라 우리의 모양대로 우리가 사람을 만들고 그들로… 다스리게 하자"고 하신다(창 1:26). 인간을 비롯한 모든 피조물은 통일성을 갖기에, 인간의 응답에는 나머지 피조물과의 연대가 수반된다.

하나님이 '우리'라는 복수형을 사용하신 것을 하나님 안의 단일복

---

30. Kevin Vanhoozer, *Is There a Meaning in This Text? The Bible, the reader, and the morality of literary knowledge* (Grand Rapids, MI: Zondervan, 1998), p. 206.

31. 지시법(jussive)은 명령을 나타내는 문법적 용어다. 여기서는 3인칭 명령법 역할에 준하는 히브리어 동사 형태가 사용된다.

수성에 대한 증거로 받아들이기보다는 장엄 복수형(왕이나 신을 지칭할 때 그 위엄을 존중하기 위해 사용된 복수형—옮긴이)으로 치부해 버리기 쉽다. 또한 창조 기사에서 하나님이 자신의 형상대로 지으신 존재를 향해 2인칭 명령법으로 직접 말씀하신 것도 독특하다. "생육하고 번성하여 땅에 충만하라, 땅을 정복하라, 바다의 물고기와 하늘의 새와 땅에 움직이는 모든 생물을 다스리라"(창 1:28). 이는 하나님의 인격의 모양대로 만들어진 인간의 인격을 보여 준다. 이런 인격 대 인격의 명령은 도덕적 명령을 확립한다. 창조 세계의 책임은 하나님의 말씀에 대한 인간의 응답과 연대해 있기에, 아담과 하와가 타락했을 때 온 창조 세계가 함께 타락했다. 따라서 이제 모든 피조물은 에덴 바깥의 심판 아래 있으면서 은혜로 회복될 날을 기다린다(창 3:22-24; 롬 8:19-23).

우리는 언어가 하나님께서 창조 질서와 관계를 맺기 위해 새롭게 만드신 것이 아니라 삼위일체 하나님의 영원한 속성이라고 결론 내릴 수 있다. 언어의 본질과 인간의 언약적 소통은 삼위일체 안에서 이루어지는 언약적 소통을 반영한다. 신학자들은 죄인에게 은혜 언약을 실행하기로 하신 삼위일체 하나님의 내적 합의로서 구속 언약이라는 개념을 오래도록 주장해 왔다. 여기에는 많은 함의가 있지만, 내가 주목하는 한 가지는 삼위일체 안에서 말과 상호 헌신이 영원히 존재해 왔고, 이것이 하나님의 형상대로 창조된 인간에게 언약적 도구로 주어진 언어의 근원이라는 개념이다. 이제는 하나님이 피조물과 함께 구속사를 통해 우리의 시간과 공간 속에 계시기 때문에, 자기 백성을 구원하기 위한 하나님의 특별한 행위의 역사가 하나님이 타락한 피조물에게 말씀하시는 언약의 역사가 되는 것은 자연스러운 일이다.

이제까지 살펴본 바를 종합하면, 언약의 신학적 개념의 근거는 삼위일체 하나님으로부터 비롯됨을 알 수 있다. 삼위일체 하나님은 본질상 허공이 아니라 자기 안에서 말씀하시는 분이다. 창조의 언어는 하나님의 속성 중 그런 본질적인 차원에서 비롯된다. 하나님 안에 있는 언어라는 존재를 우리가 어떻게 이해하든지 간에, 언어는 개혁주의 신학자들이 공유적 속성이라고 칭하는 것에 해당한다고 할 수 있다. 언어는 하나님의 창조 수단이었다. "있으라 하시니[언어]… 그대로 되니라[창조]." 하나님이 창조 세계를 다스리라고 위임하신 인간 대리자를 통해 말씀하실 때도 같은 방식이 사용된다. 인간이 하나님 말씀의 언약적 의미를 되새길 때, 우리는 "그때에 사람들이 비로소 여호와의 이름을 불렀더라"(창 4:26)는 사실을 알게 된다. 창조의 이런 기초를 염두에 두고, 우리는 구속사에서 연이어 나타나는 언약 사건들을 따라가야 한다.

최초의 은혜 언약: 아담의 행위인가, 노아의 은혜 경험인가?

개혁주의 신학에서는 일반적으로 아담과 맺으신 하나님의 행위 언약을 구별하지만, 그렇다고 꼭 보편적인 것은 아니다. 여기서의 핵심 문제는 하나님이 아담과 처음 맺으신 관계가 언약적이었느냐가 아니다. 대신 행위 언약과 구원의 은혜 언약을 구별함으로써 타락 이전 하나님과 인간의 관계에서 행위가 주된 역동성이 되었다는 데 있다. 만일 우리가 행위 언약에 대해 말할 수 있다면, 이는 앞서 논의한 창조 언약에 연관될 것이다. 하지만 논점은 단지 창조 때 하나님 말씀의 언약적 본질이라는 선에서 그치지 않고, 구원의 은혜를 필요하게 만든 죄가 들어오기 전의 관계를 은혜라는 말로 표현하는 것이 적절한가라는 문제까지 포함한다. 웨스트민스터 신앙고백서(1646년)는 이렇게 서술한다. "사람과 맺으신 첫 언약은 행위 언약이었다. 그 언약을 통해 아담과 그의 후손들에게 생명이 약속되었다. 이는 완전하고 개인적인 순종을 조건으로 한 것이다." 이는 장 칼뱅의 견해와 다르다.[32] 이어 웨스트민스터 신앙고백서는 타락 이후 두 번째 맺은 언약을 은혜 언약이라고 부른다.[33] 벌코프는 이 둘을 구별하는 이유를 설명한다. 바로 타락 이후에 은혜가 필수적이었기 때문이다. 벌코프는 행위 언약이 "변덕스러운 인간의 불확실한 순종에 달린 반면, 은혜 언약은 확실하고 절대적인 중보자 그리스도의 순종에 달려 있다"고 기술한다.[34] 여기서 벌코프는 바울이 말한 것처럼 첫 아담과 마지막 아담을 대조해 언급한다(롬 5:12-21; 고전 15:20-23).

행위 언약과 은혜 언약을 구분하는 것은 몇 가지 난점을 야기한다. 언약 신학에 대한 벌코프의 설명을 탁월한 예시로 삼으면서, 우리는 다음과 같은 질문을 던져야 한다. 타락 이전에는 은혜가 전혀 없었고, 은혜 언약에는 행위가 전혀 개입되지 않았는가? 은혜에 대해 먼저 살펴보자. 만일 받을 자격 없는 호의 또는 공로 없는 선물로 은혜를 정의한다면, 하나님은 우주를 창조할 필요나 의무가 없으셨기에 창조는 받을 자격이 없는 무조건적인 사랑과 은혜의 행위였다고 할 수 있다. 피조물은 창조될 만한 '자격'을 갖추고 있지 않았다. 만일 창조 기사에서 은혜가 언급되지 않는다고 반박한다면, 우리는 행위 언약에 대해서도

32. 웨스트민스터 신앙고백서 7장 2항, '사람과 맺으신 하나님의 언약에 관하여' 2조. 행위 언약이라는 개념은 언약 신학을 비판하는 다양한 외부 비평가들뿐만 아니라 내부에서도 의문이 제기되어 왔다. 예를 들어, Holmes Rolston III, *John Calvin versus the Westminster Confession* (Richmond, VA: John Knox Press, 1972). 칼뱅의 『기독교 강요』 2권 10장 1항에 달린 편집자 각주는 다음과 같다. "언약 신학은 17세기에 이르러서야 완전히 발달하여 웨스트민스터 신앙고백서에서 표현되었다.… 행위 언약, 즉 자연 언약이 은혜 언약과 나란히 서게 되는 이런 확장은 칼뱅이 예상한 바가 아니다."

33. 웨스트민스터 신앙고백서 7장 3항.

34. Louis Berkhof, *Systematic Theology* (Edinburgh: Banner of Truth Trust, 1963), p. 272.

본문이 침묵하고 있다는 점을 지적해야 한다. 더욱이 믿음의 문제도 같은 방식으로 제기된다. 타락 이전에 아담에게 믿음이 있었는가? 만일 믿음이 말씀하시는 하나님을 신뢰하고 그분의 말씀을 진리로 받아들이는 것이라면, 아담은 존재의 시작부터 믿음을 가지고 있었다.[35]

나는 타락 이전에 하나님이 처음부터 아담과 맺으신 언약적 관계와 타락 이후 은혜 언약의 주된 차이점은 후자가 구원이 필요한 죄인과 맺어진 것이라는 사실에 있다고 생각한다. 이스라엘의 성경 전통에 따르면 시내산에 이르러서야 십계명을 받는다. 하지만 우리는 법성(lawfulness)이라는 것이 처음부터 존재했다고 말해야 한다. 창세기 기록은 하나님의 말씀을 제시하면서, 선악을 알게 하는 나무에 대한 순종 요구와 다스림이라는 측면에서 아담의 존재 경계를 설정한다. 그 외에 하나님이 아담에게 하셨을 수도 있는 말씀은 추정에 불과하다. 한 가지는 확실하다. 타락은 언약의 파괴며 그에 따른 제재가 뒤따른다.

타락 이전과 이후의 상황에 대한 조사를 바탕으로, 언약에는 변함없는 요소가 있다고 결론 내리는 것이 타당하다. 하나님은 자신이 말하는 대상과 관계를 맺는 방식으로 말씀하시며, 이 관계는 본질상 대상의 공로를 전혀 요구하지 않는다. 우리를 비롯한 모든 피조물은 마땅히 창조되어야 할 이유 같은 것이 전혀 없었으며, 온전히 하나님의 한없는 은혜와 사랑 때문에 창조된 것이다. 하나님의 사랑은 영원한 속성으로, 하나님이 자격 없는 죄인과 관계를 맺으실 때만 나타나는 무언가가 아니다(요 17:24). 그러므로 하나님이 말씀하시는 모든 경우에,

35. 일부 언약 신학자들은 행위 언약과 은혜 언약의 구분에 의문을 제기했다. McComiskey는 다음과 같이 언급한다. "[하나님과 아담 사이의] 이 관계를 언약으로 부르기 위한 직접적인 석의적 근거를 찾고자 한 노력들은 일반적으로 의심스러운 결과를 도출했다." 그는 이어서 이 관계에 은혜가 존재하며 그렇기 때문에 언약으로 명시되지 않는다고 말하는 John Murray를 인용한다. McComiskey, *Covenants of Promise*, p. 214.

그 말씀을 받는 대상자에게서 선이 실재하거나 실현될 가능성이 존재한다. 또한 반대로 그런 유익이 제거될 가능성도 존재하는데, 우리는 이를 하나님의 진노에 관한 심판적 표현으로 이해한다. 결론적으로, 이 두 가능성은 언약의 복과 저주로 불리게 된다.

노아와 맺으신 언약은 성경에서 처음 이런 식으로 '언약'이 사용된 것이다. 이는 성경에서 처음으로 '은혜'라는 단어가 사용된 창세기 6:8, "그러나 노아는 여호와께 은혜[또는 호의, 히브리어 *ḥēn*]를 입었더라"는 말씀에 이어진다.[36] 그리고 창세기 6:18에서 하나님이 노아에게 "그러나 너와는 내가 내 언약을 세우리니 너는 네 아들들과 네 아내와 네 며느리들과 함께 그 방주로 들어가고"라고 말씀하는 데서 언약(*bĕrît*)이라는 단어가 처음 사용된다.[37] 여기서 하나님은 단지 언약적으로 말씀하실 뿐 아니라 구원적으로도 말씀하신다. 방주는 홍수에서 그들을 구원하는 수단이다. 후에 창세기 9:9-11에서 이 은혜 언약은 "다시는 모든 생물을 홍수로 멸하지 아니할 것이라. 땅을 멸할 홍수가 다시 있지 아니하리라"는 약속으로 확장된다. 홍수 이후 노아가 받은 말씀과 창세기 1:26-28에서 아담과 하와가 받은 최초의 사명 사이의 유사성은 무척 인상적이다. 노아 언약이라는 배경에서 하나님은 새롭게 된 땅의 첫 인간들에게 최초의 땅에서 아담에게 주셨던 것과 같은 식으로 명령하신다(창 9:1-7). 노아의 구원은 새 창조와 새 탄생을 예표한다. 아담에게 주신 명령과 노아에게 주신 명령의 중요한 차이점은, 홍수 이후

36. וְנֹחַ מָצָא חֵן בְּעֵינֵי יְהוָה, "그리고 노아는 여호와께 은혜를 입었다." 이 구절은 일반적으로 '은혜' 또는 '호의'로 번역되는 히브리어 חֵן(*ḥēn*)이 성경에서 처음 나오는 곳이다.

37. 이 구절은 성경에서 '언약'을 뜻하는 단어 בְּרִית(*bĕrît*)가 처음 나오는 곳이다. 이 언약에는 은혜에 근거한 자비로운 관계라는 일방적인 설정이 수반되어 있다. 비록 일방적이라 해도, 언약이 유효하기 위해서는 노아가 성실하게 응답해야 한다. 만일 노아가 방주를 짓지 않는다면 구원받지 못할 것이다.

의 타락한 세상에서는 먹기 위해 동물을 죽이는 일이 허락되었다는 것이다(창 1:28-30과 9:3-4 비교). 이런 유사성은 하나님이 처음부터 아담을 언약적으로 대하셨다는 개념을 강화한다. 노아의 세 아들이 처한 다양한 상황은, 내러티브가 진행됨에 따라 다시 강조될 언약의 중요한 세 가지 측면을 확립한다. 이는 노아와 아들들이 맺은 언약의 부가적 역할로 간주되어야 한다(창 9:18-10:32). 셈, 함, 야벳 각각의 지위는 언약의 축복(셈), 언약의 저주(함), 다른 사람으로 인해 반사된 축복(야벳)을 보여 준다.

바벨탑

창세기 10:1-11:26에 나오는 홍수 이후 사건들의 연대기는 이 단락의 저자(들)에게 중요한 부분이 아니었던 것으로 보인다. 후대에 성경 본문에 장 구분이 추가되면서 11장을 새로운 단락의 시작으로 구분한 이유는 이해가 되지만 이는 오해를 유발할 수도 있다. 나는 여기서 중요한 것이 본문에 전개되는 신학이라고 생각한다. 홍수 기사와 이후에 이어지는 내러티브는 하나님과 인간의 관계가 언약적임을 보여 준다. 벌써부터 함의 자손은 노아의 언약적 지위를 남용함으로써 언약을 깨트리는 자로 묘사된다. 바벨탑 이야기(창 11:1-9)는 인간의 언약 파기와 그에 따른 결과의 근본적 성격을 알려 준다. 그리고 언어의 언약적 본질을 새롭게 거론한다. 어떤 의미에서든 타락한 인류가 하나될 수 있다면, 그 중심에는 언어가 자리할 것이다.

바벨탑 사건을 이해하기 위해서는 삼위일체 하나님이 자신 안에서 말씀하신다는 점과, 인류에게 삼위일체의 내적 언어를 반영한 방식으로 말씀하신다는 점을 고려해야 한다. 타락한 세상에서도 인간의 언어는 하나님과 인간의 관계를 반영한다. 바벨탑 사건에서, 죄에 빠진 인간들은 언어라는 특권을 남용해 서로를 불러 모아 하늘에 도전한다. 그들은 자신의 위대함을 드러내고 이름을 높여 줄 하늘에 닿는 탑을 세우고자 한다. "그 탑 꼭대기를 하늘에 닿게 하여"(창 11:4)라는 말은 단순히 고층 건물을 뜻할 수도 있다. 하지만 이 맥락에서는 바로 하나님이 거하시는 처소에 대한 공격으로 보인다. 이런 교만과 함께 언어라는 선물의 남용은 더 이상 허용될 수 없었기에, 하나님은 언어를 혼잡하게 하심으로 인간이 서로의 말을 알아듣지 못하게 하셨다. 그 결과 이 계획은 중단될 수밖에 없었다. 다양한 언어가 어떻게 생겨났는지, 원래의 단일 언어는 무엇이었는지는 실제로 중요한 사안이 아니다. 이 이야기의 신학은 언약 파기와 관련된 언어와 하나님이 실행하신 제재를 담고 있다.

바벨탑 내러티브는 하나님 없이 완벽한 사회적 통일을 이루려는 헛된 시도를 묘사한다. 현시대의 국제연합(UN)이나 유럽연합(EU) 모두, 그 업적을 어떻게 평가하는지와는 별개로 그런 시도의 허무함을 보여준다. 함께 대화하는 것 또는 오늘날의 표현대로 대화의 장을 여는 것이 해답처럼 보이지만, 결코 기대만큼의 결실을 맺지 못한다. 세계 질서의 기초는 하나님의 언약과 그분이 우리에게 사용하시는 언어에 있다. 하나님 말씀의 감독 없는 인간의 대화로는 결코 지속적인 공동체를 달성하지 못할 것이다. 구속사라는 열차는 언약의 선로 위를 달린다. 또한 언약적 질서는 지혜 문학의 관심사이기도 하다.[38] 하나님의 계시된 언약적 교훈과 잠언 같은 곳에 나오는 경험적 지혜의 차이는,

38. 언약에 근거한 구속사와 지혜의 대조는 자주 언급된다. 하지만 이런 대조를 통해 그 둘이 완전히 분리되게 해서는 안 된다.

전자는 하나님이 온전히 계시하신 것인 반면 후자는 인간이 스스로 발견해야 할 책임이 있다는 것이다. 그럼에도 불구하고, 경험적 지혜가 성공을 거두기 위해서는 반드시 "여호와를 경외하는 것"(잠 1:7; 9:10)이라는 틀 속에 머물러야 한다. 따라서 하나님을 경외하고 그분께 복종하기보다 하나님 역할을 흉내 내고자 했던 바벨탑 사건은 통일은 고사하고 분열만 초래했다.

바벨에서의 역모의 본질은, 순전히 피조물 수준에서 하나님과 인간의 관계를 흉내 내면서 자기 자신을 높이고자 하나님께 영광과 존귀를 돌리는 일을 거부한 것이다. "우리 이름을 내고"(창 11:4)라는 치명적 욕망이 표출된 직후, 이름 자체가 '이름'이라는 뜻인 셈의 족보가 이어지는 것은 의미심장하다. 아브람에게 표현된 언약 관계에는 "내가… 네 이름을 창대하게 하리니"(창 12:2)라는 하나님의 약속이 수반된다. 그렇게 하시는 것은 하나님의 특권이지 인간의 몫이 아니다.

아브라함과 족장들

구원의 언약은 하나님이 아브람에게 하신 약속들에서 구체적인 형태를 띤다. '언약'이라는 말이 아브람과 하나님의 첫 만남에서 사용되지는 않았지만, 그때 맺어진 관계는 언약을 아우른다(창 12:1-3). 따라서 언약의 역동성은 창조 세계와 아담을 향한 하나님의 말씀으로부터 타락한 세상과 사망 선고 아래의 인류로 급격한 전환을 거친다. 사망 선고는 하나님과 아담이 맺은 언약 관계에 포함된 제재였다(창 2:17). 노아와 세우신 언약은 아담의 자손에게 인류를 보존할 하나님의 계획을 확증해 주었다. 이는 한 단계의 발전이다. 타락 이전에는 그런 확증 자체가 필요 없었기 때문이다. 노아가 방주를 만든 일과 하나님이 남은 자들을 홍수에서 건지신 일은 구속사에서 이른바 구원과 심판이라는 두 가지 기본적인 차원의 '큰 그림'을 처음으로 보여 준다. 이 역동성은 성경에서 매우 중요한 계보학적 원리에 따라 구성된다. 따라서 우리는 가인에서 시작해 홍수 이후 노아의 아들 함과 바벨탑 건축자들로 이어지는 심판의 계보를 보게 된다. 동시에, 셋에서 시작해 노아를 거쳐 셈을 통해 아브람에 이르는 선택받은 계보가 있다(창 4:25-5:32; 10:21-32; 11:10-32; 대상 1:1-4, 17-27). 창세기 10장의 족보 구성 방식은 "또한 복을 얻을" 자들이 야벳으로 대표됨을 보여 준다. 나는 이것을 열방, 즉 아브람 언약에서 언급된 것처럼 셈 족속을 통해 복을 받게 될 "땅의 모든 족속"(창 12:3)에 대한 예비적 언급으로 본다.

아브람과 세우신 언약은 창세기 11장에 기록된 인류의 두 계보와 열방의 흩어짐을 배경으로 한다. 셈(아담과 셋의 후손)의 계보는 가족과 함께 하란에 정착한 아브람의 아버지 데라에 이른다. 아브람이 다른 나머지 인간과 구분되는 유일한 잠재적 미덕은 그의 족보다. 노아 언약은 하나님의 구원하시는 은혜가 역사하는 영역으로 이 계보를 구별해 두었다. 이제 아브람을 통해 그 은혜가 구체적인 형태를 갖추려 한다. 노아 언약의 '아들' 아브람은 자기 땅과 친척을 떠나 가나안으로 가라는 말씀을 듣는다. 이 지시에 더해, 하나님은 아브람이 큰 민족의 조상이 되고 복을 받을 뿐 아니라 다른 이들에게도 복이 될 것이라는 약속을 하신다(창 12:1-3). 하나님 없이 자기 이름을 내고자 했던 바벨 사람들과 달리(창 11:4), 하나님은 그의 이름을 창대하게 하실 것이다. 이는 아브람을 축복하는 자들은 복을 받고 저주하는 자들은 저주를 받을 것을 의미한다(창 12:3). 여기서도 언어의 힘이 드러난다. 이 언약적 약속의 마지막 측면은 아브람의 복이 온 세상 민족들에게 흘러가리라는 점이다. 셈 족속인 아브람을 통해 복이 다른 이들에게 전달될 것이다. 즉 셈을 통해 야벳이 복을 받는 상황이 반영되어 있다(창 9:26-27).

하나님의 구원 언약의 계시는 일반 보존에 대한 계시(노아)로부터 특정 장소에서 특정 백성이 하나님의 복을 받는다는 계시로 발전한다. 이제 언약은 하나님이 일방적으로 시작하신 일들을 구체적으로 정의하는 방식으로 진술된다. 언약은 세 가지를 지정하고 확립한다. 첫째, 언약 백성이다. 즉 아브람의 후손으로 이루어진 한 민족이 하나님의 보호와 통치 아래 놓인다. 둘째, 이 백성이 하나님의 임재 가운데 거할 구체적 장소인 가나안이다. 셋째, 언약의 복이 언약 백성을 통해 열방으로 흘러간다는 사실이다. 이 마지막 요소는 언약 백성의 대표성을 나타낸다. 바로 다수를 위한 하나다.

따라서 자녀가 없던 아브람은 하나님이 그의 자손으로 큰 민족을 이루시고 이 땅 가나안을 차지하게 하실 것이라는 확증을 받는다(창 12:2, 7; 13:14-17). 다음 단계는 이 약속들이 반복되면서 드러나는데, 우리는 아브람의 믿음이 하나님 앞에서 그의 의로 여겨졌다는 말씀을 듣는다(창 15:5-6). 이것은 매우 중요한 지점인데, 바울은 경건하지 않은 자가 오직 믿음으로 의롭다 하심을 받는 교리를 선포하며 이 사건을 언급한다(롬 4:13-25, 특히 22-24절). 나아가 바울은 이렇게 진술된 언약에 이스라엘의 율법 바깥에 있는 자들(이방인)도 포함된다는 것을 상기시킨다(롬 4:9-11). 이처럼 하나님의 백성은 애초부터 하나님의 약속을 믿음으로써 의롭다 하심을 받고 하나님께 용납되었다. 이 언약의 구체적인 표현은 아브람과 사래에게 자녀가 없던 상황에서 주어졌다. 그 약속을 서술하기 위해 창세기 17:1-8에서 처음으로 아브람에게 '언약'이라는 용어가 사용되는데, 여기서 하나님은 이제 99세가 되도록 자녀가 없는 아브람에게 자녀를 주실 것을 다시 확증하신다. 이 과정에서 '존귀한 아버지'라는 뜻의 아브람이라는 이름이 '많은 무리의 아버지'라는 뜻의 아브라함으로 바뀌는데, 이로써 그의 자손이 열방에 복이 되리라는 약속을 재차 강조한다. '믿음으로 나아감'이라는 요소는 히브리서 11:8-19에서 재차 언급된다. "이 사람들은 다 믿음을 따라 죽었으며 약속을 받지 못하였으되 그것들을 멀리서 보고 환영하며"(13절).

그렇게 아브라함과 사라는 아들을 낳게 되는데, 그 아들 이삭에게도 같은 약속이 주어진다(창 26:2-5). 노년에 아이를 얻은 기적은 이삭을 바치라는 하나님의 명령으로 인해 위기에 봉착한다. 이 명령은 아브라함의 믿음을 시험하시기 위한 것이었다. 하나님은 "이삭에게서 나는 자라야 네 씨라 부를 것"이라고 약속하셨다(창 21:12). 히브리서 저자는 이를 아브라함의 믿음을 보여 주는 사건으로 해석한다. "그가 하나님이 능히 이삭을 죽은 자 가운데서 다시 살리실 줄로 생각한지라. 비유컨대 그를 죽은 자 가운데서 도로 받은 것이니라"(히 11:17-19). 아브라함의 신실함이 입증되자, 하나님은 다시 언약의 약속을 반복하신다(창 22:15-18). 아브라함 언약에서 믿음이라는 요소는, 하나님이 약속하신 땅이지만 아직 소유하지 못했기 때문에 사라를 장사할 작은 땅을 사기 위해 당시 소유주였던 헷 족속과 거래를 해야 했던 사실에서도 잘 나타난다(창 23:1-20).

언약의 신성함은 그 언약을 받은 자들이 신실해야 하는 책임감과 더불어 이삭의 아내를 구하는 모습에서 잘 드러난다. 아브라함은 종에게 반드시 가나안 족속이 아닌 자기 친족 중에서 아들의 아내를 구하라고 명한다(창 24:1-4). 리브가가 이삭과 어떻게 결혼하게 되는지 알려 주는 장황한 기사는, 겉으로 보이는 장애물에도 불구하고 하나님의 약속이 이루어지기까지 그 약속을 신뢰해야 한다는 것을 강조하는 역할을 한다. 이삭은 같은 조건으로 아브라함 언약을 상속받는다(창

26:1-5). 이번에는 이삭과 가족들의 생존을 위협하는 기근이 배경이다. 하나님은 이삭에게 이집트로 내려가지 말고 블레셋 땅에 머물라고 말씀하신다. 언약의 약속은 이 기근이 그들의 생존을 위협하지 못할 것임을 보장한다.

노아의 아들들에게 그랬던 것처럼 언약은 차별적이다.[39] 이삭의 쌍둥이 아들 중 맏아들 에서는 동생 야곱에게 장자권을 잃게 되어 야곱이 아브라함과 이삭의 언약적 지위를 상속받는다. 선택된 계보와 그렇지 못한 친족은 하나님의 주권적인 선택과 차별의 틀 안에서 점점 늘어난다. 롯이 아니라 아브라함이다. 이스마엘이 아니라 이삭이다. 에서가 아니라 야곱이다. 아브라함의 조카 롯에서 비롯된 혈연인 모압과 암몬 족속은 이스라엘에 의해 쫓겨나지는 않지만, 그렇다고 이스라엘처럼 복을 받지는 못한다. 이는 야곱의 쌍둥이 형 에서의 후손인 에돔 족속도 마찬가지다(신 2:1-8). 하나님의 선택 이유는 그분께 속한 비밀이며, 어떤 점도 택함받은 자에게 근거하지 않는다.[40]

아브라함 언약은 하나님의 언약 백성으로서 그의 후손의 역사 전반에 걸쳐 안정적으로 유지된다. 이 역동성은 앞서 언급한 언약의 세 차원이 점진적으로 구체화되는 과정에 있다. 지금까지 살펴본 바, 이런 과정의 한 측면은 혈연에 근거한 자동적인 선택은 없다는 것이다. 언약적 혈연은 오직 아브라함의 후손에서 비롯하지만, 이마저도 하나님의 선택을 통해 세분화된다. 그래서 언약은 아브라함, 이삭, 야곱 및 이스라엘 열두 지파의 조상인 야곱의 열두 아들을 포함한다. 하지만 여기서도 우리는 신실한 이스라엘 백성과 배교하고 불신하는 이스라

39. 차별하는 것은 구별하는 것이다. 오늘날 정치적 올바름(politically correct)에 관한 표현의 측면에서 흔히 부정적인 어조로 사용되지만, 차별한다는 것이 원래 부정적인 의미인 것만은 아니다.

40. 이는 롬 9:9-13에 나오는 이스라엘의 선택받은 지위에 대한 바울 논증의 한 측면이다.

엘 백성을 반드시 구분해야 한다.

창세기는 야곱의 자손들이 이집트에 머무는 장면으로 막을 내린다. 이 체류는 언약의 약속과 그 성취를 위협하는 듯이 보인다. 이야기는 출애굽기로 이어지는데, 처음 이집트에 들어갔던 이스라엘 민족 70인이 번성하여 "온 땅에 가득하게" 되었다(출 1:1-7). 그들은 노예살이의 고통으로 하나님께 부르짖었고, 하나님은 "아브라함과 이삭과 야곱에게 세운 그의 언약을 기억"하셨다(출 2:23-24). 기억하셨다는 말은 단순히 떠올렸다는 의미를 넘어 그에 합당한 조취를 취하셨다는 뜻이다.[41]

이제 언약의 형태는 더욱 분명해진다. 하나님은 아브라함에게 "너를 축복하는 자에게는 내가 복을 내리고 너를 저주하는 자에게는 내가 저주하리니"라고 약속하셨다(창 12:3). 그렇기에, 구원의 가능성은 이미 내재되어 있지만, 이집트에서의 체류를 통해 복의 의미가 노예 생활의 잔혹함에서의 구원으로까지 확장된다. 이스라엘의 노예 생활은 아브라함에게 하신 하나님의 약속이 신학적으로나 역사적으로 실패한 것처럼 보이게 만든다. 그들이 노예로 있는 동안 하나님이 그들에게 복을 주시는 것처럼 보이진 않았고, 그들이 약속의 땅에 거하는 것도 아니었기 때문이다. 그러나 모세가 열 가지 재앙을 내릴 때, 각 재앙은 이집트 신들이 통제한다고 여겨지던 모든 것을 전면 공격한다. 유월절 사건에서는 하나님이 이집트의 신들을 심판하신다고 분명히 언급된다(출 12:12).

이집트에서의 역동성은 아브라함이 하나님의 약속을 믿을 때의 특

41. 예수 옆에 달린 강도의 "나를 기억하소서"라는 요청은 단지 자신을 떠올려 달라는 것 이상의 의미다. 이는 예수께서 그에게 주신 확증에서 드러난다(눅 23:42-43). 성경에서 '기억하다'라는 말은 흔히 그에 합당한 행동을 취하는 것을 의미한다. 예를 들어, 창 8:1; 9:15-16; 30:22; 삼상 1:19-20; 시 25:6-7; 74:1-2; 105:7-11.

징이었던 약속과 성취 사이의 괴리감을 더욱 증폭시켰다. 노예 생활 속에서, 하나님의 백성은 약속의 땅으로부터 완전히 멀어져 이집트 신들에게 속한 권세에 종속되었다. 하나님이 주신 해결책은 세 가지로 나타난다. 첫째, 언약에 기초한 이스라엘의 보호는 신적 존재로 여겨진 바로 및 이집트 신들의 굴욕을 통해 이루어진다. 둘째, 유월절에는 신실한 백성이 이집트 땅에 임한 저주를 피할 수 있도록 희생 제물을 통한 보호막이 제공된다. 셋째, 이스라엘은 노예 상태에서 해방되어 기적적으로 그 땅을 떠나게 된다. 기적이라는 요소는 이스라엘 하나님의 능력 및 택하신 백성과의 신의를 지키시려는 그분의 목적을 보여 준다. 이처럼 확장된 언약의 실현은 시내산에서 있을 언약의 새로운 표현을 위한 길을 예비했다.

모세와 시내산 언약

이스라엘 백성이 시내산에서 율법을 받기 전까지는 율법 없이 살았다고 생각한다면 오산이다. 시내산 율법은 언약에 근거한 출애굽 구속 앞에서 적절한 반응을 구체적으로 명시한다. 노아가 정확히 어떤 공식적 기준에 따라 살았으며, 아브라함이 정확히 어떤 기준에 따라 살았는지 우리는 알지 못한다.[42] 노아는 의롭고 흠이 없는 자로 하나님과 동행했다. 이는 땅에 가득했던 부패 및 포악함과 대조적이었다(창 6:9-12). 어느 날 하나님은 정결한 짐승과 부정한 짐승의 차이를 분명히 말씀하셨으며, 이는 방주에 태울 각 짐승의 수에 영향을 미쳤다(창 7:1-5). 부정한 짐승도 홍수에서 구원받아야 했다는 사실은 이 구분이 도

42. 13장의 '율법과 복음' 부분을 보라.

덕적인 것이 아니라 의식적인 것이라는 점을 나타낸다. 아브라함은 하나님이 언약의 복의 조건으로 "너는 내 앞에서 행하여 완전하라"고 하신 명령을 어느 정도 이해하고 있었을 것이다(창 17:1-2). 할례 요구는 이 언약의 가시적 징표로 주어졌다(창 17:10-14). 바울은 할례가 무할례자인 이방 민족과 구분되는, 즉 언약 아래 있는 이스라엘 민족의 시작을 표시한다고 설명한다(롬 4:9-11). 다시금 언약에 대해 아브라함이 보여야 할 성실한 태도가 "여호와의 도를 지켜 의와 공도를 행하게 하려고"라는 말로 표현된다(창 18:19). 소돔과 고모라 심판에서 아브라함은 무엇이 의이고 무엇이 악인지에 대해 계시를 통해 어느 정도 알고 있었던 것으로 보인다(창 18:20-26).

따라서 아브라함 언약은 노예 상태에서 해방되는 출애굽 사건으로 구체화된다. 이는 자기 백성을 위해 싸우시는 야웨의 구원이다(출 14:13-14). 주의 말씀에 대한 순종을 요구하는 유월절 제사는 이 말씀을 믿는 자와 그렇지 않은 자를 계속해서 차별하는 과정이다. 출애굽을 기념하는 모세의 노래는(출 15:1-18) 방금 겪은 이집트에서의 구원 사건에 대한 중요한 신학적 성찰을 담고 있다. 이 노래는 용사 하나님이 자기 백성을 위해 싸우시며 보여 주신 구원 행위에 나타난 하나님의 능력을 찬양한다. 노래의 핵심 구절은 13절이다. "주의 인자하심으로 주께서 구속하신 백성을 인도하시되." "구속하신"이라는 단어는 히브리어 '고엘'(*g'l*)[43]과 같은 어근에서 파생된 것으로, 누군가를 구속하기 위한 친족 역할을 하는 사람을 가리킨다. 이는 하나님을 언급하며 흔히 사용되는 또 다른 히브리어 '헤세드'(*ḥesed*)와 연결되는데, 일반적으로 자기 백성을 향한 사랑과 언약에 대한 성실하심을 뜻하는 단어

43. 히브리어 גאל.

다.[44] 나는 하나님이 주어일 때는 '헤세드'를 '언약적 사랑'이나 '언약적 성실함'으로 번역하는 것이 좋다고 생각한다. 모세의 노래에서 또 다른 중요한 특징은 출애굽의 목적지가 시내산이 아니라 주님께서 영원무궁하도록 다스리실 시온산 성소에 있다는 표현이다(출 15:17-18). 이는 솔로몬 성전이 상징하는 바, 곧 이스라엘 백성이 그 땅에서 하나님과 함께 거하는 상황을 예고한다.

광야에서 하나님은 광야 생활의 어려움에 쉽게 불평을 내뱉는 이스라엘 백성의 순종을 시험하기 위한 법도와 율례를 정하신다(출 15:22-27). 안식일 규례를 따르는 만나의 공급 방식을 보면, 이미 그런 규례가 이스라엘에게 전달되었다고 볼 수 있다(출 16:4-5, 22-30). 또한 "내 계명과 내 율법"(28절)이 언급되지만, 그런 규례가 언제 어디서 주어졌는지에 대한 기록은 없다. 그리고 만일 이스라엘에 이미 율법이 있었다면, 시내산에서 받은 율법이 그토록 중요한 까닭은 무엇인가? 나는 그것의 배경뿐 아니라 언약 관계의 구체적인 내용을 포괄하는 상세함 때문이라고 생각한다.

시내산 율법의 배경은 이집트 노예 생활로부터의 해방과 약속의 땅을 향한 여정의 시작을 통해 아브라함에게 하신 약속이 성취된 것이다. 이는 시내산에서 모세에게 주신 하나님의 말씀에 요약되어 있다.

> 내가 애굽 사람에게 어떻게 행하였음과 내가 어떻게 독수리 날개로 너희를 업어 내게로 인도하였음을 너희가 보았느니라. 세계가 다 내게 속하였나니 너

44. '헤세드'를 '인애', '자비'로 번역할 때는 언약과의 연관성이 좀처럼 드러나지 않는다. Francis I. Andersen이 제안한 셈어 계열 '헤세드'의 의미 범위와 성경에서의 주된 용법은 다음을 보라. 'Yahweh, the Kind and Sensitive God', in P. T. O'Brien and D. G. Peterson (eds), *God Who Is Rich in Mercy: Essays presented to Dr. D. B. Knox* (Homebush West, NSW: Lancer Books, 1986), pp. 41-88.

희가 내 말을 잘 듣고 내 언약을 지키면 너희는 모든 민족 중에서 내 소유가 되겠고 너희가 내게 대하여 제사장 나라가 되며 거룩한 백성이 되리라. (출 19:4-6)

이 말씀에서 아브라함, 이삭, 야곱과 세우신 언약에 근거하지 않은 것은 아무것도 없다. 이제 언약의 역동성은 아브라함 언약에서 비롯된 내용이 점차 구체성을 띠면서 명료해지는 과정으로 나타난다. 전체적인 배경은 하나님의 구속 행위인데, 여기에는 어떤 함의가 있다. 첫째, 이집트 체류는 하나님의 땅에서 그분의 보호 아래 거하는 약속이 실현되려면 하나님의 구원 행위가 필요하다는 사실을 보여 준다. 둘째, 야웨의 왕권 아래서 이 백성은 제사장 나라가 되어야 한다. 제사장의 역할은 구체적으로 적시된 수단을 통해 하나님께 나아가는 것이다. 성경에 따르면 제사장이 하나님께 나아갈 수 있는 것은 오직 하나님의 은혜로 인함이다.[45] 우리는 나중에서야 제사장이 하나님을 위해 백성에게 나아가도록 위임받았음을 알게 된다. 이 진술은 열방에게 복이 될 이스라엘의 역할을 예표한다. 구원과 율법의 이런 결합에 대해서는 율법과 복음의 관계를 살펴보면서 자세히 다룰 것이다.[46]

시내산 율법의 서문은 율법이 주어진 상황에 대한 서술이다. "나는 너를 애굽 땅, 종 되었던 집에서 인도하여 낸 네 하나님 여호와니라"(출 20:2). 이처럼 하나님은 그들을 노예 상태에서 구속함으로써 이스라엘의 하나님이심을 증명하셨다. 원리는 간단하다. 시내산 율법은 구속의 은혜에 대한 합당한 응답을 공표하는 것이지, 결코 구속을 얻기 위

45. 이것이 종교개혁의 교리인 만인제사장설의 기본 원리다. 예수는 하나님과 인간 사이의 유일한 제사장적 중재자이시며, 모든 신자는 그리스도와 연합해 하나님께 나아갈 수 있다.

46. 13장을 보라.

한 프로그램이 아니다. 십계명으로 시작하는 시내산 율법은 아브라함 언약의 세 가지 핵심을 확장한다. 즉 하나님의 보호와 통치 아래 있는 하나님의 백성, 그들과 함께 거하실 처소, 열방에 흘러갈 복의 영향을 구체적으로 명시한다. 십계명 뒤에 "내가 내 이름을 기념하게 하는 모든 곳에서" 세워져야 할 제사와 제단에 관한 법이 나온다는 점이 중요하다(출 20:24). 다음으로 하나님의 백성으로서 함께 사회를 구성하고 살아가는 법에 이어(출 21:1-23:9), 땅을 돌보는 일에 관한 법(출 23:10-19), 그들이 약속의 땅을 얻게 될 것이라는 확증이 나온다(출 23:20-33).

언약 규정의 이 첫 부분, 곧 "언약서"의 율법은 희생 제물의 피로 확증되고 봉인되며, 이후 하나님은 자기 영광을 모세와 이스라엘의 지도자들에게 드러내신다(출 24:1-18). 희생 제물의 피로 언약을 봉인하는 일과 그에 뒤따르는 일은 하나님께서 이 백성의 하나님이 되시는 방식의 중심부에 있다. 이는 아브라함 언약의 배경이 되었던 기존의 희생제사를 자세히 설명하며, 거룩하신 하나님이 어떻게 죄 많은 백성과 함께 거하실 수 있는지 보여 준다. 성막 건설 명령에 대한 장황한 설명은 언약이 진정한 은혜와 구속의 언약임을 드러냄으로써 죄의 문제를 전면적으로 다룬다(출 25-31장). 성막 구조와 그곳에서 수행되는 제사장 직무는, 하나님이 자기 백성과 함께 거하시지만 희생제사를 통해 용납되는 제사장의 중재 없이는 하나님께 가까이 갈 수 없다는 사실을 실증한다. 또한 주님의 구름으로 덮인 성막은 이스라엘 여정의 구심점이다. 구름과 불은 주님의 영광의 임재를 나타내며, 백성이 행군을 시작해야 할 때를 알려 준다(출 40:34-38). 애당초 이런 하나님의 현현은 이집트에서 백성을 인도해 내셨고(출 13:21-22), 그들을 멸망시키려던 이집트 군대로부터 보호하셨다(출 14:19-25).

성막 또는 회막은 하나님이 모세와 대면해 말씀하신 장소였다(출

33:8-11). 그 장막에서 하나님은 모세에게 언약의 교훈을 추가로 계시하셨다(레 1:1-2; 9:5-7). 가장 안쪽 방에 언약궤를 둔 성막은 하나님(야웨)이 영광을 보이신 곳이었다. 그 영광은 광야와 시내산에서 처음 나타났던 것이다(출 16:10-12; 24:16-17). 우리가 야웨의 영광의 출현을 어떻게 이해하든지 간에, 그것은 하나님이 자신의 언약 백성을 향한 특별한 관심을 나타내신 맥락 안에 자리한다. 제사 제도는 레위기에서 자세히 설명된다. 백성의 죄를 처리하기 위해 일 년에 한 번 열리는 대속죄일이 결정적으로 중요하다(레 16:1-34). 율법에 추가된 세부 사항은 민수기에 나오는데, 이 책에는 또한 가나안 땅으로 들어가 차지하라는 야웨의 지시를 이스라엘 민족이 형편없이 거부하는 이야기가 포함되어 있다(민 14:1-12). 후대에 두 명의 예언자는 레위인과 세우신 언약에 대해 언급한다(렘 33:21-22; 말 2:4-9; 참조. 느 13:29). 시내산 율법에서 적시하는 제사장의 임무에는 그러한 언급이 없다. 레위인과 세우신 언약은 하나님과 인류 사이의 제사장적 중재의 중요성을 반영하는 것으로 보인다.[47]

신명기는 가나안 땅에 들어가기를 거부한 반역적인 세대에 내려진 정당한 형벌이었던 40년 광야 생활 이후의 이야기를 이어 간다. 이 문서에서 모세는 거듭 율법을 상기시킨다. 이 율법은 가나안을 상속받을 새로운 세대의 상황에 맞게 일부 사항이 수정된 것이다. 그런 반역의 역사에 비추어 볼 때, 언약에 신실해야 할 백성의 책임이 강조된다. 따라서 언약은 하나님이 상의 없이 부과하신다는 의미에서 일방적이고 무조건적이지만, 그 혜택을 누리는 것은 순종을 조건으로 한다. 구원은 언제나 오직 은혜로 말미암지만, 회개하지 않는 죄인은 이를 누

47. Williamson, 'Covenant', *NDBT*, p. 425; *Sealed with an Oath*, p. 105.

리지 못할 것이다. 신명기는 언약의 축복과 저주를 대조하는 부분에서 절정에 이른다(신 27:9-28:68).

모세 율법과 아브라함 언약의 관계를 요약하면서, 모세 및 이스라엘과 세우신 언약이 아브라함 언약의 세부 사항을 계승하고 있다고 보는 것이 타당하다. 모세와의 시내산 언약은 아브라함 언약에 출애굽 이야기로 시작하는 분명한 구속적 형식이 삽입된 모양이다. 하나님은 아브라함과 세우신 언약을 기억하셨기 때문에 이스라엘을 구속하는 행동을 취하셨다(출 2:23-25). 출애굽의 기적적 요소는 희생제사 규정과 결합되어 은혜의 의미를 구체화한다. 따라서 출애굽 구원은 시내산에서 받은 율법의 기초가 된다. 아브라함에게 "내가 내 언약을 나와 너 및 네 대대 후손 사이에 세워서… 너와 네 후손의 하나님이 되리라"(창 17:7)고 요약되었던 언약의 목적은 이제 "나는… 너희의 하나님이 되고 너희는 내 백성이 될 것이니라"(레 26:12)는 하나님의 간결한 선언으로 요약된다. 시내산에서와 그 이후의 경험들은 거룩하신 하나님이 죄 많은 백성을 어떻게 자기 백성 삼으실 수 있는지, 또한 그 과정 속에서 어떻게 영광을 드러내시는지 보여 준다.

모세 언약은 이스라엘이 가나안에 들어가기 직전 모압 평지에서 갱신된다. 모세는 백성을 소집하고 다음과 같이 선언한다.

> 오늘 너희 곧… 다 너희의 하나님 여호와 앞에 서 있는 것은 네 하나님 여호와의 언약에 참여하며 또 네 하나님 여호와께서 오늘 네게 하시는 맹세에 참여하여 여호와께서 네게 말씀하신 대로 또 네 조상 아브라함과 이삭과 야곱에게 맹세하신 대로 오늘 너를 세워 자기 백성을 삼으시고 그는 친히 네 하나님이 되시려 함이니라. (신 29:10-13)

아브라함 언약과의 연속성이 강조되기 때문에 이것은 새로운 언약이 아니다. 단지 현재 상황에 맞게 세부 사항이 추가된 옛 언약이다. 따라서 공식적인 언약 갱신으로 볼 수 있다.

이어지는 모세의 노래는 하나님의 성실하심과 정의를 백성의 죄악 및 부패와 대조한다(신 31:30-32:43). 여기에는 이스라엘을 향한 엄중한 경고와 함께 다소간의 격려가 담겨 있다. 하나님의 대변자로서 예언자 역할은 모세가 이미 강조했던 바다. "네 하나님 여호와께서 너희 가운데 네 형제 중에서 너를 위하여 나와 같은 선지자 하나를 일으키시리니 너희는 그의 말을 들을지니라"(신 18:15). 신명기는 모세의 죽음 이후 다음과 같은 후기로 끝맺는다.

> 그 후에는 이스라엘에 모세와 같은 선지자가 일어나지 못하였나니 모세는 여호와께서 대면하여 아시던 자요 여호와께서 그를 애굽 땅에 보내사 바로와 그의 모든 신하와 그의 온 땅에 모든 이적과 기사와 모든 큰 권능과 위엄을 행하게 하시매 온 이스라엘의 목전에서 그것을 행한 자이더라. (신 34:10-12)

여호수아는 이스라엘을 가나안으로 인도하고 지파별 영토 분배를 감독한다. 이 과정에서 계속해서 언약에 대해 변덕스러운 백성의 태도가 드러난다. 여리고성 함락 후, 하나님은 아이성에서의 패배가 언약을 위반한 까닭임을 알려 주셨다(수 7:1-15). 여호수아는 문제를 바로잡은 뒤, 그리심산과 에발산 사이에서 언약 갱신 의식을 거행한다(수 8:30-35). 여호수아서와 사사기에서 '언약'이라는 단어는 거의 언약궤에 국한해 사용된다. 언약궤는 자기 백성 가운데 거하시는 하나님의 임재 및 하나님이 그들과 맺으신 언약 관계의 가시적 상징이 된다.

여호수아서에는 다소간의 차질을 빚는 내용도 보이지만 점차 안정이 자리잡아 가는 과정도 나타난다. 지파별 영토 분배 이후, 내러티브는 조상들(아마 아브라함도 포함해서)과의 약속에 성실하신 하나님을 상기시킨다.

> 여호와께서 이스라엘의 조상들에게 맹세하사 주리라 하신 온 땅을 이와 같이 이스라엘에게 다 주셨으므로 그들이 그것을 차지하여 거기에 거주하였으니 여호와께서 그들의 주위에 안식을 주셨으되 그 조상들에게 맹세하신 대로 하셨으므로 그들의 모든 원수들 중에 그들과 맞선 자가 하나도 없었으니 이는 여호와께서 그들의 모든 원수들을 그들의 손에 넘겨 주셨음이니라. 여호와께서 이스라엘 족속에게 말씀하신 선한 말씀이 하나도 남음이 없이 다 응하였더라. (수 21:43-45)

여호수아는 이스라엘 백성에게 언약을 상기시키면서, 그들을 위하여 싸우신 그들의 하나님을 사랑하라고 명한다(수 23:10-11). 그리고 언약의 약속들이 성취되었다고 선포한다.

> 보라 나는 오늘 온 세상이 가는 길로 가려니와 너희의 하나님 여호와께서 너희에게 대하여 말씀하신 모든 선한 말씀이 하나도 틀리지 아니하고 다 너희에게 응하여 그 중에 하나도 어김이 없음을 너희 모든 사람은 마음과 뜻으로 아는 바라. (수 23:14)

넓은 관점에서 보면 이 성취 역시 장차 올 것의 그림자에 불과하다. 그럼에도 불구하고, 궁극적 성취로 나아가는 과정에 나타나는 부분적 성취는 계시의 역동성의 일부다. 이런 부분적 성취는 궁극적 성취를 예표할 따름이다.

여호수아는 약속의 땅에서 각기 분배한 땅으로 백성을 인도한 후, 마지막으로 세겜에서 언약을 갱신한다. 그는 아브라함에서 시작해 이집트의 노예 생활을 거쳐, 출애굽과 약속의 땅으로의 최종 입성에 이르는 언약의 역사를 되짚는다. 여기서 여호수아가 시내산 언약에 대해 말하지 않는 것이 이상해 보일 수도 있다. 하지만 그의 말을 자세히 들여다보면, 강 저쪽 땅에서 이끌려 나온 아브라함으로부터 시작된 순례의 여정에 초점을 맞추고 있음을 알게 된다. 거기에 홍해를 통과한 출애굽, 광야 생활, 요단강 건너 여리고로 가는 여정이 이어진다. 이러한 역사 반복의 결론은 다음과 같다.

> 내가 또 너희가 수고하지 아니한 땅과 너희가 건설하지 아니한 성읍들을 너희에게 주었더니 너희가 그 가운데에 거주하며 너희는 또 너희가 심지 아니한 포도원과 감람원의 열매를 먹는다 하셨느니라. 그러므로 이제는 여호와를 경외하며 온전함과 진실함으로 그를 섬기라. 너희의 조상들이 강 저쪽과 애굽에서 섬기던 신들을 치워 버리고 여호와만 섬기라. (수 24:13-14)

우상숭배를 비롯해 다른 신들을 섬기는 일이 만연하던 땅에서, 이스라엘 백성은 아브라함의 하나님이신 야웨께 충성을 맹세한다. 이렇게 여호수아는 사역의 시작과 마지막에 언약을 갱신한다(수 8:30-35; 24:1-28).

다윗과 세우신 언약

다윗, 그리고 이스라엘 역사에서 그가 받는 특별한 대우에 대한 서막은 가나안의 새로운 환경을 정복하고 그곳에 정착하며 사회적 적응을 해

나가는 과정이었다. 정치적 리더십은 모세에서 여호수아로, 이후에는 사사들(사사기)에게로 옮겨 간다.[48] 사무엘 시대는 민족의 통합을 위한 투쟁기였는데, 그는 예언자로서의 역할뿐 아니라 핵심적인 지도자 역할을 맡는다. 이스라엘의 요단강 서쪽 진출을 반대하는 여러 세력 가운데 특히 해안 지역에 정착해 있던 블레셋 사람들의 반대가 심했다. 그들은 다윗과 솔로몬의 통치기에 제압되기까지 계속해서 위협 세력이 되었다.

이스라엘 왕정의 역사는 신명기 17:14-20에서 모세가 예비한 군주의 통치 원칙에 예견되었다. 이스라엘의 왕이 되기 위한 신성한 자격 요건은 다음과 같다. 첫째, 하나님이 택하신 자여야 한다. 둘째, 이스라엘 사람이어야 한다. 셋째, 자기 유익을 위해 직책을 남용해서는 안 되며, 그 백성을 이집트로 돌아가게 해서도 안 된다. 넷째, 하나님의 율법을 기준으로 자기 삶과 나라를 다스려야 한다. 이것들은 이스라엘을 선택하신 데 따른 하나님의 계획과 언약을 반영하는 엄격한 제한 사항이다. 따라서 왕정은 본질상 언약에 적대적이지 않지만, 이스라엘 주변 국가들의 특징인 이교적 독재 체제를 따른다면 쉽사리 그렇게 될 것이다.

사사 시대의 불안정과 블레셋과의 전쟁으로 인해 백성들이 왕을 요구했을 때, 사무엘은 그들의 요구가 언약을 지키려는 사랑에서 비롯된 것이 아니라는 하나님의 경고를 받는다. 다른 민족과 같이 되기를 바라는 소원은 사무엘이 아니라 야웨에 대한 거절을 뜻했다(삼상 8:4-9). 이제 사무엘은 왕에게 지도자의 자리를 내주게 된다. 고별 연설에서 그는 백성과 왕에게 주님을 경외하라고 호소했지만, 이런 권면은 일시적인 반응을 불러일으키는 데 그친다. 사울왕의 통치는 순조롭게 시

48. 적어도 어떤 사사들의 임무는 한 지역에 그쳤던 것으로 보이는데, 그들의 활동은 일부 중첩되었을 수도 있다. 그들이 반드시 국가 전체에 미치는 리더십을 가졌던 것은 아니다.

작되었지만 곧 틀어진다. 그는 하나님께 버림받은 채로 한동안 왕권을 유지한다. 한편, 사울의 후계자로 선택된 다윗은 이 때문에 사울의 적개심을 산다.

사울이 죽자 다윗은 유다 족속의 왕으로 기름부음을 받고, 사울의 아들 이스보셋은 이스라엘의 왕이 된다(삼하 2:1-11). 두 가문 사이의 전쟁은 이스보셋이 살해되고 백성이 다윗을 온 이스라엘과 유다의 왕으로 삼을 때까지 계속된다(삼하 4:1-5:5). 그 뒤에 일어나는 사건들은 의미심장하다. 첫째, 다윗과 부하들은 예루살렘을 그 땅의 주민 여부스 사람들로부터 함락시킨다. 그 후 예루살렘은 다윗성으로 알려지게 된다(삼하 5:6-12). 둘째, 다윗은 그의 주적인 블레셋을 제압한다(삼하 5:17-25). 영구적으로 중요성을 갖는 세 번째 일은, 다윗이 크게 기뻐하며 언약궤를 예루살렘으로 옮겨 옴으로써 이 성읍에 영적 의미를 부여한 것이다(삼하 6:1-23). 언약궤는 다윗이 친 장막 안에 두었다.

다음에 이어지는 사건은 다윗과 그의 가문의 역사에서 신학적 핵심으로 간주될 것이다. 이제 이스라엘 통치의 중심지는 예루살렘이다. 다윗은 백향목 궁에 살지만 언약궤는 장막 안에 있었다. 이런 간극을 염려한 다윗은 하나님의 예언자 나단에게 말한다. 그러자 나단은 "여호와께서 왕과 함께 계시니 마음에 있는 모든 것을 행하소서"라며 다윗을 격려한다(삼하 7:1-3). 이렇듯 처음에는 하나님을 위한 영구적인 집을 짓겠다는 그의 뜻이 승인받은 듯했다. 그러나 하나님이 가지신 생각은 달랐고 이를 나단에게 전하신다(삼하 7:4-17). 비록 다윗은 하나님의 집을 건설하지 못하겠지만, 하나님은 다윗을 위해 한 집, 즉 왕조를 세우실 것이다. '언약'이 직접 언급되는 것은 아니지만, 하나님의 말씀은 언약을 떠올리는 동시에 그것을 다윗과 그의 자손에게 집중시킨다. 이 메시지는 아브라함 언약의 약속을 의미심장한 방식으로 확장시킨다. 첫째, 출애굽 이후 하나님은 성막에 거하시면서 결코 집을 요구한 적이 없으셨다(삼하 7:6-7). 둘째, 하나님은 이스라엘과 함께하셨고 이제 다윗의 이름을 위대하게 만드실 것이다. 셋째, 하나님은 자기 백성을 그 땅에 정착시키고 안식을 주실 것이다. 넷째, 하나님은 다윗에게 후손을 주시고 그의 왕위를 견고히 하실 터인데, 바로 그가 하나님을 위해 집을 건축할 것이다(삼하 7:8-13).

이 메시지에 담긴 역동성의 핵심은 언약적 약속들이 다윗의 아들에게 집중된다는 사실이다. "너와 네 후손의 하나님이 되리라"(창 17:7)는 아브라함과 세우신 언약 말씀이 "나는… 너희의 하나님이 되고 너희는 내 백성이 될 것이니라"(레 26:12)는 공식으로 요약되었던 반면, 이제는 다윗의 아들에 관한 것으로 개인화되어 다음과 같이 표현된다. "나는 그에게 아버지가 되고 그는 내게 아들이 되리니"(삼하 7:14). 언약의 역동성은 언약이 원래는 아브라함에게, 그 후 다윗과 그의 아들에게 주어졌다는 점뿐만이 아니라, 아브라함과 세우신 언약이 폐기되지 않았으므로 이제는 다윗의 아들이 만국의 대표가 된다는 점에도 있다. 게다가 이스라엘은 이미 하나님의 아들로 불렸는데(출 4:22), 이제 다윗의 아들 역시 하나님의 아들이다. 이 약속의 언약적 성격을 가리키는 또 하나의 요소가 있다. 바로 하나님이 다윗의 아들에게서 자신의 은총('헤세드')이 떠나지 않게 하실 것이라는 약속이다.

솔로몬이 이스라엘의 왕위를 계승했을 때, 열왕기상 3-10장은 그의 통치에 대한 장밋빛 묘사를 보여 준다. 하지만 분열과 언약 파기의 불씨는 그가 이집트와 혼인 관계를 맺었다는 언급에서 이미 예견되었다. 이것이 훗날 그가 몰락하는 이유다(왕상 3:1; 11:1-8). 그가 산당에서 제사를 드렸다는 언급 역시 다소 그림자를 드리우는 것처럼 보이지만, 이는 단지 영구적인 성소가 없던 상황을 반영하는 것일 수도 있다. 내러티브는 기브온을 큰 산당으로 언급하며, 주께서 솔로몬에게 나타나 "내가 네가 무엇을 줄꼬? 너는 구하라"는 호의적인 제안을 하신 장소로 묘사한다(왕상 3:2-5).

솔로몬의 지혜와 부를 그의 위엄과 완전히 별개의 측면으로 여겨서는 안 된다. 솔로몬이 나라를 다스릴 지혜를 구한 뒤에 일어나는 모든 일은 주님의 은혜로 묘사된다. 이 내러티브의 핵심에는 솔로몬이 성전 건축이라는 다윗의 열망을 성취하는 사건이 있다. 이는 사무엘하 7:4-16의 다윗 언약을 반영한다. 이런 성취에는 열국의 현자들보다 뛰어난 지혜의 은사, 솔로몬 궁정의 부, 하나님의 도성 예루살렘 중심에 자리한 성전과 그곳에서의 제사가 포함된다. 솔로몬이 지혜를 구하는 열왕기상 3장과 스바 여왕에게 이 지혜를 나타내는 10장은 지혜와 관련된 솔로몬의 영광을 둘러싸는 '인클루지오'(inclusio, 수미상관) 역할을 한다.

이제 언약의 통일성을 검토해 보자. 아브라함 언약, 모세를 통한 이스라엘과의 언약, 다윗과 세우신 언약 사이의 통일성과 구별성은 동심원을 이룬다.

1. 가장 바깥쪽에 있는 원은 노아 및 모든 피조물과 맺으신 언약을 기초로, 그 후 아브라함의 후손인 이삭과 야곱을 통해 약속의 땅에 거할 하나님의 백성에게 초점을 맞춘다. 이렇듯 하나님, 백성, 장소의 연관성은 언약이 하나님 나라에 관한 것임을 보여 준다.
2. 시내산 언약에는 출애굽을 통한 하나님의 은혜로운 구속 행위로 인해 그 백성이 하나님의 처소에 거하게 되리라는 사실과 관련된 조건들이 삽입된다. 율법은 하나님과 함께하는 구속받은 삶을 위한 조건을 설정하지만, 이는 결코 구원을 받기 위한 행위 조건이 아니다. 오히려 구원이라는 선물에 감사를 표하며 하나님과의 교제를 유지하기 위한 행동 프로그램이다.

3. 이스라엘 백성이 약속의 땅에 들어간 후에는 역사의 흐름이 다윗의 도성, 예루살렘에 대한 강조로 이어진다. 하나님의 도성으로 알려지게 되는 예루살렘은 하나님이 자기 백성과 함께 거하시는 장소를 대표한다. 하나님의 백성은 왕으로 대표되는데, 그는 하나님의 아들이자 다윗의 아들이다.

4. 하나님의 처소를 상징하는 성전은 또한 창조주로부터 단절된 인간의 문제를 희생제사를 통해 해결하시는 하나님의 구원 행위를 나타낸다.

하나님의 도성에서 하나님의 성전과 함께하는 하나님의 왕을 통해 드러나는 것이 언약의 영광이다. 바로 하나님이 자기 백성 가운데 계시다는 것이다. 하지만 이 영광은 곧 사그라진다. 열왕기상 11장은 지혜의 은사를 받았음에도 어리석게 행동하는 솔로몬으로 인해 그 이상이 무너지는 것을 보여 준다(왕상 11:1-8). 주님은 진노하시고, 나라는 빼앗긴다. 그러나 다윗을 생각하셔서, 한 지파를 제외하고 온 나라를 빼앗길 왕은 솔로몬의 아들이 될 것이다(왕상 11:11-13). 이런 식으로 다윗이 언급되는 것은 솔로몬의 불충에도 불구하고 다윗과 세우신 언약이 여전히 유효하다는 사실을 보여 준다. 솔로몬의 아들 르호보암 치하에서 나라는 분열되고, 북이스라엘 열 지파는 여로보암을 지도자로 삼고 떨어져 나간다(왕상 12:16-20). 이제 하나님이 백성을 다루시는 데 언약의 저주가 주된 요인이 되기 시작하며, 결국 바벨론 유배로 이어진다. 그럼에도 불구하고, 자신의 백성을 향한 하나님의 언약적 신실함은 후기 예언들이 전하는 위로와 확증의 말씀을 통해 승리를 거둘 것이다.

전사이신 왕 하나님

이제 논의의 일부를 되짚어 보며 언약에 관련된 또 다른 성경적 주제를 살펴보고자 한다. 바로 전사이신 왕 하나님(God the warrior king)이다. 홍해에 가로막힌 이스라엘 백성은 목숨의 위협을 느꼈지만 모세는 그들을 타일렀다.

> 너희는 두려워하지 말고 가만히 서서 여호와께서 오늘 너희를 위하여 행하시는 구원을 보라. 너희가 오늘 본 애굽 사람을 영원히 다시 보지 아니하리라. 여호와께서 너희를 위하여 싸우시리니 너희는 가만히 있을지니라. (출 14:13-14)

자기 백성을 위해 싸우시는 하나님이라는 주제는 언약의 목적을 이루시는 그분의 주권을 강력히 상기시킨다. 많은 이들이 구약에 나오는 전쟁을 도덕적 문제로 여긴다. 수많은 전쟁에 책임이 있는 하나님을 받아들이기 힘들기 때문이다. 그 결과, 그들의 머릿속에는 구약에 나오는 전쟁과 심판의 하나님과 신약에 나오는 사랑의 하나님 사이에 이분법이 생겨난다. 이에 대해 존 브라이트(John Bright)는 다음과 같이 말한다. "구약이 때로 우리의 기독교적 감정을 상하게 하지만, 그리스도의 '기독교적 감정'을 상하게 하지 않았다는 점은 무척 흥미로우면서도 조금 이상하다."[49] 이 문제의 초점은 하나님이 그분의 백성 이스라엘과 맺으신 언약 관계에 있다. 이는 때로 전사적인 용어로 묘사된다. 하나님의 목적을 이루고자 하는 백성의 주장이 다양한 반대에 직면할 때, 야웨는 그들을 위해 싸우려고 가까이 계신다.

'전사이신 하나님'이라는 주제는 도덕적 문제이기는커녕, 자신을 위해 백성을 구하시는 하나님의 목적을 나타내는 구속사의 필수 요소

49. John Bright, *The Authority of the Old Testament* (London: SCM Press, 1967), p. 77.

다. 구속은 하나님 나라의 도래를 반대하는 모든 것을 극복하는 하나님의 전능하신 능력을 수반한다. 구약 전쟁의 부도덕성에 대한 대중적 인식의 일부에는 상존하는 인간의 악한 본성과 창조 세계의 타락을 바라보는 왜곡된 관점이 있다. 전사이신 하나님이라는 주제는 F. M. 크로스(Cross)[50]와 G. E. 라이트(Wright)[51]에 의해 연구되었고, 보다 근래의 학자들[52]에 의해서도 연구되었다. 이 주제의 중요성은 구원에 대한 성경의 큰 그림이 스스로를 구원할 수 없어 하나님의 은혜에 의지해야 하는 죄인을 보여 준다는 사실에 있다. 하지만 신약에도 여러 전쟁과 전투 이미지가 포함되어 있기 때문에, 거룩한 전쟁(divine war)에 관한 표현의 변화에 따른 역동성을 살펴볼 필요가 면제되는 것은 아니다. 모든 것을 아우르는 큰 주제는 역사를 주관하시는 하나님의 주권이다. 이는 죄와 죄인을 다루시는 하나님의 의와 분명하게 연관된다.

거룩한 전쟁의 전형은 언약의 핵심인 출애굽 사건에서 확립된다. 열 가지 재앙은 전투 이미지의 서곡으로, 이는 바로의 군대가 초자연적 손길에 의해 참패하면서 가장 선명하게 드러난다. 이 충돌은 미디안에서 처음 부름을 받은 모세를 통해 전달된 바로를 향한 하나님의 도전으로 시작된다. 바로 앞에서 모세는 하나님의 능력으로 기적을 행한다. 동시에 하나님은 바로의 마음을 완악하게 하셔서 이스라엘의 해

---

50. Frank Moore Cross, 'The Divine Warrior in Israel's Early Cult', in Alexander Altmann (ed.), *Biblical Motifs: Origins and transformations*, Studies and Texts 3 (Cambridge, MA: Harvard University Press, 1966), pp. 11-30.

51. G. Ernest Wright, *The Old Testament and Theology* (New York, NY: Harper & Row, 1969), pp. 121-50.

52. 예를 들어, Patrick D. Miller, *The Divine Warrior in Early Israel*, Harvard Semitic Monographs 5 (Cambridge, MA: Harvard University Press, 1973); Harold Ballard, *The Divine Warrior Motif in the Psalms*, BIBAL Dissertation Series 6 (North Richmond Hills, TX: BIBAL Press, 1999); Charlie Trimm, *'YHWH Fights for Them!': The divine warrior in the exodus narrative* (Piscataway, NJ: Gorgias Press, 2014).

방 요구를 거절하게 하신다. 모세는 이렇게 도전한다. "여호와의 말씀에 이스라엘은 내 아들 내 장자라. 내가 네게 이르기를 내 아들을 보내 주어 나를 섬기게 하라 하여도 네가 보내 주기를 거절하니 내가 네 아들 네 장자를 죽이리라"(출 4:22-23). 바로는 그들에게 더 심한 고통을 가해 이 도전에 가혹하게 반응한다(출 5:5-9). 그러자 야웨는 모세에게 아브라함, 이삭, 야곱과의 언약을 상기시키신다. 이것이 바로 이집트에 임할 재앙의 근거다(출 6:1-13). 이 부분에 도입된 '여호와의 팔'이라는 은유는 심판과 구원에서 하나님의 능력을 의미한다(출 6:6). 여기서 추가되는 두 가지 주제가 나타난다. 첫째, '야웨'라는 이름의 의미는 이 전사적 활동과 연관된다(출 6:6-7). 이때 백성은 그분이 역사하고 계시는 야웨임을 알게 될 것이다. 둘째, 하나님의 이런 능력의 목적은 자기 백성을 아브라함에게 약속하신 땅으로 인도하는 것이다(출 6:7-8).

유월절 제사로 순종한 이스라엘 백성은 마지막 재앙인 모든 장자의 죽음을 면하게 된다. 이런 측면은 전쟁이라는 주제를 속죄라는 구원 주제와 연관시킨다. 이는 앞으로 성막 사역을 통해 잘 드러날 것이다. 그동안 무교병은 "여호와께서 그 손의 권능으로 너희를 그곳에서 인도해 내셨음"을 상기시키는 역할을 할 것이다(출 13:3). 그칠 줄 모르는 바로의 완악함과 바다에 막힌 것처럼 보이는 상황은 백성들을 절망에 빠트린다. '팔'과 '손'은 자기 백성을 위해 적과 싸우시는 하나님의 능력을 나타내는 은유다.[53]

출애굽기 15장에 기록된 모세의 노래는 전사 모티프의 형식을 제공한다. 노래는 다음과 같이 시작한다.

53. 출애굽을 회상할 때 언급되는 바와 같이, 때로 하나님의 손은 구원하시는 편 팔과 연결된다. 예를 들어, 출 3:19-20; 6:6; 13:3; 15:6; 신 4:34; 5:15; 7:19; 9:29; 26:8.

내가 여호와를 찬송하리니 그는 높고 영화로우심이요
　말과 그 탄 자를 바다에 던지셨음이로다.
여호와는 나의 힘이요 노래시며
　나의 구원이시로다.
그는 나의 하나님이시니 내가 그를 찬송할 것이요
　내 아버지의 하나님이시니 내가 그를 높이리로다.
여호와는 용사시니
　여호와는 그의 이름이시로다. (출 15:1-3)

바로에 대한 야웨의 승리는 이스라엘 구원의 전형이 된다. 하나님은 자기 백성을 위해 싸우시며, 구원은 하나님 나라에 대적하는 모든 것을 향한 선전포고를 요구한다. 출애굽기 15:4-12은 이집트에게 거둔 즉각적 승리를 자세히 보여 준다. 하지만 이 노래에서 승리의 추가적인 결과를 설명함에 따라 전쟁 모티프는 계속된다. 첫째, 구속은 하나님의 언약적 사랑의 결과다(출 15:13).[54] 둘째, 자기 백성을 대신해 나타난 하나님의 이런 능력은 주변 국가들을 두렵게 한다(15:14-16). 셋째, 하나님의 행동 목적은 이스라엘이 약속의 땅을 향해 전진하는 것이다(15:16-17). 넷째, 그 목표는 하나님이 영원무궁하도록 다스리실 그분의 성소다(15:13, 17-18). 예루살렘 성전이 종착지라는 언급은 시대에 맞지 않는 것으로 보일 수 있지만, 예언적 예견을 환상이나 비상한 직감으로 잘못 판단해서는 안 된다.[55] 성경의 증언에 따르면 이것은 하나님이

54. '인자하심'으로 번역되는 히브리어 '헤세드'는 거의 언제나 야웨와 언약에 대한 그분의 신실하심을 가리킨다.

55. 용납할 수 없는 다른 대안은 이 본문이 시온이 이스라엘의 역사 경험 일부가 된 이후에 기록되었다는 주장이다.

숨을 불어 넣으신 계시다.

따라서 정경 본문인 출애굽기 15장은 모세와 이스라엘 백성이 이제 막 겪은 노예 생활에서의 기적적인 구원에 대한 화답으로 부른 노래를 기록한 것이다. 이 시점부터 출애굽은 계속해서 기념될 것이며, 전사이신 야웨가 택함받은 자들을 대신해 개입하신 위대한 경험으로 이스라엘 연대기 속에서 끊임없이 재현될 것이다(신 1:30-31; 4:20, 33-37; 6:20-23; 시 78:11-17, 42-55; 호 11:1; 암 2:10; 미 6:4).[56]

야웨가 자기 백성을 대신해 싸우신다는 개념과 연결되는 여러 모티프 중에는 그분이 택하신 백성을 대적하고 이로써 그들과 맺으신 언약적 약속의 온전함을 위협하는 나라에 맞선 야웨의 전쟁이 포함된다(예. 시 78:55; 80:8; 사 7:4; 52:10; 63:1-6; 겔 38-39장; 욜 2:20; 암 2:9; 행 7:45; 13:19). 또 다른 중요 주제는 '여호와의 날'이다. 바로 이스라엘에게는 구원의 날이요, 하나님의 목적에 대적하는 모든 이에게는 심판의 날이다(예. 사 2:12; 13:9; 34:8-9; 렘 46:10; 욜 3:9-16). 이것이 전사 주제와 연관된 부분은 하나님을 '만군의 여호와', 즉 하늘 군대의 하나님으로 언급하는 점이다.[57] 심판하고 구원하기 위해 하나님이 갑주를 입으신 모습은 하나님의 전신 갑주를 입고 "그 힘의 능력으로 강건하여" 싸우라는 바울의 권면을 떠올리게 한다(사 59:15-21; 엡 6:10-17; 살전 5:8).

이런 예들은 하나님이 그분의 구원 계획에 대적하는 자들과 싸우심으로써 언약을 지키신다는 점을 보여 주기에 충분하다. 이는 자신의 창조물에 대한 성부 하나님의 주권적 통치의 한 측면에 불과하다. 신

---

56. 하나님이 자기 백성을 이끌어 내신 출애굽에 대한 언급은 이보다 훨씬 많다. 모든 본문이 전쟁과 관련된 것은 아니지만, 하나님이 백성의 적을 무찌르시고 이스라엘을 해방시키셨다는 형식은 확립되어 있다.

57. 이 표현은 구약에 200회 이상 나온다.

약에서 이어지는 전쟁 이미지는 복음서의 이른바 '작은 묵시록'과 요한계시록의 심판 이미지에서 가장 생생하게 표현된다.[58] 특히나 의미심장한 부분은 모세의 노래를 언급하는 요한계시록 15:2-4이다.

> 또 내가 보니 불이 섞인 유리 바다 같은 것이 있고 짐승과 그의 우상과 그의 이름의 수를 이기고 벗어난 자들이 유리 바다 가에 서서 하나님의 거문고를 가지고 하나님의 종 모세의 노래, 어린 양의 노래를 불러 이르되
>
> 주 하나님 곧 전능하신 이시여.
> 　하시는 일이 크고 놀라우시도다.
> 만국의 왕이시여.
> 　주의 길이 의롭고 참되시도다.
> 주여 누가 주의 이름을 두려워하지 아니하며
> 　영화롭게 하지 아니하오리이까.
> 오직 주만 거룩하시니이다.
> 　주의 의로우신 일이 나타났으매
> 만국이 와서
> 　주께 경배하리이다.

"어린 양의 노래"를 모세의 노래를 수정한 것으로 보든 모세의 노래 곁에 나란히 있을 새로운 노래로 보든 그것은 중요하지 않다. 이집트 신들로부터의 구원 이미지가 선명하게 되살아난다. 전사이신 하나님

58. 헬라어 본문의 첫 단어를 따서 '아포칼립스'(Apocalypse)라고도 알려진 요한계시록은, 흔히 '묵시적'이라고 일컬어지는 대재앙에 대한 대중적인 관념을 형성해 왔다.

이 정복하셨고, 열방 가운데 그분의 이름이 영화롭게 된다. 중요한 점은 요한이 출애굽을 구원의 모체로 떠올린다는 사실이다.

새 언약의 약속

주전 586년까지 이어진 남유다의 쇠퇴와, 이보다 짧았던 주전 722년 북이스라엘 몰락까지의 기간은 정치적 부패와 언약으로부터의 영적 이탈, 그리고 긍휼하면도 징벌적인 하나님의 개입으로 특징지어진다. 이따금 신실한 왕이 등장해 일시적인 개혁을 달성하기도 했던 유다의 쇠퇴는 다소 늦춰진다. 그러나 이스라엘과 유다 모두 전반적으로 파멸을 향해 치닫는다. 대개는 하나님이 보내신 예언자들의 선포를 통해 이런 정치적, 영적 자살 행위로의 퇴보가 늦춰지긴 하지만, 그렇다고 완전히 예방되지도 않는다. 이스라엘에서 예언자들의 활동은 오래되었다. 성경에서 처음 예언자로 불린 사람은 아브라함이며, 모세는 이스라엘의 결정적인 예언자이자 하나님의 대변인이 되었다.[59]

이스라엘과 유다가 분리된 주전 922년 이후의 시기에, 하나님의 섭리로 예언자 무리가 등장해 그들의 예언을 기록한 책을 남기게 된다. 이들은 모세 이후 처음으로 예언을 기록으로 남긴 자들이다. 이렇게 기록하게 된 까닭은 다윗과 솔로몬 통치기에 언약 성취의 구조가 확립되었지만 이후 하나님이 택하신 백성의 영적 변절이 나타나는 새로운 상황 때문이었다. 문서 예언자들은 이스라엘의 비참한 역사 속에서 다양한 상황을 다루었는데, 그들의 사역을 세 가지로 요약해 볼 수 있

59. 예언이라는 주제는 14장에서 더 자세히 다룰 것이다.

다.[60] 첫째, 언약을 저버린 백성의 불충함을 책망한다. 둘째, 이스라엘과 유다를 향한 하나님의 심판을 경고한다. 셋째, 백성의 불충함에도 불구하고 언약을 지키시는 야웨의 신실하심을 선포한다. 이 세 종류의 예언(고발, 경고, 구원의 확증)은 새로운 것이 아니라 하나님과 그분 백성 사이의 언약이 체결될 때부터 항상 존재했던 것이다. 단지 새로운 점은 예언을 바라보는 그들의 시야다.

그렇다면 언약은 기록된 예언에서 어떤 특징을 이루는가? 여기서 우선적으로 다루고자 하는 것은 구원을 확증하는 예언에 담긴 약속이라는 측면이다. 그런 신탁은 자기 언약에 대한 야웨의 신실하심을 드러낸다. 백성들은 끔찍한 실패를 일삼지만, 어떻게든 하나님은 자신이 약속한 모든 것을 이루신다. 우리는 '언약'이 단어 자체의 의미보다 훨씬 넓은 의미를 내포한다는 점을 인식해야 한다. 이스라엘 및 유다와 야웨의 관계를 묘사하는 모든 표현은 이 관계를 정의하는 언약에 대한 주석이다. 예언자들이 하나님의 '헤세드'(*ḥesed*), 즉 언약 백성을 향하신 언약적 신실함과 인애를 강조하고 있다는 것은 중요하다. 또한 언약은 야웨가 정의와 자비로 자기 나라의 약속을 이루기 위해 의롭게 행하시리라고 선포하는 독특한 예언적 종말론과 연관된다.

〈표 12.1〉은 창조 언약을 시작으로 구약에 나타난 언약의 주요 내용을 정리한 것이다. 우리는 이스라엘의 조상들과 그 민족에게 세워진 모든 언약의 토대가 하나님과 창조 세계와의 언약 관계 및 창조 세계의 보존을 약속하신 노아와의 언약에 있음을 기억해야 한다. 이 표는 언약의 단일성과 복수성을 보여 준다. 하나님이 창조 세계 및 택하

60. 요나서와 오바댜서는 이런 틀에서 벗어난 것으로 보이지만, 그럼에도 다른 모든 문서 예언자들과 같은 역사적 상황에서 활동하며 말하고 있다.

신 백성과 맺으신 언약 관계의 단일성과, 점진적 역사 구조 속에서 구원의 다양한 표현을 이해하는 것은 모두 중요한 일이다.

나는 예언서들을 각각 살펴보려는 것이 아니다. 대신 예언자들이 전하는 구원과 갱신의 확증에 대한 신탁에서 몇 가지 강조점을 요약해 제시하고자 한다. 이를 〈표 12.2〉의 '구약 언약의 연속적인 내용'이라는 범주 아래 정리해 두었다. 나는 이미 창조 안에 놓인 언약의 기초와 대홍수 이후의 노아 언약이 가진 연속성을 다루었다. 일부 주석가들은 예언서에 아브라함에 대한 언급이 부족하다는 점을 지적한다. 하지만 나는 이것이 어떤 식으로든 예언자들이 아브라함을 이스라엘의 언약 조상으로 여기지 않았다거나 그를 중요한 인물로 여기지 않았다는 뜻은 아니라고 생각한다.[61]

지금까지의 논의에 비추어 볼 때, 시대를 거치며 나타난 다양한 언약 표현의 내용이 점차 인식 가능한 형태로 계승되면서도 통일성을 유지한 언약을 이루었다고 추론할 수 있다. 실제로 하나님이 자기 백성과 맺으신 모든 관계는 즉시 인식이 가능한 언약적 성격을 띠게 되었으며, 이는 구속사에서 점진적으로 표현된 언약의 본질에 의해 규정되었다. 바로 아브라함 언약, 모세/시내산 언약, 다윗 언약, 예언자들의 새 언약이다. 아마도 후기 예언서에서 아브라함을 회상하는 부분이 부족한 이유 중 하나는 임박한 멸망을 앞둔 역사적 상황과 관련될 것이다. 그런 상황에서는 미래의 심판과 구원을 강조하는 것이 적절했을 법하다. 지금껏 맺어진 언약에 대한 백성의 역사적 실패와 언약 안에 드러난 목적을 반드시 이루시려는 하나님의 뜻 때문에 '새 언약'이라

61. 예언서에서 아브라함이 언급되는 구절은 다음과 같다. 사 29:22; 41:8; 51:1-3; 63:16; 렘 33:26; 겔 33:24; 미 7:20.

표 12.1 구약 언약의 역동성

언약 → 내용 ↓	창조	노아와 회복된 창조	아브라함	시내산	다윗	예언서의 새 언약
하나님의 백성	아담과 하와	노아와 그의 아들 셈	은혜로 부름받은 백성	은혜로 구속받은 백성: 하나님의 아들 이스라엘	하나님의 아들인 다윗의 아들	새로운 다윗과 새로운 땅에서의 새로운 나라
백성과 하나님이 함께 거하는 땅	에덴	에덴 밖	유업으로 약속된 땅	유업으로 약속된 땅	약속된 땅의 소유와 통치	회복된 땅으로의 회복
하나님의 언약 백성으로서의 유익과 제재	하나님과의 친교: 순종 또는 죽음	야벳과 공유된 셈이 받은 복	하나님의 복: 하나님이 언약 백성의 하나님이 되시고 자기 백성과 함께하심	언약 규례: 축복 또는 저주, 성막에 거하시는 하나님	축복 또는 징계: 예루살렘 성전에 거하시는 하나님	복: 새 예루살렘 새 성전에서 자기 백성과 함께 계시는 하나님
열방 가운데 이스라엘의 역할	모든 인류를 포함	아직 없음	열방을 향한 미래의 축복	열방을 향한 중재자가 될 이스라엘	열방을 지배	열방을 향한 빛: 회복된 시온으로 나아올 열방

는 개념이 요구되었다. 새 언약이란 완전히 다르고 무관한 언약을 말하는 것이 아니다. 그리스도 안의 새 언약은 앞선 구약 언약의 성취로서만 이해될 수 있다.

예언서의 새 언약과 하나님 백성

새 언약은 구약의 예언자들에게서 기원하며, 예수 그리스도의 인격에서 절정에 이른다. 창조에서 시작된 언약은 하나님의 말씀을 매개로 그분의 백성과 맺어진 관계다. 구속사에서 언약의 핵심은 참된 하나님의 백성에게 있다. 예언자들은 방황하고 불충하며 배교하는 백성의 문제를 다루실 야웨의 해결책에 담긴 두 가지 주된 요소를 밝힌다. 첫째는 신실한 남은 자들이고, 둘째는 구원받은 자들의 중생 혹은 영적 갱신이다. 지금까지 죄의 문제는 주로 희생제사를 통한 하나님의 자비로운 용서로 처리되었다. 문제는 그렇게 용서받은 백성들이 "개가 그 토한 것을 도로 먹는 것같이" 줄곧 다시 죄로 돌아가곤 한다는 것이었다(잠 26:11; 참조. 벧후 2:21-22). 구원 신학은 구약에 나타난 용서의 수단들의 모형론적 본질을 수반한다. "이는 황소와 염소의 피가 능히 죄를 없이 하지 못함이라"고 히브리서 저자가 선언한 바와 같다(히 10:4). 구약 제사가 진정으로 구원을 이루는 것이라면, 이는 오직 예수의 피로 이루어질 실체를 예표하는 그림자로서만 그렇게 되는 것이다.

유다의 역사는 언약 백성이 바벨론의 침략과 유배라는 재앙을 향해 거침없이 질주하는 모습으로 전개된다. 그 결과 자기 백성과 함께 거하시는 하나님을 나타내는 모든 증거가 파괴된다. 하나님과 언약을 맺은 백성으로 그들을 구별해 주던 모든 물질적 특징이 완전히 사라진다. 그럼에도 불구하고, 하나님의 약속을 신뢰하며 믿음을 유지한 소수의 사람들 덕분에 완전한 재앙으로 끝나지는 않는다. 온 민족이 유배를 당하지만, 예언자들은 백성 가운데 신실한 남은 자들이 회복된 땅으로 돌아올 날을 내다본다. 예레미야는 멸망과 유배를 예언한 깨진 언약의 예언자였다.[62] 예레미야와 에스겔의 증언대로 한동안 언

62. Bright는 앗수르 침공에 직면해 이사야가 보여 준 '요새 예루살렘'이라는 태도와 바벨론의 위협 앞에서 예레미야가 선포한 임박한 멸망을 대조한다. John Bright, *Covenant and Promise: Future in the preaching of the pre-exilic prophets* (London: SCM Press, 1977).

약의 중심지는 바벨론으로 옮겨진다. 예레미야가 본 무화과 광주리 환상은 언약 신앙의 보존에 대한 증언이다.

> 여호와의 말씀이 또 내게 임하니라. 이르시되 이스라엘의 하나님 여호와께서 이와 같이 말씀하시니라. 내가 이곳에서 옮겨 갈대아인의 땅에 이르게 한 유다 포로를 이 좋은 무화과 같이 잘 돌볼 것이라. 내가 그들을 돌아보아 좋게 하여 다시 이 땅으로 인도하여 세우고 헐지 아니하며 심고 뽑지 아니하겠고 내가 여호와인 줄 아는 마음을 그들에게 주어서 그들이 전심으로 내게 돌아오게 하리니 그들은 내 백성이 되겠고 나는 그들의 하나님이 되리라. (렘 24:4-7)

예레미야 1:10과의 대조를 살펴보자.

> 보라 내가 오늘 너를 여러 나라와 여러 왕국 위에 세워
> 네가 그것들을 뽑고 파괴하며
> 파멸하고 넘어뜨리며
> 건설하고 심게 하였느니라.

신실한 자들의 유배는 영원하지 않을 것이며, 두 번째 출애굽은 약속의 땅으로의 귀환을 의미한다. 예레미야가 새 언약을 언급할 때의 새로움은 아브라함 및 시내산 언약과의 단절이 아닌, 백성의 영적 갱신을 통한 옛 언약의 성취를 의미한다.

> 여호와의 말씀이니라. 보라 날이 이르리니 내가 이스라엘 집과 유다 집에 새 언약을 맺으리라. 이 언약은 내가 그들의 조상들의 손을 잡고 애굽 땅에서 인

도하여 내던 날에 맺은 것과 같지 아니할 것은 내가 그들의 남편이 되었어도 그들이 내 언약을 깨뜨렸음이라. 여호와의 말씀이니라. 그러나 그 날 후에 내가 이스라엘 집과 맺을 언약은 이러하니 곧 내가 나의 법을 그들의 속에 두며 그들의 마음에 기록하여 나는 그들의 하나님이 되고 그들은 내 백성이 될 것이라. 여호와의 말씀이니라. (렘 31:31-33)

예레미야와 마찬가지로 에스겔도 유배지에서 본향으로 귀환하는 백성에게 언약의 영적 갱신이 이루어질 것이라고 전한다.

내가 그들에게 한 마음을 주고 그 속에 새 영을 주며 그 몸에서 돌 같은 마음을 제거하고 살처럼 부드러운 마음을 주어 내 율례를 따르며 내 규례를 지켜 행하게 하리니 그들은 내 백성이 되고 나는 그들의 하나님이 되리라. (겔 11:19-20)

에스겔은 하나님이 백성에게 새 마음과 새 영을 주어 새롭게 하실 것이라고 다시 한 번 말한다. 그리고 "너희가 거주하면서 내 백성이 되고 나는 너희 하나님이 되리라"는 요약으로 언약이 진정 성취되리라는 사실을 되풀이한다(겔 36:26-28). 중생 교리에서 이 중요한 발전은 하나님이 자기 백성을 만나시는 창조 세계 자체의 중생에 대한 약속 없이는 하나님의 백성도 있을 수 없음을 보여 준다. 이제 그 땅을 살펴보자.

예언서의 새 언약과 땅

언약의 약속에는 서열이 있다. 먼저는 백성이고 다음으로 땅이다. 야곱의 자손들에게도 땅은 약속되었지만 이집트에서의 노예 생활로 인해 그 성취를 맛볼 수 없었다. 족장들의 후손, 곧 이스라엘 자손에게 땅은 그들을 위해 싸우시고 앞서가 그 땅 거주민을 쫓아내신 전사 하나님의 선물이었다. 하지만 그들의 끊임없는 죄성과 반역으로 인해 땅의 소유는 늘 불안정했다. 결국 통치자와 백성의 불신앙으로 멸망한 그들은 약속의 땅에서 추방된다.

아브라함과 그의 자손에게 처음으로 약속된 땅은 단순한 부동산 이상의 의미를 지닌다. 그 땅은 타락한 세상 속에서 하나님이 자기 백성과 함께 거하시는 장소가 되도록 의도되었다. 바로 하나님과 그분의 백성을 위해 다시 회복된 창조 세계를 보여 주는 맛보기였다. 새로운 세상에는 타락의 자리가 없다. 따라서 "젖과 꿀이 흐르는 땅"은 희미하게나마 에덴을 떠올리게 한다. 이스라엘이 가나안에서 겪은 역사적 현실은 그들의 죄와 하나님 나라의 '아직'(not yet)이라는 본성으로 인해 불가피하게 모형적인 성격을 띤다. 결국 우리는 하나님의 목적이 오직 예수의 인격과 사역을 통해서만 성취될 수 있음을 알게 된다. 모형론이란 '성취의 때가 이르기까지는' 하나님께서 은혜로 그 백성에게 그림자인 나라를 소유할 수단을 주시고, 하나님의 약속에 대한 믿음을 통해 궁극적으로 그 실체를 소유하게 하신다는 뜻이다. 바울은 옛 언약의 도구들을 고찰하며 이렇게 말한다. "이것들은 장래 일의 그림자이나 몸은 그리스도의 것이니라"(골 2:17).

아담의 죄는 에덴에서의 추방만을 의미하지 않았다. 그것은 또한 온 창조 세계에 미친 크고 보편적인 심판의 방아쇠가 되었다(롬 8:19-23). 창세기 4장과 그 이후의 세상은 창세기 3장의 저주가 반영된 모습이다. 이는 또한 인류와 나머지 피조물의 통일성을 반영하며, 모든 피조물의 운명이 인류의 운명에 달려 있다는 사실을 보여 준다. 예언자들이 약속한 갱신은 단순히 이스라엘이 가나안에서 누렸던 자원들의 소유와 활용을 넘어서는 차원이어야 한다. 타락하지 않은 세상으로의 회복, 곧 창조 세계와 거기 거하는 백성 모두의 중생이다. 새 하늘과 새 땅은 이사야에 의해 처음으로 선포되긴 하지만, 그 외에도 '여호와의 날'이 상실된 과거의 질서를 본뜬 완전히 새로운 질서를 가져오리라고 암시하는 구절들이 많다. 따라서 어떤 중생 교리도 사람을 강조하면서 창조 세계를 무시한다면 불완전한 것이다.

예언자들은 하나님의 세상에 대한 구원 없이 하나님의 백성에 대한 구원이 진행될 수 없음을 분명히 보여 준다. 큰 구원에 대한 이사야의 첫 번째 예언은 한 산이 세워지면서 시작한다. 이는 아무 산이 아니라 "여호와의 전의 산"이다(사 2:2). 다윗의 가지가 와서 자연계에 존재하는 모든 적대감을 종결시킬 것이다.

> 내 거룩한 산 모든 곳에서
>   해 됨도 없고 상함도 없을 것이니
> 이는 물이 바다를 덮음 같이
>   여호와를 아는 지식이 세상에 충만할 것임이니라. (사 11:9)

창조 세계와 하나님의 백성의 연관성이라는 주제는 이미 다루었기에 여기서 다시 언급할 필요가 없겠다.

예언서의 새 언약과 열방 중의 이스라엘

다음 장에서 열방의 입지에 대해 살펴볼 것이므로 여기서는 언약과 열방의 관계를 간략히 언급하고자 한다. 열방 가운데서 이스라엘의 역할은 구속사의 최소 두 가지 측면에서 비롯되었다. 첫째는 온 세상 열방 중에서 이스라엘이 선택을 받았다는 것이고, 둘째는 하나님이 아브라함의 후손을 통해 모든 열방에게 복을 주려고 의도하셨다는 것이다. 이 언약의 원리는 제사장 나라로서 이스라엘이 가진 의의를 강조하지만, 동시에 아브라함에게 주어진 약속이 어떻게 성취될 것인가라는 질문을 유발한다. 기독교 선교의 역사가 아브라함에게 주어진 약속을 이해하는 방식에 영향을 받았음은 두말할 나위가 없다. 우리는 선교적 교회에 대한 경험을 잠시 내려놓고, 구약 속에서 이 약속이 어떻게 전개되는지 이해하려고 노력해야 한다. 지금 단계에서는 하나님이 열방을 자신의 선한 목적에 포함하시는 방식이 이스라엘을 다루시는 방식과 분명한 차이가 있음을 인식하는 것만으로 충분하다. 다시 말해, 열방은 이스라엘의 제사장적 복음 전도를 통해 복을 받을 것이다.

우리가 구약 예언자들의 관점에서 새 언약을 말할 때 분명히 고려해야 할 사항은 새로운 점이 정확히 무엇인가라는 것이다. 마음에 기록한 법(렘 31:31-34)에 대한 예레미야의 신탁은 이미 모세가 주님께서 백성의 마음에 할례를 베푸셔서 마음과 생각과 영을 다해 그분을 사랑하게 될 때가 올 것이라고 언급한 데서 예견되었다.

> 네 하나님 여호와께서 너를 네 조상들이 차지한 땅으로 돌아오게 하사 네게 다시 그것을 차지하게 하실 것이며 여호와께서 또 네게 선을 행하사 너를 네 조상들보다 더 번성하게 하실 것이며 네 하나님 여호와께서 네 마음과 네 자손의 마음에 할례를 베푸사 너로 마음을 다하며 뜻을 다하여 네 하나님 여호와를 사랑하게 하사 너로 생명을 얻게 하실 것이며. (신 30:5-6)

예레미야보다 수 세기를 앞서 모세는 새 언약을 예견했을 뿐 아니라 그것이 필요한 이유까지 인식하고 있었다. 신명기에는 그가 언약 조항을 반복해서 설명한 후 이를 깨뜨릴 경우에 내릴 엄중한 경고가 기록되고 있다. 하나님이 이스라엘을 보배로운 소유로 삼으셨으므로, 그들은 반드시 거룩한 백성이 되어야 한다.

> 여호와께서도 네게 말씀하신 대로 오늘 너를 그의 보배로운 백성이 되게 하시고 그의 모든 명령을 지키라 확언하셨느니라. 그런즉 여호와께서 너를 그 지으신 모든 민족 위에 뛰어나게 하사 찬송과 명예와 영광을 삼으시고 그가 말씀하신 대로 너를 네 하나님 여호와의 성민이 되게 하시리라. (신 26:18-19)

이어 에발산에서는 언약을 어긴 자들에게 저주를 선포하고, 그리심산에서는 언약을 지킨 자들에게 복을 선포하는 독특한 의식의 명령이 이어진다(신 27-28장).

이스라엘과 유다가 얼마나 자주 언약을 깨트렸는지는 역사가 분명하게 증언한다. 결국 이스라엘과 유다 왕국이 멸망할 때, 에발산의 저주가 절대적이고 최종적인 것으로 보인다. 오직 예언적 종말론만이 모세가 내다본 마음의 할례에 대한 희망을 끝까지 붙들고 있었다. 예레미야와 에스겔이 겪은 큰 불길 속에서, 열방을 향한 이스라엘의 사역에까지 영향을 미칠 갱신과 중생의 약속이 주어졌다. 본래 아브라함과 세우신 언약의 약속은 그의 후손을 통해 땅의 모든 민족이 복을 받게 된다는 것이었다. 새 언약은 열방 가운데 심판과 구원이 모두 동반되면서 성취될 것이다. 후기 예언서는 유다가 갱신될 때가 바로 열방이 대대적으로 모여들게 될 때임을 분명히 보여 준다.

새 언약의 약속이 성취되다

예언서에 나오는 새 언약의 약속은 구약에서 다양한 표현으로 나타난 하나의 언약에 대한 최종적인 모형론적 차원을 제공한다. 〈표 12.2〉는 예언자들이 약속하고 예수의 오심으로 성취된 구속사의 핵심 언약 요소를 정리한 것이다. 예수는 다윗 언약과 새 언약의 약속에 표현된 구약 언약의 모든 조건을 성취하셨다.

표 12.2 옛 언약을 성취하는 새 언약

구약 언약의 연속적인 내용	예언서의 약속에 담긴 새 언약	그리스도 안에서 성취된 예언서의 새 언약
하나님의 백성	새 다윗과 새 나라	다윗의 아들 예수, 참 이스라엘 예수
백성과 하나님이 함께 거하는 땅	회복된 땅으로의 회복	하나님이 사람을 만나는 장소이신 성육신 예수, 그리스도 안에서 신자들이 시온으로 나아옴, 새로운 피조물 예수(및 약속의 땅)
하나님의 언약 백성으로서의 유익	언약적 축복: 새 예루살렘의 새 성전에서 백성 가운데 계신 하나님	임마누엘 예수: 하나님과 인간의 연합, 하나님의 도성과 새로운 피조물인 땅의 중심인 새 성전 예수
열방 가운데 이스라엘의 역할	열방을 향한 빛: 회복된 시온으로 나아올 열방	세상의 빛 예수, 복음 전파를 위해 제자들과 사도들을 온 세상에 파송하신 예수

앞서 개념 연구의 필요성에 대해 언급했지만, 기술적이거나 신학적인 중심 개념을 다룰 때는 단어 연구가 종종 유익할 수 있다. 나는 헬라어 '디아데케'(*diathēkē*)가 신약에서 그런 단어라고 생각한다. 중요한 점은 단어의 원래 의미보다 실제로 그것이 어떻게 사용되었는가다. 〈표 12.3〉은 신약에서 이 단어의 모든 용례를 나열한 것인데, 언약의 성취자로서 예수가 계시되시는 방식을 한눈에 보여 주기 위함이다. 성취자이신 예수가 신약의 주요 주제인 것은 분명하다.

표를 보면 신약에서 '디아데케'라는 단어는 주로 시내산 언약을 가리킴을 알 수 있다. 이미 확인한 바와 같이 아브라함 언약이 옛 언약의 체계라면, 시내산 율법은 하나님과의 화목과 친교를 유지하는 데서 시작해 언약이 실제로 작용하게 하는 구체적인 내용을 채운다. 이것은 창조 언약은 기초적이고 노아 언약은 예비적임을 보여 준다. 아브라함 언약과 시내산 언약은 확장적이며, 그 약속에 담긴 구원의 깊이를 보여 준다.

표 12.3 신약에 나오는 언약('디아데케')

본문	본문 주제	신약의 적용
마 26:28	아마도 모세와 언약의 피에 관한 언급(출 24:8)	최후의 만찬: 예수의 피는 언약의 피(마 26:27-28)
막 14:24	마 26:28과 동일	마 26:28과 동일
눅 22:20	마태, 마가와 동일	마태, 마가와 동일
행 3:25	아브라함과 세우신 언약	그리스도 안에서 성취되었다는 베드로의 선포
행 7:8	아브라함과 세우신 할례 언약	스데반의 변증: 그리스도 안에서의 성취를 위해 유대교를 넘어서는 움직임을 보여 주는 언약 백성의 역동성
롬 9:4	언약 아래서의 이스라엘 백성과 그들의 특권(언약의 복수형을 지지하는 본문)	아브라함의 모든 후손이 그의 자녀인 것은 아님
롬 11:27	새 언약에 대한 예언서의 약속을 상기하는 바울	결국 하나님의 언약 백성으로 구원받을 이스라엘
고전 11:25	언약의 피	성만찬의 오용 문제를 다루면서 최후의 만찬 때 예수의 말씀을 상기하는 바울
고후 3:6	아마도 렘 31:31-34에 관한 언급	자신의 복음 사역에 이를 적용한 바울
고후 3:14	구약의 옛 언약, 특히 모세 언약을 언급	그리스도 안에서 명확해지는 옛 언약의 의미
갈 3:15-17	사람이 세운 언약도 굳건함	아브라함과 정하신 약속이 있는 언약은 얼마나 더 굳건하겠는가
갈 4:24	하갈과 사라	지상의 예루살렘과 그리스도인이 주목하는 위에 있는 예루살렘의 비교
엡 2:12	한때 언약의 축복 밖에 있던 이방인	이제 그리스도의 피로 가까워진 이방인
히 7:22	영원한 제사장으로서 더 좋은 언약의 보증이 되신 예수	하나님께 가까이 나아가는 자들을 완전히 구원하실 수 있는 예수
히 8:6	더 좋은 언약을 중재하시는 예수	대체된 옛 언약의 형태
히 8:8	렘 31:31-34의 인용	쓸모없게 된 옛 언약
히 8:9	계속되는 렘 31:31-34의 인용	시내산 언약과 같지 않은 새 언약
히 8:9	계속되는 렘 31:31-34의 인용	시내산 언약을 어긴 이스라엘 백성

히 8:10	계속되는 렘 31:31-34의 인용	그들의 마음과 생각에 기록된 새 언약의 약속
히 9:4	언약궤 회상	옛 언약에 딸린 하나님의 규정
히 9:15	새 언약의 중보자 예수	자기 피를 통해 단번에 성소에 들어가심
히 9:15	첫 언약 아래 있는 자들을 속량하심	옛 언약의 약속을 성취하신 예수
히 9:16	번역 성경에서는 "유언"	죽어서야 유효한 유언
히 9:17	번역 성경에서는 "유언"	죽어서야 유효한 유언
히 9:18	"첫 언약"의 언급	피로 세워짐
히 9:20	출 24:8의 회고	[첫] 언약의 피. 이제 자기 피를 단번에 흘리신 그리스도
히 10:16	렘 31:33의 인용	그들의 마음과 생각에 기록된 법
히 10:29	하나님의 아들을 욕되게 하지 말 것을 경고	이는 언약의 피를 부정하게 하는 일
히 12:24	새 언약의 중보자 예수	시온과 새 언약의 중보자이신 예수께 나아오는 신자들
히 13:20	축도: 영원한 언약의 피	자기 뜻을 행하도록 우리를 온전하게 하실 예수
계 11:19	하늘에 있는 성전이 열리고 언약궤가 보임	일곱째 천사의 나팔: 세상 나라가 우리 주와 그의 그리스도의 나라가 됨

구약에서 피 흘림은 하나님과 백성의 회복된 관계 중심에 언약이 자리하게 했다. 누가는 마리아가 예수의 탄생을 아브라함 언약과 어떻게 연결시키는지 들려준다(눅 1:54-55). 공관복음서는 예수께서 사도들과의 마지막 만찬에서 "내 피로 세우는 새 언약"에 대해 하신 말씀을 기록한다(눅 22:20과 마태복음, 마가복음의 병행구). 바울은 아브라함 및 모세와 세우신 언약이 그리스도 안에서 성취되었다고 본다(롬 9:4; 11:27; 고후 3:14). 히브리서는 예수가 옛 언약이 의미하던 모든 것을 어떻게 성취하셨는지 가장 자세하게 설명한다(히 8:6-10:31). 멜기세덱의 반차를 따라 영원한 대제사장이 되신 예수는 자기 죄를 위해 계속해서 제사를 드려야 했던 아론의 반차를 따르는 옛 제사장들과 다르시다. 예수는 자기 자신을 제물로 희생하는 단 한 번의 제사를 드리셨다. 이는 황

소와 염소의 피로는 죄를 없이할 수 없기에 반드시 필요한 희생이었다.

요한계시록은 이 언약 과정의 완성을 다음과 같이 표현한다.

> 일곱째 천사가 나팔을 불매 하늘에 큰 음성들이 나서 이르되 세상 나라가 우리 주와 그의 그리스도의 나라가 되어 그가 세세토록 왕 노릇 하시리로다 하니 하나님 앞에서 자기 보좌에 앉아 있던 이십사 장로가 엎드려 얼굴을 땅에 대고 하나님께 경배하여 이르되
>
> 감사하옵나니 옛적에도 계셨고 지금도 계신
> 주 하나님 곧 전능하신 이여.
> 친히 큰 권능을 잡으시고
> 왕 노릇 하시도다. (계 11:15-17)

18절은 하나님 나라를 대적한 이방들을 향한 하나님의 진노와 주의 이름을 경외하는 자들의 구원을 약술한다. 그리고 이 전체 과정은 하나의 영원한 언약과 연결된다. "이에 하늘에 있는 하나님의 성전이 열리니 성전 안에 하나님의 언약궤가 보이며 또 번개와 음성들과 우레와 지진과 큰 우박이 있더라"(계 11:19). 다양한 방식으로 표현된 언약의 모든 의미가 이제 하나님과 그분의 그리스도의 영원한 나라가 임하여 성취된다.

요한계시록의 결론을 이루는 장들은 언약 성취의 최종적이면서도 득의에 찬 표현을 담고 있다. 우리는 아브라함 언약이 어떻게 "너와 네 후손의 하나님이 되리라"(창 17:7)는 하나님의 약속으로 요약되는지 살펴보았다. 모세 시대에 언약의 약속은 이렇게 요약되었다. "나는… 너희의 하나님이 되고 너희는 내 백성이 될 것이니라"(레 26:12). 그리고

이 약속은 "나는 그에게 아버지가 되고 그는 내게 아들이 되리니"(삼하 7:14)라며 다윗과 그의 자손에게 집중되었다. 예수는 모든 언약의 약속을 성취하신 다윗의 아들로 판명된다. 이스라엘이 그랬던 것처럼 예수께서도 하나님의 아들, 참 이스라엘로 인정받으셨다. 요한은 큰 완성의 때에 언약의 약속이 그리스도 안에 있는 자들, 곧 영광 중에 부활한 자들에게 이루어질 일을 내다본다(계 20:4-6). 하나님이 예루살렘에서 자기 백성과 함께 거하시는 것이 언약의 중심이었던 것처럼, 그 완성의 때에는 새 예루살렘이 임할 것이다.

> 또 내가 새 하늘과 새 땅을 보니 처음 하늘과 처음 땅이 없어졌고 바다도 다시 있지 않더라. 또 내가 보매 거룩한 성 새 예루살렘이 하나님께로부터 하늘에서 내려오니 그 준비한 것이 신부가 남편을 위하여 단장한 것 같더라. 내가 들으니 보좌에서 큰 음성이 나서 이르되 보라 하나님의 장막이 사람들과 함께 있으매 하나님이 그들과 함께 계시리니 그들은 하나님의 백성이 되고 하나님은 친히 그들과 함께 계셔서. (계 21:1-3)

이는 창조에서 새 창조에 이르는, 즉 아브라함으로부터 모세와 다윗을 거쳐 예수에 이르는 하나의 언약을, 그리고 그분을 통해 하나님의 모든 목적이 영화롭게 완성되는 언약의 역동성을 아름답게 요약한 표현이다.

요약 및 해석학적 함의

성경에서 언약은 무척 방대한 주제이기에, 설교자나 성경 교사는 자기 백성을 향한 하나님의 긍휼하신 계획의 핵심인 점진적 계시에 수반된 역동성을 쉽게 간과할 수 있다. 다음은 성경 내러티브로부터 도출되는 영원한 언약의 통일성에 관한 요약이다.

1. 하나님이 삼위일체로서 자신 안에서 말씀하신다는 사실은 언약의 절대적이고 기본적인 근원이다. 언어 자체가 곧 언약인데, 이는 영원한 삼위일체의 내적 관계에서 비롯된다. 창조의 '언약'은 근본적이며, 인간과 세상을 위한 하나님의 목적이 결코 깨질 수 없음을 보여 준다. 타락 전후를 막론하고 창조는 인간 및 창조 세계와 언약 관계를 세우시는 하나님의 절대적인 주권을 시사한다.

2. 노아와 세우신 언약은 창조주에 맞선 인간의 반역이라는 재앙이 결코 하나님의 계획과 목적을 꺾을 수 없음을 보여 준다. 타락 이후 하나님과의 관계는 진노와 구원을 동시에 요구하지만, 그럼에도 만물의 회복이 예견된다.

3. 아브라함과 세우신 언약에는 대표의 원리가 도입된다. 열방에 복을 중재할 한 민족이 선택된 것이다.

4. 시내산 언약은 선택된 민족 이스라엘로 하여금 모든 민족에게 복을 전하는 제사장 나라로 살아갈 수 있게 하는 체계다.

5. 다윗과 세우신 언약은 이스라엘의 제사장적 역할이 이제 한 사람, 즉 다윗의 자손에게 집중됨을 보여 준다. 그는 성전 건축을 통해 하나님의 임재를 중재하는 역할을 한다.

6. 예언서의 종말론은 백성과 땅과 성전의 회복과 더불어 새 언약의 성취가 '여호와의 날'에 이루어지리라고 예고한다. 이방 민족들이 하나님의 도성 예루살렘에 있는 성전으로 함께 나아올 것이다.

7. 예수께서는 자기 피로 새 언약을 세우신다. 신약은 그리스도 안에서 구약 언약의 약속들이 성취되었음을 증언한다. 여기에는 더 이상 '거류민과 나그네'가 아니라 하나님의 백성으로 모이게 된 이방인들도 포함된다.

8. 영원한 언약은 요한계시록에서 묘사된 종말론적 완성으로 성취된다. 창조 언약이 기초를 이루지만, 그것은 이제 이스라엘, 다윗, 예수의 제사장적 역할을 통해 나타난 구원 언약으로 포장된다. 이 언약의 완성은 새 창조다.

이러한 점진적 언약 계시의 해석학은 현대 해석자가 각 언약의 구체적인 표현이 그리스도인 유대인이나 이방인 회심자인 우리와 어떤 관계를 맺는지 적절한 질문을 던지도록 요구한다. 이것은 특히 모세 율법을 적용하는 문제와 관련된다. 흔히 율법 규정이 교회에 적용되고 있지만, 오늘날 대다수의 그리스도인은 이방인이기 때문이다. 이제 다음 장에서는 이스라엘과 열방의 관계에 대해 자세히 살펴볼 것이다.

13. 이스라엘, 열방, 교회에 대한 계시의 역동성

이번 장에서는 언약이라는 주제의 한 가지 중요한 측면을 보다 심도 있게 검토할 것이다. 12장에서 우리는 하나님의 택하신 백성인 이스라엘의 운명에 영향을 미친 언약을 살펴보았다. 그 특별한 언약의 씨가 창조 세계와 이를 향한 하나님의 헌신에 담겨 있음도 보았다. 하나님이 질서 있게 세상을 창조하셨다는 사실은 그분의 본성과 삼위일체 안에서의 온전한 관계를 반영한다. 또한 하나님은 죄의 죽음에서 구속받은 백성을 자신의 소유로 삼으시는데, 먼저는 이스라엘이고 다음은 유대인 교회, 그리고 이방인 순이다. 이런 발전을 이해하기 위해 하나님의 택하신 백성 이스라엘과 이방 세상과의 관계, 그리고 이 관계에 나타난 문제들이 예수께서 세우신 유대인 교회를 통해 어떻게 해결되는지 살펴볼 것이다.

죄의 등장과 창조주로부터의 단절은 타락 이후 언약의 특징이 될 구원의 새로운 차원을 필요로 했다. 그 언약은 인간의 악함 가운데 노아의 이름으로 처음 세워졌다. 아브람의 부르심과 그가 받은 약속을 살펴보면 언약은 두 방향을 가리켰다. 첫째로 그리고 가장 구체적으로, 하나님이 뜻하신 아브람의 자녀들의 운명이다. 둘째로, 땅의 모든 민족에게 복을 전달하는 택함받은 자들의 역할이다(창 12:1-3). 이스라엘에게 주어진 율법과 언약의 모든 연속적인 표현은 그리스도를 통해 이루어질 완성을 가리킨다.

성경이 인간을 묘사하는 두드러진 특징 중 하나는 두 갈래의 뚜렷한 구분이다. 즉 하나님의 복 '안에' 있는 자와 '바깥에' 있는 자다. 창세기 3장의 사건과 반역한 인류를 향한 심판 이후, 모든 인간은 에덴에서 추방되어 '밖에' 있었다. 심판은 창조 세계 전체에 임했기 때문에 누군가 또는 무언가가 '안에' 있다고 여겨지는 것 자체가 기적이다. 이것이 바로 은혜에 의한 선택의 기적이다. 하나님이 죄성 가득한 인류 가운데서 구원해 자신의 영원한 나라로 데려갈 자들을 선택하셨다는 것이다. 하나님의 택하신 백성은 타락한 세상을 살아가지만 하나님 나라에 속한 존재다. 이스라엘의 차별적 선택은 그 자체가 목적이 아니라 더 큰 목적, 곧 구원이 땅의 모든 민족에게 이르는 목적을 위한 수단이다. 구원이란 구해진 자들이 회복되어 하나님 나라에 영원히 거하는 것을 뜻한다. 한마디로, 하나님의 처소에서 하나님의 통치 아래 있는 하나님의 백성이다. 이 나라에 대한 다양한 표현은 아직 완전히 드러나지 않은 실체의 그림자 혹은 모형이다.

은혜에 의한 선택이란 하나님이 죄인을 구원하시고 "의가 있는 곳인 새 하늘과 새 땅"을 세우시려는 영원한 목적이 인간의 죄로 인해 좌절되게 하지 않으신다는 의미다(벧후 3:13). 복을 주시려는 하나님의 전략이 선택인데, 이는 한 사람 아브라함을 향한 선택이자 온 세상에 복을 전하는 도구가 되는 민족을 이룰 아브라함의 자손을 향한 선택이다.

성경에 기록된 인류의 두 주요 흐름은 전반적으로 동시에 진행된다. 첫 번째 줄기는 창조 내러티브와 연관되어 인류를 정점으로 하는 창조의 역사를 다룬다. 기독교 신학은 성경 전체 이야기에 의거한다. 이는 원창조에서 시작해 인류의 죄로 인한 창조의 악화를 거쳐, 이후 점진적인 구원의 계시를 통해 새 창조에서 완성되는 일련의 사건의 발전으로 요약된다. 그 목적이 예수의 인격과 사역을 통해 달성되는 이 내러티브에서는 전체 인류가 시야에 들어온다. 두 번째 줄기는 창조라는 넓은 주제를 좁힌 것이다. 바로 인간 일부에 대한 선택, 즉 온 세상 모든 민족에게 구원을 가져다줄 하나님의 목적을 중재하는 존재로서의 이스라엘 민족의 선택이다. 이와 같은 이스라엘의 중보적 역할이 성경 계시의 중심이다.

인류와 창조 세계의 본질적 연합은 인간이 창조주에 반역한 결과 창조 세계 전체가 함께 타락해 벌어진 참혹한 사건들을 통해 드러난다(창 3:1-24; 롬 5:12-15; 8:19-23; 고전 15:20-23). 창세기 서두의 특징은 하나님과의 관계에서 인류 원역사의 핵심 측면들의 윤곽을 보여 준다는 것이다. 구속사가 전개됨에 따라 하나님이 누구는 택하시고 누구는 그렇게 하지 않으시는 계시의 독특성도 더불어 발전한다. 지금으로써는 하나님이 사람을 두 부류로 구별하신다는 점을 염두에 두자. 한 부류는 선택하시고 다른 부류는 그렇게 하지 않으시는 까닭은 계시되지 않으며, 이는 하나님의 주권에 속한 문제다.

수 세기 후, 역대기 저자는 이 사건들을 회상하며 구원의 드라마

속에 등장하는 하나님의 배역들을 단순 열거함으로써 자신의 글을 시작한다. "아담, 셋, 에노스, 게난, 마할랄렐, 야렛, 에녹, 므두셀라, 라멕, 노아, 셈, 함과 야벳"(대상 1:1-4).[1] 포로기 이후 유대인들이 이 구절과 이어지는 긴 족보를 읽으면서(대상 1-9장), 하나님의 선택된 백성의 계보에 초점을 맞춘 '토라'(*tora*, 모세오경)와 '느비임'(*nĕbiʾîm*, 예언서)의 이야기들을 떠올리는 데 어려움이 없었을 것이다. 창세기의 강조점은 아담에서 노아까지의 족보(4-5장), 그리고 홍수 이후 셈으로부터 아브람의 아버지 데라까지의 족보(10-11장)에 있다. 가인의 죄와 그에 따른 추방, 홍수 심판을 유발한 인간의 죄, 함의 족보, 바벨탑에 대한 언급은 은혜가 악을 이기기 위해서는 '경건한' 계보를 선택하는 일이 반드시 필요함을 시사한다. 구원은 언제나 죄를 향한 하나님의 의로운 심판과의 극명한 대조 속에 나타난다.

이 역사 내러티브는 창세기 12:1-3의 아브람에서 임계점에 달한다. 하나님은 아브람에게 메소포타미아를 떠나 "내가 네게 보여 줄 땅으로 가라"고 하신다. 훗날 아브람과 다시 언약을 세우시며 그의 이름을 아브라함으로 바꾸시는데, 이는 하나님의 약속의 중요한 측면을 반영한다(창 17:1-8).[2] 하나님의 약속에는 뚜렷한 네 가지 특징이 있다. 바로 하나님의 백성, 땅, 하나님의 백성을 향한 복, 모든 민족을 향한 복이다. 마지막 네 번째 특징은 하나님이 이스라엘을 향해 가지신 목적이

1. 함에 대한 언급은 성경 족보에서 함의 저주와 연관해 또 다른 분리가 나타나는 특별한 지점을 보여 준다. 나는 성경 족보의 본질을 평신도를 위한 주석에서 다룬 바 있다. Graeme Goldsworthy, *The Lion of the Tribe of Judah: 1 and 2 Chronicles* (Sydney: Aquila Press, 2021), pp. 16-35.

2. 바로 앞 장에서 성경의 중심 주제인 언약이 지닌 역동성을 다루었지만, 다소 반복되는 부분을 감안하더라도 여기서 다시 언약을 언급할 필요가 있다. 언약은 인간, 이스라엘, 열방, 교회의 구성이라는 주제의 핵심이 되기 때문이다.

열방을 향한 목적과 병행한다는 사실을 보여 준다.

"땅의 모든 족속이 너로 말미암아 복을 얻을 것이라"(창 12:3)는 하나님의 약속은 이 시점에서는 그 의미가 구체적으로 드러나지 않는다. 이 약속은 아브람의 이름이 아브라함('많은 무리의 아버지')으로 바뀐 데서 반영된다. 하지만 구약의 주요 주제 대부분이 그렇듯, 이를 이해하기 위해서는 후대 예언자들의 선포와 하나님 백성의 경험이 어떻게 이 초기 사건과 약속에 연결되는지 살펴보아야 한다. 아브라함에게 주어진 이런 약속이 어떤 경로를 통해 어디로 향하는지는 점진적으로 구체화되어 성경 계시에 나타난다. "땅의 모든 족속"에 관한 언약적 약속의 의의는 하나님 나라 계시의 발전에 따라 점차 드러난다. 동시에 하나님의 택하신 백성과 주변 국가들 간의 갈등 역시 신학적 의미를 지닌다.

이방 노예 생활로부터 구속된 이스라엘

창세기 37장과 39-47장 이야기는 놀랍기도 하면서 일견 언약을 부정하는 듯한 전개로 보인다. 이 부분은 야곱의 아들들이 가나안의 기근을 피해 가족을 이끌고 먹을 것이 풍부한 이집트로 오게 된 사연을 들려준다. 누군가는 전능하신 하나님이 자기 백성을 위해 가나안에 비를 내리셨다면 이집트에서의 온갖 고충을 겪지 않아도 되었을 텐데 왜 그렇게 하지 않으셨는지 물을 것이다. 그러나 이미 살펴본 바와 같이, 여기에는 단순히 기근으로부터의 보호 이상의 깊은 구속적 이유가 숨어 있다. 이는 이스라엘의 저술가들이 하나님의 말씀과 이 경험의 의의를 성찰하는 과정을 통해 점차 드러날 것이다.

출애굽에 이르는 사건의 전개는 이스라엘의 선택받음은 곧 하나님의 아들이 되는 것임을 보여 준다. 하나님은 모세에게 바로에게 전할 말을 알려 주신다. "여호와의 말씀에 이스라엘은 내 아들 내 장자라"(출 4:22). 신학적으로, 우리는 성경 본문이 그것이 뜻하는 바를 스스로 드러내도록 해야 한다. 삼위일체적 관점에서 보면 성자 하나님과 하나님의 아들 간에는 구별이 있다. 이스라엘을 '하나님의 아들'이라고 칭하는 것이 곧 신격화인 것은 아니다. 훗날 누가는 예수가 세례받으실 때 하나님의 승인을 이렇게 기록한다. "너는 내 사랑하는 아들이라. 내가 너를 기뻐하노라." 그리고 예수의 인간 아들됨을 추적하면서 다윗과 아브라함을 거쳐 "하나님의 아들" 아담에게까지 거슬러 올라가는 족보를 통해 이를 분명히 보여 준다(눅 3:21-38).[3]

하나님의 택하신 백성과 이방 민족 사이의 충돌이 기록된 것은 출애굽 사건이 최초가 아니다. 또 다른 예로는 창세기 14장에 기록된 아브라함과 이방 왕들의 전쟁이 있다. 시내산 언약은 이 땅에서 이스라엘이 하나님의 택하신 백성임을 보여 주며 출애굽의 방향성을 확증한다. 이는 아브라함 언약을 더욱 강화하는 것으로 하나님은 그들에게 이렇게 선언하신다. "세계가 다 내게 속하였나니 너희가 내 말을 잘 듣고 내 언약을 지키면 너희는 모든 민족 중에서 내 소유가 되겠고 너희가 내게 대하여 제사장 나라가 되며 거룩한 백성이 되리라"(출 19:5-6). 선교 신학은 이 말씀으로부터 그 역동성을 발전시킨다. 인간의 창조와 타락이라는 기본 전제에서 출발하는 선교는, 하나님이 열방 중에서 자기 백성을 회복시키시는 방식으로 드러난다. 이 시점에서는 아직 하나

3. 이에 관한 자세한 논의는 다음을 보라. Graeme Goldsworthy, *The Son of God and the New Creation*, Short Studies in Biblical Theology (Wheaton, IL: Crossway, 2015). 하나님의 아들을 예수의 인성과 참 이스라엘을 가리키는 표현으로 이해하는 것은 성자 하나님으로서의 온전한 신성을 조금도 약화시키지 않는다.

님의 백성에게 열방을 향해 적극적으로 선교의 사명을 감당하라는 명령은 없다. 다만 아브라함의 자손이 땅의 모든 족속에게 축복의 통로가 될 것이라는 약속만 주어졌다.

그러므로 인류의 연합은 창조에 근거하며, 대부분은 하나님을 거부하는 태도로 연합해 남아 있다. 이는 아담의 죄에서 시작된 것이다. 출애굽과 시내산 언약은 하나님이 취하신 구원 전략이다. 하나님은 택하신 한 민족을 통해 자신의 구원 사역을 이루실 것이다. 그 민족이 하나님의 구원 사역을 세상에 전할 도구다. 결국 이런 '다수를 위한 하나'라는 관점은 예수의 인격 안에서 온전히 성취될 것이다.

모세오경과 전기 예언서의 이스라엘과 이방인

열방을 향한 이스라엘의 선교는 오늘날 우리가 이해하는 선교 활동이 아니라 이스라엘이 이스라엘답게, 즉 하나님의 선택을 받은 순종하는 백성으로 살아가는 데서 시작한다. 시내산 언약과 율법에는 온 세상을 향해 나아가라는 명령이 없다. 이 단계에서 이스라엘은 장차 도래할 거듭난 세상의 불완전한 모형에 불과하며, 열방이 이스라엘에게 나아와야 한다. 따라서 이스라엘은 이미 세상 속에 있을 뿐 아니라 하나님의 계시에서 세상의 중심이다. 이스라엘 백성이 하나님의 명령에 순종해 살아간다면, 열방은 이를 그들을 향한 하나님의 호의의 증거로 인식할 것이다(신 4:5-8). 이것은 훗날 후기 예언서에서 발전하는 주제가 된다(예. 사 2:2-4; 66:18-20; 슥 8:20-23). 선교의 역동성은 택하신 백성의 지위와 나머지 인류를 향한 그들의 역할이 점차 발전하는 것을 보여 준다.

시내산 율법이나 그 후로 이어지는 내러티브에는 마태복음 28:18-

20에서 볼 수 있는 '대위임령' 같은 내용이 없다. 오히려 이스라엘이 하나님과 화목을 이루는 방식으로서 성막 예전과 제사 제도를 통해 상세한 지침이 주어진다. 이것이 이 단계의 계시에서 세상을 향한 이스라엘의 주된 역할이다. 이스라엘의 거룩함은 모든 은혜의 수단에 신실하게 의지해 하나님과 실제적인 교제를 누림으로써 구별된다. 하지만 거의 예측 가능한 수준에서 반복되는 하나님 백성의 반역은 이 과정에 어두운 그림자를 드리운다. 그리고 겉으로 상반되어 보이는 하나님의 목적이 지닌 두 측면이 함께 작용하고 있다는 사실이 점점 분명해진다. 첫째, 하나님은 아담과 하와를 심판하셨던 것처럼 노아 세대와 그 이후로 자신의 주권에 거역하는 인류를 계속해서 심판하신다. 둘째, 하나님은 그분께 신실한 백성을 두겠다고 작정하셨으며 이 계획은 좌절될 수 없다.

이스라엘의 쇠퇴, 외세의 침입, 왕국의 분열이라는 위기 속에서야 비로소 새로운 차원이 강조되기 시작한다. 그것은 창조부터 인류의 통일성 안에 항상 내재되어 있었으며, 그의 자손을 통해 열방이 복을 받을 것이라는 아브라함에게 주어진 약속에 명시적으로 나타난다. 물론 이것은 이스라엘이 약속의 땅을 차지하고 국가 체계를 잡아 번영하며 발전하는 과정에는 대체로 잘 드러나지 않았다. 출애굽에서 주전 586년 예루살렘의 멸망에 이르는 시기 동안, 열방은 주로 적대적이고 부정적인 영향을 주는 존재로, 또한 쫓아내고 경계해야 할 원수로 묘사된다.

그렇다면 왜 열방을 비추는 빛이 이토록 지연되었어야 하는가? 답은 그리스도 안에서 최종 계시된 역사적 복음이 하나님 아래서 이스라엘이 걸어온 역사에 의해 형성된다는 사실에 놓여 있다. 역사의 흐름 속에서 하나님 나라에 대한 실제적인 표현이 어느 정도 무르익었다고 하기까지는 열방과의 지속적이고 긍정적인 접촉이 일어나지 않는 것이 자연스럽다. 이스라엘의 충만한 복음 모형이 먼저 자리를 잡은 후에야, 예언서의 종말론을 시작으로 그리스도의 인격과 사역을 통해 일종의 복음 전파 형태가 나타난다. 열방을 향한 기독교 선교는 종말론적 말세를 구성하는 주요 차원이다. 그 사이에는, 롯을 구하기 위해 아브라함이 이방 왕들과 맺은 일시적 동맹(창 14:1-16)이나 이집트에서 요셉이 지도자가 된 일, 이후 모세의 인도로 이스라엘이 구원을 받은 일처럼 간헐적으로 긍정적인 접촉과 관계가 있었다. 그렇지만 역사 과정의 중심이 되는 것은 적대감이었다. 열방과 그들의 우상숭배는 하나님 나라를 보여 주는 제사장 나라로서 이스라엘이 맡은 역할의 순수성에 지속적인 위협이었기 때문이다. 이방 민족으로 인해 부패되기 쉬운 이스라엘의 성향은 그 과정에 깊은 그림자를 드리웠다. 그러나 이 그림자는 메시아, 고난받는 종, 다윗의 아들에 대한 신학이 등장하면서 서서히 사라진다.

아브라함은 임박한 소돔의 멸망을 앞두고 하나님과 나눈 대화에서 자신의 확신을 표명한다. "세상을 심판하시는 이가 정의를 행하실 것이 아니니이까"(창 18:25). 가나안 족속이 그 땅에서 쫓겨난 것은 결코 전능자의 단순 변심 때문이 아니었다. 그 족속들의 우상숭배와 악에 대한 정당한 심판이었다(신 9:4). 이스라엘은 시내산에서 약속의 땅으로 나아가며 우상을 숭배하는 민족들과 새롭게 접촉하게 되었다. 이는 그들의 거짓 종교와 오염된 문화에 유혹당할 위험에 끊임없이 노출된 상황을 의미한다. 그 유혹은 단지 하나님이 아닌 것을 숭배하는 데 그치지 않고 야웨의 백성의 생각과 행실을 형성하는 세계관 자체를 철저히 부정하는 데까지 이르렀다. 다신교 자체도 악한 것이었지만, 자연적인 계절의 순환과 수확을 관장한다는 바알신의 죽음과 부활이라는 신화적 의식에 근거한 역사관과 결합할 때 야웨의 계시에 대한 거부는 완강해졌다. 계절의 순환을 유지하는 순환적 역사관은 하나님 나라의 장엄한 완성이라는 되돌릴 수 없는 단계를 통해 진행되는 역사와는 전적으로 상반된다.[4] 이스라엘은 매년 돌아오는 계절과 정해진 절기와 연례행사들을 경축하는 법을 배워야 했지만, 동시에 그것을 넘어 하나님 나라에서 완성될 약속을 바라볼 필요가 있었다. 예언자들이 주요 제도, 인물, 사건을 반복적으로 개괄하긴 했지만, 역사는 필연적인 완성을 향해 나아가는 선형적 과정이었다.[5]

이스라엘은 처음부터 주변 민족의 군사적, 문화적, 종교적 반대에 직면했다. 구약은 이런 문제를 그 민족들의 악함과 결부시켜 그들의 멸망이 정당했음을 보여 준다. 전기 예언서는 이스라엘이 열방과 그들의 영향력, 특히 정치적이고 종교적인 영향 앞에서 하나님의 공의를 지키려는 데 따른 문제들을 강조한다. 지금까지 살펴본 바에 따르면, 이스라엘이 대체로 열방과 적대적인 관계를 맺어 온 것은 하나님 나라가 이 땅에 예표적으로 세워지고 보존되어야 할 필요에서 비롯되었다고 말할 수 있다. 타락 이전에 하나님 나라의 초점이 에덴에 있었다면, 타락 이후에는 예루살렘과 그 땅으로 옮겨지게 되었다. 이를 위해 약속의 땅을 강압적으로 취해야 했고, 그 결과 주변 민족들의 적개심을 사게 되었다.

이스라엘은 시내산에서 제사장 나라로 선포되었고, 간혹 이방인이

---

4. G. Ernest Wright, *The Old Testament against Its Environment*, Studies in Biblical Theology 2 (London: SCM Press, 1950), pp. 44-5.

5. 이는 14장에서 자세히 다루어진다. 가나안 종교에서 매년 순환하는 계절은 어디로도 가지 않는 다람쥐 쳇바퀴와 같았다. 그러나 이스라엘에게 계절의 순환은 목적지('텔로스')를 향해 직선으로 쭉 뻗은 역사의 철로 위를 달리는 바퀴와 같았다.

개인적으로 이스라엘 공동체에 포함되기도 했다. 이 경우 새로운 구성원의 신분에 관한 문제가 생긴다. 이방인 개종자에게 부과된 의무가 무엇이었는지를 막론하고, 이로써 그들과 이스라엘 백성 간의 모든 구별이 사라졌다고 말하는 것은 지나치다. 그들은 이스라엘 민족이 아니다. 그들은 아브라함의 씨에게 주어진 약속과는 다른 약속 아래 이스라엘 공동체에 병합되었다. 안식일 계명에 따르면 "네 문안에"(출 20:10) 머무는 이방인(히브리어 '게르')도 이날을 준수해야 하지만, 그렇다고 해서 그가 '게르'(*gēr*)가 아니라는 말은 아니다.[6] 따라서 모압 여인 룻이 시어머니 나오미와 그 민족과 하나님께 충성을 맹세하고 베들레헴으로 돌아오지만, 성경은 여전히 그녀를 "모압 여인 룻"이라고 부른다(룻 1:22; 2:2, 6). 룻은 보아스에게 자신을 "이방 여인"[7]이라고 밝힌다(룻 2:10). 이런 역동성은 유대인과 이방인의 관계에 대한 후대의 계시와 관련된다.

전기 예언서에 기록된 이스라엘 역사는 주변 민족과의 갈등으로 가득하다. 사사기는 어떻게 이스라엘 민족이 끊임없이 유혹을 받아 '바알들을 섬김으로' 죄를 짓게 되었는지 보여 준다. 예를 들면 다음과 같다.

> 여호와께서 가나안의 모든 전쟁들을 알지 못한 이스라엘을 시험하려 하시며 이스라엘 자손의 세대 중에 아직 전쟁을 알지 못하는 자들에게 그것을 가르쳐 알게 하려 하사 남겨 두신 이방 민족들은. (삿 3:1-2)

> 그러므로 이스라엘 자손은 가나안 족속과 헷 족속과 아모리 족속과 브리스

---

6. 히브리어 *gēr*는 '체류하다, 머물다'라는 뜻의 동사형 גור에서 비롯되었다.

7. 히브리어 *nokriya*, נכריה, '이방 여자'.

> 족속과 히위 족속과 여부스 족속 가운데에 거주하면서 그들의 딸들을 맞아 아내로 삼으며 자기 딸들을 그들의 아들들에게 주고 또 그들의 신들을 섬겼더라. 이스라엘 자손이 여호와의 목전에 악을 행하여 자기들의 하나님 여호와를 잊어버리고 바알들과 아세라들을 섬긴지라. (삿 3:5-7)

이런 식으로 내러티브는 사사 시대를 거쳐 블레셋의 위협에 직면한 사무엘의 활동 시기로 우리를 데려간다. 왕정 시대에도 여전히 이야기의 배경은 이교 민족들에 둘러싸인 채 이스라엘이 하나님의 백성으로 살아가려는 끊임없는 시도다. 이는 성공하기도 하고 실패하기도 한다. 이 같은 내러티브는 유다가 배교와 불순종의 어리석음으로 인해 바벨론에게 멸망할 때까지 계속된다.

영적 이스라엘: 선물과 임무

하나님과 함께하는 이스라엘의 삶은 선물인 동시에 임무다. 그 삶은 복음과 율법을 모두 수반한다. 이스라엘이 약속의 땅을 정복하고 소유하는 과정의 역사는 불순종이라는 부정적 측면으로 가득하지만, 그 소유에 담긴 역동성을 결코 간과해서는 안 된다. 시간이 흐름에 따라 은혜로 주어진 약속은 바벨론 포로기에 아무 의미도 없는 듯 보였다. 하지만 여기서도 중요한 무언가가 나타난다. 이스라엘이 약속의 땅에서 보낸 세월은 하나님 나라의 속성이 아직 충만하지는 않지만 중요한 방식으로 드러난 시기였다. 그런 속성을 포기하게 하는 환경이 조성되기도 했지만, 이스라엘 역사 속에서 하나님 나라의 특별한 속성들이 형성되었다.

그렇다면 이렇게 발전해 온 하나님 나라의 속성은 무엇인가? 아브라함에게 주어진 약속은 놀라울 정도로 광범위하긴 해도 그 형태는 아주 기초적이었다. 이후 구속사에서 일어난 발전은 하나님의 구원 방식을 실질적으로 드러낸다. 여기에는 구속적인 출애굽 사건, 헌법적인 시내산 율법, 약속의 땅에 대한 법적 등기라는 하나님의 선물, 야웨의 '이름이 머무는 곳'인 예루살렘의 소유, 언약에 기초한 다윗 왕권, 백성 가운데 거하실 처소로 하나님이 정하신 성전이 포함된다. 이것이 하나님 나라의 형태다. 즉 하나님의 백성이 그들을 위해 하나님이 택하신 곳에서 그분의 긍휼하신 통치에 순종하며 살아가는 것이다. 그리고 이 모든 것과 더불어 이방인에게도 복이 중재되게 하시려는 하나님의 목적이 계시된다. 물론 진정한 영적 이스라엘과 육적 이스라엘 사이의 구분이 나타난다. 이런 중의성은 모든 육체의 죄성에서 비롯한 것으로, 이스라엘의 선택이나 출애굽 구속을 통해 자연스레 제거되는 것이 아니다. 겉으로는 민족 전체가 택함받은 백성이지만 각 개인의 영적 상태는 그들의 삶, 곧 믿음이나 불순종을 통해서만 알 수 있다. 고린도전서 10:1-5에서 바울은 이 점을 강조한다. 이스라엘은 출애굽이라는 복을 받았지만 "그들의 다수를 하나님이 기뻐하지 아니"하셨다. 예수의 알곡과 가라지 비유도 이런 중의성을 다루고 있다(마 13:24-30, 36-43). 가시적 교회와 비가시적 교회에 대한 현대 신학의 구분도 마찬가지다.

이스라엘의 영적 중의성은 성경이 영웅적인 인물들을 '있는 그대로' 묘사하면서 결점까지도 감추지 않는다는 점에서 두드러진다. 아브라함은 위험하다 싶은 상황에서는 거짓말도 불사한다. 야곱은 속임수로 라반에 맞선다. 유다는 가나안 여인과 결혼한다. 모세는 미디안 여인과 결혼한다. 그는 야웨의 말씀대로 따르지 않아 약속의 땅에 들어가는 것이 금지된다. 사무엘은 부모로서 아들들을 제대로 관리하지 못한다. 사울은 조언을 얻기 위해 무당을 찾는다. 다윗은 간음과 살인을 저지른다. 솔로몬은 이방 여인들과 결혼한다. 이 외에도 민망한 이야기는 끊어질 줄 모른다! 바로 이런 상황 속에서 은혜가 승리하고, 야웨는 구속받고 공의로우며 신실한 백성을 소유하시게 된다. 계시의 발전에 따라, 모든 피조물의 통일성은 오직 새 창조를 통해서만 이 중생한 하나님 백성의 나라가 세워짐을 의미한다는 사실이 분명해진다. 이스라엘 역사는 애초부터 존재했던 영적 삶과 육적 삶 사이의 긴장을 보여 준다. 이는 사도 바울의 설명에서 무척 중요한 것이다. 따라서 바울은 하나님이 경건하지 않은 자를 의롭다 하신다는 사실을 언급했고(롬 4:5), 루터는 '의인인 동시에 죄인'(*simul justus et peccator*)이라는 명언을 남겼다. 이런 긴장은 초기 계시에서도 언급되며 그 해결책이 예고되었다. 따라서 이스라엘 민족은 거룩하고 의로운 삶을 살도록 부름받았지만, 이 일이 끝에 가서야 이루어지게 되리라는 것을 보장하는 과정에 대한 예견도 있다. 예컨대 할례라는 외적 표식은 내적 갱신을 나타내기 위한 것이었다. 그렇지만 죄 많은 인간의 본성은 참된 신자에게서조차 그런 것이 영속적이지 않다는 사실을 분명히 보여 준다. 이런 요구는 그들이 감당할 수 없는 것이다. 그럼 어쩌란 말인가? 또다시 이 임무는 선물의 약속으로 완수된다. 율법은 은혜에 근거하며, 은혜로 말미암아 누그러진다. 죄인은 스스로를 도울 수 없지만, 긍휼과 자비의 하나님이 택하신 자들에게 구원을 이루실 것이다.

> 이스라엘아 네 하나님 여호와께서 네게 요구하시는 것이 무엇이냐. 곧 네 하나님 여호와를 경외하여 그의 모든 도를 행하고 그를 사랑하며 마음을 다하고 뜻을 다하여 네 하나님 여호와를 섬기고 내가 오늘 네 행복을 위하여 네게 명하는 여호와의 명령과 규례를 지킬 것이 아니냐.… 그러므로 너희는 마

음에 할례를 행하고 다시는 목을 곧게 하지 말라. (신 10:12-13, 16)

이 불가능한 임무는 하나님이 자기 백성에게 요구하시는 것을 은혜로 주신다는 확증으로 완수된다. “네 하나님 여호와께서 네 마음과 네 자손의 마음에 할례를 베푸사 너로 마음을 다하며 뜻을 다하여 네 하나님 여호와를 사랑하게 하사 너로 생명을 얻게 하실 것이며”(신 30:6).

이 내적 갱신이 이스라엘 역사에서 국가 단위로 일어났다는 증거는 전혀 없다. 그들이 신실했던 시기에도 이전의 중의성은 지속되었다. 솔로몬의 어리석음 이후 이어진 쇠퇴기에는 소수의 개혁적인 유다 왕들도 악화일로를 걷는 나라에 지속적인 영향을 남기지 못한다. 여기서 우리의 눈길을 끄는 것은 이스라엘의 걸림돌로서 지속적인 중요성을 가지는 이방 민족이다.

후기 예언서와 시편의 이스라엘과 이방인

후기 예언자들은 자신이 활동하던 당시 상황에서 이스라엘과 유다 모두에게 영향을 미치는 사건에 대해 선포한다. 포로기 이전 예언자들은 솔로몬의 배교 이후 이스라엘과 유다의 영적 상태가 점차 퇴보하던 시기에 사역했다. 포로기 예언자들은 재앙 속에서 희망을 주었고, 포로기 이후 예언자들은 하나님 나라를 이룰 회복의 실패를 해석했다. 요나와 오바댜를 제외한 예언자들의 메시지에는 이스라엘이나 유다를 향한 세 가지 주안점이 있다. 바로 고발, 심판의 경고, 구원의 약속이다.[8] 예언자는 ‘미리 말하는 사람’(foretellers)이 아니라 ‘앞서서 말하는

8. 이는 예언에 관한 14장에서 자세히 다룰 것이다.

사람'(forth-tellers)이라고 하는 회의론자들의 주장은 성경의 증언과 상반된다. 실제로 예언자는 두 역할 모두를 감당했다. 만일 그들이 계시를 미리 말하는 사람이 아니었다면, 그들이 앞서서 말하는 것은 환상이나 거짓에 불과했을 것이다. 신약은 예언자들이 '앞서서 미리' 말한 하나님 약속의 실체와 그리스도 안에서의 성취를 보여 준다.

대체로 예언자들의 고발은 이스라엘이나 유다의 죄가 발생한 당시 상황에 대해 매우 구체적이다. 심판은 즉각적인 용어로 표현되면서도 긴 안목에서는 최종적인 심판이다. 이방 민족도 줄곧 그들의 악습이나 우상숭배로 인해 예언서의 조명을 받는다. 이스라엘을 향한 심판의 예언은 불길한 징조를 띠는데, 이는 구원을 이루시려는 하나님의 목적에 이스라엘이 중심이 되리라는 하나님의 약속을 죄다 부정하는 것처럼 보이기 때문이다. 그 배경에는 언제나 언약을 어기고 그들의 하나님이신 야웨를 버리는 백성을 향한 경고가 있다. 이스라엘과 유다가 우상을 숭배하던 주변 국가들을 따르게 되면서 배교가 심각한 우려로 등장한다.

후기 예언서와 시편에는 세 가지 주요 방식으로 이방 민족의 특징이 나타난다. 첫째, 내러티브 속에서 그들은 하나님과 그분 백성의 원수로 표현된다. 둘째, 그곳은 이스라엘과 유다가 추방되었거나 추방될 유배와 고난의 장소다. 셋째, 그들은 이스라엘의 구원의 날에 임할 복에 포함될 것이다.[9] 둘째와 관련해서는, 이스라엘과 유다 백성이 약속의 땅에서 쫓겨나는 데는 아무 목적지 없이 강제로 끌려가는 것 이상

9. 민족, 땅, 백성, 이방인에 관한 성구 사전의 언급은 너무 많아서 전부 나열할 수가 없다. 그렇다고 구속사에서 이 단어들의 세 가지 주된 역할에 대한 일반적인 분석이 약화되는 것은 아니다. 이방인, 민족, 땅, 백성을 뜻하는 히브리어 단어는 '고이'(גוי), '움마'(אמה), '레옴'(לאום), '움밈'(אמים), '암'(עם)이다. 의미론적으로 유연한 또 다른 단어는 땅, 영토, 민족, 국가 등의 의미를 가진 '에레츠'(ארץ)가 있다.

의 의미가 있다. 이는 최초의 인간이 겪은 에덴 추방을 상기시키는 것으로, 이집트와 바벨론에서의 노예 생활과 마찬가지로 하나님 나라의 가시적 표징으로부터의 단절을 의미했다. 앗수르의 이스라엘 정복(주전 722년)은 이스라엘 열 지파가 자진해서 유다와 예루살렘이라는 하나님의 활동 중심지로부터 벗어난 데 연이어 일어난 사건이다. 우리는 이 정복에 관해 구체적으로 아는 바가 거의 없지만, 백성이 하나님의 약속에서 심각하게 소외되는 상황이 초래되었다는 신학적 의의를 유추할 수 있다. 포로기 예언자들(이사야, 예레미야, 에스겔)은 유배 중에도 하나님이 그들과 함께하신다는 것을 확신시키면서 귀환의 희망을 놓치지 않았다.[10]

그렇다면 아브라함의 자손들이 땅의 모든 족속에게 축복의 통로가 될 것이라는 첫 약속에 대해 후기 예언서와 시편은 어떤 관점을 가지고 있는가? 우선 말할 수 있는 것은 구원의 지평이 창세기 12:3에서 보다 구체적으로 확장되었다는 점이다. 이스라엘의 구원이 곧 이방인의 구원과 모든 피조물의 중생이다. 인류와 창조 세계의 연대성이 확증된다.

시편은 이스라엘을 향한 하나님의 구원과 심판을 인정하면서도, 이방 나라들의 지위를 여러 방식으로 묘사한다. 이 관점의 범위를 다음과 같이 요약할 수 있겠다.[11]

10. 이사야는 주전 8세기 예언자였지만, 40-66장의 예언은 주전 6세기 포로기와 귀환에 적용된다. 이런 이유로 역사비평가들은 대체로 이사야서의 저자가 두 명 혹은 세 명일 것으로 판단한다. 우리의 논의는 이사야서의 다중 저작설에 관한 논쟁과는 관련이 없다. 보다 근래에는 포로기 이후의 편집자가 여러 단일 저작을 하나로 합친 것이라는 주장도 제기되었다. 그러나 나는 하나님이 주전 8세기의 한 예언자를 감동시키셔서 주전 6세기와 그 이후의 일들에 대한 이상을 보여 주셨다는 생각에 아무런 문제가 없다고 본다. 역사비평이 사용하는 무력한 의심의 해석학은 하나님이 미래를 계시할 수 없으시거나 그렇게 하지 않으신다는 그릇된 인상을 남긴다.

11. 여기서 언급된 성구는 관련된 모든 성구가 아니라 예시에 불과하다.

1. 이스라엘이 하나님의 심판을 받는 모습을 보고 이방 나라들이 조롱하다(시 79:8-10; 80:6-7; 참조. 렘 22:8-9; 29:18; 44:8).

2. 이방 나라들은 그들의 악함으로 인해 야웨의 심판을 받았거나 받을 것이다(시 44:2; 82:8; 94:2; 113:4; 118:10-14; 136:10-22).

3. 이방 나라들은 하나님이 자기 백성을 위해 행하신 위대한 일의 증인이다(시 48:4-8; 66:1-4; 참조. 렘 33:8-9). 특별히 출애굽이 언급된다(시 66:5-7; 77:14-20; 78:43-55; 105:12-45; 106:7-12; 114:1-8; 135:8-10; 136:10-15).

4. 이방 나라들은 하나님 백성의 적이며, 이스라엘이 심판받아 그들 가운데로 흩어지게 되었을 때 큰 위협이 된다(시 2:1-6; 44:9-16; 79:1-4).

5. 이스라엘이 이방 나라들을 기업으로 얻을 것이다(시 9:17-20; 136:16-25).

6. 이방 나라들이 야웨께 돌아와 모든 땅의 소망이신 그분을 예배할 때가 올 것이다(시 22:27-28; 65:5; 67:1-7; 68:31-34; 72:17-19; 86:8-10; 97:1-2; 102:15; 138:4-6).

끝으로, 복음 전파를 위한 부름에 가까운 시편 96편을 살펴보자.

> 새 노래로 여호와께 노래하라.
> 　온 땅이여 여호와께 노래할지어다.
> 여호와께 노래하여 그의 이름을 송축하며
> 　그의 구원을 날마다 전파할지어다.
> 그의 영광을 백성들 가운데에
> 　그의 기이한 행적을 만민 가운데에 선포할지어다. (시 96:1-3)

"새 노래"라는 주제는 다른 본문에서도 나타난다(시 33:3; 40:3; 98:1; 144:9; 149:1; 사 42:10). 이는 야웨가 행하신 새 일을 표현하는 방식이다

(사 43:18-19). 주님의 위대한 구원 계획의 성취에는 새로운 종말론적 역동성이 있다. 따라서 시편 96:10은 새 창조를 기념하는 내용으로 이어진다.

> 모든 나라 가운데서 이르기를
>   여호와께서 다스리시니 세계가 굳게 서고 흔들리지 않으리라.
>   그가 만민을 공평하게 심판하시리라 할지로다.
> 하늘은 기뻐하고 땅은 즐거워하며
>   바다와 거기에 충만한 것이 외치고
>   밭과 그 가운데에 있는 모든 것은 즐거워할지로다.
> 그때 숲의 모든 나무들이
>   여호와 앞에서 즐거이 노래하리니
>   그가 임하시되 땅을 심판하러 임하실 것임이라.
> 그가 의로 세계를 심판하시며
>   그의 진실하심으로 백성을 심판하시리로다. (시 96:10-13)

새 노래는 하나님의 구원 계획의 '텔로스'(목적)에 대한 새로운 강조와 함께 온 땅을 다스리시는 야웨의 위대한 통치를 선포한다. 이는 외세의 압제라는 크나큰 곤궁에 처한 이스라엘에게 지금 당장 나가서 말씀을 전하라는 부름이 아니다. 오히려 온 세상에 하나님의 통치가 확립되리라는 그분의 모든 약속에 대한 종말론적 완성의 예견이다. 즉 아직은 성취되지 않은 목표인 것이다.

따라서 후기 예언서의 종말론적 신탁을 살펴보면, 이스라엘과 유다가 심판을 받는 것처럼 이방 나라도 심판을 받는다. 구원받은 이방인들은 이스라엘의 제사장적 사역으로 인한 유익을 누린다. 예언자적 시선에는 땅의 모든 족속이 복을 받으리라는 아브라함에게 주어진 약속의 성취가 녹아 있다. 이스라엘의 선택이라는 역동성은 신약 최초의 교회, 즉 유대인 교회의 형태로 이방인에게 복음을 전하는 모습으로 이어진다. 예언서의 두 주제가 이목을 끈다. 첫째, 이방 나라들은 이스라엘이 유배와 심판에서 구원으로 옮겨지는 과정에 관여하게 될 것이다. 둘째, 이스라엘의 선교는 한 메시아적 인물, 곧 '주의 종'을 중심으로 이루어질 것이다.

열방을 향한 이스라엘의 역할은 처음에는 다소 수동적이다. 이는 이방인들이 이스라엘의 복에 참여하게 되는 것은 종말론적 주의 날에 일어나는 회복 운동의 일부일 뿐이라는 점에서 그렇다. 따라서 시온의 회복에 대한 이사야의 이상은 열방이 그들에게 흘러갈 복을 보고 모여들 것이라는 내용을 포함한다(사 2:2-4; 참조. 미 4:1-3). 열방을 향한 이사야의 신탁 가운데는 이집트를 향한 심판의 경고가 있는데, 이는 이집트의 구원의 날에 대한 신탁으로 이어진다. 주님은 이집트의 부르짖음을 듣고 "그들에게 한 구원자이자 보호자를 보내사 그들을 건지실 것"이라고 응답하신다(사 19:18-25). 하나님의 산에는 그곳으로 올라오는 민족들을 위한 구원이 있다(사 2:2-4; 25:6-8). 구원은 오직 시온에 있음을 상기시켜 주는 것이다. 이 모든 시나리오에서 이방 나라가 이스라엘이 되거나 구원받은 이방인이 이스라엘 민족이 된다는 암시는 전혀 없다. 주의 종은 "이방의 빛"이 되어 "눈먼 자들의 눈을 밝히"도록 부름받았다(사 42:6-9; 49:6, 22). 그들의 응답은 "여호와께 새 노래로 노래"하는 것이다(사 42:10).

이스라엘의 구원은 만인을 야웨께 돌아오게 하는 촉매가 될 것이다(사 55:3-5). 이사야서에는 열방을 향한 신약의 복음 선교와 흡사한 예언이 포함되어 있다.

내가 그들의 행위와 사상을 아노라. 때가 이르면 뭇 나라와 언어가 다른 민족들을 모으리니 그들이 와서 나의 영광을 볼 것이며 내가 그들 가운데에서 징조를 세워서 그들 가운데에서 도피한 자를 여러 나라 곧 다시스와 뿔과 활을 당기는 룻과 및 두발과 야완과 또 나의 명성을 듣지도 못하고 나의 영광을 보지도 못한 먼 섬들로 보내리니 그들이 나의 영광을 뭇 나라에 전파하리라. 나 여호와가 말하노라. 이스라엘 자손이 예물을 깨끗한 그릇에 담아 여호와의 집에 드림 같이 그들이 너희 모든 형제를 뭇 나라에서 나의 성산 예루살렘으로 말과 수레와 교자와 노새와 낙타에 태워다가 여호와께 예물로 드릴 것이요 나는 그 가운데에서 택하여 제사장과 레위인을 삼으리라. 여호와의 말이니라.

내가 지을 새 하늘과 새 땅이
  내 앞에 항상 있는 것같이
너희 자손과 너희 이름이
  항상 있으리라. 여호와의 말이니라.
여호와가 말하노라.
  매월 초하루와 매 안식일에
모든 혈육이 내 앞에 나아와 예배하리라. (사 66:18-23)

예레미야도 "여러 나라의 선지자"로 이사야와 같은 부르심을 받았다(렘 1:5, 10). 그를 비롯한 여러 예언자가 주변 국가들을 향해 예언하긴 했지만(렘 46-51장), 그의 책에는 그가 실제로 이방에 구원을 선포하러 나갔다는 증거가 없다. 이런 예언은(참조. 사 13-24장; 겔 25-32장; 암 1-2장) 이스라엘과 유다에 선포된 것으로 열방을 관장하시는 하나님의 주권을 상기시킨다. 이는 그들이 배워야 할 교훈이다. 그리스도의 오심을 통해 이 예언들은 이방인에게도 중요한 의미를 지니게 되었다. 이방인이 유대인을 통해 주어지는 구원을 받아들여야 한다고 강조하는 것이다. 비록 예레미야가 이방 민족들을 향해 직접 선포한 것은 아니지만, 유다를 향한 그의 메시지는 하나님의 심판과 구원 계획에 대한 보편적 관점을 공유한다. 그는 이스라엘의 구원의 때에 민족들이 예루살렘으로 모여들 날을 말한다(렘 3:17-19; 4:2).

이방 민족의 구원에 관한 구약과 신약의 관점에는 한 가지 뚜렷한 차이가 있다. 구약에서 열방이 '끌려 들어오거나' '급히 몰려오는' 모습이 보인다면, 신약에서는 교회가 '밖으로 나가는' 모양새다. 그럼에도 이방인 구원의 중심지는 예루살렘 성전으로 분명히 묘사된다(사 2:2-4; 66:18-20; 미 4:1-3; 슥 8:20-23). 신약의 증거를 검토해 보면 둘 사이에는 전혀 모순이 없음을 알게 된다. 기독론적 해석에 따르면 예수가 곧 새 성전이시다. 사도들이 온 세상으로 나아감으로 일어나는 신약의 복음 전파는 그리스도를 선포한다는 면에서 같은 중심지를 가진다. 예언자들의 예견대로 이방인 개종자들은 시온의 새 성전으로 나아오게 된다(히 12:22-24).[12] 한편, 이방인 구원에 관한 구약의 관점은 이스라엘의 중재를 통한 구원의 약속인 동시에 이스라엘의 구원과 종말론적 새 창조임을 알아야 한다. 이에 도널드 로빈슨은 다음과 같이 언급한다.

> 구약 예언서에는 이스라엘과 '개종한' 이방 나라들 사이의 지속적인 구별이 보인다. 이스라엘은 계속해서 예배의 중심지로 남아 열방을 위한 하나님의 율법과 지혜의 후견인 역할을 한다. 이스라엘 민족은 "예배하러 예루살렘에

12. 히브리서는 유대인 그리스도인들을 향해 기록되었지만, 새로운 시온은 유대인과 이방인에게 동일한 곳이다.

올라오는 나그네들"을 위한 "여호와의 제사장"이자 "우리 하나님의 봉사자"로 남아 있다(사 61:6).[13]

〈표 13.1〉은 이스라엘과 이방 나라들이 연관된 다양한 상황을 요약해서 보여 준다. 이 표에는 인간의 죄에서 비롯된 여러 상황과 열방에 복을 주기 위해 제사장 나라로 선택된 이스라엘, 그리고 아브라함 언약을 통해 약속된 복으로 이어지는 이스라엘과 열방의 관계라는 역동성이 나타난다.

복음서와 사도행전의 이스라엘, 이방인, 교회

이방 나라들이 이스라엘 신앙의 순수성에 위협이 된다는 문제에도 불구하고, 구약의 초점은 여전히 아브라함의 자손을 통해 땅의 모든 족속이 복을 받고 이방인들에게 구원이 임하리라는 언약적 약속에 있다. 이제 신약으로 넘어가 이 관점이 어떻게 발전하고 성취되는지 살펴볼 때는 성육신의 중요성이 우리를 가르치도록 해야 할 것이다. 이는 종말론과 더불어 그것이 언제, 어떤 형태로 일어나는지에 관한 문제를 제기한다. 이에 대해서는 15장에서 자세히 다룰 것이다. 여기서는 다음을 한번 생각해 보자. 만일 구약의 언약 패턴이 이스라엘을 제사장 나라로 세워 구원이 열방에 이르도록 하는 것이라면, 예수의 오심으로 인해 이것은 어떻게 이루어지는가?

이 질문에 답하기 전에, 우리는 먼저 복음서가 증언하는 예수의 공

13. Donald Robinson, 'Israel and the Gentiles in the New Testament', *Selected Works, vol. 1: Assembling God's People*, ed. Peter G. Bolt and Mark D. Thompson (Camperdown, NSW: Australian Church Record; Newtown, NSW: Moore College, 2008), p. 9.

표 13.1 후기 예언서와 시편의 이방 나라들

심판 아래 있는 이방 나라들, 하나님의 원수, 이스라엘의 평정	포로로 끌려간 곳이자 귀환의 출발지인 이방 나라들, 이스라엘을 심판하기 위한 이방 나라들	이스라엘을 통해 복을 받고 하나님을 예배하기 위해 이스라엘로 나아오는 이방 나라들	무능하며 신이 아닌 이방 나라의 신들	보잘것없고 무력한 이방 나라들	이스라엘을 축복하기 위해 사용된 이방 나라들
렘 46-51장 습 1:21 사 10:7; 11:12; 13:1-21:16; 29:7-8; 30:27-8; 33:3; 34:1-2; 41:1-5 암 1:3-2:3 미 5:6	사 11:10-16; 43:3-9, 14-19; 49:22; 66:18-20 겔 4:13 호 8:8	사 2:2-4; 11:10; 19:18-25; 25:3; 42:1, 6장; 45:22-23; 49:6-7, "이방의 빛" 사 60:3, 5, 11, 16, 이스라엘로 나아오는 나라들 사 61:5-9, 이방 나라들을 위한 제사장 이스라엘 렘 16:19-21 말 1:11	사 19:1; 44:9-20; 45:20; 46:6-7	사 40:15-17	사 45:1-7
시 9:5, 17-20; 47:3; 82:8; 105:12-15; 135:8-12	시 106:24-42; 107:1-31; 114:1-8; 137:1-6	시 9:11, "그의 행사를 백성 중에 선포할지어다" 시 22:27-8; 67:2-5; 72:17-19; 86:9; 57:9; 108:3, "여호와여 내가 만민 중에서 주께 감사하고 뭇 나라 중에서"	시 115:4-8		

생애를 살펴볼 필요가 있다. 마태는 예수의 유대인성(Jewishness)을 강조한다. 그의 책의 유일한 제목은 예수의 혈통을 밝히는 첫 문장이다. “아브라함과 다윗의 자손 예수 그리스도의 계보라”(마 1:1). 동방으로부터 온 이방인 박사들은 새 아기를 “유대인의 왕”으로 알아보았다(마 2:1-2).[14] 이 출생의 중대성을 입증하는 구약 인용구들은 모두 이스라엘을 가리킨다(사 7:14; 40:3; 미 5:2; 호 11:1). 예수께서 받으신 세례와 시험은 그분이 바다에서 세례를 받고 광야에서 시험을 받은 이스라엘 의 후손이라는 사실로 납득된다. 산상수훈은 이스라엘 백성인 제자들에게 서기관과 바리새인보다 나은 의가 필요함을 알려 준다. 예수는 사도들을 파송하시며 “이방인의 길로도 가지 말고 사마리아인의 고을에도 들어가지 말고 오히려 이스라엘 집의 잃어버린 양에게로 가라. 가면서 전파하여 말하되 천국이 가까이 왔다 하라”고 엄중히 명하신다(마 10:5-7). 마태복음의 유대인성은 예수가 예언하신 대로 이방인들에게 넘겨져 죽임을 당하실 때 절정에 달한다(마 20:17-19). 가나안 여인이 딸을 치유해 달라고 간청하자 제자들은 예수께서 어떤 일이라도 해 주시기를 간구한다. 그러자 예수는 “나는 이스라엘 집의 잃어버린 양 외에는 다른 데로 보내심을 받지 아니하였노라”고 답하신다. 그렇지만 여인의 믿음을 보신 예수는 자신이 언급한 이스라엘의 구원자라는 사명을 견지하면서도 이방 소녀를 고쳐 주신다(마 15:21-28).

예수의 사역에서 이스라엘을 향한 우선순위를 단순히 구약의 이스

14. 통속적인 성탄절 전승과 달리, 동방박사들은 구유를 보지도 않았고 왕도 아니었다. 세 가지 예물이 나오지만 그들의 수는 정확히 언급되지 않는다. 오랫동안 기독교 교회는 성탄절로부터 12일 이후가 되는 날을 동방박사들이 예수께 경배하러 온 날로 기념해 왔다. 즉 지금까지 주현절(Epiphany)로 지켜지는 1월 6일은 그리스도께서 이방인들에게 현현하신 날을 뜻한다. 이로써 열방에 복이 임하리라는 구약 예언의 성취로서 유대인의 사명이 이방인에게로 향할 것을 인정하고 있다.

라엘이 가졌던 배타주의의 연장으로 여겨서는 안 된다. 세계 선교를 뒷받침하는 신약의 모든 구절 중에서 가장 유명한 것은 마태복음의 이른바 '대위임령'이다. "하늘과 땅의 모든 권세를 내게 주셨으니 그러므로 너희는 가서 모든 민족을 제자로 삼아"(마 28:18-20).[15] 맥락을 고려하면, 이는 유대인 사도들에게 주어진 아브라함 언약을 성취하여 땅의 모든 민족에게 복을 가져다주라는 명령이다. 이처럼 마태는 먼저 예수가 곧 이스라엘임을 확정한 후에야 열방에 복을 전달하는 이스라엘의 임무로 초점을 옮긴다.

이제 마가복음으로 넘어가면서, 도널드 로빈슨이 예수의 사역에서 유대인과 이방인의 지속적인 구별을 인정하는 설득력 있는 이유를 살펴보자.

> 마가의 복음서는 그리스도의 사역이 이스라엘을 향한 것일 뿐만 아니라 이방인을 향한 것임을 보여 준다. 예수는 이방인을 향한 사역을 시작하기 위해 이스라엘을 향한 사역을 포기하지 않으셨다. 단지 '새롭고 확장된 이스라엘'이라는 개념으로 이어지는 이스라엘 사역의 연장선상에서 이방인 사역을 하신 것도 아니었다. 마가복음에서 이스라엘과 이방인은 여전히 구별된다.[16]

로빈슨은 수로보니게 여인 사건에서 예수가 이스라엘 사람을 '자녀'

15. 이런 식의 번역은 "모든 민족에 속한 사람들을 제자로 삼으라"는 의미가 될 수 있기에 헬라어 본문의 뜻을 흐리게 한다. 헬라어 원문 μαθητεύσατε πάντα τὰ ἔθνη은 문자적으로 '모든 민족 제자'이기에 개인이 아니라 민족 전체를 제자 삼으라는 뜻이다. 이것은 물론 모든 민족의 사람들을 제자 삼으라는 말과 같을 수도 있고 아닐 수도 있다. 분명한 것은 민족을 제자 삼는다는 말이 무슨 의미인가라는 질문을 제기한다는 사실이다.

16. Donald Robinson, '"Israel" and the "Gentiles" in the Gospel of Mark.' 이것은 그가 1978년에 쓴 논문이지만 다음 책의 출간으로 발표되었다. Robinson, *Selected Works, vol. 1*, p. 39.

로 이방인을 '개들'로 말씀하신 점을 언급한다.[17]

누가 역시 구약에서 확립된 패턴을 고수하는 것처럼 보인다. 누가는 자신의 복음서를 제사장 사가랴와 그의 아들 세례 요한의 탄생 이야기가 포함된 성전 단락을 배경으로 시작한다. 시므온의 노래는 하나님의 구원을 "이방을 비추는 빛이요 주의 백성 이스라엘의 영광"으로 언급하며 끝을 맺는다(눅 2:32). 세례받으신 예수가 하나님의 사랑하는 아들이라는 하늘의 증언을 기록한 다음, 누가는 이스라엘의 여러 세대를 거쳐 "하나님의 아들 아담"(새번역)까지 이르는 예수의 족보를 삽입한다(눅 3:23-38). 이 족보는 아담의 자녀로서 인간이라는 통일성을 가진 예수의 이야기가 시작했음을 보여 준다는 데 중요한 의미가 있다. 하지만 이 통일성이 언제 완전히 회복되는지, 즉 이스라엘과 이방인의 구분이 언제 사라지는지는 의문으로 남아 있다. 백부장의 종과 수로보니게 여인의 딸을 치유하신 일은 이스라엘의 하나님을 향한 이방인의 믿음이 곧 치유와 구원의 길임을 보여 준다. 이방인이나 열방에 대해 언급하지 않는 요한은, 구약의 성취자로서 예수를 드러내는 데 더 큰 관심을 가진 것으로 보인다.

사복음서는 유대인과 이방인 모두가 포함된 사도적 교회의 설립 이후에 기록된 것이지만, 이방인 선교가 본격적으로 시작되기 전에 예수의 사역이 가진 역동성을 되울린다고 결론지을 수 있을 것이다. 이방인 선교는 하나님의 아들이자 인자이자 다윗의 자손이신 예수의 역할에 비해 부차적인 것으로 나타난다. 이 세 가지 호칭은 전부 이스라엘을 가리킨다. 아마도 이후 사도행전과 서신서를 통해 유대인의 이방인 선교가 전체 구원 계획의 주된 요소로서 돌파구가 될 준비를 마쳤음

17. Robinson, *Selected Works, vol. 1*, p. 39.

을 볼 것이다. 부활하신 그리스도가 승천 직전 제자들에게 남기신 말씀에 기록된 강조점의 전환은 의미심장하다. 마태는 '대위임령'을 기록한 반면, 누가는 예수께서 제자들의 마음을 열어 성경을 깨닫게 하시면서 그분의 이름으로 죄 사함을 받게 하는 회개가 모든 족속에게 전파되리라고 말씀하신 사실을 전해 준다(눅 24:45-47).

누가의 두 번째 저작인 사도행전이 누가복음의 결론이 되는 주제인 선교로 시작하는 것은 당연하다. 부활하신 그리스도는 새로운 방식으로 성령의 사역이 임할 것이며, 사도들이 "예루살렘과 온 유대와 사마리아와 땅 끝까지 이르러" 예수의 증인이 될 것을 알리신다(행 1:8). 오순절은 이 사역의 새로운 시작을 알린다. 예수의 지시에 따라 제자들은 그저 성령을 기다린다. 사도들이 성령으로 충만해지자 베드로는 예루살렘에 모인 유대인들에게 그리스도의 복음을 분명히 선포한다. 베드로의 설교는 그리스도의 죽음, 부활, 승천과 성령을 보내신 사건이 예수가 유대인의 메시아가 되신다는 사실을 나타낸다고 선포하는 장면에서 절정에 이른다(행 2:36). 여기서 "먼 데 사람"이 이방 민족을 가리킬 수도 있지만, 유대인 디아스포라를 가리킬 가능성을 고려하면 분명하지는 않다(행 2:39). 마찬가지로 베드로가 인용했을 가능성이 높은 이사야 57:19에도 똑같은 모호함이 존재한다. 설령 이것이 이방인 선교를 뜻한다 해도, 사도행전 2장의 주된 역점은 구원이 이스라엘에 임했다는 사실에 있다. 따라서 베드로는 이렇게 설교를 끝맺는다. "그런즉 이스라엘 온 집은 확실히 알지니 너희가 십자가에 못 박은 이 예수를 하나님이 주와 그리스도가 되게 하셨느니라"(행 2:36).

하지만 누가는 이스라엘에 임한 구원이 오직 이스라엘만을 위한 것이 아님을 상기시킨다. 이 구원에는 아브라함의 자손을 통해 이방인도 복을 받을 것이라는 옛 약속이 담겨 있다(행 3:25). 이 선교적 역동성은 빌립의 사마리아 사역과 그가 에티오피아 내시를 만난 일에서 본격적으로 시작된다(행 8:4-8, 26-39). 이는 다소 출신 유대인 사울의 회심에서 더욱 강화된다. 하나님은 바울(사울)에 대해 아나니아에게 이렇게 말씀하신다. “이 사람은 내 이름을 이방인과 임금들과 이스라엘 자손들에게 전하기 위하여 택한 나의 그릇이라”(행 9:15). 베드로가 이방인 고넬료를 방문하는 데 수반된 문제는, 그가 성령이 이방인에게도 임하여 그들도 하나님의 말씀을 영접하게 되었음을 깨달으면서 해결된다(행 10:1-11:18). 안디옥의 많은 유대인들이 바울과 바나바의 설교를 거부하자, 바울은 그들이 복음을 받을 자격이 없다고 선언하면서 자신들은 주의 명령을 따라 이방의 빛이 되겠다고 공표한다(행 13:44-48).

이렇듯 이방인을 향한 구원의 중재자로서 이스라엘의 역할과 관련된 언약의 구조가 복음서와 사도행전에 분명히 보존되었다고 결론지을 수 있을 것이다. 이스라엘과 이방인을 구분하는 언약의 두 축이 더 이상 존재하지 않는다는 암시는 어디에도 없다. 어떻게 구원이 세상에 임하는지에 관한 구약의 그토록 중요한 측면이 사라져 버린다는 것은 상상할 수 없는 일이다. 그러나 이 언약 구조와 관련하여 신약의 교회가 어떻게 형성되었는지는 중요한 문제다. 성령 시대에는 유대인과 이방인 그리스도인이 어떤 관계를 맺어야 하는가? 이 질문은 현대 교회에서 자주 논의되지 않는 것 같지만, 어쩌면 그래야 할지도 모르는 중요한 질문이다.

서신서와 요한계시록의 이스라엘, 이방인, 교회

교회론은 구약 역사의 역동적인 흐름을 일깨워 줄 뿐만 아니라, 하나님의 백성에 관한 계시가 신약에 이르기까지 각 단계별로 어떻게 유기적으로 연결되어 발전해 왔는지를 명확히 보여 준다. 한편에서 우리는 이스라엘을 하나님의 택하신 백성의 모임으로 여기면서 그 안에 소수의 이방인이 포함되었음을 본다. 앞서 언급했듯이, 이것은 이 이방인들이 그저 이스라엘에 흡수되어 자신들의 모든 독특함을 상실했다는 말이 아니다. 신약에서도 상황은 비슷하게 시작해 예수와 유대인 제자들이 먼저 하나님의 백성으로 나타난다. 복음서 곳곳에는 믿음을 증명해 보임으로써 예수님이 다스리시는 참된 하나님의 백성 중 하나로 인정받은 이방인들의 사례가 종종 나타난다. 그렇다고 이들이 이스라엘 민족으로 간주된다고 결론 내리는 것은 지나친 해석이다.

70인역(헬라어판 구약성경)에 나오는 헬라어 '에클레시아'(*ekklēsia*)는 히브리어 '카할'(*qāhāl*)을 번역한 것으로, 본질적으로 '모임'이나 '집회'를 뜻하며 종종 '회중'으로 번역된다. 신약의 서신서들은 팔레스타인 바깥의 소아시아와 그리스, 이탈리아에 세워진 초기 교회들을 염두에 두고 있다. 정도의 차이는 있지만, 이 교회들은 유대인을 비롯해 이제는 상당한 수에 이른 이방인으로 구성되었다. 이는 유대인과 이방인의 관계가 늘 이목을 끌거나, 적어도 베드로, 바울, 요한의 편지에서 중요한 의미를 지닌다는 것을 뜻한다.

유대인과 이방인으로 구성된 교회가 새 이스라엘로 여겨질 수 있는가의 문제는 기독교 신학에서 자주 제기되는 질문이다. 오늘날의 교회는 주로 이방인들로 구성되지만, 실제로는 생각보다 많은 유대인 그리스도인이 존재한다. 일반적으로 유대인 그리스도인을 '메시아닉 유대인'(Messianic Jews)이라고 칭한다. 유대인 그리스도인은 자신들이 종교를 바꾼 것이 아니라 '예슈아 하마쉬아흐'(Yeshua haMashiach), 곧 메시아 예수를 인정함으로써 그들의 유대인성을 완성했다는 반박할 수 없는 논리를 앞세운다.

안타깝게도, 대부분의 그리스도인(이방인)은 현재 상황과 광범위한 의미의 유대인 공동체를 향한 자신들의 태도에 대해 거의 생각하지 않는다. 유대인성 자체가 구원에 이르는 길이라는 말은 결코 아니다. 다만 참된 유대인성이란 하나님이 이스라엘을 위해 주와 그리스도로 선포하신 분을 향한 믿음을 갖는 것이다(행 2:36). 이방인들이 교회에 합류하기 시작했을 때, 교회 전체가 이스라엘의 모든 속성을 계승하며 '새 이스라엘'로 불리게 되었다는 식으로 단순히 말할 수는 없다. 하나님 백성의 구성과 이방인 신자들의 신분에 관한 물음은 여전히 남아 있다. 구약은 하나님의 백성이 참되고 신실한 이스라엘 및 참된 이스라엘에 속하는 믿는 이방인으로 구성될 것이라고 증언한다. 그리고 앞서 살펴본 바와 같이, 이런 이방인들은 "성문 안에 거하는 타국인"이자 이방인으로서의 신분을 잃지 않았다.

아마도 오늘날 많은 복음주의 그리스도인들이 취하는 입장은 대체주의(supersessionism) 혹은 대체신학으로 알려져 있다. 이 입장은 본질적으로 유대인과 이방인으로 구성된 신약의 교회가 새(참된) 이스라엘이라고 주장한다. 그리하여 구약에서 유독 두드러지는 유대인과 이방인 사이의 모든 신학적 구분이 사라지게 된다. 신학적으로 이 입장을 다음과 같이 요약할 수 있다. 이스라엘과 하나님의 백성에 관한 구약의 모든 약속과 예언은 예수 안에서 성취된다. 따라서 예수가 곧 새 이스라엘, 참되고 신실한 하나님의 백성이다. 믿음으로 그리스도와 연합한 유대인과 이방인은 모두 이 신분을 함께 누리며 새 이스라엘로서 교회를 이룬다. 하지만 우리는 예수가 마지막 아담이라는 것과, 보아스와 다윗을 통한 모압 여인 룻의 후손이라는 사실을 반드시 기억해야 한다(룻 4:13-22). 결국 예수의 역할은 새 이스라엘에 국한되지 않는다. 그는 마지막 아담이시기도 하다.

신약성경, 특히 서신서의 관련 본문을 성경신학적으로 주해하면, 그런 본문들이 복음으로 인해 유대인과 이방인의 모든 구분이 사라졌다는 점을 강력히 선언하는 것처럼 보인다. 그러나 이것이 우리 이방인 그리스도인들이 믿음으로 새 이스라엘에 접붙여져 모든 구분이 사라졌다고 주장할 수 있다는 의미인가? 바울이 로마서 11:17-24에서 말하는 바는 그런 모든 차이가 사라졌다는 의미가 아니다. 사복음서의 유대인적 강조점이 무엇이든 간에, 오순절(행 2장)은 중요한 변화를 가져왔다. 새로운 질서가 유대인 그리스도인들에게 즉각적으로 받아들여진 것은 아니지만(행 10:1-48; 15:1-29), 바울과 베드로와 요한의 편지는 "너희는 유대인이나 헬라인이나…다 그리스도 예수 안에서 하나이니라"(갈 3:28)는 바울의 선언이 보편적으로 적용된다는 사실을 분명히 확립한다. 그럼에도 이 구절이 모든 구분을 없앤다고 주장하는 것은 잘못이다. 사실 이 구절이 속한 전체 본문(갈 3:24-29)의 강조점은 하나님의 의로운 자녀가 되는 유일한 방법, 즉 그리스도를 향한 믿음에 있다. 한마디로, 이 믿음은 모두에게 동일하다. 그렇다고 해서 모든 구분이 사라진다고 말하는 것으로 해석되어서는 안 된다. 여전히 남성은 남성, 여성은 여성이며 종과 주인의 관계도 사라지지 않는다. 따라서 유대인과 이방인의 구분 또한 여전하다는 결론을 내리지 않을 이유가 없다.

이 모든 사실에도 불구하고, 오늘날 우리가 알고 있는 교회가 하나님의 이스라엘, 즉 하나님의 목적에 속한 구약 이스라엘의 계승자라고 주장하는 것이 일반적이다.[18] 얼 엘리스(Earle Ellis)는 다음과 같은

---

18. 대체주의에 대한 Donald Robinson의 반론을 참조하라. 'The Salvation of Israel in Romans 9 - 11', *Selected Works, vol. 1*, pp. 47-63. 긍정적인 입장을 제시하는 연구로는 다음을 참조하라. Thomas R. Schreiner, 'The Church as the New Israel and the Future of Ethnic Israel in

확신에 찬 주장으로 '진정한 이스라엘'에 관한 글을 시작한다. "신약의 다른 저자들과 마찬가지로, 바울은 기독교 '에클레시아'를 이스라엘의 신실한 남은 자, 진정한 하나님의 백성으로 본다."[19] 그러나 이스라엘만이 하나님의 백성이었던 적은 결코 없었다. 엘리스의 대체주의를 뒷받침한다고 여겨지는 주요 본문 중에는 로마서 2:29; 9:6; 고린도전서 10:18; 갈라디아서 3:29; 6:16; 빌립보서 3:3이 있다. 엘리스는 R. N. 플루(Flew)의 말을 인용한다. "원언약을 독점적으로 소유한다고 하는 [초기 교회의] 당당한 주장은 오해의 여지가 없다."[20] 그렇다면 플루는 원언약(창 12:1-3)에 담긴 이스라엘과 열방의 구분을 없애고자 하는 것인가? 삼위일체 신학과 기독론의 기본 원리는 연합이 융합을 의미하는 것이 아니기에 구분이 유지된다는 것이다. 언약의 복을 중재하는 이스라엘의 역할이 신약에서는 사라지고 마는 것이 아니다. 엘리스는 '새 이스라엘'과 '하나님의 백성'을 동일시함으로써 자신의 범주를 융합시켜 버렸다.

바울은 유대인과 이방인이 함께했던 로마 교회에 편지를 쓰면서, 이렇게 교회가 구성된 후에도 유대인과 이방인이라는 구약의 구별이 유지될 필요가 있다고 여긴 것으로 보인다. 로마서 1:16의 "먼저는 유대인에게요 그리고 헬라인에게로다"라는 말은 단순히 시간 순서상의 문제로도 보이지만, 로마서 후반부를 참조하면 유대인에게 우선권이 있거나 적어도 신학적 구분만큼은 유지되는 것으로 여겨진다. 구원과 심

Paul', *Studia Biblica et Theologica* 13/1 (1983), pp. 17-38; *New Testament Theology: Magnifying God in Christ* (Grand Rapids, MI: Baker, 2008), pp. 743-4, 750-2.

19. E. Earle Ellis, *Paul's Use of the Old Testament* (Edinburgh: Oliver & Boyd, 1957), p. 136.

20. Ellis, *Paul's Use of the Old Testament*, p. 137. 여기에 인용된 Flew의 글에서는 초기 그리스도인은 모두 유대인이었으며, "그리스도를 거부함으로써 그들의 언약을 파기한 이스라엘의 반역적 자손들"과 달리 진정한 이스라엘로 여겨졌다는 점을 언급한다.

판은 모두 "먼저는 유대인에게요 그리고 헬라인에게" 주어진다(롬 2:9-10). 여기서 바울이 로마서 9-11장에서 논하는 유대인의 불신앙 문제를 해결할 필요는 없다. 오히려 지금 던져야 할 적절한 질문은 유대인의 현재 불신앙이 영원하지 않고 "온 이스라엘이 구원을 받을" 날이 오리라는 바울의 확신이 가진 의미다(롬 11:25-27). 바울은 로마서의 신학 담론을 매듭지으며 유대인과 이방인의 구별이 사라졌다는 어떤 암시도 주지 않는다. 그는 구약성경의 역동성을 재차 강조한다. 이스라엘(그리스도)은 이방인을 향한 제사장적 사명을 가진다.

> 내가 말하노니 그리스도께서 하나님의 진실하심을 위하여 할례의 추종자가 되셨으니 이는 조상들에게 주신 약속들을 견고하게 하시고 이방인들도 그 긍휼하심으로 말미암아 하나님께 영광을 돌리게 하려 하심이라. 기록된 바
>
> 그러므로 내가 열방 중에서 주께 감사하고
> 주의 이름을 찬송하리로다 함과 같으니라.
>
> 또 이르되
> 열방들아 주의 백성과 함께 즐거워하라 하였으며
>
> 또
> 모든 열방들아 주를 찬양하며
> 모든 백성들아 그를 찬송하라 하였으며
>
> 또 이사야가 이르되
> 이새의 뿌리

곧 열방을 다스리기 위하여 일어나시는 이가 있으리니
열방이 그에게 소망을 두리라 하였느니라. (롬 15:8-12)

이 신학적 결론은 로마서 전체에 나타난 특정한 역동성을 요약한다.

다른 서신서에도 유대인과 이방인 사이의 구분과 그리스도 안에서 이루어지는 그들의 연합에 대한 언급이 많다. 그리스도께서 지으신 "한 새 사람"은 구분 자체가 완전히 사라져 구원을 향한 서로 다른 두 언약의 길 사이의 구분까지 무의미하거나 폐지되었다는 것을 의미하는가? 바울은 이방인이 구원받기 위해 할례받은 유대인이 될 필요가 없다고 단호히 선언하지만, 그와 동시에 참된 할례는 영적인 것임을 분명히 밝힌다. 이는 유대인과 이방인 그리스도인 모두가 율법과 어떤 관계에 있는가라는 질문을 제기한다. 이에 대해서는 이어지는 '율법과 복음' 단락에서 살펴볼 것이다.

학계의 논의를 살펴보면, 일부 신약 문헌의 수신자가 누구인지에 대해 불분명한 지점들이 있고, 구약의 예언이 신약에서 어떻게 성취되었는지에 대한 해석 모델이 차이에 관해서도 학자들 사이에 의견이 갈리곤 한다. 이 두 가지 요소 모두 복음주의 그리스도인들 사이에 여전히 존재하는 참된 이스라엘과 교회의 관계라는 논쟁의 원인이 되고 있다. 히브리서가 유대인 그리스도인을 대상으로 기록되었다는 것은 일반적으로 받아들여지지만, 베드로전서의 원래 수신자가 누구인지를 밝히는 일은 쉽지 않다. 교회가 새 이스라엘이라고 주장하는 이들은 베드로전서가 유대인과 이방인 모두에게 기록되었다는 전제하에 2:4-10과 같이 유대인 색채를 물씬 풍기는 구절도 동일하게 적용된다고 여긴다. 그렇다면 해결되어야 할 문제는 종말론이다. 대체주의자와 탈(post)대체주의자 모두 유대인과 이방인을 막론하고 구원에 이르는 유일한 길은 그리스도를 향한 믿음뿐이라는 데 동의한다.[21] 또한 그리스도 안에서 하나가 된다는 것과 영원한 하나님 나라의 영광을 함께 누리게 되리라는 것에도 동의한다. 그렇지만 이런 합의점 가운데 어떤 것도 모든 구분의 사라짐을 암시하지는 않는다. 실제로 삼위일체 신학에 따르면, 적어도 완성에 이르기까지는 그런 완전한 융합이 가능하지도 않고 상상할 수도 없는 일일 것이다. 연합과 구별의 원리가 개개인의 정체성을 유지하게 해 준다면, '그리스도 안에서 한 새 사람'을 이룬 상태에서 이스라엘과 이방인이 구원에 이르는 서로 다른 언약적 경로가 영화의 상태에서조차 그대로 유지되지 못할 이유가 무엇이겠는가?

이스라엘, 이방인, 교회와 연관된 자료에 존재하는 모호함은 일반적으로 하나님의 백성과 연관된 자료에 존재하는 모호함과 비슷하다. "의인인 동시에 죄인"(*simul justus et peccator*)이라는 루터의 말은 그리스도인의 존재가 지닌 긴장을 상기시켜 준다. 그리스도인은 이렇게 주장한다. "나는 하나님 나라에 속해 있지만 아직 그 속에 있지는 않다. 나는 여전히 세상 속에 있지만 세상에 속해 있지는 않다." 이에 관한 전형적인 본문은 우리를 경험적 차원에서는 우리 자신 안에 있는 것으로 묘사하면서도 그리스도 안에 있는 신분의 실체를 가리키는 구절들이다. "그리스도 안에서" 또는 "그리스도와 함께"라는 표현은 단순히 "마치 그런 것처럼"이라는 의미가 아니라 하나님과 우리의 관계의 실체다. 예를 들어 "허물로 죽은 우리를 [하나님이] 그리스도와 함께 살리셨고 (너희는 은혜로 구원을 받은 것이라) 또 함께 일으키사 그리스도 예수

21. 대체주의자는 교회가 새 이스라엘이라고 주장한다. 탈대체주의자는 교회가 영적 이스라엘과 영적 이방인 모두로 이루어져 있으며, 그리스도 안에서 하나가 된다는 것이 유대인과 이방인의 구분이 더 이상 존재하지 않는다는 의미는 아니라고 주장한다.

안에서 함께 하늘에 앉히시니"라는 구절이나(엡 2:5-6), "이는 너희가 죽었고 너희 생명이 그리스도와 함께 하나님 안에 감추어졌음이라"는 구절이 있다(골 3:3). 또한 갈라디아서 2:19-20과 요한일서 3:1-3 같은 구절도 추가할 수 있다. 이러한 여러 구절은 우리가 "그리스도 안에서" 가진 온전함의 실체는 우리가 추구하고 갈망하는 것이긴 하지만, 그것이 실제 우리 삶의 현실은 아니라는 점을 말해 준다. 완성은 그리스도의 재림과 함께 도래할 것이다.

믿는 이방인의 신분에 대해 직접적으로 알려 주는 가장 중요한 본문은 아마도 에베소서 2:11-22일 것이다. 바울은 이방인과 유대인의 차이를 이렇게 서술한다. 이방인은 "그리스도 밖에 있었고 이스라엘 나라 밖의 사람"이었다(12절). 그러나 "이제는 전에 멀리 있던 너희가 그리스도 예수 안에서 그리스도의 피로 가까워"졌다(13절). 여기서 바울이 이방인 신자에 대해 말하는 모든 것은 "그리스도 안에" 있음으로 인해 규정된다. 그리스도의 피를 통한 하나님의 계획은 "이 둘로 자기 안에서 한 새 사람을" 지으시는 것이다(15절). 그분은 "자기 안에서" 한 새 사람을 지으신다. 고린도전서 15장과 로마서 5장에서 바울이 말하는 아담-그리스도 모형론은 아담 안에서의 인류의 통일성이 그리스도 안에서 새 인류의 통일성을 내다보고 있음을 가리킨다. 유대인과 이방인의 구분이 교회의 현시점에도, 심지어 요한계시록에서도 계속된다는 사실은 지금 우리에게도 이 구분이 유지됨을 뒷받침하는 것으로 보인다.

요한계시록 7:1-8을 한 예로 들면, 요한은 심판에 대비해 이스라엘 열두 지파에서 144,000명이 천사의 인침을 받는 장면을 묘사한다. 이어 7:9-12에는 "각 나라와 족속과 백성과 방언에서 아무도 능히 셀 수 없는 큰 무리가 나와… 보좌 앞과 어린 양 앞에 서" 있는 환상이 나온다. 144,000명을 단순히 유대인과 이방인의 결합이라고 주장하는 것은 답을 미리 전제하는 셈이다. 이 두 본문은 분명 먼저는 이스라엘을, 다음으로 열방을 언급하고 있다. 물론 이것이 이야기의 끝은 아니다. 이스라엘과 이방인이 "그리스도 안에서 한 새 사람"으로 합쳐지는 모습은 요한이 묘사한 '종말의 종말', 곧 완성의 때에 나타난다. 이 관점은 하나님의 아들 예수의 혈통이 이스라엘의 조상들을 거쳐 이스라엘 이전 역사와 하나님의 아들 아담에게까지 거슬러 올라감을 보여주는 누가의 족보 기록으로 돌아간다. 바울의 아담-그리스도 모형론도 이 방향을 가리킨다.

다시 말해, 이스라엘의 중재적 역할은 하나님의 한 새 백성을 이루기 위한 수단이었다. 구원에서 핵심적 의의를 가지는 것 외에도, 아브라함 언약은 다수를 위한 하나라는 원칙을 분명히 정립한다. 요한계시록 21-22장은 에덴과 예루살렘이 결합된 이미지로, 하나님 계획의 궁극적 '텔로스'(목적)와 그것을 이루기 위한 중재적 전략을 모두 보존하고 있다. 현시대의 선교가 지속되는 동안, 이스라엘이 하나님의 복을 중재하는 언약 구조도 지속된다.

〈도표 13.1〉이 보여 주듯이, 나는 신약성경이 탈대체주의적 입장을 가리킨다고 본다. 본질적으로 아브라함 언약의 역동성과 후기 예언서의 종말론은 신약에서도 견지된다. 이방인에게 복음을 전하는 중재자로서 유대인(이스라엘)의 중요성은 대체주의가 주장하듯 간단히 사라져 버리지 않는다. 사도들을 비롯한 신약성경 저자들은 온 땅에 복을 가져오는 이스라엘의 역할을 깊이 인식하고 있었다. 이는 바울이 언급한 유대인의 불신앙에도 불구하고 그렇다(롬 9-11장). 비록 이방인 신자들이 다수가 된 초기 교회가 기독교의 주류가 되기 시작했다 할지라도, 구약의 역동성이 신약의 저자들과 교회에서 사라졌다고는 상상할 수

도표 13.1
신약성경의
이스라엘과
이방인

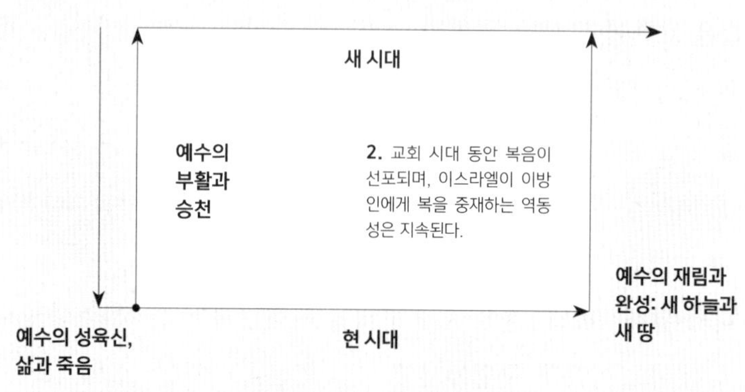

없다. 나는 아브라함에게서 시작한 선교적 역동성이 "이방인의 충만한 수가 들어"올 때 끝날 것이라고 확신한다(롬 11:25). 이는 그리스도가 나타나실 날에 우리의 전가된 의와 전해진 의가 최종적으로 완전히 합쳐지는 것과 분명히 병행한다(요일 3:2). 우리는 '아직' 오지 않은 완성의 때에 속한 것을 지금 주장하는 일에 주의해야 한다.

율법과 복음

월터 브루그만(Walter Brueggemann)은 다음과 같이 통찰력 있는 말을 했다.

구약신학의 맥락에서, 그리스도인은 토라에 대해 잊어버려야 할 것도 많고 다시 배워야 할 것도 많다.… 토라는 일반적인 서구 이방인들이 생각하는 유대교 율법의 개념보다 훨씬 역동적이고 개방적이며 규정하기 힘든 요소를 포함하고 있다.[22]

이방인인 우리가 가져야 할 율법관에 대해 브루그만과 내가 동의하는지의 여부는 지금 논점이 아니다. 그의 언급은 여전히 타당하다. 여기서 우리가 주목해야 할 것은 율법에 대한 계시의 역동성이다. 우리가 '율법'을 어떻게 이해하는지에 따라 율법과 복음의 관계라는 이해가 달라지며, 그 반대도 마찬가지다.[23] 이는 하나님의 백성에 관한 교리 및 교회론과도 밀접하게 연관된다. 무엇보다 또다시 구약과 신약의 폭넓은 관계를 언급하지 않을 도리가 없다. 구약을 주로 율법으로, 신약을 주로 복음으로 규정하는 것은 올바르지 않은 방식이다. 하나님과 그분의 택하신 민족의 관계에서 우선하는 것은 선물이다. 즉 창조주가 주신 생명으로 그분과 교제를 누리는 원래 선물과, 이후 택하신 백성을 통해 타락한 인류에게 베푸시는 하나님의 은혜의 행위다.

만일 선물이 우리를 복음으로 인도하고 임무는 율법으로 규정된다

22. Walter Brueggemann, *Theology of the Old Testament: Testimony, dispute, advocacy* (Minneapolis, MN: Fortress Press, 1997), p. 578. 『구약신학』(CLC).

23. 율법과 복음의 관계라는 주제는 초기 교회 시절부터 끊이지 않던 논쟁이다. 종교개혁 시기에는 루터교와 칼뱅주의자 사이의 논쟁거리가 되었다. 루터교의 입장에 관한 설명은 다음을 참조하라. Helmut Thielicke, *Theological Ethics, vol. 1: Foundations*, tr. John W. Doberstein (Grand Rapids, MI: Eerdmans, 1979), pp. 51-297; *The Evangelical Faith, vol. 3: Theology of the Spirit*, tr. G. W. Bromiley (Grand Rapids, MI: Eerdmans, 1982), pp. 177-90; Paul Althaus, *The Theology of Martin Luther* (Philadelphia, PA: Fortress Press, 1966), pp. 251-73. 칼뱅의 입장은 다음 책에 잘 요약되어 있다. *Institutes of the Christian Religion*, ed. John T. McNeill, tr. Ford Lewis Battles, Library of Christian Classics 20-1 (Philadelphia, PA: Westminster John Knox Press, 2006), 2.11.7-10. 현대 개혁주의 입장은 다음을 참조하라. Robert L. Reymond, *A New Systematic Theology of the Christian Faith* (Nashville, TN: Thomas Nelson, 1998), pp. 770-7. 『최신 조직신학』(CLC); James Montgomery Boice, *Foundations of the Christian Faith* (Downers Grove, IL: InterVarsity Press; Leicester: Inter-Varsity Press, 1986), pp. 219-64.

면, '율법'과 '복음'이라는 두 용어가 무엇을 의미하는지 분명히 해야 한다. 이 두 용어는 실제로 무엇을 가리키는지 깊이 생각하지 않고 쉽게 사용되는 말이다. 율법에 관한 첫 번째 문제는 '토라'로 불리는 모세오경이 흔히 '율법'으로 받아들여진다는 점에서 비롯된다. 이 단어의 히브리어 어근이 가진 원래 뜻은 '가르침'으로, 반드시 법적이거나 엄밀한 의미에서의 율법을 가리키는 것은 아니다. 두 번째 문제도 비슷한 사고방식에서 비롯된 것으로, 하나님께서 이스라엘에게 전하라고 모세에게 일러 주신 뜻과 목적을 나타내는 모든 임무와 규정을 율법으로 여기는 점이다. 세 번째는 이스라엘에게 주신 율법의 다양한 유형과 관련된 문제다. 이를 정언적 율법(단호한 명령: 너는 하라/하지 말라)과 결의론적 율법(조건적 명령: 만일 누가 ~을 하면 ~일 것이다)으로 나누기도 한다.[24] 네 번째는 시내산 지침의 맥락에서 한 가지 이상의 단어가 사용된다는 사실을 인식할 때 나오는 문제다. 가장 흔한 히브리어 단어는 '토라'(*tora*)다. 이후 에스라서, 에스더서, 다니엘서에서 사용되는 단어는 '다트'(*dāt*)로, 일반적으로 '율법'으로 번역된다. KJV는 또 다른 어휘군 '호크'(*ḥōq*)와 '후카'(*ḥuqqâ*, 율례)를 살펴보게 하는데, 이들도 '율법'과 밀접히 연관되는 것이다. 두 단어 모두 KJV에서 '규례'로 번역된다. 그 외의 관련 어휘로는 '미스바'(*miṣvâ*)와 '미쉬파트'(*mišpāṭ*)가 있다. 율법과 관련된 이런 단어들 사이의 실제적 차이를 구분하는 것이 우리의 목적에 유익하다고 보기는 어렵다. 이렇게 말하는 이유는 율법을 통한 하나님의 다양한 통치 방식에 내재한 공통 기반을 더 깊이 고찰할 필요가 있다고 생각하기 때문이다.

---

24. 세 번째 유형으로는 성전(성막) 예식 규례를 들 수 있다. 다음을 보라. H.-H. Esser, 'Law', *NIDNTT*, vol. 2, p. 441.

'율법' 관련 용어가 처음 사용된 곳은 창세기 26:5이다. 하나님은 이삭에게 "아브라함이 내 말을 순종하고 내 명령과 내 계명과 내 율례와 내 법도를 지켰기" 때문에 아브라함에게 하신 언약의 약속이 그에게도 해당된다고 말씀하신다.[25] 현재 우리에게는 여기서 언급되는 율법에 대한 기록이 없지만, 하나님이 과거의 특정 시점에 아브라함에게 특정 계명과 율례와 법도를 지키라고 명하셨다는 사실은 알 수 있다. 여기 사용된 다양한 용어들의 의미를 구별할 근거는 찾기 어렵다.

이것은 몇 가지 질문을 제기한다. 첫째, 구약에 지정된 모든 율법이 신약에서 말하는 '율법'인가? 예수께서 율법을 두 가지 큰 계명으로 요약하실 때 그분은 정언적 율법, 구체적으로 십계명을 염두에 두신 것으로 여겨진다(마 22:34-40; 눅 10:25-28에서 예수는 율법 교사의 말에 동의하신다). 나아가 그분은 "이 두 계명이 온 율법과 선지자의 강령이니라"고 하셨다(마 22:40). 따라서 큰 두 계명으로 요약되는 십계명은 율법의 정수다. 그 속에 모든 율법적 가르침이 표현되어 있다고 보는 것이 합리적이다. 따라서 결의론적 율법은 단지 율법을 어길 수 있는 가능한 사례를 보여 주는 것에 불과하다. 후대에 토라라는 명칭이 모세오경 전체를, 이후에는 구약 정경을 가리키는 말이 되었다는 사실은 구속사 속에서 율법 관련 단어의 사용에 역동성이 존재한다는 점을 상기시킨다. 또한 예수께서 활동하시던 1세기 유대교에서도 율법의 의미가 발전했다는 역사적 증거가 있다. 한스 에서(H.-H. Esser)는 다양하게 구분되는 성경에서의 발전을 제시한다.[26] 70인역에서 '노모스'(*nomos*, 율법)라

25. 내러티브는 아브라함이 하나님의 지시 사항들에 순응했음을 나타내지만(창 21:12; 22:2), 창 26:5은 아브라함이 일회성 명령만 따른 것이 아님을 암시한다. 오히려 이 구절은 영구적인 중요성을 지닌 일단의 교훈 체계가 있었음을 나타낸다.

26. Esser, *NIDNTT*, vol. 2, p. 442.

는 단어를 가장 많이 사용하는 곳은 창세기를 제외한 모세오경이다. 여기서 율법은 "하나님으로부터 온 가르침, 주어진 상황에 대한 명령"이다. 신명기는 "이 율법책"(신 28:61)으로 언급되며, 모세는 불순종에 대한 율법의 저주를 요약한다(신 28:58-59). 포로기 이후 느헤미야는 기록된 자료를 "모세의 율법책"이라고 언급하는데, "율법에 기록된 바… 여호와께서 모세를 통하여 명령"하신 것을 백성들이 순종해야 함을 나타낸다(느 8:1-2, 14).

두 번째 질문은 이것이다. 모세 율법은 하나님의 형상대로 창조된 모든 인간에게 내재된 율법과 어떻게 관련되는가? 율법은 공식적으로 인간을 위해 제정되기 전부터 하나님과 피조물 간의 질서정연한 관계 자체였다. 따라서 아담과 하와가 십계명을 받았다는 언급은 없지만, 하나님이 그들에게 말씀하셨다는 사실 및 하나님과의 관계, 서로 간의 관계, 세상과의 관계에 대해 계시하신 사실 자체가 관계를 규정하는 '율법 사건'이었다. 공식적으로 제정된 율법은 창조 관계를 암시하며, 창조 질서가 의미하는 바를 다소 구체적으로 설명해 준다. 타락이 하나님에 대한 인류의 지식을 완전히 말살시키지는 않았지만, 그 지식은 불의로 억눌리게 되었다(롬 1:18-21). 하나님을 아는 지식에는 우리가 하나님의 진노 대상임을 억눌린 채로 깨닫고 있다는 사실도 포함된다.

세 번째로 고려할 질문은 이것이다. 예수와 사도들이 말하는 '율법'은 무엇을 뜻하는가? 예수께서 제자들이나 반대자들에게 율법에 대해 말씀하실 당시 유대인의 율법 개념은, 시내산에서 제정된 의식과 예전 및 신명기와 예언서의 개정 작업을 통해 나타난 구속사적 율법 개념을 훨씬 넘어 발전해 있었다. 특히 개혁이 필요했던 것은 랍비 유대교에 형성된 '할라카'(*hālăkâ*)로, 주후 3세기에 미쉬나에 기록되었다. 하지만 이미 예수 시대에 이르러 바리새파를 포함한 랍비 유대교는 율법을 복음으로 인도하는 문이 아니라 상당히 부담되는 짐으로 만들어 버렸다.

예수는 율법과 예언자들의 말을 성취하러 왔다고 주장하시면서도(마 5:17-18), 서기관과 바리새인의 '율법적' 의를 정죄하셨다(마 5:20). 한편으로는 바리새인의 왜곡된 율법관을 지적하셨고, 다른 한편으로는 십계명이 중심이 된 모세 율법을 긍정적으로 승인하셨다. 그리고 이 율법들을 두 가지 큰 계명, 곧 하나님 사랑과 이웃 사랑으로 해석하셨다. 두 계명이야말로 "온 율법과 선지자의 강령"의 기초였다(마 22:34-40). 신약에서 율법이 언급될 때는 보통 이스라엘에게 주어진 모세 율법을 떠올리게 되는데, 그것이 이스라엘의 일상 삶에서 중요한 역할을 했다는 사실은 부정하기 어렵다. 하지만 율법은 우리 이방인 그리스도인에게 어떻게 적용되는가?[27] 복음의 관점에서 모세 율법은 유대인 그리스도인에게 어떻게 적용되고, 그럴 때 유대인과 이방인 사이에는 어떤 구분이 있는가? 갈라디아서 3:24은 유대인 그리스도인을 가리키는 것으로 보인다. 이방인에게는 그들을 그리스도께로 인도하는 '파이다고고스'(*paidagōgos*, KJV는 초등교사, ESV는 후견인) 역할을 하는 시내산 율법이 없기 때문이다.[28] 바울은 무할례자를 향한 사도였지만, 자신은 할례자에 속했다. 바울이 갈라디아 지역의 이방인 신자들에게 말할 때는 유대인으로서 말한 것이며, 이방인의 칭의를 유대인의 칭의와의 관

---

27. 나는 유대인 그리스도인들이 이 책을 읽을 가능성을 배제하는 것은 아니지만, 대부분의 독자가 이방 세계에 속했을 것으로 가정한다.

28. Donald Robinson, 'The Distinction between Jewish and Gentile Believers in Galatians', *Selected Works, vol. 1*, pp. 130-51. Robinson은 바울이 할례자에게 전하는 복음과 무할례자에게 전하는 복음을 명확히 구분한 것을 언급한다. "그러나 바울의 생각에는 하나의 복음에 두 가지 사역이 있으며, 이제 복음이 전해지는 인류의 두 큰 부류인 유대인과 이방인 각각에 적합한 두 가지 접근법이 있다"(p. 133).

계를 통해 설명한다.

종교개혁 이후로 시내산 율법과 복음의 관계는 특히 루터교와 칼뱅주의자 사이에서 논쟁이 되어 왔다. 이 주제의 핵심 질문은 "복음이 어디까지, 어떤 방식으로 구약의 율법을 성취하고 심지어 대체하는가"라는 것이다. 하지만 시내산 율법과 이방인의 관계는 16세기 종교개혁가들이 깊이 인식하던 문제가 아니었을 것이다. 성공회 39개 신조는 다음과 같이 최소한의 입장을 제시한다.

> 하나님이 모세를 통해 주신 율법 중 예전과 의식에 관한 것은 그리스도인을 구속하지 않으며, 시민적 규정들도 모든 국가에서 반드시 받아들여야 할 필요는 없다. 물론 어떤 그리스도인도 이른바 도덕적 계명에의 순종으로부터 자유로울 수는 없다.[29]

웨스트민스터 신앙고백서는 비슷한 관점을 훨씬 구체적으로 제시한다.[30]

현실적인 문제는 "법 아래 있지 아니하고 은혜 아래에 있음이라"(롬 6:14)고 선언된 그리스도인의 실제 삶에서 구약 율법이 어떤 역할을 하는가에 있다. 이에 대해서는 다양한 견해가 존재한다. 안식일 문제의 경우만 하더라도 엄격한 '토요일 안식일'을 고수하는 제칠일안식일예수재림교회에서부터, 웨스트민스터 신앙고백서의 안식일주의,[31] 그리고

29. 성공회 39개 신조 제7조, '구약성경에 관하여.' 동사 '구속하다'의 주어 '율법'이 단수형으로 쓰인 점이 흥미롭다. 따라서 원래는 단수 동사가 사용되어야 했을 것이다.

30. 웨스트민스터 신앙고백서 제19장, '하나님의 율법에 관하여'에서는 모든 의식법이 이제 폐지되었음을 선언하고, 5항에서는 "도덕법은 의롭다 함을 받은 사람이나 그렇지 않은 모든 사람에게 영원히 순종을 요구한다"고 주장한다. 그럼으로써 의식법과 도덕법을 구분하고 있다.

31. 제21장. '경건한 예배와 안식일에 관하여.'

일요일을 주일로 여기면서 율법적 구속력을 부여하지는 않는 개혁주의 그리스도인들의 비교적 느슨한 입장에 이르기까지 다양하다.[32] 한 개혁주의 입장은 하나님이 일곱째 날에 안식하셨던 사실에 의거한 안식일 계명(출 20:8-11)이 모든 인간에게 적용되는 창조 계명이라고 본다. 그리고 여기에는 일반적으로 부활의 날인 일요일이 일곱째 날을 대체했다는 단서가 붙는다.[33] 이에 대한 반론은 안식일이 하나님의 안식을 반영하긴 하지만, 그것은 이스라엘에게 특별히 주어진 계명이라는 주장이다.[34]

하나는 아브라함의 후손을 향한, 다른 하나는 이방 민족을 향한 언약의 두 축복 통로라는 논의는 율법과 복음에 대한 우리의 이해와 연관된다. 로빈슨은 이렇게 말한다. "유대인 신자들에게만 유별나게 주어진 율법으로부터의 구속은 아브라함의 약속이 이방인에게도 적용되기 위한 선행 조건이자 성령이 '모든 육체' 위에 부어지기 위한 선행 조건이었다."[35] 바울은 로마서 5:12-21에서 아담의 자녀로서 인류의 단일성을 강조한다. 성경 내러티브 속에는 두 부류의 인류가 존재한다. 바로 아담의 자손과 선택받은 아브라함의 자손이다. 후자는 전자의 부분집합이다. 율법에 대한 성경의 초점은 주로 두 번째 부류, 즉 아브라함의 언약 자손 공동체에서 시내산 율법의 역할에 맞춰져 있다. 그런데 바울은 모세 율법이 있기 전에도 아담 때부터 사망이 왕노릇하였음을 상기시킨다(롬 5:13-14). 그리고 나아가 "한 범죄로 많은 사람[인류]

---

32. 15장에서 주일(주의 날)에 관한 언급을 참조하라.
33. 따라서 요한이 "주의 날에 내가 성령에 감동되어"라고 말하는 것으로 보아, 그가 하나님의 계시를 받은 날은 일요일이었을 것으로 추정된다(계 1:10).
34. A. G. Shead, 'Sabbath', *NDBT*, pp. 745-50.
35. Robinson, 'Distinction between Jewish and Gentile Believers in Galatians', p. 135.

이 정죄에 이른 것"을 지적한다(롬 5:18). 이처럼 "아담 안에서 모든 사람이 죽은 것"이라는 정죄의 연대성 원리는 한 사람의 순종으로 "그리스도 안에서 모든 사람이 삶을 얻으리라"는 구원의 연대성과 대조된다(고전 15:20-22). 따라서 우리의 율법 이해가 시내산 율법에만 국한되어서는 안 되며, 모든 인간에게 이미 적용되고 있는 또 다른 율법이 있다고 결론지어야 한다.

일반적인 율법에 관해서도 바울은 다시금 우리를 도와준다.

> 율법 없는 이방인이 본성으로 율법의 일을 행할 때에는 이 사람은 율법이 없어도 자기가 자기에게 율법이 되나니 이런 이들은 그 양심이 증거가 되어 그 생각들이 서로 혹은 고발하며 혹은 변명하여 그 마음에 새긴 율법의 행위를 나타내느니라. 곧 나의 복음에 이른 바와 같이 하나님이 예수 그리스도로 말미암아 사람들[인류]의 은밀한 것을 심판하시는 그 날이라. (롬 2:14-16)

"자기가 자기에게 율법이 되나니"라는 표현을 오늘날의 방식으로 '무법지대'라는 뜻으로 읽어서는 안 된다. 사실 그와 정반대다. 그들에게는 마음에 새겨진 율법이 있고, 그 율법은 그들의 내면에서 말한다. 하지만 죄로 죽어 있는 죄인은 그들의 악함으로 하나님을 아는 지식을 억누른다(롬 1:18-23). 따라서 그들에게 시내산 율법이 없다 할지라도 자기 죄에 대한 핑곗거리 역시 없다.

이는 틸리케가 경고한 자율적 양심이라는 전제와 전혀 다르다. 자율적 양심의 전제는 율법과 복음의 문제에 대해 고민할 필요조차 없다고 여긴다.[36] 이 전제는 타락과 죄의 참된 본성을 부정하기 때문에

36. Thielicke, *Theological Ethics, vol. 1*, p. 13.

불신자도 신자와 공통된 지혜를 가지고 윤리적으로 올바른 경로로 갈 수 있다고 여긴다. 하지만 기독교적 인생관이 없다면 죄는 나락을 향해 가는 길일 뿐이다. 그래서 틸리케는 "사람이 성화의 주체가 되기 전에 먼저 칭의의 객체가 되어야 한다"는 개혁주의 관점을 주장한다.[37] 하나님은 경건하지 않은 자를 의롭다 하시는데, 외부에서 비롯된 이런 의의 열매가 바로 성화다. 이 지점에서 루터는 아퀴나스와 그를 따르는 로마가톨릭의 구원 경로에 반대한다.[38]

이는 열방을 향한 하나님의 심판 문제와 관련된다. 왜 이스라엘은 가나안 족속의 우상숭배와 부도덕함 때문에 그들을 쫓아내야 했는가?(신 9:4-5) 시내산 율법이 이스라엘에게만 주어진 것이었다면, 대체 어떻게 그들이 죄인일 수 있는가? 이 심판의 유일한 근거는 또 다른 율법, 즉 하나님의 형상대로 창조된 모든 인간의 마음에 내재한 율법을 범했기 때문이다. 만일 그렇다면, 우리는 신약 서신서에서 구체적으로 모세 율법이라고 명시되지 않거나 이방인 그리스도인과 연관해 논의될 때 율법이 어떤 의미로 사용되었는지 고찰해 보아야 한다.

율법과 복음의 관계에 관한 모든 논의는 시내산에서 율법이 주어진 때로 돌아가야 한다. 이스라엘은 율법에 순종하라는 요구를 받았는데, 이런 명령은 그것에 순응할 능력을 전제하는 것처럼 보인다. 하지만 율법의 요구뿐 아니라 그 구조를 함께 살펴보게 되면 다른 결론에 이르게 된다. 우리는 12장에서 율법을 언약 및 하나님과 화목을 이루기 위해 마련된 여러 조항과 연관 지어 살펴보았다. 성막과 성전에서의 사역

---

37. Thielicke, *Theological Ethics, vol. 1*, p. 26.

38. 한편으로 Thielicke는 바르트가 루터처럼 율법과 복음 사이의 긴장을 이해하지 않는다는 점에서 그에게 반대하며(Thielicke, *Theological Ethics, vol. 1*, p. 67), 다른 한편으로 아퀴나스의 '자율적 명령'에 대한 견해도 거부한다(Thielicke, *Theological Ethics, vol. 1*, p. 74).

은 하나님과의 지속적인 교제를 위한 죄 사함 및 하나님과 백성 간에 화목의 필요성에 초점을 맞추고 있다. 간단히 말해, 칭의의 역설은 다음과 같다. 죄인은 비록 불완전할지라도 순종하려고 노력하는 태도와 자신의 죄를 대신해 드려지는 희생제사 속의 은혜의 방편들을 붙잡음으로써 율법을 성취하는 자가 된다는 사실이다. 율법의 정수는 십계명이다. 이스라엘 백성은 율법을 지키라는 명령을 받았지만, 율법의 일부는 이미 속죄를 제공했다. 어느 누구도 율법을 완벽하게 지킬 수 없기 때문이었다. 여기서 율법과 복음이 토라 안에서 하나로 연합된다. 물론 속죄될 수 있는 죄가 있는 반면, 속죄될 수 없는 죄도 있었다. 바로 고의로 범한 죄였다(민 15:30-31). 이는 야웨의 말씀을 멸시하는 자의 행위로 여겨졌다. 또한 하나님의 약속을 조롱하는 회개하지 않는 불신자도 해당하는데, 하나님의 진노는 그런 사람에게 머물러 있다.

돌에 새겨진 율법의 외형은 단지 속죄 없는 정죄만을 의미하는 것처럼 보인다. 그러나 속죄는 죄가 있는 곳에만 필요하다. 율법 자체가 속죄를 이루지는 못하지만, 율법에 명시된 제사들은, 수많은 사람을 대신하여 죄의 대가를 치르시는 그 한 분을 힘입어 비로소 속죄의 효력을 갖게 된다. 율법 자체가 의롭게 할 수는 없다. 율법에 결함이 있어서가 아니라 그 대상의 죄성 때문이다. 칭의는 자신의 죄성을 회개하고 제사 제도에 관한 하나님의 약속을 받아들임으로써 이루어진다. 이렇듯 율법은 이스라엘에게 칭의의 길을 제시하여 어떻게 의롭게 되는지를 알려 주었다. 따라서 율법과 복음은 통합되지만, 결코 혼합되거나 혼동되어서는 안 된다. 구원의 역사성과 점진적 계시의 원리는 약속으로부터 그 약속의 성취에 이르는 기나긴 과정 속에 드러난다. 모형적인 속죄제사를 통한 구약의 화목은 원형이신 그리스도의 단 한 번의 속죄제사라는 실제를 통해 성취될 것이다.

율법이 복음을 가리킨다고 주장할 때 직면하는 질문은 시내산 율법이 그리스도인에게 어떻게 말하는지, 혹은 보다 현실적인 차원에서 그리스도인이 어떻게 출애굽기, 레위기, 민수기, 신명기의 율법 본문을 바탕으로 적절하게 가르치고 설교할 수 있는지에 관한 것이다. 대답은 시내산 율법이 주어진 배경에서부터 시작한다.[39] "너희가 법 아래에 있지 아니하고 은혜 아래에 있음이라"(롬 6:14) 같은 구절이 있는 신약으로 넘어가기 전에, 우리는 시내산 언약의 배경이 곧 은혜임을 인식해야 한다. "나는 너를 애굽 땅, 종 되었던 집에서 인도하여 낸 네 하나님 여호와니라"(출 20:2).

틸리케는 (칼뱅주의적) 개혁주의가 구약과 신약의 단일성 및 율법의 은혜와 복음의 은혜의 단일성을 지나치게 강조하는 경향이 있다는 우려를 표한다. 이에 대한 개혁주의의 반론은 틸리케와 루터교가 이것들의 구별성을 지나치게 강조한다는 점일 것이다. 여기서 중재적인 입장은 삼위일체적-성육신적 원칙으로서 단일성과 구별성의 원리에 다시 한 번 호소하는 것일 수 있겠다. 그렇다고 해도 단일성은 어디에 있고 구별성은 어디에 있는지 신중하게 살펴볼 막중한 의무가 남는다. 파울 알트하우스(Paul Althaus)는 루터가 이를 어떻게 적용했는지 보여 준다. 즉 서로 대조되는 복음과 율법은 "매우 예리하게 구별되어야 하지만 서로 분리되어서는 안 된다."[40] 율법이 죄를 드러내고 복음이 죄 사함을 가져온다면, 복음은 율법을 전제하는 셈이다.[41] 알트하우스는 이 둘

39. 나는 다음 책에서 이 문제를 다루었다. Graeme Goldsworthy, *Preaching the Whole Bible as Christian Scripture: The application of biblical theology to expository preaching* (Grand Rapids, MI: Eerdmans; Leicester: Inter-Varsity Press, 2000), pp. 152-66.

40. Althaus, *Theology of Martin Luther*, p. 257.

41. Althaus, *Theology of Martin Luther*, p. 257.

의 단일성을 이렇게 요약한다. "우리는 율법을 통과할 때 비로소 복음을 바르게 이해하고 파악하게 된다. 동시에 율법을 유익하게 이해하고 활용하는 것은 오직 복음의 기초 위에서만 가능하다."[42]

〈도표 13.2〉는 창조주 하나님을 반영하는 창조 세계의 율법성을 정리한 것이다. 하나님의 율법은 말 그대로 그분의 선하심을 반영하며, 그 자체로 선하고 완전하다(시 19:7-10; 119:97-104; 롬 7:13-14, 21-23). 율법에 대한 성경 계시의 첫 단계는 질서 있는 창조(발생)에서 시작하는 성경 역사를 중심으로 한다. 둘째 단계는 하나님의 선한 질서에 맞선 인간의 악한 반역과 그에 따른 심판(퇴화)을 수반한다. 셋째 단계는 구속사의 과정으로, 예수의 구속 사역에서 절정에 달하고 하나님의 모든 목적이 완성되는 새 창조(중생)로 이어진다. 개인의 중생에 대한 성경적 교리는 하나님의 창조 세계의 전체적인 중생을 반영하고 있다.[43] 삼위일체 안의 질서정연한 완전한 관계는 창조에서 새 창조로 나아가는 전체 과정의 근간이 된다. 이것은 하나님의 형상대로 창조된 모든 사람의 마음에 새겨진 율법에 반영되어 있다. 바로 죄인이 불의로 억누르고 있는 하나님을 아는 지식이다(롬 1:18-32). 이것이 예수 안에서 새 창조가 도래할 때까지 그 역할을 하는 이스라엘 언약 율법의 토대다. 최종적으로 율법은 완성의 때 새 창조의 충만함에 반영된다.

요약 및 해석학적 함의

구속사 속에서 이스라엘과 열방의 위치를 요약할 때는 율법과 복음의

42. Althaus, *Theology of Martin Luther*, p. 260.

43. 개인의 거듭남에 대한 복음주의의 관심은 모든 피조물의 중생, 즉 새 하늘과 새 땅이라는 맥락에서 함께 이해할 필요가 있다.

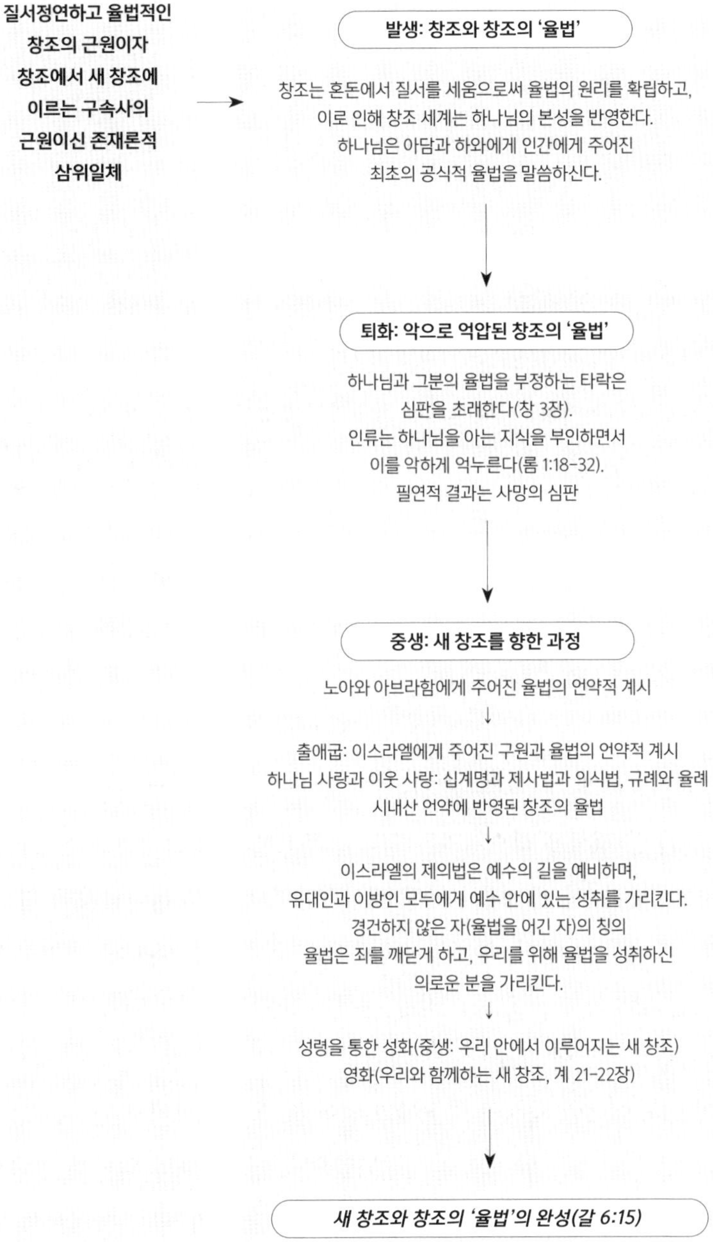

도표 13.2
율법에 대한 계시의 역동성

질서정연하고 율법적인 창조의 근원이자 창조에서 새 창조에 이르는 구속사의 근원이신 존재론적 삼위일체 →

발생: 창조와 창조의 '율법'

창조는 혼돈에서 질서를 세움으로써 율법의 원리를 확립하고,
이로 인해 창조 세계는 하나님의 본성을 반영한다.
하나님은 아담과 하와에게 인간에게 주어진
최초의 공식적 율법을 말씀하신다.

↓

퇴화: 악으로 억압된 창조의 '율법'

하나님과 그분의 율법을 부정하는 타락은
심판을 초래한다(창 3장).
인류는 하나님을 아는 지식을 부인하면서
이를 악하게 억누른다(롬 1:18-32).
필연적 결과는 사망의 심판

↓

중생: 새 창조를 향한 과정

노아와 아브라함에게 주어진 율법의 언약적 계시

↓

출애굽: 이스라엘에게 주어진 구원과 율법의 언약적 계시
하나님 사랑과 이웃 사랑: 십계명과 제사법과 의식법, 규례와 율례
시내산 언약에 반영된 창조의 율법

↓

이스라엘의 제의법은 예수의 길을 예비하며,
유대인과 이방인 모두에게 예수 안에 있는 성취를 가리킨다.
경건하지 않은 자(율법을 어긴 자)의 칭의
율법은 죄를 깨닫게 하고, 우리를 위해 율법을 성취하신
의로운 분을 가리킨다.

↓

성령을 통한 성화(중생: 우리 안에서 이루어지는 새 창조)
영화(우리와 함께하는 새 창조, 계 21-22장)

↓

새 창조와 창조의 '율법'의 완성(갈 6:15)

관계를 집중해서 살펴볼 필요가 있다.

1. 이방인을 향한 이스라엘의 중재적 역할은 구속사의 중심이 된다.
2. 이 중재는 후기 예언서와 시편에 이르러서야 계시를 통해 두드러지게 드러난다.
3. 이방인의 모여듦은 이 마지막 날의 종말론적 사건이다.
4. 따라서 아브라함의 자손과 그들을 통해 이방인에게 주어진 언약에 대한 이중 강조가 신약 전반에 걸쳐 유지된다.
5. 유대인과 이방인 그리스도인 사이의 구분은 '그리스도 안에서' 해결되고 완성에 속한다.
6. 이방인도 모든 인간에게 주어진 율법 아래 있으며, 시내산 율법은 중재하는 민족 이스라엘에게 부여된 부분적 율법이다.
7. 모든 율법은 그리스도 안에서 성취되고 마지막 중생의 완전한 질서, 곧 새 하늘과 새 땅으로 완성된다.

신약 교회가 세워지는 근간이 된 구약의 계시는, 하나님께서 자신을 위한 한 백성을 삼으시려는 원대한 목적을 가지고 계셨음을 우리에게 보여 준다. 이 계시에서 가장 핵심적인 것이 바로 하나님의 구원 계획과 그 계획이 역사 속에서 점진적으로 성취되어 가는 과정이다. 이 과정은 창조와 타락으로 시작된 인류의 초기 역사를 지나, 마침내 열방에 복을 전달할 도구로 아브라함의 자손을 택하시는 선택의 역사로 이어진다. 이러한 과정의 중심에 언약이 있다. 이스라엘의 언약은 창세기 12:3의 단순한 약속으로 시작되었으나, 이스라엘의 역사가 진행됨에 따라 점차 그 폭이 넓어졌고, 마침내 온 열방의 구원 사역에서 예루살렘과 성전이 갖는 중추적 역할을 통해 그 절정에 이른다. 논쟁의 여지가 없는 핵심 사안은 구원이 이스라엘을 통해 열방에 이른다는 사실이다.

신약성경과 교회 안에서 유대인과 이방인의 관계를 살펴볼 때는 도널드 로빈슨의 다음과 같은 평가를 주목해 보아야 한다.

> 오늘날 그리스도인에게는 한 공동체 안에서 유대인과 이방인의 구분에 대한 실제적 인식이 없고, 기독교 세계의 중심에 유대인 교회를 위한 자리도 없다. 하지만 신약은 이 두 실체에 대단히 예민하다. 초기 유대 기독교의 중요성은 무너진 다윗의 성막을 회복시키겠다는 하나님의 구약 약속의 성취와, 회복된 이스라엘의 남은 자들을 이방인의 구원을 위한 도구로 사용하겠다는 데 있다. 하나님이 유대인을 거부하시고 복음은 전적으로 이방인의 것이 되었다는 대중적 견해는 신약뿐만이 아니라 구약의 예고와도 너무 다르기에, 신약성경 해석의 전면적인 재평가가 요구된다.[44]

성경 전반에 나타나는 유대인과 이방인의 구별을 실제적으로 해석하고 적용함에 있어, 이방인 그리스도인은 이 새로운 이해에 따른 요구가 어떤 것인지 파악하기 어려울지도 모른다. 최소한 반유대주의의 부조리함 정도는 드러낼 수 있어야 한다. 그렇다고 반유대주의에 대한 해답이 기독교 시온주의는 아니다. 이는 전혀 다른 배경에서 나온 것이다. 현대의 랍비 유대교가 예수를 메시아로 인정하지 않는다는 사실은 명백하지만, 우리 이방인이 유대인을 통해 복음을 선물로 받은 것도 역사적 사실이다. 이에 우리는 감사해야 하며 모든 이스라엘이 구

44. Donald Robinson, *Faith's Framework: The structure of New Testament theology* (Sutherland, NSW: Albatross Books; Exeter: Paternoster, 1985), p. 97. 이는 다음 책에도 수록되어 있다. Robinson, *Selected Works, vol. 1*, p. 409.

원받을 날을 위해 기도해야 한다(롬 11:25-26).

해석학적 문제는 21세기 이방인 그리스도인들이 어떻게 신약을 올바르게 해석할 것인가라는 점이다. 이는 다음과 같이 요약할 수 있다.

1. 복음서 내러티브는 예수의 삶과 사역에서 유대적 배경을 간과하려는 우리의 경향에 도전한다. 율법서와 예언서를 통해 이스라엘에게 주어진 약속과 예수의 지상 사역 간의 밀접한 관계는, 아브라함의 언약 자손과 이스라엘을 통해 하나님의 복을 받는 이방인 사이의 지속적인 구분에 주의를 기울이게 한다.
2. 사도행전은 열방에 복을 전달하는 이스라엘의 역할을 사도들이 이해해 가는 과정에 중요한 관점을 제공한다. 오순절은 예루살렘에서 시작된 유대인 교회의 복음 선포를 통해 이방인에게 임하실 성령을 예고한다. 우리는 유대교 회당에서 '하나님을 경외하는 이방인'에게 다가갔던 전도 사역의 중요성을 망각해서는 안 된다.
3. 이방인이 그리스도인이 되려면 할례를 받아야 한다고 주장했던 기독교 유대주의자들에 대한 사도들의 거부는 중요하지만 이를 지나치게 강조해서도 안 된다. 유대주의가 가진 오류는 단순히 교회를 새 이스라엘로 상정하는 방식으로는 해결되지 않는다.
4. '그리스도 안에서 한 새 사람'이 세워진다는 것은 말 그대로 그리스도 안에서만 가능하다. '그리스도 안에서' 신자가 무엇이 되었다는 모든 선언과 마찬가지로, 그 실체는 그리스도가 재림하시는 완성의 때까지 교회 안에서 경험적으로 실현되지 않는다.

율법의 해석학적 원리는 앞서 살펴본 것처럼 율법에 대한 평가가 지닌 모호함 속으로 우리를 데려간다. 우리는 기본적으로 율법이 선한 것이라고 말해야 한다. 율법은 하나님의 본성과 그분의 목적에서 비롯되었기 때문이다. 신앙고백서들이 의식법과 도덕법을 구분하지만, 의식법의 본질 또한 하나님을 향한 인격적인 순종에 있다는 점을 고려하면 이 둘의 차이는 해소된다. 즉, 의식법도 순종이라는 측면에서는 도덕적 의무의 영역에 포함되기 때문이다. 의식법과 도덕법 모두 그리스도 안에서 성취된다. 성육신 이후의 시대를 살아가는 우리는 의식적 요소가 그리스도로 인해 성취되었으며, 그런 의미에서 의식법을 일시적 수단, 곧 모형과 원형의 문제로 인식한다. 반면에, 도덕법은 하나님의 불변성을 반영하는 개인적이고 도덕적인 문제를 다룬다. 이것은 창조 질서의 일부다. 모범적 인간으로서 예수는 도덕법의 온전한 표현이시다. 그러므로 "법 아래 있지 아니하고 은혜 아래에 있음"은 은혜가 넘치게 하려고 무법자로 살아갈 수 있다는 말이 아니다. 바울은 은혜 교리에 대한 그런 왜곡을 단호히 거부한다(롬 6:1-14).

14. 예언에 대한 계시의 역동성

예언의 본질은 하나님이 우리에게 말씀하신다는 사실과, 그분이 자신의 말씀을 인간 중재자를 통해 전하기로 선택하셨다는 데 있다. 우리는 성경에 기록된 예언적 사건의 전개가 이 원리에 따라 어떻게 형성되는지 살펴볼 것이다. 이 과정에서 하나님의 말씀이자 하나님의 궁극적 예언자이신 예수의 인격과 사역을 통해 어떻게 예언이 그 결과와 목적을 이루는지 보게 될 것이다.

예언의 기원과 형성

하나님은 말씀하시는 하나님이다. 성경 예언의 토대는 창조에 나타난 하나님의 말씀이다. 그리고 창조에 담긴 하나님 말씀의 근원은 자신의 내부에서 말씀하시는 삼위일체에 있다. 하나님의 창조 행위는 존재하는 모든 것과의 관계에서 그분의 말씀이 중심이 된다는 점을 명확히 보여 준다. 하나님이 말씀하시니 그대로 이루어졌다. 이 토대 위에 하나님의 형상과 모양대로 지음받은 인간에게 주어진 하나님의 말씀이 세워졌다. 하나님의 백성을 향한 최초의 예언적 말씀은 창조 때 그들에게 주어진 것이다(창 1:26-30). 이때부터 성경 역사에서 하나님은 자신의 뜻을 전하고 현실을 해석하기 위해 말씀하시는 하나님으로 나타나신다. 만물을 창조하신 말씀은 또한 현재의 질서를 정해진 종말로 이끌며 예정된 목적('텔로스')을 확증하신다(벧후 3:5-7).

성경에는 예언에 대한 계시의 점진성이 있다. 이것은 21세기의 그리스도인이 자신에게 예언을 적용하는 방식과 이해에 영향을 미친다. 하나님께로부터 나온 말씀이 인간을 통해 중재된 것인 성경의 예언은, 그보다 앞서 하나님이 자기 백성에게 직접 말씀하신 일들이 있었다. 이미 살펴본 바와 같이, 하나님은 말씀으로 만물을 창조하셨고 자기 형상으로 지은 사람에게 말씀하셨다. 하나님은 에덴 안에서, 이후 타락한 세상에서는 에덴 밖에서도 사람에게 직접 말씀하셨다. 하나님의 소통은 전형적인 형식을 띤다. 예를 들어, "여호와께서 가인에게 이르시되"(창 4:6), "하나님이 노아에게 이르시되"(창 6:13), "여호와께서 아브람에게 이르시되"(창 12:1)와 같은 표현이다. 하나님이 천지를 창조하며 말씀하실 때 그분은 자신의 말씀이 만물에 완전한 질서를 세운다는 점을 보이셨다.

성경에서 처음으로 예언자라 불린 사람은 아브라함이지만, 그는 우리가 흔히 생각하는 예언자, 즉 설교자나 하나님의 대변인으로서의 역할을 하는 것 같지는 않다(창 20:7). 하나님이 아비멜렉을 책망하시며 아브라함에게 예언자라는 호칭을 주시는 맥락인데, 겉보기에 무고한 아비멜렉의 행동에 대한 책임이 아브라함에게 있었지만, 하나님은 아비멜렉에게 "그는 선지자라. 그가 너를 위하여 기도하리니"라고 말씀하신다. 이전에 소돔을 위해 중보했던 것처럼, 아비멜렉을 위한 아브라함의 기도는 예언자의 주요 역할 중 하나가 중보임을 예고한다(창 18:22-33; 20:17).[1] 이런 사실은 우리의 일반적인 기도 이해에 통찰을 준다. 하나님의 말씀을 전달하는 주요 인물들에 의해 확립된 양식은 바로 하나님이 먼저 말씀하신다는 사실이다. 예언자의 중보적 역할은 탄원자가 아무 지침 없이 기도할 수 없음을 보여 준다. 기도는 하나님의 말씀에 대한 예언적 응답이며, 이미 계시된 하나님의 뜻과 언약의 의도에 기초한다.

한편, 창세기 내러티브 전반에 걸쳐 상황은 비슷하게 흘러간다. 하나님은 자기 백성에게 직접 말씀하시고, 때로는 천사를 통해 말씀하신다(16:10; 19:1-2; 22:15). 또 다른 경우로는 주님께서 나타나 말씀하셨다는 부분이 있다(12:7; 17:1; 18:1; 26:2). 말씀의 계시를 위해 꿈이나 환상이 사용된 경우도 보인다(15:1; 20:3; 31:24). 그러나 이런 상황은 어디까지나 한시적이며, 중재라는 핵심 원리의 역동성이 점진적으로 드러난다.

모세가 하나님의 대변자이자 이집트로부터 이스라엘을 구원할 중재자로 부름을 받으면서 상황이 달라진다. 그는 또한 이집트의 죄와 하나님 나라를 대적하는 모든 자에게 임하는 하나님의 심판의 음성이기도 하다. 즉 이스라엘을 구원하실 분은 야웨지만, 모세는 그분의 중재자로서 이스라엘을 이집트에서 이끌어 내기 위해 말하고 행동하도록 보냄을 받았다(출 3:7-12). 아브라함, 이삭, 야곱에게 하신 하나님의 약속과 모세가 보냄받은 일 사이의 핵심적인 연관성이 출애굽 내러티브에서 아주 분명히 드러난다.

---

1. Graeme Goldsworthy, *Prayer and the Knowledge of God: What the whole Bible teaches* (Leicester: Inter-Varsity Press, 2003), p. 34; Tremper Longman III, *Genesis*, The Story of God Bible Commentary (Grand Rapids, MI: Zondervan, 2016), p. 263.

> 여러 해 후에 애굽 왕은 죽었고 이스라엘 자손은 고된 노동으로 말미암아 탄식하며 부르짖으니 그 고된 노동으로 말미암아 부르짖는 소리가 하나님께 상달된지라. 하나님이 그들의 고통 소리를 들으시고 하나님이 아브라함과 이삭과 야곱에게 세운 그의 언약을 기억하사 하나님이 이스라엘 자손을 돌보셨고 하나님이 그들을 기억하셨더라[아셨더라].[2] (출 2:23-25)

물론 하나님은 한순간도 언약을 잊은 적이 없으시고, "하나님이… 그의 언약을 기억하사"라는 표현은 언약을 토대로 행동하시려는 그분의 의도를 나타낸다. 이런 하나님의 행동을 반영하는 예언자의 역할은 시내산에서 모세의 사역을 통해 더욱 분명해진다. 즉 노예 상태로부터의 구속적 해방이 이 사역의 근거다. 그 중심에는 하나님 말씀의 중재가 있다. 하나님은 결코 헛되이 말씀하지 않으시며, 인간의 중재 여부와 상관없이 모든 말씀이 그 목적을 달성한다(사 55:11).

시내산은 이스라엘이 하나님의 택하신 민족으로서 특별한 백성이 되게끔 세워진 사건을 나타낸다. 또한 모세가 예언자로 세워짐으로 예언자의 역할이 구체화된 곳이기도 하다. 하나님은 항상 자기 백성에게 말씀하셨다. 바로 이것이 창조 후 사람과 맺고자 하신 관계를 보여 주는 첫 번째 행동이었다. 이는 또한 하나님의 형상과 모양대로 지음받은 존재의 중요한 특성을 보여 준다. 타락한 세상에서 하나님의 말씀은 구원과 진노의 심판이라는 반대 방향으로 나아간다. 그럼에도 불구하고 이 둘은 서로 보완적이며 분리될 수 없다. 시내산 계시를 통해 정의된 예언자의 역할에는, 시대에 따라 그 양상은 변할지라도 결코

2. "그리고 하나님이 아셨더라"는 표현은 하나님이 자기 백성의 곤경을 알고 이해하셨다는 것을 의미한다. 이후의 사건들은 하나님이 어떻게 하셔야 할지도 알고 계셨음을 보여 준다.

변하지 않는 핵심적인 원리들이 담겨 있다. 그리고 이러한 예언자적 원리들은 역사의 과정을 거쳐 발전하며, 마침내 궁극적인 예언자이신 나사렛 예수에게서 온전히 구현된다.

모세의 임무는 그가 이스라엘을 이집트에서 이끌어 내기 위해 보냄받을 때 시작되어 백성이 시내산에 도착했을 때 구체적인 내용을 갖추게 되었다. 모세가 홀로 산에 오르자 하나님이 이르셨다. "너는 이같이 야곱의 집에 말하고 이스라엘 자손들에게 말하라"(출 19:3). 성경 내레이터들은 하나님의 신실한 예언자들이 "여호와께서 이같이 말씀하시기를"이라며 선포할 때 참으로 그가 하나님께 지시받았음을 분명히 전제한다. 오늘날에도 강단에서 하나님의 말씀을 전한다고 주장하는 거짓 예언자가 나타날 수 있듯이, 당시에도 예언이 거짓일 가능성은 실제로 존재했다(신 13:1-5). 예언의 말씀이 상반될 때 거짓 예언을 분간하는 시험은 간단했다. 바로 그 예언이 진짜 실현되었는가 하는 것이다(신 18:20-22). 우리가 이 규칙을 해석하는 데는 분별력이 요구된다. 수 세기 후, 예레미야는 거짓말을 일삼는 거짓 예언자들 때문에 예언자직 자체가 타락한 현실에 직면했다(렘 14:13-18; 23:9-40; 28:1-17; 29:24-32). 그는 참된 예언자를 "여호와의 회의"에 참여한 사람으로 설명해야 했다(렘 23:18-22).[3] 예언자가 하나님의 대변인인 만큼, 그는 또한 백성을 위한 중보자다. 그래서 모세는 아브라함처럼 아론의 금송아지 사건 이후 백성을 위해 중보한다(출 32:11-14).

그렇다면 예언자란 무엇인가? 예언자를 뜻하는 히브리어 '나비'(*nābîʼ*)[4]의 기원을 추적해 얻을 수 있는 사실은 많지 않기에 성경 본

3. 실제로 예레미야는 거짓 예언자를 "여호와의 회의에 참여"하지 않은 자로 묘사하고 있다(18절).

4. 히브리어 נביא.

문을 따라 예언자의 실제 활동을 살펴보는 것이 훨씬 유익하다. 단어의 역사를 추적하는 것보다 관련 본문에서의 용례를 연구하는 것이 유익하기 때문이다. 지금까지의 연구를 요약하면 이러하다. 먼저 가장 중요한 사실은, 하나님은 창조 세계를 질서 있게 창조하기 위해 또한 자기 백성을 가르치기 위해 말씀하신다. 시간이 가면서 하나님의 직접적인 말씀은 예언자를 통해 중재되어 전달된다. 그 역할을 위해 하나님이 예언자를 임명하셨으므로 백성은 이 말씀을 하나님께로부터 나온 말씀으로 들어야 한다(신 18:15). 둘째, 예언자는 중요한 순간마다 백성을 대표해 하나님의 말씀에 응답하는 중보자로 여겨진다. 셋째, 예언자의 가장 우선적인 임무는 하나님의 말씀을 백성에게 전달하는 것이다. 넷째, 예언의 말씀은 하나님의 언약적 약속의 틀 안에서 작동한다. 다섯째, 예언자는 애초에 하나님의 백성에게 말하지만, 하나님의 말씀은 모든 피조물을 향한 그분의 목적과 관련된다는 점에서 보편적으로 적용된다. 모세의 예언자 역할의 특별함은 이렇게 인정된다.

> 그 후에는 이스라엘에 모세와 같은 선지자가 일어나지 못하였나니 모세는 여호와께서 대면하여 아시던 자요 여호와께서 그를 애굽 땅에 보내사 바로와 그의 모든 신하와 그의 온 땅에 모든 이적과 기사와 모든 큰 권능과 위엄을 행하게 하시매 온 이스라엘의 목전에서 그것을 행한 자이더라. (신 34:10-12)

이 증언은 의미심장하다. 모세를 예수의 인격 안에서만 재현되고 완성될 용어로 정의하기 때문이다(행 2:22; 히 1:1-3). 신명기 끝부분에 모세의 추도사를 기록한 저자는 예언자에게 핵심이 되는 구속적 역할을 잘 알고 있었다. 예언자의 사역에서 '복음적' 기초가 되는 출애굽은 한 민족의 단순한 이주가 아니다. 그것은 하나님의 능력이 예언자를 통해 중재되어 초자연적으로 이루어진 구원이다. 우리는 절대로 예언자 개념 기저에 자리한 하나님의 구원 목적을 분리해서는 안 된다. 모세 이후, 예언의 중재적인 측면은 강력하고 필수적인 것이 되었다. 나아가 직접적인 말씀에서 중재적인 말씀으로의 전환은 예언자적 말씀이신 성육신한 중재자에 대한 예고라는 결론을 내릴 수 있다.

여호수아는 모세를 뒤이어 이스라엘의 지도자가 되었다. 그를 예언자로 여기지 않을 수도 있겠지만, 그가 이스라엘에서 모세와 비슷하면서도 더 넓은 역할을 위임받았음은 분명하다. "모세가 눈의 아들 여호수아에게 안수하였으므로 그에게 지혜의 영이 충만하니 이스라엘 자손이 여호와께서 모세에게 명령하신 대로 여호수아의 말을 순종하였더라"(신 34:9). 여호수아를 예언자로 언급하거나 그가 예언했다는 말은 어디에도 없지만, 이스라엘이 유목민에서 정착민으로 전환하는 전 과정에서 모세를 통해 주어진 하나님의 말씀이 이스라엘의 국정을 관할한다. 모세를 통해 주어진 하나님의 말씀은 여호수아를 통해 실현된다. 여호수아가 이스라엘을 약속의 땅으로 인도한 후에는 사사들의 활동에 초점이 맞춰진다. 그들은 성령이 주관하신 행동을 통해 대적들의 위협을 제거하는 구원자 역할을 한다(삿 2:16-19). 그들의 예언자적 역할은 "그러나 이스라엘이 그들의 말을 듣지 않았다"라는 비난을 통해 드러난다. 사사기에서 예언자로 언급되는 사람은 두 명이다. 바로 드보라와 한 무명의 예언자다. 한 명은 구원을, 다른 한 명은 심판을 선포한다(삿 4:4-10; 6:7-10).

이스라엘이 약속의 땅에 더욱 확고히 정착하게 되면서, 다음으로 중요한 예언자 사무엘을 만나게 된다. 그는 다윗에게 기름을 부어 백성에게 메시아를 소개하는 인물이다. 사무엘서와 열왕기는 구약에서 가장 완벽하게 구성된 내러티브 문학이라고 할 수 있다. 사무엘이 아직 어린 시절에 하나님께 부름받은 이야기는 성경에서 가장 유명한 이야기 중 하나일 것이다. 저자는 내러티브의 흐름을 분명히 보여 준다. "단에서부터 브엘세바까지의 온 이스라엘이 사무엘은 여호와의 선지자로 세우심을 입은 줄을 알았더라"(삼상 3:20). "사무엘의 말이 온 이스라엘에 전파되니라"(삼상 4:1). 사무엘상 4:1-7:3에는 사무엘이 등장하지 않는데, 이 기간은 언약궤를 블레셋에 빼앗기는 비극적인 역사가 이스라엘 장로들의 어리석은 결정 때문인 것으로 기록된다. 이때 예언자 사무엘의 말은 무시된 것으로 보인다. 이런 비참한 사건은 예언자의 말과 핵심적 역할에 대한 강조가 다시 등장할 길을 마련한다. 사무엘이 다시 등장하면서, 그는 이스라엘 백성이 블레셋과의 싸움에서 야웨의 도우심을 바란다면 우상을 제거해야 한다고 말한다(삼상 7:3). 다시금 예언자의 중보에 이어 하나님의 도우심과 블레셋의 패배가 나온다(삼상 7:5-11).

이제 사무엘은 왕을 세우는 자로 나타난다. 사무엘이 왕을 요구하는 백성들의 그릇된 요청에 마지못해 응했기 때문에 결국 사울이라는 실패한 왕으로 이어졌다고 보는 것은 잘못이다. 경건한 왕권의 원리는 신명기 17:14-20에서 이미 모세가 예고했다. 사사들의 지도에서부터 다윗 왕조의 확립에 이르는 전환 전체는 사무엘을 통해 하나님이 인도하신 것이다. 예언자 사무엘은 사울을 왕으로 기름 붓고, 이후에는 그를 폐위시킨다(삼상 15:1, 26-28). 사울이 여전히 왕위를 보전하고 있을 때, 사무엘은 하나님이 택하신 왕으로 다윗에게 기름을 붓도록 위임받는다(삼상 16:1-13). 이 기름부음은 하나님의 성육신으로 구별될 통치 왕조의 시작을 알리는 의미심장한 사건이다. 따라서 이것은 이스라엘을 구원하실 분을 가리키는 '메시아' 개념의 기원을 나타낸다.[5]

5. '메시아'(מָשִׁיחַ)는 '기름부음을 받은 자'라는 뜻이다.

블레셋의 거인 골리앗을 쓰러뜨린 다윗 이야기는 오랫동안 극작가들과 아동문학가들의 단골 소재였으며, 다양한 도덕적 교훈의 원천이 되어 왔다. 이스라엘 백성은 아직 다윗의 메시아적 역할을 인식하지 못했지만, 우리의 관점과 내레이터의 관점에서는 그것이 이야기의 핵심임이 분명하다. 새로 기름부음받은 다윗은 이스라엘을 대신해 야웨의 이름으로, 대적 앞에서 아무 힘도 쓰지 못하고 있는 그들을 구원하러 나선다.[6] 이 사건 이후, 사무엘의 역할(예언자로서가 아닌)은 줄어들고 내러티브에서 거의 사라진다. 사무엘은 왕에게 기름을 부었고, 이제부터 이야기는 사울이 죽고 마침내 왕좌에 오르는 다윗에 관한 것이다.

이 외에 전기 예언서에서 예언자 혹은 하나님의 사람으로 언급된 사람은 그들로부터 어떤 계시가 전해졌다는 기록이 없으므로 여기서는 다루지 않겠다.[7] 예언의 역할은 주된 사역이 다윗 왕조와 연관되었던 나단 같은 인물에게서 가장 두드러진다. 이제 예언에서 새로운 차원은 성전이다. 예언자 나단은 성전 건축에 관한 하나님의 말씀을 다윗에게 전하고, 그럼으로써 다윗 계열을 언약 아래 세운다(삼하 7:1-17). 예언자는 하나님의 입이 되어, 이스라엘이 '하나님의 백성'이라는 정체성을 갖추고 발전해 나가는 데 없어서는 안 될 결정적인 국면들을 이끌어 가는 존재다. 사무엘이 다윗에게 기름을 부어 왕으로 세웠듯이, 예언자 나단과 제사장 사독은 다윗의 아들 솔로몬에게 기름을 부어 왕으로 세운다(왕상 1:34, 39).[8]

---

6. 이에 대한 논의는 다음을 참조하라. Graeme Goldsworthy, *Gospel and Kingdom: A Christian interpretation of the Old Testament* (Exeter: Paternoster, 1981), pp. 9-11; 또는 The *Goldsworthy Trilogy* (Milton Keynes: Paternoster, 2000), pp. 7-9.

7. 여기에는 사울이 가담한 예언자 무리(삼상 10:5-7)와 엘리야를 따르는 예언자 무리(왕하 2:3)가 포함된다.

8. 영국 국왕의 대관식에서 헨델의 감동적인 찬가 '제사장 사독'(Zadok the Priest)이 불리는 관습

다윗과 솔로몬의 왕정은 이스라엘의 존재에서 정치적으로나 신학적으로 정점을 찍는다. 솔로몬 치하에서 국가는 역사상 가장 넓은 영토와 최고의 국력을 누렸다. 하지만 더 중요한 사실은, 이 나라의 구조가 하나님 나라의 지상적 표현이었다는 점이다. 구속사는 아브라함에게 주어진 언약의 약속이 성취되는 중요한 지점에 이르렀다. 아브라함에서 다윗과 솔로몬에 이르는 과정을 통해 약속의 의미는 점진적으로 다듬어졌다. 이 약속의 역사적 결과는 이스라엘이라는 국가와 영토, 그 영토의 중심인 예루살렘, 그 성의 중심인 솔로몬 성전이며, 이 모든 것 위에 하나님 앞에서 그 나라를 대표하고 하나님의 통치를 대리하는 하나님의 기름부음받은 왕이 있다. 따라서 왕의 역할은 타락 이전에 에덴에서 아담이 맡았던 대리 통치의 역할을 반영하며, 주와 그리스도가 되신 예수의 통치를 예표한다.

이러한 왕권의 기능은 사무엘하 7장의 다윗과 세우신 언약에 근거한다. 그러므로 솔로몬이 야웨를 떠나 이방 아내들과 그들의 신을 받아들였을 때, 야웨는 솔로몬에게 그의 왕국이 끝나겠지만 "네 아버지 다윗을 위하여 네 세대에는 이 일을 행하지 아니하고"라고 말씀하신다(왕상 11:12). 이는 예언자의 중재 없는 직접적인 심판 말씀으로 보인다. 이 말씀은 이 땅 위에 세워진 하나님 나라 예표의 시작과 끝을 알린다. 이후 열왕기의 나머지 37장에 걸쳐 고통스러운 쇠락 내러티브가 멸망의 최후 순간까지 이어진다.[9] 이후에 이어진 이스라엘 존재의 모

은 문화적인 측면에서는 적절하고, 이는 곧 헨델의 의도였던 것으로 보인다. 그러나 신학적인 측면에서 이 사건의 성경적 배경은 영국 국왕이 아니라 오실 메시아에 연관된다. 소위 '영국-이스라엘주의'(British Israelism) 추종자들은 자신들의 왕조와 이 메시아를 연관시키고 싶은 것이 분명하다.

9. 왕상 11-22장; 왕하 1-25장.

호함에 대해, 이안 프로반(Iain Provan)은 그들이 "엄격한 율법과 무한한 은혜 사이 어딘가, 예상치 못한 중간 지대"에 서 있다고 말한다.[10] 따라서 우리의 성경 이해에 결정적 역할을 하는 새로운 예언자 무리가 등장한다.

후기 예언서

히브리 성경은 주전 8세기부터 구약 시대 말기까지 특정 예언자들의 책을 후기 예언서로 분류한다. 이들은 예언적 메시지에서 중요한 전환이 나타나는 새로운 부류의 예언자들이다. 물론 모세 유형의 예언자들과 근본적인 관심을 공유한다는 점에서 그들과 통일성을 가진다. 이들은 이스라엘(분열된 두 왕국) 백성이며, 그 역사는 이스라엘 구속사의 일부다. 따라서 이들의 초점은 이전 예언자들과 같이 하나님 나라의 동일한 요소, 곧 백성, 땅, 성읍, 성전, 다윗 왕조에 맞춰진다. 하지만 이들의 구별성은 미래에 대한 메시지, 즉 구약의 종말론에서 새로운 강조점을 보여 주는 데 있다. 이들은 철저히 실패한 과정으로 여겨질 법한 조국의 최종 멸망이 눈앞에 닥친 상황에서 말한다. 동시에 미래에 대한 소망과 확증이라는 새로운 메시지를 전한다.

기록을 남긴 예언자들을 고찰하기 전에, 주전 9세기 예언의 무대를 장악했던 엘리야와 엘리사의 역할을 살펴보아야 한다. 그들의 사역은 북이스라엘 아합의 통치기와 남유다 여호람, 아하시야의 통치기에 해당한다. 그 사역의 첫 번째 특징은 우상숭배를 일삼은 이스라엘의 왕

10. Iain W. Provan, *1 and 2 Kings*, New International Biblical Commentary (Peabody, MA: Hendrickson; Carlisle: Paternoster, 1995), p. 92. 『UBC 열왕기』(성서유니온).

족과 맞섰다는 것이다. 두 번째 특징은 그들을 통해 하나님이 행하신 수많은 기적이다. 실제로 이것은 출애굽 당시 하나님의 행동 이후 처음으로 나타난 대규모 기적이었다. 이집트 신들과 모세의 대결보다 훨씬 구체적으로 엘리야는 갈멜산에서 가나안 바알신의 예언자들과 대결했다. 이는 기적을 행함에 있어 바알 예언자들을 능가한다는 사실을 보여 주는 것 이상의 의미로, 기적을 통해 야웨의 주권을 드러내고 언약으로 돌아와 그분의 도구가 되도록 이스라엘을 부르는 사건이었다. 일부 사소한 기적도 있지만, 엘리야와 엘리사의 기적은 모두 야웨께서 자신의 언약에 신실하신 유일한 하나님이심을 증거하며 이루신 구원과 연관된다.

주전 8세기에 이르면 예언 사역은 북왕국의 예언자 아모스와 호세아, 남왕국의 예언자 이사야와 미가를 통해 새롭게 시작된다. 예언에 있어 중요한 전환점이자 새로운 모습은 기록된 말씀에 충실한 내용과 더불어 그것에 담긴 종말론이다. 문서 예언자들의 일부 발언을 보면, 하나님의 말씀을 전하지 않아서 정죄를 당한 이스라엘과 유다의 예언자들이 있었음이 분명하다. 하지만 우리의 주된 관심은 기독교 성경의 일부로 우리가 소중히 여기는 정경을 기록한 예언자들의 본질적인 메시지에 있다. 엘리야와 엘리사 이후, 배교적으로 야웨 신앙과 분리를 도모했던 북이스라엘을 향해 선포하라고 부름받은 유일한 북왕국 출신 예언자는 호세아였다. 아모스는 남왕국 출신으로 북이스라엘에 가서 선포하도록 위임받았다.

대예언서 세 권과 소예언서 열두 권에는 다양한 강조점과 광범위한 역사적 배경이 놓이지만, 우리는 주전 6-8세기의 참된 예언의 정수를 추출할 수 있다. 이 후기 예언서의 첫 번째 역할은 이스라엘과 유다 두 나라의 악한 방황에 대해 말하는 것이다. 그들은 수차례에 걸쳐 하나님의 부르심을 받아 우상숭배와 언약 파기를 고발한다. 분열과 우상숭배로 인해 훼손된 것은 다름 아닌 온 이스라엘과 세우신 하나님의 언약이기 때문이다. 그렇다고 주변 민족들의 우상숭배에 대해서는 침묵했다는 말이 아니다.

가나안 족속의 죄악은 이스라엘이 그들을 쫓아내는 정당성이 되었다(신 9:4). 이제 대예언서는 각각 이스라엘을 둘러싼 민족들의 악함에 대한 일련의 예언을 담아낸다(사 10:1-12; 13:1-22; 14:3-32; 15:1-24:23; 34:1-17; 46:1-13; 렘 46:1-51:64; 겔 25:1-32:32). 소예언서 중에서는 아모스가 이들 민족을 향한 신랄한 고발을 쏟아 낸다(암 1:3-2:3). 이런 예언이 이스라엘과 유다가 아닌 다른 민족을 대상으로 선포된 것이라는 근거는 없다. 예언자들은 요나처럼 직접 이방 민족에게 가서 말한 것이 아니다. 이 민족들을 향한 고발은 앞서 논의한 질문을 다시 제기한다.[11] 이방 민족이 야웨의 언약적 율법의 대상이 아니었다고 한다면, 이런 정죄의 근거는 무엇인가? 나는 창조 때부터 인류에게 주어진 '율법'에 그 답이 있다고 제안했다.

심판에 대한 예언서의 종말론

문서 예언자들의 새로운 강조점은 이스라엘의 죄악 앞에서 하나님의 약속과 성취라는 문제를 다루는 것이었다. 모세 이후로, 선택받은 자들이 믿음과 순종으로 응답하지 못한 일은 하나님의 백성에게 주어진 말씀의 못마땅한 주제였다. 그러나 하나님이 택하신 민족의 실패에 대한 개탄스러운 기록에도 불구하고, 언약의 약속이 전능한 주권자이신

11. 13장의 '율법과 복음' 단락을 보라.

하나님께서 하신 것이라는 사실은 여전하다. 하나님이 창조와 구속의 과정을 여기까지 이끌어 오시고는 이제 실패하도록 내버려두신다는 것은 상상할 수 없다. 언약 관계에 있는 이스라엘을 향한 하나님의 심판은 엄중하다. 멸망과 바벨론 유배로 특징되는 철저한 실패는 신실한 자들에게 끔찍한 짐이었음이 틀림없다. 그 심정은 이러했다.

> 우리가 바벨론의 여러 강변
> 　거기에 앉아서
> 　시온을 기억하며 울었도다…
> 우리가 이방 땅에서
> 　어찌 여호와의 노래를 부를까. (시 137:1-4)

예레미야애가는 예루살렘 멸망의 절망감을 기록하고 있다.

> 슬프다 주께서 어찌 그리 진노하사
> 　딸 시온을 구름으로 덮으셨는가.
> 이스라엘의 아름다움을
> 　하늘에서 땅에 던지셨음이여.
> 그의 진노의 날에
> 　그의 발판을 기억하지 아니하셨도다.
> 주께서 야곱의 모든 거처들을 삼키시고
> 　긍휼히 여기지 아니하셨음이여.
> 노하사 딸 유다의 견고한 성채들을
> 　허물어 땅에 엎으시고
> 나라와 그 지도자들을

욕되게 하셨도다. (애 2:1-2)

조상들에게 주어진 이래로 예언자들을 통해 강화된 야웨의 언약적 약속을 믿었던 이들이 느낀 절망감을 우리가 온전히 이해하기는 어렵다.

주전 8세기 예언자들은 주전 6세기 초에 절정에 이르는 쇠퇴기 동안 발생할 격변을 예견했다. 그들의 정죄는 다양한 대상을 향했지만 주로 언약 관계를 파괴한 각종 악행을 저지른 국가 지도자들을 겨냥했다. 이 예언자들의 사역은 포로기 이전부터 이후에 걸쳐 행해졌기에, 우리는 역사적 상황에 따른 변동이 있었으리라는 예상을 해 볼 수 있다. 따라서 포로기 이전 예언서에는 예루살렘의 멸망과 유배 및 미래의 최종적이고 보편적인 심판까지 예고하는 심판의 종말론이 담겼다. 포로기 도중에는 에스겔과 예레미야가 예루살렘과 성전의 파괴에 대한 슬픔을 분출한다. 예레미야는 심지어 이를 하나님의 창조가 없던 일이 된 것처럼 여긴다.

보라 내가 땅을 본즉 혼돈하고 공허하며[12]
　하늘에는 빛이 없으며
내가 산들을 본즉 다 진동하며
　작은 산들도 요동하며
내가 본즉 사람이 없으며
　공중의 새가 다 날아갔으며
보라 내가 본즉 좋은 땅이 황무지가 되었으며
　그 모든 성읍이

12. 성경에서 '혼돈'과 '공허'라는 두 단어가 나란히 사용된 다른 유일한 구절은 창 1:2이다.

여호와의 앞 그의 맹렬한 진노 앞에 무너졌으니

여호와께서 이와 같이 말씀하시길 이 온 땅이 황폐할 것이나 내가 진멸하지는 아니할 것이며. (렘 4:23-27)

에스겔은 주전 597년에 첫 번째로 바벨론에 끌려간 포로민 중 한 사람이었다. 그는 성전과 관련해 주님의 영광이 이동하는 독특한 환상을 기록한다. 그는 처음으로 "여호와의 영광의 형상의 모양"에 관한 묵시적 환상을 본 뒤, 골짜기로 가라는 명령을 듣고 그곳에 주님의 영광이 머무른 것을 본다(겔 3:12, 23). 이 예언자는 예루살렘 백성의 우상숭배를 고발하면서, 더럽혀진 성전에 주님의 영광이 있는 환상도 본다(8:4). 이어 그 영광은 성전 문지방으로 이동하고(9:3), 그룹에서 나와 다시 문지방으로 이동하며(10:4), 문지방을 떠나 그룹들과 함께 머문다(10:18-19). 거기서부터 영광은 동쪽으로 떠날 준비를 하고, 이후에는 동쪽에서 돌아와 다시 성전을 가득 채운다(11:23; 43:1-5; 44:4). 이 놀라운 일련의 환상은 주께서 자기 백성과 함께 유배지로 가심을 보여 줌으로써, 성육신을 통해 하나님이 유배지인 우리 세상으로 스스로 포로가 되어 오실 것을 예견한다.

심판의 종말론은 대개 "여호와의 날"로 묘사되곤 한다. 이는 야웨께서 자신의 모든 목적을 성취하시는 날로, 그 목적 중에는 죄를 향한 심판도 있다. "여호와의 날"은 다양한 형태로 언급되는데, 핵심은 "그날" 혹은 "말세에" 하나님이 결정적이며 최종적으로 행동하실 것이라는 점이다. 이는 몇 차례에 걸쳐 "여호와의 날", "여호와께서 진노하시는 날" 또는 이와 유사한 표현으로 언급된다(사 2:12; 13:6-9; 34:8; 렘 46:10; 애 2:22; 겔 13:5; 30:3; 욜 3:14-16; 암 5:18-20; 습 1:7-18; 2:1-3; 슥 14:1; 말 4:5). 후기

예언서에 사용된 또 다른 종말론적 표현으로는 “그날에”가 있다.[13]

구원에 대한 예언서의 종말론

하나님의 언약적 약속이 수포로 돌아간 것처럼 보이게 했던 주전 586년의 예루살렘 멸망은 많은 이들의 신앙에 혼란을 가져왔다(예레미야애가; 시 137편). 이 딜레마의 답은 예언자들이 선포한 구원의 확증과 최종적 구원 계시에 있다. 이러한 신탁은 창조와 인류의 타락 문제를 다루면서 하나님의 언약을 지키지 못한 이스라엘의 구체적인 모습에 초점을 맞춘다. 구원에 대한 이런 확증을 표현하는 모든 요소에 역사적 순서가 있긴 하지만, 매우 철저한 연대기적 순서는 아니다.

갱신을 말하는 예언적 신탁의 역동성이 지닌 중요한 흐름은 하나님의 심판의 저주 아래 놓인 모든 것의 구원을 포괄한다는 점이다. 새 하늘과 새 땅, 즉 새 창조라는 주제는 이스라엘의 구원에 국한되지 않고 이를 훌쩍 넘어선다. 새 창조의 예표는 하나님이 자기 백성과 영원토록 함께 거하실 장소인 새 에덴의 예표다. 이는 아브라함에게 주어진 그의 자손들이 거주할 땅이라는 언약적 약속과 같다. 또한 ‘반창조’ 상태의 이집트 노예 생활에서 새롭게 구속받은 이스라엘의 신실한 자들이 가진 기대와도 같다. 젖과 꿀이 흐르는 땅은 새 창조를 미리 맛본 것이었고, 솔로몬 왕국의 영화는 이 새 땅에 그나마 가장 가까운 지상적 표현이었다.

그러나 기대는 빗나갔다. 솔로몬의 어리석음은 이스라엘의 소망에

13. “그날에”로 번역되는 히브리어 ‘바욤 하후’(ביום ההוא)는 역사상의 과거나 종말론적 미래를 언급하는 일반적인 표현이다. 다음을 보라. Simon DeVries, *Yesterday, Today and Tomorrow: Time and history in the Old Testament* (Grand Rapids, MI: Eerdmans, 1975), pp. 284-323.

관한 모든 지상적 표현을 상실하게 만드는 일련의 사건의 시작이었다. 하지만 기나긴 쇠락의 과정 속에서도 하나님을 믿고 따르려는 이들을 위한 확증의 말씀이 선포되었다. 예언자들의 심판 신탁은 신실한 자들에게 모든 약속을 온전히 이루실 하나님의 성실하심을 확신시켜 주는 예언으로 완화된다. 그렇게 이사야는 "새 하늘과 새 땅"을 약속한다(사 65:17; 66:22). 창세기 3:17의 저주와 에덴에서의 추방이 역전되는 상황 같은 갱신을 약속하는 구절도 있다(예. 사 11:6-9; 32:15-18; 35:1-2). 황폐해진 땅이 에덴과 같이 될 것이다(사 51:3; 겔 36:35).

죄성의 문제는 신실한 남은 자들을 통해 처리될 것이다. 이 남은 자들이 이스라엘의 반역과 우상숭배 역사라는 문제의 해답이다. 영원한 하나님 나라가 임하기 위해서는 인간의 본성이 타락 전의 의와 믿음과 순종의 상태로 회복되어야 한다. 하나님 백성의 갱신에는 마음에 새겨진 새 언약이 수반된다(렘 31:31-34). 이사야와 에스겔은 모두 부활의 개념을 살핀다(사 26:19; 겔 37:11-14). 그런데 갱신에 대한 예언서의 관점에 담긴 모호함을 주목하는 것도 중요하다. 쇠퇴해 가는 시기를 배경으로 한 예언에는 이스라엘과 유다의 직접적인 대적들과 압제자들이 등장한다. 때로 회복의 희망을 전하는 메시지는 앗수르로부터의 구원 또는 바벨론 유배를 비롯해 넓게는 디아스포라로부터의 귀환이 종말의 도래를 나타낸다는 식으로 표현되기도 한다. 구체적인 시기의 언급 없이 미래 어느 시점에 이루어질 갱신에 관한 예언도 있다.

앞서 언급한 바와 같이 "여호와의 날"이나 "그날"[14]은 최종 심판과 최종 구원이 나타나는 사건이다. 전체적인 그림을 보면, 예언자들은 창조에 이어지는 구속사를 통해 이미 드러난 하나님의 행동 양식을 사용

14. 이와 비슷한 표현에는 "이 마지막 날에", "말세에" 등이 있다.

하여 갱신을 언급한다. 〈표 14.1〉은 이스라엘 구원 계시의 주요 지점과 함께 그것의 갱신에 관한 예언서 일부 본문을 정리한 것이다. 창조와 언약은 이 땅에서 표현되는 하나님 나라의 계시가 펼쳐지는 기반이다.

표 14.1 구속사에 대한 예언서의 개요*

이스라엘 역사	예언적 미래	간추린 예언서 본문
창조	새 창조	사 32:14-20; 65:17; 66:22; 겔 36:33-38
언약	새 언약	사 55:3-5; 렘 31:31-34; 겔 34:25-31; 36:24-28
출애굽	새 출애굽	사 11:12-16; 40:1-5; 43:1-7, 15-21; 48:20-21; 49:22-26; 51:9-11; 렘 23:7-8
약속의 땅 입성과 소유	약속의 땅 새 입성과 새 소유	사 32:14-20; 35:1-10; 렘 23:7-8; 29:10-14; 겔 34:11-16; 암 9:13-15
예루살렘	새 예루살렘	사 44:24-28; 46:13; 49:14-21; 51:3
성전	새 성전	사 2:2-3; 겔 40:1-47:12; 스 4:6-9
다윗왕	새 다윗	사 9:2-7; 11:1-5; 16:5; 55:3-5; 렘 23:1-6; 겔 34:20-24; 37:24-28; 암 9:11

* 이 주제들은 모두 하나님 나라의 새로운 표현과 관련되기 때문에 별개로 취급할 수 없다. 하나의 분명한 주제가 다른 주제를 암시하거나 다른 주제와 병합될 수도 있다. 다시 말해, 장차 임할 영광은 단일성 안에서 구별성을 갖는다.

여기서 언급하지 않은 아브라함 언약의 한 측면은 열방을 향한 복이다. 이것은 이스라엘과 열방에 관한 이전 장에서 자세히 다루었다. 여기서는 이스라엘이 갱신되는 시점이 바로 열방에 복이 임하는 날로 보인다고 언급하는 것으로 충분하다(예. 사 2:2-4; 습 3:9-13; 슥 8:20-23).

포로기 이전과 포로기의 예언자들은 심판-구원 사건을 통해 다가올 갱신을 예고했지만, 포로기 이후 세 명의 예언자들(학개, 스가랴, 말라기)은 추가 역할을 맡았다. 그들에게는 고국으로의 귀환이 곧 갱신의 때가 될 것이라는 전망이 더 이상 존재하지 않았다. 귀환 후에도 정작 그런 갱신은 이루어지지 않았기 때문이다. 학개과 스가랴는 성전 재건에 대한 귀환자들의 심드렁한 태도를 염려했다. 말라기는 국가 재건에 미치는 뿌리 깊은 부정과 불신앙에 초점을 맞춘다. 마치 출애굽이 곧장 하나님 나라로 이어지지 않은 것처럼, 두 번째 출애굽인 바벨론 귀환도 기대했던 하나님 나라를 이루지 못했다. 이 세 예언자는 왜 아직 하나님 나라가 임하지 않았는지를 분명히 보여 주었다.

구약의 묵시

묵시라는 문학 장르의 본질과 기원에 관해서는 오랜 논의가 있었다. 여기서 주목해야 할 점은 일반적인 예언적 종말론을 넘어서는 표현을 사용하는 구약 본문들의 초점과 메시지다. 나는 묵시가 예언적 종말론의 어법에서 발전했고, 당시의 시대 상황을 배경으로 하는 기존 문학 양식에서 일부 요소를 차용했으리라는 관점을 기꺼이 수용하는 바다. 콜린 브라운(Colin Brown)은 바움가트너(Baumgartner)의 견해를 인용하면서 예언과 구별되는 묵시의 특징으로 "익명성, 종말론적 조바심, 마지막 일들에 대한 정확한 계산, 환상 속 공상의 범위, 세계사와 우주적 지평에 대한 관심, 숫자 상징과 난해한 언어, 천사론과 내세의 소망"을 든다.[15] 어떤 학자들은 독특한 묵시적 상징을 이방으로부터 받은 영향으로 설명하기도 했다. 우리의 목적상, 구약 예언에 이미 존재하던 미래적 관점을 더욱 강화하는 성경 묵시의 역할에 주목하는 것

15. C. Brown, 'Prophet', *NIDNTT*, vol. 3, p. 80.

으로 충분하다. 일반적으로 다니엘서는 가장 발달된 이스라엘 묵시를 담은 책으로 인정되기에, 여기서는 다니엘서와 후기 예언서 일부 본문이 어떻게 예언의 역동성에 기여하는지 살펴볼 것이다.[16]

다니엘 7-12장 대부분의 특징을 이루는 문학적 어법인 묵시는 주로 과장된 상징으로 표현되며, 온 우주를 포함하는 보편적 종말에 초점을 맞춘다. 이는 천사나 하늘의 다른 존재들이 관여하는 천상의 혹은 초자연적인 계시임을 표방한다. 많은 상징들이 다양한 해석에 대해 열려 있는 듯 보인다. 하지만 다니엘서에는 의미를 찾을 단서들이 있기 때문에 그것이 크게 문제되지 않는다. 예를 들어, 다니엘 7:2-14의 환상에 나오는 상징은 17-27절로 해석된다. 두 부분을 비교해 보면 해석되지 않는 많은 세부 사항이 남아 있지만, 중심 의미와는 관련 없는 것이 분명해 보인다. 또한 묵시적 환상을 마치 모든 세부 사항이 해석되어야 하는 알레고리의 일부로 여기는 것은 잘못임을 보여 준다.

다니엘 7장은 '인자'라는 용어의 전문적인 사용에 있어서도 중요하다. 이 인물에 관한 본문은 수 세기 후 예수께서 사용하신 호칭과의 연관성으로 인해 우리 눈에 돋보인다. 하지만 다니엘 7:13-14은 7:17-27에 나오는 천사의 환상 해석에 포함되지 않았다. 이 환상은 엄밀한 의미에서 묵시적이지 않고, 13-14절은 천사의 해석이 필요하지 않을 만큼 명백하기 때문이라고 추측해 볼 수 있다. 그 상징은 현실적이며 뒷장에 나오는 것들과는 결이 다르다. '인자'(아람어 *bar ʾĕnāš*)라는 용어는 단지 '인간'을 표현하는 셈어족의 방식이다.

다니엘의 환상에서 인자는 하늘 구름을 타고 오는데, 이는 주님의 임재에 대한 기대를 불러일으킨다. 인간의 모습을 한 인물이 "하늘 구

16. 히브리 정경에서 다니엘서는 예언서가 아닌 성문서에 속한다.

름을 타고" 하나님께 나아가는 모습은 어색해 보인다.[17] 그가 인간이라는 것은 호칭뿐 아니라 창세기 1:26-28의 아담처럼 다스리는 권세를 받는다는 사실로 입증된다. 그는 하나님께 나아가 모든 민족을 다스리는 영원한 권세를 받는다. 이 문맥에서 주목할 만한 사실은 한 인간이 하나님의 임재 바로 앞에 있다는 것이다. 우리는 타락 이후 하나님과 인간의 관계에 대한 계시의 발전을 살펴보았다. 이제까지의 구속사 전체는 하나님이 화목과 친교의 방편을 제공하시면서 언약과 구원 행위의 계시를 통해 타락한 인류에게 가까이 다가오심으로 보이신 하나님의 인자와 자비를 추적한 것이었다. 이제 다니엘의 환상은 에덴에서의 아담처럼 천상에서 하나님의 임재 앞에 선 '인자'(아담)를 묘사하며, 첫째 아담이 잃어버린 보편적 통치권이 그에게 다시 주어진다. 묵시적 상징 중간에 이런 새로운 계시가 주어졌다는 사실은 그것이 완성적이고 보편적이라는 점에서 전적으로 적절하다. 예수께서 자신을 이 인물과 동일시하신 것도 지극히 자연스럽다. 인자는 인간이면서도 실제로 인간과 하나님 사이의 간극을 잇는 존재이기 때문이다. 다니엘서의 인자는 예수께서 자신을 인자로 칭하심으로써 전유(專有)된다.

세례 요한과 예언자 예수

구약 예언의 역동성은 신약성경 본문, 주로 복음서에서 직접적으로 적용된다. 복음서는 이스라엘의 예언자들을 언급하면서 그들을 그리스도 안에서의 성취와 연결시킨다. 우리가 예수를 성취자로 부를 때는

17. 이는 다니엘서의 아람어 단락(2:4b-7:28)에서 '인자'가 언급되는 유일한 곳이다. 단 8:17에서는 다니엘 자신이 '인자'(히브리어 *ben ʾādām*)로 불린다. 예언자 에스겔이 '인자'로 빈번히 언급되는 것처럼, 여기서도 다니엘이 하나님의 계시를 받을 때 갖는 예언자의 겸손한 신분을 암시한다.

구약의 약속과 예언을 염두에 둔 것이다. 때로 예수가 예언자로 평가되기도 하지만, 복음서에서 예언자가 언급되는 대부분의 경우는 구약의 예언자들을 말하는 것이다. 예수 당대 사람들 사이에는 예언한다는 것이 무슨 의미인지에 대한 대중적 인식이 있었다. 예수는 심판의 날에 거짓 제자들이 자신의 이름으로 예언한 일을 두고 간청할 것이라고 예고하셨다(마 7:21-23). 그들이 했던 예언의 내용은 나오지 않지만 거짓된 것이 분명하기에 우리에겐 중요하지 않다.

예수가 보이신 예언자적 역할에는 긴밀히 연결된 두 측면이 있다. 바로 그분이 예언을 성취하신다는 것과 모세 같은 결정적인 예언자라는 것이다. 예수는 아무 예고 없이 오시지 않았다. 사복음서는 모두 나사렛 예수의 사역에 앞서 세례 요한의 등장을 기록하는데, 그는 구약의 예언을 통해 오실 메시아를 공표하는 역할을 한다. 요한은 이사야가 약속한 것처럼 주의 길을 예비하는 자로 소개된다(사 40:3; 마 3:1-3; 막 1:1-4; 눅 3:1-6; 요 1:6-8, 29-34). 이렇게 그는 구약의 예언자들과 그들의 예언을 성취하러 오시는 분 사이를 잇는 역할을 한다. 요한은 구약 예언자들처럼 하나님이 보내실 구원의 도래를 미리 내다본다. 동시에 그는 뻔뻔스러운 유대 지도자들에게 다가올 진노를 경고한다(마 3:7-10). 구원과 심판(진노)은 구분되지만 결코 분리되지 않는다. 구약 예언자들과 요한의 주요 차이점은 그가 이제 구약의 예언을 예수의 인격 안에서의 성취로 전환시킨다는 데 있다. 그는 구약의 예언이 예수에 관한 것임을 최초로 증언한 사람이다. 사복음서가 이를 예수의 메시아 자격에 대한 결정적 증언으로 본다는 데는 이견의 여지가 없다.

오직 누가만이 천사가 요한의 아버지 사가랴에게 전한 아들의 출생 예고를 들려준다. 그는 엘리야의 심령과 능력으로 많은 이스라엘 자손을 주께로 돌아오게 하리라는 예언자 말라기의 선포를 성취할 것이다(눅 1:12-17, 말 4:5-6 인용). 이미 살펴본 바대로, 엘리야는 주전 9세기에 배교한 이스라엘을 돌이켜 야웨를 경배하도록 하기 위해 보냄받은 중요한 인물이었다. 따라서 그런 회개의 요청으로 요한의 사역은 이미 예견되었다.[18] 그는 하나님 나라가 가까이 왔다고 공표하는데, 이는 예수께서 선포하실 바로 그 메시지다(마 3:1-2; 4:17). 회개의 촉구는 이스라엘이 물로 회개의 세례를 받도록 촉구하는 그의 외침에 수반된다.

요한이 유대 백성을 요단강으로 불러 세례를 베푼 사실은 의미심장하다. 예루살렘에 사는 사람에게 요단강까지의 최단 거리는 33킬로미터로, 체력이 좋은 사람을 제외하면 하루에 왕복하기에는 상당히 먼 거리다. 사도행전 2:41에서 약 삼천 명이 세례를 받은 일은 예루살렘에서 일어난 것으로 추정되는데, 이는 굳이 물 때문에 강을 찾을 필요는 없었다는 뜻이다. 따라서 요한이 요단강을 선택한 이유는, 회개야말로 이스라엘이 약속의 땅에 들어가기 위한 새로운 시작을 의미한다는 메시지를 강조하려는 의도였을 가능성이 높다. 만일 그렇다면, 이것은 구원의 날에 유배지에서 본향으로 돌아오리라는 예언을 더욱 강화하는 셈이다. 하지만 요한의 물 세례에는 두 가지 제한이 있다. 첫째, 요한은 사역의 대상을 이스라엘로 보았다는 점이다. "나도 그[예수]를 알지 못하였으나 내가 와서 물로 세례를 베푸는 것은 그를 이스라엘에 나타내려 함이라"(요 1:31). 요한의 물 세례는 언약을 어긴 일에 대한 이스라엘의 회개와 관련되었다. 장차 오실 이로 약속된 분이 예수라는 사실이 이스라엘에게 계시될 때, 회개는 그분을 메시아로 받아들이는 첫걸음이다.

두 번째는 예수에 대한 요한의 증언이다. 그는 예수의 길을 예비하도록 보냄받았으며, 이런 예비함에 있어 중요한 측면이 회개의 물 세례

18. '회개하다'로 번역되는 히브리어 동사는 '돌다', '돌아오다'를 뜻하는 '슈브'(שוב)다.

였다. 요한이 자신은 물로 세례를 베풀지만 자기 뒤에 오시는 분은 성령으로 세례를 베푸실 것이라고 한 말은 사복음서에 모두 기록되었다(마 3:11; 막 1:7-8; 눅 3:16; 요 1:33-34). 그렇다면 물 세례가 언약을 어긴 이스라엘에게 회개를 촉구하기 위해 요한이 특별히 사용한 방식인가라는 질문이 제기된다. 만일 그렇다면 요한의 사역이 끝난 뒤에 물 세례가 배제된다고 할 수는 없을 것이다. 사복음서 모두 요한의 증언을 기록하고 있다는 점은 대단히 중요하다. 이는 요한의 물 세례가 예수께서 베푸실 성령 세례로 대체될 수 있음을 나타낸다.

사복음서의 공통된 견해는 요한의 물 세례가 예수의 공생애 시작을 알린다는 것이다. 요한은 이 세례를 통해 이스라엘에게 회개를 촉구했는데, 아마도 그런 연유에서 예수가 세례를 받으러 나오실 때 그 적절성에 의문을 가졌던 것으로 보인다(마 3:13-15). 이에 대한 간단한 대답은 예수께서 이스라엘의 회복을 전했던 예언을 성취하신다는 것이다. 이스라엘에게 세례를 받으라는 요한의 외침은 회개로의 촉구였다. 예수는 모든 의를 이루려고(마 3:15) 이스라엘을 대신해 회개하신 것으로 보인다. 예수가 세례를 받으신 이유를 이해하기 위해서는, 구약의 예언을 성취하기 위해 오신 분으로서 그분에 대한 증언을 살펴보아야만 한다. 예언적 종말론과 이스라엘에게 주어진 하나님의 약속은 동의어임을 인식할 필요가 있다. 따라서 "하나님의 약속은 얼마든지 그리스도 안에서 예가 되니"(고후 1:20)라는 바울의 주장은 최종적이고 완전한 구원과 더불어 최후 심판이라는 예언적 약속에 적용된다는 점에서 매우 중요하다. 이는 구약 예언의 해석, 특히 회복에 대한 예언의 해석 과정에서 핵심이다. 앞의 〈표 14.1〉에서 살펴본 바와 같이, 구약 예언자들은 창조와 언약의 갱신을 가리켰다. 이 두 가지는 구속사에서 아브라함 언약과 그 이후 백성, 땅, 하나님의 도성, 성전, 다윗 왕조로 구체화되어 나타났다.

이러한 예언이 어떻게 성취되었고, 성취되고 있으며, 성취될 것인가에 대해서는 두 가지 주요 접근법이 있다. 첫째는 합리적으로 느껴지기도 하고 심지어 자명해 보이기까지 하는 방법, 즉 문자적 해석이다. 이는 하나님이 말씀하신 방식 그대로 성취될 것이라고 주장한다. 만일 하나님이 이스라엘에게 약속의 땅으로의 귀환을 약속하셨다면, 우리는 1948년의 이스라엘 건국을 그 약속의 성취로 진지하게 고려해야 한다는 것이다. 그렇다면 이 논리는 다음과 같이 흘러간다. 만일 하나님이 예루살렘 도성에 새롭고 영화로운 성전을 약속하셨다면, 아직까지 성취되지 않은 그 일은 언젠가 반드시 일어날 것이다. 이런 식의 논리는 얼마든지 계속된다! 하지만 신약이 이런 해석을 가로막는다는 것이 문제다. 예수는 이른바 복음서의 '작은 묵시록'에서 예루살렘과 성전의 파괴가 임박했다는 사실을 여러 차례 말씀하셨지만, 결코 이 도성과 성전의 문자적 재건을 예언하신 적이 없다. 뿐만 아니라 디아스포라 생활에서 예루살렘으로 돌아오는 일에 대해서도 말씀하지 않으셨다는 점은 눈에 띌 정도다. 여기서 내가 지지하는 다른 접근법은, 신약성경으로 하여금 예언 성취의 본질을 보여 주도록 하는 것이다. 간단하게는 "그리스도가 성취자시다"라는 말로 요약할 수 있는 방법이다. 그분이 곧 새로운 피조물이기에 하나님께서 자기 백성과 함께 거하시는 땅이 되시고, 그분이 새로운 성전이 되셔서 우리가 하나님과 화목을 이루고 교제할 수 있는 길이 되신다는 의미다.

복음서와 사도행전은 예수가 예언자로 인식되었다는 사실과 그분이 예언의 성취자 역할을 주장하셨다는 사실에 대한 상당한 증언을 담고 있다. 복음서는 예수의 말씀과 행동이 어떻게 군중들로 하여금 그분이 예언자일 것이라는 추측을 불러일으켰는지 기록하고 있다(마

21:11, 46; 막 6:14-16; 8:27-28; 눅 7:14-17; 요 4:19; 6:14; 7:40; 9:17). 예언을 해석함에 있어 우리는 결정적 예언자이신 예수께서 해석학적 지침을 주신다는 사실을 인정해야 한다.

구약 예언에서 신약 예언으로의 전환은 예수의 변모 사건을 통해 목격된다(마 17:1-8; 막 9:2-7; 눅 9:28-36). 예수께서 영화롭게 변모하신 순간 그분 곁에는 구약의 두 위대한 예언자, 모세와 엘리야가 있었다. 하늘에서 나온 음성은 예언의 위대한 전환을 선언한다. "이는 내 사랑하는 아들이요 내 기뻐하는 자니 너희는 그의 말을 들으라"(마 17:5). 어떤 의미에서 옛 질서의 예언자들은 모든 예언의 내용이자 성육신하신 예언의 말씀인 바로 그 예언자에게 역할을 이양하고 있다.[19] 주석가들이 율법을 대표하는 인물로 모세를 꼽을 때, 그들은 모세를 통해 하나님이 무슨 말씀을 하셨는지에 주목한다. 하지만 나는 모세가 결정적인 예언자라는 사실에 주목하는 것이 시사점이 더 크다고 생각한다. 모세가 그런 인물이라는 사실은 하나님이 그를 통해 하신 말씀의 내용보다 하나님이 그를 통해 말씀하셨다는 것 자체를 보여 주기 때문이다. 여호수아가 이스라엘을 지도할 권한을 넘겨받았을 때, "그 후에는 이스라엘에 모세와 같은 선지자가 일어나지 못하였나니 모세는 여호와께서 대면하여 아시던 자요"라는 평가가 내려진다(신 34:10). 그리고 신명기 18:15에서 모세는 "네 하나님 여호와께서 너희 가운데 네 형제 중에서 너를 위하여 나와 같은 선지자 하나를 일으키시리니 너희는 그의 말을 들을지니라"고 말했다. 이제 산 위에서 일어난 예수의 변모는 그 약속된 예언자가 바로 예수라고 증거하며, "너희는 그의 말을 들

19. 누가의 기록만이 예수와 두 옛 예언자의 대화 내용이 "장차 예수께서 예루살렘에서 별세하실 것"에 관한 것임을 들려준다(눅 9:31). 여기서 "별세"를 뜻하는 헬라어는 '엑소도스'(*exodos*)로, 구약의 출애굽 신학을 의도적으로 인용한 것으로 보인다.

으라"는 신적 선언이 동반된다. 히브리서 1:1-3도 이 변모 사건을 반영하는 듯하다. 이제 옛 예언자들은 사라지고, 새 예언자이신 아들 예수께서 여기 계신다. 그분은 하나님의 영광의 광채시다.

예수가 끝, 즉 종말을 불러오신다는 사실은 복음서와 사도적 교리에 분명히 나타난다. "때가 찼고 하나님의 나라가 가까이 왔으니"(막 1:15)라는 예수의 선언은 그분의 사역이 끝, 즉 하나님의 '텔로스'(목적)를 이루신다는 말이다. 예수는 새 이스라엘을 대표하는 열두 사도를 자기 주위로 부르시며, 옛 이스라엘에게 회개하고 복음을 믿으라고 촉구하신다. 그분의 가르침은 랍비 유대교의 타락한 옛 질서를 정죄하면서 동시에 새 질서를 세운다. 예수는 새 질서의 도래를 위해 자신의 고난과 죽음이 필연적임을 예고하시며, 미래에 충만할 하나님 나라를 예견하신다. 예수께서 성전된 자기 육체를 가리켜 허물어지고 사흘 만에 다시 세워질 것을 말씀하셨을 때는 옛 질서의 종말을 염두에 두신 것이다(요 2:19-22). 마찬가지로 이 말씀은 성전 파괴를 예견하신 '작은 묵시록'(마 24:1-31; 막 13:1-27; 눅 21:5-28)에 관한 물음을 제기한다. 주후 70년, 예루살렘과 성전의 파괴는 이 예언의 마땅한 성취로 볼 수 있다. 하지만 세 복음서가 예수의 감람산 강화를 수난 기사 직전에 배치한 것은 예수의 죽음으로 '성전'이 파괴된 후에 부활이 있으리라는 묵시적 뉘앙스를 풍긴다.[20]

---

20. 이 입장에 관한 탁월한 논증은 다음을 참조하라. Peter G. Bolt, 'Mark 13: An apocalyptic precursor to the Passion Narrative', *RTR* 54/1 (1995), pp. 10-32; Bolt, *The Cross from a Distance: Atonement in Mark's Gospel*, NSBT 18 (Leicester: Apollos; Downers Grove, IL: IVP Academic, 2004), pp. 85-115. Bolt는 자신의 입장을 이렇게 요약한다. "이야기의 맥락을 고려해 막 13장을 읽으면, 그것은 재림이나 주후 70년의 성전 파괴에 관한 것이라기보다 예수의 죽음과 부활에 관한 것으로 보인다. 막 13장은 '수난을 위한 묵시적 준비'다"(Bolt, *The Cross*, pp. 90-1). 통상적으로 제안되는 두 대안(주후 70년 혹은 재림) 가운데 하나를 선택하는 것은 전체 이야기를 예수의 수난과 죽음으로 이끌어 가는 마가복음의 흐름을 방해하는 것으로 보인다. 마 24장에서도 마찬가지다.

사도들의 증언이 중요한 이유는 오순절 이후 복음 선포가 예수를 약속된 예언자로 인식했음을 보여 주기 때문이다. 베드로는 앉은뱅이를 고친 후 성전 솔로몬 행각에서의 설교를 통해 유대인의 죄를 지적하고(행 3:11-16), 예수가 예언자들의 메시지를 성취하셨음을 선포하며(행 3:17-21), 모세를 통해 하나님이 약속하신 예언자가 바로 예수이심을 밝힌다(행 3:22-24, 신 18:15-19 인용). 베드로는 이 모든 것을 이스라엘과 맺으신 하나님의 언약이라는 맥락에서 결론짓는다(행 3:24-26). 이런 종결부를 고려하면 베드로가 예언자의 역할을 언약적으로 보고 있음이 분명하다. 예언은 이스라엘 안에서 이스라엘을 위해 나타난 현상이기 때문이다. 그렇다고 해서 이것이 열방을 향한 축복의 통로가 되는 이스라엘의 역할을 무시하는 것은 아니다(행 3:25).

예언자들과 예언: 오순절과 그 이후

사도행전은 신약의 예언 행위에 관한 중요한 단서를 준다. 베드로의 오순절 설교는 사도들에게 성령이 부어질 때 나타난 여러 현상을 설명하는 요엘 2:28-32의 인용으로 시작한다. 먼저 오순절이 말세의 도래를 의미한다는 점을 시사한다(행 2:17). 여기에는 "모든 육체에" 성령이 부어져 "너희의 자녀들은 예언할 것"이라는 결과가 수반된다. 이 인용구에 대한 베드로의 주해는 곧바로 예수의 인격과 죽음과 부활로 이어진다. 그는 다윗을 언급하며 "미리 본 고로 그리스도의 부활을 말"한 예언자로 여긴다(행 2:30-31). 중요한 사실은 누가가 그리스도의 복음을

눅 21장은 그렇게 쉽게 다뤄지지 않을 수도 있지만, 만일 누가가 예언적으로 완성될 사건이 아닌 일을 단순히 예고하는 것이라면 내러티브의 방향 전환이 여전히 문제될 수 있다.

선포하는 신자들의 교제인 교회의 등장을 계속해서 묘사한다는 점이다. 예언 행위는 성령의 새로운 사역의 표시이자 본질상 복음 선포였다. 그것은 구속사에서 새로운 단계의 시작이었다.[21]

베드로가 요엘 2:28-32을 처음 인용한 이래, 사도행전에는 예언자나 예언에 대한 언급이 약 35회 나타난다. 거의 모두가 사도들이 예수를 선포하는 상황에서 이스라엘의 예언자들을 언급하거나 직접 인용한 경우다. 두 번에 걸쳐 언급되는 아가보라는 예언자는(행 11:27-28; 21:10-16) 성령을 통해 앞으로 교회에 닥칠 일을 예언한다. 첫째는 다가올 흉년 예고로, 이에 안디옥 교회의 그리스도인들은 유대에 있는 동료 신자들에게 구제금을 보낸다. 다른 하나는 바울이 결국 예루살렘에서 체포될 것이라는 예고였다. 바울이 이 예언을 진지하게 받아들였음은 분명하고, 누가는 그것이 성취되는 과정을 끝까지 기록한다.

따라서 사도행전은 하나님이 보내신 예언자의 결정적 기준이 하나님의 말씀을 중재하는 역할에 있다고 확증한다. 이제 그 말씀이 육신이 되어 여기 이 땅에서 성육신하신 '신인'으로서의 역할을 완수하셨다. 진정한 예언은 예수를 그리스도로 선포하는 것과 반드시 연관되어야 한다. 이제는 결정적인 성취의 예언자이신 예수에 대한 계시 이후에 나타나는 신약의 예언자들이 누구인가라는 문제가 제기된다. 이는 특히 오순절주의와 신오순절주의가 예언을 비롯한 영적 은사에 관심을 환기시킨 이후, 오늘날 교회에서 많은 논란거리가 되는 문제다(고전 12:10; 13:2, 8). 성령의 은사에 대한 이런 강조는 새로운 것이 아니지만, 현대의 논쟁은 그리스도인들이 예언의 역동성을 이해해야 할 지속적인 필요성에 초점을 맞추고 있다.

21. 이는 8장에서 살펴본 주제다.

‘예언자들’과 ‘예언 행위’에 관한 대부분의 언급은 바울 서신, 특히 고린도전서에 나타난다. 여기서 바울은 고린도 교회가 “모든 은사에 부족함이 없다”는 언급으로 운을 떼지만, 곧장 분열의 심각성에 주목한다(고전 1:7-13; 3:1-23). 그는 고린도 교인들이 성적 부도덕, 불신자들 앞에서 자신들의 고충을 떠벌리는 일, 그 밖의 여러 문제에 연루되었다고 비난한다. 그들은 영적 은사를 가진다는 개념을 오용했던 것이 틀림없다. 예언과 관련해 바울은 예언이 교회를 그리스도의 몸으로 세우기 위한 합당한 사역임을 분명히 한다. 바울 서신이라는 전체 맥락에서 보면 그는 예언을 그리스도 중심, 복음 중심의 활동으로 여겼음이 분명하다. 예를 들어, 예언은 곧 복음 사역이었고 이를 위해 교회 장로들은 바나바와 사울(행 13:1-3) 그리고 디모데(딤전 1:18; 4:14)를 안수했다.

특별히 두 가지 문제를 다룰 필요가 있겠다. 첫째, 사도들과 나란히 언급되는 예언자들의 정체와 역할이다(엡 2:20; 3:5). 둘째, 예언의 은사를 받은 신자의 역할이다(고전 12:10, 28-29). 교회가 사도들과 예언자들의 터 위에 그리스도를 모퉁잇돌로 하여 세워졌다는 사실은 예언자적 역할이 복음 사역의 중점에 있음을 시사한다. 교회는 곧 일어날 일들에 대한 간헐적인 통찰 위에 세워진 것이 아니라 단 한 번의 복음 사건 위에 세워졌다. 여기서 바울이 언급한 예언자들과 사도들의 의미에는 두 가지 가능성이 보인다. 먼저는 구약의 예언과 사도들의 메시지 간의 중추적 결합을 나타내는 가능성이고, 아니면 예수를 이스라엘의 메시아로 선포한 기독교 교사들을 뜻할 가능성이다. 아마 두 가지 모두가 해당될 것이다.

이에 관한 신약의 핵심 구절은 고린도전서 14:1-25이다. 바울은 독자들에게 무엇보다 예언의 은사를 사모하라고 권한다(1절). 바울은 알아들을 수 없는 방언으로 말하는 것과 예언의 이로움 및 해로움을 비교한다. 알아듣지 못할 방언으로 하나님께 말하는 것은 나 자신의 덕을 세우지만 듣는 자의 덕은 세우지 못한다. 반면 예언은 듣는 자의 덕을 세우고 권면하며 위로한다. 바울 서신 전체를 고려하면, 교회를 세우는 것은 복음밖에 없다. 또한 바울이 방언을 당시에 존재하던 외국어로 말하는 것으로 이해했다고 보는 시각도 합리적이다(고전 14:9-12).[22]

신약에서 예언자들과 예언을 언급하는 대부분의 경우는 구약 예언자들과 예수의 인격 및 사역과의 관계를 강화한다. 누가에 의해 그의 말이 보증된 아가보를 제외하면, 신약에서 우리에게 주어진 새로운 예언의 말씀은 요한계시록이 유일하다. 이 책은 예언으로서의 지위를 언급하며 시작하고 끝맺는다(계 1:3; 22:7, 10, 18-19). 요한계시록은 복음에 관한 책이다.[23]

요약 및 해석학적 함의

예언에 대한 점진적 계시는 다음과 같이 요약할 수 있다.

1. 예언의 기초는 말씀하시는 하나님이다. 그분은 창조에서 자신의 성품에 따라 말씀하시고, 혼돈이나 공허가 아닌 질서를 세우신다.
2. 하나님은 말씀으로 인간을 창조하는 과정에서 최초의 인간에게 말씀하시

22. 이것이 10-11절의 의미로 보인다.

23. Graeme Goldsworthy, *The Gospel in Revelation: Gospel and apocalypse* (Exeter: Paternoster, 1984). 다음 책으로 재출간되었다. *The Goldsworthy Trilogy* (Milton Keynes: Paternoster, 2000). 여기서는 이 점을 더 자세히 다루었다.

고 자신의 명령에 따른 관계를 세우신다. 이는 삼위일체 내면의 관계를 반영한다.

3. 하나님의 말씀은 보통 하나님이 택하신 인간 예언자를 통해 중재되는데, 이는 하나님 말씀의 성육신이신 중보자 예수에 대한 예고다.

4. 모세를 통해 중재된 예언은 출애굽에서 시작해 하나님이 자기 백성과 함께 거하실 땅에 이르는 하나님의 구원 패턴을 전달한다. 이는 성전과 다윗 왕조에 초점을 둔다.

5. 이스라엘의 예언자들도 하나님의 죄 고발과 죄인을 향한 진노에 초점을 둔다. 우선적으로는 모든 인간의 끊임없는 죄를 가리키지만, 궁극적으로 "우리를 대신하여 죄로 삼으신" 예수를 예고한다(고후 5:21).

6. 후기 예언서의 종말론은 주로 약속의 땅에서의 하나님 백성의 상황을 성전과 다윗 왕조를 중심으로 전체적으로 묘사한다. 신약은 이 땅의 하나님 나라와 구원의 그림자인 구약의 종말론을 이제 성취자이신 예수 안에서 발견하는 이해로 우리를 인도한다. 예언의 문자주의적 해석은 신약의 기독론적 해석을 무시할 때만 가능한 것이다.

7. 예수의 성육신은 성경 예언의 핵심적 전환이다. 모든 예언은 하나님의 말씀이자 모든 사람이 들어야 하는 하나님의 아들이신 예수에 의해 정의된다.

8. 신약의 예언은 예수 그리스도의 복음 선포에 중점을 둔다. 이는 예수를 궁극적 예언자로 계시하는 데서 시작하는데, 이 사실은 그분의 말씀뿐 아니라 성육신하신 하나님의 말씀이라는 그분의 존재로 입증된다.

예언의 역동성에서 제기되는 해석학적 문제는, 일부 주석가들이 구약의 예언을 마치 오늘날 우리에게 직접 말하고 있는 것처럼 취급하려는 경향이다. 이들은 고대 이스라엘 사회 내부의 문제를 겨냥한 예언자들의 말을 현대 사회 문제와 결부시키는 데 주저함이 없다. 유사성을 지적하는 것 자체는 문제가 아니지만, 이런 경향은 구약의 예언이 복음으로 이어지는 구속사와의 관계를 고려하지 않은 채 우리 사회의 병폐를 고발하는 일을 '예언자적'이라고 여긴다. 이로 인해 사회적 행동과 사회 정의의 구현이 복음의 열매가 아니라 복음 자체가 되어 버리기 쉽다. 내가 이렇게 말하는 것은, 예언자들이 결코 오늘 우리 그리스도인들에게 본보기가 되지 않는다는 뜻에서가 아니다. 적어도 그들은 하나님이 인간의 죄를 얼마나 혐오하시는지 가르쳐 준다. 그들은 우리가 하나님께로 돌아가 그분이 마련하신 구원의 길을 바라볼 때 회개와 믿음으로 부르시는 그분의 은혜와 사랑을 끊임없이 상기시킨다.

예언의 점진적 계시에서 제기되는 주요 해석학적 문제는 구약 예언자들의 종말론에 관한 해석이다. 여기서 문자주의적 예언 해석의 오류를 다시 언급할 필요는 없을 것이다. 후기 예언서는 이스라엘을 향한 미래의 복과 그들을 통해 이방인에게 흘러갈 복의 확증을 과거 구속사를 재차 요약하는 식으로 표현한다. 그러나 복음은 어떤 문자주의적 해결책도 뛰어넘는다. 예수께서 우리에게 어떻게 예언이 성취되었는지 가르쳐 주셔야만 한다. 예수와 그분의 삶, 죽음, 부활을 건너뛰는 해석은 어떤 것도 유효하지 않다.

15. 종말론에 대한 계시의 역동성

이제 3부의 마지막 장에서, 종말론이라는 주제는 하나님이 자신을 위해 세상과 인간을 창조하고 백성으로 삼으시려는 영원한 작정에 근거하고 있음을 강조해야 마땅하다. 종말론(eschatology), 즉 마지막 일들에 관한 연구는 하나님의 영원한 목적에 중점을 둔 처음 일들을 다룬 시초론(protology)에서 시작할 때에만 가능하다. 종말론은 임박한 예수의 재림을 알리는 시대의 징조를 분별할 수 있다고 믿는 예언 전문가들에게 지금까지도 여전히 인기가 많은 놀이터다. 복음주의적이고 개혁주의적인 그리스도인들 사이에서도 종말론만큼이나 논란이 되는 교리 분야는 없을 것이다. 그리스도의 재림에 동반된 일련의 사건에 대한 논쟁에는 천년왕국, 시대의 징조, 신자와 불신자에게 닥칠 미래의 특성 등이 포함된다. 전천년주의자들 중에는 역사적 전천년주의자가 있고 세대주의자가 있다. 또한 환난 전 휴거설, 환난 중 휴거설, 환난 후 휴거설이 있다. 후천년주의자들 중에는 신율주의자들이 있고 이것에 반대하는 자들이 있다. 나는 이런 분파들이 모든 예언의 결정적 성취로서의 복음을 어느 정도 간과하는 셈이라고 생각한다. 그러므로 나는 이 책의 전체 논지에 맞게 그리스도로 시작해 그리스도로 끝맺을 것이다.

그리스도에 의해 정의되는 하나님의 목적

하나님은 목적을 가지신 하나님이며, 그분은 자신의 복음을 통해 그 목적을 이루어 가고 계신다. 에인저(Arthur C. Ainger)는 이를 찬송으로 표현했다.

> 하나님은 그의 목적을 이루어 가시네.
> 한 해 한 해 지날 때마다
> 하나님은 그의 목적을 이루어 가시네.
> 그때가 가까워지네.
> 점점 더 가까워지는 그때,
> 반드시 이루어질 그때.
> 물이 바다 덮음같이
> 하나님의 영광이 온 세상에 가득할 그때.[1]

하박국 2:14에 근거한 이 찬송은 구약 약속의 성취를 기대한다.[2] 영원부터 하나님은 창조와 구속이 수반된 계획을 가지셨다. 하나님의 백성에게 종말론은 예정으로부터 기인한다. "곧 창세 전에 그리스도 안

1. Arthur C. Ainger, 'God Is Working His Purpose Out'(1894년).
2. 이 가사가 그리스도 재림 이전에 약속이 성취될 것이라는 소망을 나타낸다고 가정할 때, 후천년설의 이상에 속한다고 확실히 말할 수 있을 것이다.

에서 우리를 택하사 우리로 사랑 안에서 그 앞에 거룩하고 흠이 없게 하시려고 그 기쁘신 뜻대로 우리를 예정하사 예수 그리스도로 말미암아 자기의 아들들이 되게 하셨으니"(엡 1:4-5). 이 목적이 실현되는 성경적 계시는 창조에서 새 창조에 이르는 성경의 역사로 요약된다. 창조에서 시작해 성경의 줄거리를 요약하는 것은, 실제로는 종말론에서 시작하는 셈이다. 선형적인 역사는 하나님이 의도하신 목적에 이르는 미래 일들에 대한 점진적 관점을 수반한다는 점에서 종말론적이다. 신자들에게 종말론은 영생이라는 소망이 현재와 미래의 삶에 실제로 어떤 의미가 있는지 이해하는 데 중요하다. 계시의 역동성에 대한 질문 전체가 하나님의 행동과 말씀의 점진적인 역사성에서 비롯된 것이기 때문에, 전체적으로 이것은 성경적 종말론에 관한 연구라고 할 수 있다. 첫 창조에서 시작해 그리스도를 통과해 새 창조에 도달하는 구속사의 진전 과정을 나타내는 몇 구절을 선별해 보자.

> 태초에 하나님이 천지를 창조하시니라. 땅이 혼돈하고 공허하며 흑암이 깊음 위에 있고 하나님의 영은 수면 위에 운행하시니라. (창 1:1-2)

> 태초에 말씀이 계시니라. 이 말씀이 하나님과 함께 계셨으니 이 말씀은 곧 하나님이시니라. 그가 태초에 하나님과 함께 계셨고 만물이 그로 말미암아 지은 바 되었으니 지은 것이 하나도 그가 없이는 된 것이 없느니라. (요 1:1-3)

> 그는 보이지 아니하는 하나님의 형상이시요 모든 피조물보다 먼저 나신 이시니 만물이 그에게서 창조되되 하늘과 땅에서 보이는 것들과 보이지 않는 것들과 혹은 왕권들이나 주권들이나 통치자들이나 권세들이나 만물이 다 그로 말미암고 그를 위하여 창조되었고 또한 그가 만물보다 먼저 계시고 만물

이 그 안에 함께 섰느니라. (골 1:15-17)

보좌에 앉으신 이가 이르시되 보라 내가 만물을 새롭게 하노라 하시고 또 이르시되 이 말은 신실하고 참되니 기록하라 하시고 또 내게 말씀하시되 이루었도다. 나는 알파와 오메가요 처음과 마지막이라. (계 21:5-6)

이 구절들만으로도 성경의 모든 이야기가 예수 그리스도 안에 있는 하나님 뜻의 종말(헬라어 *eschaton*) 혹은 목적(헬라어 *telos*)에 이르는 과정이라는 사실을 보여 주기에 충분하다. 하나님의 종말론적 목적은 온 세상 역사를 움직이고 이끄는 동력이며, 그 중심에 그리스도가 계신다. 윌리엄 덤브렐은 성경적 종말론에 관한 저서에서 이러한 관점을 다음과 같이 표현했다. "성경은 과거와 현재에 비추어 본 미래에 관한 책이다. 이런 의미에서 성경 전체는 종말론적이다. 바로 하나님 나라의 도래에 초점을 맞추고 있기 때문이다."[3] 이 관점은 하나님이 인간의 반역과 타락으로도 변하지 않는 목적을 가지고 창조하셨음을 시사한다. 타락과 죄 교리는 최종적이고 완전한 목표에 이르기까지 일종의 급진적 변화가 필요함을 가리킨다.

하나님의 말씀과 행위의 목적, 즉 '텔로스'에 이르는 성경의 여정을 요약하는 작업은 유익하다. 특히 종말론이 수 세기 동안 많은 논쟁을 불러일으켰다는 점을 고려하면 더욱 필요하다. 앞에서 살펴본 바와 같이, 특히 복음주의적 그리스도인들 사이에서 예언적 종말론을 해석하는 방식에는 상당한 차이가 있다. 두 가지 상반된 결과는 전혀 다른

3. William J. Dumbrell, *The Search for Order: Biblical eschatology in focus* (Grand Rapids, MI: Baker, 1994), p. 9.

해석의 과정에서 비롯하며, 이 차이는 그리스도의 재림과 관련한 과정에서 상충된 견해로 이어진다. 한 견해는 지나친 문자주의에 근거한 구약 예언의 해석으로, 대체로 전천년설로 귀결된다. 일반적으로 이런 문자주의는 성경으로 하여금 성경을 해석하게 하지 않는다. 다른 견해는 예언이 어떻게 성취되는지에 관한 이해를 신약으로 하여금 안내하게 하는 데 용이하다. 이 견해는 주로 무천년설과 연관된다. 이번 장에서 내 목표의 일부는 무천년설이 성경의 증거에 부합한다고 생각하는 이유를 보여 주는 것이다.

창조, 타락, 종말론

나는 성경에 나타나는 역사에 관한 논의를 다루면서, 하나님이 창조에서 새 창조에 이르는 전체 과정을 주관하는 주님이자 역사의 저자라는 사실을 이해하는 데 창조가 지닌 의미를 언급했다.[4] 세속 역사학자들은 역사를 하나님이 없는 닫힌 우주에서 일어난 일들, 즉 인과법칙에 의해 이끌리는 것으로 이해한다. 반면 성경적 관점은 하나님이 모든 역사를 관할하시며, 최종 구원과 최후 심판으로 특징지어지는 미래의 목표를 향해 이끌어 가신다는 것이다. 궁극적인 목표는 하나님 나라의 충만함이다.

세속적 사고방식이 일관된 전제를 고수하는 한, 그것은 우주와 역사를 철저히 비인격적이며 불가해하고 초윤리적인 것으로 보게 한다. 이를 주관하는 인격적이고 도덕적인 주체가 없기 때문이다. 또한 우주와 역사의 복잡성을 과학적으로 이해하려 한다. 성경적 역사관은 역사

4. 4장과 5장을 보라.

가 의도적인 통제 아래 있으며, 하나님 나라와 만물의 갱신이라는 차원에서 다양하게 나타나는 도덕적 '텔로스'를 향해 인도된다고 본다. 일관된 세속적 이해에 따르면 역사의 수레바퀴는 궁극적 목표나 목적, 또는 의미가 없는 우연한 '추돌 사고'의 연속으로 굴러간다. 따라서 역사의 궁극적 의미에 관해서는 인과관계에 근거한 그럴듯한 추론만이 전부라고 여기거나, 아니면 역사의 주인께서 우리에게 주신 계시에 의존해야 한다.

우리가 시간과 공간 속에서 인식하는 역사는 "태초에" 있었던 천지창조에서 시작한다. 이 원시 시대에 대해 어떤 말이라도 하려면 하나님의 계시에 의존해야 한다. 세속 역사학자들과 달리, 우리는 이른바 선사시대에 관한 현존하는 기록이나 유물이 부족하다는 이유로 성경 기록을 가치 없다고 생각하지 않는다. 마찬가지로 자유주의 기독교는 성경의 신적 계시에 대한 자연론적 의심으로 인해 어긋나 버린다. 자유주의와 반대로 성경적 신앙은 창세기 창조 기사의 모든 것이 목적 있는 영속성을 나타내며, 이로써 역사의 목적을 보여 준다고 여긴다. 그러므로 성경적 종말론은 주권자이자 창조주의 뜻인 창조 사건에서 비롯된다. 이는 사람에게 "생육하고 번성하여 땅에 충만하라, 땅을 정복하라" 하신 하나님의 명령에 명시적으로 드러난다(창 1:28). 창조는 하나님이 정하신 미래, 즉 '텔로스'를 가지도록 의도되었다. 성경 내러티브의 모든 세부 사항은 하나님의 목적에 이르기를 고대하고 있다.

타락은 우주와 창조주의 도덕적 본성에 도전함으로써 발생했다. 성경적으로 보면, 도덕성은 창조 때 사람에게 부여된 인성에 달려 있었다. 우리 인성의 근본은 하나님이시기에, 사람으로서 우리는 창조주이신 하나님과 관계를 맺을 필요가 있다. 이것이 도덕성의 핵심이다. 우리는 도덕성을 어기지 않고는 하나님이 계시지 않은 것처럼 비인격적으로 행동할 수 없다. 참된 도덕성이란, 하나님의 창조 목적에 합당하게 살아가야 할 우리의 책임을 다하는 것이기 때문이다. 제임스 몽고메리 보이스(James Montgomery Boice)는 도덕적 책무의 네 영역을 하나님, 타인, 자연, 우리 자신으로 제시한다.[5] 이 주제는 앞 장에서 다루었으므로 여기서는 타락이 하나님의 영원한 목적을 꺾지 못했다고 언급하는 것만으로 충분하다. 따라서 창조에 명시된 하나님의 목적은 반역한 인간들에 대한 심판의 필연성으로 이어질 뿐만 아니라, 창세기 3:15에서 시작되는 은혜로운 회복의 약속으로도 이어진다.

종말론의 역동성은 창조가 시작된 순간부터 내재해 있으면서 하나님의 영원한 목적을 반영한다. 타락은 사소한 실수나 창조주의 허점을 찌른 일이 아니었다. 그것은 사람이 하나님의 진실성 및 참과 거짓과 선악을 결정하시는 그분의 권위를 거부하고 근본적인 자율성을 선언한 사건이었다. 바울은 이 파국을 성찰하며 우주의 타락에 대한 하나님의 공의로운 심판이 종말론적이었다는 결론에 이른다. "그 바라는 것은 피조물도 썩어짐의 종노릇한 데서 해방되어 하나님의 자녀들의 영광의 자유에 이르는 것이니라"(롬 8:20-22). 그러므로 우리는 장차 우리에게 나타날 영광을 고대할 수 있다(롬 8:18).

이런 관점에서 우리는 타락을 성경적 종말론과 관련지어 보아야 한다. 하나님의 영원한 계획은 그분의 복음 안에 있는 그리스도였다. 그렇다고 이런 긍정적인 목적과 필연성으로 인해 인간 반역의 심각성이 약화되는 것은 아니다. 인간 역사 속에서 하나님이 행하시는 목적에

5. James Montgomery Boice, *Foundations of the Christian Faith* (Downers Grove, IL: InterVarsity Press; Leicester: Inter-Varsity Press, 1986), pp. 154-5.

는 택하신 자들을 향한 구원과 고의로 죄 가운데 머무는 자들을 향한 정죄가 모두 수반된다. 타락은 하나님이 자기 백성을 구원하시고 새 하늘과 새 땅의 영원한 나라로 인도하시는 과정에서 인애하고 긍휼하며 자비로운 그분의 성품을 돋보이게 한다. 동시에 타락은 하나님 역할을 자처하고 그분의 목적을 훼방하는 자들을 향한 하나님의 일관된 심판 속에서 그분의 거룩함을 드러낸다.

창조에서 시작된 미래는 에덴 바깥에서도 계속된다. 종말론의 역동성도 아담과 하와의 생식 과정을 통해 계속된다. 가인과 아벨은 타락한 세상에서 시작된 인간 존재의 새로운 질서 속에 태어난 최초의 세대다. 아담과 하와의 계보는 인간의 악이 창궐한 시대를 살았던 노아에게로 이어진다. 땅의 모든 생물에게 내려진 두 번째 심판 앞에서 노아가 받은 하나님의 은혜는, 다시금 창조 세계와 인류를 위한 지속적인 미래라는 하나님의 목적을 보여 준다. 홍수에서 구원받은 후, 노아는 여전히 타락한 상태로 타락한 세상에 속했지만 새 아담으로 묘사된다(창 9:1-17). 그는 "번성하고 땅에 가득하라"는 아담과 동일한 사명을 부여받는다. 인류는 나머지 피조물과 더불어 분명히 운명적인 존재다.

노아와 세우신 언약은 창조 때 시작된 하나님과 인간의 관계를 정확히 보여 주며, 이 관계는 심지어 타락 이후에도 하나님에 의해 유지된다. 물론 타락으로 인해 그 관계는 심각한 타격을 입지만, 그렇다고 완전히 없어진 것은 아니다. 언약에는 미래를 향한 의도가 약속의 형태로 표현되어 있으며, 그 약속의 대상으로부터 상호적인 신실함이 요구된다. 12장에서 살펴보았던 것처럼, 언약은 약속과 경고, 축복과 저주로 표현된 하나님의 목적에서 그 기초가 된다. 실제적으로 말하자면, 종말론의 발달과 역동성은 언약의 역동성으로 표현된다고 할 수 있다.

이스라엘, 출애굽, 하나님 나라

이스라엘의 출애굽은 아브라함의 부르심에 근거한다. 하나님이 아브라함과 세우신 언약의 약속적 성격은 그의 자손들이 이집트 노예 생활로부터 구원받는 사건으로 지켜진다. 약속과 성취는 종말론의 틀이 된다. 성경의 통일성에 관한 여러 접근법이 가진 상호 연결성도 중요하다. 언약의 약속은 하나님 나라와 관련되고, 언약과 나라는 모두 새 창조와 밀접히 연관된다.

성경적 종말론의 과정을 구성하는 성경 역사의 미래는 그 구조가 언약적이다. 이는 아브라함의 자손에서 시작하는 하나님의 백성을 위한 약속된 미래를 내용으로 한다. 이미 살펴본 바와 같이, 언약의 기본 내용은 그들이 하나님 백성의 신분을 회복한 민족이 되고, 거주할 땅을 받아 소유로 삼으며, 세상 모든 민족에게 복의 통로가 된다는 것이다(창 12:1-3). 따라서 언약은 타락으로 인한 문제들, 즉 하나님으로부터의 단절, 에덴에서의 추방, 인류의 운명을 다룬다. 약속이 주어지면 미래는 보장되며, 그 이후의 모든 것은 구조화된 종말론이 형성되는 지속적인 과정이다.

하나님 나라는 성경을 관통하는 지속적인 주제다. 비록 실제 용어가 구약에 나오지는 않지만 그 개념은 분명히 존재한다. 본질은 하나님의 백성이 그들을 위해 하나님이 예비하신 곳에서 그분과 함께 거하며 피조물로서 창조주 하나님과 관계를 맺는 데 있다. 따라서 내가 처음 정돈한 개념대로, 하나님 나라의 다양한 표현은 하나님의 처소에서 하나님의 통치 아래 있는 하나님 백성의 공통된 차원을 공유한다.[6] 이는 하나님 나라의 원형, 곧 에덴에서 하나님과 함께 있던 아담

6. 이는 내가 다음 책에서 제시한 것이었다. *Gospel and Kingdom: A Christian interpretation of the*

과 하와에게 적용된다. 타락 이후, 하나님 나라는 방주 안의 노아와 가족들의 모습으로 나타난다. 그리고 이어서 아브라함에게 약속된다. 출애굽 사건은 죄인이 하나님의 처소에서 하나님의 백성으로 있으려면 하나님의 은혜로 구속되어야 한다는 사실을 가르쳐 준다. 이후에는 약속의 땅에서 하나님의 율법 아래 있는 이스라엘의 모습이 하나님 나라를 예표한다.

팔레스타인에서 이스라엘이 중요한 민족으로 발달해 가는 시기에 이스라엘의 역사에 담긴 신학적 역동성 또한 중요하다. 이 민족의 위대함은 수많은 실패로 손상되기도 하지만, 예언자들을 통한 신정 국가로의 발전이 동반된다. 예루살렘은 그 땅의 중심이자 하나님께서 자신의 이름을 두신 성읍으로 지정된다. 성전이 그 성읍의 중심으로 건립된다. 성전은 하나님이 자기 백성에게 허락하신 곳에서 그들과 함께 계시다는 상징으로서 언약에 약속된 모든 것을 함축하고 있다. 성전은 하나님 나라의 중심이다. 이 모두를 감찰하는 것이 다윗 왕조다. 왕은 하나님이 이스라엘과 세우신 언약의 인격적 관계의 전형을 보여 준다. 하나님이 다윗 및 그의 후손들과 세우신 언약은 하나님과의 관계에서

Old Testament (Exeter: Paternoster, 1981). 다음 책으로 재출간되었다. *The Goldsworthy Trilogy* (Milton Keynes: Paternoster, 2000), pp. 60, 121. *God's Big Picture: Tracing the story-line of the Bible* (Leicester: Inter-Varsity Press, 2003)에서 이 개념을 내게서 빌렸음을 인정하는 Vaughan Roberts에게는 미안한 말이지만, 그가 이것을 발전시키려는 시도에는 동의할 수 없다. 『성경의 큰 그림』(성서유니온). Roberts는 '하나님의 통치'를 '하나님의 통치와 복'으로 바꾸었다. 의도적이든 그렇지 않든, 이로써 그는 하나님의 통치가 '복'으로 유연해지거나 확장되어야 할 필요를 시사한다. 그렇다면 하나님의 통치 밖에 있는 하나님의 복이 어떤 것인지에 대한 의문이 생긴다. 분명 하나님의 처소에서 하나님의 백성이 누리는 궁극적 복은 하나님의 통치다. 하나님 나라에서 복과 통치는 동의어다. 나는 지나치게 까다롭게 굴려는 것이 아니다. 다만 하나님의 통치가 의미하는 바를 이해하는 것이 중요하기 때문이다. 물론 하나님의 통치에는 죄인을 향한 심판이 수반되지만, 그리스도를 통해 의롭다 함을 받고 하나님 나라에서 그분의 통치를 누리는 자들에게는 정죄함이 없다. 한마디로 모든 것이 복이며, 하나님의 통치 안에 이미 포함되지 않은 하나님의 복이란 없다.

왕이 온 백성의 대표가 되게 했다.

다윗과 솔로몬 치하에서 이스라엘이 제아무리 장엄했다 할지라도, 그 영광은 오래가지 못했다. 하지만 구약의 종말론에서 주된 요소는 하나님이 언약을 세우실 때는 그 언약을 지속시키리라는 것도 보이셨다는 점이다. 즉 영원한 언약이다(창 9:16; 17:7; 레 24:8; 삼하 23:5; 시 105:8-10; 사 24:5; 55:3; 렘 32:40; 히 13:20). 그렇다면 이 민족이 언약을 끊임없이 지키지 못했던 것은 어떻게 말할 수 있는가? 그리고 이스라엘이 하나님의 백성에 대한 언약적 표현이라는 사실로부터는 무엇을 유추할 수 있는가? 처참한 실패에도 불구하고, 이스라엘은 약속의 땅에 정착해 가는 시기 동안 발전을 거듭해 외적으로는 한동안 하나님이 뜻하신 나라가 되었다. 즉 하나님의 처소에서 하나님의 통치 아래 있는 하나님의 백성이었다.

약속의 땅에 있는 이스라엘은 일반적으로 성장과 위대함과 영광으로 묘사된다. 그럼에도 하나님 앞에서 이스라엘의 삶은, 이 역사적 왕국이 아브라함 및 모세와 세우신 영원한 언약이 기대하게 만드는 영화로운 하나님 나라는 아니라는 사실을 깨닫게 할 정도로 충분히 모호하다. 물론 현시점에서 지나간 과거를 바라보며 지혜로울 수 있지만, 나는 본질적으로 이런 지혜가 그리스도인의 시각으로 구약을 읽는 의미라고 생각한다. 육신이 된 말씀이신 예수는 하나님의 최종적이고 완전한 계시로서, 우리가 옛 구약 계시의 의미를 어떻게 평가해야 하는지 알려 주신다. 이스라엘이 채우지 못한 영광을 그리스도의 영광이 채운다.

솔로몬 이후, 백성들이 점점 우상숭배와 언약을 어기는 길로 치달아 이스라엘의 영광은 시들어 갔다. 이러한 쇠락은 당시 신실했던 남은 자들에게 수많은 의심과 혼란을 유발했을 것이다. 그러나 은혜로 말미암아 끝까지 남은 자들은 앞 장에서 살펴본 대로 예언자들의 말로 위로와 격려를 받았다. 후기 예언서는 우상숭배와 배교에 대한 하나님의 심판을 선포함으로써 언약을 강화시키는 한편, 하나님의 목적이 방황하는 민족에 의해 꺾일 수 없다는 확고부동한 신념으로 기록되었다. 따라서 종말론적 묘사는 예언자들의 예언을 통해 새로운 동력을 얻어 하나님의 모든 목적이 완전히 성취될 '여호와의 날'을 고대하게 한다.

예언서의 약속과 역사의 재개관

문서 예언자들의 발전된 종말론은 여로보암 시기의 분열 이후 이스라엘과 유다의 상황에 대한 그들의 영감받은 평가에서 비롯된다. 예언자들이 미래의 어떤 사건, 특히 하나님의 구원 행위와 심판 행위를 가리키기 위해 사용하는 용어는 우리가 다루기에 다소 방만한 감이 있다. 사이먼 드브리스(Simon DeVries)가 올바르게 지적했듯이, 우리는 성급한 일반화를 경계하고 시간과 관련된 단어나 지시어의 각 용례를 세심하게 주해해야 한다.[7] 이는 특히 흔하게 사용되면서도 중요한 단어인 '날'에서 그렇다. 때로 '그날'로 줄여서 표현되는 용어인 '여호와의 날'은 그 다양한 용법이 적어도 두 가지 다른 관점을 가리킨다. 하나는 상대적으로 임박한 야웨의 심판 혹은 구원 행위를 가리키고, 다른 하나는 상대적으로 먼 미래에 있을 하나님의 모든 경고와 약속의 성취를 가리킨다. 어떤 경우에는 이 두 가지가 한 사건에 합쳐져 보이기도 하고,

---

7. Simon DeVries, *Yesterday, Today and Tomorrow: Time and history in the Old Testament* (Grand Rapids, MI: Eerdmans, 1975), pp. 36-8.

다른 경우에는 뚜렷이 구분되기도 한다. 따라서 '여호와의 날'은 바벨론 유배나 이스라엘 대적의 멸망을 뜻할 수도 있고, 모든 우상숭배자를 향한 최후 심판과 모든 하나님 백성의 최종 구원을 뜻할 수도 있다. 어떤 경우든, 하나는 다른 하나를 예표한다. 더욱이 최종 구원과 최후 심판이라는 사건은 일반적으로 하나님의 완전한 나라가 임하는 미래 시대로 곧장 이어지는 것으로 묘사된다. 〈도표 15.1〉은 '여호와의 날'에 현시대가 끝나고 새 시대, 새 창조로 이어진다는 구약의 관점을 나타낸다.

도표 15.1 하나님의 목적에 관한 구약의 관점*

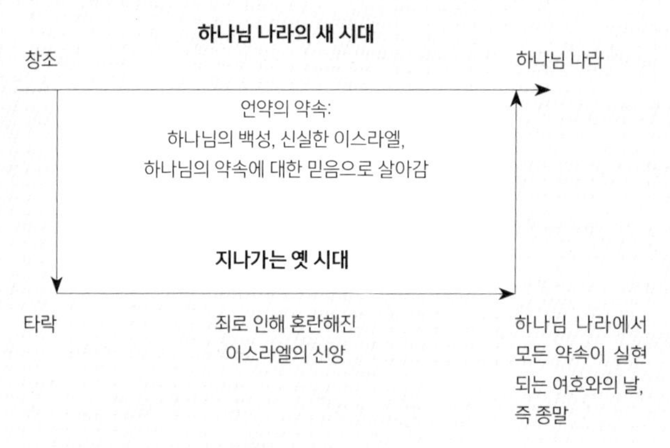

* 이것은 다음 책에서 수정한 것이다. Geerhardus Vos, *The Pauline Eschatology* (Grand Rapids, MI: Eerdmans, 1972), p. 38. 『바울의 종말론』(좋은씨앗).

구약의 폭넓은 관점은 약속된 새 시대와 옛 시대가 중첩되는 부분을 포괄한다. 하지만 이와 모순되지 않는 방식으로, 예언자들은 그런 중첩에만 관심을 두기보다 옛 시대에서 새 시대로의 전환이 즉각적인 것처럼 제시한다. 〈도표 15.2〉가 보여 주듯, '여호와의 날'은 옛 시대의 끝이자 새 시대의 시작이다.

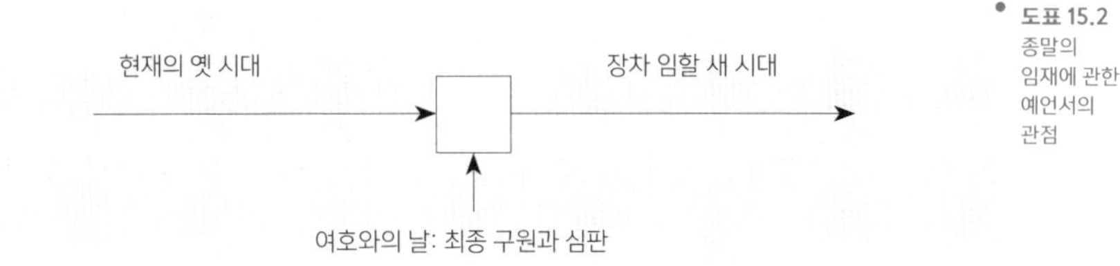

도표 15.2 종말의 임재에 관한 예언서의 관점

약속된 하나님 나라와 이스라엘이 경험한 현실의 중첩은, 타락에서부터 하나님 나라의 충만함에 이르기까지 성경 계시에 나타나는 특징이다. 이는 그러한 시대의 중첩이 신약에서도 계속 이어지리라고 예측하게 한다. 구약과 신약의 관점 차이는, 예언서가 이스라엘이 과거 경험한 역사 패턴을 재차 개관함으로써 종말을 묘사하는 반면, 신약은 그리스도를 통해 하나로 통합한다는 데 있다.

신약에서 종말의 도래

종말에 관한 신약의 관점은 본질적으로 예수 그리스도의 과거, 현재, 미래의 '역사'다. 이는 그리스도를 가리키고 그리스도를 통해 그리스도 안에서 성취되는 구약의 종말론에서 이어진다. 과거의 관점에서 볼 때, 종말에 관한 예언서의 시각은 예수의 탄생, 삶, 죽음, 부활을 통해 이미 성취되었다(마 12:28; 눅 17:20-21; 요 12:31; 히 1:1-4; 9:24-26). 현시대, 즉 오순절과 그리스도의 재림 사이에서 종말은 신자와 그리스도의 연합을 통해, 그리고 세상 속에 있는 교회로서 그리스도의 몸의 존재를 통해 성취되고 있다(요 14-16장; 행 2:1-40; 딤후 3:1; 벧전 1:20; 요일 2:18). 미래에는 그리스도께서 영광 중에 다시 오실 때 보편적으로 종말이 성취될 것이다. 이 관점의 핵심은 그리스도가 만물의 '텔로스'(목적)라는 선언이다(엡 1:9-10; 골 1:15-20). 따라서 우리는 그리스도의 역사에 세 가지 주요 국면이 있음을 알게 된다. 그분은 과거에 육신으로 계셨고, 지금은 떠나 계시지만 성령으로 함께하시며, 장차 영광 중에 다시 오실 것이다.

신약의 종말론은 복음주의자들 사이에서뿐만 아니라 자유주의 신학자들 사이에서도 상당한 논쟁이 있는 분야다. 역사의 종말에 관한 문제는 초기 교회까지 거슬러 올라간다. 이는 베드로가 "주께서 강림하신다는 약속"은 헛된 약속이 아니며, 실제로 그들이 어떻게 살아가야 할지를 결정하는 핵심 요소가 되어야 한다고 독자들을 안심시켜야 했던 문제다(벧후 3:2-13). 바울 역시 그리스도의 재림 전에 죽는 일은 문제가 아니라고 데살로니가 교회를 안심시킬 필요가 있었다(살전 4:13-5:11). 교회사에서 종말론적 사상의 역사는 많은 연구가 진행되고 있기에, 나는 어떻게 신학자들이 종말의 도래를 이해해 왔는지 보여 주는 몇 가지 예만 언급하겠다.[8]

구약의 예언적 약속에 관한 종말의 사건들과 '텔로스'(목적)는 〈표 15.1〉에 요약되어 있다. 12장과 14장에서 논의한 것처럼, 구속사는 예루살렘과 성전을 신학적 중심으로 한 약속의 땅에 이스라엘이 거하는 것으로 귀결된다. 그 모두를 다스리는 자는 메시아 왕, 다윗의 아들이다. 약속의 땅은 새 에덴을 모형론적으로 보여 주며, 나아가 새 창조를

8. 여기에는 다음과 같은 연구가 포함된다. G. C. Berkouwer, *The Return of Christ* (Grand Rapids, MI: Eerdmans, 1972); Oscar Cullman, *Salvation in History* (London: SCM Press, 1967); A. A. Hoekema, *The Bible and the Future* (Exeter: Paternoster, 1979); R. C. Doyle, *Eschatology and the Shape of Christian Belief* (Carlisle: Paternoster, 1999); Alister E. McGrath, *Christian Theology: An introduction* (Oxford: Blackwell, 1994); Helmut Thielicke, *The Evangelical Faith, vol. 3: Theology of the Spirit*, tr. G. W. Bromiley (Grand Rapids, MI: Eerdmans, 1982). 또한 다음을 보라. S. H. Travis, 'Eschatology', *NDT*, pp. 228-31; K. E. Brower, 'Eschatology', *NDBT*, pp. 459-64.

나타낸다. 이스라엘은 모든 민족에게 구원의 지식을 전달하는 중재자로 지명되었다. 이런 기대가 신약에서 어떻게 실현되는지가 기독교 종말론의 구체적인 내용이 된다.

기독교 신학을 정립할 때, 우리는 신약성경이 인도하는 대로 그리스도인의 칭의, 성화, 영화의 구분을 명백히 해야 한다. 이것이 하나님이 계획하신 종말론에 신자가 개인적으로 참여하는 방식이다. 칭의는 우리가 하나님께 받아들여지는 것을 말하는데, 믿는 죄인을 향한 하나님의 태도가 달라지는 것을 의미한다. 하나님은 순전히 그리스도의 공로를 근거로 경건하지 않은 자를 의롭다 하신다. 성령께서 우리를 믿음으로 인도하시며 하나님을 향한 반역적 태도를 회개와 기꺼운 순종으로 변화시키신다. 그 결과인 성화는 우리를 점점 그리스도의 성품과 형상으로 닮아 가게 하시는 성령의 사역이다. 성화는 칭의의 외적 결실이며, 전적으로 칭의에 의존한다. 영화는 칭의와 성화를 받은 신자의 마지막 상태로, 죽음을 통해 영광의 부활에 이르거나 죽지 않고 살아 있는 자들에게는 그리스도의 재림을 통해 이루어진다. 종말에 이르는 이 세 실존을 말하는 또 다른 방식은, 그리스도 안에서 우리를 **위한** 하나님의 사역, 성령을 통해 우리 **안에서** 행하시는 하나님의 사역, 만물의 완성에서 우리와 **함께** 행하시는 하나님의 사역으로 구분하는 것이다. 구속사적 관점에서 우리는 신자의 내적 결실 혹은 결과와 복음 사건을 구분한다. 복음은 하나님이 이 땅에서 나사렛 예수의 삶, 죽음, 영화를 통해 우리를 위해 하신 일이다. 복음은 완전하고, 완료되었으며, 반복될 수 없는 사건이다. 복음의 열매는 교회의 시대와 세상 속에서의 선교가 이루어지는 이 시기 동안 우리 안에서 행하시는 성령의 사역이다. 만물의 완성은 예수께서 영광 중에 다시 오실 때 드러날 것이다. 그때 하나님은 자신의 모든 백성을 자신의 영원한 나라로 인도하시며 우리와 함께 최종 사역을 수행하실 것이다.

우리를 위해, 우리 안에서, 우리와 함께 임할 종말을 이야기할 때, 이것이 무엇을 의미하지 않는지를 이해하는 것 또한 중요하다. 이것은 예수께서 이 땅에 육신으로 오셨을 때 종말의 일부를 가져오셨으며, 교회와 성령 시대에 또 다른 일부가 더해지고, 마침내 예수의 재림 때 종말의 마지막 부분이 완성될 것이라는 의미가 아니다. 칭의, 성화, 영화의 관계는 각각에 종말의 전체가 임하지만 그 방식이 다르다는 데 있다. 다시 말해, 종말 전체가 그리스도 안에서 우리를 위해 임했고, 성령으로 살아가는 우리 안에 임하고 있으며, 완성의 때에 우리와 함께 임할 것이다.

〈도표 15.3〉은 시대의 중첩이라는 중요한 관점을 보여 준다. 새 시대는 하나님이 타락한 세상의 옛 질서 안에서 우리를 위해, 우리와 함께 사시려고 인간으로 오신 성육신에서 시작했다. 그리스도 안에서, 하나님은 자신의 나라로부터 유배된 인간과 함께하시면서 동시에 새 시대를 우리 손에 닿는 곳에 두셨다. 믿음으로 우리는 그리스도와 연합해 그분 안에서 새 시대의 참여자가 되었다. 그럼에도 옛 시대는 그리스도의 재림 때까지 계속된다. 옛 시대와 새 시대의 중첩은 그리스도인의 삶이 지닌 긴장을 설명해 준다. 우리는 그리스도 안에서 의롭다 하심을 받았지만, 우리 자신만 놓고 보면 우리는 여전히 그리스도 안에서 이미 얻은 지위에 걸맞은 존재가 되기 위해 분투하는 죄인이다.

우리를 위해 그리스도 안에 임한 종말

타락하고 무너진 창조 세계를 회복하기 위한 하나님의 전략은, 무엇보다 먼저 예수 그리스도의 인격 안에서 그것을 회복하는 것이다. 우리

도표 15.3
종말의 임재에 관한 신약의 관점*

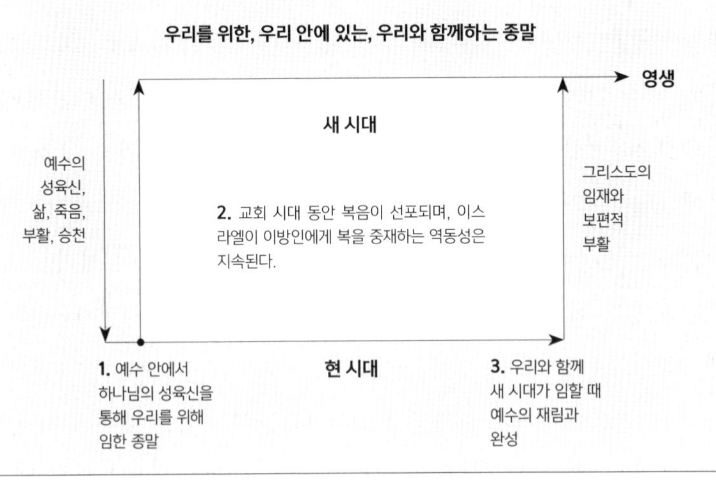

* 이것은 다음 책에서 수정한 것이다. Geerhardus Vos, *The Pauline Eschatology* (Grand Rapids, MI: Eerdmans, 1972), p. 38.

는 신약의 종말론에 관련된 세 가지 측면을 고려해야 한다. 첫째, 예수와 사도들 그리고 신약성경 전체는 구속사의 정점이 성육신에 있음을 가리킨다. 예수는 구약의 모든 약속의 '텔로스'다(고후 1:20). 그분이 곧 창조의 이유이자 의미며, 창조를 붙드시는 분이다(골 1:15-17; 히 1:1-3). 무엇이 복음이고 무엇이 복음이 아닌지 혼란이 가득한 세상 속에서, 우리는 하나님이 그리스도 안에서 우리를 위해 무엇을 하셨는지 분명히 알아야 한다. '우리를 위한' 그리스도의 사역을 다른 모든 것과 구분하는 일은 무척 중요하다. 우리는 이 역사적이고 외적인(우리 바깥의) 사역을 믿음으로 구원을 받기 때문이다.[9] 〈표 15.3〉에서는 우리를 위한 하나님의 사역의 각 측면이, 우리 안에서 하나님이 행하시는 사역의 상호 보완적 측면과 대비되고 있다.

9. 4장에서 James Buchanan을 인용한 부분과 나의 논평을 참조하라.

복음서와 예수의 가르침으로 시작하면, 성육신이 곧 우리를 위한 종말('텔로스')의 임재임을 알려 주는 많은 단서를 보게 된다. 이는 하나님이 예수 그리스도의 삶, 죽음, 부활을 통해 자신의 궁극적 목적을 이루셨음을 의미한다. 유념해야 할 것은 우리가 거기 있지 않았기 때문에 우리가 직접 포함되는 방식은 아니라는 점이다. 구약에서 점차 발전하는 메시아에 관한 메시지는 하나님의 모든 목적이 성취될 것이라는 예언적 확신의 일부였다. 이 성취를 보여 주는 구절은 다음과 같다. 먼저, 예수의 탄생은 하나님이 자기 백성 가운데 오신 일로 선언된다(마 1:21-23). 예수께서 세례받으실 때 하나님은 "이는 내 사랑하는 아들이요"라고 공표하신다(마 3:16-17; 막 1:11). 이 맥락에서 '하나님의 아들'이라는 칭호는 예수가 참 아담이자 참 이스라엘이심을 나타낸다(눅 3:21-38). 그분은 하나님 나라를 가져오시는 목자-왕으로 선포된다(마 2:6). 세례 요한은 예수가 성령 세례의 약속을 성취하실 분이라고 인식한다(마 3:11; 참조. 겔 36:25-28). 예수는 직접 "때"의 성취와 "하나님 나라"의 도래를 선언하신다(마 1:15).

예수의 종말 사역의 두 번째 측면은 표적과 기사에 관한 것으로, 이는 하나님 나라가 그분과 함께 도래했음을 나타내는 사실이다. 예언자 모세를 통해 나타난 초기 표적은 하나님의 보편적 주권과 그분의 나라를 세우는 구원의 능력을 드러냈다. 엘리야와 엘리사의 표적은 이스라엘에 남아 있던 신실한 자들에게 하나님의 성실하심을 선포했다. 이집트에서의 표적과 마찬가지로, 그것들은 그리스도 안에 임할 구원을 예표했다. 예수는 바알세불을 힘입어 귀신을 쫓아낸다는 비난을 받으시자 출애굽 표적을 자신과 연결시키셨다. "그러나 내가 만일 하나님의 손[손가락]을 힘입어 귀신을 쫓아낸다면 하나님의 나라가 이미 너희에게 임하였느니라"(눅 11:20; 참조. 출 8:16-19. 마태는 이를 성령에 대한 언급으로 이해한다. 마 12:28). 요약하자면, 예수가 계신 곳에 하나님 나라, 곧 하나님의 모든 목적의 '텔로스'가 있다.

〈표 15.1〉은 구약의 종말론적 사건의 진행(가로)과 각각에 연속된 역사적 사건(세로)을 간략히 보여 준다. 그렇게 함으로써 예수 그리스도의 인격 안에서 성취될 것을 고대하는 종말론의 주요 차원이 지닌 역동성을 요약해 보았다. 〈표 15.2〉에서는 구약 종말론의 주요 특징이 나사렛 예수의 인격 안에서 어떻게 성취되었는지, 지금은 하나님의 백성과 세상 속에서 어떻게 성취되고 있는지, 장차 예수께서 영광 중에 다시 오실 때는 어떻게 완성될 것인지 요약했다. 나는 종말론의 주체가 되는 하나님의 계획과 목적을 요약하는 데 적절하고 유효한 주제로 '언약'을 사용했다.

아드리오 쾨니히(Adrio König)는 구원의 문법에 사용된 세 가지 전치사를 자세히 설명한다.[10] 그는 신약성경이 종말의 도래가 역사적 그리스도에서 시작해, 옛 시대와 새 시대가 중첩되는 교회 시대를 거쳐, 그리스도의 재림 때 완성으로 귀결되는 과정임을 분명히 보여 준다는 점을 살핀다. 나 역시 젊은 시절에 누군가 다가와 "형제는 구원을 받으셨나요?"라고 묻는다면 "네, 저는 구원을 받았고, 지금 받고 있으며, 앞으로도 받을 것입니다"라고 대답해야 한다는 조언을 들었던 기억이 선명하다. 이때가 내가 처음으로 칭의, 성화, 영화 사이의 중요한 관계를 접했던 순간이다. 이토록 간단하고 잘 알려진 답이 종말에 관한 논쟁에서 쉽게 간과된다는 사실은 아이러니다. 쾨니히가 제시한 그리스도께서 우리를 **위해**, 우리 **안에서**, 우리와 **함께** 목표에 도달하신다는 세

10. Adrio König, *The Eclipse of Christ in Eschatology: Toward a Christ-centered approach* (Grand Rapids, MI: Eerdmans, 1980).

표 15.1 종말론에 대한 구약의 역동성

구속사의 단계 → 각 단계의 사건 ↓	창조	타락	회복의 약속	언약적 약속	예언서의 종말론
창조	목적이 있는 창조 생명의 선물 생명의 나무			하나님이 주신 새롭게 된 땅에 거하는 백성에 대한 약속	새 하늘과 새 땅
타락		심판 죽음		죄에 대한 언약적 저주	죄에 대한 최후의 심판
새 창조에 대한 첫 약속들	새 창조의 형식인 원창조	심판과 제재로 인한 새 창조의 필요성	원복음 (창 3:15)	노아: 피조 세계의 유지와 새 창조의 예표	약속의 땅으로의 귀환 새 하늘과 새 땅 하나님의 새 백성
이스라엘과 세우신 언약	에덴을 반영하며 새 창조를 예고하는 땅에 대한 약속	심판과 제재	한 백성을 택하시고 그들의 하나님이 되고자 하시는 하나님	아브라함과 모세 1. 하나님의 백성: 이스라엘, 열방 2. 하나님의 거하심: 약속의 땅, 하나님의 도성, 하나님의 성전 3. 하나님의 통치: 메시아적 왕	예언서의 새 언약 1. 하나님의 백성: 남은 자, 열방 2. 하나님의 거하심: 새롭게 된 땅, 회복된 도성, 새 성전 3. 하나님의 통치: 다윗 계열의 왕

표제의 설명은 종말론의 '언제'라는 질문에 어떻게 답해야 하는지에 관한 훌륭한 통찰이다.

바울은 예수를 "마지막 아담"으로 부른다(고전 15:45-47). 첫 아담은 흙에서 났지만, 마지막 아담은 하늘에서 나셨다. 물론 바울은 예수의 참된 인성을 약화시키는 것이 아니라 종말론을 형성하는 영적 대조를 강조하고 있다. 죄로 타락한 첫 창조는 새 창조를 통해 새롭게 될 것이다. 이는 하늘에서 난 사람을 통해 성취될 것이다. 인간을 비롯한 모든

표 15.2
종말론에 대한 신약의 역동성

구속사의 진행			
구약의 예견 →	**예수의 삶, 죽음, 부활** →	**교회: 세상을 향한 복음** →	**예수의 재림: 새 하늘과 새 땅**
↓	↓	↓	↓
예언서의 종말론적 틀	**우리를 위해 임한 종말**	**우리 안에 임하고 있는 종말**	**우리와 함께 임할 종말**
약속된 새 언약	그리스도 안의 새 언약	적용된 새 언약	성취된 새 언약
1. 하나님의 백성: 남은 자, 열방	1. 예수 그리스도: 신실한 이스라엘, 이방인	1. 복음 구원: 신자, 새 사람	1. 그리스도의 재림: 하나님의 백성, 새 사람
2. 하나님의 거하심: 새 성전, 새롭게 된 땅, 회복된 도성	2. 성육신: 새 성전, 우리와 함께 계시는 하나님	2. 중생: 성령의 전, 우리와 함께 계시는 하나님	2. 하나님의 거하심: 새 땅, 새 에덴, 새 예루살렘
3. 하나님의 통치: 주님이신 하나님, 다윗 계열의 왕	3. 주와 그리스도: 하나님의 아들, 다윗의 아들, 인자	3. 주와 그리스도: 그리스도의 몸, 우리 안에서 다스리시는 하나님	3. 하나님의 통치: 하나님과 어린 양의 보좌

피조물이 연루된 타락은 참담했지만, 그렇다고 해서 하나님의 목적을 꺾을 수는 없었다. 창세기 3:15 이후 성경 전체는 그분의 '텔로스'를 이루는 과정을 다룬다.

새 창조는 성경적 종말론의 중심이다. 따라서 복음주의자들 사이에서 이 주제를 개인이 그리스도를 향한 믿음으로 나아오는 회심 과정에 속하는 개인의 중생에 한정시키는 경향은 안타까운 일이다. 바울은 에베소서 2:4-6에서 "허물로 죽은 우리를 그리스도와 함께 살리신" 하나님의 긍휼을 언급하며 올바른 강조점을 보여 준다. 이어서 바울이 "또 함께 일으키사"라고 말하는 점에 비추어 보면, 이는 부활을 가리키는 것으로 해석할 수 있다. 그런데 바울은 고린도후서 5:17에서 "그런즉 누구든지 그리스도 안에 있으면 [그는] 새로운 피조물이라"며 같은 주제에 대한 다른 관점을 제시한다. 헬라어 원문에는 주어가 없기 때문에 여기서 '그'가 누구인지는 해석상의 문제다. 문자 그대로 번역하면 이렇다. "누구든지 그리스도 안에 있으면, 새로운 피조물." 그렇다면 새로운 피조물이 신자라는 말인가, 그리스도라는 말인가? 분명한 것은 둘 다여야만 한다는 사실이다. 그리스도가 새로운 피조물이 아니라면, 우리가 어떻게 "그리스도 안에" 있음으로써 새로운 피조물이 될 수 있는지 설명하기가 어렵다.

성육신은 새 창조였으며, 그렇기 때문에 예수의 육신적 삶이 구원에서 그토록 중심이 되는 것이다. 성육신을 통해 하나님과 인간, 그리고 창조 세계가 완전한 연합을 이루었기에 그리스도는 대표적인 새로운 피조물이시다.[11] 다음으로 주목해야 할 점은, 만일 종말론이 우리로 하여금 새 창조를 바라보게 한다면 반드시 그리스도가 중심이 되어야 한다는 것이다. 그렇다면 반드시 성육신의 역동성이 종말론의 역동성을 구성해야 한다. 복음서는 성육신과 함께 예수가 여기 이 땅에서 '신인'으로 행하신 사역을 증언하며, 아버지의 임재 앞으로 높아지신 그리스도로 끝맺는다. 우리는 예수가 이 땅에서 잠시 동안 이루신 일들이 우리의 협조 없이 이루어진 것임을 안다. 신약은 예수의 삶, 죽음, 부활, 승천이 우리를 대신하셨음을 보여 주는 충분한 증거를 제시한다. 바로 하나님이 우리를 위해 그리스도 안에서 행하신 일이었다.

11. 이 책에서 여러 차례 언급한 것처럼 인간은 창조의 정점이다.

예수는 우리가 그렇게 살아야 하지만 죄로 인해 그럴 수 없는 완전한 삶을 사셨다. 그리고 '신인' 예수가 십자가에서 우리 죄의 형벌인 죽음을 당하셨다. 우리가 받아 마땅한 죽음에서 우리는 면제되었다. 예수의 죽음은 죄를 향한 하나님의 진노에서 우리를 구원하는 대속적 속죄였다. 그러므로 만물의 종말이 그리스도 안에서 우리를 위해 임했다. 이렇게 바울은 신자가 그리스도와 함께 죽었다고 선언할 수 있었다(롬 6:2-5; 갈 2:19-20; 골 3:3).

예수의 승천과 오순절은 그리스도에 대한 계시의 역동성의 두 번째 측면으로 우리를 데려간다. 예수는 육체적으로는 세상을 떠나시지만 성령을 보내셔서 세상에 자신을 임재하게 하신다. 성화의 과정을 통해 이것이 우리 안에서 실재가 되게 하시는 것이 성령의 사역이다. 마침내 예수는 영광 중에 다시 오실 것이며, 종말론적 완성은 우리를 그분과 함께 보편적으로 드러날 종말, 곧 새 하늘과 새 땅, 온 피조물의 갱신으로 인도할 것이다.

예수는 마지막 아담이시므로 '에스카톤'(*eschaton*), 즉 마지막 일이 아니라 '에스카토스'(*eschatos*), 즉 마지막 인간이시다(고전 15:45). 이 사실이 '타 에스카타'(*ta eschata*), 즉 마지막 일들의 모습을 결정한다. 종말론적 목표는 인류와 온 피조물을 하나님과의 바른 관계로 되돌리는 것이다. 쾨니히가 올바르게 지적한 것처럼, 우리가 통상적으로 사용하는 '그리스도의 초림'이라는 표현과 달리 신약은 예수의 지상 생애를 결코 초림으로 언급하지 않는다.[12] 오히려 신약의 강조점은 이 땅에서 예수의 삶이 종말, 곧 마지막 날들, 하나님 나라의 도래를 나타낸다는 사실에 있다.

12. König, *Eclipse of Christ in Eschatology*, p. 69.

종말론에서 그리스도의 위치를 요약하자면, 그분은 마지막 아담이자 참된 아담일 뿐 아니라 다윗의 참된 아들이자 새 성전이시기도 하다(요 2:19-22; 마 12:5-8). 종말의 임재가 가진 세 가지 양태와 관련해 지금까지 살펴본 증거들은 각각의 양태가 온전한 종말을 포함하고 있음을 보여 준다. 다시 말해, 온전한 종말이 그리스도 안에서 우리를 위해 임했고, 온전한 종말이 세상과 우리 안에서 지금 형성되는 중이며, 온전한 종말이 그리스도의 재림 때 완전하고 보편적으로 드러날 것이다. 이를 또 다른 방식으로 표현하면, 그리스도께서 다시 오실 때 일어날 일은 그분의 성육신하신 삶, 죽음, 부활을 통해 이미 다 이루어진 일이다(통일성). 단지 그것이 다른 방식으로 일어날 뿐이다(구별성).

7장에서는 하나님이 인간이 되신 사건, 즉 성육신에 담긴 신학적 함의를 어느 정도 살펴보았다. 구원에서 하나님의 목적은 창조 세계와 인간을 원래 의도하셨던 하나님과의 관계로 회복시키는 것이다. 종말론은 이 목적이 성취되는 과정을 탐구한다. 우리는 하나님의 전략이 무엇보다 먼저 "다 그리스도 안에서 통일되게" 하시는 것임을 살펴보았다(엡 1:9-10). 이는 **그리스도 안에서** 완벽하게 이루어진 목표다. 바로 구원의 본질이자, 죄와 타락을 처리하시는 하나님의 놀라운 방식이다. 하나님은 그리스도 안에서 이 목표를 이루시고, 이후 신자들 안에서 그리스도의 형상에 맞게끔 역사하시며, 이 과정은 완성의 때 비로소 완료될 것이다.

〈도표 15.1〉에 제시된 전반적인 구약의 관점에서 〈도표 15.2〉에 나타난 예언서의 관점을 거쳐, 〈도표 15.3〉과 같은 신약의 독특한 관점으로의 전환을 인식하는 것은 매우 중요하다. 예언서의 관점에도 차이는 존재하지만, 그것은 신약처럼 세 가지 구별된 방식으로 종말의

임재를 말하는 것과는 확연히 다르다. 구약에도 새 시대의 약속과 현존이라는 현실이 중첩되는 지점이 있긴 하지만 신약에서처럼 명시적이지는 않다. 예언서는 궁극적 전환을 강조한다. 반면에 그리스도 안의 계시는 옛 시대 혹은 현 시대와 하나님 나라의 새 시대의 도래가 중첩된다는 사실을 명확히 보여 준다. 이 중첩의 의의는 그리스도인의 삶의 역동성을 이해하는 데 신학적으로 매우 중요하다. 그렇다면 실제로 복음을 믿는다는 것이 신자의 지속적인 실존에 어떤 의미를 갖는가?

신자가 하나님의 '텔로스'와 맺는 관계의 현실을 표현하는 가장 단순한 방식은 이렇다. 우리가 믿음으로 그리스도를 소유한다면, 우리는 '텔로스'에 도달했고 그 전부를 소유한 셈이다! 그리 간단해 보이지 않을지도 모르지만, 믿음으로 그리스도와 연합한다는 것이 무엇을 의미하는지 이해한다면 우리가 처한 상황의 실체를 파악할 수 있다. 그리스도 자신이 종말이며 그 전부다. 그분은 새로운 피조물이자 모든 것이 올바른 관계로 회복된 실체다. 옛 시대와 새 시대의 중첩은 우리가 어떻게 두 시대와 동시에 관련되어 있는지를 이해하도록 요구한다. 우리는 우리의 실존에 대해 두 가지 방식으로 말해야 한다. 즉 그리스도 안에서 이미 목적에 도달한 존재이자, 지금 이 세상을 살아가면서 푯대를 향해 계속 나아가고 있는 존재다. 재차 강조하지만, 루터가 말한 "의인인 동시에 죄인"인 것이다.[13]

믿음으로 그리스도 안에 있다는 진리는 우리가 그리스도인에 대하여 말하는 방식에 영향을 미친다. 그리스도의 의가 신자에게 전가되었으므로, 우리는 우리의 신분(의인)과 실제로 경험하는 존재(죄인)를 구

13. *simul justus et peccator.*

분할 수 있다. 그렇다면 우리의 성화에 대해서도 두 가지 방식으로 말해야 한다. 하나님이 보시기에는 신분적으로 완전하지만, 우리가 실제 경험하는 삶 속에서는 불완전하다는 것이다. 하나님은 우리의 신분적 성화와 경험적 성화를 다 알고 계신다. 그래서 우리는 여전히 죄를 고백하고 회개를 표현한다. 시대가 중첩되어 신자는 한 시대에 속하면서 당분간 다른 시대에도 존재하기 때문에, 신약성경 저자들은 우리가 그리스도 안에서 목표에 도달했음을 확증함과 동시에 목표를 향해 분투하라고 격려하는 것이다.

우리 안에서 성령을 통해 지금 임하고 있는 종말

복음은 우리 안에서 역사하시는 하나님 사역의 근거이자 원동력이다. 복음은 결코 되풀이될 수 없는 그리스도의 완성된 사역에 관한 것이다. 복음을 말로 표현한다는 것은 성육신하신 예수와 관련된 일을 말하는 것이다. 복음의 문법은 직설법이다. 우리는 단지 복음을 진술하고 선포하며 믿을 수 있을 따름이다. 그 문법은 절대로 명령법이 아니다. 우리는 사람들에게 복음을 명령하거나 살아내라고 강권할 수 없다. 복음 자체와 복음의 효과 및 요구를 명확히 구분하는 것은 몹시 중요하다. 즉, 구원받기 위해 반드시 믿어야 하는 복음과 구원을 받은 죄인이 어떻게 살아가야 하는지를 구분해야 한다. 〈표 15.3〉은 하나님의 '우리를 위한' 사역과 '우리 안에서'의 사역이 서로 부합하는 측면을 구분하는 한 방식이다.

〈표 15.3〉은 하나님이 우리 안에서 행하고 계시는 사역과 2천 년 전 우리를 위해 행하신 사역인 복음을 절대 혼동해서는 안 된다는 점을 상기시켜 준다. "회개하고 복음을 믿으라"는 호소나 요구조차도 그 자

체가 복음으로 선포되어서는 안 된다.[14] 사람들에게 복음과 관련해 무엇을 해야 하는지 말해 주는 것과 복음 자체는 분명히 구분되어야 한다.[15] 회심에서 죽음에 이르기까지 신자의 '지금 여기' 안에서 행하시는 하나님의 사역은 '과거 그때' 완성된 그리스도의 사역에 전적으로 의존한다. 복음 자체가 분명히 설명되고 선포되기 전에는 회개하라, 복음을 믿으라, 그리스도를 영접하라 같은 권고가 아무 소용이 없다. 사람들에게 "여러분은 거듭나야 합니다"라고 말하는 것은 복음이 아니며, 군중을 향해 "앞으로 나와 여러분이 그리스도께 나아오고 있음을 보이십시오"라고 권면하는 것도 복음이 아니다.[16] 복음의 문법은 복음이 오직 과거에 완성된 사건으로서 '선포'될 수 있을 뿐, 결코 '요구'될 수 없음을 뜻한다.[17]

그렇다면 '우리 안에서' 역사하시는 하나님의 사역은 무엇인가? 나는 나사렛 예수의 대리적이고 대표적인 삶, 죽음, 부활을 통해 온전한 종말이 우리를 위해 이루어졌다는 점을 강조했다. 예수의 승천과 아버지 우편에 좌정하심은 그분이 우리를 대표해 하늘에서 용납되셨음을 보여 준다. 이제 우리에게는 완전히 의롭고 아버지께 용납된 하늘

14. 예수께서 "회개하고 복음을 믿으라"(막 1:15)와 같은 명령을 주셨기 때문에, 우리는 예수의 가르침에 나오는 명령법과 그분이 우리를 위해 그런 일을 하셨다는 직설법을 구분한다. 그렇다면 다음 과제는 예수가 제자들에게 하신 명령이 우리에게 어떻게 전달되는지 이해하는 것이다.

15. 여기서 내가 염두에 두고 있는 것은 먼저 예수가 누구신지, 그분이 우리를 위해 하신 일이 무엇인지에 대한 설명이 결여된 "당신은 예수가 필요합니다" 또는 "지금 예수를 영접하라" 같은 설교다. 복음 없는 권면은 수많은 거짓 회심의 원인이다.

16. 빌리 그레이엄의 십자군 운동은 항상 논란의 대상이 될 것이다. 증거에 따르면 이 전도자의 초청에 응답한 많은 사람이 진심으로 회심했지만, 동시에 많은 이들은 그렇지 않았다. 다음을 보라. Iain Murray, *The Invitation System* (Edinburgh: Banner of Truth Trust, 1967).

17. 사람들에게 "복음을 살아내야 한다"고 말하는 것은 제아무리 "복음에 합치된 삶을 살도록 노력해야 한다"는 의미라고 할지라도 오해의 소지가 있다. 오해받지 않기 위해서는 우리가 사용하는 말이 중요하다.

표 15.3 하나님의 '우리를 위한' 사역과 '우리 안에서'의 사역의 구분*

우리를 위한 하나님의 사역: 이 땅에서의 역사적 그리스도		**우리 안에서의 하나님의 사역: 성령으로 현존하시는 그리스도**
복음: 그리스도의 삶, 죽음, 부활		**복음의 열매**: 복음을 믿음으로써 새롭게 빚어져 가는 우리 삶
예수 그리스도		성령
역사적 과거와 반복 불가성		현재와 지속성
경건하지 않은 자의 칭의		경건한 자가 되는 성화
하나님이 우리를 용납하시는 근거		우리를 용납하신 하나님을 향한 감사
'우리 안에서'의 근거와 이유		'우리를 위해'를 의존
완전함		아직 완전하지 않음
우리 외부		우리 내부
우리의 협조 없이		우리의 협조와 함께
우리 뜻에 반하여**		우리 뜻과 더불어
우리가 아직 하나님의 원수였을 때		이제 우리는 하나님의 친구
우리를 향한 하나님의 적의를 돌림		하나님을 향한 우리의 적의를 돌림
이 땅에서 예수의 사역		하늘에서 예수의 사역
직설법('무엇이다')		명령법('무엇이어야 한다')
다수를 위한 하나		성령으로 다수 안에 있는 하나

* 이런 식의 '우리를 위한'과 '우리 안에서'의 도식적 비교를 처음 알려 준 로버트 브린스미드(Robert Brinsmead)와 제프리 팩스턴(Geoffrey Paxton)에게 감사한다.

** 여기서 내가 말하고자 하는 바는 하나님이 우리의 반대에도 불구하고 하나님 나라로 우리를 억지로 끌고 가셨다는 뜻이 아니다. 구원 사건은 우리가 그 자리에 있었다면 동의하지 않았을 일이라는 뜻이다. 그곳에 있었다 하더라도, 당시 대부분의 사람처럼 우리 또한 예수의 고난이 구원의 길이라는 사실을 부인했을 것이다.

에 있는 인자가 계시고, 그분은 우리를 대신해 거기 계신다. 누군가는 이렇게 반문할 것이다. "예수께는 잘된 일이지만, 나에게 맞는 자리는 어디인가?" 물론 그 대답은 그리스도께서 아버지와 함께 계신 것이 곧 우리를 대신한 그분의 칭의라는 것이다. 신자의 중생과 복음의 그리스도를 향한 믿음이 곧 하나님이 우리 안에서 하시는 사역이다. 성령이 주시는 믿음의 선물이 우리를 그리스도와 연합하게 함으로써 하나님은 그리스도의 온전한 인성에 속한 것을 우리에게 전가하신다. 그리스도는 하늘의 하나님 우편으로 승천하셔서 의롭고 용납될 만한 분으로 아버지께 인정받으셨다. 따라서 바울의 말처럼 예수의 부활은 그분을 다윗의 아들, 곧 참되고 신실한 이스라엘로 선언하는 것이다(롬 1:1-4).

신약의 문법은 신중한 주의를 기울여야 하는 것이 분명하다. 특히 바울은 우리가 믿음으로 그리스도와 연합하는 것을 표현하기 위해 "그리스도 안에서" 또는 "그리스도와 함께"라는 언어를 사용한다.

> 죄에 대하여 죽은 우리가 어찌 그 가운데 더 살리요. 무릇 그리스도 예수와 합하여 세례를 받은 우리는 그의 죽으심과 합하여 세례를 받은 줄을 알지 못하느냐. 그러므로 우리가 그의 죽으심과 합하여 세례를 받음으로 그와 함께 장사되었나니 이는 아버지의 영광으로 말미암아 그리스도를 죽은 자 가운데서 살리심과 같이 우리로 또한 새 생명 가운데서 행하게 하려 함이라. 만일 우리가 그의 죽으심과 같은 모양으로 연합한 자가 되었으면 또한 그의 부활과 같은 모양으로 연합한 자도 되리라. (롬 6:2-5)

> 하나님이 죄를 알지도 못하신 이를 우리를 대신하여 죄로 삼으신 것은 우리로 하여금 그 안에서 하나님의 의가 되게 하려 하심이라. (고후 5:21)

> 내가 율법으로 말미암아 율법에 대하여 죽었나니 이는 하나님에 대하여 살려 함이라. 내가 그리스도와 함께 십자가에 못 박혔나니 그런즉 이제는 내가 사는 것이 아니요 오직 내 안에 그리스도께서 사시는 것이라. 이제 내가 육체 가운데 사는 것은 나를 사랑하사 나를 위하여 자기 자신을 버리신 하나님의 아들을 믿는 믿음 안에서 사는 것이라. (갈 2:19-20)

> 긍휼이 풍성하신 하나님이 우리를 사랑하신 그 큰 사랑을 인하여 허물로 죽

> 은 우리를 그리스도와 함께 살리셨고 (너희는 은혜로 구원을 받은 것이라) 또 함께 일으키사 그리스도 예수 안에서 함께 하늘에 앉히시니. (엡 2:4-6)

> 그러므로 너희가 그리스도와 함께 다시 살리심을 받았으면 위의 것을 찾으라. 거기는 그리스도께서 하나님 우편에 앉아 계시느니라. 위의 것을 생각하고 땅의 것을 생각하지 말라. 이는 너희가 죽었고 너희 생명이 그리스도와 함께 하나님 안에 감추어졌음이라. 우리 생명이신 그리스도께서 나타나실 그때에 너희도 그와 함께 영광 중에 나타나리라. (골 3:1-4)

이 본문들은 우리가 종말의 시대에 살고 있음을 상기시켜 준다. 또한 그리스도 안에서 이미 완전히 임한 종말이 이제 그리스도인으로서 우리가 분투해 나가야 할 목표임을 강조한다. 그렇지만 이런 분투가 결단코 우리의 거룩해짐으로 구원을 얻으려는 노력이 되어서는 안 된다. 우리가 믿음으로 의롭다함을 얻었다는 것은, 부활하시고 승천하신 그리스도께 부여된 모든 권위와 영광스러운 신분이 이제는 신자에게도 그대로 해당된다는 뜻이다. 신자의 의롭게 된 삶, 하나님께 온전히 용납된 삶, 의로움과 성화를 누리는 삶은 죄 많은 신자의 실제 삶의 경험과 늘 긴장 상태에 놓여 있다. 따라서 육신은 지금 성령과 전투 상태다(롬 8:3-17).

우리의 구원에 담긴 삼위일체적 차원에서 비롯한 또 다른 지점을 언급할 필요가 있다. 바로 복음이 그리스도 안에서 일어난 성부, 성자, 성령 하나님의 사역에 관한 것이라는 사실뿐 아니라, 하나님 안에서의 단일성-구별성이 종말론의 세 단계에도 반영된다는 사실이다. 예수는 우리를 위해 단번의 반복할 수 없는 과업을 완수하셨고, 성령은 믿음을 통해 우리를 이 과업과 연결시키시며, 이로써 우리는 성부 하나님의 자녀가 된다. 종말에 이르는 '우리를 위한', '우리 안에서', '우리와 함께'의 측면을 구분할 때, 결코 이것들을 분리해서는 안 된다. 과거에 있었던 그리스도의 삶, 죽음, 부활에 대한 믿음이 우리를 그리스도의 형상에 부합하게 하시려는 성령 사역의 시작이다. 그리스도를 향한 그와 똑같은 믿음이 우리를 아버지의 자녀로 만든다(롬 8:14-17; 갈 4:4-7; 요일 3:1-2). 믿음으로 우리가 지금 그리스도 안에 있는 종말에 이르렀을 때, 그분 안에서 최종 목표가 이루어진다. 그리스도와의 연합은 우리의 경험적 삶이 반드시 부활을 통해 완성에 이를 것을 보장한다.

종말론의 각 단계의 통일성은 우리가 그리스도 안에서 이미 소유한 신분적 성화, 성숙한 그리스도인의 삶을 특징짓는 점진적 성화, 그리스도의 재림 때 이루어질 완전한 성화를 구분해야 함을 의미한다. 대체로 그리스도인의 삶에서 성화를 말할 때는, 그리스도의 형상으로 우리를 점차 빚어 가시는 성령의 점진적 사역을 의미한다. 예수께서 지금 그분의 영의 임재를 통해 우리와 함께 계신다고 말하는 것은, 그분이 성육신한 인간으로는 이곳에 계시지 않음을 뜻한다. 하지만 실제로 그분은 여전히 우리와 함께하신다. 예수는 그분의 영으로 교회를 통해 세상과 우리 안에서 종말을 형성하고 계신다. 우리가 반드시 유지해야 하는 예수와 성령의 구분이 우리 생각 속에서 두 분의 분리로 이어져서는 안 된다. 우리가 예수를 소유할 때는 성령과 아버지도 소유한 것이다.[18]

우리와 함께하시는 성령의 임재가 우리를 위한 그리스도의 완결된

18. 성령의 충만함 없이도 그리스도를 소유할 수 있다고 생각하는 것은, 성결 신학과 오순절주의, 그리고 은사주의 운동의 일부 분파들이 범하는 삼위일체론적 오류다. 이로부터 그리스도를 영접하고 나서 별도로 성령을 받아야 한다는 잘못된 가르침이 나왔다. 성령을 아버지와 아들로부터 분리하는 것에 대한 성경적 근거는 전혀 없다. 아들을 소유했다면, 하나님의 세 위격 모두를 소유한 것이다. 8장을 보라.

사역과 연결된다는 사실은 우리가 마지막 날을 살아가고 있다는 증거다(행 2:14-21). 여기서 요엘이 다소 모호한 표현으로 "그 후에"라고 한 것을 베드로가 "말세에"로 살짝 바꾼 것에 주목해야 한다. 그리스도의 승천 이후 우리가 종말의 시대를 살아가고 있다는 사실은 신약성경이 분명하게 증언하는 진리다(고전 10:11; 딤전 4:1; 딤후 3:1; 히 1:2; 벧후 3:3; 요일 2:18; 유 1:18).

우리가 마지막 날들을 살아간다는 사실과 교회도 오순절 이후 그렇게 살아왔다는 사실을 가리키는 다양한 성경 자료를 요약할 수 있다. 첫째, 예수께서 육신으로 오신 것이 곧 종말이며, 그분이 성령을 통해 우리에게 오심으로 우리는 종말의 시대에 들어가게 된다. 둘째, 무너진 이 세상에 복음이 전파될 수 있도록 성령을 주신 것은 종말을 입증한다. 신약에서도 성전 이미지는 사라지지 않는다. 그리스도는 종말에 약속된 새 성전이시며, 성령은 우리를 그분의 성전으로 지어 가신다(엡 2:19-22). 셋째, 구속사의 구조와 신약의 증거는 우리가 이미 종말에 도달했음을 보여 준다. 구약은 종말에 구원 메시지가 세상 모든 민족에게 전파될 것이라고 예고한다. 교회의 선교 활동은 우리가 종말에 속해 있다는 사실을 증언하며, 그리스도를 전파하려는 노력은 우리 안에서 종말이 형성되고 있다는 증거다.

그리스도의 재림 때 우리와 함께 완성될 종말

앞에서 볼 수 있듯이, 그리스도가 재림하실 때 일어날 일은 2천 년 전 그분 안에서 이미 일어났으며, 우리가 지금 이 세상에서 그리스도인으로 살아가려고 할 때 우리 안에서 일어나고 있는 일과도 전혀 다를 바 없다. 하지만 그분이 다시 오실 때는 다른 방식으로 종말을 이루실 것이다. 그리스도의 재림 때에만 비로소 성취될 예언이 있다고 보는 사람들이 실제로 말하려는 것이 바로 이 '다른 방식'이다. 이것은 우리의 칭의와 성화와 최종적인 영화를 구분할 때 언급하는 그 차이이다. 예수의 재림은 하나님의 모든 목적의 보편적 완성을 이룰 것이다. 기독론이 신자의 지속적인 삶에 관한 우리의 사고를 결정하는 것과 마찬가지로, 그것은 파루시아(Parousia) 또는 그리스도의 재림으로 불리는 일에 관한 우리의 이해도 결정한다. 사도들에게는 분명히 이렇게 선언되었다. "너희 가운데서 하늘로 올려지신 이 예수는 하늘로 가심을 본 그대로 오시리라"(행 1:11).

그리스도인들 사이에 그토록 많은 분열과 논쟁을 일으킨 것이 바로 종말에 대한 자신의 경험이라는 문제다. 예수 그리스도가 종말의 의미라는 핵심 사실을 염두에 두었다면 대승적 차원의 합의가 가능했을 것이다. 이미 논의한 용어들로 이 근본 진리를 요약할 수 있다. 종말론은 하나님이 만물을 창조하시고 그 정점인 사람과 함께 거하시려는 영원한 작정에서 시작한다. 하나님은 아담의 죄를 심판하시고 그의 죄 많은 후손 중에서 자신을 위한 백성을 구원하고자 뜻하신다. 하나님이 작정하신 목표는 바로 복음의 실체이신 예수 그리스도와 그 복음을 통해 구원에 이르게 된 모든 믿음의 공동체다. 하나님은 창조 세계를 다시 회복시키실 텐데, 이는 하나님이 다시 자기 백성과 함께 거하실 것이라는 사실을 의미한다. 언약과 속죄 같은 주제를 따라가다 보면, 그리스도께서 영광 중에 다시 오실 때 완성될 과정은 종말에 이르는 방식에 대한 세 가지 측면으로 요약될 수 있다. 그렇기 때문에 '시대의 표적'을 읽고 재림의 정확한 날짜를 예측하려는 시도는 무의미하다. 종말의 세 가지 징후를 올바로 구분하는 일은 관련 본문에 대한 무분별한 추측을 피하고 잘못된 주해를 하지 않도록 도와줄 것이다.

요약 및 해석학적 함의

종말과 마지막 일들에 관련된 본문을 주해할 때는 반드시 성경적 종말론의 역동성이 그 틀을 형성해야 한다. 예언적 기대의 해석도 반드시 이 역동성을 따라야 한다. 이는 구약에 나오는 이 땅에서의 소망으로부터 시작해 마지막 날과 모든 종말론의 형태를 규정하시는 그리스도 안에서의 성취로 이어진다. 이에 따라 등장하는 종말의 주제에 관한 다양한 형식은 다음과 같이 평가할 수 있다.

1. 전천년설과 그 극단적 형태인 세대주의는 성취자이신 그리스도의 역할을 설명하는 데 취약하며, 대신에 역사적 모형들의 문자적 성취에 주목한다.
2. 후천년설과 그 극단적 형태인 신율주의는 구약과 그 율법이 율법의 '텔로스'로서 그리스도의 역할과 갖는 관계에 있어 취약하다.[19]
3. 무천년설은 요한계시록 20장에서 단 한 번 언급되는 그리스도의 천년 통치가 구약의 예언적 소망에 관한 해석학을 장악하지 않도록 한다는 데서 옳다. 천년왕국은 핵심이 아니며, 묵시적 환상이라는 문맥 속에서 이해되어야 한다. 예수와 사도들은 이 땅에서 예루살렘과 성전의 회복이나, 문자 그대로 1,000년 동안 이 땅을 다스리기 위해 오신다는 예수의 재림과 관련해 어떤 단서도 주지 않는다. 그리스도의 천년 통치에 관한 해석이 어떠하든, 이는 그리스도의 지상 통치가 아니라 오히려 하늘에서 현재 이 시대를 통치하신다는 개념과 잘 어울린다.

19. 신율주의(Theonomy)는 후천년설의 한 형태로, 그리스도의 재림 이전에 세상이 대체로 기독교화될 것이라는 낙관적 전망을 내세운다. 신율주의는 통상적인 관념을 뛰어넘어 모세 율법이 이 사회에 적용되어야 한다고 본다. 변증학에 상당한 공헌을 한 Rousas John Rushdoony가 이 운동의 창시자로 알려져 있다. 하지만 모든 후천년주의자가 신율주의를 받아들이는 것은 아니고, 개혁주의 신학자들도 일반적으로 받아들이지 않는다. 이에 대한 유익한 비평은 다음을 보라. William S. Barker and W. Robert Godfrey (eds), *Theonomy: A Reformed critique* (Grand Rapids, MI: Academie, 1990).

4. 구속사의 종말론적 역동성은 성육신하신 그리스도의 삶 속에서 성취되었고, 이로부터 그리스도의 현재 통치가 비롯되며, 완성의 때에 이르러 보편적 형태를 갖춘다. 구약의 예언을 주해하는 설교자나 성경 해석자는 먼저 그리스도께서 여기 이 땅에 계셨을 당시에 그분 안에서 이루어진 성취를 찾아보아야 한다. 오직 이러한 기초 위에서만 예언을 교회에 적용하거나 종말에 일어날 최종적인 성취에 적용할 수 있다.

5. 하나님의 종말론적 '텔로스'는 세 단계로 드러나며, 각 단계마다 온전한 종말이 저마다 다른 방식으로 임한다.

(1) 종말은 우리를 **위해** 예수 그리스도 안에서 대표적으로 임했다.

(2) 종말은 우리 **안에서** 점진적으로 임하고 있다.

(3) 종말은 우리가 그 충만함을 경험할 때 우리와 **함께** 최종적이고 우주적으로 임할 것이다.

이것들을 증언하신 이가 이르시되 내가 진실로 속히 오리라 하시거늘 아멘 주 예수여 오시옵소서. (계 22:20)

4부
하나님의
백성

독자들은 하나님의 백성에 대한 추가적인 논의가 불필요하거나 12장에서 다룬 내용의 반복이라고 생각할 수도 있다. 하지만 성경은 많은 주제가 서로 연관되어 있어서 한 가지 주제를 다루다 보면 그 연결점을 확인하기 위해 다른 주제를 침범하는 일이 불가피하다. 이런 상호연결성이 곧 성경의 단일성과 다양성이라는 특징이다. 나는 하나님의 사역을 논하면서 창조의 결정체인 사람과 맺으신 관계에 대해 많은 말을 하지 않을 도리가 없었다. 물론 강조점은 인간으로서 우리의 응답이 아니라 하나님의 행동에 있었다. 그렇다고 전자를 무시하지는 않았다.

4부에서는 우리를 향하신 하나님의 말씀과 행위 및 우리의 응답에 담긴 성경적 역동성을 어느 정도 살펴보려 한다. 이제 우리는 성경 본문에 어떻게 응답해야 하는지 성경이 말하는 바를 주목할 것이다. 여기에는 우리의 주관성과 성경에 기록된 하나님의 객관적 말씀과 행동이 지닌 관계의 문제가 포함된다. 어느 한쪽만 강조해서는 안 되지만, 그렇다고 균형을 이룬다는 말도 아니다. 인간의 응답은 우리의 피조성과 죄성에 의해 제한되며, 언제나 하나님의 주권적인 말씀과 사역에 비해 미약하다. 모든 문제에서 우리는 성경적 관점을 추구해야 한다. 따라서 나는 계속해서 성경을 하나님의 영감받은 말씀으로서 최고의 권위로 받아들인다. 신적 영감이란 성경이 말하는 것이 곧 하나님이 말씀하시는 것임을 뜻한다. 하나님이 먼저 말씀하셨지만, 자기 형상대로 우리를 빚으셔서 우리가 말과 행실로 응답할 수 있게 하셨다. 우리의 목표는 언제나 하나님이 계시하신 생각을 따라 생각하고 그분이 계시하신 말씀을 따라 말하는 것이어야 한다. 2부와 3부에서는 각 장 끝에서 해당 주제의 해석학적 함의를 생각해 보았다. 내 목적은 우리가 점진적 계시의 역동성에 민감해져서 독자인 우리와 특정 성경 본문 사이에 존재하는 다양한 거리감을 고려하게 만드는 것이었다. 이제 하나님의 말씀에 대한 보다 주관적인 응답을 고찰하면서, 본문으로부터 예수께로 그리고 예수로부터 우리 자신에게로 이어지는 이해의 과정을 의식적으로 평가해야 한다.

부디 계속 읽어 나가길 바란다.

16. 케리그마, 전도, 응답에 대한 계시의 역동성

설교, 믿음을 주제로 한 대화, 전도는 모두 그리스도인을 형성하는 부분이다. 유난히 열정적이거나 강압적인 그리스도인, 심지어 광신도에게만 해당하는 것이 아니다. 신자의 믿음과 행실뿐 아니라 교회 공동체에서도 지극히 평범한 요소다. 이번 장에서는 신자들의 공동체라는 배경 속에서 복음 선포와 응답에 대해 살펴볼 것이다. 하나님이 죄인들에게 보여 주신 사랑과 은혜가 우리로 하여금 이 은혜를 전하고 가르치고 설득하게 하는 동기다. 복음 전도는 오순절 이후 이 마지막 날의 종말에 속한 일이다.

구약 케리그마의 역동성

하나님이 인간에게 말씀하신다는 사실은 하나님 백성의 선포와 전도의 배경이 되는 근본적인 진리다. 선포는 진정한 말하기 행위와 진정한 언어 행위에 신학적으로 우리를 참여시킨다. 우리의 인간됨에 있어 핵심 사실은 말로 소통할 필요와 능력이다. 말씀하시는 하나님은 우리를 자기 형상대로 지으시고 서로의 생각, 지식, 창의력, 이해를 소통할 수 있는 수단을 주셨다. 성경이 하나님의 말씀이라는 점 그리고 그 말씀이 오늘날 우리 손에 들린 한 권의 책으로 기록되어 존재한다는 사실은, 하나님께서 우리가 그분의 생각을 따라 생각하고 그분의 말씀을 따라 **선포하기를** 원하신다는 점을 우리에게 말해 준다. 하나님의 백성으로서 발화하는 우리 말의 중심에 복음 선포가 있다. 우리에게 언어의 종말론은 성육신하신 하나님의 말씀 안에서 그 핵심에 도달한다. 인간 언어의 궁극적 '텔로스'는 영원한 하나님 나라에서 하나님을 찬양하고 예배하는 것으로 표현된다. 요한은 이에 관한 환상을 요한계시록 전반에 걸쳐 보여 준다(계 5:9-14; 7:13-17; 15:2-4; 19:1-3, 6-8). 한편, 언어는 우리 혀의 성화를 통해 그 목적에 도달하는 과정에 있다. 인간의 말이 더 이상 죄성을 반영하지 않고 하나님의 말씀을 순수하게 반영하게 될 때야 비로소 완성에 이를 것이다. 성경은 인간의 혀가 지닌 죄성과 그것이 악이 아니라 경건함을 반영하도록 길들여져야 할 필요성에 대해 많은 말을 한다.[1]

우리 각자가 그리스도인이 되었을 때, 만일 무슨 일이 일어나고 있는지 어느 정도 이해하고 분석할 수 있는 나이였다면, 대부분의 경우 우리는 다른 사람들도 우리처럼 믿도록 설득하고 우리가 누리는 복들을 경험하게 하려고 애쓰는 사람들(가족이나 교회, 혹은 둘 다)의 일원이 되어 있는 자신을 발견했을 것이다. 우리는 그들도 '승선'하길 바라며, 죄 사함의 기쁨과 살아 계신 하나님과의 교제를 통한 영생의 약속을

1. 예를 들어, 시 34:13; 37:30; 39:1; 52:2-9; 잠 10:18-19; 11:9; 12:6, 18-19; 15:1, 4, 28; 18:21; 21:23; 마 12:33-37; 15:11, 18; 롬 3:13; 엡 4:29; 골 3:7-8; 4:6; 딤후 2:14-26; 벧전 3:10; 약 1:19-26; 3:2-10; 4:1-17.

알길 바란다. 믿은 지 얼마 지나지 않아 '전도하다', '복음을 전하다', 혹은 '케리그마'(kerygma) 같은 한결 전문적인 용어도 배웠을지 모른다. 신약성경에서 '(복음을) 전하다'로 번역되는 통상적인 헬라어 단어는 '유앙겔리조마이'(*euangelizomai*)다.[2] 일반적으로 받아들여지는 이 단어의 단순하고 문자적인 번역은 '기쁜 소식을 전하다'이다. 그런데 흔히 '기쁜 소식'을 뜻한다고 알려진 관련 명사 '유앙겔리온'(*euangelion*)에 관해 도널드 로빈슨은 다음과 같이 언급한다.

> 신약에 약 77회 나오는 '유앙겔리온'은 모두 단수형으로 사용되며, 모두 하나님의 '유앙겔리온'만을 뜻하기 위해 사용된다. 이미 기독교와 관련해 전문 용어가 된 '유앙겔리온'은 단순히 '기쁜 소식'을 의미하거나 그렇게 번역될 수 있는 단어가 아니다.… 신약에는 '유앙겔리온'이 '기쁜 소식'을 뜻한다는 어떤 단서도 없다. 이는 '공지' 또는 '선포'로 번역되어야 한다. 대체로 그런 공지나 선포 내용의 주제는 '임박한 심판'이다. 예를 들어, 요한계시록 14:6에서 언급된 "영원한 복음"은 "하나님을 두려워하며 그에게 영광을 돌리라. 이는 그의 심판의 시간이 이르렀음이니"라는 공지다.[3]

이런 관측은 구원의 말씀이 심판의 말씀과 분리될 수 없다는 주장에 더욱 무게를 실어 준다. 구원받아야 할 무언가가 없다면 누구도 구원받는 일에 관심이 없을 것이다.

또 다른 중요 단어가 있는데, '전파하다'로 번역되는 헬라어 동사

---

2. εὐαγγελίζομαι. 신약에서는 일반적으로 동사의 중간태가 사용된다.

3. 계 14:7. Donald Robinson, 'Theological Note on Preaching', *Move in for Action: Report of the Commission on Evangelism of the Church of England Diocese of Sydney, 1971* (Sydney: ANZEA Publishers, 2000), p. 139.

'케리세인'(*kēryssein*)[4]과 전파되는 메시지를 가리키는 명사형 '케리그마'(*kērygma*)[5]다. 이 단어들은 각각 하나님의 말씀을 선포하는 행위와 그 내용을 가리키는 표준적인 신학 용어다. 그렇다면 말씀을 선포하는 오늘날의 기독교 활동 배경에는 어떤 점진적 역동성이 있는가? 선포하는 전령은 헬라어로 '케릭스'(*kēryx*)[6]인데, 성경에서 이 단어는 매우 드물게 사용된다.[7] 신약에서 '케리세인'이 사용되는 것은 다른 의미를 지니는데, 그것은 메시지를 전달하는 메신저보다 메시지 자체에 초점을 두기 때문이다. 물론 메신저가 무관하다는 말은 아니지만, 강조되는 것은 하나님의 말씀이라는 메시지 자체다.

우리는 '케리세인'이라는 단어 연구를 넘어 '선포'라는 개념을 파악하려 해야 한다. 엄숙한 선고로서 '케리그마'의 기원은 하나님의 말씀하심에 있다. 성경적 케리그마의 기초는 만물을 존재하게 하신 하나님의 창조 말씀에 있다. 따라서 우리는 하나님의 직간접적인 발화 행위에 관한 계시의 역동성을 찾고자 하는데, 이 주제는 3부에 포함되는 것이 합당하게 여겨질지도 모른다. 그러나 복음의 말씀이 곧 하나님의 말씀임을 진정으로 믿는 설교자는 하나님의 말씀을 따라 전하려 할 것이다.[8] 복음은 죄인이 하나님과 화목할 수 있는 길이신 그리스도에

---

4. 헬라어 κηρύσσειν.

5. 헬라어 κήρυγμα.

6. 헬라어 κῆρυξ.

7. 헬라어 '케릭스'가 나오는 구절은 딤전 2:7; 딤후 1:11; 벧후 2:5이다. Friedrich에 따르면, 고대 그리스에서 '케릭스'는 신변이 보호되는 불가침의 존재였다. 하지만 이는 박해와 위험 속에서 말씀을 전하는 그리스도인 설교자의 처지와는 거리가 멀다. 더군다나 전령은 단순히 소식을 전달할 뿐이라는 점에서, 스스로가 곧 메시지의 주체이자 선포자이신 하나님이나 그리스도의 위엄을 담아내기에도 '전령'이라는 용어는 한계가 있다. G. Friedrich, 'κῆρυξ'. *TDNT*, vol. 3, p. 696.

8. G. Friedrich, 'κηρύσσω', *TDNT*, vol. 3, pp. 703-4. 신약에서 66회 사용되는 헬라어 동사 '케리세인'은 어떤 새로운 메시지를 전하는 듯이 메시지 자체를 강조하는 것이 아니라, 하나님 나라가 임하는 통로가 되는 선포 행위를 강조한다. Friedrich는 하나님의 메시지를 선포하는 것을 나타

대한 선포다. 타락 이전에는 화목이 필요 없었으며, 하나님의 말씀은 조화, 교제, 경고, 안내의 말씀이었다. 창세기 2:17 같은 경고는 책임 있고 이성적이며 선택할 수 있는 존재로 창조하신 인간을 위한 하나님의 은혜로운 배려를 보여 준다. 이 경고는 우리가 우리 선택에 책임이 있다는 사실을 나타낸다. 또한 인간이 완전히 질서 잡힌 환경에서 창조되었지만, 그 질서는 위반이 가능했음을 시사한다. 하나님의 통치 아래 인간이 있다는 말은 우리의 결정에 따른 결과를 우리가 감당해야 한다는 뜻이다. 애초부터 선포라는 동전에는 양면이 존재했고, '기쁜 소식'의 반대편은 늘 '나쁜 소식'이었다.

하나님이 창조라는 발화 행위를 하실 때는 자신의 뜻을 알리기 위해 말씀하신 것이었다.[9] 케리그마는 하나님의 말씀을 따라 선포하는 것이며, 인간의 중재를 통해 타락한 우리 인간에게 말한다. 하나님께서 인간에게 자신의 말씀을 직접 들려주시는 방식에서, 구원받았으나 여전히 죄성 있고 실수를 저지르기 쉬운 인간을 통해 말씀하시는 방식으로 전환되었다는 사실은 참으로 놀라운 일이다.[10] 따라서 중재

내기 위해 사용된 약 16개의 다른 동사도 언급한다.

9. 화행이론(speech-act theory)에서는 발화 행위(말의 내용), 발화 수반 행위(말로 이루어진 행위), 발화 효과 행위(어떤 말을 함으로써 발생한 효과)를 구분한다. 이 이론은 J. L. Austin과 John Searle이 창안한 순전히 세속적인 언어철학 이론에서 기원했지만, 복음주의 신학자들 사이에서도 꽤나 영향력을 얻게 되었다. 복음주의 그리스도인들은 인간 발화에 담긴 이런 화행적 특성의 근거를 하나님의 화행을 닮은 선물로 생각한다. 다음을 보라. Graeme Goldsworthy, *Gospel-centred Hermeneutics: Biblical-theological foundations and principles* (Nottingham: Apollos; Downers Grove, IL: InterVarsity Press, 2006), pp. 208-213; Kevin J. Vanhoozer, *Is There a Meaning in This Text? The Bible, the reader, and the morality of literary knowledge* (Grand Rapids, MI: Zondervan, 1998), p. 208; *First Theology: God, Scripture and hermeneutics* (Leicester: Apollos; Downers Grove, IL: IVP Academic, 2002), pp. 127-203. 『제일신학』(IVP); Anthony C. Thiselton, *Hermeneutics: An introduction* (Grand Rapids, MI: Eerdmans, 2009), pp. 52-3, 130-1. 『앤서니 티슬턴의 성경해석학 개론』(새물결플러스).

10. 물론 하나님은 사람을 통해 말씀하시는 방법에 국한되지 않으신다. 그분은 또한 천사들을 통해, 심지어 한 번은 나귀를 통해 말씀하기도 하셨다(민 22:22-30).

된 말씀도 여전히 무오한 말씀이다(살전 2:13; 딤후 3:16; 벧후 1:20-21). 구약에서는 하나님의 말씀이 흠 없는 신인(神人)으로 육신이 되실 때, 곧 그 때가 찬 시기를 고대하며 이러한 일이 일어난다. 따라서 인간을 통한 예언적 말씀은 하나님의 무오한 말씀인 예수 그리스도를 고대하며, 그분 안에서 성취된다. 그렇다면 하나님 아래서 다른 피조물을 다스리고 번성하라는 선언이 담긴 타락 이전의 하나님의 케리그마를 살펴보자. 여기에는 인간이 이 다스림을 남용해 하나님 없이 절대 주권을 주장할 경우 죽게 되리라는 경고도 포함되었다. 이것이 인간에게 적용되는 케리그마의 한 측면이다. 즉 인간은 자신의 생각, 말, 행실에 책임지도록 창조되었다.

성경이 처음 기록하는 에덴 바깥의 일들에는 가인을 향한 하나님의 정죄와 그에 따른 처벌을 제외하고는 선포에 대한 언급이 거의 없다. 하나님은 가인을 보호하기 위해 표를 주시는데, 이는 죄인을 향한 은혜를 예고하는 행위였다(창 4:11-16). 하나님은 인간의 죄악이 점점 커지는 것을 한탄하시면서도 노아에게 한없는 은혜를 베푸신다(창 6:5-8). 노아가 가족들을 방주로 데려가 홍수로부터 구원을 얻게 하는 데서 노아의 케리그마가 암시된다. 홍수 이후, 하나님은 타락 이전에 주신 케리그마를 일부 수정해 노아에게 반복하신다(창 9:1). 그리고 노아가 아들들 가운데 축복의 대상으로 특별히 셈을 예언적으로 구별하는 장면이 이어진다(창 9:25-27). 창세기 10장과 11장의 족보는 노아의 케리그마에 배경을 형성한다. 이 내러티브는 함이 거부되는 이유를 처음으로 설명하고, 셈의 신실함과 야벳에게까지 미친 노아를 통한 은혜를 반영한다.

구원의 선포는 아브람의 선택과 부르심, 그리고 창세기 12:1-3의 언약적 약속에서 뚜렷이 부각된다. 앞서 살펴본 언약의 역할을 고려하면

(12장), 신약 케리그마의 토대와 구성이 언약에 대한 구약의 역동성에 있다고 보는 것이 마땅하다. 이는 모든 언약의 기초가 삼위일체와 창조라는 것을 다시금 상기시켜 준다. 언약의 '텔로스'가 곧 그리스도 안에서의 새 창조라는 사실은, 케리그마가 하나님이 말씀으로 피조물을 존재하게 하신 데서 시작한다는 개념을 더욱 강화한다. 또한 언어의 본질이 언약적 속성에 있음을 의미한다.[11]

하나님의 택하신 민족 이스라엘에게 선포는 내부적인 문제였고 열방을 향한 외부적 확장이라는 인식은 없었다. 이스라엘의 구원 역사를 관통하는 복음의 기본 틀은 출애굽 사건에 뿌리를 두고 있다. 포로와 노예 생활이라는 절망에서 건져냄을 거쳐 하나님의 선택된 백성으로 세워지는 일련의 과정은, 이스라엘의 구원 역사가 전개되는 내내 끊임없이 인용되고 선포되는 핵심적인 구조가 된다. 동시에 이집트에서의 첫 번째 탈출과 바벨론에서의 두 번째 탈출(주전 538년)에 이르는 이스라엘의 역사는, 신실한 남은 자를 구원하실 목적으로 반역적인 백성을 보존하시는 하나님의 은혜의 표현과 이스라엘의 죄(불신앙)를 비교할 수 있는 수많은 사례를 제시한다. 결국 이 남은 자들 가운데 기름부음을 받은 구속자가 오게 될 것이다. 백성을 하나님께로 결속시키는 케리그마의 대표적인 예는 시내산에서 모세를 통해 주어진 말씀이다.

> 내가 애굽 사람에게 어떻게 행하였음과 내가 어떻게 독수리 날개로 너희를 업어 내게로 인도하였음을 너희가 보았느니라. 세계가 다 내게 속하였나니 너희가 내 말을 잘 듣고 내 언약을 지키면 너희는 모든 민족 중에서 내 소유가

11. 12장의 '언약으로서의 창조' 단락을 보라.

되겠고 너희가 내게 대하여 제사장 나라가 되며 거룩한 백성이 되리라. (출 19:4-6)

이 격려의 말씀은 십계명이 기록된 맥락, 곧 시내산 율법 전체의 맥락과 유사하다. 출애굽 '복음'은 곧 "나는 너를 애굽 땅, 종 되었던 집에서 인도하여 낸 네 하나님 여호와니라"다(출 20:2; 신 5:6).

구약 시대 전반에 걸쳐 이스라엘을 하나님께로 인도하는 하나님의 은혜의 케리그마는 출애굽을 통해 형성되었다. 그럼에도 불구하고, 하나님이 이 기간 동안 이스라엘에게 열방을 향해 적극적으로 구원을 선포하라는 사명을 주셨다는 암시는 없다. 이 기간 동안 하나님은 이스라엘 역사 속에서 하나님 나라의 구조를 점진적으로 계시하셨다. 이 때까지는 하나님이 열방에게도 구원을 가져오겠다는 약속을 넘어 직접적인 행동을 하지 않으셨다. 현대 선교 운동, 곧 교회의 선교는 아브라함 언약과 예언자들을 통해 예견되었지만, 실제로는 사도 시대에 시작되어 종말에 속하게 되었다. 선교는 성령의 오심을 통해 완성된 케리그마가 선포될 수 있게 된 오순절로부터 시작한다. 예언자들은 창세기 12:3에서 처음 선언된 복이 종말론적 '여호와의 날'의 한 측면임을 보여 준다(14장과 15장에서 논의). 마찬가지로 예언자들이 이스라엘에 선포한 '복음'은 구원의 날, 즉 '여호와의 날'이 마지막에 영화롭게 임하리라고 알리며, 그날에 하나님은 이스라엘을 통해 이방인을 구원에 포함시키겠다는 약속을 성취하실 것이다.

구약에서 케리그마는 이스라엘 내부, 특히 가정 안에 자리했다. 그렇다고 해서 이것이 외부에 아무런 영향을 미치지 않았다는 말은 아니다. 다음과 같은 모세의 말에서 드러나듯, 이스라엘이 시내산 언약 규범에 신실한 국가가 된다면 주변 민족의 이목을 끌게 될 것이다.

내가 나의 하나님 여호와께서 명령하신 대로 규례와 법도를 너희에게 가르쳤나니 이는 너희가 들어가서 기업으로 차지할 땅에서 그대로 행하게 하려 함인즉 너희는 지켜 행하라. 이것이 여러 민족 앞에서 너희의 지혜요 너희의 지식이라. 그들이 이 모든 규례를 듣고 이르기를 이 큰 나라 사람은 과연 지혜와 지식이 있는 백성이로다 하리라. 우리 하나님 여호와께서 우리가 그에게 기도할 때마다 우리에게 가까이 하심과 같이 그 신이 가까이 함을 얻은 큰 나라가 어디 있느냐. (신 4:5-7)

이 시점에 적극적인 전도 활동이 있었다는 암시는 없다. 오히려 국가로서 이스라엘 공동체의 삶을 통한 증인 역할이 그 역동성이었다.[12] 열방은 외부에서 이를 바라보는 입장이었다. 또한 여기에는 이방인들의 이해 여부와 상관없이, 이스라엘의 실존을 형성한 유신론적 세계관을 통해 나타나는 기독교 변증의 전조가 보인다. 이런 역동성은 훗날 예언자 요나의 선포에 대한 응답으로 일어난 니느웨의 회개는 주민 대다수가 야웨 신앙으로 개종한 사건이 아니었음을 시사한다.[13] 이는 오래지 않아 앗수르(니느웨)에 의해 북이스라엘이 멸망한 사실로도 확인된다.

구약에는 성령께서 개인에게 하나님의 약속을 향한 믿음을 주시는 경우에 관한 언급이 없다.[14] 그럼에도 신약이 분명히 보여 주는 방식으로 성령이 항상 역사하셨음은 의심할 수 없는 사실이다. 아브라함은

12. 누군가는 이것을 이스라엘이 가진 선교적 사명으로 본다. 하지만 '선교'('보내다'라는 뜻의 라틴어 *missio*)라는 단어는 하나님을 경외하는 이스라엘의 국가적 삶에 대한 열방의 그런 감탄에 적합하지 않다. 이스라엘은 아브라함 언약과 출애굽을 선포하도록 보내진 것이 아니었다.

13. 욘 3:6-10. 적어도 니느웨의 회개는 믿음 없는 이스라엘 민족에게 "하나님이 능히 이 돌들로도 아브라함의 자손이 되게 하시리라"(마 3:7-9)는 말씀을 적시성 있게 보여 주는 사례였다. 후기 예언서 시대에 이르러 야웨 신앙은 일반적으로 성전과 그 의식을 인정하는 것으로 표현되었다. 아람 사람 나아만 장군의 예외는 도리어 이런 규칙을 입증한다(왕하 5:17-19).

14. 8장에서 다룬 주제다.

하나님의 약속을 믿었고 이것이 그에게 의로 여겨졌다고 기록되었다(창 15:6). 선택과 언약은 하나님이 이스라엘에게 주신 선물로 묘사되며, 이스라엘 백성은 이 사실을 끊임없이 떠올렸다. 언약에는 자녀들도 포함되었기 때문에 부모는 그에 부합하게 자녀를 가르치라는 지시를 받았다. 가족을 향한 구원의 선포를 언급하는 핵심 구절은 신명기 29:29이다. "감추어진 일은 우리 하나님 여호와께 속하였거니와 나타난 일은 영원히 우리와 우리 자손에게 속하였나니 이는 우리에게 이 율법의 모든 말씀을 행하게 하심이니라." 또한 언약의 가족 중심성은 신명기 6:4-7에 울려 퍼진다.

> 이스라엘아 들으라. 우리 하나님 여호와는 오직 유일한 여호와이시니 너는 마음을 다하고 뜻을 다하고 힘을 다하여 네 하나님 여호와를 사랑하라. 오늘 내가 네게 명하는 이 말씀을 너는 마음에 새기고 네 자녀에게 부지런히 가르치며 집에 앉았을 때에든지 길을 갈 때에든지 누워 있을 때에든지 일어날 때에든지 이 말씀을 강론할 것이며.

하나님은 자신의 은혜, 특히 약속의 땅을 선물로 주신 것에 대한 올바른 응답으로 순종과 신실함을 요구하신다. 그리고 "너는 조심하여 너를 애굽 땅 종 되었던 집에서 인도하여 내신 여호와를 잊지 말"라고 경고하신다(신 6:12). 언약 가정 안에서 자녀 교육은 부모의 신실한 행실을 통해 자연스럽게 나온다.

> 후일에 네 아들이 네게 묻기를 우리 하나님 여호와께서 명령하신 증거와 규례와 법도가 무슨 뜻이냐 하거든 너는 네 아들에게 이르기를 우리가 옛적에 애굽에서 바로의 종이 되었더니 여호와께서 권능의 손으로 우리를 애굽에서

> 인도하여 내셨나니 곧 여호와께서 우리의 목전에서 크고 두려운 이적과 기사를 애굽과 바로와 그의 온 집에 베푸시고 우리 조상들에게 맹세하신 땅을 우리에게 주어 들어가게 하시려고 우리를 거기서 인도하여 내시고 여호와께서 우리에게 이 모든 규례를 지키라 명령하셨으니 이는 우리가 우리 하나님 여호와를 경외하여 항상 복을 누리게 하기 위하심이며 또 여호와께서 우리를 오늘과 같이 살게 하려 하심이라. 우리가 그 명령하신 대로 이 모든 명령을 우리 하나님 여호와 앞에서 삼가 지키면 그것이 곧 우리의 의로움이니라 할지니라. (신 6:20-25)

자녀가 "왜 이 모든 규칙이 있는 건가요?"라고 물을 때, 그 대답은 출애굽 복음이 될 것이다. 이는 복음이 곧 규칙들의 모음이라는 말이 아니라, 이스라엘이 복음의 은혜에 대한 응답으로 하나님의 계시된 뜻에 마땅히 순종해야 한다는 말이다. 이와 같은 케리그마 앞에서 적절한 응답은 항상 복을 누리고 우리를 오늘처럼 지켜 주시도록 "우리 하나님 여호와를 경외"하는 것이다. 이것이 구약 시대 마지막까지 이어지는 이스라엘 케리그마의 기본적인 역동성이다. 열방을 향해 가라는 어떤 지시도 없는 상황에서, 이스라엘에게 전도(우리가 그렇게 부르는 경우)는 언약에 충실한 부모가 자녀에게 구원을 위한 은혜 언약을 가르치는 일에 중점이 있었다. 그들이 언약 규례를 준수하는 동기는 그들의 조상을 이집트에서 이끌어 내신 하나님의 은혜다. 어떤 형태로든 하나님과 맺은 모든 긍정적 관계의 근거가 되는 이 은혜는, 하나님의 백성으로서 언약에 기초한 삶을 살아가도록 주어진 지침에 순종하고 신실할 것을 요구한다. 여기서 자녀의 개인적 회심은 쟁점이 아닌 것 같다. 그들이 신앙이 결여되고 반역적인 영을 드러내지 않는 한 언약 아래 있는 신자로 여겨진다. 물론 그들이 신자가 되는 것은 오직 믿음으로 역사하시는 성령을 통해서다. 하지만 이것은 언약 안에서 어린 자녀의 신앙을 다루는 신약의 진보한 계시임이 분명하다.

이스라엘이 제아무리 언약적 특권에 호소했을지라도 개인, 집단, 온 민족이 반역하는 사건은 그치지 않았다. 그들은 "그 명령하신 대로 이 모든 명령을 우리 하나님 여호와 앞에서 삼가 지키지" 않았다(신 6:25). 이런 불순종이 자주 일어나는 만큼이나 하나님께 돌아오라는 촉구를 받았다. 이는 회개, 즉 방향 전환에의 요청임과 동시에 다시금 하나님이 그들을 위해 정하신 길을 따르라는 요청이다. 주로 '회개하다'로 번역되는 히브리어 동사 '슈브'(*šûb*)는 '돌다' 혹은 '돌아오다'라는 뜻이다. 실제로 물리적인 방향 전환을 뜻할 수도 있고 마음이나 충성심의 변화 같은 수사적 의미의 전환일 수도 있다. 그렇다면 이것이 회심인가? 아마도 처음에는 그럴 것이다. 하지만 신약에서 보듯이, 회개는 신앙생활 속의 지속적인 역동성이다. 반역적인 이스라엘이 하나님께 돌아오라는 부름을 받았다는 사실을 주목하는 것이 중요하다. 회개는 중립적 위치로 절반쯤 90도 전환하는 것이 아니라 하나님께로 180도 전환하는 것이다. 회개한 사람은 하나님께 돌이킨 사람이다. 이런 이유로 나는 예수께서 요한이 베푼 회개의 세례에 순종하신 것은 그분이 이스라엘과 모든 선택받은 이들을 대신해 '회개하셨다'는 뜻이라고 결론 내린다. 즉 예수는 자신이 아담의 타락 이래로 가장 하나님 지향적인 인간임을 보이시며 우리를 대신해 그렇게 하셨다. 이는 죄로 얼룩져 완전할 수 없는 그리스도인의 회개조차 우리를 위한 예수의 행하심을 통해 의롭게 되었다는 뜻이다. 그리하여 하나님은 우리의 회개를 완전한 것으로, 우리를 위한 예수의 '회개'(하나님께로 돌이킴)로 간주하신다. 이것이야말로 우리가 날마다 진정으로 회개하며 그리스도 안에서 이미 된 존재가 되기 위해 나아가야 할 동기다.

몇 가지 예외를 제외하고, 이방인이나 불신자가 참된 신앙을 가지게 된다는 의미에서의 '회심'은 구약에 많이 나타나지 않는 개념이다. 언약이 온 이스라엘을 아우르는 반면에 이방의 불신자를 향한 전도는 지시되지 않았기 때문이다. 주된 강조점은 회개, 곧 언약 백성인 이스라엘 내에서 우상숭배와 불신이라는 악을 집단적으로 제거하는 것이었다. 따라서 아론의 금송아지 사건 이후 다음과 같은 장면이 나온다. "모세는 진 문에 서서 이르되 누구든지 여호와의 편에 있는 자는 내게로 나아오라 하매 레위 자손이 다 모여 그에게로 가는지라"(출 32:26). 여호수아가 세겜에서 언약을 갱신할 때도 그는 백성에게 선택을 촉구했다.

> 그러므로 이제는 여호와를 경외하며 온전함과 진실함으로 그를 섬기라. 너희의 조상들이 강 저쪽과 애굽에서 섬기던 신들을 치워 버리고 여호와만 섬기라. 만일 여호와를 섬기는 것이 너희에게 좋지 않게 보이거든 너희 조상들이 강 저쪽에서 섬기던 신들이든지 또는 너희가 거주하는 땅에 있는 아모리 족속의 신들이든지 너희가 섬길 자를 오늘 택하라. 오직 나와 내 집은 여호와를 섬기겠노라. (수 24:14-15)

출애굽 복음을 근거로 백성은 이렇게 선언한다. "우리도 여호와를 섬기리니 그는 우리 하나님이심이니이다"(18절).

사사기는 야웨의 사자가 전달한 케리그마적 심판 선언을 언급한다(삿 2:1-5).[15] 사사기 내러티브는 반복적으로 "이스라엘 자손이 여호와의 목전에 악을 행하여"라고 기록한다(2:11; 3:7, 12; 4:1; 6:1; 10:6; 13:1). 하

15. 영어 성경에서 '천사'로 번역된 히브리어 단어는 문자적으로 '사자'를 뜻하는데, 이 경우에는 초자연적 방문자일 수도 있고 예언자 같은 인간 사자일 수도 있다. 어떤 주석가들은 이것이 하나님의 현현이었다고 주장한다.

나님의 심판은 그들을 이방의 압제에 넘기는 것이었으며, 이로써 백성은 집단적인 참회와 회개를 통해 주께 부르짖었다(3:9, 15; 6:6; 10:10). 하나님은 성령의 능력을 입은 사사들을 보내 백성을 구원하는 방식으로 응답하셨지만, 그들은 계속해서 죄를 지었다(2:16-23).

이방인 회심자 가운데 대표적인 사람은 라합이다. 이스라엘의 출애굽 소식을 듣고 회심한 그녀는 야웨가 "위로는 하늘에서도 아래로는 땅에서도 하나님이시니라"고 고백한다(수 2:8-14). 이는 초기 단계의 복음이라 할 수 있는 놀라운 고백이다. 다음으로 모압 여인 룻의 고백이 나타나는데, 그녀가 어느 시점에 이스라엘의 참 하나님을 믿는 신앙으로 회심했음을 보여 준다(룻 1:16-17). 또 다른 주목할 만한 회심자는, 이교 국가에서 신분을 계속 유지하면서도 회심의 고백에 합치되게 살아가야 하는 독특한 상황에 직면한 아람 장군 나아만이다(왕하 5:15-18).

이런 경우에도 불구하고 구약에서 개인성은 한 민족으로서의 백성에 관한 초점만큼 부각되지 않는다. 한마디로 집단적 실체로서의 언약 공동체가 지배적인 맥락이다. 그러므로 개인의 일반적인 회심 경험이 아니라 민족 전체나 지도자들에게 중점이 있다. 왕은 민족을 대표하며 체현한다. 왕이 행한 일은 곧 나라의 상태를 나타낸다. 따라서 성경은 요시야왕에 대해 이렇게 말한다.

> 요시야가 여호와 보시기에 정직히 행하여 그의 조상 다윗의 모든 길로 행하고 좌우로 치우치지 아니하였더라. (왕하 22:2)

> 요시야와 같이 마음을 다하며 뜻을 다하며 힘을 다하여 모세의 모든 율법을 따라 여호와께로 돌이킨 왕은 요시야 전에도 없었고 후에도 그와 같은 자가 없었더라. (왕하 23:25)

요시야는 "여호와 보시기에 악을 행한" 아몬왕의 아들이었지만(대하 33:22), 십대 시절부터 "그의 조상 다윗의 하나님"을 찾았다(대하 34:3). 그의 동기에 대해서는 아무런 언급이 없다. 우리는 단지 일반적인 회심 경험에 빗대어 추측해 볼 따름이다. 집단성에 강조가 있다고 해서 개인의 신앙과 행동에 대한 책임이 사라지는 것은 결코 아니다.

구약의 케리그마는 후기 예언서에 기록된 예언자들의 사역에서도 중심이 된다.[16] 이미 살펴본 바와 같이, 예언자들의 신탁은 주로 죄의 고발, 심판의 경고, 구원의 약속으로 이루어진다. 예언적 케리그마의 한 예는 예레미야 3:6-4:4에 나타난다. 예언자는 유다의 우상숭배를 책망한 다음, 북왕국으로 시선을 돌린다.

> 여호와께서 이르시되
> 　배역한 이스라엘아 돌아오라.[17]
> 나의 노한 얼굴을 너희에게로 향하지 아니하리라.
> 　나는 긍휼이 있는 자라.…
> 여호와의 말씀이니라. (렘 3:12)

예레미야서 이 단락에는 구약 케리그마의 주요 요소가 담겨 있다. 죄의 고발은 예레미야 3:6-11, 13, 20-21에 나타난다. 그리고 회개

16. 14장을 보라.

17. 히브리어 본문에는 언어유희가 보인다. '슈바흐'(돌다 혹은 돌아오다)와 같은 어근에서 파생된 '미쉬바흐'는 '돌아서다' 혹은 '퇴보하다'를 의미하는데, 이에 대한 예는 다음을 참조하라. John Bright, *Jeremiah: A new translation with introduction and commentary*, The Anchor Bible 21 (New York: Doubleday, 1965), p. 22. 이에 동조하는 견해는 다음을 보라. J. A. Thompson, *The Book of Jeremiah*, The New International Commentary on the Old Testament (Grand Rapids, MI: Eerdmans, 1980), p. 200. 이스라엘은 돌아서서 퇴보했고, 이제 회개하고 돌이키라는 요청을 받는다.

의 촉구가 반복된다(3:12-14, 22; 4:1, 4). 진정한 회개의 구체적인 결과는 다음과 같다. 첫째, 하나님의 진노가 긍휼히 피해 간다(3:12). 둘째, 언약의 복이 회복된다(3:15-18). 셋째, 마음의 변화, 곧 영적 중생이 있다(3:22-23). 만일 회개하지 않는다면 그 영향은 참담하여(4:5-31), 창조 이전의 혼돈으로 돌아간 듯한 멸망이 있을 것이다(4:23-26). 앞서 언급했듯이, 성경적 의미에서의 회개는 단지 특정한 범죄를 그만두는 데 그치지 않는다. 우리가 죄를 지은 대상으로부터 자비를 얻고자 돌이키지 않고서는 죄에서 돌아서는 것은 불가능하다. 내면의 죄책감과 후회에서 그치는 것과, 죄를 지은 대상인 하나님께 외적으로 돌이키는 것의 차이는 상당하다. 진정한 회개는 언제나 하나님께로 돌이키는 것이다.

케리그마와 하나님 백성의 중생에서 성령이 하시는 역할은 예언적 케리그마에서 더욱 분명해진다. 이는 예수가 나사렛 회당에서 읽으시고 자신이 성취했다고 주장하신 이사야의 예언에 요약되었다.

> 주 여호와의 영이 내게 내리셨으니
> 　이는 여호와께서 내게 기름을 부으사
> 가난한 자에게 아름다운 소식을 전하게 하려 하심이라.[18]
> 　나를 보내사 마음이 상한 자를 고치며
> 포로된 자에게 자유를,
> 　갇힌 자에게 놓임을 선포하며
> 여호와의 은혜의 해와

18. 70인역은 히브리어 '러바세르'(לבשר, 기쁜 소식을 전하러)를 헬라어 '유앙겔리사스타이'(εὐαγγελίσασθαι)로, 히브리어 '리크로'(לקרא, 선포하다)를 헬라어 '케루카이'(κηρύξαι)로 번역한다.

우리 하나님의 보복의 날을 선포하여. (사 61:1-2, 눅 4:18-19에서 인용)

이 선포가 은혜와 보복 두 가지 모두에 관한 것임을 주목하라. 하나님은 자신의 말씀을 그분의 예언자 혹은 종의 입에 두신다. 따라서 하나님의 영이 에스겔에게 임하셔서 그가 “주 여호와의 말씀이 이러하시다”라는 권위 있는 말씀을 선포하도록 보내신다(겔 2:2-5). 미가는 성령으로 충만해져서 이스라엘의 죄를 선포한다(미 3:8). 성령은 또한 백성들이 예언하게 하실 것이다(욜 2:28-32, 행 2:17-21에서 인용).

구약 케리그마의 역동성은 다음과 같이 요약할 수 있다.

1. 자신 안에서 말씀하시는 삼위일체 하나님은 말씀으로 피조물을 존재하게 하신 후, 처음 인류에게 말씀하셨고 이후로도 계속 말씀하고 계신다.
2. 하나님은 어떻게 그분의 형상대로 창조된 인류가 “하나님을 영화롭게 하고 영원토록 그분을 즐거워할” 것인지에 관한 기쁜 소식을 선포하셨다.[19]
3. 아담과 하와의 죄로 인한 인류의 반역 이후 하나님은 처음에는 직접, 이후에는 예언자들을 통해 심판과 은혜를 말씀하셨다.
4. 복음 선포의 전형은 출애굽 사건에서 확립되었으며, 시내산 율법에 명시된 신앙 생활을 요구했다.
5. 구약 케리그마의 전략은 부모가 자녀에게 언약의 약속과 출애굽 복음을 가르치는 전수 교육이다.
6. 후기 예언서는 이스라엘의 구속받은 신실한 남은 자들이 열방을 향해 나아가 전도하는 미래의 종말론적 역할을 보여 준다.

19. 웨스트민스터 소요리문답에 기술된 바와 같다.

사복음서 모두 예수와 구약성경이 지닌 관계의 중요한 측면을 다루는 독특한 서술로 시작하기 때문에, 신약의 케리그마가 구약의 케리그마와 연속성을 갖는다고 예상해야 한다. 실제로 예수 탄생 내러티브를 들려주는 것은 마태복음과 누가복음이 전부다. 누가는 제사장 사가랴에게 나타나 아내 엘리사벳이 그 이름을 요한이라고 할 아들을 낳으리라 고지했던 천사의 방문을 기록한다.

> 모태로부터 성령의 충만함을 받아 이스라엘 자손을 주 곧 그들의 하나님께로 많이 돌아오게 하겠음이라. 그가 또 엘리야의 심령과 능력으로 주 앞에 먼저 와서 아버지의 마음을 자식에게, 거스르는 자를 의인의 슬기에 돌아오게 하고 주를 위하여 세운 백성을 준비하리라. (눅 1:15-17)

이 구절에는 배도한 이스라엘을 향한 엘리야의 사역을 상기시키는 말라기 4:5-6의 예언을 요한이 성취할 것이라는 암시가 담겼다. 그는 이스라엘 백성을 하나님께로 돌이키기 위해 회개를 선포할 것이다. 말라기는 평범하지 않은 방식으로 예언했는데, 그는 엘리야가 가족과 세대 간의 긴장을 치유할 것이라고 말한다. 앞서 언급한 바와 같이, 이스라엘의 전도는 주로 부모가 자녀에게 하나님의 약속과 출애굽 복음을 가르치는 가족사에 속했다. 이제 요한이 장성하면서 그런 일이 벌어진다. 마태와 누가는 요한의 사역을 이사야 40:1-8 예언의 성취로 기록한다. 그의 메시지는 "회개하라 천국이 가까이 왔느니라"였다(마 3:2). 그는 바리새인과 사두개인에게 그들의 종교적 관습을 신뢰하지 말고 회개하라고 경고했다. 또한 자신은 자기 뒤에 오실 분보다 낮은 자며, 그분은 물이 아니라 성령으로 세례를 베푸실 것이라고 선언한다. 이에 예수도 세례와 광야 시험을 받으신 후 요한과 동일한 회개의 메시지를 선포함으로써 공생애를 시작하신다(마 4:17).

신약 케리그마의 형식은 이제 예수의 말씀과 행적에서 발견된다. 예수의 사역과 죽음을 통해 죄와 사망의 속박에서 벗어나는 진정한 출애굽이 과거 역사적 출애굽의 원판을 성취하고 변화시킨다. 마가는 "예수께서 갈릴리에 오셔서 하나님의 복음을 전파하여 이르시되 때가 찼고 하나님의 나라가 가까이 왔으니 회개하고 복음을 믿으라"고 말하며 이런 전환에 대한 관점을 드러낸다(막 1:14-15). 이럼으로써 그는 자신의 케리그마를 구약 약속의 성취와 연결한다. 즉 예수께서 여기 계시기 때문에 약속된 나라가 여기 임했다는 것이다. 이는 또한 하나님 나라, 곧 모든 것을 관장하시는 하나님의 통치로 인해 회개하라는 요구가 정당하다는 의미기도 하다. 그분의 권위 앞에서 유일한 응답은 회개와 믿음이다. 어떤 이들에게는 이것이 현실의 삶을 떠나 문자 그대로 예수를 따르는 것을 의미했다. 하지만 진정한 회개와 믿음 없이 제자 무리에 속하는 것은 지속되지 않는 형식상의 변화에 불과했다. 예수는 자신을 따르는 이들을 가르치셨을 뿐 아니라 자신의 주장에 도전하는 유대교 지도자들과의 논쟁도 불사하셨다. 이렇게 독특한 예수의 사역에서도 구약의 예언적 선포에 담긴 본질적 역동성은 조금도 변하지 않는다. 그 독특성은 예수가 스스로를 하나님의 아들, 인자, 다윗의 아들로서 기독교 케리그마의 윤곽과 내용을 예리하게 정의하시는 방식에 있다. 성령의 역할은 예수께서 니고데모에게 자세히 설명하신 데서 분명히 드러난다. 예수는 "위로부터"(ESV, 개역개정 각주) 혹은 "성령으로" 난 자만이 하나님 나라를 보고 들어갈 수 있다고 설명하신다(요 3:3, 5-6). 이렇게 거듭난 자들이 곧 그분을 믿는 자들이다(요 3:1-16).

예수의 독특성은 그분의 완전한 신성과 죄 없는 인성이 온전한 연합을 이룬 데 있다. 요한이 창조주이신 말씀과 육신으로 오신 분을 동일시하는 것은 의미심장하다(요 1:1-3, 14; 요일 4:1-3; 요이 1:7). 이는 구원의 메시지로 선포되는 하나님의 말씀으로서 예수의 역할을 잘 이해하게 해 준다. 지금까지 본서의 논의는 중보자-말씀이신 예수의 중심성에 관한 다음 주장으로 요약할 수 있다.

1. 예수는 하나님이자 만물을 지으신 하나님의 말씀이다(요 1:1-3).
2. 예수는 하나님의 말씀일 뿐 아니라 인류를 향한 하나님 말씀의 내용이자 의미다(고전 2:2; 15:3-4).
3. 예수는 하나님의 말씀을 온전히 받아들이고 우리를 대신해 순종하신 진정 죄 없는 인간이다(빌 2:5-8; 히 3:1-6).
4. 예수는 하나님 말씀의 모범적 전도자이자 선포자다(마 4:17; 9:35; 막 1:14-15).

예수는 우리의 유익을 위해 이 모두가 되셨다. 그분은 의롭게 하시는 하나님이다. 그분은 온전한 인간이다. 인간으로서 그분의 삶, 죽음, 부활은 우리 칭의의 근거가 된다. 그분은 의롭게 된 인간으로서 하늘에서 우리를 대표하신다. 의롭게 된 인간이신 예수께 속한 모든 것은 우리의 생명이신 그리스도를 믿고 그분과 연합한 우리에게 속한 것이다(엡 2:4-6; 골 3:3-4). 이 두 본문을 통해 바울은 우리의 또 다른 자아인 그리스도와 연관하여 우리를 묘사한다. 신약성경에 존재하는 긴장은 하나님 앞에서 우리의 생명이신 그리스도 안에서 우리의 온전함과, 하나님의 뜻에 합한 삶을 살기 위해 마땅히 해야 할 선한 일을 행하고자 분투하는 우리의 불완전한 현실적 삶 사이의 차이에서 비롯된 것이다.

사도들의 오순절 경험은 유대인 전도자이신 예수로부터 주요한 유대인 전도자로 예루살렘에서 새롭게 부상한 기독교 교회로의 전환을 나타낸다. 이 유대인 교회를 통해 세계 열방의 축복이라는 아브라함이 받은 약속이 성취되기 시작한다. 하나님의 백성 가운데 늘 함께 계셨던 성령은 이제 새로운 방식으로 경험된다. 그분은 예수가 보내신 영이며, 예수의 삶, 죽음, 부활, 승천을 중심으로 한 교회의 케리그마에 반드시 필요한 능력이시다. 사도들의 사역이 말세의 새로운 역동성을 맞이함에 따라, 회개와 믿음으로의 요청은 아브라함에게 처음 주어진 약속에 규정된 두 방향을 향해 나아간다. 베드로의 사도직 아래서는 하나님의 택하신 민족인 이스라엘(할례자)에게로, 바울의 사도직 아래서는 선교 여행과 서신을 통해 이방인(무할례자)에게로 향한다(행 9:15; 갈 2:7-8). 이렇게 세계 모든 민족에게 복음이 전파되는 놀라운 기독교 선교의 역사가 시작된다.

우리가 선포하는 복음은 무엇인가?

신구약 모두에서 정확히 복음이 무엇인지를 정의하고자 할 때 겪는 문제의 일부는, 설교자가 전도 설교에 포함시킬 수 있는 서신서의 수많은 요소가 서로 밀접한 관계로 엮였다는 데 있다. 구약의 케리그마는 심판과 구원의 선언을 모두 포함했다. '기쁜 소식'에는 일부 중요한 '나쁜 소식'도 담겨 있다. 복음을 구원받기 위해 반드시 믿어야 하는 것으로 정의할지라도, 구원의 참된 믿음에 포함되는 최소한의 필수 내용이 무엇인지 말할 수 있어야 한다. 그렇다면 예수 그리스도의 이름으로 세례를 받는 것은 정확히 어떤 의미인가? 회개와 결부된 세례는 분명 참된 믿음을 수반한다. 베드로는 여기에 죄 사함과 성령의 선물이 수반된다고 했다(행 2:38). "내가 어떻게 하여야 구원을 받으리이까?"라는 빌립보 간수의 간절한 요청에 바울은 간략히 대답했다. "주 예수를 믿으

라. 그리하면 너와 네 집이 구원을 받으리라." 우리는 이 간수가 예수에 관해 무엇을 알았는지 모르지만, 바울과 실라가 "주의 말씀을 그 사람과 그 집에 있는 모든 사람에게 전하더라"는 말씀에 미루어 볼 때 그에게 충분한 설명이 주어졌음을 알 수 있다(행 16:30-32).[20]

복음에 대한 고전적인 정의는 바울의 편지들에 나오는데, 그중 가장 간결한 것은 로마서 10:9이다. "네가 만일 네 입으로 예수를 주로 시인하며 또 하나님께서 그를 죽은 자 가운데서 살리신 것을 네 마음에 믿으면 구원을 받으리라." 바울이 지금까지 로마서에서 세심히 설명해 온 복음의 진리를 이 문맥에서 핵심 용어로 압축하고 있다는 사실을 눈치채야 한다. "예수를 주로 시인"하는 것은 성육신하신 '신인'의 역사와 그에 따른 권위가 가득 담긴 고백이다. 이렇게 시인하는 것은 회개와 같은 의미다. "하나님께서 그를 죽은 자 가운데서 살리신 것"은 예수의 삶, 고난, 속죄적 죽음이라는 전체 구원 사건을 아우르는 고백이다. "네 입으로" 시인하고 "네 마음에" 믿으라는 말은 이 사실에 단순히 건성으로 동의하는 자들에게 변명의 여지조차 주지 않는 요구다.

바울 서신에 나오는 복음에 대한 또 다른 고전적 정의는 고린도전서 15:1-4이다.

> 형제들아 내가 너희에게 전한 복음을 너희에게 알게 하노니 이는 너희가 받은 것이요 또 그 가운데 선 것이라. 너희가 만일 내가 전한 그 말을 굳게 지키고 헛되이 믿지 아니하였으면 그로 말미암아 구원을 받으리라. 내가 받은 것을 먼저 너희에게 전하였노니 이는 성경대로 그리스도께서 우리 죄를 위하여

20. 루디아(행 16:14-15)와 간수 모두 그들의 가족과 함께 세례를 받았다. 이런 점을 보면 하나님은 여전히 가정을 주목하며 다루고 계신다고 말할 수 있을 것이다. 이는 구약에서 살펴본 경우와 마찬가지다.

죽으시고 장사 지낸 바 되셨다가 성경대로 사흘 만에 다시 살아나사.

바울은 고린도 교회의 신자들을 향해 복음이 그들에게 전해졌다고 말한다. 이것이 바로 "성경대로" 전해진(앞서 살펴보았듯이 구약 전반에 걸쳐 발달한) 케리그마로서 예수 안에서 절정에 달한다. 이를 영접한 자들은 그 가운데 서 있다. 다시 말해, 그들은 계속해서 복음을 믿으며 복음을 토대로 한 삶을 살아간다. 뿐만 아니라 바울은 그들이 하나님 앞에서 의롭다 하심을 입은 채로 서 있음을 의미했을 가능성이 높다. 나아가 구원은 복음을 굳게 지키는 인내를 수반한다. 복음의 정수는 예수의 희생적 죽음과 죽은 자 가운데서의 부활이다. 이 모두는 구약에서 미리 예견된 바에 정확히 부합하며 또한 많은 것이 함축되어 있다. 예를 들어, 그분이 죽으셨다는 말은 분명 살아 계셨다는 말이기도 하다. 이는 예수가 어떤 삶을 사셨는지, 그리고 그것이 예수의 부활과 어떻게 연결되는지 같은 질문을 유발한다(7장과 11장을 보라).

복음에 대한 또 다른 핵심 진술은 로마서 서언에서 바울이 한 말에 있다.

예수 그리스도의 종 바울은 사도로 부르심을 받아 하나님의 복음을 위하여 택정함을 입었으니 이 복음은 하나님이 선지자들을 통하여 그의 아들에 관하여 성경에 미리 약속하신 것이라. 그의 아들에 관하여 말하면 육신으로는 다윗의 혈통에서 나셨고 성결의 영으로는 죽은 자들 가운데서 부활하사 능력으로 하나님의 아들로 선포되셨으니 곧 우리 주 예수 그리스도시니라. (롬 1:1-4)

바울이 "복음을 위하여 택정함을 입은" 종이라는 고백은 그가 반드시 복음을 선포해야 함을 의미한다. 복음과 케리그마는 분리될 수 없다. 그는 "하나님의 복음"과 관련하여 자신의 사명을 정의한다. 더 넓은 문맥을 고려하면, "하나님의"라는 표현은 주격 속격이자 목적격 속격이다. 즉 복음은 하나님께로부터 온 것임과 동시에 하나님에 관한 그리고 인류를 향한 그분의 사역에 관한 것이다. 구체적으로 복음은 다윗의 아들(하나님과 연관된 인성)에 관한 것으로, 성령의 능력으로 말미암은 부활을 통해 하나님의 아들(참 이스라엘)로 드러나셨음을 알려 준다. 복음은 우리 주 예수 그리스도에 관한 것이다.

만일 복음이 우리가 구원을 받기 위해 믿어야 하는 해석된 역사적 사건이라면, 그것은 우리가 하는 어떤 일이 아님이 분명하다. 복음은 이미 과거에 완료되어 바꿀 수 없는 사건이기에 우리는 협력조차 할 수 없다. 복음은 우리가 구원을 이루기 위해 조금이나마 보탤 수 있는 어떤 것이 아니다. 우리가 할 수 있는 일은 회개하고 그것을 믿는 것뿐이다. 우리는 회개와 믿음을 구분할 수 있지만 분리할 수는 없다. 심지어 사도들에게도 예수의 삶, 죽음, 부활은 반복될 수 없는 과거의 사건이었다. 복음은 역사의 그리스도에 관한 것이기에, 만일 우리가 과거의 역사적 사건으로서 예수의 삶, 죽음, 부활, 승천을 말하지 않는다면, 제아무리 중요한 무언가를 선포한다 해도 그것은 복음이 아니다. 뿐만 아니라 구원받기 위해 반드시 믿어야 하는 내용도 아니다. 앞에서 이미 우리를 위한 그리스도 안에서의 하나님의 사역과 우리 안에서 성령을 통한 하나님의 사역을 구분할 필요성을 살펴보았다.[21] '유앙겔리온'(*euangelion*)이 전자에 관한 것이라면, '케리그마'(*kerygma*), 즉 우리가 선포하는 것은 둘 모두를 포함할 수 있다.

21. 15장을 보라.

선교

'선교'(mission)라는 단어는 '보내다'를 뜻하는 라틴어 '미시오'(*missio*)에서 나왔다. 이스라엘과 열방을 다룬 장에서 나는 구약에는 선교에 관한 명령이 없다는 결론을 내렸다.[22] 그렇다면 선교는 처음에 이방인을 향한 유대인 그리스도인의 임무였다. 예수께서 제자들에게 주신 '대위임령'은(마 28:18-20) 유대인 그리스도인들이 열방으로 나아가 이루어야 할 사명이었다. 물론 그 명령에는 예루살렘과 유대에서 시작해 그리스도의 증인이 되는 일이 포함된다(행 1:8). 예수께서 주신 책무는 먼저는 유대인에게, 그리고 다음으로 이방인에게 주어진 것이다. 이방인들이 예수께로 나아와 유대인 제자 그룹에 합류하면서, 그들도 그리스도의 몸의 일부가 되어 복음을 온 세상에 전파하는 통로가 된다. 열방 사람들이 예수께 나아온다는 것은 그들이 하늘 예루살렘의 새 성전으로 나아온다는 말이다. 구약 시대에 열방이 시온산으로 몰려드는 모습에 초점을 맞추었다면, 신약 시대 교회는 세상을 향해 나아가는 선교에 집중한다. 그러나 이러한 변화는 단순히 '안으로 몰려오는'(in-rush) 것에서 '밖으로 나가는'(outreach) 방향의 전환이 아니다. 진정한 전환은 구약의 성전에서 그리스도로, 약속의 땅에 있는 새 예루살렘에 관한 이상에서 온 세상에 선포되시는 그리스도 안에 있는 하늘 예루살렘으로의 전환이다. 복음이 선포되는 곳에는 부활하신 그리스도가 성령으로 함께하시며, 그곳이 곧 새 예루살렘과 성전이다. 이방인들이 그리스도께로 모여드는 것은 여전히 '안으로 몰려오는 것'인데, 이는 성령께서 선포된 복음을 통해 그들에게 믿음을 주시기 때문이다.

22. 13장에서 나는 이스라엘과 열방의 관계에 대한 계시의 역동성과 신약에서 선교 신학의 발달을 구분했다.

신약 서신서에는 선교 신학이 존재하는가? 열방으로 가서 제자를 삼으라는 명령은 명시적으로 나오지 않지만, 당연히 전제된 것일 수도 있다. 사도행전 내러티브를 통해 선교의 동력은 이미 확립되었고, 바울, 베드로, 요한, 유다는 이를 감안하고 열방의 신자들에게 편지를 보낸다. 특히 바울이 로마, 그리스, 소아시아의 교회들에게 쓴 편지에는, 유대 율법의 짐을 이방인 그리스도인들에게 지우려는 유대주의자들과의 갈등이 자주 다루어진다.

이방인 선교가 교회의 확장 과정에서 간과되지 않았다는 사실은 요한계시록에서도 분명히 드러난다. 물론 그 명령은 이방인을 전도하라는 것이 아니라 복음의 목적이 이미 이루어졌고, 이루어지고 있으며, 장차 이루어지리라고 인식하라는 것이다. 요한계시록은 소아시아의 일곱 교회에 보내는 예수의 편지로 시작하는데, 그곳의 교인들은 박해를 받는 중에도 각기 다른 수준의 신실함을 나타낸다. 요한계시록의 핵심 메시지는 죽임당했다가 다시 살아난 어린 양으로 드러나는 사자가 두루마리를 펼치는 장면이다(계 5:1-6). 바로 복음이 요한계시록의 핵심이라는 것을 보여 준다. 그 후, 요한은 구원받은 이스라엘의 완전수, 즉 144,000명의 웅장한 환상으로 이동한다(7:1-8). 이 일 후에는 이방인의 차례로, 요한은 "각 나라와 족속과 백성과 방언에서 아무도 능히 셀 수 없는 큰 무리가 나와 흰 옷을 입고 손에 종려 가지를 들고 보좌 앞과 어린 양 앞에 서" 있는 것을 본다(7:9-10).[23] 이로써 그림이 완성된다. 하나님의 제사장 나라가 세계 모든 족속을 향한 하나님의 은혜의 중재자 역할을 완수한 것이다.

---

23. 나는 13장에서 요한이 유대인과 이방인의 구분을 유지하고 있다고 주장했다. 한편 144,000명을 "큰 무리"와 동일하게 보는 이들도 있다. 어느 쪽이 옳든, 핵심은 요한이 이방인 선교의 영광스러운 완성과 목표를 바라보고 있다는 것이다.

설교자가 복음을 어떻게 이해하는지, 복음의 필요성을 어떻게 보는지, 어떤 응답이 적절하다고 생각하는지에 따라 복음 설교의 성격이 크게 달라진다. 안타깝게도, 오랜 세월 대물림되며 복음주의적이라고 여겨진 수많은 상투적 표현이 여전히 검증되지 않은 채로 유통되고 있다. 이런 표현이 설교를 훼방해 성경적 선포에 해를 끼치기 쉽다. 또한 어떤 식의 언어 사용이 청중에게 메시지를 가장 잘 전달할 수 있는지에 관한 설교자의 이해도 설교에 영향을 미친다. 복음주의의 상투적 표현이 외부인에게 모두 유의미한 것은 아니다.[24] 게다가 늘 성경적이거나 적절한 것도 아니다. 이런 문제에 복음주의자들이 한마음이라고 생각할 수도 있지만, 개혁주의(칼뱅주의) 복음주의와 아르미니우스주의 사이의 중요한 차이점을 앞서 언급했다.[25] 그럼에도 우리가 동의하는 주요 쟁점이 있다. 복음을 모든 사람에게 자유롭게 제시해야 한다는 것은 칼뱅주의자와 아르미니우스주의자 모두 일반적으로 받아들이는 사실이다. 물론 칼뱅주의자는 그렇게 하는 이유가 명령을 받았기 때문이며, 누가 하나님의 택하심을 받은 자인지 알 수 없기 때문이라고 말할 것이다.[26] 최대한 전도의 기회를 활용해야 한다고 보는 복음주의자들 중에는 복음의 객관적 사실에는 느슨한 반면 삶 가운데 예수를 영접함으로써 얻는 주관적 유익을 강조하는 이들도 있다. 청중에게 "여

---

24. 나는 언젠가 한 젊은 그리스도인에게 몇 분 뒤에 죽게 될 불신자에게 무엇을 말해 주고 싶은지 물어보았다. 그는 대답은 "보혈 아래로 들어가야 한다고 말해 줄 겁니다"였다.

25. 이 차이점들에 대한 자세한 내용은 다음을 참조하라. Robert A. Peterson and Michael D. Williams, *Why I Am Not an Arminian* (Downers Grove, IL: InterVarsity Press, 2004).

26. 극단적 칼뱅주의 혹은 그 일부 형태(정의가 다소 유동적인)의 오류는 복음을 모든 사람에게 자유롭게 제시하는 것을 부정한 데 있었다. 이는 도르트 총회 신조(1618-19년)에 나오는, 특히 제한 속죄와 하나님의 주권에 관한 교리들이 암시하는 바로 여겨졌다.

러분의 삶 가운데 계신 예수께로부터 오는 평안이 필요합니다"라거나 "여러분이 거듭날 수 있다는 사실이 가장 위대한 일입니다"라고 말하는 것도 어느 정도 타당하지만, 이는 오직 복음과 그 요구, 곧 죄를 회개하고 예수께서 우리를 위해 살고 죽으셨다는 사실을 믿어야 한다는 것이 그들에게 설명되었을 때만 그렇다.

삶 속에 나타나는 복음의 내적 열매나 효과를 전도의 핵심 메시지로 삼는 잘못은 피해야 한다. 다시 말하지만, 그리스도인의 주관적 경험과 역사적 그리스도 안에서 하나님의 객관적 사역을 혼동하지 말아야 한다. 이 문제에 관한 존 버니언의 말을 들어 보자.[27]

> 당신이 구원은 그리스도 내부에 있다고 말할 때, 그것이 그리스도 외부에 있다는 것과 반대되는 의미로 말한 것이라면, 이는 그리스도를 변론한 것이 아니라 그분을 부정한 것이 된다. 왜냐하면 '신인'이신 그리스도께서 십자가에서 외부적으로(without) 죄인을 위한 구원을 이루셨으며, 이를 올바르게 믿는 것이 영혼을 의롭게 하기 때문이다. 따라서 자신을 대속물로 내어 주신 그리스도 내부에 계신 분인 성령은 영혼 안에서 영혼의 칭의를 이루시는 것이 아니라, 오히려 영혼이 자기 자신과 자기 내부에서 할 수 있는 일을 벗어나 이제는 지상 성도들을 떠나 계신 그분 안에서 구원을 찾도록 인도하신다.… 실로 그리스도를 올바르게 따르려는 자들은 칭의를 얻기 위해 그리스도 밖으로(without), 즉 밖에 있는 십자가로, 갈보리 밖으로 따라 나가야 한다.[28]

진정한 회개와 역사적 그리스도에 대한 믿음 없이 불신자를 향해

27. Jeremiah Chaplin (ed.), *The Riches of Bunyan: Selected from his works for the American Tract Society* (New York, NY: American Tract Society, 1850), p. 142.

28. 영어 'without'은 고어체로 '바깥에, 외부에'를 뜻한다.

예수를 마음에 모시라거나, 거듭나라거나, 그리스도 안에서 위로를 맛보라고 호소하는 것은 가짜 전도다.

의롭다 하심을 입은 경건하지 않은 자

본 연구의 모든 내용은 성경에 의미를 부여하시는 분인 그리스도의 중요성을 가리키고 있다. 그리스도인에게 그리스도는 하나님과 우리 자신, 그리고 존재하는 모든 것에 대한 지식의 기준점이다. 내 입장이 옳다면, 우리가 살펴본 주제들뿐 아니라 살펴보지 않은 성경의 다른 주제들도 성육신 및 예수의 인격과 사역으로 수렴하는 역동성을 갖는다. 복음은 하나님의 그리스도에 대한 궁극적 초점이다. 복음은 그리스도에 관한 것(그분의 삶, 죽음, 부활)이며, 이 모두는 우리를 대신해 단번에 완성되었다. 나는 성경 내러티브와 문학의 메시지를 구원의 길이라는 영화로운 통일성으로 묶어 주는 역사 과정 전체가 결국 예수로 수렴된다는 것을 보이기 위해 심혈을 기울였다. 예수께서 죽은 자 가운데서 다시 살아나 하늘에 오르셨다는 사실은, 그분이 아버지 우편의 존귀한 자리에 합당한 자, 즉 의롭다 하심을 받은 바로 그 사람이라는 사실을 보여 준다.

칭의에 대한 계시의 역동성은 15장에서 살펴본 바와 같이 곧 종말론에 대한 계시의 역동성이다. 죄인의 칭의는 그리스도가 우리를 위해 종말에 이르셨음을 말하는 또 다른 방식이다. 예수의 칭의는 그분을 위한 것이 아니라 우리를 위한 것이었다. 이 내러티브의 논리를 따르면, 유일하게 의롭다 하심을 입은 사람, 즉 하나님과 함께할 자격을 갖춘 유일한 사람이신 예수를 하늘에 있는 분으로 남겨 두는 것도 가능하다. 그렇지만 우리는 이야기가 그렇게 끝나지 않는다는 것을 안다. 하나님은 영원부터 자신을 위한 백성을 소유하기로 계획하셨다. 성육신은 결코 이 목적의 시작과 끝으로 의도된 것이 아니었다. 태초부터 시작된 하나님의 백성이 형성되는 과정은 결국 예수께 이르지만, 아벨과 셋으로 시작하는 타락 이후의 인류는 하나님 백성의 그림자일 뿐 아니라 믿음으로 최종 목적에 실제로 참여하는 자들이다. 이 목적이 어떻게 성취될지를 시종일관 보여 주는 점진적 계시가 바로 우리가 살펴본 모든 주제에 결부되어 있던 약속이라는 요소다. 이 약속이 은혜를 누릴 자격이 없는 자들에게 주어졌다. 또한 구약 전반에 걸쳐 약속은 예언자이자 제사장이자 왕이신 하나님의 메시아를 향해 수렴된다. 그럼에도 여전히 이 약속은 경건하지 않은 자들에게 주어지고 있다.

복음의 능력의 핵심이 바로 경건하지 않은 자들의 칭의다. 바울은 로마서 4:5에서 "일을 아니할지라도 경건하지 아니한 자를 의롭다 하시는 이를 믿는 자에게는 그의 믿음을 의로 여기시나니"라고 주장한다.[29] 이것이 바로 루터와 칼뱅을 위시한 종교개혁가들이 이신칭의 교리가 교회의 존립 여부를 결정하는 조항이라고 선언할 수 있었던 이유다. 15장에 나오는 시대의 중첩에 관한 도식(도표 15.3)은 이를 보여 주면서 경건하지 않은 자의 칭의에 관한 도식(도표 16.1)의 틀을 제공한다. 이 과정의 본질은 하나님이 그리스도의 인성에 담긴 모든 의로운 속성을 믿는 죄인에게 은혜로 부여하신다는 것이다. 성화의 과정은 믿는 죄인을 의롭다고 하시는 선언으로부터 시작한다. 거룩 안에서의 성장은 지속적인 회개와 칭의를 행실로 옮기는 것, 곧 하나님이 그리스도

29. 여기서 바울은 '의롭게 하다'라는 동사를 '의롭다고 여기다'라는 동사와 동일하게 사용한다. 즉 이신칭의는 우리가 선행이 아니라 믿음으로 하나님 앞에서 의(의로움)를 얻는다고 말하는 또 다른 표현이다. 그리스도의 의는 죄인에게 전가되고 부여되며 있다고 여겨진다. 로마가톨릭에서 칭의는 그리스도의 의가 성례전을 통해 주입되는 것으로, 성화에 따른 결실이다.

도표 16.1 경건하지 않은 자의 칭의

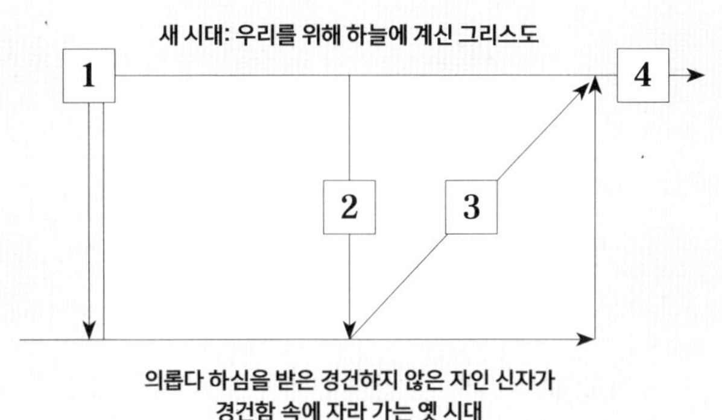

1. 예수의 삶, 생애, 죽음, 부활, 승천, 좌정
2. 하나님은 경건하지 않은 죄인이 복음을 믿을 때 그리스도의 의를 그에게 전가하심으로써 의롭다고 하신다.
3. 성령께서 의롭다 하심을 받은 경건하지 않은 자 안에서 역사하심으로써 점점 그리스도의 형상을 닮아 가도록 성화시키신다.
4. 이 과정은 그리스도의 재림(파루시아)과 옛 시대의 종말 때 우리의 부활로 완성된다.

안에서 선언하신 우리의 모습이 되고자 추구하는 데 있다.

믿음, 칭의, 주관성-객관성

만일 종교개혁가들의 말처럼 교회의 존립 여부가 칭의 교리에 달려 있다면, 한 교회의 건강과 생명은 그 교회의 교리와 실천이 이신칭의를 얼마나 잘 반영하고 있는지와 직결된다. 경건하지 않은 자의 칭의란, 이를테면 우리가 점차 수렴해 가는 두 정체성을 가졌지만 우리의 부활 때까지는 결코 하나가 되지 않을 것이라는 관점을 양성해야 함을 뜻한다. 우리는 계속해서 경험적 자아, 곧 일상을 살아가는 우리 모습을 직시한다. 이에 대한 신약의 관점은 신자에게는 더 중요한 정체성이 있는데, 바로 하늘에 계신 우리의 사람(대표자) 그리스도의 정체성이라는 것이다. 이 두 정체성은 구별되지만 분리될 수는 없다.

'의인인 동시에 죄인'이라는 개념의 요소는 신자의 믿음에서 주관성과 객관성의 관계를 다시 생각해 볼 것을 의미한다. 이는 10장에서 창조를 다루며 이미 살펴보았다. 창조 내러티브는 우리의 인간됨을 우리 바깥에 있는 것인 하나님과의 관계, 타자와의 관계, 창조 세계 전체와의 관계라는 측면에서 정의한다. 성경적 신앙은 믿음의 올바른 대상, 즉 우리에게 말씀하시는 하나님께로 자기 인식의 초점을 합당하게 맞추는 것을 반영한다.

오늘날에는 내적 자아, 자기 자신에 대한 믿음, 즉각적인 자기만족, 타인을 고려하지 않은 자기계발과 함께 옳고 그름, 지혜와 어리석음, 현실과 환상을 판단하는 자율적 권위에 대한 집착이 만연하다. 우리 모두에게 이런 성향이 있는데, 우리가 물려받은 죄성의 중심에 그것이 있기 때문이다. 아우구스티누스는 이를 '자신을 향해 안으로 굽은'(*incurvatus in se*)이라고 불렀다.[30] 그렇다면 이런 사회적, 영적 병폐를 치유할 기독교적 해독제는 무엇인가? 이 문제를 논의하며 나는 우리가 창조된 방식(10장)을 언급했고 성령의 내적 증거(8장)를 다루었다. 우리는 자기 인식적 존재로, 우리 존재의 주관적 측면 역시 실제적이고 본질적이다. 성경적 관점은 무아의 상태가 되는 불교의 열반 사상과 극명한 대조를 이룬다. 중세 신비주의에는 다양한 측면이 있지만, 그 강조점은 우리 내면에서 일어나는 주관적 하나님 경험을 중심으로 하는 자아와 하나님의 연합을 통한 신성의 직접적 목격에 있었다. 종교

30. 루터도 아우구스티누스를 따라 인간 죄의 이런 측면을 그렇게 불렀다. '인쿠르바투스'(*incurvatus*, 안으로 굽은)에 대한 현대의 해석은 다음을 참조하라. Helmut Thielicke, *Theological Ethics, vol. 1: Foundations*, tr. John W. Doberstein (Grand Rapids, MI: Eerdmans, 1979), pp. 86-7, 171-82.

개혁가들은 하나님과의 관계에서 주관성과 객관성의 역할을 전도시키려는 그런 경향을 거부했다. 그럼에도 신비주의는 죽지 않았고, 심지어 복음주의 내에서 여전히 살아 있다.

핵심은 하나님이 무엇보다도 객관적인 것에 주목하도록 주관적인 것을 의도하셨다는 점이다. 기독교 설교자는 복음이 소위 말하는 자기계발에 관한 것이 아니라, 나사렛 예수의 인격과 사역이라는 객관적 사실을 통한 하나님과의 화목에 중점을 두고 있음을 선명하게 보여주어야 한다. 우리가 주관적인 것, 즉 성령의 내적 증거를 묵상하는 것은 우리 안의 죄를 깨닫게 하시고, 안으로 굽은(*incurvatus*) 우리를 책망해 우리 바깥에서 아버지 우편에 계신 그리스도께로 돌이키게 하시는 성령의 역할에 대한 묵상이다. 교회의 삶이 칭의에서 분리되면 성화의 내적 과정에만 매몰될 수 있으며, 그럴 때 쉽게 율법주의로 변질될 수 있다. 칭의의 필요성이 선행되지 않은 자기계발적 설교는 신자들에게서 전도의 열정과 구원의 확신을 앗아갈 것이다.

따라서 다시 믿음의 문제로 돌아가, 우리는 믿음이 그 대상에 의해 규정된다는 것을 확고히 해야 한다. 믿음의 대상이 무엇인지 말하지 못하면서 누군가를 믿음의 사람으로 부른다면 무의미한 일이다. "사람이 행함으로 의롭다 하심을 받고 믿음으로만은 아니니라"(약 2:24)는 야고보서 말씀에 문제를 제기하는 이들은 여기서 야고보가 말하는 주관성과 객관성의 관계를 제대로 파악하지 못했기 때문이다. 오직 믿음으로 인한 칭의(객관성)는 주관적인 면을 배제하지 않고, 오히려 신자에게 그런 객관성의 목적에 부합하는 선행이라는 응답(주관성)을 필요로 한다. 칭의와 성화의 연결은 끊어질 수 없다. 이에 칼뱅은 다음과 같이 말한다.

우리는 선행이 결여된 믿음이나 선행 없이 존재하는 칭의를 꿈꾸지 않는

> 다.… 따라서 그리스도는 동시에 성화되지 않는 누구도 의롭다 하지 않으신다. 이 유익은 끊을 수 없는 영원한 유대로 묶여 있기에, 그분은 자신의 지혜로 조명하신 자들을 구속하시고, 구속하신 자들을 의롭다 하시며, 의롭다 하신 자들을 성화시키신다.[31]

여기서 칼뱅은 로마서 8:28-30에서 바울이 표현한 끊을 수 없는 구원의 사슬을 반영하고 있다. 바울은 기도 및 우리의 인간적 연약함이라는 맥락에서, 그리고 실제로는 모든 것이 하나님의 백성을 위해 합력하여 선을 이룬다는 맥락에서 이 진리를 언급한다. 우리의 가장 중요한 주관적 경험은 우리를 위한 하나님의 객관적 사역에 집중하는 것이어야 한다.

해석학적 및 실천적 함의

우선 전도 명령이라는 개념과 잘못 합리화된 동기의 가능성을 생각해 보자. 전도의 '방법'(어떻게)은 대체로 '내용'(무엇을)과 '동기'(왜)에 의해 결정된다. 성경적 동기가 아닌 동기들도 충분히 그럴듯해 보일 수 있기 때문에 전체 과정을 잠식해 버리기도 한다. 그럴 때 성경적 동기는 다른 방법과 수단에 의해 무색해진다. 신약성경은 그리스도를 통해 하나님과 화목하게 되는 일에 수반된 내적 경험을 다양한 방식으로 말한다.[32] 아마도 복음서보다는 서신서에 그런 면이 더 많을 텐데, 일관된

---

31. John Calvin, *Institutes of the Christian Religion*, ed. John T. McNeill, tr. Ford Lewis Battles, Library of Christian Classics 20-1 (Philadelphia, PA: Westminster John Knox Press, 2006), 3.16.1.

32. Rufus McDaniel이 작사한 유명한 찬송 "주 예수 내 맘에 들어와 계신 후 변하여 새 사람 되

그리스도인의 삶을 다루는 내용을 많이 포함하고 있기 때문이다. 그렇지만 주된 초점은 객관적이고 역사적인 그리스도의 구원 사역에 대한 믿음에 있다. 전도 설교 및 그에 따른 호소도 이러한 관점을 유지해야 한다. 우리 안에서 행하시는 성령의 사역은 언제나 그리스도 안에서 우리를 위해 하신 사역에 의존한다.

흔히 선교의 동기는 마태복음 28:18-20에 나오는 '대위임령'으로 제시된다. 여기서 "제자로 삼아"라는 예수의 명령은 헬라어 동사 명령법으로 기록되었다. 문자 그대로 "모든 민족 자체를 제자로 삼으라"다(마 28:19).[33] 대체로 성경의 명령법(명령)은 직설법(서술: 하나님이 행하신 일 또는 그분이 누구인지)에 근거한다. 대위임령에서 이 명령은 "하늘과 땅의 모든 권세를 내게 주셨으니"라는 예수의 선언에 기인한다(마 28:18). 민족들을 제자로 삼는 일은 종말 전에 일어날 것이다. 여기서 열방에 복을 주시겠다는 아브라함 언약의 성취가 시야에 들어오지만, 아브라함 이후 예수가 오시기 전까지 예언자들은 하나님의 백성에게 할 말이 몹시도 많았다.

모든 권세를 가지셨다는 예수의 선언은 하나님 말씀의 성육신인 '신인'으로서 지상 생애의 절정에서 하신 것이다. 이 말씀이 바로 우주를 창조하신 그 말씀이다. 이런 메시아적 선언 말고도, 마태복음에는 예

고… 주 예수 내 맘에 오심"(1914년, 찬송가 289장)이나, Alfred Ackley가 작사한 '부활하신 구세주'(1933년, 찬송가 162장)의 후렴구 "예수 예수 늘 살아계셔서… 내 맘에 살아계시네 늘 살아계시네" 같은 곡을 자주 부르는 것은 잘못된 강조를 낳을 수 있다. 두 곡 모두 계 3:20에 대한 잘못된 석의와 적용에서 비롯되었음이 거의 확실하다.

33. "모든 민족을 제자로 삼아"(ESV, 개역개정)라는 말씀은 "모든 민족들 중에서 제자들을 삼으라"는 말씀으로 쉽게 오해될 수 있다. 하지만 여기서 '제자'에 해당하는 헬라어는 원문에서 동사로 사용되었다. 즉 출신 민족을 막론하고 제자(명사)를 찾으라는 말이 아니라, "모든 민족 자체를 제자로 삼으라"는 말이다. 그렇다면 이런 의문이 제기된다. 한 민족을 제자로 삼는다는 것은 무슨 의미인가?

수께서 스스로를 칭하실 때 가장 많이 사용한 표현인 '인자'가 약 30회 등장한다.[34] 인자라는 칭호의 의미는 예수가 지상에서 자신의 존재와 사역에 대해 언급하실 때 나타난다(예. 마 8:20; 9:6; 11:19; 13:37; 16:13; 17:22; 18:11; 20:28). 그분은 죄를 사하는 권세, 잃은 자를 구원하는 능력, 영광 중에 오실 인자, 심판할 권세에 대해 말씀하신다(예. 마 19:28; 24:30; 25:31; 26:64). 마태복음 28:18에서는 '인자'라는 용어를 사용하지 않지만, 예수께서 주장하신 권세가 바로 그분이 인자로서 다양하게 주장하신 권세다. 더욱이 대위임령에 표현된 권세는 다니엘서에 나오는 모든 백성을 다스리는 인자의 권세를 떠오르게 하는데, 예수는 이를 염두에 두신 것이 거의 확실하다.

내가 또 밤 환상 중에 보니

인자 같은 이가
  하늘 구름을 타고 와서
옛적부터 항상 계신 이에게 나아가
  그 앞으로 인도되매
그에게 권세와
  영광과 나라를 주고
모든 백성과 나라들과 다른 언어를 말하는 모든 자들이
  그를 섬기게 하였으니
그의 권세는 소멸되지 아니하는

34. '인자'라는 호칭은 히브리식 표현으로 단순히 '인간'을 뜻한다. 예언자 에스겔을 예로 들면, 하나님과 대조되는 그의 유한함을 강조하며 자주 사용했다.

영원한 권세요
그의 나라는
멸망하지 아니할 것이니라. (단 7:13-14)

누가가 사도행전 1:9에서 기록한 예수의 승천 장면에 이 환상이 아른거린다. "이 말씀을 마치시고 그들이 보는데 올려져 가시니 구름이 그를 가리어 보이지 않게 하더라." 대위임령은 우리를 다니엘의 환상으로 돌아가게 한다. 인자는 구름을 타고 하나님께 나아가 권세를 받고 모든 백성과 나라와 언어를 다스리게 된다. 그렇다면 전도와 선교는 인자에게 속한 것으로, 이는 우리가 복음을 선포할 때 절대로 잊어서는 안 될 사실이다.[35] 인자는 최초의 전도자시고, 우리는 그분과 함께 "각 나라와 족속과 백성과 방언에서 아무도 능히 셀 수 없는 큰 무리가 나와… 보좌 앞과 어린 양 앞에 서"게 될 사역에 동참하는 특권을 누린다(계 7:9).

이 대위임령을 우리 시대에 적용하기 위해서는 교회의 사명에 대해, 또한 교회의 설립과 성장의 토대가 되는 전도의 본질에 대해 고민해 보아야 한다. 효과만 있다면 좋은 것이라는 식의 실용주의는 성경적 기독교의 가장 큰 원수 중 하나다. "예배당이 가득 차면 우리가 옳다는 것이 분명하다"는 식의 태도가 만연해 있다. 우리 모두는 교회 성장을 바라지만, 점점 심화되는 서구 문명의 세속화는 많은 이들이 명목상의 그리스도인이 되는 것조차 교양인으로서 갖춰야 할 도리로 여기지 않게 된 현실을 마주하게 한다. 20세기 이후 서구 국가들에서 교

35. J. I. Packer, *Evangelism and the Sovereignty of God* (Nottingham: Inter-Varsity Press, 2010). 『제임스 패커의 복음전도란 무엇인가』(생명의말씀사).

회 출석률은 심각한 감소세를 보였다. 20세기 후반의 쇠퇴기 동안 교회 성장 운동과 방법론이 태동했다. 문제는 수적 성장이 신중한 복음 설교보다 훨씬 매력적으로 여겨지고 선호된다는 것이다. 성경에 충실한 것이 반드시 교회 성장의 동력이 되는 것은 아니다. 안타깝게도, 수적 성장이라는 집착은 너무 많은 목회자와 교인을 성경의 요구가 아니라 세상이 바라는 메시지를 선택하도록 만들었다.

주목해야 할 실제적 문제는, 전도 설교나 강연에는 그 자체가 복음은 아니지만 케리그마의 일부로서 중요한 요소들이 들어간다는 사실이다. 그렇다면 설교자는 공통 경험으로부터 설교의 도입부를 이끌어 낼 수 있을 것이다. 우리 모두에게 복음이 필요하다는 내용이 포함될 수도 있을 것이다. 어떤 방식이 되었든지, 죄를 향한 일종의 예언자적 책망도 필요하다. 설교자의 변증은 하나님이 죄를 심판하실 이유도 다루어야 한다. 만일 청중이 이를 확신하지 못하고 죄를 향한 하나님의 진노를 경홀히 여긴다면, 회개의 요청을 제대로 이해하지 못할 공산이 크다. 물론 하나님에 대한 경외감 같은 이와 관련된 다른 진리가 회개와 믿음으로 이끌 수도 있다. 복음은 하나님이 우리를 위해 예수의 행하심과 죽으심을 통해 일하신 것으로 선명하게 제시되어야 한다. 믿음의 대상은 그리스도 안에서 행하신 '우리를 위한' 하나님의 역사적 사역임이 강조되어야 한다. 복음 선포 후에는, 복음의 유익을 누리기 위해 청중이 해야 할 일에 대한 안내가 필수다. 하지만 설교자가 복음이 무엇인지 선명하게 알지 못하거나 이를 분명히 선포하지 못할 때는, 다른 모든 부수적인 요소는 시간 낭비에 불과할 것이다. 앞선 논의를 바탕으로, 기독교 케리그마는 항상 복음이 중심되어야 마땅하지만 대체로 복음보다 넓은 범위를 포괄한다고 말할 수 있다.

아마도 이 논의에서 가장 중요한 해석학적 함의는 객관적 요소와 주관적 요소가 각각 어떤 역할을 하는가라는 것이다. 전도란 하나님이 우리를 구원하기 위해 하신 일을 전하는 것이며, 그 후 우리는 청자에게 이 객관적 사실에 적절히 응답하도록 호소한다. 애초부터 점진적으로 형성되어 온 케리그마의 본질 자체가, 오직 참된 응답은 믿고 전적으로 신뢰하며 구주 하나님의 말씀에 전폭적으로 자신을 의탁하는 것임을 보여 준다. 참된 믿음은 신자 바깥에 있는 믿음의 대상, 즉 말씀하시고 구원하시는 하나님의 말씀을 향한다. 그럴 때만 주관적 경험이 정당성을 가진다. 누군가가 예수를 자기 삶과 마음에 모시고 싶어 하거나, 예수를 '나의 친구'로 알기 원하거나, 이와 비슷한 '기분 좋은' 경험을 원하는 데는 정말 다양한 이유가 있을 것이다. 그러나 예수가 누구시며 우리를 구원하기 위해 무엇을 하셨는지 분명한 설명을 듣지도, 알지도 못한 채 예수를 삶에 초청하는 일은 아무 소용이 없는 행동이다. 설교자는 자신의 발언을 일종의 성경적 초청이나 도전, 즉 회개와 믿음을 촉구하는 형식에 국한시키는 것이 안전하다.[36] 그럴 때 합당한 주관적 반응이 객관적 사실에 대한 참된 응답으로 뒤따라올 것이다.

이번 장을 요약하면 다음과 같다.

1. 케리그마는 하나님의 창조 말씀에 토대를 두고 있으며, 새 창조를 고대하면서 그 말씀을 반영한다.
2. 새 창조는 이스라엘의 구속사뿐 아니라 새 이스라엘, 모여드는 열방, 새 하늘과 새 땅을 약속하는 예언서의 종말론을 통해 더욱 기대된다.

36. 이에 관한 논의는 다음을 참조하라. Murray, *The Invitation System*; Packer, *Evangelism and the Sovereignty of God*. 두 책 모두 특정 유형의 전도에 대한 시의적절한 비판을 제시한다.

3. 새 창조는 구약의 모형론으로 예표되며, 하나님, 인간, 세상이 온전한 관계를 이루는 예수 그리스도의 인격 안에서 처음으로 실현된다.

4. 선교와 전도는 이 마지막 날에 하나님의 교회가 맡은 일이다.

5. 주권적인 하나님은 자기 백성의 인간적 중재를 통한 케리그마를 사용하셔서 택하신 자들을 부르신다. 그 사명과 실행 방식은 모두 하나님이 정하신다.

6. 그리스도의 행하심과 죽으심을 믿는 믿음을 통한 은혜로 말미암는 죄인의 칭의가 전도 메시지의 골자다.

7. 기독교 선교와 케리그마는 하나님의 창조하시는 말씀으로, 하나님의 모든 약속을 완성하시는 그리스도의 권세에 좌우된다.

17. 마지막 때에 하나님 백성의 삶을 이끄는 계시의 역동성

성경적으로 말하자면, '이 마지막 날'은 예수가 이 땅을 걸으셨을 때부터 시작되었다. 우리와 함께한 지 2천 년이 된 성경은 1세기 그리스도인들에게 그랬던 것처럼 지금도 여전히 우리와 관계를 맺고 있다. 이제 우리가 지금 이곳에서 하나님의 백성으로 살아가고자 한다면, 기록된 하나님의 말씀이 가진 의미를 고찰해 보아야만 한다.

21세기에 하나님의 백성으로 살아가는 것

구약과의 관계에서 이해할 때 신약은 그리스도인의 삶을 위한 지침서다. 그리스도인은 시간과 공간 속에서 살아가기 때문에, 우리는 과거를 회상하고 그것이 우리에게 지닌 의미를 평가한다. 또한 떠도는 현재 순간의 조각들을 한데 모아 자기를 인식하는 동시대적 존재로 살아간다. 나아가 과거의 경험, 받아들인 전제, 믿는 주장을 바탕으로 미래를 예측한다.

종말의 세 가지 측면은, 그리스도인으로서 하나님이 그리스도 안에서 우리를 위해 과거에 완성하신 사역을 바라보고, 현재 그분의 말씀과 성령을 통해 우리 안에서 일하시는 하나님의 완성되지 않은 사역에 자신을 적용하며, 장차 우리와 함께 거하실 하나님의 사역을 통해 그분의 영원한 나라와 만물의 완성을 기대한다는 것을 의미한다. 각 측면은 서로 구분된 방식으로 종말의 도래와 관련되기 때문에, 어느 하나도 다른 것과 분리되어서는 온전할 수 없다. 건강한 자기 평가를 위해서는 우리가 종말의 각 측면과 어떤 관계를 맺고 있는지, 그것들이 서로 어떻게 관련되어 있는지 잘 이해해야 한다. 이를 통해 얻는 중요한 결과는 우리가 복음으로부터 나아갈 수 없고 다만 복음과 함께 나아갈 수 있다는 사실을 깨닫게 된다는 점이다. 단지 회심할 때만 복음이 필요하고 그 이후에는 '더 견고한' 무언가로 나아가야 한다고 생각하는 이들은 결국 복음 없는 율법의 지배를 받는 삶을 살게 될 가능성이 높다.[1]

복음 중심의 삶이란 성경에 담긴 하나님의 계시된 말씀의 최종 권위를 인정하는 말씀 중심의 삶이다. 본서에서 나는 성경에 나타난 점진적 계시의 함의를 정리하는 데 심혈을 기울였다. 어떤 본문을 다루든지 해석학적으로 주목해야 하는 이유는 그 본문과 우리 사이의 언어적, 역사적, 문화적, 신학적 거리 때문이다. 계시의 역동성을 탐구하는 일에는 구속사의 틀 안에서 점진적 계시의 본질에 대한 이해를 추

1. 대체로 TV 드라마나 영화 각본가들은 율법주의적 '부흥사'에게 학을 뗀 경험이 있거나, 기독교 설교자를 상투적이고 율법주의적인 표현을 내지르기만 하는 광신도 집단의 우두머리 정도로 묘사하고 싶은 것으로 보인다. 보다 온건한 이들은 설교자를 서로 돌보며 돕자는 식의 몇 마디 진부한 말을 전하는 친절하고 평판 좋은 인물로 그리는 경우가 많다. 나는 아직 TV 드라마나 영화에서 복음을 선포함으로써 자신이 무슨 일을 하고 있는지 정확히 인식하는 설교자를 본 적이 없고, 심지어 예수의 죽음과 부활을 언급하는 설교자를 본 적도 없다.

구하는 것이 포함된다. 성경 본문을 우리 자신에게 적용하는 것, 혹은 폭넓은 수사적 의미에서 설교나 성경 공부를 우리 자신에게 적용하는 것은 해당 본문에 담긴 하나님의 말씀에 적절히 응답하려는 노력이다. 하나님은 말씀하시는 하나님이며, 듣고 응답할 수 있도록 우리를 지으신 분이다. 모든 설교자와 성경 교사는 본질적으로 성경신학자여야 한다. 그래서 나는 성경신학의 기본 과목들이 모든 신학교의 필수 교육과정에 포함되어야 한다고 생각한다. 성경신학자는 어떤 주제를 탐구할 때 그것과 관련한 성경적 자료를 특정 본문을 넘어 성경 전체와 연관지어 질문하게 된다. 한 주제에 관한 통시적 성경신학은 반드시 처음부터, 즉 창조 때의 일과 그 직후 전개된 사건에서부터 시작한다.

창세기 1-3장에 기록된 창조와 인간의 죄라는 양식은 전체 성경 역사의 기저를 이룬다. 우리는 순종하며 믿는 청자들과 불순종하는 불신자들이 있음을 관찰한다. 이렇게 신뢰와 순종의 기본적 역동성이 성경 전반에 걸쳐 일관된다고 할지라도, 해석학적 관심사는 믿는 자들에게 구원을 가져오는 말씀의 내용이 어떻게 전환되는지에 놓여 있다. 본서에서 다룬 주제가 바로 그런 전환점인데, 예를 들어 언약에 대한 12장의 논의에 나타난다. 하나님의 백성에게 명시적인 믿음의 대상은 그 내용에 따라 점진적으로 변한다. 약속의 내용이 발전해 가는 구약으로부터 예수 그리스도 안에서 그 약속이 성취되는 신약으로의 전환이 핵심이다. 구약의 약속이 발전함에 따라, 다수를 위한 한 사람과 하나님 나라의 구조에 점점 초점이 맞춰진다. 처음에는 아벨과 셋에게 주어진 약속이 암시적으로 나타난다. 노아와 셈에게 주어진 약속은 조금 더 구체적이다. 아브라함에게 주어진 약속은 사안에 따라 명확히 구분할 수 있지만, 화목과 교제의 구체적인 내용은 시내산 이후 이스라엘 역사 전반에 걸쳐 점차 드러나고 발전한다. 그리고 다윗 왕국과 솔로몬의 영화에서 정점에 달한다. 이후 이스라엘 왕국의 옛 구조가 영구적으로 갱신될 것이라는 주제가 담긴 후기 예언서의 종말론에서 또 한 번의 전환이 나타난다.

결국 이 모든 구약 약속의 형태들은 예수의 인격과 사역으로 귀결된다. 여기서 행위적 전환은 옛 언약 아래서의 신실한 순종으로부터 나사렛 예수를 직접 대면하며 시작되는 제자도로 옮겨 간다. 회개하고 믿는 자들은 예수를 따르게 된다. 하나님의 약속의 성취는 '신인'이신 예수께서 자기 주위로 자기 백성을 모으시는 데 있다. 예수의 제자가 된다는 것은 이스라엘의 소망에 대한 해석학적 변화를 수반한다. 예수의 부활은 진정 그분이 누구셨는지를 드러내며 그 죽음의 의미를 깨닫게 하는 결정적 순간이었다. 그렇지만 제자들이 예수를 주와 그리스도로 온전히 이해하는 데는 오순절 사건까지의 시간이 소요되었다. 유대인 교회가 이방인을 향한 선교의 의미를 깨닫는 데는 시간이 더 필요했다. 신약성경은 오순절 이후 그리스도의 의미를 자세히 설명하는 영감받은 사도들의 증언을 기록하고 있다.

21세기 그리스도인으로서 우리는 영감받은 성경의 완전한 정경을 가지고 있을 뿐 아니라, 2천 년에 걸친 기독교 역사를 돌아보며 교훈을 얻을 수도 있다. 이 역사는 단지 교회의 확장, 공고화, 실패, 쇠퇴에 관한 것만이 아니라 교리 형성 과정에서의 투쟁, 거짓 교리의 도전, 우리가 정통으로 여기는 신앙의 형성 과정에 대해 가르쳐 준다. 복음주의 프로테스탄트와 개혁주의 관점에서 보면, 16세기의 종교개혁은 기독교 역사의 정점에 해당한다. 우리는 이를 오순절과 사도 시대 이후 가장 큰 영적 부흥으로 본다. 내가 이 책을 통해 무언가를 성취했다면, 그것은 "네게 부탁한 아름다운 것을 지키라"(딤후 1:14)는 바울의 권면을 따라야 한다고 재강조한 것이라고 생각한다. 유다도 "성도에게 단번에 주신 믿음의 도를 위하여 힘써 싸우라"고 호소한다(유 1:3). 기독교 교리는 교회의 생명에 필수적이다. 최근 수십 년 동안, 그리스도인들은 계몽주의, 과학주의, 포스트모더니즘을 비롯해 성경적 실재관을 부정하는 여타의 철학 사조와 시대정신의 도전에 직면해 왔다. 기독교적 사고방식과 세속적 사고방식 사이에는 언제나 충돌이 있을 것이다. 바로 그렇기 때문에 오늘날 진정한 그리스도인의 삶을 위해 '마음'(mind)이라는 주제가 그토록 중요한 것이다.

마음의 갱신

바울의 위대한 편지 로마서는 복음에 대한 치밀한 설명에 이어지는 실제적이고 적절한 응답을 다루는 다섯 장으로 결론을 맺는다. 바울이 이 부분을 다음과 같은 권면으로 시작한다는 사실은 의미심장하다.

> 그러므로 형제들아 내가 하나님의 모든 자비하심으로 너희를 권하노니 너희 몸을 하나님이 기뻐하시는 거룩한 산 제물로 드리라. 이는 너희가 드릴 영적 예배니라. 너희는 이 세대를 본받지 말고 오직 마음을 새롭게 함으로 변화를 받아 하나님의 선하시고 기뻐하시고 온전하신 뜻이 무엇인지 분별하도록 하라. (롬 12:1-2)

로마서라는 큰 맥락에서 이 권면은 바울이 하나님의 객관적 자비하심을 그리스도인의 주관적 순응의 근거로 이해하고 있다는 사실을 분명히 보여 준다. 주관적 응답은 하나님께 자신을 예물로 드리고, 세상의 잣대에 휘둘리지 않으며, 새로워진 마음으로 하나님의 뜻을 분별하고 순응하는 것이다. 몸과 마음의 상호 작용은 새로워진 마음이 전인(全人), 곧 그리스도인의 영적, 정신적, 감정적, 육체적 측면 모두를 하나님께 드리게 한다. 바울이 불신자(이방인)의 마음을 허망하고 어둡고 하나님으로부터 떠나 있으며, 그 굳어짐으로 말미암아 무지하다고 묘사하는 에베소서 4:17-24에서도 비슷한 점이 강조된다. 마음의 갱신은 복음에 비추어 사안들을 심사숙고할 책무로부터 우리를 벗어나게 해 주는 순전히 자동적인 어떤 변화가 아니다. '가현설적' 사고방식을 용인함에 따른 심각한 오류는, 우리의 인간성을 경시하면서 성령께서 우리를 위해 모든 결정을 내려 주시기 때문에 우리는 아무 결정도 내릴 필요가 없다고 생각하는 것이다.[2] 실제로 나는 그런 그리스도인을 만나 본 적이 있지만, 초영적(super-spiritual) 태도를 지지하는 어떤 성경적 근거도 찾아볼 수 없었다. 마음이라는 선물과 그에 따른 책임이 수반된 인간성에서 손을 떼는 것은 영적이라고 할 수 없다. 하나님의 영감은 그분의 말씀을 통해 중재된다는 것이 규범이다. 우리가 그리스도를 생각하는 방식이 우리 자신을 생각하는 방식에 영향을 미칠 것이다.

마음의 갱신은 구속사의 중심에 자리하고 있으며 복음의 핵심 열매 중 하나다. 그 토대는 창조에 있다. 하나님이 새롭게 창조된 인간, 즉 그분의 형상과 모양대로 지으신 인간에게 말씀하셨다는 사실은 인간이 이성적이고 인지적이고 지적이며, 자기 생각과 행위에 대해 하나님께 책임지는 존재임을 보여 준다. 이 지점에서 안셀무스와 아우구스티누스는 "나는 이해하기 위해 믿는다"라는 말로 믿음이 진리를 이해

2. 가현주의적 그리스도인은 책임 있는 결정을 내리는 데 우리의 인간성이 실제로 관여하는 것을 무시한다. 예를 들어, "내려놓고 하나님께 맡기라"고 권유하는 그리스도인이다. 이 말의 타당성은 우리가 무엇을 내려놓아야 하며, 무엇을 하나님께 맡겨야 하는지에 달려 있다. 세상 가치를 내려놓고 하나님의 말씀이 우리 마음을 가르치도록 맡기라는 의미라면 당연히 타당하고 성경적이다(롬 12:1-2).

하는 기초라는 것을 상기시킨다.[3] 하나님과 그분의 말씀이 모든 진리, 사고, 이성의 첫 번째 기준점이 된다. 어떤 것이든 우리가 진정으로 이해하고자 한다면, 하늘과 땅의 창조주이자 우리를 지으신 분께서 우리를 위해 현실을 해석해 주셔야 한다. 그렇기 때문에 타락은 참된 이해와 합리성에 대한 근본적 거부를 나타낸다. 바로 현실의 본질과 그에 관한 우리의 지식이 하나님께 달려 있다는 사실을 인정하길 거부하는 것이다. 또한 현실에 대한 인간의 이해, 의사결정, 모든 평가에서 자율성을 주장함으로써 하나님의 통치와 목적을 야멸차게 무시한 행위다. 그러므로 죄의 중심은 마음의 퇴보에 있고, 구원의 중심은 마음의 중생(갱신)에 있음이 분명하다. 사람은 본래 하나님과 관계 맺도록 지음받았고, 이 관계가 마음, 정신, 영, 혼과 같은 모든 연관 단어를 정의하는 연결고리다.

마음은 우리의 인간됨에 있어 매우 본질적인 요소이기에, 우리가 누구며 무엇인지를 설명하기 위한 모든 시도와 결부된다. 우리는 자기 인식적 존재이기 때문에 마음이 작용하는 방식을 살펴보지 않고서는 우리 자신이나 타인의 영적 상태를 평가할 수 없다. 지식, 이해, 태도, 결정, 인식, 분별력, 식견 같은 정신적 기능은 마음의 역할과 그 갱신의 필요성을 고찰할 때 엄밀히 살펴보아야 할 것들이다. 여기서 내 목적은 기독교 지식론(인식론)의 개요를 제공하거나 기독교 심리학을 제시하려는 것이 아니다. 이에 관하여 큰 도움을 주는 개혁주의 신학자이자 철학자는 코넬리우스 반 틸이다.[4] 그는 여러 저서를 통해 오직 복

3. 아우구스티누스(354-430년)는 "이해하기 위해 믿으라"(Crede ut intelligas)고 기록했다. 이를 따라 안셀무스(1033-1109년경)는 "나는 이해하기 위해 믿는다"(Credo ut intelligam)라고 했다. '이해를 추구하는 신앙'이라는 개념은 2장에서 논의한 현대 개혁주의 전제주의의 중심이다.

4. Cornelius Van Til, *A Survey of Christian Epistemology*, In Defense of the Faith 2 (n.p.:

음으로 마음이 갱신되고, 그 마음이 그리스도 안에서 하나님의 자기 계시를 토대로 일관되게 작동할 때만 참된 지식을 얻을 수 있다는 유력한 주장을 펼친다. 반 틸은 타락한 사고는 일의적(univocal)인 반면 기독교 유신론의 갱신된 사고는 유비적(analogical)임을 타당하게 지적한다. 일의적 사고는 의미에는 모호함이 없으며 사고하는 인간이 모든 이해의 기준점이라고 전제한다.[5] 기독교의 유비적 사고는 중생한 마음이 하나님의 계시된 진리를 반영하며 이해를 추구할 때 일어난다. 반 틸이 던지는 근본적인 질문은 인간의 마음과 하나님의 마음의 관계를 어떻게 이해할 것인가이다.

성경적 창조 교리에서 출발하게 되면 형이상학적(존재론적) 차원이 먼저 나타난다. 이를테면 현실을 구성하는 것들인 하나님과 인간과 나머지 창조 세계에 대해 듣게 된다. 하나님의 마음을 생각해 볼 때, 그분이 목적을 가지고 무로부터(*ex nihilo*) 모든 것을 창조하셨다는 사실은 하나님이 자신과 창조 세계를 완전히 아신다는 뜻이다.[6] 현실에 대한 인간의 지식은 하나님이 계시하시는 것에 의존한다. 하나님이 아담과 하와에게 자신의 마음을 말씀해 주셨기 때문에 그들은 하나님의 창조에 대한 참된 지식을 제한적으로나마 소유할 수 있었다. 하나님이 계시하기로 선택하신 지식은, 언제나 온 현실을 총망라한 하나님의 지식의 일부이자 그에 부합하는 것이다. 하나님만이 현실을 총망라한 지

---

den Dulk Christian Foundation, 1969); *A Christian Theory of Knowledge* (Phillipsburg, NJ: Presbyterian and Reformed, 1969).

5. Greg L. Bahnsen, *Van Til's Apologetic: Readings and analysis* (Phillipsburg, NJ: P&R Publishing, 1998), pp. 62, 622.

6. 창조에서는 하나님이 모르거나 예측하지 못한 측면이 있어서 통제할 수 없는 우발적인 연쇄 반응이 결코 일어나지 않았다. 의도하지 않은 것이 생겨나거나 버려야 할 것도 전혀 없었다. 예기치 못한 일이 일어나 하나님이 '앗!' 하며 놀라시는 소리는 들을 수 없다.

식을 가지고 계시기에 '참된 진리'(true truth)를 전달해 주실 수 있다.[7] 세속적 마음은 결코 이러한 진리를 가질 수 없다. 스스로 진리에 이를 수 있다고 주장하면서도 현실이라는 전체 맥락을 제공할 수 없기 때문이다. 성경은 인간이 본래의 의로운 상태일 때에야 비로소 유비적으로 하나님의 생각을 따라 생각할 수 있음을 보여 준다. 이는 불완전하게나마 우리가 알 수 있는 것은 하나님이 계시해 주신 것이라는 사실과, 오직 하나님만이 의미를 부여하실 수 있다는 사실을 뜻한다. 인간의 마음은 오직 하나님의 마음과 올바른 관계를 맺고 그분의 말씀을 받아들일 때만 적절히 작동한다.[8] 인간의 마음이 과학, 철학, 예술 등의 분야에서 새로운 것을 발견한다 해도, 그것은 하나님의 계시된 진리의 맥락 속에서만 궁극적 의미를 갖는다.

구속사는 시종일관 타락한 마음과 하나님의 마음을 반영하려 힘쓰는 중생한 마음의 충돌을 담고 있다. 불순종, 죄책감, 화목, 하나님과의 교제 회복 등 모든 문제는 인간 마음의 상태와 연관되었다. 인간을 향한 하나님의 모든 말씀은, 그것이 은혜의 말씀이든 심판의 말씀이든 혹은 삶을 증진시키는 단순한 정보든 간에, 중생하고 수용적인 마음 아니면 중생하지 않은 반역적인 마음 둘 중 하나로 전달된다. 그렇기에 우리가 숙고해 보아야 할 마음의 신학이 있다. 하지만 이 주제는

---

7. 이는 절대 진리에 대한 기독교적 개념을 주장한 Francis Schaeffer의 표현을 빌린 것이다.

8. Van Til, *Christian Epistemology*, pp. vi–viii. Van Til은 다양한 주요 역사적 인식론 입장을 다음과 같이 유익하게 요약하며 대조한다. 플라톤은 감각적 경험과 이상적 세계라는 측면으로 현실을 해석했다. 아우구스티누스는 우리를 삼위일체와 단일성-구별성의 원리로 이끌었다. 중세 신학자들과 로마가톨릭은 유한한 마음과 하나님의 마음의 관계에 대한 질문을, 유한한 마음과 유한한 법칙/사실의 관계라는 그보다 덜 중요한 문제에 종속시켰다. 아르미니우스주의는 인간 의식이 하나님으로부터 어느 정도 독립적이라고 여김으로써 죄인이 선행 은총 없이 복음에 응답하거나 거부할 수 있다고 보았다.

기독교 저술에서 구체적인 관심을 많이 얻지 못한 것 같다.[9]

성경에 따르면 사람이 살아가는 방식에는 단 두 가지가 있다. 언약을 지키는 신자로 살거나 언약을 깨트리는 반역자로 사는 것이다. 선택은 인류와 창조주 사이의 관계에 내재한다. 하나님께로부터 나온 모든 말씀은 둘 중 하나의 방식으로만 대할 수 있다. 듣고 순종하든지, 아니면 불의로 진리를 억누르며 살아가는 것이다(롬 1:18-23). 인간의 자유는 인간의 본성에 의해 제한되기에, 타락에 대한 앞선 논의가 여기에 관련된다(11장). 우리가 의식적으로 선택을 한다고 해도, 이것이 절대적이며 무조건적인 자유를 의미한다고 오해해서는 안 된다. 성경은 하나님의 주권과 인간의 책임이 양립할 수 있음을 분명히 가르친다. 성경을 통한 하나님의 말씀을 듣지 않는다는 것은, 말씀의 신적 근원을 중요하게 여기지 않고 순종마저 거부한다는 말과 다름없다. 믿음의 순종은 하나님의 주권과 성실하심, 명령과 약속을 모두 받아들이는 것이다. 그렇다면 인간의 마음에 관한, 그리고 하나님께 귀 기울여야 할 우리의 의무에 관한 계시에는 어떤 역동성과 발전이 있는가? 가장 먼저 주목해야 하는 것은, 인간의 의무는 창조와 하나님이 인간에게 말씀하신 순간부터 시작되었다는 사실이다. 하나님의 말씀이 인간

9. 물론 그리스도인의 마음에 관한 연구에 크게 이바지한 일부 저작이 있다. 예컨대 C. S. Lewis의 개인적인 수필 모음집이다. *Christian Reflections*, ed. Walter Hooper (Grand Rapids, MI: Eerdmans, 1967). 『기독교적 숙고』(홍성사). 이보다 구체적인 마음의 신학은 다음을 참조하라. John Stott, *Your Mind Matters: The place of the mind in the Christian life* (Downers Grove, IL: InterVarsity Press, 1972); Bradley G. Green, *The Gospel and the Mind: Recovering the intellectual life* (Wheaton, IL: Crossway, 2010). 올바른 생각의 실천 문제를 다루는 연구로는 다음을 참조하라. John Piper, *Think: The life of the mind and the love of God* (Wheaton, IL: Crossway, 2010). 『존 파이퍼의 생각하라』(IVP); John Piper and David Mathis (eds), *Thinking, Loving, Doing: A call to glorify God with heart and mind* (Wheaton, IL: Crossway, 2011). 또한 다음 간행물을 보라. *Renewing Minds: A Journal of Christian Thought* (Union University, Jackson, TN).

의 자율적 이성에 종속되어서는 안 된다.[10] 하나님과 인간의 관계에는 일관성이 존재하는데, 이는 인간의 마음을 다루는 신학의 발달 및 계시된 유신론과 반신론 사이의 선택 기저에 깔려 있다. 또한 의식적으로 이해되어야 할 하나님을 향한 인간의 의무라는 세부 사항에도 뚜렷한 발전이 보인다.

하나님은 노아에게 "모든 혈육 있는… 그들을 땅과 함께 멸하리라"고 말씀하시며 방주를 만들라고 명하셨다. 하나님께 은혜를 입은 노아는 순종했고 가족과 함께 구원을 받았다. 그런데 바벨탑 사건은 달랐다. 하나님 없이 하늘에 닿아 자기네 이름을 내고자 했던 이들은 진리를 악하게 억누르고 있었다고 암시된다. 따라서 하나님의 반응은 심술궂거나 부당한 것이 아니라 정의로운 것이다. 하나님은 아브람에게 고향을 떠나 다른 곳으로 가라고 말씀하셨지만, 아브람이 어떻게 야웨를 믿게 되었는지는 알려지지 않았다. 다만 그는 순종하고 갔을 뿐이다. 아브람과 후에 이삭, 야곱에게 주어진 약속은 구체적이었다. 선택은 믿는가 안 믿는가, 순종하는가 안 하는가의 문제였다.

하나님 백성의 역사를 죽 살펴보면, 이런 기본적인 이분법적 사고는 변하지 않았음이 분명하다. 한편에는, 자기 발생적 사고와 그것을 통한 경험적 사실의 해석 권위를 상정하는 죄로 물든 자율적 인간 사고가 있다(일의적 사고). 다른 한편에는, 정당한 이해의 근거로 하나님 말씀의 권위를 상정하는 사고가 있다(유비적 사고). 갱신된 사고의 불변하는 특징은 언약적 관계다. 창조에서 비롯한 이 관계는 죄인을 향한

10. 종교개혁 사상과 중세 스콜라 신학의 충돌은 이 점을 잘 보여 준다. 스콜라주의의 근본 신학은 그리스 철학, 특히 아리스토텔레스의 경험주의가 성경이 스스로를 해석하는 데 충분성을 갖추었다는 사실을 의심하도록 만들었다. 하나님의 말씀으로서 성경의 최고 권위는 스스로 입증 가능하며 스스로 해석한다는 것이다.

하나님의 은혜를 통해 지속된다.

'선택하다'로 번역되는 성경의 주요 단어는 히브리어 '바하르'(*bḥr*)와 헬라어 '에클레고'(*eklegō*)다.[11] 대부분의 경우 이 동사의 주어는 하나님이나 예수다. 객관적으로 계시된 하나님의 결정이 인간의 주관적인 응답보다 우선한다. 그런데 우리에게는 하나님의 명확하고 구체적인 말씀, 곧 어떤 문제에 대한 명시적인 성경 본문이 없는 상황에서 결정을 내려야만 하는 순간이 많다. 우리는 일상을 꾸려 가기 위해 그런 결정을 수없이 내린다. 원하는 직장, 살고 싶은 동네, 바라는 결혼 상대, 아침 기상 시간과 식사 메뉴 등 무척 다양하다. 물론 성경도 그런 상황을 언급하지만 늘 직접적인 방식이지는 않다. 성경은 일상 속에서 책임 있는 결정을 내릴 때 우리의 사고방식을 형성하는 원칙을 제공한다. 첫째, 복음에 합치된 결정을 내리려 해야 한다는 것이다. 둘째, 하나님은 우리에게 대단히 훌륭한 두뇌를 주셨고, 우리가 이를 정당하게 사용하길 바라신다.

이 주제, 특히 경험적 지혜는 성경의 지혜 문학과 연관되며 대부분 잠언에 나타난다.[12] 성경신학자들 사이에서 이러한 지혜를 구속사보다 창조 신학과 더 밀접한 것으로 여기는 경향은 오해와 신학적 분열을 일으킬 수 있다. 잠언은 일상생활을 주제로 삼고 있지만 그것이 구속사 속에서 갱신된 마음의 신학과 무관하다는 말은 아니다. 사실 그런 것들이야말로 매일 반복되는 일상에서 갱신된 우리 마음이 다루는

---

11. 히브리어 בחר, 헬라어 ἐκλέγω.

12. 경험적 지혜란 일상에서의 경험을 바탕으로 얻은 지혜를 말한다. 다음을 보라. Graeme Goldsworthy, *Gospel and Wisdom: Israel's Wisdom literature in the Christian life* (Exeter: Paternoster, 1987), pp. 73-88. 다음 책으로 재출간되었다. Graeme Goldsworthy, *The Goldsworthy Trilogy* (Milton Keynes: Paternoster, 2000), pp. 409-27. 의사 결정 과정에 대한 교훈을 주는 잠언의 지혜에는 특정한 역동성이 있다.

문제다. 지혜 문학이 솔로몬과 연관되었으며, 그의 지혜가 자기 왕조의 영광으로 여겨진다는 점도 중요하다(왕상 3:1-28; 잠 1:1; 10:1; 25:1). 솔로몬은 구속사의 핵심 인물로, 그리스도의 나라를 나타내는 지상 예표의 정점에 서 있을 뿐 아니라 지혜를 상징하는 인물로 여겨진다.[13] '지혜 운동'이라고도 부르는 이것은 구속사와 전적으로 통합되어 있다. 지혜서가 몇 가지 독특한 문학 장르로 구성되었음을 인정할 충분한 이유가 보이지만, 그렇다고 해서 구속사와 신학적으로 통합되지 못한다는 말은 아니다. 지혜를 언급하는 것은 이해, 사고, 묵상, 발명, 해석, 창의는 물론 아마도 꿈에도 영향을 미치는 '마음'에 주목하는 또 다른 방식에 불과하다.

하나님이 우리에게 마음을 주신 것은 우리가 그분의 말씀을 듣고 이 세상에서 책임감과 명철을 갖추고 살아가게 하시기 위함이었다. 이는 우리가 다양한 상황에 맞게 여러 감정을 느낄 수 있다는 뜻이다. 우리는 주님을 경외하고 구원의 기쁨을 누리고 하나님 나라를 소망하며 살아갈 수 있다. 즉 우리가 단지 반작용적으로만 살아가야 한다는 것을 의미하지 않는다. 인간의 책임에는 어느 정도의 자발성이 포함되어 있다. 그리고 여기에는 하나님의 자발성이 반영되어 있다. 인간의 응답이 처음 요구된 말씀은 번성하여 다스리라는 명령이었다(창 1:26-28). 다스린다는 것은 인류가 생육, 탐험, 조사, 발명, 식량 생산, 기술, 과학, 건축, 문학, 예술 등을 통해 힘써 나가는 것이다. 비록 인간의 죄성으로 인해 오염되긴 했지만, 이 모든 측면은 경건하게 추구될 수 있다. 인간의 문제는 세속적 마음이 문화 명령을 쉽게 변질시켜 불경함

13. 그렇다고 해서 왕상 11장에 기록된 솔로몬의 기이하고도 참담한 어리석은 퇴보를 무시하는 것은 아니다.

과 악, 탐욕과 환경 파괴 같은 결과를 양산하는 것이다.

구약의 지혜 문학은 갱신된 마음이 어떻게 하나님의 생각을 따라 생각하고자 애쓰는지 이해하는 데 도움을 준다. 잠언에 수록된 경험적 지혜의 편집자는 이 모음집이 지혜, 훈계, 명철, 통찰, 공의와 정의와 공평을 다루는 지혜를 목표로 한다고 말한다. 이 탁월한 교육 과정은 "여호와를 경외하는 것"에 확고한 기초를 두고 있다(잠 1:2-4, 7; 9:10). 우리는 자신과 타인의 경험을 통해 배우지만 언제나 하나님의 계시로 경험을 해석한다. 지혜는 하나님의 계시라는 틀 안에서 질서를 인식하는 것이다. 지혜로운 삶은 깨어진 세상 속에서도 하나님이 보존하시는 질서에 대한 이해를 갖고 살아가려는 것이다. 하나님을 경외하는 것이 우리의 출발점이자 기본 전제가 될 때 우리는 현 질서를 현실적으로 이해하게 된다.

욥기는 하나님의 지혜가 인간의 모든 경험적 지혜나 계시된 지혜보다 훨씬 넓고 깊다는 사실을 가르쳐 준다. 그러므로 지혜롭게 산다는 것은 우리가 이해할 수 없는 인생의 굴곡 속에서도 하나님을 신뢰하는 것이다. 전도서는 거짓된 지혜의 길에서 비롯한 혼란에 주의를 준다. 일부 주석가는 이를 이스라엘 지혜의 위기로 부른다.[14] 이 위기의 한 가지 예는 개인적 경험이 경직된 일반 법칙으로 굳어지는 것이다. 하나님의 율법과 경험적 지혜 모두 창조 질서와 연관되어 있지만, 둘 사이에는 유지되어야 할 중요한 차이가 존재한다. 계시된 율법은 불변하시는 하나님의 본성에 기초하며, 그 해석은 점진적 계시의 역동성에

14. 예를 들어, Hans Heinrich Schmid, *Wesen und Geschichte der Weisheit* [The Nature and History of Wisdom] (Berlin: Alfred Topelmann, 1966), pp. 173-95. Schmid는 이것의 한 측면을 행위와 결과의 관계를 나타내는 경험적 예들에 대한 오해로 언급한다. 그런 예시가 견고해져서 건드릴 수 없는 법칙이 되면 충돌과 모순이 일어날 수 있다.

만 영향을 받는다. 반면 경험적 지혜는 질서 있으면서도 어지러운 세상 속에서의 인간의 경험에 기초하며, 그 해석은 "여호와를 경외하는" 마음에 비추어 진행되어야 한다. 일반적으로 잠언의 지혜는 구체적인 경험으로부터 기억하기 쉬운 격언을 추출한 것이다. 일단 본래 맥락에서 떨어지게 되면, 각각의 격언은 어느 정도 모호성을 띠게 되기에 바뀐 상황에 적용하기 위해서는 신중하게 고려해야 한다.[15] 한 마디의 잠언은 실제 상황에 딱 떨어지는 즉각적인 해답을 제시하는 것이 아니라, 그 상황을 어떻게 다룰 수 있을지 숙고하게 만든다. 경험적 지혜는 일종의 다지선다형 의사결정으로 우리를 끌어들인다. 잠언은 결코 시내산 율법의 부록처럼 여겨져서는 안 된다. 물론 이들의 공통점은 하나님의 창조 질서와 이에 대해 하나님이 말씀하신 바에 있다.

성경에서 마음의 갱신은 다채로운 방식으로 표현된다. 사람의 영이나 중심에 대한 언급이 많이 나오는데, 이는 우리의 정신적이고 감정적인 성향을 가리킨다. 성경에 쓰인 '영혼', '영', '중심', '마음', '총명' 같은 단어는 (미묘한 차이는 있지만) 전부 인간의 마음과 중대한 관련이 있다. 모두가 직간접적으로 하나님과 연관되었으며, 하나님을 향한 사랑을 표현하는 데 사용하도록 의도되었다(신 6:5; 마 22:37; 눅 10:27). 구속사의 점진적 계시는 새 사람(예수) 안에서 드러나는 구원의 목표를 향한 점진적 계시에 수렴하는 중생한 자의 응답을 포함한다. 다시 말해, 마음의 갱신은 믿음의 응답과 언약에 의해 규정된다. 예수의 오심과 그분의 재림에 대한 기대로 더욱 분명해진 옛 시대와 새 시대의 중첩

15. 다음을 보라. Goldsworthy, *Trilogy*, pp. 419-23. 잠 26:4-5은 겉보기에는 모순처럼 보이는 한 예다. 미련한 자에게 대답을 하라는 말인가, 하지 말라는 말인가? 각 절의 두 번째 행은 서로 다른 반응을 요구하는 서로 다른 상황을 보여 준다. 마찬가지로 우리에게도 미련한 자에게 대답하거나 하지 않을 여러 상황이 있을 것이다.

은 실제로 창세기 3:15부터 완성에 이르기까지 성경의 특징이 된다.[16] 구약에서 이 중첩은 언약의 약속 및 '지금'(지조 없는 이스라엘)과 '아직'(예상되는 하나님 백성의 온전함)의 계속된 긴장 상태로 표현된다. 이미 존재하는 이신칭의는 바울이 예로 들었던 아브라함에게도 현실이었다(롬 4:1-25). 칭의에 대한 아브라함의 이해는 우리가 복음을 통해 이해하는 것만큼 충분하지 않았지만 실제적이었음이 분명하다. 바울이 시편 32:1-2(롬 4:7-8)을 인용한 것은 아벨, 셋, 노아, 셈으로부터 시작된 이스라엘의 구원 전략이 지속되어 왔음을 시사한다.

시편의 시인들이 줄곧 갱신에의 갈망을 드러낸 반면, 예언자들은 마음과 영의 중생이라는 역동성을 훨씬 명시적으로 표현한다. 그 핵심에는 하나님의 영을 받아 이 땅에 정의를 세우는 메시아적 종이 있다(사 42:1-9). 마음을 하나님과 그분의 구원 행위에 집중할 때, 히브리어 '샬롬'(*šālôm*, 평강)으로 표현되는 온전함이 더해진다(사 26:3).[17] 마음에 간직한 하나님의 말씀은 죄에 대항하는 하나님의 능력이다(시 119:11). 마찬가지로, 예레미야는 하나님의 뜻에 전적으로 합치되는 삶을 가져올 가슴과 마음의 갱신을 예견한다(렘 31:31-34). 에스겔은 갱신에 대해 이야기하며 선한 목자 이미지를 사용한다.

그러므로 내가 내 양 떼를 구원하여 그들로 다시는 노략거리가 되지 아니하

16. 구원을 위한 하나님의 은혜가 구약에서 약속된 이후, 옛 시대와 새 시대의 중첩은 성경의 전반적인 특징이 되었다. 타락한 세상과 죄성 가득한 우리 존재는 옛 시대의 특징으로, 타락 이래로 약속된 하나님 나라가 완성될 때까지 계속된다. 언약적 약속과 성취의 새 시대는 옛 시대와 중첩되며, 예수 그리스도 안에서 실현된다.

17. '샬롬'은 단순한 평온함이나 갈등의 부재 상태 이상을 의미한다. 이것은 개인이나 공동체의 전체적인 안녕, 곧 완전함, 건강함, 복지와 깊은 관련이 있다. 궁극적으로, 이것은 구원을 통해 주시는 하나님의 선물을 가리킨다.

> 게 하고 양과 양 사이에 심판하리라. 내가 한 목자를 그들 위에 세워 먹이게 하리니 그는 내 종 다윗이라. 그가 그들을 먹이고 그들의 목자가 될지라. 나 여호와는 그들의 하나님이 되고 내 종 다윗은 그들 중에 왕이 되리라. 나 여호와의 말이니라. (겔 34:22-24)

행동은 하나님이 하시지만, 양이 분명히 그분의 양 떼에 속했다는 점에서 갱신이 내포된다. 게다가 아둔한 동물처럼 멋모르는 순응이 아니라 하나님의 말씀을 흔쾌히 받아들인 것을 의미한다.

신약에 이르면, 예수께서 제자들을 부르시는 장면에서 초점의 전환이 나타난다. 이제 갱신된 마음은 예수의 죽음과 부활로 이어지는 사건에 주된 관심을 둔다. 제자가 된다는 것은 믿음, 스승의 가르침 수용, 스승이 표명한 뜻을 향한 순종을 포함한다. 회개, 곧 변화된 마음(헬라어 *metanoia*)은 반역적이고 단일적인 사고로부터 하나님의 생각을 따라 생각하는 신앙적이고 유비적인 사고로의 완전한 전환을 나타낸다. 물론 갱신된 마음은 칭의에 기초한 성화의 모든 측면과 마찬가지로 계속해서 갱신되어야 한다. 그리스도인 안에서 성령의 역사는 우리의 마음과 의지를 통해 이루어지지 그것들을 우회하지 않는다. 우리는 은혜와 그리스도를 아는 지식 안에서 자라가는 과정에 책임 있고 의식적으로 참여하는 존재다. 구약의 지혜 문학은 우리가 하나님이 주신 지성을 사용해 판단하고 숙고하고 사고하며, 이해를 추구하고 선을 갈망해야 한다고 가르친다. 그러나 이 모두는 반드시 주를 경외하는 마음과 그리스도의 말씀이 우리 안에 풍성히 거하시는 것에 의해 관장되어야 한다(골 3:16).

마음의 갱신은 구원의 적용에 대한 신약 신학의 세 가지 형태를 모두 아우른다. 첫째, 그리스도께서 이 땅에 육신으로 계실 때 그분 안에서 행하신 우리를 위한 하나님의 사역이다. 죄로 인해 온갖 결함을 가진 우리 마음이 의롭다 함을 얻는 것은 구원에서 중요한 측면이다. 바울은 “우리가 그리스도의 마음을 가졌느니라”고 말한다(고전 2:16). 여기서 바울은 믿음이란 인간의 사고방식이 자기 중심에서 그리스도 중심으로 전환되는 것이라고 직접적으로 언급한다. 그는 바로 앞에서 그리스도가 우리의 지혜, 곧 의로움과 거룩함과 구원함이 되신다고 말했다(고전 1:30). 그리스도의 인성의 완전함은 우리 인성의 모든 측면, 우리 마음의 가장 깊은 곳에 이르기까지 의롭게 되었음을 의미한다. 우리에게 거룩한 생각을 불어넣는 그리스도의 마음을 가지게 된 것은 역사적 그리스도의 완전한 마음이 칭의를 통해 우리에게 전가되었음을 뜻한다.

둘째, 갱신되고 의롭게 된 마음은 그리스도 안에서 행하신 우리를 위한 하나님 사역의 가르침을 받아 우리 안에서 행하시는 하나님 사역의 삶을 살도록 이끈다. 다시는 반복되지 않을 역사 속에서 육신을 입고 이 땅에 오신 예수의 과거에 대한 직설법은, 우리가 그리스도 안에서 그에 합당한 삶을 살아가야 한다는 명령법과 권면의 토대가 된다(엡 4:1). 또다시 객관성이 주관성을 이끌며 힘을 실어 준다. 따라서 바울은 마음을 새롭게 함으로 우리 자신을 하나님께 드리라고 권면한다. 우리는 마음과 뜻과 영과 힘을 다해 하나님을 사랑해야 한다. 자신을 죄에 대하여 죽은 자로 여겨야 한다. 그리스도의 성품을 반영하는 것들을 생각해야 한다. 남을 나보다 낫게 여겨야 한다. 우리 안에 있는 세속성을 죽여야 한다. 양자됨의 은혜로 하나님의 자녀가 되었음을 고백하며 쉬지 말고 기도해야 한다. 이 모두를 통해 우리는 참되고 경건한 지혜를 실천하려고 애쓴다. 그 지혜가 바로 우리의 지혜되시는 그리스도로부터 시작하는 것을 알기 때문이다. 이런 권면은 계속 이어질 수 있다. 그리스도 안에서 '우리를 위한' 하나님의 사역은 성령께서 '우리 안에서' 성화의 과정을 통해 우리를 변화시킬 때 사용하시는 본보기이자 동기다.

셋째, 우리가 지금 살아가는 이 중첩된 시대, 즉 우리 안에서 성령의 사역이 완성되지 않은 시대의 삶은 그리스도의 재림과 하나님의 계획, 목적, 약속이 모두 완성될 날을 확실히 소망하며 기대하는 삶이다. 마지막에 하나님의 자녀로 분명히 나타나게 될 것이라는 사실은 우리가 하나님 나라의 최종 영광으로 옮겨질 준비를 하면서 자신을 깨끗이 하도록 한다(요일 3:1-3). 우리는 현재 어둠의 자녀가 아니라 빛의 자녀로서, 그리스도 안에서 우리가 누구이며 또한 그분이 다시 오실 때 우리는 어떤 존재가 될 것인지에 합치된 삶을 살아가려고 힘쓴다. 그러므로 '우리 안에서' 행하시는 하나님의 사역을 통해 살아가는 현재 그리스도인의 삶은, 과거 '우리를 위해' 행하신 하나님의 사역과 장차 완성의 때에 '우리와 함께하실' 하나님의 사역에 의해 동력을 얻고 인도된다.

그렇기에 마음의 갱신은 우리의 중생에 필수적인 측면이다. 이사야는 인간의 순전한 피조성을 인식했다.

> 누가 여호와의 영을 지도하였으며
> 그의 모사가 되어 그를 가르쳤으랴.
> 그가 누구와 더불어 의논하셨으며
> 누가 그를 교훈하였으며. (사 40:13-14)

바울이 하나님께서 그리스도를 우리의 지혜로 삼으셨다고 말하며(고전 1:30), 또 "누가 주의 마음을 알아서 주를 가르치겠느냐. 그러나 우리가 그리스도의 마음을 가졌느니라"(고전 2:16)고 말했을 때는 바로 이 사실을 염두에 두었을 것이다. 실제 삶 가운데 그리스도 안에서 '이미'의 존재가 될 수 있도록 우리를 빚으시는 성령의 사역에 대한 바울의 이해가 여기에 적용된다. 그리스도의 마음과 완전한 지혜가 우리의 불안정한 지혜와 불명료한 사고를 의롭게 한다. 이 점에 있어서도 하나님은 우리를 완전하게 여기신다. 성령은 우리의 지혜와 사고를 그리스도의 예를 따라, 또한 그리스도 안에서 계시된 하나님을 향한 경외심을 바탕으로 만물을 이해하도록 빚으신다. 존재, 사고, 행동 면에서 우리에게 요구되는 모든 것에 대해 예수께서 "이미 그곳에 계셨고 이미 행하셨다." 나아가, 그분은 우리를 대신하여 완벽히 이루셨다.

우리는 현실이라는 맥락 속에서만 알게 되는 절대 진리의 관점에서 갱신된 마음의 작용을 요약할 수 있다. 일의적 사고는 우리가 어떤 것을 참되게 알기 위해 전체적인 맥락이 필요하다는 점을 무시한다. 유비적 사고는 성경에 나타난 하나님의 계시로부터 진리를 얻는다는 뜻이다. 한낱 유한한 존재인 우리는 절대적이고 전체적인 진리를 알 수 없지만, 계시는 모든 것을 절대적이고 전체적으로 아시는 분에게서 나온다. 그러므로 우리는 하나님의 생각을 따라 유비적으로 사고함으로, 비록 포괄적인 진리는 아니지만 참된 진리에 접근할 수 있다. 성경을 읽고 해석하는 데 마음이 관여하기 때문에, 마음의 갱신은 곧 해석학적 구속이다. 그리스도인은 성경을 비롯한 현실 전체를 성경에 나타난 하나님의 계시에 비추어 해석하는 법을 배운다.

인도하심

마음의 갱신이라는 주제에 이어 인도하심에 대해 몇 마디 언급하는 것은 적절하다. 대부분의 그리스도인은 어떤 상황에서는 하나님의 인도를 구하는 것이 마땅하다고 인정한다. 진로 선택, 거주지 결정, 결혼 상대 등 인생의 중대사 앞에서 그것은 필수라고까지 여겨진다. 여기에는 대체로 기도하면서 하나님의 주권적인 이끄심에 맡기는 헌신이 동반된다.

교인들은 어떤 사람을 목사로 청빙할 것인지 하나님의 인도를 구할 수 있다. 설교자는 다음에 어떤 성경 본문을 설교해야 하는지 인도를 구할 것이다. 그런데 어떤 이는 하나님의 인도하심을 자신은 어떤 결정도 내릴 필요가 없다는 뜻으로 오해한다. 성령께서 자신을 대신해 결정을 내려 주신다고 여기기 때문이다.[18] 반대로 다른 극단에서는, 일상의 사사로운 부분에서까지 일일이 멈춰 기도하며 인도하심을 구하는 것은 비정상적이고 심지어 병적이라고 여길 것이다. 많은 경우에 우리는 성화된 상식을 사용해야 한다.

그렇다면 하나님의 인도하심에는 성경적인 역동성이 있는가? 나는 앞서 하나님이 직접 말씀하시던 것에서 예언자의 중재를 통한 계시로의 전환을 언급한 바 있다. 인도하심에 관해서도 비슷한 흐름이 보인다. 하나님은 하나님 나라를 형성해 가는 데 영향을 미치는 중대한 문제의 경우에는 직접 말씀하셨다. 개인적인 인도가 있었을 때라도 하나님의 백성 전체와 관련된 사건이라는 맥락 속에 기록되었다. 기드온이 하나님께 표징을 구한 다소 옹졸한 요청조차 온 민족의 구원과 관련되었다. 하나님은 노아, 아브라함, 모세, 사무엘에게 직접 지시하셨지만, 이 모든 경우는 구원과 하나님 나라에 대한 구체적인 계시였다. 위대

18. 예수의 승천과 오순절 사이에 사도들은 유다의 배신으로 생긴 빈자리를 채우기 위해 제비뽑기를 했다. 8장에서 언급했듯이, 오순절 이후 계속해서 그런 방식에 의존했다는 증거는 어디에도 없다.

한 예언자들의 목소리를 통한 인도하심은 하나님께로부터 직접 주어졌지만, 이 또한 믿는 모든 사람을 위한 구속사의 형성을 향해 있었다.

시편에 이르면 개별 시인들의 개인적 차원에서의 인도하심이 많이 나오리라고 짐작할 것이다. 우리 대부분은 시편 23편을 친숙하게 여긴다.

> 여호와는 나의 목자시니 내게 부족함이 없으리로다.
> 그가 나를 푸른 풀밭에 누이시며
> 　쉴 만한 물 가로 인도하시는도다.
> 내 영혼을 소생시키시고
> 　자기 이름을 위하여 의의 길로 인도하시는도다. (시 23:1-3)

여기에는 가장 중요한 형태의 인도하심이 나타난다. 다윗의 시 가운데 한 편인 이 시에서 인도하심은 사망의 음침한 골짜기를 지나는 길이라 할지라도 결국에는 하나님의 집에 거하게 되는 구원으로 이어진다. 일부 학자들은 시편 1편이 시편이라는 정경 전체의 요약으로 맨 앞에 위치했다고 여긴다. 그곳에서는 두 가지 삶의 방식을 언급한다. 하나는 하나님의 율법(교훈)을 따르는 삶이요, 다른 하나는 악인의 길을 따르는 삶이다. 우리는 하나님의 말씀으로 인도받거나 그것을 거부할 수 있다. 하나님의 말씀은 일상의 구체적인 지침이 아니라 삶의 기본적인 원칙을 제시한다. 이 원칙들이 우리가 의사결정을 할 때 안내하는 역할을 한다. 다른 시편에도 인도하심이 주어지거나 인도를 구하는 기도가 나타난다(예. 5:8; 25:5; 27:11; 31:3; 32:8; 37:23; 43:3; 48:14; 73:23-24; 139:9-10, 23-24; 143:10). 이 중 어느 구절도 개인의 의사결정을 대신하는 개별적 인도를 암시하지 않는다. 모두가 하나님의 계시된 교훈의 길, 즉 율법과 구원의 길을 가리킨다.

잠언은 인도하심에 대한 구약 가르침의 중심이 된다. 대표적인 구절은 잠언 3:5-6이다.

> 너는 마음을 다하여 여호와를 신뢰하고
> 네 명철을 의지하지 말라.
> 너는 범사에 그를 인정하라.
> 그리하면 네 길을 지도하시리라.

이는 마음의 갱신을 추구해 하나님의 마음과 결을 같이하라는 권면이다. 잠언 6:20-23은 젊은이에게 하나님의 계시된 교훈 안에서 부모의 가르침을 따르라고 권면한다(또한 잠 23:22-25). 이것들이 인생이라는 여정 가운데 인도하심의 원칙이다. "정의로운 길"과 "공의로운 길"은 지혜의 보배다(잠 8:20-21). 성실은 인생의 인도자다(잠 11:3). 이처럼 시편과 잠언은 개인의 삶에 관심을 두고 있지만, 인도하심의 원칙은 여전히 모든 이스라엘 백성에게 주어진 하나님의 폭넓은 계시에 근거한다. 인도하심에 대한 간구에서 가장 우선적인 것은 탄원자의 구원이다.

후기 예언서에서 이 주제는 대체로 구속받은 백성을 이끄시는 하나님에 대하여 예언자들을 통해 주어진 하나님의 말씀에 관한 것이다. 이사야는 하나님의 종이 열방을 비추는 빛이 되어 구원이 그들에게도 임할 것이라고 선포한다(사 42:6-7). 하나님은 자기 백성을 구원의 길로 인도하실 것이다(사 19:10; 57:18). 목자 이미지는 하나님이 자기 백성을 인도하신다는 것을 나타내지만, 그렇다고 해서 이 이미지가 구속과 구원의 길에 대한 원칙 외의 세세한 일상에서의 인도하심까지 의미하는 것은 절대 아니다(렘 23:5-6; 31:8-10; 32:36-41; 겔 34:22-24).

신약에 이르면, 인도하심의 역동성에서 유일한 전환은 복음의 역동성과 나란히 진행된다. 예수의 가르침은 구속받은 삶의 원칙을 세우는 것이지 일상의 세세한 의사결정에 관한 것이 아니다. 그리스도인의 삶을 향한 명령은 그리스도를 통한 구원의 본질로부터 흘러나온다. 성령의 사역은 우리를 예수께로 인도하시는 것이다(요 16:12-15). 그리스도인의 삶은 복음의 본질을 계시하신 하나님이 우리가 복음에 합당한 삶을 살도록 세세한 부분까지 인도해 주시기를 기다리는 것이 아니다. 새 생명 가운데 행하는 것은 자신을 죄에 대하여 죽은 자로 여기는 것이다(롬 6:4, 11). 의롭다 함을 입은 삶은 성화의 삶을 추구한다. 마음은 새로워지고 더 이상 세상 기준을 따르지 않아야 한다(롬 12:1-2). 바울이 쓴 편지의 형식은 복음을 먼저 상술한 후 그에 합당한 행실을 가르치고 권면하는 것이 특징이다(엡 4:1-2; 빌 4:4-9; 골 3:1-17; 살전 5:12-22; 딤후 3:14-17). 이 모든 것이 인도하심에 대한 넓은 의미의 가르침이다.

기도에 의지하는 것은 우리 모두가 동의하는 바로, 부단히 추구해야 하는 모습이다. 기도의 초점은 인도하심의 주요 원칙에 있어야 한다. 즉 하나님이 주신 성화된 마음을 사용하는 것이다. 회심하여 믿음을 갖는 것은 완전하고 근본적인 마음의 재정렬을 수반하는데, 이는 하나님이 우리가 갱신된 마음을 사용하길 의도하셨음을 확실히 보여준다. 로마서 12:2에서 바울이 말하듯, 갱신된 마음의 목적은 "하나님의 선하시고 기뻐하시고 온전하신 뜻이 무엇인지 분별"하는 것이다. 그리스도인이 인도하심을 구하는 첫 번째 방법은, 갱신된 마음을 꾸준히 성경을 이해하는 데 적용해서 성경적 원칙에 따라 살아가고 결정하는 것이다. 동시에, 성경은 세상 기준에 맞춰 살아갈 때 피해야 할 유형의 행실에 관한 지침도 제시한다(롬 12:2). "내려놓고 하나님께 맡기라"는 식의 태도는 복음에 비추어 읽는 구약 지혜 문학의 가르침을 무

시하는 것이다.[19]

성경의 가르침에는 그리스도인이 결국 하나님의 가장 좋은 것을 놓쳐 버릴지도 모른다는 생각이 들어설 자리가 없다. 우리의 악한 본성으로 인해 잘못된 결정을 내리거나 심지어 무신론적 결정을 내리게 되는 상황은 항상 도사리고 있다. 이럴 때 우리는 회개해야 한다. 우리는 죄를 짓고, 슬기롭지 못하거나 어리석기 짝이 없는 행동을 일삼아 슬픔을 겪고 삶의 질이 떨어지는 경험을 할 수도 있다. 또한 우리의 죄성은 또 다른 죄를 짓게 만들기도 하는데, 우리는 그에 따른 결과를 견디거나 심지어 즐기기도 한다. 하지만 인생의 모든 상황 속에서 '하나님의 가장 좋은 것'을 얻기 위한 결정은 단 하나만 있고, 만일 그 순간 그렇게 결정하지 못한다면 재앙이 따른다는 말인가? 그렇다! 굳이 대답하자면 한 가지 결정만 있다. 그것은 바로 회개하고 믿는 것이다. 우리가 그렇게 했다면, 이미 하나님의 가장 좋은 것을 얻은 셈이다. 우리는 의롭다 하심을 입었고, 그리스도의 지체가 되었으며, 하늘나라의 상속자가 되었다. 우리는 그리스도 안에서 모든 복을 누리고 있으며, 이보다 좋은 것은 없다. 우리는 그리스도 안에서 이미 하늘 자리에 앉혔다(엡 2:4-6; 골 3:1-4).

이처럼 인도하심은 복음과 그 모든 파급 효과를 통해 주어진다. 신약은 그런 파급 효과들이 무엇인지를 끊임없이 탐구한다. 나아가 우리는 의사결정을 내릴 때 갱신된 마음과 성화된 사고를 담대히 사용해야 한다. 이는 상황에 따른 인도하심의 가능성을 부인하는 것이 아니

19. Goldsworthy, *Gospel and Wisdom*, in *The Goldsworthy Trilogy*, pp. 539-43. 이 주제에 관한 종합적인 연구는 다음을 참조하라. Garry Friesen, *Decision Making and the Will of God: A biblical alternative to the traditional view* (Portland, OR: Multnomah, 1980). 이 책의 첫 부분에서는 복음주의적 경건주의자들의 '전통적 관점'을 제시한 다음, 이를 엄밀하게 반박하고 보다 나은 성경적 방식을 제안한다.

다. 도리어 상황에 따라 바라던 목표가 이루어질 때도 있고 꺾일 때도 있지만, 그 모든 상황 속에서 긍휼하시고 자비로우신 하나님의 주권을 인정하는 것이다. 또한 어떤 선택이 옳다는 내면의 확신이 하나님을 경외하는 마음과 그분의 복음에서 비롯되었다면, 이와 같은 확신의 가능성을 부인하는 것도 아니다.

마지막으로 언급할 사안은 "주께서 나를 ~로 인도하셨다"는 주장에 대해서다. 이 표현 자체로는 그런 결정의 타당성 여부를 판단할 수 없다. 우리는 이렇게 물어야 한다. "주께서 어떻게 당신을 이 결정으로 인도하셨습니까?" 우리는 구약에서 하나님이 직접 말씀으로 인도하시고, 이후 예언자들을 통해 말씀을 중재하신 것을 보았다. 시편의 시인은 하나님의 말씀을 "내 발의 등이요 내 길에 빛이니이다"라고 고백했다(시 119:105). 예언자들을 통해 하나님의 말씀이 백성에게 전달되는 것이 성경의 일반적인 형식이다. 이 과정의 절정이 바로 예수의 예언자적 역할에 있다. 그분은 성육신하신 하나님의 말씀이다. 그분은 구약을 정당화하신다. 그분은 사도들의 증언과 신약의 핵심 그 자체다. 소명, 즉 부르심에 대해 바울은 우리를 그리스도인으로 부르신 것을 언급하지(엡 4:1), 어떤 구체적인 직업이나 사역을 시작하라는 부르심을 뜻하지는 않는다. 오히려 선교사나 목회자로의 부르심은 그리스도인 공동체 안에서 다른 지체들이 그 사람의 은사와 능력을 인정하는 상황 속에서 받게 되는 경우가 많다.

고난

인간의 고난은 타락의 메아리다. 고난은 타락 직후, 출산에 따른 여자의 몫으로 처음 나타난다(창 3:16). 인간의 타락은 곧 온 창조 세계의 타락인데, 그 첫 번째 단서는 이제 저주받은 땅에서 아담이 힘겹게 먹고 살아가야 한다는 심판에서 드러난다(창 3:17-19). 이런 고됨은 가인이 동생을 죽이고 에덴에서의 추방보다 가혹한 추방을 받게 되면서 심화된다(창 4:10-12). 고난은 인간의 죄를 향한 하나님 심판의 일부가 되는데, 인간과 땅 위의 모든 생물을 삼켜 버린 홍수가 그 예다(창 6:5-7). 타락으로 인해 질병, 자연재해, 기근, 전염병 등이 인류를 괴롭힌다(창 12:10, 17; 15:13-14; 19:29). 이처럼 타락한 세상에서 펼쳐지는 고난이라는 큰 그림은 우리가 인간의 집단적 죄책을 계속해서 회개해야 할 필요성을 보여 준다. 이런 집단적 죄책은 '무고한 사람'에게 닥치는 재난이라는 부조리를 불평할 때 줄곧 간과되는 지점이다.[20]

구약은 그 대상이 하나님의 백성이든 이방 민족이든 상관없이 고통에 대해 매우 절제된 목소리를 낸다. 멸망은 단순히 심판으로 제시되며, 자연재해는 하나님이 보내셨기 때문에 발생한다. 재앙이나 대규모의 죽음 자체가 요점이지 세부적인 묘사에는 관심이 없다. 내러티브는 계속해서 백성의 집단적 죄책과 고난과의 연관성으로 귀결된다. 기근, 지진, 홍수 같은 환난이 일어나는데, 이는 마땅한 일이며 역사의 흐름을 바꿀 수도 있다. 이러한 모든 경우를 하나님이 관장하시며, 중요한 사건들에서 그 이유는 더 노골적으로 하나님을 대적한 죄로 설명된다. 내러티브 문학에서 개인적인 요소나 개인의 고통은 거의 강조되지 않는다. 그럼에도 배경에는 역시 타락이 있고, 인간의 반역을 향한 하나님의 진노가 있다.

시편에 이르면 더욱 개인적인 관점이 나타난다. 시편의 많은 부분은

---

20. 이는 '선한 사람에게 일어나는 나쁜 일'로 인식되는 문제를 야기한다. 이와 관련해 우리는 인류 전체와 모든 피조물이 에덴 밖에서 타락 이후의 세상을 살아가고 있다는 사실을 되새겨야 한다. 지극히 현실적인 의미에서, 선한 사람은 없다!

하나님의 백성으로 살아가려는 개인의 감정과 기분을 매우 개인적인 방식으로 표현하는 기도와 찬양이다. 시편의 시점은 주로 1인칭 단수나 복수인데, 내용은 찬양의 노래일 수도 있고 탄식의 노래일 수도 있다. 또한 신뢰의 표현일 수도 있고 절망의 표현일 수도 있다. 정경 모음집으로서 시편의 학문적 분류에는 대체로 공동체 탄원시와 개인 탄원시가 모두 포함된다.[21] 구체적인 언급이 없는 경우에도, 탄원시에는 고통이 담겨 있다.

잠언은 고난을 미련한 자, 게으른 자, 비웃는 자와 같이 인간의 어리석음과 결부시킨다.[22] 경험적 지혜의 본질은 그것이 개인 경험에서 얻은 교훈이라는 것이며, 많은 문제와 고통이 자신의 미련함 때문에 자초되었다고 인정한다.[23] 이는 당장은 하나님의 즉각적인 심판으로 보이지 않고, 도리어 만물의 자연 질서에 맞설 때 생기는 필연적 결과로 여겨진다. 이런 '자연적 보응' 교리는 우리가 자연법칙을 어리석게 거스른다면 그로 인해 고통을 겪을 수밖에 없다는 단순한 주장이다.[24] 욥과 네 명의 조언자 간의 논쟁은, 욥이 분명 어리석게 행동했고 하나님

21. 공동체 탄원시에 포함되는 것들은 다음과 같다. 시 12; 44; 58; 60; 74; 77; 79; 80; 82; 83; 85; 90; 94; 106; 108; 123; 126; 137편. 개인 탄원시에 포함되는 것들은 다음과 같다. 시 5; 6; 7; 13; 17; 22; 25; 26; 28; 31; 35; 36; 38; 39; 42; 43; 51; 54; 55; 56; 57; 59; 61; 63; 64; 69; 70; 71; 86; 88; 102; 109; 120; 130; 140; 141; 142; 143편.

22. 다음 책의 단어 연구를 참조하라. Derek Kidner, *Proverbs*, Kidner Classic Commentaries (London: Inter-Varsity Press, 2018), pp. 39-43.

23. 잠 10-16장은 지혜와 미련함, 의와 악을 대조하면서 하나님이 정하신 자연적 보응의 여러 실례를 제시한다. 일반적인 요지는 미련하거나 악한 행실이 많은 고통을 초래할 수 있다는 것이다. 반면, 욥기에서는 의인에게 나쁜 일이 생기는 문제를 제기한다.

24. 잠언 대부분의 경구는 의와 지혜를 보상하고 불의와 미련함을 심판하는 도덕법을 서술하거나 암시한다. 암묵적이든 명시적이든 이런 잠언들은 신학적이다. 자연적 보응과 신적 보응은 분리될 수 없다. 자연적 보응 역시 하나님을 향한 경외심을 전제로 한다는 점에서 신학적이다. 이런 경구에는 다음 구절들이 해당할 것이다. 잠 10:4; 18:6; 19:15, 29; 20:4; 22:8, 24-25; 23:29-35; 24:19-20, 30-34; 26:17, 27; 28:18, 19; 29:6.

을 대적했을 것이라는 친구들의 주장과 욥의 부인으로 이루어진다. 우리는 서론을 통해 욥이 의로운 자임을 알고 있다(욥 1:1, 8). 그는 첫 번째로 닥친 큰 재앙을 경건하게 감내한다(1:20-22). 하나님이 사탄에게 욥을 쳐서 온몸에 종기가 나도록 허용하셨을 때도, 그는 하나님을 욕하지 않고 흔들리지 않는 믿음을 나타낸다(2:9-10). 친구들과의 헛된 논쟁이 끝나갈 무렵, 욥은 참된 지혜의 근원에 있는 신비를 묵상하게 된다(28:12-28). 고난을 이해하는 데는 지혜가 필요하다. 그 지혜는 쉽사리 손에 잡히지 않는다. 욥은 하나님의 말씀을 인용하며 이 대화를 매듭짓는다.

> 보라, 주를 경외함이 지혜요
> 　악을 떠남이 명철이니라. (욥 28:28)

따라서 고난에 대한 제한적인 이해조차 하나님을 하나님으로 인정하는 지혜를 필요로 한다. 마침내 하나님이 욥에게 직접 말씀하신 것은, 중대한 죄를 지었다고 그를 비난하기 위함이 아니라 만물을 창조한 전능하신 하나님과의 관계를 바르게 평가할 수 있도록 인도하기 위함이셨다. 만일 욥이 창조의 경이를 이해하지 못한다면(즉 창조주의 자리에서 실제로 이해하지 못한다면), 의인의 고난뿐 아니라 하나님의 모든 방식에 담긴 신비를 어떻게 이해할 수 있겠는가?(38:1-40:2; 40:6-41:34) 욥의 반응은 친구들이 비난한 죄에 대한 회개가 아니라, 하나님의 방법에 담긴 신비를 풀려 했던 시도에 대한 회개였다(42:1-6). 우리는 이 두 책으로부터 두 가지 교훈을 얻는다. 잠언은 미련함과 악으로 자초한 고통을 경고한다. 욥기는 선한 사람에게 나쁜 일이 일어날 때 하나님을 미리 판단하려는 시도를 경고한다.

앞에서 살펴본 바와 같이(14장), 후기 예언서는 유다와 이스라엘이 쇠락하는 상황을 반영하고 있다. 포로기 예언자들은 포로 생활 중 백성들이 겪는 고난을 자주 언급하면서도, 장차 있을 하나님의 택하신 백성의 해방을 확신에 차서 내다본다. 이들은 세계를 바라보며 열방의 갈등, 전쟁, 파멸에 대한 통찰을 제공한다. 우리가 앗수르, 바벨론, 페르시아 제국의 몰락을 읽을 때, 그 속에 인간의 엄청난 고통이 담겼다는 사실을 잊기 쉽다. 성경의 초점은 하나님 백성의 고통에 맞춰져 있지만, 그렇다고 해서 세상 민족들과 창조 세계의 깨어짐에 무감각해서는 안 된다. 예레미야애가는 주전 586년, 예루살렘의 마땅한 멸망에 우리 이목을 집중시킨다.

슬프다 이 성이여.
전에는 사람들이 많더니
　이제는 어찌 그리 적막하게 앉았는고.
전에는 열국 중에 크던 자가
　이제는 과부 같이 되었고
전에는 열방 중에 공주였던 자가
　이제는 강제 노동을 하는 자가 되었도다. (애 1:1)

그의 대적들이 머리가 되고
　그의 원수들이 형통함은
그의 죄가 많으므로
　여호와께서 그를 곤고하게 하셨음이라.
어린 자녀들이
　대적에게 사로잡혔도다.

딸 시온의 모든 영광이 떠나감이여. (애 1:5-6)

이 같은 슬픔의 원인을 시편의 시인은 이렇게 표현했다.

우리가 바벨론의 여러 강변
　거기에 앉아서
　시온을 기억하며 울었도다.…
우리가 이방 땅에서
　어찌 여호와의 노래를 부를까. (시 137:1, 4)

따라서 성경적 관점에서 모든 고난은 타락의 메아리일 뿐 아니라, 죄를 통해 인류가 창조주로부터 분리된 소외를 드러낸다는 점에서 타락의 결과이기도 하다. 고난은 인간이 자초한 깨어짐의 경험이며, 죄를 향한 하나님의 진노를 나타낸다. 하나님의 긍휼하신 구원과 그분의 나라가 점진적으로 계시되고 선포되며 확립되어 가는 시기 동안에도 창조 세계 속에서 삶이 지속될 수 있게 충분한 질서를 유지하시는 하나님의 은혜야말로 기적이라고 하겠다.

고난은 후기 예언서에서 더욱 뚜렷하게 나타난다. 첫째, 예언자가 백성들이 못마땅해하는 사역을 감당해 가는 과정에서 겪는 고난이 있다. 주전 8세기의 예언자 이사야는 시온의 멸망과 회복을 예견한다. 그는 반역적인 시온이 마땅히 당할 고난과 그에 따른 파멸을 강조한다. 하나님은 이사야를 통해 이른바 '종의 노래'를 주셨는데, 이를 통해 우리는 하나님의 메시아적 고난의 종에 대해 알게 된다(사 52:13-53:12). 이사야는 조금도 망설이지 않고 유다 백성의 배교와 반역을 책망하지만, 동시에 새 창조 안에서 만물이 새롭게 될 날을 내다본다. 이사야가 겪은 개인적 고난은 에스겔이나 예레미야만큼 부각되지는 않지만, 고난받는 종에 대한 묘사는 그 고난의 구속적 능력에 초점을 맞춘다. 구원하는 능력은 성전에서 드리는 동물 제사에 있는 것이 아니라, 하나님의 의로운 종의 인간적인 고난과 죽음에 있다. 또한 이사야는 고통스러운 유배 생활을 견디고 시온으로 돌아올 신실한 남은 자들의 모습을 보여 준다.

예레미야는 시온의 멸망을 선포하는 예언자의 소명에 자기 백성과 공감하며 겪게 될 그 자신의 고통도 수반되어 있음을 깨닫는다. 우선은 자신의 민족에 임할 심판이라는 그의 개인적 고뇌가 보인다(렘 4:19-22). 요시야왕의 개혁은 아들 여호아하스에 의해, 그리고 이집트가 세운 꼭두각시 왕 여호야김에 의해 무너졌다. 예레미야는 하나님께 받은 메시지 때문에 사실상 동족과 원수지간이 되었다.[25] 그는 진창 구덩이에 갇혔고, 바벨론이 침략하자 실패에 그칠 반란을 모의하는 자들과 함께 마지못해 이집트로 끌려갔다. 에스겔 또한 바벨론 유배의 고통을 겪으면서 예루살렘 성전 파괴의 전조가 되는 아내의 죽음을 견뎌야 했다(겔 24:15-18).

고난을 바라보는 신약의 관점에서 이런 구약적 배경은 다른 주요 주제들과 나란히 진행되는 역동성을 보여 준다. 우선, 창조의 깨어짐과 인간의 타락이 고난의 배경을 이룬다. 구약의 역점은 하나님의 심판에 의한 이런 보편적 고난으로부터 하나님의 백성이 겪는 은혜와 심판이라는 이중적 경험으로 옮겨 간다. 민족의 지도자들에게 초점을 맞추는 식

25. John Bright는 앗수르 침공에 직면한 예루살렘에 대한 이사야의 낙관주의와, 한 세기 이상이 흐른 지금 예루살렘이 멸망할 것이라는 예레미야의 확신 사이의 대조를 강조한다. 그럼으로써 하나님 나라의 계시에 중요한 전환이 있음을 시사한다. John Bright, *Covenant and Promise* (London: SCM Press, 1977).

으로 내러티브가 진행됨에 따라 개인의 구체적인 경험이 더욱 드러난다. 특히 시편의 시인들이 잘 표현한 경건한 사람이 겪는 개인적 고난은 주로 박해, 질병, 사적 범죄로 인한 것이다. 이사야는 의로운 고난에 구속적 의미를 부여하는 반면, 예레미야와 에스겔은 세상이 무신론적 사고방식과 문화에 저항하는 이들을 어떻게 박해하는지 보여 준다.

그리스도의 고난을 묘사하는 복음서 내러티브를 통해 신약은 고난이라는 주제를 발전시킨다. 처음에는 예수의 메시지와 주장에 반대하는 유대인들을 통해 고난이 닥친다. 그 후 예수는 자신의 죽음과 부활을 예고하시지만 이를 이해하지 못한 제자들에게는 큰 혼란이었다. 그들의 이해 부족과 예수의 반응은, 타락과 연관된 우리의 고난은 반드시 의로운 고난으로 해결되어야 함을 일깨워 준다. 왜 그래야 하는가? 바로 깨어진 창조와 더불어, 인간의 모든 고난은 타락이라는 도덕적 문제에 대한 증거이기 때문이다. 고난은 잘못된 유전자나 DNA 오류, 혹은 퇴보한 돌연변이가 아니다. 고난은 창조주를 향한 인간의 도덕적으로 악랄한 반역의 결과다. 반역은 인격적인 것으로, 하나님은 자신의 인격과 모든 관계의 선한 질서를 거부하는 이 반역을 못 본 척하지 않으신다. 하나님의 진노는 인간관계뿐 아니라 우리를 둘러싼 우주의 질서, 즉 창조 세계의 모든 관계에까지 미친다. 하나님은 죄에 무관심하지 않으시다. 특히 구약의 희생제사 규례를 통해 죄가 반드시 속죄되어야 함을 확실히 보여 주셨다. 이는 회개가 단지 개인적인 죄에서 돌아서는 것만이 아님을 뜻한다. 죄는 개인적이면서 동시에 집단적이다. 나는 내가 지은 죄를 고백해야 하고 동시에 인류 전체의 죄성에서 내 몫의 분량을 인정해야 한다. 물론 타락에서 아담과 연대감을 갖는 것이 달갑지 않을뿐더러 이해되지 않을 수도 있겠지만, 성경은 이것을 분명히 가르치고 있다(롬 5:12-21; 고전 15:21-22).

신약에서 가장 많이 인용되는 구약의 두 책은 시편과 이사야서다. 이사야서의 고난받는 종을 인용하거나 언급하거나 연상시키는 구절은 약 44개에 달한다(사 52:13-53:12).[26] 신약성경 저자들이 이 종의 구속적 고난을 성취하신 예수의 역할을 매우 중요하게 여겼다고 보는 것이 타당하다. 따라서 신약에는 고난에 맞춰지고 밀접히 연관된 두 가지 초점이 있다. 하나는 그리스도의 구속적 고난이고, 다른 하나는 그리스도의 백성의 고난이다. 온 인류가 겪는 광범위한 고난과 자연재해로 인한 혼란은 대체로 하나님의 심판이라는 맥락에서 묘사된다.

여기서 그리스도의 고난에 대한 논의는 반복하지 않을 것이다(심판과 속죄를 다룬 11장을 보라). 예수의 수난의 일차 원인은 그분의 가르침을 신성모독과 저열한 이단으로 여긴 유대교 지도자들의 반대였다. 또한 유대인들 사이에 편이 나뉘기 시작하면서 흔들리는 평화에 무력으로 대처할 로마 주둔군에 대한 불안도 한몫했다. 그 결과, 예수를 향한 종교적 거부와 정치적 반대가 그분의 수난과 죽음의 주된 요인으로 드러난다. 물론 이런 반대는 하나님을 반대하는 온 인류의 태도가 특정 상황에서 구체적으로 표현된 것에 불과하다. 오순절 이후 사도들과 교회의 관점에서 볼 때, 인간의 반역에 대해 하나님이 정하신 예수의 구속적 고난에는 직접적 원인과 궁극적 원인이 있음을 알게 된다(행 2:22-24; 3:18; 13:28-30; 17:2-3; 26:22-23).

서신서에서 고난은 주로 그리스도의 고난과 관련되었는데, 그분의 고난을 구원의 길로 선포하는 이들에게도 닥치게 된 것이다. 세상은

26. 이는 Aland의 추산을 따른 것이다. Kurt Aland et al. (eds), *The Greek New Testament* (London: United Bible Societies, 1966), p. 912. 이사야서 다른 부분이나 그 외 예언서의 어떤 본문도 신약에서 이토록 많은 주목을 받은 경우는 없다. 대표적인 목록은 다음 책의 색인에서 볼 수 있다. G. K. Beale and D. A. Carson (eds), *Commentary on the New Testament Use of the Old Testament* (Grand Rapids, MI: Baker Academic; Nottingham: Apollos, 2007).

예수를 미워했듯이 그분과 하나된 자들도 미워한다(막 13:13; 요 15:18-19, 24-25; 요일 3:1, 13). 불신의 세상이 신자들에게 보이는 반응만이 고난의 전부가 아니다. 바울의 말처럼, 그리스도의 남은 고난을 채운다는 더 복잡한 개념도 있다.

> 나는 이제 너희를 위하여 받는 괴로움을 기뻐하고 그리스도의 남은 고난을 그의 몸된 교회를 위하여 내 육체에 채우노라. 내가 교회의 일꾼 된 것은 하나님이 너희를 위하여 내게 주신 직분을 따라 하나님의 말씀을 이루려 함이니라. 이 비밀은 만세와 만대로부터 감추어졌던 것인데 이제는 그의 성도들에게 나타났고. (골 1:24-26; 참조. 벧전 4:12-13)

여기서 바울은 자신의 고난과 그리스도의 몸된 교회라는 신학을 결부시킨다. 그리스도의 몸으로서 교회는 세상에서 그리스도의 임재를 드러내는 얼굴과 같다.[27] 이는 그리스도가 우리의 구원을 위해 충분히 고난받지 않으셨다는 말이 아니라, 교회의 표식이 곧 고난받는 그리스도의 표식이라는 말이다. 성육신하신 말씀이 우리의 구원을 위해 고난을 받으셨고, 이제 그분의 몸인 교회도 말씀이 선포될 때 그 말씀을 위해 계속해서 고난을 받는다. 이는 오늘날 그리스도인들이 종종 표출하는 승리주의와는 반대되는 것이다. 교회는 그리스도께서 영광 중에 다시 오실 때까지는 영화롭게 되신 그리스도의 모습과 일치하지 않을 것이다. 따라서 바울은 그리스도인의 고난을 복음을 위한

27. 이것은 교회를 성육신의 연장선으로 보는 것과는 다르다. 이는 교회의 머리로서 교황이 그리스도의 권세를 가진다고 주장하는 로마가톨릭의 오류다. 나는 실제로 그렇게 명시한 로마가톨릭의 공식 문서가 있는지는 모르지만, 성령의 성사적 은총에 대한 강조로부터 충분히 도출할 수 있는 결론이다. 이렇듯 우리 안에서 역사하는 성사적 은총에 초점을 맞추는 것은, 역사적 예수의 은총보다 오순절의 은총에 중점을 두는 것이다.

교회 증언의 일부로 여긴다. 그는 그리스도의 종으로서 자신이 겪은 시련(매 맞음, 투옥, 돌 맞음, 난파, 수많은 위험)을 언급하면서도, 오히려 자신의 약함을 자랑한다(고후 11:23-33).

이 시대에 그리스도와 연합한 이들도 여전히 타락으로 인해 고통받는다. 그리스도의 고난은 단지 타락의 메아리가 아니라 타락의 모든 무게를 짊어지신 것이다. 오직 그분만이 구약 희생제사에서 예표되고 고난받는 종에 대한 이사야의 메시지에서 예견된 구속적 고난을 감당하셨다. '그리스도 안에' 있다는 것은 복음의 그리스도를 통해 규정된 그리스도인의 정체성이다. 그리스도의 몸인 교회는 구속적 고난을 당하는 것이 아니라, 고난받은 구원자라는 메시지를 품고서 타락하고 반역적이며 깨지고 고통스러운 세상에 맞서기 때문에 고난을 당한다. 이 역동성은 단순하다. 세상은 예수를 핍박했고, 지금까지도 계속 그분의 몸을 핍박하고 있다.

이제 고난의 근본 원인인 타락을 넘어 부차적인 측면을 살펴보겠다. 먼저 징계적 차원에서의 고난이 있다. 하나님의 백성은 세상의 물질적 측면을 의지하지 않고 그분의 말씀을 의지해야 한다고 배운다. 우리는 떡으로만 사는 것이 아니라 하나님의 입에서 나오는 모든 말씀으로 산다(신 8:3). 책망과 징계는 고난의 부산물이다(욥 5:17; 시 119:67, 71; 히 12:3-11). 예수를 따른다는 것은 자기 십자가를 지고 그분의 고난에 동참한다는 말이다(마 10:38-39; 눅 14:27; 행 5:41; 롬 8:17-18; 고후 4:8-10, 17; 빌 1:29; 벧전 2:20-21; 3:14; 4:12-19). 때로는 단지 그리스도인으로서, 또는 의를 위해 고난받는다고 묘사되기도 한다(마 5:10-12; 막 13:13; 롬 8:18; 벧전 5:10).

신약은 그리스도에 맞선 세상의 반대와 직접적인 관련이 없는 고난에 관해서는 거의 언급하지 않는다. 이처럼 질병, 장애, 사별, 부상, 정신 질환, 소수자 핍박, 가정 폭력 등은 성경에 거의 나오지 않을지라도 타락의 저주 때문임이 분명하다. 또한 바울이 가진 정체불명의 '육체의 가시'라는 언급이 있다. 바울은 그것의 목적이 자신을 겸손하게 하기 위함이라고 이해했다. 바울은 그것을 없애기 위해 세 번 간구했지만 "내 은혜가 네게 족하도다. 이는 내 능력이 약한 데서 온전하여짐이라"는 응답을 들었다(고후 12:7-9). 이는 우리를 위해 고난받으신 그리스도라는 하나님의 복음만으로 충분하다는 뜻이다. 히브리서 12:1-8에서는 인내에 고난이 수반된다는 것을 보여 준다. 히브리서 저자는 잠언 3:11-12을 인용하며 그런 고난을 죄와 싸우는 과정의 일부로 보지만, 그리스도의 고난에는 비할 수 없다고 여긴다. 고난의 역할은 신자의 징계와 인격 형성에 있으며, 이는 곧 우리를 위한 하나님 사랑의 증거다. 바울은 그리스도인의 고난을 일반적인 것으로 여기지만, 그것이 장차 나타날 영광과 비교할 수 없다고 말한다(롬 8:18-25). 우리의 고난과 창조의 깨어짐은 함께 가며, 마찬가지로 우리의 최종 구원은 온 피조물의 구원을 알리는 신호가 될 것이다.

요약하면, 고난에 관한 폭넓은 성경적 관점은 타락과 관련되어 있다. 인간의 반역을 향한 하나님의 진노는 당장에는 에덴에서의 추방으로 나타났다. 에덴 바깥, 즉 인간을 비롯한 온 세상은 깨어진 상태가 되었다. 적극적 의미에서, 모든 고난은 죄에 따른 하나님의 진노의 결과다. 소극적 의미에서, 인간의 모든 고난은 우리가 깨어진 창조의 일부이기 때문이다. 복음의 그리스도는 우리를 위해 죄가 되셨다. 다시 말해, 그분은 우리를 위해 깨어진 세상과 반역적인 인류가 되셔서 이 문제를 해결하기 위한 값을 치르셨다. 그리스도 안에서 우리는 지금 그리고 그분이 다시 오실 때까지 세상의 깨어짐을 함께 겪는다. 한 사람의 그리스도인으로서 우리는 하나님이 계시하신 폭넓은 관점을 지닌다. 우리가 겪는 고난 중 일부는 설명이 가능할 수 있겠지만, 때로는 그렇지 않다. 그럴 때 우리는 하나님의 주권적 은혜를 되새기게 되고, 이를 통해 하나님을 신뢰하는 계기가 된다. 끝으로, 타락과 모든 고난의 연결고리는 요한계시록 21:1-4의 영광스러운 환상에 반영된다. 하나님과 그분의 백성이 마침내 온전히 함께 거할 때, 다시는 애통이나 아픔이나 사망이 없을 것이다. 깨어진 창조의 옛 시대는 영원히 사라진다.

기도

앞서 논의한 것처럼, 하나님은 자신의 형상대로 지으신 인간에게 말씀하시는 하나님이다. 처음에 하나님이 말씀하신 목적은, 아담과 하와가 나머지 모든 피조물을 다스리는 대리 통치권을 가진 하나님의 백성이라는 점을 분명히 깨닫게 하기 위해서였다. 인간이 하나님께 처음 말한 기록은, 죄를 짓고 숨은 아담에게 "네가 어디 있느냐?"라고 물으신 하나님의 질문에 답한 것이다(창 3:9). 아담은 하나님께 반역한 죄의 수치심에 사로잡혀 책임 공방을 벌이기 시작했다. 에덴 밖에서 가인이 동생 아벨을 죽였을 때, 그는 하나님께 "내가 내 아우를 지키는 자니이까?"라며 반항조로 쏘아붙였다(창 4:9). 이렇듯, 하나님을 향한 우리의 응답인 기도는 출발부터 좋아 보이지 않는다. 그러나 셋과 에노스의 경건한 계보가 다시 시작되는 것을 보며, 우리는 처음으로 "그때에 사람들이 비로소 여호와의 이름을 불렀더라"는 사실을 알게 된다(창 4:26).[28] 이 구절은 창조주의 이름을 부르는 것이 새로운 하나님 백성의

28. 12장에서 하나님과 인간의 언약적 속성으로서의 언어에 대해 논의했다. 기도는 하나님과 그분 백성의 언약적 관계의 한 측면이다. 이에 대해서는 다음을 보라. Graeme Goldsworthy, *Prayer and the Knowledge of God: What the whole Bible teaches* (Leicester: Inter-Varsity Press, 2003), pp. 112-26; J. Gary *Millar, Calling on the Name of the Lord: A biblical theology of prayer*, NSBT 38 (London: Apollos; Downers Grove, IL: IVP Academic, 2016).

본능임을 알려 준다는 점에서 의미심장하다.[29] 여기에는 이같이 하나님께로 돌이키는 행위야말로 그분의 말씀에 응답하는 것이라는 암시가 담겨 있다.

그렇다면 모든 기도가 하나님의 말씀에 대한 사람의 응답이라고 할 수 있는가? 태초에 하나님이 먼저 말씀하셨기에, 만일 그때 인간이 응답했다면 그것은 곧 하나님이 걸어 오신 대화에 대한 응답이었을 것이다. 14장에서는 하나님의 직접적인 말씀이 어떻게 예언자를 통해 중재된 말씀으로 전환되었는지 살펴보았다. 이는 백성을 위한 주요 중보자가 되는 예언자의 역할에 부합한다. 즉 예언자는 하나님의 말씀을 백성에게, 또한 백성을 대신해 그들의 말을 하나님께 전달하는 중재자다. 우리가 하나님께 드릴 말씀이 있다는 것은 하나님이 먼저 우리에게 말씀하셨기 때문이다. 성경에서 기도는 언제나 하나님의 말씀에 대한 응답이다. 그것은 하나님의 말씀에 대한 즉각적인 응답일 수도 있고, 지시에 따른 응답이거나 하나님의 성품과 뜻에 관한 계시의 응답일 수도 있다. 따라서 구약에서 기도는 하나님과 그분 백성의 언약적 관계의 한 측면이다. 언약의 중재자는 먼저는 예언자, 다음은 제사장, 마지막으로 왕이다. 예언자는 선포된 하나님의 말씀에 응답하고 이를 중재하며, 제사장은 하나님의 구원 사역에 응답하고 이를 중재한다. 왕은 하나님의 통치에 응답하고 이를 중재한다. 예언자, 제사장, 왕이라는 그리스도의 삼중직을 예표하는 구약의 세 가지 큰 직분은 구분되지만 분리되어서는 안 된다.

---

29. 출 3:13-15과 6:3의 증거를 고려할 때, 이 사람들이 어떻게 "여호와의 이름"(야웨)을 알았는가라는 질문이 발생한다. 여러 복음주의 주석가들이 이 문제를 다루는 데다가 이 구절의 요지는 하나님을 향한 응답으로 사람들이 기도했다는 사실에 있으므로 여기서 더 논의할 필요는 없겠다.

그렇다면 기도는 어떻게 기독교 신앙의 핵심 요소로 부상했는가? 모세오경에서 기도는 무엇보다 하나님께 말로 드리는 응답이다. 창세기 첫 기록에서 보듯, 기도는 하나님의 형상대로 창조된 우리 존재의 핵심 측면이다. 우리가 하나님께 응답하여 말할 때, 우리는 우리에게 말씀하시는 하나님을 닮아 간다. 또한 우리가 서로 대화할 때도 하나님을 닮는다. 이것이 바로 악하거나 부정한 말이 하나님께 그토록 혐오스러운 이유다. 하나님이 우리에게 먼저 말씀하셨기 때문에, 기도는 목적을 가지고 하나님께 드리는 말이다. 기도는 하나님이 우리에게 하신 말씀에 대한 응답인 경우에만 참되다. 우리 주 예수 그리스도의 아버지이신 하나님이 아닌 다른 신들에게 올리는 타락한 종교 관행으로서의 기도는 로마서 1:18-23에서 바울의 책망을 받는다. 앞의 논의에서 도출할 수 있는 중요한 원칙은 하나님 자신이 우리 기도의 근원이시라는 점이다. 하나님은 은혜로 우리에게 기도를 선물로 주셨고, 기도의 방향을 친히 인도하신다. 신실하게 기도하기 위해서는 우리가 기도드리는 하나님을 알아야만 한다. 그러므로 기도는 언약과 밀접히 연관되어 있다.

모세오경은 하나님이 은혜로 구원하신 자들을 위한 안전한 장소인 하나님 나라의 본질을 세우시는 사전 행위에 강조점을 둔다. 따라서 기도는 본질상 하나님의 점진적인 구원 계시에 대한 택하신 백성의 응답으로 기록된다. 이스라엘 민족이 이집트 노예 생활 아래서 구원을 부르짖을 때, 그 배경이 되는 것은 하나님이 조상들과 세우신 언약이었다(출 2:23-25). 그래서 모세의 소명 장면에 하나님과 모세 쌍방의 대화가 수반된다(3:1-4:17). 모세는 자신이 (하나님께 진실히 말씀드리는 한에서) 아브라함 언약의 자손으로 말하는 것임을 알았다(6:1-8). 이런 언약적 관계가 기도의 기초며, 위기나 위험 속에서 도움을 구하는 기도 역시 언약에 성실하신 하나님의 계시에 대한 응답이다(17:1-7). 시내산에서는 백성을 향하신 하나님의 계시와 가르침이 강조되었다. 그러한 배경에서 모세는 하나님과 대화했지만, 여전히 강조점은 하나님이 모세에게 말씀하신다는 데 있다(19:7-9, 21-25; 34:1-27). 금송아지 사건 이후 모세가 백성을 위해 중보할 때, 그 기도 또한 오직 언약 때문에 의미를 갖는다(32:11-14).

성막 건축과 관련 사역에 대한 세부 사항에는 제사장이 하나님 앞에 드리는 제물이라는 수많은 언급이 나온다. 넓은 맥락에서 보면 이것은 무언의 제물이 아니었음을 알게 된다. 백성의 응답에 대한 기록은 거의 없고, 화목과 교제를 위한 하나님의 공급하심에 강조점이 놓인다. 기도의 이런 전형은 나머지 모세오경과 전기 예언서 전반에 걸쳐 계속된다. "비로소 여호와의 이름을 불렀"던 때로부터(창 4:26) 이 시점에 이르기까지, 평범한 이스라엘 백성의 기도 습관에 관한 정보는 거의 나오지 않는다. 구약 그리스도인의 기도는 하나님의 언약에 근거한 구원과 이를 유지하는 제사장적 사역을 통해 형성된다.

여호수아서는 모세를 뒤이어 여호수아가 소명을 받는 장면으로 시작한다(수 1:1-9). 이 내러티브에는 여호수아가 하나님께 직접 응답하는 장면이 기록되어 있지 않다. 오히려 그는 즉시 자신의 역할을 백성에게 설명하며, 하나님의 약속을 소유하기 위해 이스라엘이 해야 할 다음 단계를 지시한다(1:10-18; 3:1-13). 이런 패턴은 계속 이어진다. 하나님이 여호수아에게 말씀하시면, 여호수아는 백성에게 하나님의 말씀을 따르라고 말한다. 여호수아가 하나님께 기도드리는 모습은 여리고에서 진멸한 물건과 관련된 이스라엘의 불순종으로 재앙이 닥치기 전까지는 나오지 않는다(7:1-9). 여호수아가 하나님께 말씀드리는 장면은 단 두 번 기록되어 있는데, 이는 그의 기도 생활과는 관련이 없다(7:7;

10:12). 이것은 오히려 하나님의 말씀이 그분 나라를 세우는 데 권위 있는 수단임을 강조한다.

사무엘서와 열왕기에서 기도는 주로 (여호수아서와 사사기에서처럼) 구원과 심판의 하나님 말씀에 대한 응답으로 나타나며, 주목할 만한 발전이나 전환은 보이지 않는다. 물론 하나님의 언약적 약속을 암시하면서 도움을 구하는 부르짖음과 인도하심을 구하는 요청이 나온다(삼상 7:8-11; 23:2-4). 주목할 만한 기도는 다윗이 드린 감사 기도인데, 이 기도는 훗날 그가 왕이자 메시아로서 하나님과 맺은 언약에 대한 응답이었다(삼하 7:1-29). 모든 원수로부터 구원받은 것으로 인한 다윗의 찬양 기도 역시 그를 메시아 예수의 조상이자 예표로 택하신 하나님께 드리는 기도다(22:1-51). 이와 동일한 언약적 맥락에 다윗의 아들이자 하나님의 아들의 기도가 있다(7:12-14). 솔로몬은 지혜를 구하는 기도를 드리고(왕상 3:5-9), 성전 봉헌을 위한 위대한 기도를 드린다(8:22-53).

이미 살펴본 바와 같이, 후기 예언서에서는 '여호와의 날'에 대한 계시와 새로운 종말론적 관점이 두드러지게 발전한다.[30] 문서 예언자들의 기도는 지속적으로 성전과 하나님의 신실한 남은 백성의 구원에 초점을 맞춘다. 이사야는 하나님의 거룩한 영광의 환상을 보며 자기 죄를 깨닫고, 제단에서 스랍의 사역을 통해 하나님과 화목을 이룬다(사 6:5-7). 그의 두려움은 확신으로 변하고 하나님의 말씀에 "내가 여기 있나이다. 나를 보내소서"라고 응답한다(8절). 예레미야는 하나님의 부르심에 회피하는 반응을 보였지만, 하나님이 그를 택하시고 성별하시며 말씀으로 준비하셨음을 확신시켜 주셨을 때 마침내 응답한다(렘 1:4-10). 물론 이 경우에도 방점은 유다 백성을 향한 하나님의 말씀에

30. Goldsworthy, *Prayer and the Knowledge of God*, pp. 144-56.

찍힌다.

성경적 기도 신학은 시편이라는 위대한 기도 모음집을 살펴보아야 알 수 있다. 전승에 따르면 다윗이 대다수 시편의 저자로 여겨진다. 하지만 시편에는 다른 사람의 이름으로 쓰인 시도 있고 아예 표제가 없는 시도 있다. 시편은 방대한 모음집으로, 대부분 주님께 직접 드리는 말씀이거나 그분을 3인칭으로 언급하는 시들이다. 대체로 기도의 형식을 띠지만 시편 1편과 같이 악과 의의 본성을 서술하는 시도 다소 포진해 있다. 지금까지 주로 하나님이 인간에게 말씀하시는 데 역점을 둔 기도 신학의 발달이 과장되어서는 안 된다. 시편의 기도는 토라를 믿고 예언자, 제사장, 왕을 통한 중보의 발전을 믿는 자들의 표현이다. 그들의 초점은 하나님의 통치와 구원하시는 은혜, 성전과 시온에 있다. 심지어 개인적인 탄원시나 찬양시도 이런 맥락 속에 확고히 자리한다.

지금까지 우리는 구약에서 기도가 하나님의 심판과 은혜의 말씀에 대한 응답이라는 사실에 주된 역점이 있음을 살펴보았다. 기도의 표현이 발전하는 것은 하나님 나라의 계시와 나란히 진행된다. 신약에 이르면, 예수께서도 구약의 기도 형식을 따르시는 것을 볼 수 있다. 주기도문은 하나님 나라와 그곳에 속한 자들의 필요를 향한다. 예수의 대제사장적 기도(요 17:1-26) 역시 주기도문과 같은 방향을 가리킨다. 즉 예수는 아버지께 기도를 전달하신다. 두 기도 모두 자기 백성을 장차 임할 하나님 나라에 있을 구원의 충만함으로 인도하시는 하나님의 사역에 초점을 맞춘다. 신약의 다른 기도들도 최소한 이 내용을 함축하고 있으며, 복음을 통해 하나님 나라가 임하도록 하는 것이 목적이다. 예수가 이 땅에 계시면서 받으신 많은 요청들이 훗날 기도의 주제가 되었을 수도 있다. 하지만 승천 이후 신약에 기록된 예수께 직접 드린

기도는 단 세 번뿐이며, 모두 특별한 상황이었다는 특징이 보인다. 스데반은 죽기 직전에 하나님 우편에 계신 인자의 환상을 보고 "주 예수여, 내 영혼을 받으시옵소서"라고 응답한다(행 7:54-60). 다소의 사울은 회심할 때 부활하신 그리스도의 말씀을 듣고 응답한다(행 9:4-5). 요한은 "내가 진실로 속히 오리라"는 예수의 말씀에 "주 예수여, 오시옵소서"라고 응답한다(계 22:20). 신약에서 이 외의 모든 기도나 기도에 관한 언급은 아버지께 드리는 말씀이다(마 6:9-13; 행 4:24-30;[31] 롬 1:8; 7:25; 고전 1:4-9; 엡 1:15-17; 3:14).[32] 따라서 신약의 일반적인 기도 형식은 우리가 성령의 도우심을 받아, 아들의 중재를 통해, 아버지께 기도한다는 것이다. 창조 때 하나님이 인간에게 말씀하신 것이 기도의 토대지만, 타락 이후 모든 참된 기도는 복음이 동기가 되어 지금과 완성의 때에 있을 복음의 성취를 향해 나아간다. 물론 우리가 믿음과 인내로 복음에 합치된 삶을 살아가고자 애쓰면서 우리 자신과 타인을 위해 드리는 개인적인 기도도 포함된다.

해석학적 함의

회개, 믿음, 마음의 갱신, 기도는 분리될 수 없다. 이것들은 그리스도에 의해 완성되고 성취된 구원의 언약과 신자와의 관계를 각기 다른 관점에서 보여 준다. 인류를 하나님의 백성이라 불릴 자격을 갖춘 자들

31. 그들은 하나님께 기도하고(24절) "하나님께서 기름 부으신 거룩한 종 예수"(27절)를 언급하며 끝맺는다. 이는 그들이 아버지께 기도하고 있음을 보여 준다.

32. 바울은 일반적으로 '하나님'과 '주 예수 그리스도'를 구분한다. 그가 '하나님'을 언급할 때는 성부를 가리킨다고 보는 것이 합당하다. 성부께 기도드리는 것이 표준임을 보여 주는 신약의 다른 구절은 다음과 같다. 빌 1:3-6; 4:6-7; 살전 1:2-3; 2:13; 3:9-13; 살후 1:3, 11; 딤전 2:1-6; 히 13:20-21; 유 1:24-25.

과 회개하지 않는 삶으로 하나님과 원수가 된 자들로 나누는 구분은 성경 역사 전반에 걸쳐 일관되게 나타난다. 죄와 불신의 모형론은 그 주된 요소들이 일관되기 때문에 성경을 통해 쉽게 추적이 가능하다. 하나님 말씀은 그리스도라는 실체에 도달하기까지 그 내용이 점점 풍성해지며 발전해 나간다. 따라서 오늘날 신자가 성육신 이전의 하나님 백성과 연관된 본문을 제대로 다루기 위해서는, 이를 해석하는 과정에서 그 역동성이 우리를 그리스도께로 이끌게 해야 한다.

구약에는 살아 있는 믿음에 대한 세 가지 관점의 모형론이 있다. 우리는 이 세 역동성이 성경 전반에 걸쳐 존재함을 인식해야 한다. 즉 역사적 과거 속에서의 우리를 위한 하나님의 사역, 일상 가운데 우리 안에서 행하시는 하나님의 사역, 모든 약속과 목적이 완성될 미래에 우리와 함께하실 하나님의 사역이다. 인류의 시작인 아담과 하와의 창조를 비롯한 과거의 창조 사건은 만물을 형성하는 역사적 사건으로 자리한다. 타락 이후, 구속사는 택하신 백성을 위한 하나님의 사역을 비추는 점진적 계시에 따라 발전한다. 이것이 그들 안에서 행하시는 하나님의 사역을 이해하고 협력할 수 있게 하는 배경이 된다. 그들이 언약 조항에 신실하려는 동기는 미래의 약속에서 비롯된다. 물론 이 약속은 시대에 따라 그 명확한 형태는 달라질 수 있지만, 언제나 자기 백성을 위한 하나님의 목적이 최종적으로 성취되는 형식으로 제시된다.

마음의 갱신은 단지 성숙해 가는 신앙의 모습에 관한 다른 관점에 불과하다. 따라서 사고방식의 변화는 신자의 마음과 의지가 구원의 점진적 계시에 수렴하게 하며, 일상에 영향을 미친다. 이를 오늘날의 그리스도인에게 적합하게 적용하려면 구약의 모형론을 제대로 해석해야 한다. 그럴 때 우리는 우리의 지혜이신 그리스도의 마음으로 이끌리게 된다.

마지막으로 기도를 탐구한 결론은, 기도에 대한 계시의 역동성은 하나님의 행동의 의미를 계시하시기 위한 그분의 말씀에서 시작된다는 것이다. 기도는 하나님으로부터 시작하며, 하나님이 하신 일과 그것을 해석해 주시는 말씀에 대한 우리의 응답이다. 예언자, 제사장, 왕을 통한 중재는 아버지께 드려지는 기도의 중재자이신 예수를 주목하게 한다. 기도를 마칠 때 흔히 사용하는 "우리 주 예수 그리스도의 이름으로"와 같은 맺음말은, 기도가 그리스도를 믿는 믿음의 행위며 그분만이 하나님께 나아갈 수 있는 유일한 통로라는 인식을 담고 있어야 한다. 예수께서 모든 기도의 근거라는 사실은, 기도에 관한 구약의 모든 점진적 계시와 더불어 그 계시가 하나님 나라의 지상적 표현을 강조한다는 점을 통해 형성된 현실이다. 무엇보다 믿음은 성령의 선물이기에, 기도는 삼위일체 하나님과의 교제다. 기도는 원래라면 하지 않으실 행동을 하시도록 과묵한 하나님을 설득하는 방법이 아니다. 오히려 은혜로 하나님 나라를 임하게 하는 주권적 행위에 우리를 동참시키시려는 하나님의 뜻을 따르는 생각이다. 그러므로 모든 기도의 근원은 성부 하나님이며, 그 기초는 복음이 계시하는 그리스도의 인격과 사역이고, 기도를 가능하게 하는 동력은 성령 하나님이다.

18. 교회로 사는 것과 가족됨에 대한 계시의 역동성

우리는 간혹 자신이 그리스도인이라고 말하면서도 교회와 아무 관계를 맺지 않으려는 사람을 만난다. 그들은 "나는 교회에 가지 않고서도 그리스도인이 될 수 있다"고 주장한다. 이번 장에서는 그런 주장이 잘못된 이유가 무엇인지와 '교회'의 의미를 이해하는 것이 중요한 이유가 무엇인지에 대한 성경적 근거를 살펴볼 것이다.

구약에서 하나님 백성의 모임

12장에서는 언약과 하나님의 백성에 관한 성경신학을 살펴보았다. 우리가 하나님의 백성으로서 어떤 모습으로 교회를 세워 가야 할지 살펴보려 할 때, 이 내용은 그 모든 논의의 기초가 되는 배경 지식이다. 신약에서 '교회'(헬라어 *ekklēsia*)[1]라는 단어는 현대의 대중적 사고와 사용에서

1. 헬라어 ἐκκλησία.

매우 광범위한 의미를 가진다. 그것은 건물을 의미하기도 하고, 그 건물에 모이는 사람들을 의미하기도 한다. 그 건물을 소유하고 사용하는 기관을 의미하기도 하고, 우리가 교단이라고 부르는 여러 기관의 제도적 연합체를 의미하기도 하며, 이 모든 것을 아울러 막연히 정의된 국제 단체를 의미하기도 한다. 기독교 신학에서는 가시적 교회(현재의 국제적 복합 기관으로, 느슨하게나마 자신이 여기에 속한다고 여기는 모든 이를 포함)와 비가시적 교회(과거, 현재, 미래의 모든 참된 신자를 한 몸으로 여김)를 구분하게 되었다.[2] 어느 시점에서든, 비가시적 교회의 살아 있는 교인은 더 넓은 가시적 교회 안에서 가시적으로 활동하게 된다.[3]

이번 장에서 나는 하나님 백성의 능동적 표현, 곧 사람들이 모여 교회가 되기를 의도하고 살아가는 활동으로서의 교회에 초점을 맞추고자 한다. 이를 위해서는 신약의 교회 개념이 구약에서 어떻게 발전되었는지 파악해야 한다.[4] 신약 교회의 배경에는 인간을 창조하신 때부터 형성된 하나님의 백성이 있다. 하나님의 백성에 관한 최초의 표현은 에덴동산에서 하나님과 함께했던 남자와 여자다. 인간 공동체는 존재론적으로 차이는 있지만 삼위일체 하나님의 공동체를 반영한다. 인간은 하나님의 형상대로 창조되었기에, 그들이 이루는 공동체는 단일성과 구별성이라는 표현을 통해 삼위일체를 반영한다. 단일성과 구별성은 모든 사회의 근본적인 차원이다. 앞서 언급한 대로 에덴은 하

2. 참조. John Calvin, *Institutes of the Christian Religion*, ed. John T. McNeill, tr. Ford Lewis Battles, Library of Christian Classics 20-1 (Philadelphia, PA: Westminster John Knox Press, 2006), 4.1.7; Louis Berkhof, *Systematic Theology* (Edinburgh: Banner of Truth Trust, 1963; first published 1939), pp. 565-7.

3. 참된 신자를 언제나 알아볼 수 있는 것은 아니지만, 그들은 가시적이다. 과거의 참된 신자는 승리한 교회의 일부로 여겨진다.

4. 다음을 보라. K. L. Schmidt, 'ἐκκλησία', *TDNT*, vol. 3, pp. 501-36; L. Coenen, 'Church, Synagogue', *NIDNTT*, vol. 1, pp. 291-307.

나님 나라, 곧 하나님의 처소에서 하나님의 통치 아래 있는 하나님의 백성에 관한 최초의 표현이다. 이 첫 하나님의 백성의 모임에 부여된 사명은 "생육하고 번성하여 땅에 충만하라, 땅을 정복하라.… 모든 생물을 다스리라"는 문화 명령이었다(창 1:28).

타락 이후, 에덴 밖에서는 두 종류의 공동체가 등장한다. 각각은 하나님의 택하신 백성과 가인의 성읍으로 대표된다. 가인이 아벨을 죽인 후, 이런 식의 두 집단 분리가 인류의 기본적인 구성을 이룬다. 하나님의 택하신 백성으로 식별되는 이들이 증가하면서 성경이라는 무대의 중심에 등장하기 시작한다. 창세기 5장의 계보는 아담에서 셋을 거쳐 노아의 아들들에 이른다. 창세기 6장은 땅 위에 퍼져 가는 부패와 노아 가족이 정죄받은 나머지 인간들과 구별됨을 보여 준다. 구원받은 인류의 주축은 구원의 방주 안에 모인다. 홍수 내러티브에서 모여든 백성과 가족의 결속이 분명히 드러난다. 주된 두 집단의 분리는 노아의 아들들의 계보에서 다시 한 번 확인된다(창 10장).

하나님은 아브람을 부르시며 그의 가족을 통한 구원을 약속하신다. 언약 안에서 가족 중심성은 구약 내러티브 전반을 거쳐, 곧 아브라함에서부터 나사렛 예수로 이어지는 다윗 왕조 계열로 이어진다(대상 1-9장; 마 1:1-17; 눅 3:23-38). 언약의 계보가 한 가족의 계보라는 사실은 의미심장하며, 신약에서도 어느 정도 이어진다는 증거가 있다. 아브라함의 자손으로 지정된 계보는 이스라엘을 통해 이어지는데, 한 민족으로서 이스라엘은 겉으로 드러난 하나님의 백성이다. 이스라엘 백성은 아브라함의 자녀들로 식별되며, 그들이 열두 지파로 구성된 큰 민족을 이루자 아브라함의 손자인 야곱(이스라엘)의 열두 아들 이름을 따라 각기 명명되었다. 하나님은 아브라함에게 하신 약속을 근거로 이스라엘을 이집트 노예 생활에서 구원하셨다(출 6:1-8).

아브라함과 세우신 언약에 약속된 대로, 신학적으로 중요한 하나님 백성의 첫 번째 모임은 그들이 이집트에서 구원받은 후에 일어났다. 출애굽과 시내산 경험은 백성들을 하나님 앞에서 자기 인식적 통일성을 갖춘 공동체로 결속시킨다. 이스라엘 사회가 이집트에서 해방된 이후 분열되었다는 어떠한 근거도 없다. 가나안에서 각 지파가 정착하는 과정이나 이스라엘과 유다 사이에 발생한 긴장도 여로보암의 반역 전까지는 실제적인 분열로 이어지지 않았다. 따라서 시내산 회합은 하나님 백성의 삶의 모형이 되어 그들이 내적으로는 연합된 한 몸으로, 외적으로는 주변 민족과 구별된 존재로 부름받았음을 보여 준다. 이 시점부터 하나님의 백성이라는 이스라엘의 중요성은 다양한 국가적 모임을 통해 표현된다. 히브리어 '카할'(*qāhāl*)과 '에다'(*'ēdâ*)[5]는 모두 이런 모임을 나타낸다.[6] 이러한 용어들은 문맥상으로나 집단의 성격상 하나님의 백성이 모인 것이라는 점이 명확하지 않다면, 그것이 세속적이든 아니든 일반적인 사람들의 모임을 지칭하는 말로 쓰일 수 있다. 실제로 '온 이스라엘'이 어떤 식으로 모인 것인지 정확히 알 수는 없지만, 이 표현은 신약 '에클레시아'(*ekklēsia*)의 구약적 토대를 이루는 중요한 개념이다. 회중은 하나님과 관련된 선언이나 사건을 위해 소집된다(출 35:1; 레 4:14; 8:1-5; 23:1-2; 민 10:1-10). 다윗과 온 이스라엘이 예루살렘에 이르렀다는 표현은(대상 11:4) 실제로 '온' 이스라엘을 가리키는 것이 아니라 대표성을 띤 집단임이 분명하다. 이런 식으로 대표하는 집단의 다른 예도 있다(대상 15:28; 대하 13:15). 물론 실제로 모든 백성이 포함된 경우도 있다(예. 단 9:7, 11).

신앙을 가진 이스라엘 백성의 관점에서 볼 때, 시내산 회합은 본질

5. 히브리어 קהל, עדה.

6. 70인역이 히브리어 '카할'을 번역한 헬라어 단어는 '회당'(*synagōgē*)이다.

적인 의미를 확립하는 중대한 차원을 지닌다.

1. 그들은 조상 아브라함과 맺으신 약속에 성실하신 하나님의 능력으로 구속받았다.
2. 그들은 하나님이 임재하신 산에 모여 그분의 교훈의 말씀(토라)을 듣는다.
3. 하나님께 말씀을 받아 백성에게 전달하기 위해, 그들의 예언자적 중재자인 모세는 백성을 대표해 하나님께 나아간다.
4. 시내산 교훈(토라 혹은 율법)에 담긴 하나님의 말씀은 그들을 하나님이 정하신 장소에서 하나님의 통치 아래 있는 하나님의 백성으로 확립시킨다.
5. 그들은 하나님이 주신 땅으로 나아가면서 하나님의 임재의 상징(성막)을 중심으로 모이고, 용서와 교제를 나타내는 제사 제도를 통해 하나님과 화목을 이룬다.
6. 구원의 역동성에 대한 지식은 할례라는 표징 및 율법과 규례의 의미를 가르치는 자녀 교육을 통해 가족 안에서 대를 이어 지속될 것이다.

그러므로 하나님의 백성은 하나님의 말씀이라는 계시에 믿음과 순종으로 응답해야 한다. 이것은 그들이 모였을 때, 개인적이면서 동시에 공동체적으로 표현된다.

우리는 후기 예언서의 종말론적 신탁을 살펴보지 않고 구약을 마무리할 수 없다. 14장과 15장에서 살펴보았듯이, 이 예언자들은 이스라엘의 소망의 지평을 아주 먼 미래까지 확장시켰고, 완전하고 영구적인 갱신의 차원에서 모든 민족적 재앙의 해결을 묘사했다. 이스라엘과 유다가 앗수르와 바벨론 유배에서 해방되는 역사에는 구체적인 목적이 있다. 바로 하나님의 처소에서 하나님의 통치 아래 있는 구속된 하나님 백성의 모임을 위해서다. 후기 예언서는 근본적이며 결정적인 예언자였던 모세에 의해 이미 예견되었다.

> 내가 네게 진술한 모든 복과 저주가 네게 임하므로 네가 네 하나님 여호와로부터 쫓겨간 모든 나라 가운데서 이 일이 마음에서 기억이 나거든 너와 네 자손이 네 하나님 여호와께로 돌아와 내가 오늘 네게 명령한 것을 온전히 따라 마음을 다하고 뜻을 다하여 여호와의 말씀을 청종하면 네 하나님 여호와께서 마음을 돌이키시고 너를 긍휼히 여기사 포로에서 돌아오게 하시되 네 하나님 여호와께서 흩으신 그 모든 백성 중에서 너를 모으시리니 네 쫓겨간 자들이 하늘 가에 있을지라도 네 하나님 여호와께서 거기서 너를 모으실 것이며 거기서부터 너를 이끄실 것이라. 네 하나님 여호와께서 너를 네 조상들이 차지한 땅으로 돌아오게 하사 네게 다시 그것을 차지하게 하실 것이며 여호와께서 또 네게 선을 행하사 너를 네 조상들보다 더 번성하게 하실 것이며 네 하나님 여호와께서 네 마음과 네 자손의 마음에 할례를 베푸사 너로 마음을 다하며 뜻을 다하여 네 하나님 여호와를 사랑하게 하사 너로 생명을 얻게 하실 것이며. (신 30:1-6)

이 특별한 본문에 유배, 회개, 회복, 모임, 갱신이 담겨 있다. 이는 훗날 유배가 눈앞에 닥치고 현실이 되었을 때 예언자들에 의해 선포된 시나리오다. 이사야는 야곱의 하나님의 집이 회복되어 "만방이 그리로 모여들" 시대로의 갱신을 예견한다(사 2:1-4). 그날에, 즉 '여호와의 날'에 하나님은 이스라엘과 유다의 포로들을 모으실 것이다. 그날에 그분의 백성은 감사를 돌리며 찬양을 부를 것이다(사 11:10-12:6).[7] 이사야는

7. 이 주제들이 밀접하게 모여 있다는 점에서 사 12장은 11:10에서 시작된 예언의 연속으로 보인다. 다음을 참조하라. Otto Kaiser, *Isaiah 1-12*, Old Testament Library (Philadelphia, PA: Westminster Press, 1972), pp. 166-7; R. E. Clements, *Isaiah 1-39*, New Century Bible

예루살렘 성산에서 그분을 예배하는 회복의 날에 대한 이상을 이어 간다(사 27:13). 그곳에 야웨의 이름으로 불리는 이스라엘의 신실한 남은 자들이 모인다.

두려워하지 말라. 내가 너와 함께 하여
　네 자손을 동쪽에서부터 오게 하며
　서쪽에서부터 너를 모을 것이며
내가 북쪽에게 이르기를 내놓으라.
　남쪽에게 이르기를 가두어 두지 말라.
내 아들들을 먼 곳에서 이끌며
　내 딸들을 땅 끝에서 오게 하며
내 이름으로 불려지는 모든 자
　곧 내가 내 영광을 위하여 창조한 자를 오게 하라.
　그를 내가 지었고 그를 내가 만들었느니라. (사 43:5-7)

바벨론에서의 귀환은 이집트 탈출과 같은 두 번째 출애굽이다(렘 31:31-34). 이 해방의 목적은 하나님 백성의 모임이다. 이는 주님께로 또한 예루살렘과 성전으로 모여 기쁨으로 그분을 찬양하기 위함이다. 주께서 그들을 목자처럼 돌보실 것이다(렘 23:3-4; 29:14; 31:10-14; 32:36-41; 겔 11:17; 20:41-42; 28:25-26; 39:27; 미 2:12).

하나님 백성의 모임과 연관된 또 다른 측면은 열방과 함께하는 모임이다. 이미 살펴본 것처럼, 이런 역동성 속에서 아브라함에게 약속

Commentary (London: Marshall, Morgan & Scott; Grand Rapids, IL: Eerdmans, 1980), pp. 127-8.

된 열방의 복은 하나님의 백성이 열방으로 나아가는 선교를 통해 결실을 맺을 것이다.[8] 포로들의 모임이 온 세상 민족에게로 흘러넘칠 것이며, 이는 교회의 세계 선교를 통해 성취될 것이다. 따라서 구약 시대에는 하나님의 백성이 본격적인 선교 활동을 펼치지 않았지만, 아브라함에게 주신 약속에 나타나듯이(창 12:3) '여호와의 날'에는 열방이 크게 모여들 것이라는 사실을 계속해서 상기시킨다.

구약의 소망과 관련해 언급하지 않을 수 없는 또 다른 측면이 있다. 바로 하나님의 백성을 대표해 그들과 열방의 구원을 이루는 메시아적 인물이다. 이사야 42:1-9; 49:1-6; 52:13-53:12에 나오는 고난받는 종처럼 말이다. 그는 또한 예레미야 23:5-8; 33:14-22과 에스겔 34:22-24; 37:24-28에 예언된 다윗 계열의 구세주다. 양을 먹이고 돌보는 목자 다윗이라는 이미지는 예수께서 자신을 표현하신 것으로, 또한 베드로에게 이 역할을 위임하신다(요 10:7-15; 21:15-19). 인자(단 7:13-14)는 그리스도가 성취하신 세 번째 인물이다. 그에게 주어진 권세는 모든 민족과 나라에서 다른 언어를 말하는 모든 자가 섬겨야 하는 것이다. 이는 신약의 하나님 백성, 즉 이 메시아적 인물을 경배하기 위해 모여든 자들의 배경을 더욱 공고히 한다.

예언자들과 다니엘은 하나님 백성의 시내산 회합에 관한 추가적인 정보를 제공한다. 모세의 종말론적 신탁은(신 30:1-6) 백성의 갱신과 그들이 영원한 하나님 나라로 모여들게 되리라는 예언자적 관점으로 확증된다. 그들은 하나님의 말씀을 받고 가르침을 받아 하나님 나라의 충만을 경험하게 되는 구원받은 자들이다. 그들은 하나님의 통치가 있는 곳에서 하나님과 그분의 메시아적 목자 주위로 모여든다. 예언자적 관점

8. 13장을 보라.

에서 보는 종말은 교회와 하나님 나라가 동일한 의미를 갖게 되는 때다.

신약의 교회

7장에서 논의한 바와 같이, 사복음서는 이 땅에 예수가 오심으로써 구약의 핵심 요소들이 어떻게 성취되었는지를 저마다의 방식으로 보여 준다. 이런 연결점은 약속된 이가 오셨다는 세례 요한의 선포로 더욱 강화된다. 그분은 참 이스라엘이자 새 성전이신 하나님의 아들로 계시된다. 복음서 내러티브는 나사렛 예수가 참된 하나님의 백성을 대표하는 한 인격 속의 하나님이자 인간이심을 우리에게 각인시킨다. 성육신하신 하나님인 예수가 우리를 위해 어떤 존재셨고 어떤 일을 하셨는지를 떠나서는 교회에 대한 논의를 시작할 수 없다. 세례 요한은 이스라엘이 이스라엘답지 못했던 것을 회개해야 한다고 선포했다. 그때 회개했던 자들과, 오늘날 교회가 마땅히 교회다워야 함에도 그렇지 못한 모습을 회개하는 우리를 위해서도, 예수는 자신의 존재와 사역과 죽으심으로 이 모든 죄를 덮으신다. 하나님은 죄인을 의롭다고 인정해 주시는 분이다. 따라서 교회가 자신의 잘못을 뉘우치고 회개한다면, 하나님은 교회의 허물조차도 덮어 주시고 다시 의롭다 불러 주신다(롬 4:5).

예수는 열두 사도를 부르시면서 구약 예언서 말씀을 성취하는 첫 번째 모임을 구성하신다. 스승이 제자들과 함께하는 것은 새로운 현상이 아니지만, 이제 자신을 새 이스라엘, 새 성전, 하나님의 아들, 다윗의 자손, 인자로 드러내시는 분 앞에 소집된 열두 명이 있다. 교회는 열두 명의 유대인이 새 성전이신 예수께로 모이면서 시작된다. 동시에 그분은 하나님의 말씀이자 구약에서 하나님 나라를 나타내는 모든 표징의 성취자다.

일반적으로 신약에서 '교회'로 번역되는 헬라어 단어는 '에클레시아'(*ekklēsia*)다. 70인역은 구약에서 모임을 뜻하는 히브리어 '카할'(*qāhāl*)[9]을 주로 '에클레시아'로 번역한다. 이는 교회가 신자들의 모임임을 보여 주는 신약의 증거와 일치한다. 히브리 어근 *qhl*의 파생어에는 '모이다', '회집하다'라는 동사가 포함되어 있는데, 이는 대개 절기를 위한, 하나님의 말씀을 듣기 위한, 전쟁을 치르기 위한 이스라엘의 여러 모임을 가리킬 때 사용된다. 회중을 뜻하기 위해 자주 쓰이는 또 다른 단어인 '에다'(*ʿēdâ*)[10] 역시 70인역에서 '에클레시아'로 번역된다.[11] 여기서 근본적으로 강조해야 할 점은, 교회란 그리스도인들이 하나님의 말씀과 성령을 통해 하나님을 만나기 위해 함께 모일 때 이루어진다는 사실이다. 따라서 그들은 그리스도를 만난다. "두세 사람이 내 이름으로 모인 곳에는 나도 그들 중에 있느니라"(마 18:20).

'에클레시아'는 마태복음에서 두 번 언급된다. 첫 번째는 빌립보 가이사랴 지방에서 "주는 그리스도시요 살아 계신 하나님의 아들이시니이다"라는 베드로의 고백에 대한 예수의 반응에서 나온다(마 16:18). 예수의 대답에는 해석에 논란의 여지가 많은 다음과 같은 진술이 포함되어 있다. "너는 베드로라. 내가 이 반석 위에 내 교회를 세우리니 음부의 권세가 이기지 못하리라."[12] 개신교의 관점은 예수께서 베드로의 고백(예수가 곧 그리스도)을 보편적 교회의 기초로 삼으셨다는 것이다. 이

9. 히브리어 קהל.

10. 히브리어 עדה.

11. Schmidt, *TDNT*, vol. 3, pp. 527-9.

12. 로마가톨릭이 이 구절을 두고 로마 교황청의 우월성을 확립한다고 주장하는 것은 여기서 논할 필요가 없다. 오류를 반박하는 것도 의미 있고 필요한 일이지만, 나는 성경에 있는 그대로의 진리를 이해하는 데 집중하고자 한다.

는 그리스도의 인격과 사역으로 세워질 범세계적 교회가 된다. 반면 로마가톨릭의 관점은 베드로가 훗날 로마의 초대 주교가 되었다고 주장하며, 그를 참된 보편 교회의 기초로 여긴다. 마태의 두 번째 언급은 지역 교회가 그리스도의 제자들 사이의 분쟁을 해결하는 맥락에서 나온다(마 18:17). 두 본문은 모두 교회의 권위에 대한 언급이 포함되어 있다. "네가 땅에서 무엇이든지 매면 하늘에서도 매일 것이요 네가 땅에서 무엇이든지 풀면 하늘에서도 풀리리라"(마 16:19; 18:18). 요한복음을 보면 이런 말씀이 있다. "너희가 누구의 죄든지 사하면 사하여질 것이요 누구의 죄든지 그대로 두면 그대로 있으리라"(요 20:23). 따라서 지역 교회는 보편 교회의 한 표현이며, 그 권위는 하나님 말씀의 최고 권위를 선포하는 역할에 달렸다. 교회의 복음은 사람들의 죄를 매기도 하고 풀기도 할 것이다.

사도행전에는 오순절 이후 예루살렘에 모인 그리스도인들에 대한 여러 언급이 보인다. 이들은 오순절에 세례를 받은 유대인들로, 그 후에 분명한 이유를 가지고 모였다. 이 새로운 그리스도인들의 경험은 그들이 왜 '모임'으로 표현되는 공동체를 이루어야 했는지에 관한 다소간의 이해를 갖게 해 주었다.

> 그 말을 받은 사람들은 세례를 받으매 이 날에 신도의 수가 삼천이나 더하더라. 그들이 사도의 가르침을 받아 서로 교제하고 떡을 떼며 오로지 기도하기를 힘쓰니라. 사람마다 두려워하는데 사도들로 말미암아 기사와 표적이 많이 나타나니 믿는 사람이 다 함께 있어 모든 물건을 서로 통용하고. (행 2:41-44)

이 모임의 중심에 사도들의 가르침, 교제, 떡을 떼는 일, 기도가 있었다. 이것이 바로 '교회로 사는 것'이 어떤 모습인지를 나타내는 일반적인 형식을 확립한다. 하지만 사도들의 존재는 초기 교회의 고유한 상황이었기에, 결국 그 시기는 끝나야 했다. 장로 '임직'을 통해 사도직이 계승되어야 한다는 하나님의 의도가 있었다는 증거는 없다.[13] 사도들은 예수께서 직접 택하신 자들로서 예수를 대면하여 알았다.[14] 교회가 세워지고 권위 있는 사도적 가르침이 정립된 이후에는 오로지 사도적 교리를 유지하는 것만이 사도적 계승이며, 그것이야말로 신약 정경의 기초가 된다.[15]

예루살렘의 일부 신자들이 재정적 어려움을 겪을 때, 교회는 그들을 돕기 위한 구호를 펼쳤다. 아나니아와 삽비라가 받은 징계는 "성령을 속이고" 행한 그들의 일로 정당화된다(행 5:3, 9). 그 결과 교회에 큰 두려움이 엄습했다(행 5:11). 일견 충격적인 이 사건은 교회로 존재하고 살아가는 것은 단지 뜻이 같은 사람들끼리 모임을 만드는 일과는 비교도 안 되게 중요하다는 사실을 보여 준다. 교회는 말씀과 성령으로 임재하시는 그리스도 주위로 구속받은 자들이 모인 것이다. 오늘날 우리가 헌금을 드리는 시간에 두려움으로 떨지는 않지만, 초기 교회의 경험은 하나님의 백성으로서 교회를 이루고 세워 가는 일이 얼마나 엄중한 것인지를 우리에게 경고하고 있다.

스데반은 유대 공회 앞에서의 변론을 통해 이스라엘을 시내산에서 모세와 함께 있던 광야 교회('에클레시아')로 언급한다(행 7:38). 그는 지금

---

13. 주교직에는 지나치게 신비한 의미가 부여되어 왔다. 이 단어는 단순히 감독관을 의미한다. 만일 사도적 계승이 있다면, 그것은 교리를 통한 계승이지 안수 행위를 통한 물리적 계승이 아니다. 교리의 사도적 계승이야말로 오늘날 많은 '진보적' 주교들과 다른 교단의 지도자들이 외면해 버린 핵심 그 자체다. 사도적 표징이 사도 시대 이후에도 계속되는지에 관한 문제는 여전히 논쟁거리다.

14. 바울은 자신을 "만삭되지 못하여 난"(고전 15:8) 사도라고 주장했는데, 이는 그가 뒤늦게 다메섹 도상에서 이미 승천하신 예수를 만났기 때문이다.

15. Robinson은 신약 정경의 기초는 복음과 사도 및 그들의 가르침의 권위에 있다고 주장한다. Donald Robinson, *Faith's Framework: The structure of New Testament theology* (Sutherland, NSW: Albatross Books; Exeter: Paternoster, 1985), pp. 40–70.

자신이 변호하고 있는 새로운 '에클레시아'의 역할을 이해하는 데 시내산이 중요하다는 것을 잘 알고 있었다. 스데반의 순교를 목격한 사울은 교회를 박해했으며, 이에 '에클레시아' 구성원들은 뿔뿔이 흩어지게 되었다. 그 결과 복음이 여러 곳에 선포되었다(행 8:1, 3). 사울이 회심하여 바울로 알려질 때는 "온 유대와 갈릴리와 사마리아 교회가 평안하여 든든히 서 가고" 있었다(행 9:31). 이는 그 지역들에 있던 모든 교회의 연합에 관한 초기 언급이다. 이처럼 예루살렘의 '에클레시아'가 여러 지역의 '에클레시아'로 확장된다. 이제 '교회'란 장소를 막론하고 신자들의 모임을 지칭하게 되었다. 그 중심은 여전히 예루살렘이었지만, 그것은 단지 최초의 교회였기 때문이다. 한편, 안디옥에도 '에클레시아'가 세워진다(행 13:1). 바울의 1차 선교 여행은 그를 비시디아 안디옥으로 이끌었고, 거기서 유대인들에게 거절당한 바울은 이방인에게 시선을 돌린다. 이에 누가는 "영생을 주시기로 작정된 자는 다 믿더라"고 기록한다(행 13:48). 바울과 바나바는 루스드라, 더베, 이고니온, 안디옥에 교회를 세운다. 그들이 교회에 장로들을 세운 사실은(행 14:23) 하나님 백성의 조직적 특성이 초기 이스라엘까지 거슬러 올라감을 보여 준다(예. 출 3:16; 레 4:15; 민 11:25; 신 25:7; 27:1; 31:9).[16]

교회가 확산되고 공고히 세워지면서, 전체로서의 교회에 관한 신학적 질문들이 부상했다. 이 부분에서 나는 신조의 진술이나 교회론의 형성보다는 하나님의 백성이 모여 '교회'라고 부르는 공동체에 속한 소속감을 발전시켜 나가는 과정을 말하는 성경 본문을 어떻게 다루어야

16. 안타깝게도, 이런 연결성이 지나쳐서 교회들이 죄를 위한 희생제사를 계속하는 제사장직에 집착하게 되었다. 성찬은 미사로, 말씀과 성령으로 임재하시는 그리스도는 화체설 교리로 부패하면서, 사도적 계승은 교회 가르침의 역할에서 동떨어진 조직 교회의 형성으로 이전되어 버렸다.

할지 주목하고자 한다.

신자들의 공동체는 구체적인 마을과 도시에서 교회로 식별되었다. 사도 시대의 활동은 예루살렘 교회를 넘어선 선교, 교회 개척, 목회 서신 발송, 목회적 심방이었다. 대외적 선교에 관한 교회의 인식 변화가 이방인들이 시온, 즉 주님의 집이 있는 산으로 나아온다는 구약의 관점을 성취한다는 사실을 깨달아야 한다. 서신서의 수신자인 그리스도인들은 그들에게 낭독되는 편지를 듣는 행위를 비롯한 특정 활동에 참여하는 모임으로 식별된다. 암묵적이자 명시적으로, 이 교회들은 하나님의 백성인 동시에 구약의 회합들에서 확립된 형태의 '교회로 존재하고 살아가는' 모임이라는 점이 전제된다. 일부 서신서에서 반복해서 나오는 것처럼, 사도들의 선교에서 중대한 점 하나는 성경의 권위적인 역할이었다. 물론 그들에게는 구약성경을 의미했다. 그래서 바울은 데살로니가와 베뢰아에서 구약을 토대로 그리스도를 강론했다(행 17:2, 10-12). 브리스길라와 아굴라에게 큰 도움을 받은 아볼로는 아가야에서 성경으로 그리스도를 힘 있게 전했다(행 18:26-28). 바울이 복음은 구약성경에 기초하고 있음을 언급하는 부분은 중요하며(롬 1:2; 15:4; 16:25-27; 고전 15:3-4; 딤후 3:14-17), 베드로가 바울의 편지를 승인하는 부분도 마찬가지다(벧후 3:14-18).

우리는 성경에 지목된 지역 교회들을 알고 있으며, 그들이 바로 서신서의 수신자들이다(롬 1:7; 고전 1:2; 고후 1:1; 갈 1:1-2;[17] 엡 1:1; 빌 1:1; 골 1:2 등). 서신서는 이런 지역 모임 내부의 현실적인 상황을 다루고 있는데, 그 초점은 주로 적대적인 세상에서 살아가는 교인들의 삶에 필요

17. "갈라디아 여러 교회들에게"는 소아시아 지역의 여러 교회들을 대상으로 말한 것임이 분명하다.

한 교훈, 징계, 지도에 놓인다. 성경에는 별도의 '교회 건물'에 대한 기록이 없다. 그러다 보니 건물을 거룩하게 구별해 봉헌한다거나, 그곳을 하나님을 만나기 위해 특별히 지정된 장소로 여기는 생각도 당시에는 없었다. 중요한 것은 교회로 살아가려는 사람들의 모임이다. 복음에 근거한 그리스도인의 사고와 행실의 기준은 신자들이 모이지 않는 일상의 순간에까지 확장된다.

하나의 거룩하고, 보편적이며, 사도적인 교회

신약에서 '교회'라는 단어에는 두 가지 주된 용례가 있다. 첫째는 '교회' 또는 '하나의 교회'라는 포괄적인 명칭으로 사용되며, 둘째는 지역 모임을 가리킬 때 사용된다. 사도신경과 니케아 신경의 고백을 종합하면, 기독교 교회는 하나의 거룩하고, 보편적이며, 사도적인 교회다. 이런 정의는 지역 교회 수준에서 우리가 교회로 살아가는 방식에 어떤 가르침과 영향을 주어야 하는가? 개신교는 로마가톨릭이 신경에서 말하는 '보편적'(catholic) 교회를 그들에게만 해당하는 것으로 보는 태도에 비교적 소극적으로 대처해 왔다.[18] 로마가톨릭에서 교회의 일치는 로마 주교(교황)를 향한 보편적인 복종을 포함하는데, 이는 곧 그리스도를 향한 복종과 동일하다고 주장된다. 교황을 그리스도의 대리자로 보기 때문이다.[19] 그들의 거룩함은 로마가톨릭의 성례 집전을 중심으

18. 예배 시간에 사도신경으로 신앙을 고백하며 '거룩한 공교회'(holy catholic Church)를 언급하는 부분에서 잘 알지 못해 당황하는 개신교 성도들이 분명히 있다. 이들은 '가톨릭'이라는 단어의 유래와 의미에 대해 교육을 받아야 한다. 이 단어는 헬라어 '카타'(*kata*, ~에 따라, ~에 관련하여)와 '올로스'(*olos*, 전체)에서 유래했다. 따라서 '가톨릭'은 '보편적인'을 뜻한다.

19. 대리자(vicar)는 더 높은 권위를 대표하는 사람을 말한다. 로마가톨릭에서, 교황은 곧 이 땅에서 그리스도의 현존이다. 성공회에서는 지역 교회를 맡은 목회자를 '관할 사제'(vicar)라고 부르

로 하고, 보편성은 자신들이 하나의 참된 전 세계적 교회라는 주장에 근거하며, 사도성은 베드로의 우월성이 교황과 주교들에게 계승되었다는 주장에 있다. 개신교나 동방정교회 측에서는 세계교회협의회(WCC) 같은 조직이 교단 간의 폭넓은 협력을 촉구하기도 하지만, 정도가 지나쳐 교단 합병을 통해 일치를 이루자는 한층 노골적인 요구를 하기도 한다.[20] 이런 입장은 일치가 획일적이고 조직적인 통일을 의미한다는 그릇된 전제에 근거한 것이다. 성경적 일치는 무엇보다 하나님 말씀의 진리 안에서의 일치다.

교회의 일치라는 개념은 온 세상 그리스도인들에게 중요한 문제다. 우리가 로마가톨릭이 주장하는 로마 주교를 향한 복종을 거부한다면, 성경이 말하는 일치는 어디서 찾을 수 있는가? 모든 교단이 통합함으로써 그런 일치를 이룰 수 있는가?[21] 요한복음 17장에서 예수가 기도하신 하나됨은 무엇인가? 먼저 주목해야 할 것은, 예수가 자신의 백성은 아버지께서 자신에게 주신 자들이라는 사실을 강조하셨다는 점이다(요 17:2, 6, 9, 11). 예수는 이들을 위해 "우리와 같이 그들도 하나가 되게 하옵소서"라고 기도하셨다(17:11, 21). 물론 일치의 개념을 설명하지 않고 넘어가지는 않으셨다. 이 일치는 성부 하나님과 성자 하나님, 즉 삼위일체의 구별성과 단일성을 반영한 것이다(17:11). 교회의 일치는 성

는데, 이는 그가 속한 교구 주교의 대리자임을 나타내기 위해서다.

20. 현대 기독교 역사에는 교단 간의 합병이 이루어진 많은 사례가 있다. 1977년 오스트레일리아에서는 장로교, 감리교, 회중교회 연합이 합쳐져 호주연합교회(UCA)가 탄생했다. 이에 따라 칼뱅주의자, 아르미니우스주의자, 은사주의자, 자유주의자들의 불안정한 연합이 형성되었다. 게다가 세 교단에서 이 운동에 합류하기를 거절한 각 교단의 잔류파가 남게 되면서, 현재는 네 개의 교단이 존재하게 되었다.

21. 몇 해 전 '교회'에 관한 한 학회에서, 어떤 학자가 자신의 주장을 요약하며 이렇게 말했다. "교단 문제에 대해서는 건들지 마십시오. 오히려 더 많아져야 합니다." 그는 수많은 교단이 존재해야 서로 견제가 가능해지며, 교단이 많다는 것은 더 큰 신앙의 일치 속에 존재하는 유효한 구별의 표식이라고 주장했다.

부와 성자가 서로의 안에 거하시는 것으로 묘사되는 그 일체성의 표현이다. 마찬가지로, 하나님과 그분 백성의 일치는 예수께서 기도하신 대로 "그들도… 우리 안에 있게 하사"라는 의미다(17:21).

내가 12장과 13장에서 주장했듯이 교회의 보편성이 지구상의 모든 민족에게 미치는 범위를 의미하고, 교회의 사도성이 사도적 복음에 충실함에 있다면, 이제는 교회의 일치와 거룩함이라는 속성을 규명해야 할 차례다. 먼저, 교회의 일치는 (좋고 나쁨을 떠나서) 이 땅의 모든 그리스도인에게 그늘을 드리우는 하나의 초대형 교단을 만드는 것과는 아무런 상관이 없음을 다시 한 번 강조한다. 아마도 일치에 대한 행동적인 함의를 가장 명시적으로 다루고 있는 곳은 바울이 고린도 교회에 보낸 첫 번째 편지일 것이다. 고린도 교회 안에는 많은 불일치가 나타났는데, 핵심 인물들을 중심으로 파벌이 형성된 듯이 보였다. 바울이 주장한 일치는 모두가 한 성령으로 세례를 받아 한 몸이 되었다는 진리였다(고전 12:13). 성령은 분열을 일으키는 분이 아니라 일치를 이루시는 분이다.

다음으로 교회의 일치에 대해 언급할 사항은, 그 신학적 토대가 삼위일체에 있다는 점이다. 하나님의 단일성을 반영하는 일치의 형태는 결코 모든 구별을 배제하는 일치가 될 수 없다. 만일 하나님이 단일신이라면 그럴 수도 있을 것이다. 그러나 하나님은 삼위일체이시므로 우리가 공동체와 관련된 이야기를 하면서 구별 없는 일치를 말할 수는 없다. 극단적 에큐메니즘(교회연합주의)은 전 세계적 통합이 아니라 목적의 일치를 바탕으로 한 교단 간의 협력으로 그 의미가 수정되었다. 삼위일체의 단일성-구별성에서 출발한다면, 우리는 교회의 일치가 어디에 기초해야 하는지 그리고 어떤 종류의 구별이 수반되어야 하는지 물어야 한다.

고린도전서에서 바울은 특유의 문안 인사로 편지를 시작하는데, 이 경우 고린도 교인들에게 주신 하나님의 복에 감사한다. 그들은 "모든 은사에 부족함이 없"었다(고전 1:4-9). 이어서 바울이 다루고자 하는 목회적 문제, 즉 일치의 부족을 언급한다(1:10-17). 그가 말하는 분열은 다양한 리더십을 따르는 충성심에서 불거진 것으로, 다툼과 불일치를 야기했다. "그리스도께서 나뉘었느냐?"는 예리한 질문에는 오직 "아니오"라는 답변만 가능하다. 이 대답은 교회의 일치 원리가 그리스도 안에서 우리가 지닌 일치에 있음을 가리킨다. 다시 말해, 교인들의 경험적 하나됨도 아니고, 세계적인 초대형 조직을 만드는 것은 더더욱 아니다. 일치는 나뉘지 않으신 그리스도로부터 시작한다. 그리스도께서 자신의 몸인 교회의 일치를 세우신다. 이 일치는 위에 계셔서 아버지 우편에 좌정하신 그리스도의 일치며, 아래에 있는 교회는 그 일치를 본받아야 한다. 일치가 삼위일체에서 시작한다면, 교회의 일치는 삼위일체 하나님이 계시하신 복음의 진리 안에 있다.

바울이 교회를 그리스도의 몸이라고 부르는 것은, 고린도전서 12:12-31에서 그러하듯이, 단순히 형이상학적이거나 유비적인 의미만이 아니라 신학적인 의미도 갖는다. 물론 비유의 요소가 보이는 것은 사실이지만, 그조차도 그리스도와 그분 백성의 신학적 연합에 달려 있다. 자기 백성과 함께하시는 그리스도의 임재는 성육신에서 시작되었으며, 교회는 이 '신인'의 육신적 임재 주위로 사도들이 모이면서 시작되었다. 성육신은 결코 끝나지 않았다. 그리스도는 육신으로 아버지께로 승천하셨으며, 언젠가 영광 중에 육신으로 다시 나타나실 것이다. 그동안 성령께서 그리스도의 영으로 임재하시고, 우리 모두는 그분을 통해 세례를 받아 한 몸, 곧 교회를 이룬다. 이것이 바로 물 세례를 초월하는 성령 세례다. 물 세례는 기껏해야 성령 세례를 상징할 뿐이고,

로마가톨릭이 주장하는 '성례 자체의 힘'(*ex opere operato*)[22]의 효력은 없다.

교회 안에서의 구별은 주로 역할의 분담, 좀 더 성경적인 용어로 말하자면 성령께서 나누어 주시는 다양한 은사에 있다. 20세기 후반의 '영적 은사 운동'은 성직자와 평신도라는 두 종류의 그리스도인만이 존재한다고 여겼던 케케묵은 관습을 철폐하고 교회 사역의 다양성을 강조하는 데 유용했다.[23] 반면에 모든 그리스도인이 전도자가 되어야 한다고 주장한 열성적인 전도자들도 있었는데, 이로 인해 많은 신자들이 정기적으로 누군가를 그리스도께 인도하지 못했다는 이유로 죄책감을 가지게 되었다.

삼위일체는 단일성-구별성의 원리가 모든 지역 교회에서 작동해야 한다고 암시한다. 성직자는 사역의 일부를 평신도에게 위임하는 데 익숙해져야 한다. 평신도 역시 담임목사, 부목사, 목회자, 교육 장로 등 그 명칭이 어찌되었든 간에, 그들의 역할을 회중이 필요로 하는 많은 사역 중 하나로 지칭하는 것에 불과하다는 사실을 알아야 한다. 전임 사역자의 유무는 사역의 본질이 아니다. 다만 다양한 사역을 감독하며 주된 가르침과 설교를 담당할 자로서 영적이고 신학적인 자격을 갖추고, 또한 이 일에 전적으로 시간을 쓸 수 있는 사람이 분명히 필요하다는 것을 보여 주는 유익한 방법에 불과하다.

---

22. 즉 물 세례의 자동적인 효과를 의미한다.

23. 한때는(아마 일부에서는 지금도), 성직자를 제외하면 꽃꽂이 담당자와 청소부만이 성찬대 앞의 난간을 넘어 들어갈 수 있었다. 예배당 전체를 성소로 부른다고 해서 난간 뒤 성찬대 공간에만 그 용어를 제한하는 오류를 해결할 수 있는 것은 아니다.

먼저 지역 교회의 일상적인 운영을 원활하게 하는 조직 체계에 대해 잠시 살펴보겠다. 감독제, 장로교, 회중교회(독립교회) 같은 교회 정치 체제의 성경적 타당성은 논쟁거리며, 제각각 나름대로의 장점과 성경적 근거가 있다. 또한 이 모든 다양한 구조의 최종적인 형태는 동일하다고까지 주장할 수 있을 것이다. 현대 기독교계의 스펙트럼은 절대왕정(로마가톨릭)에서부터 절대 민주주의(형제단, 퀘이커파)에 이르기까지 다양하다.[24] 하지만 어떠한 정치 체제의 민주주의도 통솔력과 질서 없이 운영된 적은 없다. 통솔력 없는 민주주의는 무정부 상태로 흐르기 쉽다. 성령께서 진정한 감독자라는 말도 일리가 있지만, 이는 성령의 인도하심이라는 명목하에 거짓된 주장에 노출되거나 진정 어린 주장이라 할지라도 오용될 소지가 크다. 어리석은 행동이나 단순히 회중을 지배하려는 욕구를 성령의 권위로 쉽게 포장할 수 있기 때문이다.

특별히 지정된 건물의 유무를 막론하고 모든 교단의 교회는 정기적인 모임을 가지며, 통상적으로 이를 '예배'라고 부른다. 교회 정치 제도와 마찬가지로, 예배의 형태 역시 엄격한 예전적 형식에서부터 정해진 시간과 장소 외에는 전적으로 열려 있는 모임까지 다양하다. 나는 「공동 기도서」(1662년)가 일반적으로 사용되던 시절의 성공회 가정에서 자랐다. 그리고 전형적인 복음주의 침례교단 출신인 침례교도와 결혼했다. 우리 부부는 수년간 아내의 옛 교회와 그곳의 '비예전적' 예배에 여러 번 참석했다. 몇 번의 방문 이후 나는 예배 순서를 정확히 예측

24. 동남아시아 지역의 한 선교사는 그곳의 여러 형제단 교회 각각에 대표격인 장로가 있었고, 전체적으로도 지도자 역할을 하는 한 명의 장로를 두는 경향이 있었다고 말했다. 그 선교사는 그들에게도 감독제가 실제로 존재한다고 덧붙였다. 한 저명한 형제단 설교자의 딸은 자기 아버지가 먼저 빵을 떼거나 말하기 전에는 감히 그렇게 하는 사람이 아무도 없었다고 말했다.

할 수 있었고, 어떤 경우에는 '즉흥' 기도의 주된 내용까지도 거의 짐작할 수 있었다.[25] 이러한 관찰을 통해 우리는 교회의 정치 체제나 공식 모임의 다양성이 역설적으로 질서가 필요하다는 점에 대한 공통된 인식이 존재한다는 사실을 방증하고 있다고 결론 내릴 수 있다. 누군가는 뚜렷한 획일성을 선호하는 반면, 누군가는 다양성과 즉흥성을 추구한다. 물론 성공을 판가름하는 척도도 다양하다. 개혁주의적 복음주의 관점에서 볼 때, 규정된 질서를 선택하든 훨씬 자유로운 표현을 선택하든, 핵심은 진리다. 우리는 성경에 계시된 진리를 나타내고자 하는가, 아니면 새롭게 각광받고 변화하는 세속적 시대정신이 우리의 교회 활동을 지배하도록 허용하는가?

그렇다면 교회의 바람직한 특징은 무엇인가? 첫째로 교단에 대해 살펴보자. 교단은 마음을 같이하는 개별 교회들의 상호 지원과 협력을 위해 존재한다. 교단 구조가 각 지역 교회에서 성경적 원칙에 따라 이루어지는 친교와 복음 전파를 지원하고 섬긴다면 유익하다고 볼 수 있다. 교단은 개별 교회를 섬기고 질서와 건전한 교리를 제공해야 한다. 일부 교단 행정, 노회, 혹은 연합 본부가 시온 성전의 다윗 혈통 왕과 같은 권세를 행사하는 것은 안타까운 일이다. 둘째, 교단 임원회를 비롯한 사역 구조는 무엇보다 성경적 사역과 복음 전파를 감독하기 위해 존재해야 한다. 셋째, 주일이나 기타 정해진 시간에 가지는 교회 모임은, 그렇게 교회에 가는 것에 대한 이유가 신학적으로 설명되어야 한다. 대부분의 복음주의자는 우리가 함께 모이는 것이 성경적이기 때문이라는 제안을 받아들일 것이다. 우리는 그리스도의 몸의 일치를 표

25. 이는 비판하고자 하는 말이 아니라, 대부분의 교회가 자신들만의 질서정연한 절차를 발전시킨다는 관찰의 예로 든 것이다. 예전적 전통은 꼭 책에 기록된 형태가 아닐지라도 주일 예배의 순서로 상당히 엄격하게 지켜질 수 있다.

현하기 위해 모인다. 우리는 하나님의 백성으로서 하나님을 예배하고 찬양하기 위해 모인다. 서로의 신앙 생활을 격려하기 위해 모인다. 하나님의 말씀이 신실하게 강론되는 것을 듣기 위해 모인다. 또한 죄를 고백하고 회개하며, 감사를 돌리고 기도로 간구하기 위해 모인다.

여러 신조들은 하나같이 우리가 하나의 거룩하고, 보편적이며, 사도적인 교회를 믿는다고 가르친다. 복음이 이런 대담한 주장의 의미를 우리에게 해석해 주어야만 한다. 교회는 이 땅에서의 불완전한 모습 속에서가 아니라, 위에 계신 그리스도 안에서 모일 때 하나다. 교회의 거룩함은 세상 속에 놓였다는 모호한 존재성 때문이 아니라, 하나님의 백성이 믿음을 통해 받은 의롭다 하심에 근거한다. 교회의 보편성은 온 세상을 향한 선교 명령과, 모든 민족 중에서 하나님의 택하신 자들이 반드시 구원받을 것이라는 필연성에 있다. 교회의 사도성은 로마나 캔터베리의 주교에게 있는 것이 아니라, 결코 실패하지 않고 뜻하신 바를 이루시는 하나님의 사도적인 말씀의 진리에 있다.

설교자와 설교

텔레비전 드라마나 일부 매체에서 목회자와 그들의 사역이 얼마나 형편없이 묘사되는지 본 적이 있는가? 그것이 어느 나라에서 제작되었는지는 중요하지 않다. 목회자가 성경을 믿는 평범한 그리스도인으로 그려지는 경우는 거의 없다. 대체로 무해하게 노망이 들어 반쯤 정신이 나갔거나, 아니면 달렉(Dalek, 영국 드라마 '닥터 후'에 나오는 외계인—옮긴이)처럼 매력이라고는 찾아볼 수 없는 꽉 막힌 율법주의적 선동가로 묘사된다. 간혹 드물게 설교 장면이 나온다 해도, 작가나 연출자는 설교가 무엇이며 또 무엇에 관한 것이어야 하는지에 거의 관심이 없는 수준임을 적나라하게 드러낸다. 물론 말은 이렇게 했지만, 오늘날 전반적인 설교의 현실이 기대만큼 건강하지 못하다는 것을 인정하지 않을 수 없다. 이는 수년간 꽤 많은 설교자들의 설교를 들어 보고 갖게 된 생각이지만, 다른 이유도 꼽아 볼 수 있다고 생각한다. 그중 하나는 설교에 관한 문헌이다. 내 서재에는 설교 관련 서적이 많지 않지만, 신학교 도서관에서 방대한 자료를 살펴본 적이 있다.[26] 다수의 설교 관련 서적이 준비와 전달의 실용적 측면에 집중된 반면, 정작 성경 강해를 위해 필요한 건전한 교리와 성경신학(이름이 무엇이든 간에)은 언급하지 않는다는 점에 무척 실망했다.

내가 이 연구에서 제시한 전체 논지가 타당하다면, 성경의 큰 그림에 대한 개념이 없거나 성경의 역동적 구조에 대한 감이 없는 설교자는 설교 본문으로 선택한 구절을 잘못 이용할 가능성이 높다는 말이 된다. 그런 설교자가 제아무리 본문을 제대로 주해하려 할지라도 성경의 통일성을 인식하는 감각이 없는 수준이라면, 그의 설교는 회중에게 고립되고 단절된 느낌을 줄 소지가 다분하다. 성경신학을 실제 사역에 적용한다면, 무엇보다 강단에서 하나님의 말씀을 본문 그대로 풀어서 전하는 강해 설교가 선포되어야 한다. 다시 말해, 성경의 한 책이나 중요한 본문을 주 단위로 체계적으로 강론하는 것이 필요하다. 이렇게 함으로써 설교 계획이 토요일 밤 11시에 잔뜩 예민해진 목사가 받은 순간적인 통찰이나 영감이 아니라 성경 본문에 의해 주도적으로 결정될 수 있기 때문이다. 그렇다고 시급한 신학적, 문화적, 윤리적 문제를 다루는 설교를 할 수 없다는 말은 아니다. 나는 브리즈번의 한 복음주의 성공회 교회에서 협력목사로 사역하던 시절에 신앙 교육과

26. 주로 시드니의 무어 칼리지와 버지니아주 리치먼드의 유니언 장로교 신학교다.

설교 계획을 감독하는 책무를 맡은 적이 있었다. 나는 12개월치 설교를 계획하면서 네 가지 유형의 설교를 목표로 삼았다. 대부분의 설교는 구약과 신약에서 한 권의 혹은 여러 책에서 한두 개의 시리즈 강해를 하는 것이었다. 다음은 성경신학의 핵심 주제(창조, 언약, 성전, 하나님 나라 등)를 강해하는 짧은(6회 정도) 시리즈 설교였다. 기독교 신학의 핵심 교리(삼위일체, 그리스도의 두 본성, 칭의, 성례 등)를 다루는 짧은(4-5회) 시리즈 설교도 있었다.[27] 마지막으로, 당면한 현안을 다루는 설교도 포함되었다(성, 결혼과 이혼, 낙태, 인종 차별, 가정 폭력, 사회 운동 등). 주일 프로그램 외에 평일 저녁 총 25시간 정도 소요되는 성경신학 단기 과정(성경 계시의 구조에 관한 1년 과정)도 운영했다.[28]

역사적으로, 신학교의 주요 목적은 학생들이 성경을 가르치고 목사와 전도자에게 요구되는 직무를 감당할 수 있도록 훈련하는 것이었다.[29] 따라서 이런 학교의 모든 교육 과정이 졸업생의 사역을 지원하기 위해 구성되어야 한다고 기대하는 것은 합당하다. 하지만 오늘날까지도 신학 교육 과정에서 성경신학이 하나의 과목으로 개설되는 경우는 드물다. 물론 지난 50여 년간 상황이 점차 나아지고 있다는 것은 고무

27. 나는 모든 설교는 교리적이어야 한다는 말을 급히 덧붙이고 있지만, 조직신학의 특정 주제를 다루는 설교도 마땅히 필요하다. 다음을 보라. Peter Jensen, 'Teaching Doctrine as Part of the Pastor's Role', in R. J. Gibson (ed.), *Interpreting God's Plan: Biblical theology and the pastor* (Carlisle: Paternoster, 1998), pp. 75-90.

28. 몇 해에 걸쳐, 우리 교회만이 아니라 다른 교회에서도 많은 인원이 참석했다. 이 과정을 위한 강의안을 바탕으로 나는 다음 책을 썼다. *According to Plan: The unfolding revelation of God in the Bible* (Leicester: Inter-Varsity Press, 1991).

29. 목회자와 기독교 지도자를 양성하기 위해 특별히 설립된 학교들의 역사는 그리 오래되지 않았다. 내가 있었던 무어 칼리지는 오스트레일리아 최초의 신학교로, 시드니의 두 번째 주교였던 프레드릭 바커(Frederick Barker)에 의해 1856년에 설립되었다. 버지니아의 유니언 장로교 신학교는 1812년에 세워졌다. 비교적 근래에 신학교들이 세워지기 전까지, 성직자 교육은 본래 수도원, 지역 교회, 대학교에서 이루어졌다.

적인 일이다.[30] 그럼에도 다수의 신학교에서는 학생들이 통합된 성경의 큰 그림을 그릴 수 있도록 연결고리를 제공하는 일을 구약과 신약 교수들의 손에 맡겼다.[31] 복음주의적 성경신학이라는 정식 과정을 이수하지 못한 설교자라 할지라도, 성경 전체의 통일된 내러티브와 역사와 신학을 더욱 이해하기 위해 연구함으로써 자신의 설교를 발전시키려는 도전을 받아들여야 한다.

설교의 적용은 중요하다. 설교자가 강해 설교에 충실했다 할지라도, 강론된 본문이 예배당에 모인 사람들과 무슨 관계가 있는지 설명해 주어야 한다. 간단히 말해, 설교자는 다음과 같은 요지를 다루어야 할 것이다. 첫째, 신약성경 한 권에서 시리즈 설교를 할 때는, 해당 본문이 그리스도를 아는 지식을 어떻게 증진시키는지 보여 주어야 한다. 둘째, 이 시리즈 설교는 구약성경에서 서서히 드러난 하나님의 약속이

30. 현재 많은 신학교가 교육 과정에 성경신학을 도입하고 있다고 생각할 만한 근거가 보인다. 그러나 안타깝게도, 여전히 많은 학교들이 19세기의 전통적 교육 과정을 넘어설 필요를 인식하지 못하고 있다. 성경신학에 기초한 설교의 필요성을 다루는 저작은 다음과 같다. Edmund P. Clowney, *Preaching and Biblical Theology* (London: Tyndale Press, 1961),『설교와 성경신학』(크리스챤출판사); Sidney Greidanus, *Preaching Christ from the Old Testament: A contemporary hermeneutical method* (Grand Rapids, MI: Eerdmans, 1999),『구약의 그리스도, 어떻게 설교할 것인가』(이레서원); Graeme Goldsworthy, *Preaching the Whole Bible as Christian Scripture: The application of biblical theology to expository preaching* (Grand Rapids, MI: Eerdmans; Leicester: Inter-Varsity Press, 2000); Leland Ryken and Todd Wilson (eds), *Preach the Word: Essays in expository preaching in honor of R. Kent Hughes* (Wheaton, IL: Crossway, 2007); Dennis E. Johnson, *Him We Proclaim: Preaching Christ from all the Scriptures* (Phillipsburg, NJ: P&R Publishing, 2007); Dennis E. Johnson (ed.), *Heralds of the King: Christ-centered sermons in the tradition of Edmund P. Clowney* (Wheaton, IL: Crossway, 2009),『모든 성경에서 그리스도를 설교하라』(부흥과개혁사).

31. 이에 관해서는 다음 책에서 자세히 다루었다. Graeme Goldsworthy, 'Biblical Theology and Hermeneutics', *SBJT* 10/2 (2006), pp. 4-18. 또한 성경신학에 관한 나의 논문 세 편과 관련 논문들도 참조하라. *SBJT* 12/4 (2008). 1996년에 있었던 무어 칼리지 신학부 강좌(교수진의 연례 강좌 시리즈)에서는 성경신학을 다루었으며, 이는 다음 책으로 출간되었다. R. J. Gibson (ed.), *Interpreting God's Plan: Biblical theology and the pastor* (Carlisle: Paternoster, 1998). 이 논문집 가운데 첫 번째는 Donald Robinson의 것으로, 그는 자신이 어떻게 성경신학 수업을 도입하게 되었고 무어 칼리지 교육 과정의 핵심 과목으로 자리 잡게 했는지 설명한다.

어떻게 예수 그리스도 안에서 마침내 완성되었는지, 그 깊은 의미를 알고 싶어 하는 마음을 성도들에게 심어 주어야 한다. 셋째, 구약 시리즈 설교는 해당 본문이 우리에게 의미를 중재하시는 그리스도를 가리키고 있다는 점을 분명히 나타내야 한다.

이미 말한 바와 같이, 성경신학과 조직신학은 공생 관계를 이룬다. 둘 중 하나만을 성공적으로 추구할 수 있는 방법은 없다. 신학교는 졸업생이 성경을 강해하며 복음을 선포하는 핵심 역할을 잘 감당할 수 있도록 교육 과정을 구성해야 한다. 피터 젠센의 적절한 지적처럼, 교수진과 전체 교육 과정의 주된 목표는 건강하고 성경적인 설교자를 양성하는 데 있어야 한다. 설교학 교수 한 명을 두는 것만으로는, 나머지 교수진의 주된 교육 목표가 복음 설교자를 양성하는 데 있지 않는 한, 그 효과는 미미하다. 또한 젠센은 교리 교육의 중요성을 무척 강조한다.[32] 제아무리 성경신학을 가르친다 한들, 그것이 그리스도인의 마음을 형성하는 기독교 교리로 정립되지 않는다면 하나님의 말씀이 우리 삶 속에 들어올 수 없다. 또한 건전한 교리는 성경신학자가 연구 전제와 방법을 형성하는 데 영향을 미쳐야만 한다.

가족과 교회

신약성경은 그리스도의 새 언약과 관련하여 가족을 향한 수차례의 주요 언질을 준다. 16장에서는 구약의 언약 사상과 그 지속성에 자리한 가족 중심성을 언급하기도 했다. 신약에서 가장 중요한 구절은 아마도

32. Peter Jensen, 'The Seminary and the Sermon', in Ryken and Wilson (eds), *Preach the Word*, pp. 209-19. 물론 신학교는 목회 기술의 향상 같은 다른 교육 목표도 갖추어야 한다.

바울이 그리스도인의 결혼 생활에서 복음이 어떤 역할을 하는지 설명한 부분일 것이다.

> 아내들이여 자기 남편에게 복종하기를 주께 하듯 하라. 이는 남편이 아내의 머리 됨이 그리스도께서 교회의 머리 됨과 같음이니 그가 바로 몸의 구주시니라. 그러므로 교회가 그리스도에게 하듯 아내들도 범사에 자기 남편에게 복종할지니라.
>
> 남편들아 아내 사랑하기를 그리스도께서 교회를 사랑하시고 그 교회를 위하여 자신을 주심 같이 하라. 이는 곧 물로 씻어 말씀으로 깨끗하게 하사 거룩하게 하시고…
>
> 그러므로 사람이 부모를 떠나 그의 아내와 합하여 그 둘이 한 육체가 될지니 이 비밀이 크도다. 나는 그리스도와 교회에 대하여 말하노라. 그러나 너희도 각각 자기의 아내 사랑하기를 자신 같이 하고 아내도 자기 남편을 존경하라. (엡 5:22-26, 31-33)

바울은 부부 관계를 대담하게 서술한다. 나아가 창세기 2:24을 그리스도와 교회의 관계에서 중요한 연결점으로 제시한다. 바울은 이것을 큰 비밀이라고 말하는데, 우리도 쉽게 공감할 수 있는 부분이다. 다만 바울이 이 둘을 어떻게 연결하는지가 궁금하다.

이에 대해 나는 성경신학을 통해 답하고자 한다. 가족은 하나님의 창조로 시작되었는데, 그분의 형상대로 인간을 창조하셨다는 말은 곧 남자와 여자로 창조하셨다는 뜻이다(창 1:27). 따라서 하나님의 형상대로 지음받은 인간은 각각 남자와 여자로 존재하며, 동시에 남편과 아내가 연합해 '한 몸'을 이루는 단일복수적 존재로 하나님의 단일복수성을 반영한다. 재차 말하지만, 이 육신의 하나됨은 남자와 여자의 구별을 없애지 않는다.[33] 오히려 이것은 여자가 남자의 갈빗대로 창조된 사실을 반영하며, 이어서 나오는 "이러므로"의 근거가 된다(창 2:23-24). 이 본문은 결혼을 남자와 여자의 연합으로 보는 성경적 관점의 기초다. 따라서 가족의 역동성은 하나님과 그분의 백성, 그리고 그리스도와 그분의 교회의 언약적 관계의 표현이다. 하나님은 홍수 심판을 선포하실 때, 노아를 불러 언약을 근거로 가족들을 방주에 태우라고 하셨다(창 7:1). 마찬가지로, 아브라함에게 주어진 언약의 약속은 그의 자손들이 하나님의 백성이 되어 세상 모든 족속(가족)에게 복의 통로가 되는 역할과 관련된다(창 12:3).[34] 이 역할은 가족이라는 단위가 하나님의 은혜를 의지하고 율법에 순종하는 믿음을 전수하는 주요 수단이 되는 경우에만 수행될 수 있다. 앞 장에서 살펴본 바와 같이, 언약의 은혜는 우선적으로 가족 내부에 주어지며, 각 가정의 부모가 그 지식을 수호해야 한다. 그렇다고 개별 가족에 대한 강조로 인해 하나님 백성의 공동체가 파편화되어서는 안 된다. 이스라엘 민족의 일치 역시 끊임없이 강조된다. 가족의 토대가 삼위일체인 것처럼, 넓은 의미의 가족인 민족의 토대도 삼위일체다. 삼위일체는 개인과 집단의 관계를 확립한다. 즉 일치하지만 융합되지 않고, 구별되지만 분리되지 않는다.

사무엘하 7:11-14에서 하나님이 다윗에게 주신 메시지에 나오는 단

33. 오늘날 세속적 사고는 삼위일체 하나님을 폐기시킴으로써 인간관계의 핵심 특징인 단일성-구별성의 근원을 함께 폐기한 셈이다.

34. 여기 쓰인 히브리어 '미쉬파하'(מִשְׁפָּחָה)는 가족, 부족, 지파, 가정, 왕조 등을 뜻한다. 가족이나 가정을 뜻하는 더 일반적인 단어는 '바이트'(בַּיִת)인데, 이는 '미쉬파하'와 같은 의미거나 거주지를 뜻할 수 있다. 신약에서 거주지를 뜻하는 헬라어는 '오이코스'(*oikos*)이며, 가정이나 가족을 뜻하는 헬라어는 '오이키아'(*oikia*)다. 두 용어는 대체로 호환 가능하지만, 70인역은 '바이트'가 거주지를 뜻하는 경우에 이를 '오이코스'로 번역한다. 예컨대 하나님의 '바이트'로서의 성전 같은 경우다. '바이트'는 구약에서 1,500회 이상 사용된다. 또 다른 관련어는 '앉다', '거하다'를 뜻하는 '야샤브'(יָשַׁב)로, 주로 후자의 의미로 사용된다.

어 '바이트'(*bayit*)를 사용한 언어유희는 의미심장하다. 모세 시대부터 야웨 신앙의 초점은 하나님이 자기 백성 가운데 거하시는 처소인 성막에 있었다. 이제 다윗이 예루살렘에 하나님의 영원한 '처소'를 세우려고 하자, 하나님은 다윗에게 그의 자손을 위한 '집'(왕조)을 지어 주겠다고 말씀하신다. 그리고 첫 번째 자손이 하나님을 위한 '처소'를 지을 것이라고 하신다. 성전에 담긴 신학에 대해서는 앞에서 다루었기에(10장과 12장), 여기서는 성전이 먼저 유다 역사에서, 이어 예언적 종말론에서 회복과 새로운 질서의 중심으로서 가지는 중요성을 되새겨 보는 것만으로도 충분하다. 더욱이 이제 성전은 다윗(과 그의 자손)의 가족과 연결되었고, 그들 중에서 새 성전이신 하나님의 아들이 오실 것이다.

포로에서 귀환한 후 성전 재건은 기쁨의 이유였지만, 예언자들의 기대만큼 화려한 성취는 아니었다(스 3:10-13). 포로기 이후의 예언자 스가랴는 성전의 적절한 재건에 관한 일련의 환상을 본다. "싹이라 이름하는 사람"이 성전을 지을 것이며, 그가 보좌에 앉아 다스릴 것이다(슥 6:12-13). 스룹바벨이 성전의 기초를 놓는 맥락에서 "이는 힘으로 되지 아니하며 능력으로 되지 아니하고 오직 나의 영으로 되느니라"고 선언된다(슥 4:6-10). 참된 성전이 참된 성전일 수 있는 이유는 그것이 사람이 아닌 하나님께서 친히 지으신 것이기 때문이다.

이처럼 가족이 지닌 역동적인 발전 과정에는 두 가지 계통이 존재한다. 첫 번째는 이스라엘의 가족 단위가 하나님의 언약과 복을 다음 세대로 이어 가는 통로로서 담당하는 역할이다. 결과적으로 할례는 가족의 일이었으며, 자녀에게 율법과 복음의 관계를 가르치는 것은 부모의 의무였다. 언약 아래서 이 백성의 전체 발전 과정은 가족이나 가정, 부족, 지파, 혹은 이스라엘 자손이라는 민족적 차원에서 규정된다.

두 번째는 성전 건축가이자 새 성전으로 인도할 언약의 상속자로 선택된 특정한 가족이다. 예수의 사역에 이르면, 이스라엘의 가족 사상은 열두 사도의 선택에 반영된다. 이 사도들을 통해, 그리고 사도적 복음을 선포할 이들을 통해, 흩어져 있던 이스라엘의 다른 가족들과 이방인들도 하나님의 백성이라는 가정으로 들어오게 될 것이다. 예수도 자신의 사역 대상이 먼저 "이스라엘의 집[가족]의 잃어버린 양"임을 밝히신다(마 10:5-6; 15:24). 베드로가 오순절에 선포한 복음 설교는 이렇게 결론을 맺는다. "그런즉 이스라엘 온 집은 확실히 알지니 너희가 십자가에 못 박은 이 예수를 하나님이 주와 그리스도가 되게 하셨느니라"(행 2:36). 이에 사람들이 "우리가 어찌할꼬?"라며 당황하는 모습은, 그들이 주와 그리스도를 십자가에 못 박았다는 엄청난 사실을 깨닫고 모종의 혼란을 겪었음을 보여 준다. 하나님의 구원 사역의 핵심이 되는 가족과 자손에 대해 성경이 말한 모든 것을 성취한 분을 바로 그들이 십자가에 못 박은 것이다.

사도적 교리는 방황하는 이스라엘 자녀들을 절망 가운데 버려두지 않고, 그들에게 죄 사함을 받기 위해 회개하고 믿을 것을 촉구한다. 이제 아브라함의 자손이라는 가족에 대한 초점은 다윗과 그의 후손에게 맞춰지며, 이 초점이 우리를 그리스도께로 이끈다. 앞에서 살펴본 것처럼 가족 개념은 사라지지 않는데, 이는 완성의 때까지 하나님이 정하신 사회 구조이기 때문이다. 하지만 구약에서 발생한 두 계통의 병합은 기독교 가족관에 새로운 신학적 의미를 부여한다. 우리는 그리스도와 연합했기 때문에 그분이 아버지의 아들이 되신 것에 동참한다.

> 때가 차매 하나님이 그 아들을 보내사 여자에게서 나게 하시고 율법 아래에 나게 하신 것은 율법 아래에 있는 자들을 속량하시고 우리로 아들의 명분을

> 얻게 하려 하심이라. 너희가 아들이므로 하나님이 그 아들의 영을 우리 마음 가운데 보내사 아빠 아버지라 부르게 하셨느니라. 그러므로 네가 이 후로는 종이 아니요 아들이니 아들이면 하나님으로 말미암아 유업을 받을 자니라. (갈 4:4-7)

> 보라 아버지께서 어떠한 사랑을 우리에게 베푸사 하나님의 자녀라 일컬음을 받게 하셨는가. 우리가 그러하도다. 그러므로 세상이 우리를 알지 못함은 그를 알지 못함이라. 사랑하는 자들아 우리가 지금은 하나님의 자녀라. 장래에 어떻게 될지는 아직 나타나지 아니하였으나 그가 나타나시면 우리가 그와 같을 줄을 아는 것은 그의 참모습 그대로 볼 것이기 때문이니. (요일 3:1-2)

바울은 아들을 뜻하는 헬라어 '휘오이'(*huioi*)를 사용하는 반면, 요한은 자녀를 뜻하는 '테크나'(*tekna*)를 사용한다. 바울이 아들이라고 표현한 것은 성별이 아니라 그리스도의 아들 됨에서 유래한 기독론적 의미에서다. 우리가 아들로 입양된 것은 하나님의 아들이신 그리스도의 인성에 속한 것이 남녀를 불문하고 모든 신자에게 적용된다는 뜻이다. 또한 하나님의 아버지 되심은 하나님이 바라시는 가족 구조의 기초이기도 하다. "이러므로 내가 하늘과 땅에 있는 각 족속에게 이름을 주신 아버지 앞에 무릎을 꿇고 비노니"(엡 3:14-15). 삼위일체와 인간 가족의 연결은 그리스도 안에서 계시된다. 결혼에서 남자와 여자의 단일성-구별성은 그리스도와 그분의 백성인 교회의 관계에서 온전히 드러나는 삼위일체를 반영한다.

따라서 인간 가족은 신자들의 공동체에 필수적인 요소다. 독신인 사람도 은혜와 양자 됨을 통해 기혼자와 마찬가지로 공동체의 일원이다. 그렇다고 해도 가족은 하나님 백성의 정체성에 필수 요소였듯이 교회의 정체성에도 필수 요소다. 이는 유아 세례와 헌아례(dedication)라는 두 전통에서 모두 인정되지만, 그 어떤 예식도 성경에 직접적인 근거가 있는 것은 아니다. 이에 대해서는, 유아 세례는 옛 언약과 새 언약의 통일성을 강조하는 반면, 헌아례는 옛 언약과 새 언약의 구별성을 강조하는 것으로 보인다는 점만 언급하고 넘어가겠다.

인간 가족과 교회에 대한 우리 논의의 핵심은, 하나님이 인간의 기본적인 사회 연합이 되게 하신 특징을 공유하는 주된 사회적 구성 요소가 가족이라는 사실이다. 우리 자녀와 그들의 양육에 대한 사도적 관심의 표명은 스쳐 지나가는 말이 아니라 교회 생활의 필수적인 부분이다. 가족은 신앙의 전수에서, 더 넓은 의미의 가족이라는 회중의 특징을 드러내는 데서도 기본적인 요소로 남아 있다.

요약 및 해석학적 함의

이번 장은 다음과 같이 요약할 수 있다.

1. 교회의 기원은 구약성경에서 하나님 앞에 모인 백성들이다. 구속사가 전개됨에 따라, 하나님의 백성은 성전에 계신 하나님 앞에서 다윗 계열의 메시아적 왕이 대표하는 공동체로서의 정체성을 지니게 된다.
2. 구약에 나타난 하나님 백성의 모임은 참 이스라엘이자 새 성전, 다윗의 자손이신 예수 안에서 절정의 성취를 이룬다. 예수는 제자들을 부르셔서 자기 백성을 모으신다.
3. 부활하시고 승천하신 그리스도는 자신의 말씀과 성령을 통해 자기 주위로 자기 백성을 모으신다. 이것이 바로 하나의 거룩하고, 보편적이며, 사도적인 교회의 본질이다. 일치는 복음의 진리 안에 있고, 성경의 통일성으로 인해

주권적인 하나님의 기록된 말씀인 성경의 권위 안에도 존재한다.

4. 하나님의 백성이 교회로 존재한다는 것은 그리스도 안에서 그분의 말씀과 성령을 통한 모임인 교회로 살아가는 것을 요구한다. 설교자는 그 말씀을 중재하는 특권을 가진다.

5. 인간 가족은 에덴에서 인류를 위한 하나님 경륜의 중심이었다. 그리고 계속해서 이스라엘의 구원에 중재적인 유기체가 되었다. 신약에서도 가족은 교회의 성장과 공고함에 있어 여전히 핵심적인 중재 요소다.

이번 장에서는 우리가 교회로 존재하고 살아가는 것의 본질에 대해 고찰해 보았다. 그 기준은 하나님의 택하심과 구원하시는 은혜, 그리고 그분의 말씀을 통한 하나님과의 관계로 세워진 일치성을 토대로 모인 하나님의 백성이다. 그들이 하나님의 말씀을 듣고 순종하기 위해 돌이킬 때, 은혜로 하나님과 연합을 누린다. 그들은 창조주이신 주님을 겸손히 예배하고 경외함으로 하나님과의 구별을 인정한다. 하나님이 자신을 위해 택하시고 세우신 제사장적 백성의 중심에는, 온 땅의 모든 가족과 민족에게 구원의 은혜를 전하는 통로가 되는 기본 사회 단위로서 인간 가족이 있다.

우리는 신약성경의 증언을 통해, 예수님이 하나님의 백성을 위한 구원 계획을 어떻게 이루셨는지 확인했다. 또한 그분이 하나님의 아들, 인자, 다윗의 자손으로서, 자신에게까지 이어진 가문의 계보에 담긴 계시를 어떻게 완성하셨는지도 살펴보았다. 성육신의 인간적 혈통은 하나님의 목적과 가족 간의 독특한 관계를 보여 준다. 따라서 교회로 존재하고 살아가는 일은 교회의 존재와 안녕과 전수에 있어 인간 가족의 역할을 인정하지 않고서는 이루어질 수가 없다. 이는 어린이와 청소년을 위한 사역이 필요함을 의미하지만, 이런 연령별 사역이 일반

성인들의 교회 생활에서 분리되어서는 안 된다. 어린이와 청소년 사역의 전도적 가능성을 무시하지 않으면서, 주일학교와 청소년 모임은 어린 그리스도인들이 성인 그리스도인으로 성장할 수 있도록 운영되어야 한다. 이를 잘 실천하기 위해서는, 독창성 있는 문화 감각을 가지고 기도하며 적용된 성경적 원칙을 활용하는 것이 필요하다.

성경 본문이 하나님의 백성을 언급할 때, 그 초점은 하나님의 임재 앞에 모인 사람들에게 있다. 교회가 사용하는 모든 수단과 직분, 교회의 권위와 세상 속에서의 사명은 모두 그리스도 안에서만 그 진정한 의미를 발견할 수 있다. 교단 조직이나 운영 체제, 교회 건물, 정관, 신앙고백과 교리 등은 지역 교회 차원의 복음 선포를 뒷받침할 때만 그 유효성을 지닌다.

19. 성경이 오늘 우리에게 말하도록 하라

이 책의 목표는 성경의 핵심적인 여러 주제를 통해 계시의 역동성을 살펴봄으로써 성경 해석의 실제적 원리를 추출하는 것이다. 내 목적은 성경 독자들이 계시의 점진성을 다루면서 모든 본문이 똑같은 방식으로 우리에게 적용되는 것처럼 읽지 않고 신중하게 접근하도록 돕는 것이다. 이 과제가 어느 정도는 달성되었기를 바란다.

재확인

그리스도인이 되는 것은 성경학자이자 신학자가 되는 것과 분리할 수 없다.[1] 우리가 학자나 학문적 신학자라고 부르는 공식 자격과 직함을

1. 나는 모든 인간은 신학자라는 말이 신학적으로 참이라고 믿는다. 이 신학자는 현대적 의미에서 학문 훈련을 받은 사람이 아니라, 하나님에 대해 나름대로의 어떤 결정을 내린 인류의 한 구성원으로서, 그에 따른 결과로 하나님을 부인하거나 감사함으로 하나님께 순종하는 사람을 가리킨다.

갖춘 이들도 있지만, 사실 모든 그리스도인은 하나님의 말씀을 읽고 이해하도록 부름받았다. 만약 전문 신학자들의 기본적인 목적이 평범한 그리스도인들로 하여금 성경을 읽고 은혜와 그리스도를 아는 지식에서 자라나도록 직접 혹은 간접적으로 돕는 데 있지 않다면, 그들의 작업은 본연의 궤도에서 벗어난 것이다. 한편으로, 학자들은 현실 목회를 경험하거나 최소한 활기찬 교회의 일원으로서 적극적인 목회 경험에 동참할 필요가 있다. 그들은 전문적인 훈련을 받지 않은 그리스도인의 출발점이 어디인지 이해해야 한다. 다른 한편, 평범한 그리스도인도 성경을 유익하게 읽기 위해 신학교 학위가 꼭 필요한 것은 아니라는 점을 이해해야 한다. 다만 필요한 것은 그리스도를 통해 하나님을 알고자 하는 갈망과, 하나님의 말씀이 성경 공부의 주제와 방식을 이끌어 가게끔 하는 자세다.

이제까지 나는 그리스도인이 성경 본문의 독해, 해석, 적용을 자동적으로 올바르다고 가정해서는 안 된다고 주장했다. 나쁜 습관, 타당하지 않은 전제, 엉터리 해석은 가정이나 교회, 또는 교단의 집단 사고에 쉽게 스며들 수 있다. 우리는 어떤 근본 전제를 자기 것으로 삼을지 선택해야 한다. 우리 중 어느 누구도 본인이 이론적으로 선택한 전제와 전적으로 일관되기는 어렵기 때문에, 그에 따른 파생된 전제들 가운데 또 다른 선택을 내려야 한다. 또한 우리의 기본 전제를 향한 모든 도전에 주의를 기울이고 그것들을 새롭게 검토할 준비가 되어 있어야 한다.

예언, 종말론, 자유 의지, 주권적 은혜와 견인, 성령 세례 같은 주제에 대해 복음주의 내부에서도 혼란이 존재하기 때문에, 나는 우리가 일관된 기본 전제를 갖추는 것을 목표로 삼아야 한다고 생각한다. 따라서 "개혁 교회는 항상 개혁되어야 한다"라는 모토는 우리의 출발점,

신학 방법, 교리 형성을 끊임없이 재평가해야 함을 뜻한다. 그렇다면 이것은 신학적이고 해석학적인 성격에 입각한 선택이라는 말이다. 또한 우리가 성경 지식을 넓히기 위해 힘쓰지 않는다면 이루어질 수 없는 일이다. 하나님이 성경을 통해 말씀하셨으므로, 우리는 그 권위를 끊임없이 옹호해야 한다. 교리적 기초를 바꿔서라도 세속 사고와 보조를 맞추려는 사람들은 마음의 갱신을 저버리고 하나님의 계시된 뜻에서 벗어나는 길로 가는 것이다.

거리를 회개하기

본 연구의 전체 논지는 성경 본문이 현대 독자인 우리와 역사적, 문화적, 신학적으로 지닌 거리라는 문제를 수반한다. 나는 계시의 구조를 통해 본문이 구속사에서 차지하는 위치와 계시의 진전에 따라 그 거리감이 어떻게 달라지는지 보여 주려 했다. 그리고 본문의 의미를 파악하기 위해 반드시 제기해야 하는, 본문에서 비롯한 특정 질문이 있다고 주장했다. 이는 모든 텍스트의 해석에 적용되는 일반 해석학으로, 넓게는 발화된 모든 말, 기호, 상징, 사건에도 적용되는 것이다.[2]

왜 우리는 성경 본문과 우리 사이의 거리를 회개해야 하는가? 이는 무신론적 진화론자나 인본주의자에게는 아무 의미 없는 말이다. 그들에게는 모든 일이 우연, 자연법칙, 자연 선택에 따라 일어나고 변화한다. 이런 식의 불안정한 변천 속에서는 절대적인 의미가 있을 수 없다. 그러나 하나님의 계시에 의해 사고와 이성이 형성된 그리스도인은 인간의 죄 문제를 심각하게 받아들일 수밖에 없다. 인류의 연대성은 성

2. 역사에 관해서는 1부를 참조하라.

경이 분명히 가르치는 것으로, 하나님이 정하신 실제적 의미에서 우리 모두는 아담 안에 있었고 그의 불순종에 동참했다. 그에 따른 결과는 엄청나다. 우리는 한 개인으로서 하나님을 기쁘시게 하지 못하는 반역적 행위에 대한 책임이 있다. 이는 공통적인 기독교 신앙에서 아주 기본적인 사실이다. 하지만 원죄와 죄책이 우리의 개인성을 초월한다는 점은 그리 잘 받아들여지지 않는 것 같다. 창조의 깨어짐과 인류의 상실 상태는 우리 모두가 죄책을 공유하는 부분이다.

나는 거리를 회개해야 한다고 주장하면서 다음과 같은 성경적 진리를 염두에 두고 있다.

1. 죄가 우리를 하나님과 분리시키면서 처음으로 그 거리를 만들었다.
2. 우리는 아담의 자녀로서 하나님과의 분리에, 깨어진 삶과 깨어진 세상에 공동의 책임이 있다. 그 거리는 우리의 공동 과실이다.
3. 구속사 모든 단계에서, 하나님과의 교제 회복은 죄인을 분리시키는 죄에 대한 회개와 하나님의 약속에 대한 믿음을 요구한다.
4. 역사 속에서 하나님의 계획을 점진적으로 계시하는 모든 본문과 우리 사이의 거리는, 하나님과의 거리가 회복되어야 하는 죄 많은 우리의 필요에서 비롯되었다.
5. 역사 속에서 구원 계획은 인간이 스스로 초래한 거리를 점진적으로 좁히다가, 마침내 신인(그리스도) 안에서 간극이 메워진다.

거리를 기뻐하기

왜 우리는 고대 본문의 고대 사건들과 우리의 거리를 기뻐해야 하는가? 바로 오랜 역사 과정 속에서 하나님이 우리를 위해 놀라운 일들을 행하셨기 때문이다. 하나님은 자신에게 대적한 우리의 반역 문제를 정당하게 다루셨다. 그분은 그리스도의 인격과 사역의 풍성함을 우리에게 점진적으로 보여 주는, 최소 2천 년에 걸친 사건의 전개를 주권적으로 관할하셔서 그렇게 하셨다. 하나님이 우리의 구원을 위한 긍휼하고 자비로운 계획을 펼치시는 과정에서 우리는 하나님의 지혜를 의심하거나 적어도 의아해할 수 있을 것이다. 그럼에도 불구하고, 하나님이 그렇게 하셨기에 우리는 기뻐해야 한다.

명시적으로든 암시적으로든, 이 전체 연구에서 우리는 개인의 정체성에 관한 문제를 다루었다. 하나님 말씀의 한 부분과 우리의 관계를 이해하려고 한다면, 우리는 하나님의 말씀에 따라 자신의 정체성을 세우고 있는 것이다. 하나님이 우리를 어떻게 보시는지를 아는 것보다 자기 자신에 대해 잘 알 수 있는 방법은 없다. 성경 전체가 그리스도이신 예수의 인격과 사역에 어떻게 연결되는지 이해하는 일은, 우리를 위한 그리스도의 인격과 사역에 근거한 우리의 칭의라는 기독교 교리를 견고히 다져 준다. 우리는 갈라디아서 4:4-6이나 요한일서 3:1-2 같은 본문을 읽으면서도, 하나님의 아들이나 자녀가 된다는 것의 진정한 의미를 결코 깨닫지 못할 수도 있다. 하지만 이 본문들을 성경 전체의 맥락 속에 놓고 보면, 그리스도와의 믿음의 연합을 통해 하나님과 맺는 관계라는 측면에서 우리의 정체성을 깨닫게 되는 진정한 의미가 환한 빛처럼 떠오른다. 그리스도 인격의 중심성, 그리고 그 결과 나타나는 이신칭의 교리의 중심성은 우리가 누구며 우리 앞날이 어떠할지 의구심을 가질 필요가 전혀 없다는 사실을 의미한다.

그리스도 안에서 우리의 개인적 정체성에 대한 인식은 그리스도의 구약 유산에 대한 지식이 깊어짐에 따라 함께 자라난다. 그러니 어떤 그리스도인도 구약성경 공부를 소홀히 해서는 안 된다. 구약은 복음이 직면하는 문제와 현안을 제시하기 때문에 중요하다. 동시에, 하나님이 사람이 되시고 우리 죄를 위한 속죄를 이루신다는 복합성을 예표하는 수많은 세부 사항을 제공한다. 만일 구약의 하나님 백성의 역사와 구원에 대한 점진적 계시가 없다면, 성육신은 그 기초부터 떨어져 나갈 것이다. 우리는 예수와 사도들이 성경(구약)에 기록된 복음을 전한 방식을 통해 이를 알 수 있다. 신약은 웅변적인 어조로 그리스도가 성취자이심을 드러내기 때문에, 그분이 성취하신 것이 무엇인지 구약이 말하는 바를 이해해야 하는 것은 당연하다. 하지만 구약의 성취자로서 그분이 지니신 역할은, 예수께서 우리를 대신하여 행하신 일과 그분 존재 자체로 말미암아 의롭다 함을 얻은 우리의 정체성에 없어서는 안 될 필수적인 요소다. 우리의 정체성은 죄 많은 우리 개인의 역사를 통해서가 아니라, 예수께서 우리를 위해 기록하신 새로운 역사를 통해 규정된다. 그리고 누가가 상기시켜 주듯 그것은 아담에서부터 시작하는 역사다(눅 3:23-38).

바울은 구약과 복음의 관계와도 밀접히 연관된 유대인의 불신 문제에 대한 논의를 매듭지으며(롬 9-11장), 경배와 찬양을 표한다.

> 깊도다 하나님의 지혜와 지식의 풍성함이여, 그의 판단은 헤아리지 못할 것이며 그의 길은 찾지 못할 것이로다.
>
> 누가 주의 마음을 알았느냐.
> 　누가 그의 모사가 되었느냐.
> 누가 주께 먼저 드려서
> 　갚으심을 받겠느냐.

이는 만물이 주에게서 나오고 주로 말미암고 주에게로 돌아감이라. 그에게 영광이 세세에 있을지어다. 아멘. (롬 11:33-36)

이 말씀의 의의는 이스라엘과 유대인의 구속사에 포함되어 있다. 이스라엘은 끊임없이 반역을 거듭했지만, 하나님은 모든 은혜의 결실로 그리스도의 영화로운 복음을 이 방황하는 백성에게 가져다주셨다. 우리가 이러한 배경과 토대로부터 단절된다면 그리스도 안에서 누리는 구원의 풍성함을 충만하게 이해할 수 없을 것이다. 그리스도를 위대한 성취자로 아는 것은 우리에게 기쁨을 줄 뿐이다.

다시, 큰 그림

1부에서 언급했듯이, 성경을 부담스럽게 여기는 측면 중 하나는 방대한 분량이다. 나는 본서를 구성하면서, 하나님이 자기 백성을 다루시는 역사 전반에 걸친 점진적 계시의 역동성을 선명하게 드러내고자 했다. 따라서 성경의 방대한 분량이라는 부담을 이겨 내는 첫걸음은 우선 전체 이야기를 파악한 다음, 그 속에 담긴 핵심 사건들을 식별할 수 있게 되는 것이다. 〈도표 19.1〉은 성경 내러티브 사건의 순서를 보여 줄 때 흔히 사용되는 도식을 내 나름대로 수정한 것이다. 이는 복잡하고 세세한 설명 없이 성경 내러티브의 역사적 진전을 나타내며, 특정 주제가 제시되는 방식에서도 언제 어디서 주된 전환이 일어나는지 한눈에 들어오게 해 준다. 이 도식을 통해 본서의 주요 논지를 요약했는데, 아홉 구간은 구속사에서 발전과 전환이 일어나는 단계를 나타낸다. 이는 각 구간에 속한 성경 본문을 오늘날 우리가 이해하고 적용하는 방식에 영향을 미칠 수 있다.

〈도표 19.1〉은 성경의 '큰 그림'을 위한 기초를 보여 준다.[3] 나는 다소 임의적으로 연대표를 아홉 구간으로 구분했다.[4] 다른 곳에서는 점진적 계시의 주요 양태를 나타내기 위해 세 부분으로 나눈 도식을 사용한 적도 있다.[5] 이는 하나님 나라에 대한 계시의 흐름을 강조하기 위함이다. 언약을 기초로 분석하기를 선호하는 성경신학자들은 더 많은 부분으로 나누려고 할 것이다. 나는 구속사에서 핵심적인 신학 요소들이 드러나는 방식의 중요한 전환이 나타난 시기를 기준으로 나누었다.

〈도표 19.1〉에서 크게 A, B, C로 구분된 부분 중 A에는 1구간에서 4구간까지가 포함된다. 여기서는 하나님 백성의 역사가 하나님의 나라, 곧 하나님의 처소에서 하나님의 통치 아래 있는 하나님의 백성에 대한 지상적 계시의 무대가 된다. 하나님 나라의 형성이라는 본격적인 표현은 아브라함부터 시작하지만, 창조에서 바벨탑에 이르는 사건들이 단단한 토대를 이루고 있다. 이런 하나님 나라의 역사적 형성은 약속의 땅에 있는 백성, 그 중심에 있는 예루살렘과 성전, 다윗 왕조로 중재되는 하나님의 통치에 초점을 맞추게 된다.

B 부분에는 5구간과 6구간이 포함되는데, 여기서는 A의 양식이 새 창조를 비롯한 모든 역사적 요소의 갱신에 관한 예언적 종말론에 의해 확증되거나 반복된다. 하나님이 예언자들을 통해 장차 임할 하나님 나라의 천상적 본성을 계시하시는 데는 중요한 의미가 있다. 마지막 C 부분에는 7구간에서 9구간까지가 포함되며, 예언적 종말론으로

---

3. 이 도표는, 정확한 비율에 맞게 그리지는 않았지만, 성경에 묘사된 창조에서 새 창조에 이르는 사건들의 흐름을 개략적으로 보여 준다.

4. 3장의 〈표 3.1〉에서는 16개의 전환점을 제시했다.

5. Graeme Goldsworthy, *According to Plan: The unfolding revelation of God in the Bible* (Nottingham: Inter-Varsity Press, 2003), p. 80. 〈도표 5.1〉(5장 참조)은 하나님 나라의 세 가지 도식 위에 어떻게 모형론이 구성되는지 보여 준다.

도표 19.1
성경
내러티브
연대표

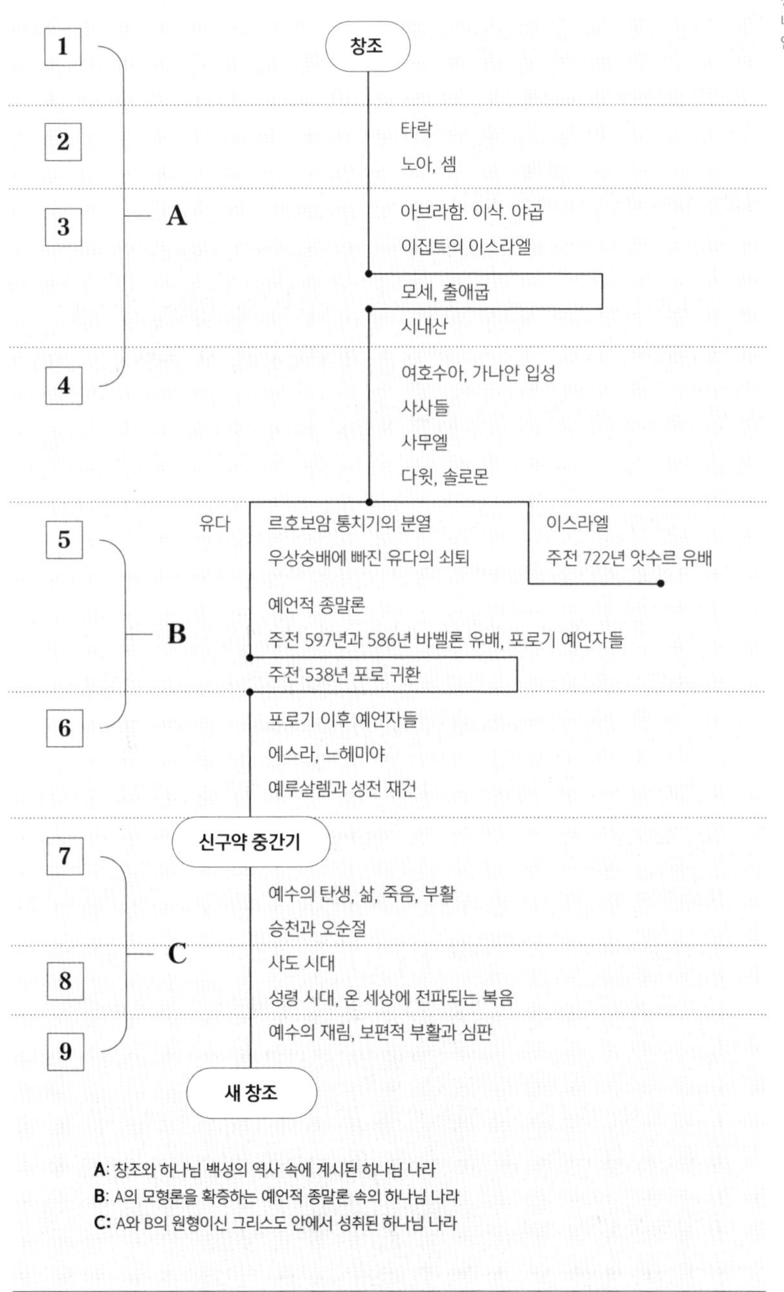

A: 창조와 하나님 백성의 역사 속에 계시된 하나님 나라
B: A의 모형론을 확증하는 예언적 종말론 속의 하나님 나라
C: A와 B의 원형이신 그리스도 안에서 성취된 하나님 나라

확증된 하나님 나라의 역사적 모형론이 그리스도 안에서 어떻게 성취되는지를 보여 주는 신약을 포괄한다.

성경이 성경 읽기를 이끌게 하라

성경의 본질이 우리의 연구 방법을 결정해야 한다. 물론 엄격히 정해진 규칙이 있는 것은 아니지만, 우리는 하나님의 기록된 말씀인 성경의 구성을 파악하고 최선의 반응을 보여야 한다. 이 과정에서 고려해야 할 사안을 제안하자면 다음과 같다.

1. 성경이란 무엇인가? 이에 대해서는 1부에서 어느 정도 다루었다. 다시 한 번 상기하자면, 우리 모두는 특정한 전제를 가지고 성경을 대한다. 그렇기에 우리는 자신이 어떤 전제를 가지고 있는지 이해하고 인정하며, 필요하다면 성경을 공부하는 동안 그것들을 수정할 준비를 갖춰야 한다. 우리에게는 두 가지 기본 선택지가 있다. 하나는 성경으로 우리의 전제를 형성하고자 하는 것이고, 다른 하나는 하나님을 부정하는 세속적 사고에서 비롯한 전제를 가지는 것이다. 성경을 읽는 불신자가 진리를 확신하게 되어 신자가 될 때는 반드시 전제의 변화가 일어난다. 그럴 때 회의론적 전제는 신앙의 전제로 바뀌고, 종교 경전은 이제 하나님의 말씀이 된다.
2. 어떤 본문인가? 우선, 어떤 본문을 공부할지 결정해야 한다. 문맥에서 벗어나 몇 가지 단어만 다루는 식으로 끝나지 않기 위해 보편적으로 인정되는 본문 단위를 선택했는가? 비록 한 장 전체를 강해하고 싶지 않더라도, 초점을 둔 부분의 문맥은 반드시 살펴야 한다. 예를 들어, 한 편의 비유나 예언자의 신탁 한 꼭지, 혹은 의미 있는 한 역사적 사건이 가능한 단위라고 할 수 있다. 보다 학문적으로 접근한다면 원문도 살펴보아야 할 것이다. 하지만 대

부분의 경우 좋은 '표준' 번역 성경으로도 충분하다. 원어 성경이든 번역 성경이든, 단어와 문장과 단위(사건, 문단, 장) 전체를 주의 깊게 읽어 보아야 한다.

3. 본문의 의미는 무엇인가? 첫 독자들이 이해할 수 있도록 저술했던 원저자가 의도한 의미를 파악하고자 노력해야 한다. 하나님이 그들과 어떻게 관계를 맺으셨는지에 대해 본문이 말하는 바는 무엇인가? 이 과정에는 문학 장르를 결정하는 일이 수반되는데, 본문이 한 가지 이상의 장르로 구성될 수 있음을 염두에 두어야 한다(예. 역사적 사건 속의 비유). 이는 또한 은유, 직유, 역설, 풍자, 상징 같은 문학 장치를 식별할 수 있어야 함을 뜻한다. 이 단계는 주해의 중요한 부분으로, 본문에 담긴 의미를 제대로 끌어내는 과정이다. 바로 본문에서 사용된 단어의 의미를 이해하는 것이다. 단어의 구체적인 용례가 그 단어의 어원이나 역사보다 훨씬 중요하다. 단어의 의미와 용법은 변하기 때문에, 선택한 본문에서 사용된 단어는 그 원래 의미나 어원과 매우 상이할 수 있다.[6]

4. 본문은 더 넓은 문맥과 어떻게 연관되는가? 이는 바로 앞에서 언급한 내용과 항상 상호 작용한다. 넓은 문맥이 없다면 본문의 의미는 완전히 파악될 수 없다. 문맥은 확장되는 개념이다. 먼저 한 장 안에서 본문의 맥락을 파악하고, 이어 한 권의 책 안에서, 그리고 전체 정경 안에서 맥락을 파악해야 한다. 성경의 통일성은 한 본문의 문맥이 궁극적으로는 성경 전체임을 의미한다. 물론 이 통일성에 있어 어떤 측면은 다른 측면보다 훨씬 뚜렷하다. 예를 들어, 예수의 '인자'라는 말씀은 이사야의 고난받는 종 및 다니엘의 인자와 신학적으로 연결된다. 공관복음서의 '작은 묵시록'은 종종 주후 70년 예루살렘 멸망의 예고로 여겨지지만, 본문 속에서는 곧이어 예수의 수난과 죽음이

6. 때로 단어의 '원래 의미'가 신학적 논증의 결말로 사용되곤 한다. 단어의 원래 의미를 말한다는 것은 아마도 과장이라고 생각된다. 이는 우리가 실제로 단어의 기원을 찾을 수 있고, 그것이 무엇을 의미했는지 확실히 알 수 있다고 가정하는 것이다. 단어의 역사는 한 본문에서 사용된 단어의 의미를 밝히는 데 도움이 될 수도 있고 아닐 수도 있다.

나온다. 이런 배치에는 분명 의미가 있다.

5. 본문이 예수와 연관되어 갖는 의미는 무엇인가? 이것은 본 연구의 주된 관심사였으므로 다시 반복하지는 않겠다.

6. 그렇다면 본문은 예수에 의해 정의된 그리스도인으로서의 내 삶에 어떻게 적용되는가? 이 역시 본서 전반에 걸쳐 분명히 보여 주고자 했던 바다.

이 분석의 실제 적용

1구간에 속한 본문 독해

두 가지 쟁점이 있다. 첫째, 창조 내러티브 본문의 의미를 잘 파악해야 한다. 둘째, 우리가 타락 이전 시기에 존재하지 않는다는 사실, 즉 타락 이후의 시대를 살고 있다는 사실을 고려해야 한다. 창조 내러티브는 원래 무엇이 창조되었는지, 창조에 동참한 모든 존재의 관계와 성격이 어떠했는지를 이해하는 데 필수적이다. 이것이 오늘날 우리에게 어떻게 적용되는가는 타락을 통해 어떤 전환이 일어났는가에 달려 있다. 창조 내러티브는 그 자체로도 주해가 가능하지만, 타락이라는 렌즈를 통해서만 그것과 우리의 관계를 읽어 낼 수 있다.[7] 인간 본성은 오랜 논쟁의 영역이기 때문에, 먼저는 우리가 무엇으로부터 타락했는지, 둘째는 얼마나 깊이 타락했는지 이해하는 것이 중요하다. 다시 말해, 하나님의 심판으로 무슨 일이 일어났으며, 우리가 죄로 인해 죽었다는 말은 무슨 의미인가? 이에 대해 아르미니우스주의와 로마가톨릭은 개혁주의적 복음주의와 견해를 달리한다. 또 다른 측면으로는 원

7. 나는 창 1:29을 채식주의자 되어야 한다는 요구로 주해하는 것을 들은 적이 있다. 그 주해자는 창 9:3-4과 타락한 세상에서의 새 출발을 간과한 것이다.

창조와 새 창조에 관한 종말론의 관계가 있다.

2구간에 속한 본문 독해

우리는 현재 성경의 세상(타락한 세상)에 있다. 우리는 창세기 4-11장의 사람들과 어떤 관계가 있는가? 산문으로 쓰인 이 단락의 성격은 그것이 인류의 신학적 역사임을 보여 준다.[8] 셋, 노아, 셈 같은 이 단계의 주요 인물들과 우리의 관계는 무엇보다 신학적이며, 인간의 죄에도 불구하고 하나님 나라를 임하게 하시려는 하나님의 선택 계획을 알려 준다. 족보는 신학적 의미가 우선이며, 실제로 걸린 세월을 정확히 측정하는 지표로 사용될 수 있는 것은 아니다. 이 단계에서 전개되는 주제는 창조, 심판, 언약, 율법 등이다.

3구간에 속한 본문 독해

이 구간에서 성경 내러티브는 한 민족으로서 이스라엘의 기원과 아브라함에게 주어진 언약의 구체적인 내용으로 우리를 데려간다. 그 주된 신학적 요지와 우리의 관계는, 하나님이 아브라함 자손들의 하나님이 되실 것과, 그들이 이스라엘 백성이 되어 땅의 모든 족속을 위한 하나님의 복의 통로가 될 것이라는 하나님의 약속에 있다. 일반적인 신학 방향은 이스라엘 민족 안에 하나님 나라가 세워지는 쪽을 향한다. 약속에서 시작해 예루살렘, 성전, 다윗 왕조의 통치가 중심이 되는 약속의 땅 소유로 전환되는 방식을 포착하는 것이 중요하다. 출애굽은 구원 복음의 견본이 되는데, 이 시점에는 이스라엘에게만 영향을 미친

8. '신학적 역사'라 함은, 역사 사건들이 반드시 연대기적으로 기록된 것이 아니라 사건 간의 신학적 연결고리를 확립하는 데 목적이 있다는 의미다.

다. 시내산 율법은 이스라엘 백성이 이집트에서 구원받은 민족으로 일관되게 살아가며, 언젠가 온 세상에 구원을 중재하는 참된 하나님의 백성이 되도록 주어진 지침이다.

아브라함 및 이스라엘과 세우신 언약의 구체적인 내용에는 이스라엘과 이방 세계가 구별되어 있다. 따라서 이방인 그리스도인은 시내산 율법이 자신들에게 어떻게 그리고 어느 정도까지 적용되는지 신중하게 고찰해야 한다. 이는 13장에서 다룬 것으로, 여기서 되풀이하지는 않겠다. 신약에서 '율법'이 언급될 때 우리가 그것을 이해하는 방식에 분명한 영향을 미친다는 사실이 중요하다.

4구간에 속한 본문 독해

여기서는 아브라함에게 주어진 약속이 이 땅에서 실제로 어떻게 성취되어 가는지를 다룬다. 약속의 땅 입성에서부터 솔로몬의 통치에 이르기까지, 하나님 나라에 대한 역사적 모형론이 점진적으로 계시된다. 또한 이런 발전의 중심에 있었던 인물들의 흥미진진한 이야기가 가득하다. 따라서 신앙이나 불신앙에 관련된 인간적 관심사가 담긴 본문을 단순히 윤리적 교훈이 담긴 이야기로 축소해서는 안 된다. 대부분의 주요 인물은 메시아적 구세주의 계보로 이어지거나 하나님 나라를 대적하는 자들이다. 그들의 삶을 윤리적으로 적용하는 데 주의해야 한다. 예언자, 제사장, 왕은 무엇보다 그리스도를 예표하는 인물과 사건의 발전 가운데 등장하는 존재들이다.

5구간에 속한 본문 독해

이스라엘과 유다의 역사적 쇠퇴기는 열왕기와 역대기에 모두 기록되어 있다. 솔로몬의 영화에서 앗수르와 바벨론 포로기로 이어지는 굴곡

진 과정의 이야기가 희미하게 사라지지 않기 위해서는 미래를 향한 소망이 필요하다. 이 소망을 후기 예언서가 제시한다. 그 와중에 보이는 전환은 몹시 인상적이다. 예언자들은 사라져 가는 역사의 과정을 다시 총체적으로 요약하지만, 갱신이나 심판 사건이 최종적이고 완전하며 영원할 것이라는 점에서 차이가 있다. 게다가 이방의 소망 또한 만물의 갱신과 이어진다. 선교의 사명은 종말에 속한다. 현대 독자들에게 크게 다가오는 질문은, 이러한 새로운 소망이 어떻게 우리와 관련된 방식으로 성취될 것인가라는 점이다. 신약은 나사렛 예수가 그 성취라고 분명히 가리킨다. 우리는 신약의 종말론과 연결하지 않고서는 예언서의 종말론에 다가갈 수 없다. 우리가 내려야 할 결정은 예언적 시계가 잠시 멈췄다가 예수의 재림과 천년왕국에서 다시 시작될 것이라고 보는 세대주의적 관점과, 모든 예언을 성취하신 예수에 관한 증거를 바라보는 개혁주의 신학의 관점 중 어느 것을 취할지의 문제다.

6구간에 속한 본문 독해

포로기 이후 시기는 바벨론에서 귀환한 백성들의 실망감에 초점이 맞춰진다. 에스라와 느헤미야는 예루살렘과 성전 재건을 위한 첫걸음과 그 과정의 역사적 문제를 기술한다. 그리스도인에게 느헤미야의 리더십은 흥미로울 수 있지만, 에스라와 느헤미야 두 사람의 사역은 예언적 소망의 성취라는 신학적 의미에서 바라보아야 한다. 느헤미야의 리더십에만 집중하게 되면, 시온의 건축자로서 그가 지닌 신학적 의미를 간과하게 될 소지가 다분하다.[9] 포로기 이후 세 예언자(학개, 스가랴, 말

9. 예루살렘 성벽 재건에 관련된 세부 사항은 도성 전체의 재건이라는 문맥 속에서 다루어져야 하며, 억지스러운 알레고리 해석으로 영적 교훈을 이끌어 내려 해서는 안 된다. 20세기의 한 기독교 방송인은 '마문'의 재건(느 3:28)을 하나님의 전신 갑주를 입으라(엡 6:10-17)는 주해로 연결

라기)는 재건 과정에서의 실망이 대체로 민족의 불신과 냉담 때문임을 강조한다. 시온과 성전의 핵심적인 중요성은 신약의 기독론적 성취에 비추어 신중하게 다루어져야 한다. 이 구간의 역동성은 예언자들이 예언했던 하나님 나라로 이어지지 않는 회복에 대한 실망감을 포함하고 있다. 주해자는 이 결핍의 측면을 반드시 다루면서도 신약의 해결책을 함께 고려해야 한다. 이러한 본문과 우리가 맺는 관계는 언제나 그리스도를 통해서만 가능하다.

7구간에 속한 본문 독해

우리는 성경의 해석과 적용에서 아마도 가장 복잡한 문제에 이르게 된다. 이제 예수의 탄생, 삶, 가르침과 행적, 죽음, 부활, 승천, 성령을 통한 임재가 다루어지기 때문에, 모든 것이 우리에게 직접 적용된다고 가정하기 쉽다. 하지만 이는 증거를 오독하는 것이다(7장을 보라). 우선, 예수의 오심은 히브리 성경과 이스라엘의 소망의 성취자로 예수를 보는 관점과, 그때 이후로 지금까지 예수를 적대하는 랍비 유대교 관점 사이의 해석학적 분리를 낳았다는 점을 주목해야 한다. 이런 분열은 신자들 사이에서 유대인과 이방인의 모든 구별이 사라졌음을 의미하지 않는다. 예수는 참 이스라엘로서 믿는 유대인들로 이루어진 새 이스라엘에게 먼저 가르치기 시작하셨다. 12장과 13장에서 다룬 내용을 반복하지는 않겠지만, 그리스도인 독자들이 예수께서 먼저 새 이스라엘에게 주신 가르침을 이해하려고 할 때는 신중하기를 당부한다. 오순절 사건에 이르면, 독자는 사도행전 2장 이후의 사건을 영

시켰다. 한마디로 이런 식이다. 마문 = 말 = 군인 = 갑주 = 하나님의 갑주. 마찬가지로 '양문'(느 3:1)의 의미를 "나는 선한 목자라"(요 10:1-16)라는 예수의 말씀과 연결했다. 이런 해석에 관해서는 굳이 언급할 필요조차 없어 보인다.

원한 규범으로 볼 것인지, 아니면 본서 8장에서 내가 옹호한 관점처럼 지상에서 우리와 함께 계시던 예수에서 성령으로 함께하시는 예수로의 단회적 전환에 따른 사건으로 보아야 할지 결정해야만 한다. 이 전환 사건은 과거의 역사가 되었지만, 그에 따른 결과는 여전히 유효하다.

8구간에 속한 본문 독해

이 구간은 오늘날 그리스도인 독자에게 적용에 있어서만큼은 수월하게 여겨진다. 사도적 저자들은 오순절 이후 성령 시대의 교회들에게 편지를 보내고 있는데, 우리는 이들과 가장 가까운 동질감을 느낀다. 이방인이 교회에서 절대다수를 차지하고 있는 오늘날의 현실로 인해, 간헐적으로 유대인 선교를 향한 관심을 표명할 경우를 제외하고는 유대인과 이방인의 구별(분리가 아닌)이 교회에 더 이상 적용되지 않는 것으로 받아들여지게 되었다. 나는 이런 대체주의적(대체신학적) 접근이 지속될 수 없다고 생각하는 이유를 설명했다. 예수께서 유대인 제자들을 가르치신 문제와 마찬가지로, 교회의 본질과 관련해 현대 그리스도인이 직면한 결정 사항은 다음과 같다. 교회는 곧 새 이스라엘인가, 아니면 새 이스라엘과 이방인 신자가 함께 모인 공동체인가? 아마도 여기서 실제적으로 중요한 문제는 시내산 율법과 복음의 관계다. 앞서 표명한 바와 같이, 그리스도인의 삶에서 율법의 지위는 신중히 해석할 필요가 있는 영역이다.

9구간에 속한 본문 독해

장차 일어날 일들에 관한 우리의 이해에 영향을 미치는 종말론은, 복음주의적 그리스도인 사이에서 가장 논란이 많은 신약의 분야 중 하나다. 우리는 타락 문제만이 아니라 종말론에서도 아르미니우스와 토마스 아퀴나스를 따를 것인지, 아니면 칼뱅과 루터를 따를 것인지 선택해야 한다. 해석학적 원칙은 인간 지성에 자명한 것인가, 아니면 그것 역시 우선적으로 복음을 통해 구원을 얻은 지성을 필요로 하는가?[10] 나는 15장에서 문자주의적 접근법이 성경적이지 않은 이유와, 그것이 정당한 문자적 해석과 반드시 구별되어야 하는 이유를 설명했다. 진정한 문자주의는 우리를 전천년설이나 기독교 시온주의, 또는 후천년설로 이끌지 않는다. 오히려 그리스도가 모든 예언을 문자적으로 성취하신다는 그리스도 중심적 해석으로 이끈다. 성경 전체에서 단 한 번, 그것도 묵시적 상징의 한 조각으로 그리스도의 천년 통치가 언급된다는 점에서 천년왕국은 선동적인 개념이다. 게다가 해당 본문(계 20장)은 그리스도께서 재림 후 이 땅을 통치하신다는 사실을 조금도 언급하지 않는다. 나는 복음주의 독자들에게 예언의 성취 문제에 있어서 성경이 우리를 인도하게 하자고 간청한다. 요컨대 그리스도인은 예수의 재림에 불안해하거나 지나친 호기심을 가져서는 안 된다. '파루시아'에 관한 세부 사항은 희소하고 다소 신비로운 경향이 있지만, 성경의 역동성은 우리를 위해 하나님이 하셨던 일과 우리 안에서 계속 하고 계신 일이 예수의 나타나심으로 영화롭게 완성될 것이라는 확고한 소망으로 이끈다. 다시 오실 그 예수는 우리에게 "깨어 기도하라"고 명하셨다(마 25:13; 26:41).

10. Graeme Goldsworthy, *Gospel-centred Hermeneutics: Biblical-theological foundations and principles* (Nottingham: Apollos, 2006), pp. 45–57; Vern S. Poythress, 'Divine Meaning of Scripture', *WTJ* 48/2 (1986), pp. 241–79; 'God's Lordship in Interpretation', *WTJ* 50 (1988), pp. 27–64; 'Christ the Only Savior of Interpretation', *WTJ* 50 (1988), pp. 305–21를 보라.

결론

요약을 겸한 몇 마디 말로 결론을 맺겠다.

1. 본 연구의 첫 번째 목표는 성경 본문과 현대 독자 사이의 거리라는 문제를 들춰내어, 이에 대한 몇 가지 방안을 제시하는 것이었다.

2. 나는 종합적인 성경신학 책을 쓰려고 한 것이 아니다. 오히려 정경의 통일성과 다양성을 보여 주는 성경 구조의 핵심 측면 몇 가지를 성경 본문을 통해 열어 보이려고 했다.

3. 서론격인 1부에서는, 우리가 어떤 본문에 이미 형성된 전제를 가지고 접근한다는 사실을 보여 주려고 했다. 그런 전제는 정당화되어야 하며, 필요하다면 조정되거나 버려져야 한다. 전제의 변화는 그보다 근본적인 1차적 전제에서 비롯된다. 이러한 논리는 하나님의 계시와 창조 주권에 근거를 두고 있다.

4. 하나님, 그분의 존재, 그분의 행동을 계시하는 성경의 최고 권위에 대한 기독교 유신론의 전제는, 그 계시의 내적 일관성, 설명하는 능력, 성령의 내적 증거에 의해 뒷받침된다.

5. 성경신학의 전개는 본문 연구를 할 때 우리가 가져오는 전제에 달려 있다. 본 연구의 토대는 하나님의 기록된 말씀인 성경에 관한 개혁주의적 복음주의 전제들이었다. 이것들은 충분히 신학적이며, 조직신학에서 기독교 교리를 형성하는 데 포함된다.

6. 본 연구의 주요 목적은 구속사에서 점진적 계시가 본문과 현대 독자 사이에 만들어 내는 다양한 거리를 보여 주는 것이었다. 이를 위해 창조에서 시작해 구속사의 여러 단계를 거쳐 그리스도 안에서 성취되는 핵심 주제들의 발달을 설명하려 했다.

7. 이러한 접근법의 궁극적 논리는 다음과 같다.

(1) 구약에서 한 주제의 발전은 그 주제가 그리스도 안에서 어떻게 풍성하게

성취되는지 보여 준다.

(2) 구약과 그리스도의 연결은 본문과 신자의 관계에 영향을 미치는 신약 속의 다양한 전환에까지 이어진다.

(3) 구약에서 그리스도에 이르는 과정, 그리고 신약에서 그분에 대해 배우는 모든 내용은 그리스도에서부터 믿음으로 '그리스도 안에' 있는 이들에게까지 확장된다.

(4) 그리스도 중심성은 하나님의 자기 계시를 중재하는 그리스도의 예언자적 역할을 강조한다. 따라서 우리는 그리스도를 통해 참으로 성부 하나님과 성령 하나님을 알게 된다.

****

본 연구를 통해 다룰 수 있는 주제가 훨씬 많았다. 다시 한 번 말하지만, 나는 종합적인 성경신학 책을 쓰려고 한 것이 아니라 성경 계시의 기본 구조를 탐구하고 모든 성경 독자에게 열려 있는 접근법을 제시하려고 했다. 내 목표는 방대하고 복잡한 문헌인 성경이라는 바다를 항해하는 지침이 될 수 있는 기본적인 지도를 만드는 것이었다. 성경의 복잡성 앞에 좌절해서는 안 된다는 사실을 입증하려 했으며, 우리를 인도하는 몇 가지 기본 원칙을 제시하면서 독자들을 돕기 위해 노력했다.

마지막으로 세 가지를 제안한다. 기도하라. 읽으라. 그리스도 안에서 우리에게 모든 복을 주신 전능하신 하나님께 감사하라.

맺음말

복되신 주님, 모든 성경이 우리의 배움을 위해 기록되게 하신 분이시여. 우리가 그 말씀을 듣고 읽고 표시하고 배우고 마음 깊이 새기도록 허락해 주옵소서. 그리하여 인내와 주님의 거룩한 말씀의 위로로, 우리 구주 예수 그리스도 안에서 우리에게 주신 영생의 복된 소망을 품고, 항상 굳게 붙들게 하옵소서. 아멘.[1]

1. 대림절 둘째 주일을 위한 기도문, 「공동 기도서」.

참고문헌

Agus, Irving. דברי ימי ישראל [A History of Israel] (New York, NY: The Jewish Agency, 1957).

Aland, Kurt, et al. (eds). *The Greek New Testament* (London: United Bible Societies, 1966).

Allison, C. FitzSimons. *The Cruelty of Heresy: An affirmation of Christian orthodoxy* (London: SPCK, 1994).

Althaus, Paul. *The Theology of Martin Luther* (Philadelphia, PA: Fortress Press, 1966). 『마르틴 루터의 신학』(CH북스).

Andersen, Francis I. *Job*, Tyndale Old Testament Commentaries 14 (Leicester: Inter-Varsity Press, 1976).

______. 'Yahweh, the Kind and Sensitive God', in P. T. O'Brien and D. G. Peterson (eds), *God Who Is Rich in Mercy: Essays presented to Dr. D. B. Knox* (Homebush West, NSW: Lancer Books, 1986), pp. 41-88.

Anderson, Bernhard W. 'Mythopoeic and Theological Dimensions of Biblical Creation Faith', in Bernhard W. Anderson (ed.), *Creation in the Old Testament* (Philadelphia, PA: Fortress Press; London: SPCK, 1984), pp. 1-24.

Archer, Kenneth. 'Pentecostal Hermeneutics: Retrospect and prospect',

Journal of Pentecostal Theology 8 (1996), pp. 63-81.

Bahnsen, Greg L. *Van Til's Apologetic: Reading and analysis* (Phillipsburg, NJ: P&R Publishing, 1998).

Baldwin, Joyce G. *Esther: An introduction and commentary*, Tyndale Old Testament Commentaries 17 (Nottingham: Inter-Varsity Press, 1984).

Ballard, Harold. *The Divine Warrior Motif in the Psalms*, BIBAL Dissertation Series 6 (North Richmond Hills, TX: BIBAL Press, 1999).

Barker, William S., and W. Robert Godfrey (eds). *Theonomy: A Reformed critique* (Grand Rapids, MI: Academie, 1990).

Beale, G. K. *Colossians and Philemon*, Baker Exegetical Commentary on the New Testament (Grand Rapids, MI: Baker Academic, 2019). 『BECNT 골로새서·빌레몬서』(부흥과개혁사).

______. *A New Testament Biblical Theology: The unfolding of the Old Testament in the New* (Grand Rapids, MI: Baker Academic, 2011). 『신약성경신학』(부흥과개혁사).

______. *The Temple and the Church's Mission: A biblical theology of the dwelling place of God*, NSBT 17 (Leicester: Apollos; Downers Grove, IL: InterVarsity Press, 2004). 『성전 신학』(새물결플러스).

Beale, G. K., and D. A. Carson (eds). *Commentary on the New Testament Use of the Old Testament* (Grand Rapids, MI: Baker Academic; Nottingham: Apollos, 2007). "신약의 구약사용 주석 시리즈"(CLC).

Berkhof, Hendrikus. *Christ the Meaning of History* (Grand Rapids, MI: Baker, 1966).

Berkhof, Louis. *Systematic Theology* (Edinburgh: Banner of Truth Trust, 1963; first published 1939). 『벌코프 조직신학』(CH북스).

Berkouwer, G. C. *The Return of Christ* (Grand Rapids, MI: Eerdmans, 1972).

Bietenhard, H. 'Hell', *NIDNTT*, vol. 2, pp. 205-10.

Blaising, Craig A., and Darrell L. Bock. *Progressive Dispensationalism* (Grand Rapids, MI: Baker, 1993).

______. (eds). *Dispensationalism, Israel and the Church: The search for definition* (Grand Rapids, MI: Zondervan, 1992).

Blomberg, Craig L. *Interpreting the Parables* (Leicester: Apollos, 1990). 『비유 해석학』(생명의말씀사).

Boice, James Montgomery. *Foundations of the Christian Faith* (Downers Grove, IL: InterVarsity Press; Leicester: Inter-Varsity Press, 1986).

Bolt, Peter G. *The Cross from a Distance: Atonement in Mark's Gospel*, NSBT 18 (Leicester: Apollos; Downers Grove, IL: IVP Academic, 2004).

______. 'Mark 13: An apocalyptic precursor to the Passion narratives', *RTR* 54/1 (1995), pp. 10-32.

Bonhoeffer, Dietrich. *Creation and Fall: A theological interpretation of Genesis 1-3*, tr. John C. Fletcher (London: SCM Press, 1959). 『창조와 타락』(복있는사람).

Braaten, Carl E. *History and Hermeneutics* (Philadelphia, PA: Westminster Press, 1966).

Brannan, Rick. *Lexham Research Lexicon of the Hebrew Bible* (Bellingham, WA: Lexham Academic, 2020).

Bray, Gerald. 'Deification', *NDT*, pp. 189-90.

Bright, Bill. *How to Be Filled with the Holy Spirit* (Sydney: Lay Institute for Evangelism, 1997). 『성령 충만을 받는 방법』(순출판사).

Bright, John. *The Authority of the Old Testament* (London: SCM Press, 1967). 『구약성서의 권위』(컨콜디아사).

______. *Covenant and Promise: Future in the preaching of the pre-exilic prophets* (London: SCM Press, 1977).

______. *Jeremiah: A new translation with introduction and commentary*, The Anchor Bible 21 (New York, NY: Doubleday, 1965).

Brower, K. E. 'Eschatology', *NDBT*, pp. 459-64.

Brown, C. 'Prophet', *NIDNTT*, vol. 3, pp. 74-92.

Brown, F., S. Driver and C. Briggs. *A Hebrew and English Lexicon of the Old*

Testament, reprinted with corrections (Oxford: Clarendon Press, 1957).

Brown, Harold O. J. *Heresies: The image of Christ in the mirror of heresy and orthodoxy from the apostles to the present* (New York, NY: Doubleday, 1984).

Brueggemann, Walter. *Theology of the Old Testament: Testimony, dispute, advocacy* (Minneapolis, MN: Fortress Press, 1997). 『구약신학』(CLC).

Bruner, Frederick Dale. *A Theology of the Holy Spirit: The Pentecostal experience* (Grand Rapids, MI: Eerdmans, 1970). 『성령신학』(나눔사).

Buchanan, James. *The Doctrine of Justification*, repr. of 1867 edn (London: Banner of Truth Trust, 1961). 『칭의 교리의 진수』(지평서원).

Bultmann, Rudolf. *History and Eschatology: The presence of eternity* (Edinburgh: Edinburgh University Press, 1957). 『역사와 종말론』(대한기독교서회).

Bunyan, John. *Grace Abounding to the Chief of Sinners* (London: SCM Press, 1955; originally published 1666). 『죄인의 괴수에게 넘치는 은혜』(CH북스).

Buttrick, G. A. *Christ and History* (New York, NY: Abingdon Press, 1963).

Cairns, Earle E. 'Philosophy of History', in C. F. H. Henry (ed.), *Contemporary Evangelical Thought* (Grand Rapids, MI: Baker, 1968), pp. 179-211.

Calvin, John. *The Epistles of Paul the Apostle to the Romans and to the Thessalonians* (Edinburgh: Oliver & Boyd, 1961).

______. *Institutes of the Christian Religion*, ed. John T. McNeill, tr. Ford Lewis Battles, Library of Christian Classics 20-1 (Philadelphia, PA: Westminster John Knox Press, 2006). 『기독교 강요』(생명의말씀사).

Campbell, Constantine R. *The Letter to the Ephesians*, Pillar New Testament Commentary (Grand Rapids, MI: Eerdmans, 2023).

Carson, D. A., et al. (eds). *The New Bible Commentary*, 4th edn (Leicester: Inter-Varsity Press, 1994). 『IVP 성경주석』(IVP).

Carson, Herbert. *The Epistles of Paul to the Colossians and Philemon*, Tyndale New Testament Commentaries (Leicester: Inter-Varsity Press,

1960).

Carter, Robert (ed.). *Evolution's Achilles' Heel* (Powder Springs, GA: Creation Book Publishers, 2014).

Chaplin, Jeremiah (ed.). *The Riches of Bunyan: Selected from his works for the American Tract Society* (New York, NY: American Tract Society, 1850).

Church of England in Australia. *An Australian Prayer Book: For use together with the Book of Common Prayer, 1662* (Sydney: General Synod of the Church of England in Australia, 1978).

______. *Both Sides to the Question: Official enquiry into Neo-Pentecostalism. Report of a select synod committee of the Diocese of Sydney* (Sydney: Anglican Information Office, 1973).

Clark, John. *His Workmanship: Reflections on living in Christ* (n.p.: Ark House, 2023).

Clements, R. E. *Isaiah 1-39*, New Century Bible Commentary (London: Marshall, Morgan & Scott; Grand Rapids, MI: Eerdmans, 1980).

Clowney, Edmund P. *Preaching and Biblical Theology* (London: Tyndale Press, 1961). 『설교와 성경신학』(크리스챤출판사).

Coenen, L. 'Church, Synagogue', *NIDNTT*, vol. 1, pp. 291-307.

Cole, Graham A. *The God Who Became Human: A biblical theology of incarnation*, NSBT 30 (Nottingham: Apollos; Downers Grove, IL: InterVarsity Press, 2013).

Craigie, Peter. *The Book of Deuteronomy*, New International Commentary on the Old Testament (Grand Rapids, MI: Eerdmans, 1976).

Cross, Frank Moore. 'The Divine Warrior in Israel's Early Cult', in Alexander Altmann (ed.), *Biblical Motifs: Origins and transformations*, Studies and Texts 3 (Cambridge, MA: Harvard University Press, 1966), pp. 11-30.

Cullmann, Oscar. *Christ and Time: The primitive Christian concept of time and history* (London: SCM Press, 1951). 『그리스도와 시간』(나단).

______. *Immortality of the Soul or Resurrection of the Dead? The witness of the New Testament* (London: Epworth, 1958).

______. *Salvation in History* (London: SCM Press, 1967). 『구원의 역사』(대한기독교서회).

Dantine, Wilhelm. *The Justification of the Ungodly* (St Louis, MO: Concordia, 1968).

Dennis, Lane T., Wayne Grudem et al. (eds). *ESV Study Bible* (Wheaton, IL: Crossway, 2008). 『ESV 스터디 바이블』(부흥과개혁사).

DeVries, Simon. *Yesterday, Today and Tomorrow: Time and history in the Old Testament* (Grand Rapids, MI: Eerdmans, 1975).

Dodd, C. H. *The Apostolic Preaching and Its Developments* (London: Hodder & Stoughton, 1936).

Doyle, R. C. *Eschatology and the Shape of Christian Belief* (Carlisle: Paternoster, 1999).

Dumbrell, William J. *Covenant and Creation: An Old Testament covenantal theology* (Exeter: Paternoster, 1984).

______. *The New Covenant: The Synoptics in context: Matthew, Mark and Luke* (Singapore: Bible Society of Singapore, 1999).

______. *The Search for Order: Biblical eschatology in focus* (Grand Rapids, MI: Baker, 1994). 『언약신학과 종말론』(CLC).

Ellis, E. Earle. *Paul's Use of the Old Testament* (Edinburgh: Oliver & Boyd, 1957).

Esser, H.-H. 'Law', *NIDNTT*, vol. 2, pp. 436-56.

Fairbairn, Donald. 'Salvation as Theosis: The teaching of Eastern Orthodoxy', *Themelios* 23/3 (1998), pp. 42-54.

Firth, David G., and Paul D. Wegner. *Presence, Power and Promise: The role of the Spirit of God in the Old Testament* (Nottingham: Apollos, 2011).

Frame, John M. *Apologetics to the Glory of God: An introduction* (Phillipsburg, NJ: P&R Publishing, 1994).

Friedrich, G. 'κῆρυξ', *TDNT*, vol. 3, pp. 683-96.

______. 'κηρύσσω', *TDNT*, vol. 3, pp. 703-14.

Friesen, Garry. *Decision Making and the Will of God: A biblical alternative to the traditional view* (Portland, OR: Multnomah, 1980). 『나의 결정과 하나님의 뜻』(생명의말씀사).

Fukuyama, Francis. *The End of History and the Last Man* (London: Hamish Hamilton, 1992). 『역사의 종말과 최후의 인간』(예영커뮤니케이션).

Furley, William D. 'Thucydides and Religion', in Antonios Rengakos and Antonios Tsakmakis (eds), *Brill's Companion to Thucydides* (Leiden: Brill, 2006), pp. 415-38.

Gaffin Jr, Richard B. *The Centrality of the Resurrection: A study in Paul's soteriology* (Grand Rapids, MI: Baker, 1978).

______. 'Challenges of the Charismatic Movement to the Reformed Tradition', *Ordained Servant* 7/3 (1998), pp. 48-57.

Geehan, E. R. (ed.). *Jerusalem and Athens: Critical discussions on the theology and apologetics of Cornelius Van Til* (Phillipsburg, NJ: Presbyterian and Reformed, 1971).

Gibson, R. J. (ed.). *Interpreting God's Plan: Biblical theology and the pastor* (Carlisle: Paternoster, 1998).

Goldingay, John. 'Was the Holy Spirit Active in Old Testament Times? What was new about the Christian experience of God?', *Ex Auditu* 12 (1996), pp. 14-28.

Goldsworthy, Graeme. *According to Plan: The unfolding revelation of God in the Bible* (Leicester: Inter-Varsity Press, 1991; new format, Nottingham: Inter-Varsity Press, 2003). 『복음과 하나님의 계획』(성서유니온).

______. 'Biblical Theology and Hermeneutics', *SBJT* 10/2 (2006), pp. 4-18.

______. *Christ-centred Biblical Theology: Hermeneutical foundations and principles* (Nottingham: Apollos, 2012). 『그리스도 중심 성경신학』(부흥과개혁사).

______. *The Goldsworthy Trilogy* (Milton Keynes: Paternoster, 2000).

______. *Gospel and Kingdom: A Christian interpretation of the Old Testament* (Exeter: Paternoster, 1981). 『복음과 하나님 나라』(성서유니온).

______. *Gospel and Wisdom: Israel's Wisdom literature in the Christian life* (Exeter: Paternoster, 1987). 『복음과 하나님의 지혜』(성서유니온).

______. *The Gospel in Revelation: Gospel and apocalypse* (Exeter: Paternoster, 1984). 『복음과 요한계시록』(성서유니온).

______. *Gospel-centred Hermeneutics: Biblical-theological foundations and principles* (Nottingham: Apollos; Downers Grove, IL: InterVarsity Press, 2006). 『복음중심 해석학』(CLC).

______. *Homeward Bound: Sabbath rest for the people of God* (Milton Keynes: Paternoster, 2019).

______. *The Lion of the Tribe of Judah: 1 and 2 Chronicles* (Sydney: Aquila Press, 2021).

______. 'The Necessity and Viability of Biblical Theology', *SBJT* 12/4 (2008), pp. 4–18.

______. 'The Ontological and Systematic Roots of Biblical Theology', *RTR* 62/3 (2003), pp. 152–64.

______. *Prayer and the Knowledge of God: What the whole Bible teaches* (Leicester: Inter-Varsity Press, 2003). 『기도와 하나님을 아는 지식』(IVP).

______. *Preaching the Whole Bible as Christian Scripture: The application of biblical theology to expository preaching* (Grand Rapids, MI: Eerdmans; Leicester: Inter-Varsity Press, 2000). 『성경신학적 설교 어떻게 할 것인가』(성서유니온).

______. 'Regeneration', *NDBT*, pp. 720–3.

______. *The Son of God and the New Creation*, Short Studies in Biblical Theology (Wheaton, IL: Crossway, 2015). 『하나님의 아들과 새 창조』(부흥과개혁사).

______. '"Thus says the Lord!" – the Dogmatic Basis of Biblical Theology', in Peter T. O'Brien and David G. Peterson (eds), *God Who Is Rich in Mercy: Essays presented to Dr. D. B. Knox* (Homebush West, NSW: Lancer Books, 1986).

______. *The Tree of Life: Reading Proverbs today* (Sydney: Anglican Information Office, 1993; rev. edn, Sydney: Aquila Press, 2011).

Green, Bradley G. *The Gospel and the Mind: Recovering the intellectual life* (Wheaton, IL: Crossway, 2010).

Greidanus, Sidney. *The Modern Preacher and the Ancient Text: Interpreting and teaching biblical literature* (Grand Rapids, MI: Eerdmans, 1988).

______. *Preaching Christ from the Old Testament: A contemporary hermeneutical method* (Grand Rapids, MI: Eerdmans, 1999). 『구약의 그리스도, 어떻게 설교할 것인가』(이레서원).

Grenz, Stanley J. *A Primer on Postmodernism* (Grand Rapids, MI: Eerdmans, 1996). 『포스트모더니즘의 이해』(WPA).

Grigg, Russell. 'Can Christians Add the Big Bang to the Bible?', *Creation* 43/1 (2021), pp. 24-7.

Gumbel, Nicky. *Alpha: Questions of life* (Eastbourne: Kingsway, 1993). 『인생의 의문점들』(서로사랑).

Halsey, Jim S. *For Such a Time as This: An introduction to the Reformed apologetics of Cornelius Van Til* (Phillipsburg, NJ: Presbyterian and Reformed, 1978).

Hamilton Jr, James M. *God's Glory in Salvation through Judgment: A biblical theology* (Wheaton, IL: Crossway, 2010).

Hamilton, Victor P. *The Book of Genesis: Chapters 1-17*, New International Commentary on the Old Testament (Grand Rapids, MI: Eerdmans, 1990). 『NICOT 창세기 1』(부흥과개혁사).

Hanson, Anthony Tyrrell. *Jesus Christ in the Old Testament* (London: SPCK, 1965).

Harris, Ian. *The Mind of John Locke* (Cambridge: Cambridge University Press,

2008).

Harrisville, Roy A., and Walter Sundberg. *The Bible in Modern Culture* (Grand Rapids, MI: Eerdmans, 1995).

Hartley, John E. *The Book of Job*, New International Commentary on the Old Testament (Grand Rapids, MI: Eerdmans, 1988).

Hebert, Gabriel. *Christ the Fulfiller: Three studies on the biblical types, as they are presented in the Old and New Testaments* (Sydney: Anglican Truth Society, 1957).

Henderson, Ian. *Myth in the New Testament*, Studies in Biblical Theology 7 (London: SCM Press, 1952).

Hendriksen, William. *Colossians* (Edinburgh: Banner of Truth Trust, 1971).

Henry, Carl F. H. *Toward a Recovery of Christian Belief*, The Rutherford Lectures (Wheaton, IL: Crossway, 1990).

Hillers, Delbert. *Covenant: The history of a biblical idea* (Baltimore, MD: Johns Hopkins Press, 1969).

Hoekema, A. A. *The Bible and the Future* (Exeter: Paternoster, 1979). 『개혁주의 종말론』(부흥과개혁사).

Hoskyns, Sir Edwyn, and Noel Davey. *The Riddle of the New Testament* (London: Faber & Faber, 1958).

Jeanrond, Werner G. *Theological Hermeneutics: Development and significance* (New York, NY: Crossroad, 1991).

Jensen, Peter. *The Revelation of God*, Contours of Christian Theology (Leicester: Inter-Varsity Press, 2002). 『하나님의 계시』(IVP).

______. 'The Seminary and the Sermon', in Leland Ryken and Todd Wilson (eds), *Preach the Word: Essays in expository preaching in honor of R. Kent Hughes* (Wheaton, IL: Crossway, 2007), pp. 209-19.

______. 'Teaching Doctrine as Part of the Pastor's Role', in R. J. Gibson (ed.), *Interpreting God's Plan: Biblical theology and the pastor* (Carlisle: Paternoster, 1998), pp. 75-90.

Jessup, Gordon. *No Strange God: An outline of Jewish life and faith* (London: Olive Press, 1976).

Johnson, Dennis E. *Heralds of the King: Christ-centered sermons in the tradition of Edmund P. Clowney* (Wheaton, IL: Crossway, 2009). 『모든 성경에서 그리스도를 설교하라』(부흥과개혁사).

______. *Him We Proclaim: Preaching Christ from all the Scriptures* (Phillipsburg, NJ: P&R Publishing, 2007).

Johnston, P. S. 'Hell', *NDBT*, pp. 544-6.

Jordan, Clarence. *The Cotton Patch Version of Matthew and John* (New York, NY: Association Press, 1973).

Kaiser, Otto. *Isaiah 1-12*, Old Testament Library (Philadelphia, PA: Westminster Press, 1972).

Kidner, Derek. *Proverbs*, Kidner Classic Commentaries (London: InterVarsity Press, 2018).

Kline, Meredith G. *Treaty of the Great King: The covenant structure of Deuteronomy* (Grand Rapids, MI: Eerdmans, 1963).

Knox, D. Broughton. 'New Testament Baptism', *Selected Works, vol. 2: Church and Ministry*, ed. K. Birkett (Sydney: Matthias Media, 2003), pp. 263-309.

Konig, Adrio. *The Eclipse of Christ in Eschatology: Toward a Christcentered approach* (Grand Rapids, MI: Eerdmans, 1980).

Laurentin, Rene. *Catholic Pentecostalism*, tr. Matthew O'Connell (London: Darton, Longman & Todd, 1977).

Leith, John H. (ed.). *Creeds of the Churches: A reader in Christian doctrine from the Bible to the present*, rev. edn (Richmond, VA: John Knox Press, 1973).

Lewis, Arthur H. *The Dark Side of the Millennium: The problem of evil in Rev. 20:1-10* (Grand Rapids, MI: Baker, 1980).

Lewis, C. S. *Christian Reflections*, ed. Walter Hooper (Grand Rapids, MI:

Eerdmans, 1967). 『기독교적 숙고』(홍성사).

______. *The Great Divorce: A dream* (London: Collins, 1946). 『천국과 지옥의 이혼』(홍성사).

______. *The Lion, the Witch and the Wardrobe* (London: Geoffrey Bles, 1950). 『나니아 연대기: 사자와 마녀와 옷장』(시공주니어).

Lindsey, Hal. *The Late Great Planet Earth* (Grand Rapids, MI: Zondervan, 1970). 『대유성 지구의 종말』(생명의말씀사).

Lloyd-Jones, D. M. *Romans: Exposition of chapter 8:17-39* (Edinburgh: Banner of Truth Trust, 1975). 『마틴 로이드 존스의 로마서 강해 - 제6권』(CLC).

Longman III, Tremper. *Genesis*, The Story of God Bible Commentary (Grand Rapids, MI: Zondervan, 2016). 『SGBC 창세기』(성서유니온).

MacArthur, John. *None Other: Discovering the God of the Bible* (Orlando, FL: Reformation Trust, 2017).

McBrien, Richard P. *Catholicism* (Minneapolis, MN: Winston Press, 1981).

McCarthy, D. J. *Old Testament Covenant* (Richmond, VA: John Knox Press, 1972).

McComiskey, Thomas E. *The Covenants of Promise: A theology of the Old Testament covenants* (Grand Rapids, MI: Baker, 1985). 『계약신학과 약속』(CLC).

McGrath, Alister E. *Christian Theology: An introduction* (Oxford: Blackwell, 1994). 『신학이란 무엇인가』(복있는사람).

McKane, William. *Proverbs: A new approach* (London: SCM Press; Philadelphia, PA: Westminster Press, 1970).

Martin-Achard, R. *From Death to Life* (Edinburgh: Oliver & Boyd, 1960).

Mathews, Kenneth. *Leviticus: Holy God, holy people* (Wheaton, IL: Crossway, 2009).

Mendenhall, G. E. *Law and Covenant in Israel and the Ancient Near East* (Pittsburgh, PA: Biblical Colloquium, 1954).

Merrill, Eugene H. *Deuteronomy*, New American Commentary (Nashville, TN: Broadman & Holman, 1994). 『NAC 신명기』(부흥과개혁사).

Millar, J. Gary. *Calling on the Name of the Lord: A biblical theology of prayer*, NSBT 38 (London: Apollos; Downers Grove, IL: IVP Academic, 2016).

Miller, Patrick D. *The Divine Warrior in Early Israel*, Harvard Semitic Monographs 5 (Cambridge, MA: Harvard University Press, 1973).

Mitchel, Patrick. *The Message of Love: The only thing that counts* (London: Inter-Varsity Press, 2019).

Montgomery, John Warwick. *Where Is History Going? A Christian response to secular philosophies of history* (Minneapolis, MN: Bethany Fellowship, 1969).

Moo, Douglas J. *The Letters to Colossians and Philemon*, Pillar New Testament Commentary (Cambridge/Grand Rapids, MI: Eerdmans; Nottingham: Apollos, 2008). 『PNTC 골로새서·빌레몬서』(부흥과개혁사).

Morris, Leon. 'Atonement', *NDT*, pp. 54-7.

______. *The Epistle to the Romans* (Grand Rapids, MI: Eerdmans; Leicester: Inter-Varsity Press, 1988).

Motyer, J. Alec. *After Death: A sure and certain hope* (Philadelphia, PA: Westminster Press, 1965).

______. *The Prophecy of Isaiah: An introduction and commentary* (Downers Grove, IL: InterVarsity Press, 1993). 『이사야 주석』(솔로몬).

Murray, Iain. *The Invitation System* (Edinburgh: Banner of Truth Trust, 1967).

Murray, John. *The Covenant of Grace* (London: Tyndale Press, 1954).

Newbigin, Lesslie. *After Death: A sure and certain hope* (Philadelphia, PA: Westminster Press, 1965).

______. 'The Trinity as Public Truth', in Kevin J. Vanhoozer (ed.), *The Trinity in a Pluralistic Age: Theological essays on culture and religion* (Grand Rapids, MI: Eerdmans, 1997).

North, C. R. *The Suffering Servant in Deutero-Isaiah: An historical and critical study* (London: Oxford University Press, 1956).

Notaro, Tom. *Van Til and the Use of Evidence* (Phillipsburg, NJ: Presbyterian and Reformed, 1980).

O'Connor, Edward. *The Pentecostal Movement in the Catholic Church* (Notre Dame, IN: Ave Maria Press, 1974).

Orr, James. *The Progress of Dogma* (London: Hodder & Stoughton, 1901).

Packer, J. I. *Evangelism and the Sovereignty of God* (Nottingham: InterVarsity Press, 2010). 『제임스 패커의 복음전도란 무엇인가』(생명의말씀사).

______. 'God', *NDT*, pp. 274-77.

______. *God Has Spoken: Revelation and the Bible* (Grand Rapids, MI: Baker, 1994). 『제임스 패커의 절대 진리』(국제제자훈련원).

Peterson, David G. 'Holiness', *NDBT*, pp. 545-50.

Peterson, Robert A., and Michael D. Williams. *Why I Am Not an Arminian* (Downers Grove, IL: InterVarsity Press, 2004).

Piper, John. *Think: The life of the mind and the love of God* (Wheaton, IL: Crossway, 2010). 『존 파이퍼의 생각하라』(IVP).

Piper, John, and David Mathis (eds). *Thinking, Loving, Doing: A call to glorify God with heart and mind* (Wheaton, IL: Crossway, 2011).

Poythress, Vern S. 'Christ the Only Savior of Interpretation', *WTJ* 50 (1988), pp. 305-21.

______. 'Divine Meaning of Scripture', *WTJ* 48/2 (1986), pp. 241-79.

______. 'God's Lordship in Interpretation', *WTJ* 50 (1988), pp. 27-64.

______. *Understanding Dispensationalists* (Grand Rapids, MI: Zondervan, 1987).

Preus, J. S. *From Shadow to Promise: Old Testament interpretation from Augustine to the young Luther* (Cambridge, MA: Harvard University Press, 1969).

Procksch, Otto. 'ἅγιος κτλ', *TDNT*, vol. 1, pp. 88-97, 100-15.

Provan, Iain W. *1 and 2 Kings*, New International Biblical Commentary

(Peabody, MA: Hendrickson; Carlisle: Paternoster, 1995). 『UBC 열왕기』(성서유니온).

Reymond, Robert L. *The Justification of Knowledge* (Phillipsburg, NJ: Presbyterian and Reformed, 1979). 『개혁주의 변증학』(CLC).

_____. *A New Systematic Theology of the Christian Faith* (Nashville, TN: Thomas Nelson, 1998). 『최신 조직신학』(CLC).

Roberts, Vaughan. *God's Big Picture: Tracing the story-line of the Bible* (Leicester: Inter-Varsity Press, 2003). 『성경의 큰 그림』(성서유니온)

Robertson, O. Palmer. *The Christ of the Covenants* (Phillipsburg, NJ: Presbyterian and Reformed, 1980). 『계약신학과 그리스도』(P&R)

Robinson, Donald. 'The Distinction between Jewish and Gentile Believers in Galatians', *Selected Works, vol. 1: Assembling God's People*, ed. Peter G. Bolt and Mark D. Thompson (Camperdown, NSW: Australian Church Record; Newtown, NSW: Moore College, 2008), pp. 130–51.

_____. *Faith's Framework: The structure of New Testament theology* (Sutherland, NSW: Albatross Books; Exeter: Paternoster, 1985).

_____. '"Israel" and the "Gentiles" in the Gospel of Mark', *Selected Works, vol. 1: Assembling God's People*, ed. Peter G. Bolt and Mark D. Thompson (Camperdown, NSW: Australian Church Record; Newtown, NSW: Moore College, 2008), p. 39.

_____. 'Israel and the Gentiles in the New Testament', *Selected Works, vol. 1: Assembling God's People*, ed. Peter G. Bolt and Mark D. Thompson (Camperdown, NSW: Australian Church Record; Newtown, NSW: Moore College, 2008), pp. 7–27.

_____. 'Origins and Unresolved Tensions', in R. J. Gibson (ed.), *Interpreting God's Plan: Biblical theology and the pastor* (Carlisle: Paternoster, 1998), pp. 1–17.

_____. 'The Salvation of Israel in Romans 9 – 11', *Selected Works, vol. 1: Assembling God's People*, ed. Peter G. Bolt and Mark D. Thompson

(Camperdown, NSW: Australian Church Record; Newtown, NSW: Moore College, 2008), pp. 47-63.

______. *Selected Works, vol. 1: Assembling God's People*, ed. Peter G. Bolt and Mark D. Thompson (Camperdown, NSW: Australian Church Record; Newtown, NSW: Moore College, 2008).

______. 'Theological Note on Preaching', *Move in for Action: Report of the Commission on Evangelism of the Church of England Diocese of Sydney, 1971* (Sydney: ANZEA Publishers, 2000).

______. 'Who Were "the Saints"?', *RTR* 22/2 (1963), pp. 45-53.

Rolston III, Holmes. *John Calvin versus the Westminster Confession* (Richmond, VA: John Knox Press, 1972).

Rowley, H. H. *The Book of Job*, New Century Bible Commentary (Grand Rapids, MI: Eerdmans, 1976).

Rushdoony, Rousas John. *The Biblical Philosophy of History* (Phillipsburg, NJ: Presbyterian and Reformed, 1969).

______. *By What Standard? An analysis of the philosophy of Cornelius Van Til* (Vallecito, CA: Ross House Books, 1995).

______. *The Mythology of Science* (Nutley, NJ: The Craig Press, 1967).

______. *The One and the Many: Studies in the philosophy of order and ultimacy* (Fairfax, VA: Thoburn Press, 1978).

Ryken, Leland. *The Word of God in English: Criteria and excellence in Bible translation* (Wheaton, IL: Crossway, 2002).

Ryken, Leland, and Todd Wilson (eds). *Preach the Word: Essays in expository preaching in honor of R. Kent Hughes* (Wheaton, IL: Crossway, 2007).

Sarfati, Jonathan. *The Greatest Hoax on Earth: Refuting Dawkins on evolution* (Atlanta, GA: Creation Book Publishers, 2010).

Schmaus, Michael. *Dogma*, 6 vols (London: Sheed & Ward, 1969).

Schmid, Hans Heinrich. 'Creation, Righteousness, and Salvation: "Creation theology" as the broad horizon of biblical theology', in Bernhard

W. Anderson (ed.), *Creation in the Old Testament* (Philadelphia, PA: Fortress Press, 1984), pp. 102–17.

______. *Gerechtigkeit als Weltordnung* [Righteousness as World Order], Beitrage zur historischen Theologie 40 (Tubingen: J. C. B. Mohr, 1968).

______. *Wesen und Geschichte der Weisheit* [The Nature and History of Wisdom] (Berlin: Alfred Topelmann, 1966).

Schmidt, K. L. 'ἐκκλησία', *TDNT*, vol. 3, pp. 501–36.

Schreiner, Thomas R. 'The Church as the New Israel and the Future of Ethnic Israel in Paul', *Studia Biblica et Theologica* 13/1 (1983), pp. 17–38.

______. *New Testament Theology: Magnifying God in Christ* (Grand Rapids, MI: Baker, 2008). 『신약신학』(부흥과개혁사).

Scorgie, Glen G., M. L. Strauss and S. M. Voth (eds). *The Challenge of Bible Translation: Communicating God's word to the world* (Grand Rapids, MI: Zondervan, 2003).

Sell, Alan P. F. *John Locke and the Eighteenth Century Divines* (Cardiff: University of Wales Press, 1997).

Shead, A. G. 'Sabbath', *NDBT*, pp. 745–50.

Sievers, Joseph, and Amy-Jill Levine (eds). *The Pharisees* (Grand Rapids, MI: Eerdmans, 2021).

Singer, C. Gregg. 'A Philosophy of History', in E. R. Geehan (ed.), *Jerusalem and Athens: Critical discussions on the theology and apologetics of Cornelius Van Til* (Phillipsburg, NJ: Presbyterian and Reformed, 1980), pp. 328–38.

Smith, Matt. 'Why You Should Ditch Your Digital Bible', *Australian Church Record* and The Gospel Coalition, https://au.thegospelcoalition.org/article/why-you-should-ditch-your-digital-bible, 2 June 2020.

Stott, John. *The Cross of Christ*, 20th anniversary edn (Nottingham: InterVarsity Press, 2006). 『그리스도의 십자가』(P&R).

______. *Your Mind Matters: The place of the mind in the Christian life*

(Downers Grove, IL: InterVarsity Press, 1972). 『생각하는 그리스도인』(IVP).

Thielicke, Helmut. *The Evangelical Faith, vol. 1: Prolegomena*, tr. Geoffrey W. Bromiley (Grand Rapids, MI: Eerdmans, 1974).

______. *The Evangelical Faith, vol. 3: Theology of the Spirit*, tr. Geoffrey W. Bromiley (Grand Rapids, MI: Eerdmans, 1982).

______. *Theological Ethics, vol. 1: Foundations*, tr. John W. Doberstein (Grand Rapids, MI: Eerdmans, 1979).

Thiselton, Anthony C. *Hermeneutics: An introduction* (Grand Rapids, MI: Eerdmans, 2009). 『앤서니 티슬턴의 성경해석학 개론』(새물결플러스).

______. *New Horizons in Hermeneutics: The theory and practice of transforming biblical reading* (Grand Rapids, MI: Zondervan, 1992). 『해석의 새로운 지평』(SFC출판부).

Thompson, J. A. *The Ancient Near Eastern Treaties and the Old Testament* (London: Tyndale Press, 1963).

______. *The Book of Jeremiah*, The New International Commentary on the Old Testament (Grand Rapids, MI: Eerdmans, 1980).

______. *Deuteronomy*, Tyndale Old Testament Commentaries 5 (London: Inter-Varsity Press, 1974).

Thompson, Mark D. *A Clear and Present Word: The clarity of Scripture*, NSBT 21 (Nottingham: Apollos; Downers Grove, IL: IVP Academic, 2006).

Travis, S. H. 'Eschatology', *NDT*, pp. 228-31.

Trimm, Charlie. *'YHWH Fights for Them!': The divine warrior in the exodus narrative* (Piscataway, NJ: Gorgias Press, 2014).

Van Til, Cornelius. *Christian Apologetics* (Phillipsburg, NJ: Presbyterian and Reformed, 1976). 『변증학』(P&R).

______. *A Christian Theory of Knowledge* (Phillipsburg, NJ: Presbyterian and Reformed, 1969).

______. *The Defense of the Faith* (Philadelphia, PA: Presbyterian and

Reformed, 1975).

______. *A Survey of Christian Epistemology*, In Defense of the Faith 2 (n.p.: den Dulk Christian Foundation, 1969).

Vanhoozer, Kevin. *The Drama of Doctrine: A canonical-linguistic approach to Christian theology* (Louisville, KY: Westminster John Knox Press, 2005). 『교리의 드라마』(부흥과개혁사).

______. *First Theology: God, Scripture and hermeneutics* (Leicester: Apollos; Downers Grove, IL: IVP Academic, 2002). 『제일신학』(IVP).

______. *Is There a Meaning in This Text? The Bible, the reader, and the morality of literary knowledge* (Grand Rapids, MI: Zondervan, 1998). 『이 텍스트에 의미가 있는가?』(IVP).

Vos, Geerhardus. *Biblical Theology: Old and New Testaments* (Grand Rapids, MI: Eerdmans, 1948). 『성경신학』(CH북스).

______. *The Pauline Eschatology* (Grand Rapids, MI: Eerdmans, 1972). 『바울의 종말론』(좋은씨앗).

Webb, Barry G. *Five Festal Garments: Christian reflections on the Song of Songs, Ruth, Lamentations, Ecclesiastes and Esther*, NSBT 10 (Nottingham: Apollos; Downers Grove, IL: InterVarsity Press, 2000).

Webster, J. B. 'Schleiermacher, Friedrich Daniel Ernst (1768-1834)', *NDT*, pp. 619-21.

Westermann, Claus. *Isaiah 40-66: A commentary* (Philadelphia, PA: Westminster Press, 1969).

Wicks, Bishop Ralph. 'Charismatic Renewal', *Agenda for a Biblical Church, vol. 2: Debates and Issues from the National Evangelical Anglican Congress* (Sydney: Anglican Information Office, 1981).

Williamson, Paul R. 'Covenant', *NDBT*, pp. 419-29.

______. *Death and the Afterlife: Biblical perspectives on ultimate questions*, NSBT 44 (London: Apollos; Downers Grove, IL: IVP Academic, 2017).

______. *Sealed with an Oath: Covenant in God's unfolding purposes*, NSBT 23

(Nottingham: Apollos; Downers Grove, IL: InterVarsity Press, 2007).

Windschuttle, Keith. *The Killing of History: How a discipline is being murdered by literary critics and social theorists* (Sydney: Macleay, 1994).

Wolterstorff, Nicholas. *Divine Discourse: Philosophical reflections on the claim that God speaks* (Cambridge: Cambridge University Press, 2005).

Work, Telford. *Deuteronomy*, Brazos Theological Commentary on the Bible (Grand Rapids, MI: Brazos, 2009).

Wright, D. F. 'Pelagianism', *NDT*, pp. 499-501.

______. 'Semi-Pelagianism', *NDT*, pp. 636-7.

Wright, G. Ernest. *The Old Testament against Its Environment*, Studies in Biblical Theology 2 (London: SCM Press, 1950).

______. *The Old Testament and Theology* (New York, NY: Harper & Row, 1969).

Yarbrough, R. W. 'Atonement', *NDBT*, pp. 388-93.

Yehuda, Ben. *Pocket English-Hebrew, Hebrew-English Dictionary* (New York, NY: Washington Square Press, 1961).

저자 찾아보기

주제 찾아보기

장 제목이나 소제목으로 이미 표시된 주제들은 이 찾아보기에 포함되지 않았다. 하지만 이 주제들이 다른 곳에서 중요하게 다루어지는 경우에는 여기에 포함될 수 있다.

성경 찾아보기

구약

창세기

출애굽기

고린도전서

고린도후서

하나님의 계시 드라마

In These Last Days

지은이 그레엄 골즈워디 • 옮긴이 윤성현
펴낸곳 (사)한국성서유니온선교회 • 등록 제14-6호(1978. 10. 21.)

초판 발행 2026년 2월 10일
주소 05663 서울시 송파구 오금로 22길 13 • 전화 02-2202-0091 • 팩스 02-2202-0095
이메일 edit02@su.or.kr • 홈페이지 su.or.kr • 페이스북 SUpublish • 인스타그램 s.u.book

ISBN 978-89-325-1041-5 03230

성서유니온선교회(Scripture Union)는 1867년에 영국에서 어린이 전도와 성경읽기 사역을 시작하여, 현재 120여 개국에서 다양한 사역을 펼치고 있는 국제 선교단체입니다.

한국성서유니온선교회는 1972년에 시작되어 한국 교회에 성경묵상(QT)을 소개하였고, 현재 전국 12개 지부에서 성경읽기, 어린이·청소년 전도, 캠프, 개인성경공부(PBS), 그룹성경공부(GBS), 지도자 훈련, 기독교 서적 출판 등의 사역에 힘쓰고 있습니다.

성서유니온선교회의 목적은 어린이와 청소년 그리고 그들의 가정에 하나님의 복음을 전하는 한편, 모든 그리스도인이 규칙적이고 체계적인 성경묵상을 통해 온전한 믿음에 이르도록 돕는 것입니다.